科学出版社“十三五”普通高等教育本科规划教材
“十二五”普通高等教育本科国家级规划教材
“十二五”江苏省高等学校重点教材

U0816906

# 植物学

## （第三版）

金银根　主编

科学出版社
北京

## 内 容 简 介

全书除绪论外，共分为五章。第一章植物界基本类群与分类，展现植物界不同类群的分类特征、代表类型及其相互关系；第二章植物细胞和组织，承前启后，是学好第三、第四章被子植物营养器官、生殖器官的形态、结构与功能及其与环境统一性的重要基础；第五章被子植物主要分科概述，在强调其植物典型科、属、种的识别特征的同时，更注重介绍被子植物对环境、社会、经济、文化等的影响与作用。此外，对被子植物的起源、进化和被子植物的分类系统，也有简要陈述。

本书可作为高等农林院校的种植类或植物生产与管理类、师范院校和综合性大学的生物学类各相关专业的教材，也可作为相近专业的教学参考用书。

**图书在版编目（CIP）数据**

植物学/金银根主编. —3版. —北京：科学出版社，2017.12

科学出版社“十三五”普通高等教育本科规划教材 “十二五”普通高等教育本科国家级规划教材 “十二五”江苏省高等学校重点教材

ISBN 978-7-03-055657-8

Ⅰ.①植… Ⅱ.①金… Ⅲ.①植物学-高等学校-教材 Ⅳ.①Q94

中国版本图书馆CIP数据核字（2017）第292796号

责任编辑：王玉时 孙 青 / 责任校对：郑金红
责任印制：霍 兵 / 封面设计：马晓敏

科学出版社出版

北京东黄城根北街16号
邮政编码：100717
http://www.sciencep.com

北京九天鸿程印刷有限责任公司印刷

科学出版社发行 各地新华书店经销

*

2006年 8 月第 一 版 开本：787×1092 1/16
2017年12月第 三 版 印张：22 1/4
2025年 8 月第十五次印刷 字数：527 000

**定价：89.00 元**

（如有印装质量问题，我社负责调换）

# 《植物学》（第三版）编写委员会


**主　　编**　金银根

**副 主 编**　何金铃　季祥彪　王俊玲　尚富德

袁　艺　贺　晓　甘小洪　金明蔚

**编写人员**（按姓氏汉语拼音排序）

程海涛（佳木斯大学）

丁雨龙（南京林业大学）

董美芳（河南大学）

甘小洪（西华师范大学）

顾庆龙（扬州职业大学）

何金铃（安徽农业大学）

贺　晓（内蒙古农业大学）

季祥彪（贵州大学）

金明蔚（扬州工业职业技术学院）

金银根（扬州大学）

蒯本科（复旦大学）

蓝登明（内蒙古农业大学）

聂江力（天津农学院）

尚富德（河南大学）

王俊玲（河北农业大学）

王庆亚（南京农业大学）

韦存虚（扬州大学）

吴晓霞（扬州大学）

薛达元（中央民族大学）

袁　艺（安徽农业大学）

章崇玲（华南农业大学）

赵　锦（河北农业大学）

赵书岗（河北农业大学）

朱　丹（黑龙江八一农垦大学）

**绘　　图**　金银根　金明蔚

**图片拍摄**　金银根　王庆亚　王明辉　邓　蕾

何景瑞　刘伟元　赵　锦　金明蔚

# 第三版前言

教育、科技、人才是全面建设社会主义现代化国家的基础性、战略性支撑，教育是基础，科技是动力，人才是主体。高质量教材为高等教育强国建设提供坚实支撑。植物学是植物生产类、生物学类相关专业的一门重要基础课。

全书除绪论外，共分五章。在展现植物界的形成和发展特征的基础上，着力讲述了植物界的基本类群与分类、被子植物的形态、结构及其主要分科与识别特征。

本书的编写出版是探讨研究性教学和在教材建设中如何培养学习型人才的一次尝试。编者认为：研究性教学是指在教学中，教师遵循瑞士心理学家 Jean Piaget（1896 ~ 1980 年）“认知发展理论”，建立起美国教育家 J.S.Bruner（1962）提出的“发现学习模式”，尽其所能地激励、引导和帮助学生像“学者”、像“科学家”那样去主动发现自然、社会和日常生活中的与某一（类）学科有关的问题，并积极思考分析、主动探究和亲自实践，通过应用知识、解决问题以获取新知识、新经验，提高其素质和能力等的教与学的互动过程。

首先，研究性教学必须“以人为本”，视教学过程为“授人以渔”的过程，是培养学生素质和智慧的过程。真正做到一切为学生着想，为了每一个学生的成长和为了每一个学生的未来。其次，研究性教学必须贯彻“终身教育”“终身学习”的思想。一个学习化的社会是最有希望的社会，也是最有前途和具有不竭动力的社会。“授人以渔”比“授人以鱼”更重要，传授思想比传授方法更重要，培养学生发现问题、解决问题和适应社会的能力比讲授知识、传授技艺更重要。要建设学习化、创新型的社会，研究性教学是最佳的教学途径和方式。

在研究性教学过程中，不只是教师将预设的某门学科的知识、技术设法有效地、按部就班地传授给学生，而且是师生在已有的知识、经验基础上，借助一定的新知识、新手段共同去寻找、发现问题并谋求解决问题的合作和创造知识的过程。

研究性教学是以研究为基础的教学模式，从本质上讲，研究性教学过程与科学研究过程相同或极为相似，是培养创造型人才的新途径。

研究性教学要求教师把研究的思想、思路、方法、技术和取得的新进展随时引入教学活动，打破学科知识原有的逻辑顺序开展教学。同时，还必须依据学生的专业特点、认识的层次性和逻辑性，以研究的形式个性化、针对性地组织教学活动，让学生在研究中学习、在研究中成长。

研究性教学要求教师采取多种途径和方式，有意识地去启发、引导和培养学生的研究性思维（创新思维）和学会探究性学习。要求教师倡导“反思性教学”，培养学生的“问题意识”。最大限度地发挥学生的主观能动性，释放和挖掘学生的学习和创造性潜能。

研究性教学必须注重超前性。研究性教学可以是先学后教，在研究过程中，学生可以并能够依据自己的知识基础、专业背景，自主构建知识框架。新知识只有通过学生头脑里的原有认知结构的加工改造才能被学生所真正认识和掌握（Jean Piaget，1929）。

研究性教学要求学生在学习中，积极主动地去自主思考、自主发现、自主选择、自主实践、自主创造、自主评价、自主总结和自主地构建自己的知识体系。让学生善于发现和乐于观察新事物、新现象，并尽可能地使其产生“好奇心”“探究欲”“研究欲”。变“要我学”“跟教学”为“我想学”“我要学”。逐渐地训练和养成自己的思维习惯，强化自己的科学素养和创新能力。只有这样，才能形成“以学为本”“因学施教”的好风尚。

有鉴于此，为了使学生更好地构建植物学知识体系，促进学生自主性和创新性学习，有利于学生对知识的温故知新和加强生产与生活的紧密联系，引导学生课后与课外自觉学习，激发学生学习热情和培养学生的科学素养，准确地把握素质型、能力型人才培养需求和学生的认知能力、思维发展规律，本书各章结构均设计了“内容导读”“教法与学法”“内容陈述”“总结与复习”和“阅读与探究”5个板块层次。这样，不仅注重教和学的指导与引导，具有知识的系统性、科学性、实用性和认知上的逻辑性，突出三个基础性，促进“教”和“学”，而且更有益于学生的自主学习、探究性学习，更好地自我构建知识体系，提升自身的科学素养和创新能力，增强对科学的兴趣和对未来社会的适应性。

本书各章编写人员与主要执笔人是：绪论，金银根、金明蔚；第一章，金银根、董美芳、蓝登明、赵书岗、程海涛、聂江力等；第二章，金银根、蒯本科、韦存虚、王俊玲等；第三章，金银根、贺晓、何金铃、袁艺、王庆亚等；第四章，金银根、赵锦、何金铃、王庆亚、章崇玲、朱丹等；第五章，丁雨龙、金银根、薛达元、尚富德、季祥彪、何金铃、甘小洪、顾庆龙、吴晓霞等。全书由金银根负责统稿与审稿，金明蔚负责图片处理与设计。

本书贯穿和彰显进化论思想。其内容精要、举例典型、结构层次清晰、知识体系更加合理和循序渐进，众多图片使其可读性更强。

本书的编写出版得到扬州大学教材出版基金、江苏省高校品牌专业（农学）建设工程一期（PPZY 2015 A060和PPZY 2015 C212）项目的资助。扬州大学校长焦新安教授、扬州大学农学院书记郭文善教授与院长刘巧泉教授、扬州大学教务处副处长吴峰教授和夏于琴等均对本书的编写出版给予了极大的关心、支持和帮助，在此，衷心地感谢他们。同时，也诚挚地感谢江苏省教育厅、扬州大学和所有参加、关心、支持与帮助本书编写出版的其他高校和科学出版社等各有关部门的同志们。

书中引用了不同专家学者们的研究成果、观点甚至图片，文中虽有标注，限于篇幅，恕未能一一列出，衷心感谢各有关专家学者们，疏漏之处敬请谅解。

由于编者水平有限，书中不妥之处在所难免，恳请使用者赐教，当努力改进和提高。

谨以此书献给中国当代植物学界的老前辈，国际杂草学会终身会员，我的伟大导师——李扬汉教授。

编　者

2017年5月于扬州

# 第二版前言

植物学是植物生产与管理类、生物学类相关专业的一门重要基础课。

本书由原全国高等农业院校教材《植物学》(第二版)(李扬汉主编，上海科学技术出版社，1984)的改编版——全国高等农林院校规划教材《植物学》(金银根主编，科学出版社，2006)修订而成，也是编写者在准确地把握植物学学科体系以及现今相关专业素质型人才培养对本学科知识的需求、学生的认知能力和思维发展规律基础上编写而成的。

本书改版的思路是：

在现代教育技术普及和信息丰富的大背景下，模块化、层次性、完整地展现当代植物学学科知识体系和研究成果，全程充分体现植物学科知识及其技术与人类的密切关系和在社会生活中的作用。进一步适应层次性、个性化教和学的需要，方便于学生自主性、研究性学习，促进素质教育和能力型人才培养。为后续专业知识的学习和人才成长奠定坚实的基础。

此书的特色主要有三个方面：

第一，“知识模块化、内容编排层次分明”。首先，简要介绍植物界的多样性与保护、国内外植物学发展简史、植物学及其重要分支学科，以及学习植物学的方法，激发学生兴趣。接着讲述“植物细胞”和“植物组织与系统”，复习、深化和拓宽学生在中学阶段的相关知识，为系统学习被子植物个体发育中的形态和结构知识奠定基础。最后，在重点阐明被子植物形态与结构的基础上，比较地讲述了植物界各基本类群与代表科、属、种的识别特征、经济用途和各类群相互间的进化关系。有助于学生理解植物和植物类群的进化、植物与人类可持续发展间的密切关系，树立系统和进化的思想，提高分析问题和解决问题的能力。此外，将“被子植物分类的形态学基础知识”单列一节，更有利于读者理解和掌握被子植物的识别特征和分类依据。

第二，“学科基础与进展研究有序介绍”。在充分介绍植物学科基础知识的同时，对植物个体发育中器官建成的分子生物学研究新进展、新知识以其小字加背景色形式做了点睛介绍，对植物资源的研究应用和保护等也不惜笔墨，使之更有层次性和参考价值，也有助于教师根据专业特点、教学时数以及层次性、个性化教学的具体要求灵活掌握。

第三，“图文典型、新颖、直感强”。在概念表述准确、结构描述简明易读的同时，选材更具典型性和代表性。全书不仅有大量的简洁线条图，还有众多植物器官的形态、结构拍摄图片，客观真实、一目了然、可读性强，易学、易理解、易掌握。

此外，在书各章之后均配有“总结与复习”和“练习与思考”，归纳全章的重点内容，所配备的思考题适量、适度，方便学生对各章内容的理解、复习和掌握。

教材各章内容修订人员的分工是：绪论，金银根；第一章植物细胞，韦存虚、蒯本科、金银根等；第二章植物组织与组织系统，刘霞、金银根等；第三章种子和幼苗，季祥彪、金银根等；第四章根的形态与结构，赵锦；第五章茎的形态与结构，袁艺、何金铃等；第六章叶的形态与结构，王艳辉；第七章植物的适应性与整体性，何金铃、袁艺、赵锦、王艳辉、金银根等；第八章花的形态与结构，王庆亚、金银根、燕铃、贺晓、冯大领等；第九章果实和种子的发育与结构，燕玲、贺晓、冯大领、蔡长春、金银根等；第十章植物分类基础知识，尚富德、甘小洪、王文和、蓝登明、淮虎银等；第十一章植物界的基本类群与进化，孙丙耀、王文和、顾庆龙、蓝登明、吴晓霞等；第十二章被子植物主要分科概述，赵锦、袁艺、何金铃、王艳辉、薛达元、丁雨龙、金银根、季祥彪、尚富德、燕玲、王文和、甘小洪、蓝登明、淮虎银、朱丹等。全书由金银根负责统稿与审稿。

本书第一版初稿是李扬汉教授生前深切关怀和教导下完成的，其编写出版得益于教育部高教司（2001）委托南京农业大学举办“全国高等学校植物学骨干教师培训班”（南京），以及全国40多所高校的植物学专家学者的激励和启迪，深受上海科学技术出版社有关负责同志的理解、帮助和支持，也得到了李师母康文隽副教授和在美国工作的李扬汉教授之子李在扬先生的指导与全力帮助，中国科学院植物所路安民研究员、徐克学研究员、华东师范大学马炜梁教授、上海第二军医大学郑汉臣教授倾心赐教、传经送宝，使教材增色很多。

第一版《植物学》出版使用两年多，受到许多高校植物学同行们的诸多关怀和帮助，本着继承、发展和不断提高的精神，在保持原有《植物学》统编教材框架基本不变的基础上，再次对其进行修改、充实和提高。愿此版《植物学》能更好地为相关专业创新性人才的培养尽点滴之力。

本书的改编出版得到国家自然科学面上项目基金、江苏省精品教材基金、扬州大学教材出版基金和科学出版社出版基金的大力支持。扬州大学刘超教授、焦新安教授、胡效亚教授、梁建生教授、魏万红教授、顾松明教授、夏于琴和金明蔚等同志对本书的修订出版给予了极大地关心、支持和帮助。谨此，衷心地感谢他们。同时，也诚挚地感谢南京师范大学教授、江苏省教育厅师培中心施国新主任、南京林业大学方炎明教授、华中农业大学李和平教授对本教材所给予的高度关注和热情指导。感谢扬州市广陵区教育局陈庆翔局长、扬州市教育局生物学教研室刘满希主任对本书修订所给的支持和帮助。感谢所有参加、关心、支持与帮助本教材修订出版的其他高校和科学出版社等各有关部门的同志们。

书中多处引用了不同专家学者们的研究成果、观点甚至图片，文中虽有标注，限于篇幅恕未能一一列出，衷心感谢各有关专家学者们，错漏之处敬请谅解。

由于编者水平有限，本书难免有不完善之处，恳请赐教，定当努力改进和提高。

编　者

2009年4月

# 第一版前言

植物学是植物生产类、生物学类相关专业的一门重要基础课。

全书共分三篇。第一篇，植物细胞和组织系统，介绍了植物细胞、植物组织的基本概念、基本类型、基本结构和功能；全篇内容是学习和学好第二篇、第三篇应具备的基础知识。第二篇，被子植物的器官形态与结构，重点讲述了被子植物的根、茎、叶、花、果实和种子的发育、形态、结构和功能，以及植物体的整体性和适应性；同时，对裸子植物的根、茎、叶的结构也做了适当的介绍，以增加阅读的信息量。第三篇，植物界的类群与分类，讲述了植物系统分类的基础知识、植物界基本类群和被子植物的典型科属及其代表植物的主要特征与用途；同时，对被子植物的起源、进化和植物的分类系统也做了简要介绍，有助于学生树立系统进化的思想，理解植物和植物界的进化、植物与人类的可持续发展间的密切关系。

教材还特别注重对植物科学研究新进展、新方法和新知识的介绍，如植物体各器官的发育及其调控的相关知识等均有一定的笔墨陈述，且以小字形式显示。这不仅能增加阅读信息量、扩大知识面、促进学生能力和素质的培养，而且有助于教师根据课程的学时数和具体要求调节掌握。

教材各篇章内容的分工与主要执笔人是：绪论（金银根），第一篇（韦存虚、刘霞、金银根），第二篇（赵锦、袁艺、何金铃、王艳辉、金银根、燕玲、贺晓、张国良等）；第三篇（丁雨龙、王庆亚、金银根、季强彪、尚富德、许鸿川、何金铃、甘小洪、陈之欢、朱丹、吴晓霞等）；蒯本科、淮虎银、高红明、何井瑞、刘伟元等也参与了教材部分内容的编写整理工作。

在教材统稿过程中，中国科学院植物所路安民研究员将他参与撰写的《中国被子植物科属总论》和近期发表的研究论文寄赠予我，并提出了极好的指导意见；中国科学院植物所徐克学研究员将他多年来辛勤拍摄的植物特征图片寄送给我，使教材增色很多；上海第二军医大学郑汉臣教授对教材的编撰提出了很好的建议，云南大学郭凤根教授、华中农业大学李和平教授对本教材的编写大纲和教材内容的布局等提出了重要的参考意见。扬州大学副校长刘超教授、焦新安教授，扬州大学教务处处长王宝安教授，扬州大学生物科学与技术学院院长梁建生教授、副院长魏万红教授以及夏于琴和金明蔚等对教材的编写出版均给予了大力支持。谨此，衷心感谢各位专家、教授对本教材的编写和出版所给予的关心、支持和帮助。同时，也诚挚的感谢江苏省教育厅、扬州大学和所有参加、关心、支持与帮助本教材编写出版的其他高校和科学出版社等的各有关部门的同志们。

由于时间短、任务紧迫，加之编者水平有限，教材中的不完善和错漏之处在所难免，恳请使用者赐教，以便改进和提高。

编　者

2005年12月

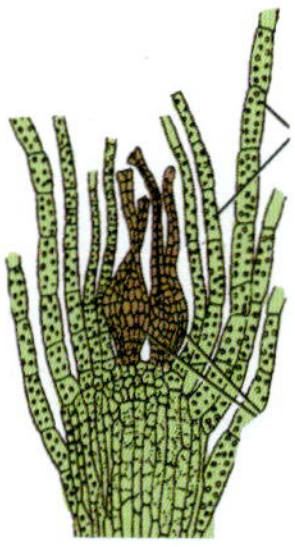

# 目录 CONTENTS


第三版前言

第二版前言

第一版前言

绪论 …… 1

内容导读 …… 2
教法与学法 …… 2
第一节　植物与植物界 …… 2
一、生物的分界 …… 2
二、植物在自然界中的作用 …… 4
三、植物与人类的关系 …… 4
第二节　植物的多样性与保护 …… 6
一、植物的多样性 …… 6
二、我国植物资源的多样性与利用 …… 9
三、植物多样性的保护与意义 …… 11
第三节　植物学发展简史 …… 12
一、国外植物学发展史简介 …… 12
二、中国植物学发展史简介 …… 13
三、当代植物学发展的主流与趋势 …… 15
第四节　植物学及其主要分支学科 …… 16
第五节　学习植物学的目的与方法 …… 17
一、学习植物学的目的和意义 …… 17
二、学习植物学的方法 …… 17

总结与复习 …… 18
阅读与探究 …… 19

第一章 植物界基本类群与分类 …… 21

内容导读 …… 22
教法与学法 …… 22
第一节 植物分类的基础知识 …… 23
一、植物分类的方法与分类知识的来源 …… 23
二、植物分类的等级与命名法则 …… 26
三、植物分类检索表的编制和使用 …… 28
第二节 植物界基本类群与演化规律 …… 29
一、藻类植物 …… 32
二、菌类植物 …… 40
三、地衣植物门 …… 51
四、苔藓植物门 …… 54
五、蕨类植物门 …… 58
六、裸子植物门 …… 65
七、被子植物门 …… 76
八、植物界的演化规律 …… 77
总结与复习 …… 78
阅读与探究 …… 81

第二章 植物细胞和组织 …… 84

内容导读 …… 85
教法与学法 …… 85
第一节 植物细胞 …… 86
一、植物细胞的形态与结构 …… 87
二、植物细胞的分裂与分化 …… 99
第二节 植物组织 …… 103
一、分生组织 …… 104
二、成熟组织 …… 106
三、复合组织和组织系统 …… 115
总结与复习 …… 117
阅读与探究 …… 121

第三章 被子植物营养器官的形态、结构与功能 …… 123

内容导读 …… 124

教法与学法 …… 124
第一节 根的形态、结构与功能 …… 126
一、根的形态 …… 126
二、根的结构 …… 127
三、侧根的发生 …… 137
四、根瘤与菌根 …… 139
第二节 茎的形态、结构与功能 …… 141
一、茎的形态与分枝 …… 141
二、茎的结构 …… 147
第三节 叶的形态、结构与功能 …… 161
一、叶的形态与组成 …… 162
二、叶的结构 …… 164
第四节 植物的适应性与整体性 …… 170
一、营养器官的变态与变态器官 …… 170
二、植物营养器官的形态、结构与环境的关系 …… 179
三、营养器官间结构与功能的统一性 …… 181
总结与复习 …… 184
阅读与探究 …… 188

第四章 被子植物生殖器官的形态、结构与功能 …… 190

内容导读 …… 191
教法与学法 …… 191
第一节 花的组成与发生 …… 192
一、花的形态与特征 …… 192
二、花芽分化 …… 196
第二节 雄蕊的发育与结构 …… 199
一、花药的发育与结构 …… 199
二、花粉粒的发育与结构 …… 201
三、花粉植物与单倍体育种 …… 205
四、雄性不育与利用 …… 205
第三节 雌蕊的发育与结构 …… 206
一、柱头的形态与结构 …… 207
二、花柱的形态与结构 …… 207
三、子房的结构 …… 208
第四节 开花、传粉与受精 …… 214
一、开花 …… 214
二、传粉 …… 215
三、受精 …… 219

四、环境条件对开花、传粉和受精的影响……223
第五节 种子的发育与结构……223
一、种子的发育……224
二、种子的组成和基本类型……231
第六节 果实的发育与结构……235
一、果实的发育和结构……235
二、单性结实……238
三、果实的类型……238
四、果实与种子的传播……238
第七节 被子植物的生活史……241
一、种子萌发与幼苗类型……241
二、被子植物的生活史过程和特征……243
总结与复习……245
阅读与探究……248

第五章 被子植物主要分科概述……249

内容导读……250
教法与学法……250
第一节 被子植物分类的形态学基础知识……250
一、茎……251
二、叶……252
三、花……260
四、花序的类型与特征……267
五、果实的类型与特征……269
第二节 被子植物的分类原则……273
第三节 被子植物的分科概述……274
一、双子叶植物纲……274
木兰科（274） 樟科（276） 毛茛科（277） 壳斗科（278） 杨柳科（279）
石竹科（280） 蓼科（281） 山茶科（282） 锦葵科（283） 葫芦科（284）
十字花科（285） 蔷薇科绣线菊亚科（287） 蔷薇科蔷薇亚科（288）
蔷薇科苹果亚科（288） 蔷薇科李（梅）亚科（289） 含羞草科（291）
苏木科（云实科）（292） 蝶形花科（293） 大戟科（295） 无患子科（296）
芸香科（297） 五加科（298） 伞形科（299） 杜鹃花科（300）
木犀科（301） 玄参科（302） 茄科（303） 唇形科（304）
菊科筒状花亚科（305） 菊科舌状花亚科（306） 莲（307） 杜仲（308）
桑（308） 珙桐（308） 葡萄（309）
二、单子叶植物纲……310
泽泻科（310） 棕榈科（311） 天南星科（312） 百合科（313）
鸭跖草科（315） 莎草科（316） 禾本科竹亚科（317） 禾本科禾亚科（318）

兰科（320） 香蕉（321） 山药（321） 水仙（321） 姜（322）
第四节 被子植物的起源与分类系统 …… 323
一、被子植物的起源与进化 …… 323
二、被子植物的系统演化与分类系统简介 …… 326
总结与复习 …… 331
阅读与探究 …… 334
**主要参考文献** …… 336
**附表1：国外植物学发展大事记** …… 338
**附表2：中国植物学发展大事记** …… 339
**附表3：细胞发现和细胞学相关的大事记** …… 340

# 绪　论

## 内容导读

植物是地球生物圈的重要组成部分，是生物界的核心成员。为什么说“植物是第一生产者，植物与人类生活十分密切，人类的衣食住行、工农业生产、疾病控制与保健、精神生活与生态文明等无一不与植物有关”。植物是多样的，其多样性表现在哪些方面，我国植物资源的分布和丰富程度如何，植物学研究发展的代表性人物和贡献怎样，以及为什么要学习植物学，如何才能学好植物学等，通过本章内容的学习，你都将能找到答案。

## 教法与学法

### 教　法

（1）情境教学法。设问式或应用相关微课、微视频开始教学。例如：植物是什么？你所见到的植物究竟怎样？或是：植物是怎么来的，地球的形成与演变与植物的关系如何?等等。

（2）互动式讲授。在陈述式讲授或播放微课、微视频讲授植物的多样性及其与人类的关系时，可让学生联系所见所闻回答。通过绪论的教学，培养学生对植物的好奇心和学习植物学的兴趣，为进一步深入学习植物学打好基础。

（3）利用多媒体展示植物的多样性与我国植物资源的丰富性及其应用。

### 学　法

（1）应认真听讲、积极思考、适当做些课堂笔记。积极配合教师的课堂教学，主动回答问题或参与问题讨论等。

（2）在教师指导下，利用课余时间、节假日，观察、调查、拍照或资料查询你的家乡或校园、休闲旅游区、自然保护区植物种类，根据植物多样性的层次性，整理、分析和描述植物的多样性，开展小组交流，最后班级大组交流。进一步理解植物的多样性和意义。

# 第一节　植物与植物界

## 一、生物的分界

从地球上诞生最原始的生命形式起，生命已经历约38亿年漫长的发展和进化历程。此间，生物因其所处环境的多样性和多变性、自身适应性方式和适应性特征的异质性，从原初的单细胞生物逐渐进化形成现今复杂多样的生物类型。生物的分类与人类的认识水平、观察手段及分类标准和分类目的等有关，有一个较长的历史过程。生物究竟如何划分、划分成几个界等问题，至今仍没有定论。

早在1735年，瑞典博物学家、植物分类学之父C.Linnaeus（1707～1778年）将整个生物群划分为植物界（Plantae）和动物界（Animalia）两界。认为植物是一类具细胞壁、营固着生活、自养的生物，而动物是一类能运动且异养的生物。该两界系统简单直观，被广泛接受并沿用至今。

随着显微镜的使用，人们发现有些生物兼有动物和植物的特征。例如，单细胞、多核的黏菌（slime mold），在营养生长期，原生质体裸露、无细胞壁，能运动摄食，与动物中的变形虫相似，但在生殖期或不良环境条件下，其个体能产生具纤维素的细胞壁，并营固着生活，或形成具纤维素细胞壁的孢子；再如，裸藻（*Euglena acus* Her.），单细胞、有鞭毛、能运动、无细胞壁，但体内含叶绿体，能进行光合作用等。这样，在动物和植物之间就失去了截然的界线。因此，1868年，德国生物学家E.Haeckel（1834～1919年）提出在植物界和动物界之间建立原生生物界（Protista），主要包括原始单细胞菌类、低等藻类和海绵等，从而形成“三界系统”；1938年，美国人Copeland（1902～1968年）提出了“四界系统”，划分出原核生物界（Prokaryotes）（包括蓝藻和细菌）、原始有核界（Protoctista）（包括低等的真核藻类、原生动物、真核菌类）；1969年美国生物学家R.H.Whittaker（1924～1980年）将不含叶绿素的真菌类生物独立为一个真菌界（Fungi）（或称菌物界，Myceteae），1969年他又根据细胞的结构和营养类型提出五界之说，即植物界、动物界、原生生物界、原核生物界（Monera）和菌物界（表1）；我国昆虫学家陈世骧（1905～1988年）根据病毒（virus）与类病毒（立克次氏体、类菌质体）不具任何细胞形态、不能自我繁殖、在游离的情况下无生命等特点，把病毒、类病毒独立为病毒界（Viri）（或非胞生物界）而有“六界系统”受到重视。1978年R.H.Whittaker和L.Margulis根据分子生物学研究的资料，将生物分为三原界（Urkingdom），即古细菌原界（Archaebacteria）：包括产甲烷菌、极端嗜盐菌和嗜热嗜酸菌；真细菌原界（Eubacteria）：包括蓝细菌和各种原核生物（除古细菌外）；真核生物原界（Eucaryotes）：包括原生生物、真菌、动物和植物。三原界之说吸收了真核细胞起源的“内共生学说”思想，也已引起学者们的关注。可见生物的划界至今悬而未决（本教材使用的仍是林奈的两界分类系统）。

**表1 生物五界主要特征比较**

| 特征 | 原核生物界 | 原生生物界 | 菌物界 | 植物界 | 动物界 |
|---|---|---|---|---|---|
| 细胞结构 | 原核细胞 | 真核细胞 | 真核细胞 | 真核细胞 | 真核细胞 |
| 叶绿体 | 无，只有类囊体 | 有或无 | 无 | 有 | 无 |
| 细胞壁 | 胞壁酸（细菌） | 有或无 | 几丁质和多糖，无纤维素 | 纤维素+其他多糖 | 无 |
| 纤毛或鞭毛 | 细菌鞭毛，非9+2型 | 9+2型 | 如有，9+2型 | 配子鞭毛9+2型 | 如有，9+2型 |
| 细胞数 | 单细胞或群体 | 单细胞或群体 | 多细胞 | 多细胞 | 多细胞 |
| 神经系统 | 无 | 无 | 无 | 无 | 有 |
| 营养方式 | 异养，光合异养，光合、化能自养 | 光合自养，异养（吸收及吞噬） | 异养（吸收营养） | 光合自养 | 异养（吞噬） |

注：9+2型，是指鞭毛由外圈9组二联微管和其内包含的一对中央微管组成的微细结构。

## 二、植物在自然界中的作用

在自然界中，不论高山或平原、陆地或水域，甚至沙漠及岩石上，都生长着各种各样的植物。其中种子植物，它们征服自然界的能力强，适应性广，是植物界中最繁茂的一大类群。

地球上诞生的不同植物，是地球历经数亿年至数十亿年物理化学过程的结果。生物出现后，又有了生物的作用，更加有利于植物的进化和发展。现已知道，植物体内含有大气或土壤中的全部化学元素，如碳、氧、氢、氮等大量元素，钾、钠、钙、磷、硫、铁、镁等少量或微量元素，以及铜、钼、锌、钡等极微量或痕量元素。同时，地球有机物的形成和积累几乎全部来源于植物。例如，煤炭、石油、泥炭均来自于植物，是工业的动力基础。

绿色植物是地球化学循环的关键因素。植物，尤其是森林植物通过光合作用，吸收并固定$CO_2$，释放$O_2$，同时积累有机物质。氧气是人类和其他所有生物有氧呼吸的必备条件，也是地壳氧化的必要基础。一般情况下，大气中的$CO_2$因动植物的呼吸、土壤中微生物的活动、火山的喷发和燃烧等得以不断补充，使地球上大气中的$CO_2$比例保持相对稳定。植物，尤其是木本植物通过光合作用大量吸收二氧化碳，以生物量的形式固定大气中的二氧化碳过程称为“碳汇”（carbon-sink）。因此，森林有独特的碳汇功能。森林的这种碳汇功能可在一定时期内稳定并降低大气中温室气体浓度，并以其巨大的生物量成为陆地生态系统中最大的碳库（表2）。

表2　不同植被类型每年每公顷的固碳能力

| 植被类型 | 固碳能力 |
|---|---|
| 热带森林 | 4.5～16t |
| 温带森林 | 2.7～11.25t |
| 寒带森林 | 1.8～9t |
| 农田 | 0.45～2t |
| 草地 | 1.3t |
| 北极冰源和干旱沙漠地带 | 为热带森林的1% |

据2000年政府间气候变化专门委员会（Intergovernmental Panel on Climate Change, IPCC）特别报告：2000～2050年，全球最大碳汇潜力为每年15.3亿～24.7亿t碳，其中造林的碳汇潜力约占28%，再造林约占14%，农用林约占7%。研究表明：人工林每公顷每年可以固定$CO_2$为1～1.4t，每生产$1m^3$木材可吸收1.83t $CO_2$，每立方米木材折合含碳量约0.25t。中国现有森林面积1.59亿$hm^2$，蓄积量为124.9亿$m^3$。研究表明：中国森林碳储量为45亿～50亿t（1994年）。中国现有森林平均每年净增加1.1亿t碳储量，其中森林（含经济林和竹林）每年净增碳储量7550万t，疏林、散生木每年净增加碳储量3500万t。全球碳平衡和碳贸易已经成为新的经济增长和国家政治热点问题。

## 三、植物与人类的关系

### （一）植物与人类的粮食和能源

植物是生态系统中的生产者，是其他生物生存的最基本能源。当今世界，人口膨胀导致的粮食短缺、能源巨耗、资源枯竭、环境退化与生态失衡等一系列重大问题都直接或间接地与植物有关。

植物是人类赖以生存的物质基础，是经济发展的物质资源。在农业生产中，农业、林业、牧业、副业、渔业都直接或间接地与植物有关。经济建设和人民生活所需的粮、棉、油、麻、丝、茶、糖、菜、烟、果、药等，都取自于植物；即使各种家畜、家禽、鱼类等的养殖，也需要植物作为饲料来源。在工业方面，无论是食品、油脂、制糖、制药、建筑、纺织、造纸，还是橡胶、油漆、酿造、化妆品，甚至冶金、煤炭、石油等都需要植物作为原料或利用到植物的产品。

据估计，全世界可食用的植物有75 000种之多，其中有近3万种药用植物至今仍在为发展中国家80%的人口（30多亿人）的健康服务。粮食的产量、质量是人类生存和繁衍的基础。如果全世界仅以70亿人口计，每人每年消耗400kg粮食，平均每年每公顷（$hm^2$）生产10 500kg粮食，则全世界年消耗粮食约需28亿t，必须有2.67亿$hm^2$的良田作为保证。然而，水土流失、可耕地面积的缩减、品种的退化、粮食品质和产量的下降，加之人口的急剧增长，使得全世界粮食问题日益突出。因此，大力改良和提高已有作物的产量和品质、开发新的植（食）物资源，已成为确保社会安定和文明平稳发展与进步的至关因素。

植物是光能或太阳能的最大、最有效的转化器，是未来石油、煤或煤炭及天然气等有机能源的潜在来源。迄今，全世界仍有8%的工业能源直接来自于植物。在民间，维持生活所消耗的植物能源则更多（热带可达80%～90%）。大范围、无节制地开采、利用和消耗煤炭、石油和天然气，使得这种非再生性能源资源日趋耗尽，能源危机愈加突出。随着科学的发展和技术的进步，利用植物或植物的残体发展沼气（28$m^3$甲烷/t，相当于1.25桶原油）已受到越来越多的重视和鼓励。利用生物技术提高并提取植物体内的碳水化合物，如乙醇、甲烷、植物精油、液化树脂等作为新能源，受到了广泛重视。

当今世界，人口急剧增长，对物质的需求量越来越大。而人口问题的核心是食品增加与人口增长的比例，即植口（plant population）失调，以及由植口所决定的二级生产者的总和与人口之间的数量协调问题。因此，食用植物、饲料和饵料等的增长总量应大于人口增长量，才能真正解决人口问题。植口的增长必须通过提高作物产量、改变其品质，扩大食用植物、饲料植物、饵料植物的使用范围，开发新的植物资源或植物原料，以及扩大其利用范围等来解决。

20世纪50年代至70年代初，国际生物学计划（International Biological Program，IBP）重点研究全球不同生物群系的生产力，以及如何满足地球上不断增长的人口需要，研究可能获取的产量的最大定额，其最终目的就是通过查明生物有机物质的质和量的分布，掌握其再生产的基本规律，以便最为合理地利用。

### （二）植物与人类的生存环境

植物存在于人类活动的一切环境中，是其他环境因素和活动的关键环节。植物通过光合作用，利用$CO_2$制造有机物，为其他生物提供生存所需的食物和氧气。不仅人类的衣食住行直接或间接地取之于植物，而且植物能涵养水源、吸收粉尘、过滤噪声、调节气候、减少温室效应，净化水、土壤和大气中的有毒有害物质（重金属、$SO_2$、$NO_2$、$Cl_2$等），保护、监测并改善环境质量。此外，植物还能固坡护沙、防止水土流失、改良土壤、提高土壤肥力、绿化都市、营造庭园景观，有利于人类创造最佳生存环境。

人类的劳动使荒地变为良田；林带的植造，能防风固沙，使沙漠变为绿洲；热带与亚热带植物资源的开发和利用，引种驯化和栽培植物；利用植物指示探矿、石油开采、环境保护，以及农业区划和土地规划等重要的人类生产经济活动，都将或多或少地改变着特定地区的生态环境，直接影响人类的文明和永续发展。

至2017年，有6075种植物被认定为入侵植物（invasive species），仅菊科就有650种。中国现有外来植物800多种，如紫茎泽兰（*Eupatorium coelestinum* L.）等。入侵植物不仅严重破坏当地生态环境，威胁物种多样性，造成重大经济损失，而且影响人类和牲畜健康与安全，还会与近缘土著种杂交造成遗传污染和种质丧失。

30多年来，国际性研究计划——人与生物圈（Man and Biosphere，MAB）的实施，使人们更为深入地研究、认识和理解自然与人、自然界与社会间相互作用的基本规律。

# 第二节 植物的多样性与保护

## 一、植物的多样性

植物的多样性是指地球上的植物及其与其他生物、环境所形成的所有形式、层次、组合的多样化。植物的多样性主要表现在植物种类、植物遗传和植物生态系统的多样性等方面。不同的植物种类在其大小、形态、结构、生理功能、遗传变异、生活习性、地理分布、对环境的作用及与人类的关系等方面各不相同，而且，自然界中的生物量有95%以上是由植物的光合作用所形成。因此，植物是人类生存和发展的基础。在多种多样的植物中，植物遗传变异的丰富性是植物种类多样性的基础，植物种类的多样性是植物生态系统多样性的根本，同时也是国民经济发展和人类文明进步的基础。因此，必须更为充分有效地利用和保护植物的多样性。

### （一）植物种类多样性

植物种类的多样性是指植物在物种水平上的多样性，可以指某一区域范围内的物种多样化，也可以指全球范围内物种的多样化。按照生物的两界系统，已定名或已描述记载的植物种类有近40万种。现已知道：全世界有病毒、藻类、菌类等植物11万种以上，有苔藓植物、蕨类植物和种子植物28万种以上。其中种子植物，特别是被子植物是植物界中最进化、最复杂、最高等、种类最多的植物类群。中国有病毒、藻类、菌类等植物1万多种，有苔藓植物、蕨类植物和种子植物3万多种，占世界总数的10.5%左右。植物进化仍在继续，新的种类还会出现。随着科学研究和科学技术的发展，人类生产、经济活动的进一步深化，如引种栽培、驯化野生植物和转基因改造植物等，将对植物的多样性和适应性产生深刻的影响。

#### 1. 植物形态结构的多样性

在千差万别的植物中，它们的形态、结构及其对环境的适应性是丰富多样的。有的植物个体微小，结构简单，仅由单个细胞组成，只能在显微镜下才能观察清楚；有的植物由一定数量的细胞松散联系，聚成丝状、枝状或球状群体；有的细胞之间联系紧密，形成多细胞植物体，或平扁如叶状，或匍匐呈游走状，或直立为矮小的茎叶体。许多植物进化地位较高，在结构和功能上出现了组织、器官的分化，甚至是集根、茎、叶、花、果和种子于一体的复杂类群，如植物界最高级的植物类型——被子植物。

在丰富多样的被子植物中，有挺拔向上的白桦（*Betula platyphylla* Suk）和桉树（*Eucalyptus robusta* Smith）；有枝叶茂盛、茎干发达、独树成林的榕树（*Ficus microcarpa* L.f.）；有枝叶聚生枝顶，形如伞的华盖木（*Manglietiastrum sinicum* Law）；此外，还有众多穿行于山林、编织林网的藤本植物，以及近地或贴地而生的草本植物等。

## 2. 植物生活习性和生态适应性的多样性

植物在生存进化过程中，长期适应某一特定环境而形成一定的生长习性或生态适应性。根据植物的生活环境和生活习性可把植物分成水生植物和陆生植物两种类型。水生植物根据其在水环境中的生长和分布状况，可分为浮水植物［漂浮在水面，如水葫芦*Eichhornia crassipes*（Mart.）Solms.等］、沉水植物［沉没在水下，如金鱼藻（*Ceratophyllum demersum* L）等］和挺水植物［茎叶大部分挺伸在水面以上，如芦苇（*Phragmites communis* Trirn.）等］。陆生植物根据其分布地土壤水分含量的多少，可分为湿生植物［生长在潮湿环境中，如水稻（*Oryza sativa* L.）等］、旱生植物［生长在干旱环境中，如仙人掌［*Opuntia dillenii*（Ker-Gawl.）Haw］等］和中生植物（生长在干湿适中条件下，如大多数栽培植物）。此外，陆生植物根据其茎干的质地可以分为质地坚硬的木本植物和质地柔软的草本植物；根据光照的强弱可将陆生植物分为在强光下才能生长得好的阳性植物和在较弱光照下比强光照下生长得好的阴性植物和能忍耐适度荫蔽的耐阴植物等；根据陆生植物生存环境的土壤酸碱度不同，可将其分为适宜生长在盐碱地的碱性植物和适合生长在酸性土壤的酸性植物等。

## 3. 植物营养方式和生活周期的多样性

从营养方式看，绝大多数植物细胞中具有叶绿素，能够进行光合作用、制造养分，它们被称为绿色植物或自养植物。但是，也有部分植物体内无叶绿素，不能自制养料，而只能寄生在其他植物体上，吸取现成的营养物质而生活。例如，寄生于麦类作物茎、叶上的禾柄锈菌（*Puccicinia graminis* Pers.f.sp.*tritici* Erikss.et Henn.），以及寄生于大豆植株上的菟丝子（*Cuscuta chinensis* Lam.），它们被称为寄生植物。还有些植物，如马先蒿（*Pedicularis* sp.）和许多菌类植物，它们生长在腐朽的有机体上，通过对有机物的分解作用而摄取生活所需的营养，被称为腐生植物。非绿色植物中也有少数种类，如某些硫细菌（sulfur bacteria）、铁细菌（iron bacteria），可以借助于氧化无机物获得能量而自行制造食物，它们属于化学自养型植物。

植物的生命周期在不同植物中一般是不同的。有的细菌仅生活20～30min，即可分裂而产生新个体。短命植物——风滚草（*Albizzia julibrissn* L.），生长在雨水稀少的非洲草原上，当雨季来临时，其种子很快发芽，经约一周的生长发育，便能开花结实，完成整个生活史过程。一年生和两年生的种子植物分别在一年中或跨越两个年份，经历一两个生长季节而完成生命周期，它们都为草本类型，如水稻、蚕豆（*Vicia faba* Linn.）、油菜（*Brassica napus* L.）等。多年生植物有两种类型，即多年生草本，如狗牙根［*Cynodon dactylon*（Linn.）Pers.］和木本，如苹果（*Malus pumila* Mill.）、松（*Pinus* spp.）等。木本植物的树龄，有的可长达数百年，如分布于我国四川的银杏（*Ginkgo biloba* L.）已有近千年的历史；有的可长达数千年，如生长在美国西海岸的红松（*Pinus koraiensis* Sieb. et Zucc），据测定已存活7000多年。

## （二）植物遗传多样性

植物的遗传多样性也称基因多样性，它是指每一物种内个体之间或一个群体内不同个体间的基因和基因型的多样性（或遗传变异的总和），是植物适应变化着的环境和进化形成新物种的重要基础。因此，一个物种的遗传多样性是非常丰富的，人类可以诱导、积累并丰富栽培植物的遗传多样性。例如，菊花是常见的栽培观赏花卉，现已形成的菊花品种有3000多个；辣椒的品种也很多，其果实形态相差很大。

植物的生活史特点、种群动态及其遗传结构等决定或影响着它与其他物种及环境之间相互作用的方式。物种的遗传变异越丰富，对环境适应性就越广，即群体内的遗传多样性越丰富，所反映的物种进化潜力越大。人们早就注意到物种内变异的多样性和持续性，并将它们划分成若干个变种、变型乃至栽培植物的品种和品系等。

植物遗传多样性的研究除了重视其形态、地理分布、生态特征以及生产性状等个体水平的差异外，还应重视个体或群体间的染色体数目、形态、行为等细胞水平上的差异，不同代谢产物的代谢水平以及蛋白质等分子水平上的差异。在这4种水平不同的表现型中，找出能稳定遗传的生态型。加强DNA水平上的多样性研究，成为遗传多样性研究、保存和利用的关键。杂种优势、分子育种等的研究和应用成为遗传多样性研究和利用的热点，并已取得巨大成功。

## （三）植物生态系统多样性

生态系统（ecosystem）是指在一定的时空范围内生物和非生物成分通过物质的循环和能量的流动，相互作用、相互依存而形成的一个生态学功能单位。地球上有无数大大小小的生态系统，大至整个生物圈、整个海洋、整个大陆，小到一片森林、一片草地、一个小小的池塘，甚至某一特定环境下的一株植物，都可看作为一个生态系统。植物生态适应性使得它们在各自的生态系统中占据了一定的生态位，让它们能够稳定地生存在各自特定的环境条件中，如寄生植物、腐生植物、共生植物、食虫植物以及热带雨林中的绞杀植物等。植物生态系统的多样性是指植物长期进化过程中和生态环境之间所形成的多种多样的生态适应性以及植物群落、生态过程变化的多样化。

生态系统的多样性由生物群落与生境类型的多样性共同决定。植物在地球上分布极广，从热带到寒带以至两极地区，从平地到高山，由海洋到大陆，无论平原、丘陵、高山、大陆、荒漠、河海，或温带、赤道、极地，到处都有不同的植物种类分布、生长和繁衍，且它们的分布或多或少都在一定的地理范围内形成相对稳定的、异质多样性的生态系统。

我国气候和地貌类型复杂，南北跨越热带、温带和寒带三带，高原山地约占4/5，河流纵横，湖泊星罗棋布，海岸线漫长，复杂的自然条件使得我国的生态系统极其丰富多样。陆地生态系统类型主要有森林、灌丛、草甸、沼泽、草原、荒坡、冻原和各种各样的农田生态系统等。例如，森林又可分为针叶林、阔叶林和针阔混交林三大类。其中，以不同的乔木为标志又可划分为212类（群系，formation）等。灌丛的类别更为复杂，主要有113类。草甸有77类，沼泽有19类，红树林有18类，草原有55类，荒漠有52类。冻原及高山垫状植被有17类。水生生态系统有各类河流生态系统、湖泊生态系统及海洋生态系统等。

研究各种生态系统的成分、结构、物质和能量交换，可以了解各种生态系统内所有成分彼此间是如何相互协调、自我调节达到平衡状态的，防止由于人类的活动造成生态系统的瓦解和崩溃，威胁人类的生存。人类在从生态系统中取得经济效益的同时，还必须注重生态效益，使人类与环境和谐发展。

## 二、我国植物资源的多样性与利用

### （一）我国植物资源的多样性

我国地域辽阔，植物种类丰富，仅被子植物就有约3万种。保存了许多特有的植物类群，有银杏科（Ginkgoaceae）、杜仲科（Eucommiaceae）、珙桐科（Davidiaceae）、芒苞草科（Acanthochlamydaceae）、伯乐树科（Bretschneideraceae）和大血藤科（Sargentodoxaceae）等特有科，243个特有属，15 000多个特有种。这些物种可能具有某些对人类有用的潜在价值。例如，素有水果之王美称的猕猴桃（*Actinidia chinensis* Pianch.），原产我国，全世界54种猕猴桃，我国就有52种。我国植物资源十分丰富，有各种各样的天然森林、灌丛、草原和草甸，遍布着各种农田、果园、茶园、菜地、药圃和经济林场。

最北部的大兴安岭、长白山一带，有耐寒喜光的落叶松，有常绿针叶林云杉、红松。这些树种木质坚硬，是制造船只、车辆、纸张、乐器和建筑的良好材料，林下还分布有闻名中外的药材人参。

华北山地和辽东、山东半岛一带，是全国小麦（*Triticum aestivum* L.）、棉花（*Gossypium* spp.）和杂粮的重要产区。这一地区盛产桃［*Prunus persica*（L.）Batsch.］、葡萄（*Vitis vinifera* L.）、枣［*Zizyphus jujuba* var. *inermis*（Benge）Rehd.］、核桃（*Juglans regia* L.）、板栗（*Castanea mollissima* Blume）等；还有多种栎树林，如槲栎（*Quercus aliena* Bl.）等，其树叶做柞蚕饲料，果实（橡子）做纺织浆料，可节约人批粮食。

我国广阔的亚热带地区，是我国水稻主要产区，植物种类非常丰富，仅四川一带就有植物近1万种。有千年树龄、全身是宝的银杏，闻名世界的活化石水杉和百万年前残存的银杉，还有各种经济植物，如毛竹（*Phylloslachys pubescens* Mazel ex H.de Lehaie,）、油茶树（*Camellia oleifera* Abel.）、油桐（*Vernicia fordii* Hensl.）、乌桕［*Sapium sebiferum*（L.）Roxb.］和漆树［*Toxicodendron vernicifluum*（Stokes）Barkl.］，以及常用的建筑用材——杉木［*Cunninghamia lanceolata*（Lamb.）Hook.］和马尾松（*Pinus massoniana* Lamb）。我国西南高山是举世闻名的天然高山花园。

我国广东、广西、福建、台湾和云南南部的热带地区，气候温暖、雨水充沛、四季如春，有利于植物的繁衍滋长，仅广东一省就有几千种有花植物。这一地区有菠萝［*Ananas comosus*（L.）Merr.］、甘蔗（*Saccharum sinense* Roxb.）、剑麻（*Agave Sisalana* Perrine）农田。山谷植物种类繁多，海湾内有抗击强烈风浪的红树（*Bruguiera conjugata* Merr.），果树有香蕉（*Musa supientum* L.）、荔枝（*Litchi chinensis* Sonn.）、龙眼（*Dimocarpus longana* Lour.）和芒果（*Mangifera indica* L.）等，还有橡胶［*Hwea brasilliensis*（H.B.K）Muall.-Aeg.］、椰子（*Cocos nucifera* L.）、咖啡（*Coffea arabica* L.）、可可（*Theobroma cacao* L.）、胡椒（*Piper nigrum* L.）、油棕（*Elaeis guineensis* Jacq.）、槟榔（*Areca catectu* L.）等经济作物。我国台湾盛产香樟［*Cinnamomum camphora*（Linn.）Presl］，是全世界生产樟脑最多的地方。

南沙群岛地处赤道热带，热量、雨量丰沛，热带海洋岛屿气候特征显著。植物主要有银毛树（*Pupolus tomentosa* Carr.）和草海桐（*Scaevola frutcscens* L.）等，它们共同组成灌丛草地。

栽培植物有椰子、香蕉和番木瓜（*Carica papaya* L.）等。

西沙群岛地处热带海洋，位于海南省东南，是我国南海诸岛的一部分。西沙群岛由30个珊瑚形的岛、洲、礁、滩组成。海拔大多不超过10m。这里地处热带中部，夏季湿润多雨，冬季干旱，还时常受到台风的影响。由于这些独特的自然条件，形成了西沙群岛上美丽的热带岛屿植物景观。据张宏达统计（1948年），生长在西沙群岛的维管束植物多达203种（包括53种栽培植物），其中热带区系成分占47.3%，亚热带区系成分占16.3%，广布种占36.4%，与世界珊瑚岛植物区系特点一致，如有沙滩绿色尖兵之称的厚藤［*Ipomoea pescaprae*（L.）R. Brown］）和海岛绿色长城草海桐等。栽培植物椰子树几乎遍及各个岛屿，成为茂密的椰子林。

东北平原和内蒙古高原东部，有一望无际的大草原。广布禾本科（Poaceae）、豆科（Viciaceae）牧草，营养价值高，是我国重要的畜牧业基地。

青藏高原中东部和南部，有沼泽、湖泊，以及水草丰美、花色瑰丽的草甸。向阳山坡有大片的草原。高原谷地种有青稞（*Hardeum unlgar* Ls.）、冬小麦、荞麦（*Fagopyrum esculentum* Monch）和萝卜（*Raphanus sativus* L.）。

新疆的固定沙丘和流动沙丘上生长着供作燃料的梭梭。甘肃和青海的沙漠上，生长着固沙的杠柳（*Periploca sepium* Bunge）等。沙漠上的绿洲，我国最优质的长绒棉就生长在这里。此外，还有甜蜜的葡萄、西瓜（*Citrullus lanatus* Mansfeid.）和哈密瓜（*Cucumis melo* var. *sacchannus* Hami）等果品。戈壁滩上有沙拐枣（*Calligonum mongolicum* Turcz）和麻黄（*Ephedra minuta* Florin）。除麻黄外，上述其他植物都是骆驼的良好饲料。这里还有沙漠地区主要的建筑材料——天然树种胡杨（*Populus diversifolia* Schrenk.），其叶子可作骆驼和羊的好饲料。

植物在任何环境中，几乎都是唯一的第一级生产者，有时又是第二级生产者。因此，植物是人类最基本的能源，又是其他能源的潜在来源。当今世界能源耗费、资源枯竭、人口膨胀、粮食紧缺、环境恶化、生态失衡，都与植物资源的不合理利用和保护直接或间接相关。因此，必须珍惜和保护好现有的植物资源，更加合理地开发应用植物资源。

### （二）我国植物资源的开发应用

在我国，植物资源的开发利用取得了可喜的成绩。例如，开发出新的抗肿瘤药物喜树碱、三尖杉碱、美登木碱，及作用于神经系统的药物莨菪碱、草乌碱，抗疟新药青蒿素，治疗冠心病的丹参酮，治疗高血压的萝芙木碱、罗布麻碱等，其他还有鱼腥草片、冬凌草素片、苦参肠炎片等。我国已开发出大约200种植物新药，其中90%源于野生植物。随着现代药理研究的深入，从野生植物中提取生物活性物质的产品开发也迅速发展起来，如银杏叶提取物、金丝桃素、水飞蓟素、月见草油中的γ-亚麻酸、紫苏油中的α-亚麻酸、枸杞多糖等。除药用植物之外，自野芝麻等植物中提取蜕皮激素用于养蚕业，促进蚕丝优质高产；自桑科植物中提取冶金工业用的桑色素，自金鸡菊（*Coreopsis lanceolata* L.）、越橘（*Vaccinium vitis-idaea* L.）、乌饭树（*Vaccinium bracteatum* Thunb.）等提取食用色素，从地衣中提取树苔浸膏代替进口的定香剂等。近20年来，野生香料植物的开发利用也突飞猛进，由过去的原料精油出口为主，逐渐成为香精香料出口，配制的香精品种由过去的60多种增加到650余种。我国芳香植物有600余种，其中已知具有开发利用价值的有400余种，已批量生产的约200种。我国的肉桂油占世界生产总量的90%；八角茴香油生产占世界总量的80%，其他出口量大的还有柠檬油、薄荷油、樟油、香茅油、山苍子油和桉叶油等。我国较为重要的野生果树有300多种，已被开发利用的有50余种，其中田刺梨（*Rosa roxburghii* Tratt）、余甘子（*Phyllanthus emblica* L.）、沙棘（*Hippophae rhamnoides* L.）、越橘（*Vaccinium vitis-idaea* L.）、西番莲（*Passiflora edulis* Sims.）等开发出的饮料、保健食品都占有一定的市场。在我国，植物胶以往多依赖进口，近年来相继开发出槐豆胶、田菁胶、葫芦巴胶、决明胶、胡里豆胶等多种可替代进口的国产胶。在印染、冶金采矿、食品、化妆品等领域，部分或大部分取代了进口的阿拉伯胶、瓜尔胶等。我国中草药等功能性化妆品、日用品的研究开发也取得较大突破，如茶皂素洗发香波、白芨［*Bletilla striata*（Thunb.）Reichb.f.］系列护肤品、蒲公英（*Taraxacum mongolicum* Hand. Mazz.）系列化妆品以及两面针、草珊瑚等药效牙膏等。

随着现代植物育种技术的迅速发展，栽培植物的优良品种不断涌现和推广，植物资源的利用将更加丰富，进一步推动我国工农业生产的发展，增强国民经济实力。因此，植物资源是国民经济可持续发展的基础，必须加强研究，合理利用与保护。

## 三、植物多样性的保护与意义

森林被大面积砍伐、工业污染物和生活污染物的大量排放，极大地恶化了植物的栖息地，破坏了人类的生存环境。全世界热带雨林每年以10%的面积消失，连续的生态系统成为支离破碎的“岛屿”，植物物种的多样性和遗传多样性下降，不适宜的环境使诸多植物难以生存而濒于灭绝。国际植物园保护联盟（Botanic Gardens Conservation International, BGCI）最近统计了全世界树木种类为60 065种，并对20 000种树木进行了评估，其中有9600多种树木处于濒危，300多种为极度濒危种（少于50个体）。据国际自然与自然资源保护联盟（International Union for Conservation of Nature, IUCN）物种保护监测中心估计：全球约有10%的植物面临灭绝，已有5万～6万种（约占全世界植物总数1/5）受到不同程度的威胁。现存的物种正以每天一种的速度在消失，而每种植物的绝灭又将导致相关的10～30种生物的生存危机。

在我国3万多种高等植物中，至少有3000多种处于受威胁或濒临灭绝的境地。《中国珍稀濒危植物》首批公布的388种植物中，濒危物种121种，稀有物种110种，渐危物种157种。不少热带地区的珍贵树种，如版纳青梅（*Vatica xishuangbannaensis* G. D. Tao et J. H. Zhang）和海南紫荆木（*Madhuca hainanensis* Chun et How）等，亚热带地区的水青树（*Tetracentron sinense* Oliv.）、连香树（*Cercidiphyllum japonicum* Sieb. et Zucc.）、领春木（*Euptelea pleiospermum* Hook. f. et Thoms.）、香果树（*Emmenopterys henryi* Oliv.）和穗花杉［*Amentotaxus argotaenia*（Hance）Pilger］等均处于濒临灭绝的境地。

在植物进化过程中，由于长期受到不同环境的影响，植物界形成了数十万种植物。无数类型的遗传性状，犹如一个庞大的天然基因库，蕴藏着丰富的种质资源，是新物种形成的基础，是自然界中最珍贵的财富。植物种质资源的良好保存和合理开发利用，对于植物的引种驯化、品种改良、抗性育种等方面将发挥出巨大作用。有的基因赋予植物很强的抗逆性，是改良和提高各种作物抗逆性的源泉；有的基因编码特殊的蛋白质和酶，是改良作物品质的材料；有的基因能够调控次生代谢，是合成医药和各种工业所依赖的化学成分原料。丰富的植物基因资源，是科学家们利用远缘杂交和基因工程手段，有目的地创造新的植物类型的物质基础。例如，袁隆平培育的杂交水稻为我国和世界水稻增产做出了卓越的贡献，其成功有赖于在海南省发现的一株雄性不育的野生稻；美国从中国东北搜集去野大豆，通过杂交，育成抗旱、抗病毒的新品种，扩大了栽种面积并提高了单产，几年后成为大豆的主要出口国。因此，一个物种的绝灭也就意味着某些特殊基因的永久丢失。

植物和人类是地球生物圈内的主要组成部分，也是生态系统平衡的重要因素。植物的种类越多、丰度越高，人类对其影响越小，则生态系统越复杂、越稳定。因此，必须保护环境，更合理地利用和保护植物的多样性。加强对植物资源的调查，开展对濒危植物的研究，建立各种类型的自然保护区就地保存，建立各种植物园、树木园和百草园等迁地保存，以及保存植物的干种子和基因库，制定和落实科学、有效的保护措施，才能保证人类的生存和发展有充足的后备资源。保护植物的多样性，就是保护人类自己。

## 第三节 植物学发展简史

人类关于植物方面知识的积累，与自身的生存需要和生产实践是分不开的。人类从采集植物充饥御寒、尝试百草医治疾病开始，利用植物并积累有关植物的形态、结构、习性和用途的知识。在观察和研究自然界的过程中，人类学会了栽培植物。在同疾病作斗争的过程中，人类采用植物做药，对植物的知识更加扩大。于是，植物科学得以逐步形成。

### 一、国外植物学发展史简介

世界植物科学的发展历史，最早可追溯到古希腊的Aristoteles（B.C.384～B.C.322年）首创的欧洲植物园，他的学生Theophrastus（B.C.372?～B.C.287年）所著《植物志》和《论植物的本原》，记载了500多种植物，把许多种类归为现在的属，把植物分为果实植物与无果实植物、显花植物与隐花植物、常绿植物与落叶植物，甚至记录了种子的萌发与发育及枣椰的人工授粉等。以后随着小农经济的发展，兴起了许多园圃，在植物的引种、驯化、栽培和选育中，对植物的描述、分类、杂交育种、药用植物的疗效和食用植物的价值等方面，进行了诸多研究，积累了知识。从德奥弗拉蒂斯到17世纪这一漫长的历程，植物科学尚处于描述性植物学时期。植物学研究的内容和特点主要是采用描述和比较的方法，认识植物，累积植物学的基本资料和发展栽培植物。

显微镜的发明和应用，使植物科学的发展进入植物的微观世界。1665年，R. Hook（英国）自制复式显微镜观察软木薄片，发现并命名了植物细胞。19世纪，M. J. Schleiden和T. A. H. Schwann（德国）创立了细胞学说，证明生物体结构和起源上的同一性。植物学家N. Geluo（英国）出版了第一本《植物解剖》，人类对植物的认识进入微观世界。

进入18世纪，植物学的发展从草药、草本植物为主转向所有植物，从种类的记述到建立分类系统和命名方法。例如，Carl Linnaeus（1707～1778年，瑞典）创立的双名法（binominal nomenclature）和提出的人为植物分类系统，以及19世纪C. R. Darwin（1809～1882年，英国）在1859年出版的《物种起源》（*The Origin of Species*）中提出的进化论观点，进一步推动了植物科学的发展。德国植物学家A. Engler（1844～1930年）和K. Prantl（1849～1893年）发表了《自然植物科志》（*Dienatürlichen Pfanzenfamilien*，1887～1899年），提出了试图反映植物类群亲缘进化关系的植物分类系统，对识别和利用植物，加强对植物的研究和交流起到了促进作用。1902年，Haberlandt（德国）首次提出植物细胞全能性（totipotency）观点。1958年，Steward（美国）用胡萝卜的韧皮部细胞成功培养出完整植株，验证了植物细胞的全能性，克隆技术及相应的组织培养工程由此诞生。

随着农业和经济的发展，人们对植物生命活动规律以及植物与环境的关系进行了多方面的研究，使植物科学逐渐形成了包括许多分支学科的科学体系，如植物学、植物分类学、植物胚胎学、植物生态学、系统植物学等。植物科学经过19世纪和20世纪初期的发展，由描述植物学时期发展到主要以实验方法了解植物生命活动过程的实验植物学时期。

20世纪三四十年代，电子显微镜的发明和应用，使细胞的研究进入亚细胞水平。1953年，J. Watson（美国）和F. Crick（英国）阐明了DNA的双螺旋结构，由此诞生出新的学科——分子生物学（附表1）。20世纪末及21世纪初，拟南芥［*Arabidopsis thaliana*（L.）Heynl.］和日本晴水稻（*Oryza sativa* L. cv. *nipponbare*）基因的破译，分子克隆、基因克隆、转基因和蛋白质组学等许多新领域和新技术相继出现，对植物体的结构、功能和遗传等生命现象有了更深入的了解，更加促进了与之相关的农、林、畜、牧及医学等学科及其产业的迅速发展，必将对21世纪的社会经济、军事、文化和道德产生深远影响。

在宏观方面，已由植物的个体生态进入到种群、群落以及生态系统的研究。应用遥感技术、全球卫星定位系统的研制探究植物群落在地球表面的时间、空间上的分布和变化规律，开展植物资源的调查、利用和保护等。航天技术的发展，研究植物在失重状态下的生命活动规律、筛选新的变异和培育新品种，“空间植物学”将得到愈来愈多的重视和发展。

## 二、中国植物学发展史简介

我国是研究植物最早的国家之一，植物学知识经历了萌芽、积累、发展和壮大的过程，并对世界植物科学的形成和发展做出了较大的贡献（附表2）。

早在距今七八千年以前，黄河、长江流域各氏族部落经长期的尝、闻、辨识、采集和种植植物，积累了许多有关植物的知识。早在殷商时代，古人就开始种植麦、黍（*Panicum miliaceum* L.）、稻、粟［*Setaria italica*（L.）Beauv.］等作物，有目的地观察、记载和描述植物的形态、生长和繁殖特性，区分植物为草、木两类，将菌类、藻类、葱蒜类、蓬蒿类等归为草类，将榆类、桑类、楝（槭树）类归为木类（《山海经》、《夏时》）。西周（公元前11世纪至公元前771年）还专设官吏，从事动植物资源调查，辨名物、察地形、别土宜以及农田管理等，积累了许多有关植物的知识（《周礼·地官·司徒》）。

春秋、战国时期是中国历史上由奴隶社会进入封建社会的大变革时期，不同学说、流派共荣，百家争鸣。植物学知识得到初步整理和说明，出现了农学、药物学（本草）和有关植物的著作，初步形成了比较系统的植物学知识。《诗经》记有黄河流域中下游和长江以北地区的植物约130种，并有植物形态、生境和分布等描述。在当时，远志（*Polygala tenuifolia* Willd）、菟丝子（*Cuscuta chinessis* Lam.）、益母草（*Leonurus heterophyllus* Sweet.）等植物已被采用为药用植物。《神农本草经》第一卷收载、记述植物药材252种，是我国乃至世界最古老的草药书。

到秦汉时期，著有《尔雅》，记述植物200余种，有“释草”（菌类、藻类、葱蒜类、蓬蒿类等）、“释木”［榆类、桑类、楝（槭树）类］专篇。分别给荷（莲）（*Nelumbo nucifera*

Gaertn.）茎、叶、花和种子以不同的名称。懂得树木的根部有“直根”（主根）和“曼根”（须根）之分，且知其有不同的生理功能（《韩非子·解老》）。

魏晋时期，嵇含撰《南方草本状》，记述热带、亚热带植物80种，分其为草、木、果、竹四类，对多数植物的生态特征、产地和用途做了精确的说明，是我国最早的植物专著，享有“世界最早的植物志”、“最早的南方植物志”之誉。后魏贾思勰的《齐民要术》，称麦为“黄衣”，五六月可种豆，认为豆科植物可以肥田，豆类同谷类轮作可以增产。书中记载的有关农业产品的加工以及植物的接枝技术，同现今应用的方法极为相似。

唐宋时期，农业和手工业日益发展，政府置办药园（唐代）、花圃（宋代），组织学者广泛采集植物标本，比较研究植物形态（特别是植物的花、叶）特征、地理分布等。积累了更为丰富的植物知识，出现了大量的植物专谱和著作。例如，《新修本草》（《唐本草》）（659年）、欧阳修的《洛阳牡丹记》（1031年）、蔡襄的《荔枝谱》（1059年）、苏颂等的《本草图经》（1061年）、韩彦直的《橘录》（1178年）、陈仁玉的《菌谱》（1245年）等，都是中国现存最早的专类植物图谱，并对此后的植物分类产生重要影响。《花果卉木全芳备祖》（1256年），全书58卷，分为果、花卉、草木、农桑、蔬菜和药物等部分，是我国乃至世界上最古老、最系统的一部植物词典。

元、明、清诸代，植物学知识继续积累和发展，除元代王祯的《农书》（1313年前后）有一定影响外，以明代的贡献为最大。明代徐光启（1562～1633年）的《农政全书》（1628年成书，1639年刊出），为农业上的重要书籍。明末宋应星（1587～约1666年）的《天工开物》（1637年）为植物工业上的重要书籍。明代李时珍，中国古代最杰出的博物学家，著《本草纲目》，总结了16世纪以前我国的本草著作。记载药物1892种，其中植物药1094种，分为草、谷、菜、果、木5部，内容十分丰富。囊括了植物界的所有门类：低等的藻菌植物、地衣植物和高等的苔藓植物、蕨类植物、裸子植物及被子植物。清《授时通考》（1742年）为农业上、园艺上及工业上杰出的书籍，内有栽培植物的考订。清代吴其濬著《植物名实图考》和《植物名实图考长编》，全书分38卷、12大类，记载植物1714种，分谷类、蔬菜、草类、果部、木类等，是我国第一部最大的区域性植物志。

清末朝臣李善兰（字壬叔，1811～1882年）与威廉臣（Alexander Williamson，1829～1890年，英国）合译出版《植物学》一书（1858年），是我国第一部介绍西方近代植物科学的著作。全书共8卷，约35 000字，有插图200多幅。书中主要介绍了植物学的基本理论知识，包括植物的地理分布，植物体的内部组织构造，植物体各器官的形态构造和功能以及植物的分类方法等。李善兰在书中创译了细胞、萼、瓣、心皮、子房、胎座、胚、胚乳等植物学专门术语，以及分类学中的“科”，如伞形科（Umbelliferae）、石榴科（Punicaceae）、菊科（Asteraceae）、唇形科（Lamiaceae）、蔷薇科（Rosaceae）、豆科（Viciaceae，Leguminosae）……许多科的名称及“植物学”一词均是他首次创译。此书是我国第一部近代植物学之书，极大地促进了我国近代植物学的发展。

胡先骕（1894～1968年）是中国现代富有成就的植物分类学家之一。他一生发表了1个新科，6个新属，一百几十个新种。钱崇澍（1883～1965年）主要研究华东植物，涉及分类、区系和植被等方面。陈焕镛（1890～1971年）主要研究华南植物，主攻樟科（Lauraceae）、胡桃科（Juglandaceae）和山毛榉科（Fagaceae）植物，发现了几十个植物新种，并发表属于“真花说”的多元被子植物分类系统。张景钺（1895～1975年）是我国第一个从事植物形态学研究的植物学家，对植物系统分类学研究颇多。此外，耿以礼（1897～1975年）对禾本科，郑万钧（1904～1983年）对裸子植物，张肇骞（1900～1972年）对菊科、堇菜科（Violaceae）、胡椒科（Piperaceae），秦仁昌（1889～1986年）在蕨类植物，陈邦杰（1907～1970年）在苔藓植物，饶钦止（1900～1998年）对淡水藻类，曾呈奎（1909～2005年）在海水藻类，以及戴芳澜和邓叔群（1902～1970年）在真菌类方面都开展了深入系统的研究工作，取得举世瞩目的成绩。

吴征镒（1916～2013年）是中国著名的、具有国际声誉的植物学家，植物区系研究的权威学者，是世界上最杰出的植物学家之一。主编《中国植物志》《中国植被》等数十部学术专著，发表140多篇各类论文。发现并发表了1300个以上新分类群（植物亚科、族、组等新等级不下10个，新属10个），在国际植物分类学研究领域中产生了重要的影响。提出了"东亚植物区"的概念，并认为其是一最古老的植物区；还提出了被子植物起源"多系—多期—多域"的理论。

20世纪60年代，世界杂交水稻之父——袁隆平（1930年～）用"野败型"野生稻与栽培稻杂交，成功建立水稻"三系"，又培育出"超级稻"，为全世界杂种优势的研究和利用做出了杰出的贡献。

多年来，我国政府一直高度重视植物科学志书的撰写、修订、出版和人才的培养。中国植物学家分工协作共同编写的《中国植物志》《中国经济植物志》《中国高等植物图鉴》《中国真菌志》《中国经济海藻志》《中国黄海海藻志》《中国植被》等植物辞书的出版，一系列研究机构的设立和科研项目的立项资助，一批世界级的植物学家涌现，如王伏雄（1913～1995年）在裸子植物胚胎学上的成就，李扬汉（1902～2004年）在禾本科植物解剖学方面的贡献，王德宝（1918～2002年）等首次人工合成生物活性与天然转移丙氨酸相同的酵母丙氨酸转移核糖核酸，殷宏章（1908～1992年）等第一个发现光合磷酸化高能态的存在，像这样的科学家还有很多，难以一一列举，他们都为我国乃至世界植物科学事业的发展做出了杰出贡献。我国植物学的研究和成就是世界植物科学发展的重要组成部分。

## 三、当代植物学发展的主流与趋势

利用分子生物学手段，定向设计和强化植物的某些性状。人类已完成了拟南芥、日本晴水稻、毛白杨、粟、菊花、牡丹和榴莲等植物基因组的测序工作。基因的功能，基因在细胞、组织和个体水平上的表达时期、表达部位及其植物发育和调控的分子机理等，仍将是今后植物学研究和发展的主流和方向之一。

借助分子生物学技术，研究作物光合作用的本质，不断提高作物的光合效率，使我们的粮食和蔬菜更加高产优质，更加多样化、营养化。随着转基因技术的不断改进和创新，可以将具有特定功效的基因转入特定植物的受体细胞或特定染色体的特定位置上，并能稳定、特异表达，将大大提高转基因育种效率。或是利用转基因技术，将某些植物改造成更加有利于人类的生活而又不破坏环境，甚至能在净化环境中发挥更大作用的植物。

人类已经认识到：环境的污染和破坏的加剧、植物资源的不合理开发和利用愈来愈明显地影响着人类的健康生存和持续发展。今后，人类必将更加重视研究植物的多样性，合理保护和开发利用植物资源，更加重视珍稀濒危植物的保育研究和适度繁育与有效利用，更加重视对"人与自然和谐规律"的研究，加强湿地生态系统的保护和重建，自觉维护生态平衡，以建设一个更为和谐、稳定、可持续发展的人类未来。

# 第四节 植物学及其主要分支学科

植物学是关于植物的科学，是研究植物和植物的生活与发展规律的科学。植物学的主要研究内容包括植物的生命活动规律、器官的发育与结构、植物类群的进化与分类，以及植物与环境和人类间的相互关系等内容。

由于人类生产和植物科学的发展，植物学已分支出许多学科，现简要介绍如下：植物形态学（plant morphology）研究植物个体发育和系统发育中的形态结构建成规律和特征，阐述植物体各器官的形态结构和生理功能间的相互关系。广义的概念还包括研究植物组织和器官的显微结构及其形成规律的植物解剖学，研究高等植物胚胎形成和发育规律的植物胚胎学，以及研究植物细胞的形态结构、代谢功能、遗传变异等内容的植物细胞学等。现已分支出植物器官学、植物解剖学、结构植物学、植物胚胎学及植物细胞学等学科。

**植物生理学**（plant physiology） 研究植物生命活动规律、揭示植物生命现象本质的科学。研究植物细胞的结构与功能，水分代谢、矿质营养、光合作用、呼吸作用、有机物运输与分配，植物的生长、生殖、衰老、脱落和逆境的生理及其调控规律。与植物生理学密切相关的学科有植物生物化学。植物分子生理学、植物代谢生理学、植物发育生理学是新形成的分支学科。

**植物分类学**（plant taxonomy）**和植物系统学**（plant systematics） 研究植物种系特征、种系间的亲缘关系和演化顺序，并对植物进行分类，建立和完善植物各级类群的进化系统的科学。植物系统学更强调植物间的系统关系，即谱系。已产生出的分支学科有植物化学分类学、植物细胞分类学、植物超微结构分类学、植物数值分类学和分子系统学（molecular systematics）等；此外，针对某一具体植物类群分类的研究产生了细菌学、真菌学、藻类植物学、苔藓植物学等分支学科。

**植物生态学**（plant ecology） 研究植物与环境间相互关系的科学。又可分成植物个体生态学、植物种群生态学、植物群落生态学及生态系统生态学等。

**植物胚胎学**（plant embryology） 研究植物胚胎形成和发育规律的科学。研究受精前胚囊和花粉管形成、受精过程、胚胎发育以及胚胎发育与外界环境条件和内在生理、生化和遗传的关系等。植物生殖生物学、植物发育生物学等是在其基础上新形成的分支学科。

**植物生物学**（plant biology） 主要研究植物的形态结构、植物生长发育的生理与代谢、植物的系统与分类等的学科。

**植物遗传学**（plant genetics） 研究植物的遗传和变异规律性的科学。已分支出植物细胞遗传学和分子遗传学两门学科。

**植物化学**（phytochemistry） 研究植物代谢产物的成分、结构、分布规律的科学。与中药有效成分、植物系统分类有着密切的关系，形成的新的分支、交叉学科有植物化学分类学等。

**植物资源学**（plant resources） 研究自然界所有植物的分布、数量、用途及其开发的科学。它与药用植物学、植物分类学和保护生物学有密切关系。

**分子植物学**（molecular botany） 专门研究和揭示植物的核酸、基因、蛋白质等大分子的结构和功能规律的科学。它是随着生物大分子（核酸、蛋白质和基因）的结构和功能的研究而发展起来的，是当今植物学各领域研究的前沿。分子生物学研究的方法和技术也已应用于植物学各分支学科的研究。

# 第五节 学习植物学的目的与方法

## 一、学习植物学的目的和意义

植物是联系人和大气圈与岩石圈的纽带，是维系人类生命和生存的重要物质要素。研究植物的目的是认识和揭示植物生长发育、遗传变异、分布和适应等的规律，有意识地控制、利用、保护和改造植物，充分利用野生植物资源，提高作物的产量和品质，进一步发展国民经济，改善人民生活。

植物学不仅是综合性大学生命（物）科学学院的基础课程，而且是农业院校中大农学类各专业的一门重要的基础课程。在栽培、繁育和管理农作物、牧草、果树、蔬菜、花卉、茶、桑、观赏树木、药草以及其他经济植物或资源植物时，需要厚实的植物学知识。防治病虫草、改良土壤，促使种植物优质高产，也离不开植物学知识；家禽、家畜的饲养以及农产品的加工，都需要植物作为饲料或原料，其他如环境保护、植物资源的开发利用等也与植物密切相关。因此，学习植物学可为学好其他相关课程和后继专业课程（植物生理学、植物病理学、植物遗传学、农业生态学、土壤学、栽培学、育种学等），为更好地从事农业生产和科学研究，提供必要的植物学基本理论、基本知识和基本技能。

本教材针对农业院校植物生产类、综合性大学生物学类的人才培养特点和教学要求，兼顾了植物学的系统性和科学性，力求阐明植物学的基本概念、基本知识和基本理论，力求联系生产实际、反映本学科的发展水平。教材内容在讲述了组成植物体的细胞、组织的基础上，阐述了被子植物个体发育过程中，营养器官和生殖器官的形态发生和结构建成的规律与特征；简要地介绍了植物分类的基础知识、植物界的基本类群特征和系统进化概况；分述了被子植物中与生产关系密切、有代表性的重要科、属或植物种的识别特征和用途。因此，认真学习和掌握教材内容，不仅对于学好植物学课程十分重要，而且，对深入学习与植物相关的课程和进一步从事相关领域的研究与发展大有好处。

## 二、学习植物学的方法

学习植物学，首先应该运用辩证唯物主义的观点，充分认识到植物有机体的局部与整体间、细胞、组织、器官与个体间、形态结构与生理功能间、个体与群体间，以及植物与环境间相互联系、相互制约的关系。必须确立联系的、动态的发展观，正确认识植物的个体发育是一个连续的序列过程，其形态结构的建成、生理功能的表现及其与环境三者间是相对稳定的、连续的变化和统一的。植物种类繁多、类群复杂，它们是在自然界中经过长期演化而来的。学习植物学还应树立由“低级到高级、由简单到复杂、由水生到陆生、由少数到多数”的系统进化的观念，才能更好地理解植物的多样性、稳定性、变异性、可利用性和重要性。

在学习植物学过程中，要善于运用观察、比较和实践的研究方法，重视理论联系实际，加强实验观察和技能的训练，以增加感性知识、加深理解学习内容。同时，还要强化主动学习、自觉学习的意识，培养实事求是的科学态度。通过植物学的学习和训练，为其他相关课程和后续专业课程的学习打下坚实的基础，提高自己认识自然和与自然和谐共处的意识和能力。

# 总结与复习

## 知识要点

生物可划分为两界（植物界和动物界）、三界（植物界、动物界、原生生物界）、四界（原核生物界、原始有核界、后生植物界、后生动物界）、五界（植物界、动物界、原生生物界、原核生物界、菌物界）和六界（植物界、动物界、原生生物界、原核生物界、菌物界、病毒界）等。

地球上的植物总数近50万种。其中病毒、藻类、菌类等植物11万种以上，苔藓植物、蕨类植物和种子植物30万种以上。中国是世界上植物种类最多的国家之一，仅被子植物就有约3万种，是保障国民经济持续发展的重要资源。

植物多样性包括物种、遗传和生态系统三个层次，主要表现在其形态、结构、生理功能、遗传变异、生活习性、地理分布、对环境的作用及与人类的关系等方面，是人类生存和发展的基础。

植物是生态系统的第一级的生产者，有时又是第二级生产者。植物是人类赖以生存的基础。人类的衣食住行都直接或间接地取之于植物。大力开发新的食物资源、积极改良和提高原有作物的产量和品质，以适应增长着的人口对粮食的需求。直接利用植物生产石油和乙醇，可减少对非再生性资源的依赖性。大力提倡植树造林、合理开发利用植物资源，不仅能美化环境、维持生态平衡，而且能保障和促进人类文明的进步和可持续发展。

全世界热带雨林每年以10%的面积消失，约有10%的植物面临灭绝，植物的多样性在下降。中国的珍稀濒危植物至少有388种，一种物种的绝灭意味着某些特殊基因的永久丢失。合理保存和开发利用植物资源，对于植物的引种驯化、品种改良、抗性育种、经济文化建设等方面将产生巨大影响。植物资源是人类永续发展的基础，保护植物资源，就是保护人类自己。

人类对植物学知识的积累已有几千年的历史。中国是世界上研究植物最早的国家之一，为世界植物学的发展做出了积极贡献。17世纪的李时珍（中国），18世纪的林奈（瑞典）等，都对植物学做出过卓越的贡献。当今，植物学已凸显出宏观——植物与环境、微观——植物发育与基因调控两个热点和主流方向。植物学是研究植物和植物的生活与发展规律的科学。

植物学的主要研究内容包括植物生长发育过程中的形态建成、器官发育与结构、植物类群进化与分类，以及植物与环境间的相互关系等。植物科学的分支学科主要有植物形态学、植物分类学、植物生理学、植物遗传学、植物生态学等。植物科学的各个领域不断交叉渗透，已产生出许多新的交叉分支学科。

研究植物的目的是认识和揭示植物生长、发育、遗传和分布等的规律，去控制、利用、保护和改造植物，充分利用野生植物资源，提高农作物的产量和品质，发展国民经济，改善人民生活。

学习植物学，必须确立辩证唯物主义的观点、联系与动态发展的观点、系统与进化的观念，以及实事求是、理论联系实际的科学态度。

## 复习思考

1. 植物的多样性主要是指什么?研究和保护植物多样性的意义是什么?
2. 我国丰富的植物资源主要包括哪些？试就这方面展开讨论。

3. 绿色植物与非绿色植物在自然界中起什么作用？什么是地球化学循环？
4. 试简述植物与世界粮食、能源、环境和可持续发展的相互关系。
5. 中外植物学研究的代表人物、主要成就和重要著作分别有哪些？
6. 植物学的主要研究内容和主要分支学科有哪些，各有些什么研究内容？
7. 学习和研究植物学的目的和任务是什么？怎样才能学好植物学？

## 阅读与探究

### 阅读参考

**（1）绪论知识参考阅读：**

http://jpkc.yzu.edu.cn/course/zwx/0502jxrr.htm

**（2）知识拓宽参考阅读：**

碳汇是评价一个国家资源与环境质量的重要指标。碳汇储存、碳汇经济、碳汇贸易成为各国政府高度关注的热点。

生物多样性是人类生存发展的基础。保护生物多样性就是保护我们人类自己。生物多样性与保护是全世界关注的热点问题之一。进一步了解可登录下列网站查询：

http://www.usmab.org/

http://www.biodiv.gov.cn

http://www.biodiv.gov.cn

http://www.cvh.ac.cn/中国数字植物标本馆

http://www.plantphoto.cn/中国植物图像库

http://frps.eflora.cn/中国植物志

http://www.cfh.ac.cn/Album/Albums.aspx

http://www.kew.org/

中国古代的文人在作品中表达内心情感时，往往喜欢借用自然中的山水、草木、虫鱼。翻开厚厚的中国文学史，各种动物、植物都会纷纷涌现在我们的面前，中国文人为什么对动植物情有独钟？这一方面昭示着他们热爱自然，另一方面也传递出自然世界中隐藏着各种神秘和力量。《草木缘情：中国古典文学中的植物世界》（潘富俊，2015）这本书，梳理了文学与植物的关系，还原几千年来文人笔下的植物原貌，解析不同时代赋予植物的文学寓意，为我们重新发现中国古典文学魅力提供帮助。你可以用业余时间跟随作者的脚步，一面亲近古诗词，一面认识大千植物世界。

### 探究学习

在教师的指导下，结合秋游或春游，选择植物种类丰富的地区（如校园、森林公园、保护区等）组织一次野外活动，加强植物多样性、植物资源丰富性的认识，提高学习自觉性。

人类的衣、食、住、行、健康和精神生活离不开植物。植物可被用来美化环境、提供绿荫、调整温度、降低风速、减少噪声、吸收粉尘、遮挡视线、涵养水土、碳汇、固氮和释放氧气。人们常会在居室内盆栽植物，或垂吊、插花，室外设置草坪、观赏树木、藤蔓、树篱、花坛、花篱，或被用于美术、建筑、性情、语言、艺术、照相、纺织、钱币、邮票、旗帜、肩章等之上。活的植物还可用于绿雕、盆景、树墙等。观赏植物有时会影响到历史，如郁金香狂热。每年有数十亿美元的旅游产业与植物有关，包括植物园、历史林园、国家公园、花卉博览会、薰衣草园田、多彩树木的森林、彩叶植物的斑斓等，更加丰富了人们的精神生活。日常用纸是植物原料制成的，一些芬芳的植物可提取香精、香油，制作成各种美容美体产品，各种木雕、根雕、叶艺都源于植物的根、茎或叶，许多乐器、器具等也是由植物制作的，甚至出现了“竹（藤）文化节”“某某花节”及不同层次、类型的“花博会”等。可利用网上资源，分类检索阅读，扩大知识面，培养自己的兴趣爱好。

种植业的主体是植物，即使养殖业也离不开植物。植物是人类的重要食物、药物来源，如马铃薯块茎、山芋块根、叶用蔬菜、人参、甘草、鱼腥草等。植物也常被用来制作坚固的房屋、亭台楼阁、桥梁、车船等。因此，植物与人类的生产生活十分密切。进一步了解可登录下列网站查询：

http://garden.ibcas.ac.cn/zhwshh.htm

http://v.youku.com/v_show/id_XMTg2NjM1NzA4.html

# 第一章

# 植物界基本类群与分类

## 内容导读

现已知道，自然界的植物约有50万种。它们种类繁多，形态、结构、生活习性等方面各异。我们若要认识、利用或改造它们，就必须对它们进行分类，并建立起相应的分类系统。

人类对植物的认识和分类是一个漫长的历史过程。史前，人类就开始接触和利用植物，辨别可食的和有毒的植物，把某些植物的种子、果实、块茎、块根等作为食物。继后用植物治病，李时珍在《本草纲目》中对植物的类别、名称、性能和特征的描述，就是植物分类。

为了便于系统地、分门别类地认识、研究和利用植物，植物系统分类学家按照植物间亲缘关系的远近，将植物界分为门、纲、目、科、属和种级单位或等级。根据植物的形态结构、生活习性，通过检索表，方便快捷地检索出已有植物所属的等级与名称。例如，将植物界分成藻菌植物门（Thallophyta）、苔藓植物门（Bryophyta）、蕨类植物门（Pteridophyta）和种子植物门（Spermatophyta）等。

植物分类的目的，不仅是认识植物，给植物以名称和特征描述，而且还要按植物的亲缘关系，把它们分门别类，建立一个足以说明植物亲缘关系的分类系统，利用植物分类学等知识，进行植物的引种、驯化、培育和改造，为人类的生产、经济和生活服务。因此，我们有必要学习和了解植物分类的基础知识。

根据植物的形态、结构、生存方式等特征，人们将现存的近50万种植物划归于不同的门、纲、目、科和属。学习植物界的基本类群与进化的知识，了解不同类群植物在自然中的意义及其与人类的密切关系，对正确认识、利用和改造植物，树立进化论思想和形成科学的世界观等很有意义。

## 教法与学法

### 教 法

（1）植物分类基础知识部分以讲授为主，建立知识框架，获得逻辑认识，激发学生学习动机和热情，在课堂上，可以口头、直观的方法强化和检查教学效果。

（2）植物界基本类群与进化部分的讲授，应充分利用多媒体手段，开展讲授式、演示法等相结合的灵活教学方法，帮助学生建立植物界植物类群多样性的知识框架和植物界形成与发展的进化论思想。

（3）对于高等植物类群，尤其是维管植物类群，还可采用实物法、现场教学法、比较式、讨论式或参与式教学，可激发学生学习热情和兴趣，培养学生关注自然、热爱自然、珍惜和保护植物的情感思想，延伸教学效果。

（4）在训练好学生解剖观察、显微操作、植物检索表和数码互动教学系统使用技能的基础上，指导和帮助学生分组、野外采集、观察，实验室解剖观察、特征描述和物种所属科属种的鉴定，开展反转课堂教学活动，促使学生学会学习、自主学习、合作和探究学习。

## 学 法

（1）本章内容多，涉及面较广。各大类群植物的基本特征、代表植物的生活史是本章的重点。要求学生必须做好课前预习，认真听讲、积极思考、适当做些课堂笔记。积极配合教师的课堂教学，主动回答问题或参与问题的讨论。

（2）确立进化论思想。植物界的形成和发展是从少到多、由简单（低级）到复杂（高级）的过程，越进化的植物类群，其形态、结构越复杂，适应环境的能力就越强。因此，必须紧跟教师的讲课节奏，及时复习、归纳与消化所学内容。

（3）根据教师的指导或个人的学习兴趣，利用业余时间去图书馆借书阅读，或上网查阅相关文献和视频资料，进一步扩大知识面，增强学习效果。

（4）在教师的指导下，组建学习小组或实践小队，进行校园等的植物类群与种类的调查、采集、识别、解剖观察、检索鉴定与分类识别。学习资料的查询与归纳，积极参与小组交流和反转教学，学会自我构建知识体系。在野外调查学习过程中，注意安全，严守纪律。

# 第一节 植物分类的基础知识

## 一、植物分类的方法与分类知识的来源

### （一）植物分类方法与分类系统

人类要利用植物，首先就要识别植物，并进行分类。植物的分类从人们对植物的辨识和分类到建立植物分类系统并发展成为一门学科，经过了漫长的历史。一般以Theophrastos Eresio所著*De Historia et De Causis Plantarum*（《植物的历史和植物本原》）一书的问世，作为植物分类系统的开始，此后人才辈出，学说纷纭，分类系统常有新制。

植物分类的历史大体上经历了人为分类、自然分类和系统发育分类三个时期，并建立有相对完整的植物分类系统。

#### 1. 人为分类方法与人为分类系统（远古至1830年左右）

从远古原始人类认识植物开始到19世纪初，人类对植物的识别与分类主要是对植物的食用性、药用性或观赏性的认识。这一时期，是学者们根据植物的经济用途和食用部位，选择其一个或少数几个特征或属性作为标准将植物进行分门别类的时期，其所应用的植物分类方法，就是人为分类方法（method of artificial classification）。

依据人为分类法对植物所进行的分类，是一种机械的分类（mechanical taxonomy），它不考虑物种间亲缘关系的远近，常把亲缘关系极远的植物归并为一类，而相近的植物反被分离得很远，以致所建立的分类系统不能客观地反映出植物间的内在联系和固有次序。但是，对人类的生产和生活等实际应用却起了重要作用。例如，栽培学上所称粮食作物、油料作物、纤维植物

等，果树学上将果树分为仁果类、核果类、坚果类、浆果类、柑果类等，通俗易懂、紧密联系生产实际，简单易行。其杰出的代表人物有：Theophrastos Eresio（希腊，B.C.371～B.C.286年）在他所著的《植物的历史和植物的本原》（*De Historia et De Causis Plantarum*）一书中记载已知植物近500种，将植物粗略地分为乔木、灌木、半灌木和草本4类，已知有限花序和无限花序；离瓣花和合瓣花之分。我国是记载和描述植物，特别是本草学研究最早的国家，西汉《淮南子·修务训》有"神农（B.C.2737年）尝百草，一日而遇七十毒"的记述。至东汉《神农本草经》（A.D.200年）记载植物药252种。明代药物学家李时珍（1518～1593年）著《本草纲目》，将其所收集的1000多种植物分为草、谷、菜、果、木5部。每部又分成若干类，如草部又分为山草、芳草、湿草、青草、水草和杂草等11类。木部分乔、灌木等6类，成为当时最具影响的世界性巨著。

## 2. 自然分类方法与自然分类系统（17世纪至19世纪中叶）

自然分类（natural taxonomy）是以植物间性状的相似程度所进行的植物分类方法。依据自然分类方法（ method of natural classification）所建立的分类系统即为自然分类系统（system of natural classification）。其主要代表人物有：C. Linnaeus（1707～1778年）1735年著《自然系统》*Systema Naturae*，根据雄蕊的数目、特征以及和雌性的关系，将植物分成24纲。1753年完成《植物种志》，将约7700种植物归入1105个属，并首次完整地使用了双名法，被后人称为"分类学之父"。Augustin Pyrame de Candolle（瑞典，1778～1841年）1813年著《植物学的基本原理》（*Therorie Elementaire De La Botanique*）和《植物自然系统》（*Prodromus Systematios Naturalis Regni Vegetabilis*），将植物分成135目（科），其子A. decandolle发展到213科，肯定了子叶的数目和花部特征的重要性，并将维管束的有无及其排列情况列为门、纲的分类特征，并认为双子叶植物是被子植物的原始类群。

## 3. 系统发育分类法与现代分类系统（1859年至今）

现代植物分类系统（modern system of taxonomy）是在过去分类系统的基础上发展起来的。例如，从John Ray的系统和Carolus Linnaeus的性系统算起，到2011年经历了277～307年的历史。在达尔文进化论（1859年）发表以后，各类植物分类系统纷纷问世。现今，植物分类进入了系统发育分类时期。系统发育分类法是以植物进化的观点为出发点，按性状的演化趋势来进行分类，建立能反映植物类群之间亲缘关系和植物界客观演化规律的方法。依据系统发育分类法所建立的植物分类系统，即现代植物分类系统。

现代植物分类系统建立的主要代表人物和贡献有：Adolf Engler（德国，1844～1930年）与Karl Prantl（1849～1893年）合作出版20卷本巨著《自然植物科志》（*Dienaturlichen Pflanzenfamilien*）。在《植物科志略》（*Syllabus der Pflanzenfamilien*）中叙述了纲、目、科的系统排列。Армен Леонович Тахтаджян（俄罗斯，1910～2009年）的《有花植物多样性和分类》（*Diversity and Classification of Flowering Plant*）（1997年）将木兰植物门（Magnoliophyta）分为木兰纲（Magnoliopsida）（11亚纲）和百合纲（Liliopsida）（6亚纲），共71超目、232目、591科，并认为种子蕨可能是被子植物的祖先。Arthur Cronquist（美国，1919～1992年）的《有花植物的一个整合的分类系统》（*An Integrated of System of Classification of Flowering Plant*）（1981年）和《有花植物的进化和分类》（*The Evolution and Classification of Flowering Plant*）（1988年），

将被子植物（有花植物）作为木兰门分为木兰纲（双子叶植物）（6个亚纲）和百合纲（单子叶植物）（5个亚纲）。J.Hutchinsen（英国，1884～1972年）的《有花植物科志》（*The Families of Flowering Plants*，1926～1934年，1972年）和《有花植物的进化和系统发育》（*Evolution and Phylogeny of Flowering Plants*，1969年），将被子植物分为双子叶植物和单子叶植物，并认为木兰科（Magnoliaceae）是现存被子植物最原始的科（详见第五章）。

系统分类法能够比较客观地说明植物界发生发展的本质和进化上的顺序性，但是由于百万年来植物的变化发展很复杂，许多古代植物早已灭绝，化石资料又残缺不全，新种还不断被发现。因此，从事这方面研究的学者们见解难以一致，在学术观点上形成了“假花说”（pseudanthium theory）和“真花说”（euanthium或anthostrobilus theory）两个学派，出现了各种不同的分类系统。现代被子植物的分类系统主要有：恩格勒分类系统（1897年）、哈钦松分类系统（1962年，1934年）、塔赫他间（A. Takhtajan）分类系统（1954年）、克朗奎斯特分类系统（1958年，1981年）、胡先骕（1894～1968年）的多元系统（1950年）、吴征镒（1916～2013年）的八纲系统（1998年）以及建立在分子系统学（molecular systematics）基础上的维管植物系统发育树（phylogeny tree）（Judd et al.，*Plant Systematics*，1999年）和APG系统（K.Brener et al.，1998年，2003年，2009年，2016年）等。这些系统从不同侧面反映了植物界的发生演化关系（参见第五章）。随着生产实践的发展和科学水平的提高，植物分类系统将会不断得到修正和完善。

### （二）植物分类知识的来源

早期的植物分类工作是采集标本，根据植物形态器官的差别，进行分类和命名，工具比较简单，手段比较原始，所采用的方法也仅限于描述和绘图而已。自从达尔文进化学说创立后，认为物种起源于变异与自然选择，从而得知复杂的植物种类，大致是同源的，这对植物分类产生了很大影响。物种形态上的相似性程度，能显示它们的亲缘关系远近。例如，小麦与水稻之所以亲缘关系较近，是由于它们间的共同祖先较近；而小麦与甘薯、大豆的亲缘关系较远，是因为它们间的共同祖先较远。在进化论以前的形态学及解剖学等方面的资料，和以后增加的地理部分的知识，是现今植物分类学的重要组成部分。

随着植物学各分支学科的不断发展，形态学、解剖学、胚胎学、细胞学、孢粉学、遗传学、生态学等方面的资料，也已被应用于种以上的分类。近年来，生物化学和分子生物学的发展，使植物的分类进入到分子水平。核酸和蛋白质等的研究和资料应用于植物分类，便产生了植物化学分类学。孢粉学的建立和研究，对植物分类也有很大的帮助。在20世纪60年代以来，将统计学方法和计算机手段等应用于植物的分类，从而有了数值分类学。透射电子显微镜及扫描电子显微镜技术应用于观察植物的细微结构特征，又有了超微结构分类学（ultra-structural taxonomy）。

细胞分类学（cytotaxonomy），是利用细胞学的性状和现象来研究植物的自然分类、进化关系和起源的一门学科。采用常规的形态分析、带型分析、着色区段分析和定量细胞化学等方法研究染色体的数目、结构、形态，甚至行为，并作为分类性状的依据。这是因为，在自然条件下，同种个体均具有相同的染色体数目、结构和形态，不同种类的植物间可能具有不同的染色体数目、结构和形态，且植物间常有生殖隔离（reproductive isolation）。一般来说，种子植物的染色体数为$2n$=14～24，蕨类植物染色体数普遍较多而且小。染色体的核型是某一个体或一群亲缘个体在有丝分裂中期时染色体数目、大小、形态和排列等特征的总和。以同源染色体为

图1-1 火柴头核型分析（陈建民等，2004）

单位，按一定顺序排列起来的核型顺序称为核型图（karyogram）（图1-1）。

此外，超微结构和微形态学特征也被用于被子植物的分类研究。例如，用扫描电镜（SEM）观察花粉、叶、种子和果实的表面细微特征，用透射电镜（TEM）研究韧皮部组织等，也在分类学中得到了很好的应用，使植物分类系统更加合理。

化学分类学（chemotaxonomy）由R. Hegnauer于1958年首先提出，并在1962～1973年出版了6册《植物化学分类学》（*Plant Chemical Taxonomy*），按分类系统从低等的菌藻类植物开始，依次对苔藓植物、蕨类植物、裸子植物、单子叶植物和双子叶植物，分别描述了不同类群植物的化学成分特征及其分类系统学的关系。植物化学分类学的主要研究任务是探索各分类等级（如门、纲、目、科、属和种等）所含化学成分的特征和合成途径；探索和研究各化学成分在植物系统中的分布规律，以及以经典分类学为基础，综合植物化学组成（大分子或小分子）特征，结合其他有关学科，进一步研究植物的系统发育。

血清分类学（serotaxonomy）是用血清学的方法研究植物间的相关性或进行的植物分类，其结果与依据形态学等资料所得亲缘关系相关或相近，能在一定程度上反映物种间的相似性。

数量分类学（numerical taxonomy）是一门将数学、统计学原理和计算机技术应用于生物学的科学，它是用数量方法评价有机体类群之间的相似性，并根据其相似值把类群归属更高阶层的分类群（taxa）。数量分类学是以表型特征为基础，利用有机体大量性状、数据，按一定的数学模型（model），应用电子计算机运算得出的结果，从而客观地对有机体进行定量比较。目前，图论、概率论、信息论、统计数学和模糊数学等都已应用于分类学。已用的分析方法有主成分分析、聚类分类以及分支分类等。化学分类学与数量分类学的产生是植物分类学在20世纪的重大事件（英国，V.H.Heywood）。

## 二、植物分类的等级与命名法则

### （一）植物分类的各级单位

为了有效地识别多样性的植物种类和系统地表示植物间的亲缘关系与系统发生的时序性，对全部植物进行分门别类，按照植物类群的阶元（或等级）系统，所给予的一定名称，就是分类上的各级阶元（或单位）（表1-1）。

各级阶元根据需要可再分成亚级，即在各级阶元之前，加上一个亚（sub-）字，如亚门、亚纲、亚目、亚科、亚属。种下面又分为亚种、变种和变型。现以水稻为例，说明它在分类上所属的各级阶元。

表1-1 植物分类的基本单位

| 中 名 | 拉丁文 | 英 文 |
|---|---|---|
| 界 | Regnum | Kingdom |
| 门 | Divisio | Division |
| 纲 | Classis | Class |
| 目 | Ordo | Order |
| 科 | Familia | Family |
| 属 | Genus | Genus |
| 种 | Species | Species |

界 植物界（Regnum vegetable）
门 被子植物门（Angiospermae）
纲 单子叶植物纲（Monocotyledoneae）
亚纲 颖花亚纲（Gillminorae）
目 禾本目（Poales, Graminales）
科 禾本科（Poaceae, Gramineae）
属 稻属（*Oryza* L.）
种 稻（*Oryza sativa* L.）

### （二）物种的概念及其意义

在进化论产生之前，分类学家根据生物的表型特征来识别和区分物种。就生物分类的目的而言，物种是生物界可依据生物表型特征识别和区分生物的基本单位。从进化的观点来看，物种是生物进化过程中从量变到质变的结果，是自然选择的历史产物。也就是说，物种是进化的，是在进化中产生的。

早在17世纪，John Ray（1686～1704年）在其《植物史》（1692年）一书中把物种定义为“形态类似的个体之集合”，同时认为物种具有“通过繁殖而永远延续的特点”。林奈继承了John Ray的观点，他认为，物种由形态相似的个体组成，同种个体可以自由交配，并能产生可育的后代，而异种杂交则不育。达尔文打破了物种永恒性的传统观点，认为一个物种可变为另一个物种，物种之间存在着不同程度的亲缘关系。

由上可见，物种（或“种”）是指具有一定的自然分布区和一定的生理、形态特征的植物类群。一般在同一种内的个体间具有相同的遗传性状，而且彼此能进行自然交配并产生可育后代（即种间具有生殖隔离现象）。种是生物进化和自然选择的产物，是植物分类的基本单位。

物种虽具有相对稳定的形态特征，但又处于不断发展演化之中。如果种内某些个体之间具有显著差异，则可视差异的大小，分为亚种、变种和变型等。亚种除形态结构和生理上有显著特征外，还具有一定的自然分布区。变种在植物分类中是一个比较常用的单位，它与原有种只是在特征上存在较小的差别。例如，花色的变化、毛的有无、枝条下垂与否等，这些特征是种内个体在不同环境条件影响下所产生的可遗传的变异，如糯稻（*Oryza sativa* var. *glutinosa* Matsum.）。变型是同一种内的植物，在形态上表现出与原有种有差异的个体群，其变异更小，不稳定，也不能遗传，如树木的形态、叶色的变异等。

在栽培植物中，人们常以品种（cultivar）来评价或区分种内不同栽培群体类型。因此，品种是人类在栽培某一物种的过程中，基于经济意义和形态上的考虑，而选择出来的变异群体类型。确立品种的指标主要有色、香、味、植株大小、产量高低等，如苹果有国光、香蕉、红元帅等品种，小麦、玉米、水稻、菊花等具有更多的品种。品种只用于栽培植物，不用于野生植物，实际上是栽培植物的变种或变型。种内各品种间的杂交，称为近亲杂交。种间、属间或更高级的单位之间的杂交，称远缘杂交。育种工作者，常常遵循近亲易于杂交的法则，培育出新的品种。

### （三）植物的命名

人们在生产和科学研究中，为了识别、掌握和利用植物，常常给不同种类的植物起不同的名称，借以区别它们，所以各国、各地区或各民族对某种植物都有他们自己的通俗称呼，即俗名。俗名地方通用，一说皆知，具有描述性，形象性，如七叶一枝花、人参、钻天杨、龙爪槐等。但俗名也有其局限性：存在同物异名（synonym）或异物同名（homonym）的混乱现象，如马铃薯在南京称洋山芋，在东北和华北多称土豆，在西北则称洋芋。同称白头翁的植物多达16种，分属于4科16属，造成识别和利用植物及成果交流等方面的障碍。

为避免混乱，很早以前，植物学家就对制定国际通用的植物命名法做了很多努力。1753年，瑞典植物学家林奈发表的《植物种志》（*Species Plantarum*）一书系统规范应用了双名法（binomial nomenclature），后被世界植物学家所采用。1867年8月，在巴黎，由Augustin Pyrame de Candolle（1778～1841年）等拟定，并经国际植物学会确认通过了国际植物命名法规（International Code of Botanical Nomenclature，ICBN）。此后，每5年1次举行国际植物学会议，对其补充和完善。

双名法是用两个拉丁单词作为一种植物的名称，第一个单词是属名，是名词，其第一个字母要大写；第二个单词为种名形容词（或种加词）（specific opithet）；后边再写上定名人的姓氏或姓氏缩写（第一个字母要大写），便于考证。这种国际上统一的名称，就是学名（scientific name）。学名的属名和种名形容词应为斜体字。例如，稻的学名是*Oryza sativa* L.，第一个词是属名，是水稻的古希腊名，是名词；第二个字是种名形容词，是栽培的意思；后边大写“L.”，是定名人林奈（Linnaeus）的首字母。

种以下的分类单位有亚种（subspecies）、变种（varietas）、变型（forma）等，这三个词的缩写为subsp.或ssp.（亚种）、var.（变种）、f.（变型）。其命名方法是在原种名之后，加上拉丁文亚种或变种或变型的缩写，然后再加上亚种名、变种名或变型名，并斜体书写，最后附以定名人姓氏或姓氏缩写。例如，蟠桃（*Prunus persica* var. *compressa* Bean.）为桃的变种，白丁香（*Syringa oblata* Lindl. var. *alba* Rehd.）为紫丁香的变种，龙爪槐（*Sophora japonica* L. f. *pendula* Loud.）是槐树的变型等。

植物的科名常根据本科中某一显著特征而来，或根据一科中最显著的某一属名而定，如茄科（Solanaceae）是由茄属（*Solanum* L.）而来。科及科以上各级单位的名称均正体书写。

## 三、植物分类检索表的编制和使用

植物分类检索表，是鉴定植物种类的重要工具之一，一般植物志、植物分类手册都有检索表，通过检索表，可以查找某一植物的科、属和种名。检索表有门、纲、目、科、属、种等分类单位的检索表，其中以分科、分属、分种三种检索表为主。

### （一）植物分类检索表的编制

检索表的编制是根据拉马克（Jean-Baptiste Lamarck，法国，1744～1829年）的二歧分类原则，把原来的一群植物相对的特征性状分成相对应的两个分支，再把每个分支中相对的性状又分成相对应的两个分支，依次下去，直到编制的科、属或种检索表的终点为止。

检索表采取“由一般到特殊”和“由特殊到一般”的原则编制而成。首先必须将所采到的地区植物标本进行有关习性、形态上的记载，将根、茎、叶、花、果和种子的各种特点进行详细的描述和绘图。在深入了解各种植物特征之后，再按照各种特征的异同来进行汇同辨异，找出互相矛盾和互相显著对立的主要特征，依主要、次要特征进行排列，将全部植物分成不同的门、纲、目、科、属、种等分类单位的检索表。

### （二）植物分类检索表的类型和使用

检索表的式样一般有定距检索表、平行检索表和连续平行检索表三种。定距检索表将每一对互相矛盾的特征分开间隔在一定的距离处，而注明同样号码，如1-1、2-2、3-3等，每两个相对应的分支，都编写在距左边有同等距离的地方。每一个分支下边相对应的两个分支，较先出现的又向右退一个字格，这样继续下去，直到要编制的终点为止（参见本章第二节）。

在进行植物鉴定时，应根据需要选用检索表，也可以从纲开始检索直到种。要达到预期检索的目的，必须同时具备完整的检索表资料和所检索对象性状完整而有代表性的标本。检索鉴定时，首先要弄清植物各部的形态特征，尤其要仔细解剖和观察花的构造，掌握所要鉴定植物花的各类特征，然后沿着纲、目、科、属、种的顺序进行检索。在初步确定了所鉴定植物所属的科、属、种的基础上，再用植物志、图鉴、分类手册等工具书，进一步核对已检索到的植物的生态习性、形态特征描述，以确保检索鉴定的准确性。

使用检索表检索时应注意以下几点：①一定要熟悉每组对立特征的表述；②理解表述的特征的含义，不能猜测；③有关大小的特征，用数字定量化，不能揣测；④细微特征用足够放大倍数的放大镜进行观察，不能马虎；⑤新鲜的植物标本，常有颜色等的变化，不能仅通过对一个材料的观察就下结论，一定要对材料各部分以及多份标本进行观察研究，选取要点进行检索。

在查检索表时，若发现特征不够，应从不同方向继续推敲两个可能的答案，再核对植物体的全部特征，并与学名进行核对。在检索过程中，要求耐心细致，讲究科学性、准确性和唯一性。对一个初学者或分类学爱好者来说，要经常反复地练习使用检索工具，检索鉴定的过程也是学习和掌握分类学知识的过程。

## 第二节 植物界基本类群与演化规律

据考证，地球上最原始的植物是原核的藻类植物，诞生于38亿年前的海洋，陆地植物的出现至少有26亿年的历史。陆地上出现真核植物至少有20亿年。植物经过长期的进化发展，出现了形态结构、生活习性等方面的差别。有些类群繁盛起来，有些类群衰退下去。老的物种不断消亡（来自植物化石的证据），新的物种不断产生。植物从无到有、从少到多、从简单到复杂、从水生到陆生、从低级到高级，进化着并繁荣着（表1-2）。

表1-2 不同地质年代和时期占优势的各类植物

| 代（P.ra） | 纪（Period） | 世（期）（距今百万年前）（Epoch） | | 植物进化与发展 | 优势植物 |
|---|---|---|---|---|---|
| 新生代（Cenozoic） | 第四纪（Quaternary） | 全新世（Holocene） | 0.01 | 被子植物占优势，草本植物大发展 | 被子植物 |
| | | 更新世（Pleistocene） | 2.6 | | |
| | 新近纪（Neogene） | 上新世（Pliocene） | 7 | 森林衰落，草本植物发生 | |
| | | 中新世（Miocene） | 26 | | |

续表

| 代（P.ra） | 纪（Period） | 世（期）（距今百万年前）（Epoch） | 植物进化与发展 | 优势植物 |
|---|---|---|---|---|
| 新生代（Cenozoic） | 古近纪（Paleogene） | 渐新世（Oligocene） 38 | 被子植物进一步发展，森林出现 | 被子植物 |
| | | 始新世（Eocene） 54 | | |
| | | 古新世（Paleocene） 65 | | |
| 中生代（Mesozoic） | 白垩纪（Cretaceous） | 后期 90 | 被子植物发展 | 被子植物 |
| | | 早期 136 | 裸子植物衰退 | 裸子植物 |
| | 侏罗纪（Jurassic） | 后期 166 | 松柏类裸子植物占优势，被子植物出现 | |
| | | 早期 190 | | |
| | 三叠纪（Triassic） | 后期 200 | 真蕨繁茂，裸子植物大发展 | |
| | | 早期 225 | | |
| 古生代（Paleozoic） | 二叠纪（Permian） | 后期 260 | 苏铁、银杏类植物繁茂 | |
| | | 早期 280 | 木本蕨类衰退 | 蕨类植物 |
| | 石炭泥（Carboniferous） | 后期 325 | 蕨类森林形成，真蕨出现，种子蕨发展 | |
| | | 早期 345 | | |
| | 泥盆纪（Devonian） | 后期 360 | 裸蕨类由繁茂至衰退<br>种子蕨、苔藓植物出现 | |
| | | 中期 370 | | |
| | | 早期 395 | 裸蕨植物出现，藻类植物繁茂 | 藻类植物 |
| | 志留纪（Silurian） | 430 | | |
| | 奥陶纪（Ordovician） | 500 | 海洋藻类植物繁茂 | |
| | 寒武纪（Cambrian） | 570 | 真核藻类植物形成和发展 | |
| 元古代（Proterozoic） | | 570～1500 | | |
| 太古代（Archaeozoic） | | 1500～5000 | 原核植物形成和发展 | 生命起源 |

在形形色色、多种多样的植物中，有的结构简单、低等而古老，常生活于水中或阴湿地方。植物体没有根、茎、叶的分化，其生殖器官常为单个细胞；受精卵不发育成胚，故称为无胚植物（non-embryophyta）或低等植物（lower plant）。低等植物包括藻类（algae）、菌类（fungi）、地衣（lichenes）等植物类群，有10多万种。有些植物，形态构造和生理上都比较复杂，绝大多数营陆生生活，常有根、茎、叶的分化（苔藓植物可例外），生活周期有明显的世代交替，生殖器官由多个细胞构成；由受精卵发育成胚，继而形成植物体，因此，又称有胚植物（embryophyta）或高等植物（higher plant）。高等植物包括苔藓植物（bryophyta）、蕨类植物（pteridphyta）和种子植物（seed plant）等植物类群，有30万种以上。在形形色色的植物中，通过单细胞的繁殖孢子传播扩散的植物称为孢子植物（spore plant）或隐花植物（cryptogamae），

通过产生种子来繁衍生息的植物称为种子植物或显花植物（phanerogamae）。蕨类植物、种子植物因其植物体有维管组织的分化，而被称为维管植物（vascular plant）。苔藓植物、蕨类植物的雌性生殖器官为颈卵器（archegonium），而裸子植物也有退化的颈卵器，因此将三者合称为颈卵器植物（archegoniatae）。

植物界的分门并不统一。根据多数学者的观点，植物界可分为15门（表1-3）。低等植物包括11门，高等植物为4门。本书在介绍有关“门”的基础上，同时按藻类、菌类、地衣、苔藓、蕨类、裸子植物和被子植物七大类群加以介绍。

**表1-3 植物界基本类群**

植物界
- 低等植物（无胚植物）
  - 1. 蓝藻门
  - 2. 眼虫藻门
  - 3. 绿藻门
  - 4. 金藻门
  - 5. 甲藻门
  - 6. 红藻门
  - 7. 褐藻门
  - 8. 细菌门
  - 9. 黏菌门
  - 10. 真菌门
  - 11. 地衣门
- 高等植物（有胚植物）
  - 12. 苔藓植物门
  - 13. 蕨类植物门
  - 14. 裸子植物门
  - 15. 被子植物门

藻类：1～7（如图中括号所示）；菌类：8～10；非维管植物：1～12；维管植物：13～15；孢子植物（隐花植物）：1～13；种子植物（显花植物）：14～15

植物界各门及其主要特征检索表：

1. 植物体无根、茎、叶的分化，生殖器官为单细胞（极少数为多细胞）结构，合子直接发育成植物体而不形成胚……低等植物
  2. 植物体不为菌、藻共生体
    3. 细胞内含有叶绿素或其他光合色素，为自养植物……藻类植物（Algae）
      4. 原核生物……蓝藻门（Cyanophyta）
      4. 真核生物
        5. 植物体为单细胞，无细胞壁，具鞭毛，能游动……眼虫藻门（裸藻门）（Euglenophyta）
        5. 植物体为单细胞、群体或多细胞个体，绝大多数有细胞壁
          6. 细胞内色素与高等植物相同，细胞壁由纤维素构成，储藏物质为淀粉……绿藻门（Chlorophyta）
          6. 细胞内色素与高等植物不同，大多数种类的细胞壁为纤维素或硅质，储藏物质不是真正的淀粉
            7. 细胞内含有叶绿素a、叶绿素d、黄色素和藻红素，储藏物质为红藻淀粉……红藻门（Rhodophyta）

7. 细胞内含有叶绿素a、叶绿素c
8. 植物体无单细胞和群体类型，通常为大型海藻，细胞内除含叶绿素a、叶绿素c外还有褐藻黄素，呈褐色，储藏物质为海带多糖和甘露醇……褐藻门（Phaeophyta）
8. 多为单细胞个体，细胞内含有较多的叶黄素
9. 细胞壁常呈套合的两半，有些种类为无隔多核的分枝丝状体或球状体，储藏物质为金藻淀粉和油……金藻门（Chrysophyta）
9. 植物体常为花纹的甲片相连而成，储藏物质为淀粉和脂肪……甲藻门（Pyrrophyta）
3. 细胞内不含叶绿素，异养植物（除少数细菌外）……菌类植物（Fungi）
10. 原核生物……细菌门（Schizomycophyta）
10. 真核生物
11. 植物体在营养阶段为裸露的原生质体（无壁），能运动，吞食固体食物……黏菌门（Myxomycophyta）
11. 植物体在营养阶段有细胞壁，常呈丝状体……真菌门（Eumycophyta）
2. 植物体为菌、藻共生体……地衣门（Lichenes）
1. 植物体有根、茎、叶分化，生殖器官为多细胞结构，合子在母体内发育成胚……高等植物
12. 植物体内无维管束，配子体占优势，孢子体寄生在配子体上……苔藓植物门（Bryophyta）
12. 植物体有维管束
13. 孢子繁殖。孢子体发达，配子体退化，各自独立生活……蕨类植物门（Pteridophyta）
13. 种子繁殖。孢子体发达，配子体寄生在孢子体上……种子植物门（Spermatophyta）
14. 无子房构造，胚珠裸露……裸子植物门（Gymnospermae）
14. 有真正的花，胚珠包被在子房内，不裸露……被子植物门（Angiospermae）

## 一、藻类植物

### （一）藻类植物的一般特征

藻类植物（Algae）是一群具有光合色素、能独立生活的自养原植体（没有根、茎、叶分化）植物（thallophyte）。现存的藻类植物有2万种左右，多生于海水或淡水，或潮湿的土壤、树皮和石头上。我国有海水藻类2400种以上，淡水藻类约9000种。

藻类植物植物体为单细胞个体或多个细胞的丝状体、球状体、片状体或枝状体等。

藻类植物的繁殖有营养繁殖、无性繁殖和有性生殖等方式。生活史过程具有核相交替（如衣藻、水绵等）和世代交替（如海带、紫菜等）两种。世代交替是在植物的生活史过程中，二倍体的孢子体世代（或称孢子体阶段、无性世代）和单倍体的配子体世代（或称配子体阶段、有性世代）有规律交替出现的现象。

### （二）藻类植物的代表与分类

藻类植物不是一个自然类群。根据藻类植物所含的色素、植物体细胞结构特征、鞭毛的有无和着生的位置与类型、光合色素的种类、储藏的养料、生殖方式等的不同，将其分为蓝藻门（Cyanophyta）、绿藻门（Chlorophyta）、裸藻门（Euglenophyta）、金藻门（Chrysophyta）、甲藻门（Pyrrophyta）、褐藻门（Phaeophyta）、红藻门（Rhodophyta）七门（表1-4），现选其主要者简述如下。

表1-4 藻类植物4个代表门的主要特征比较

| 门 | 藻体形态结构 | 色素成分 | 储藏物质 | 细胞壁的主要成分 | 繁殖方法 | 鞭毛 | 生境 | 种数 |
|---|---|---|---|---|---|---|---|---|
| 蓝藻门 | 原核生物，单细胞、丝状体、叶状体 | 叶绿素a、藻蓝素、藻红素、胡萝卜素、叶黄素 | 蓝藻淀粉 | 果胶、黏多糖、肽聚糖 | 营养繁殖，无性繁殖 | 无 | 多生于海洋、污水，少陆生 | 2000 |
| 绿藻门 | 单细胞、群体、叶状体、丝状体 | 叶绿素a、叶绿素b、胡萝卜素、叶黄素 | 淀粉 | 纤维素 | 营养繁殖，无性繁殖、有性生殖（同配、异配、卵式） | 2～8根等长鞭毛，顶生 | 分布广泛 | 8600 |
| 褐藻门 | 多细胞丝状体，或有组织分化的组织体 | 叶绿素a、叶绿素c、胡萝卜素、墨角藻黄素 | 褐藻淀粉、甘露醇 | 纤维素加褐藻胶 | 营养繁殖、有性生殖（同配、异配、卵式） | 2根不等长鞭毛，侧生 | 绝大多数生于浅海中 | 1500 |
| 红藻门 | 绝大多数为叶状体、丝状体、枝状体，极少为单细胞 | 叶绿素a、藻蓝素、藻红素、胡萝卜素、叶黄素 | 红藻淀粉 | 纤维素或琼脂、鹿角菜胶 | 无性繁殖、有性生殖（卵式） | 无 | 绝大多数生于寒冷浅海中 | 4410 |

## 1. 蓝藻门

### 1）主要特征

蓝藻门（Cyanophyta）是最简单、也是最原始的自养植物类群。植物体或单细胞或多细胞丝状群体。蓝藻门植物细胞的原生质体分化为周质（periplasm）（色素片层等分布其中）和中央质（centroplasm）（常位于细胞中央，主要由染色质组成），没有真正的核结构，属于原核生物（procaryote）。周质中没有载色体（chromatophore），但有光合片层（photosynthetic lamella），含有叶绿素a、藻蓝素（phycocyanobilin），故植物体常呈蓝绿色，有的因含有藻红素（phycoerythrin），而呈其他色泽。储藏物质为蓝藻淀粉（cyanophycean starch）（图1-2）。

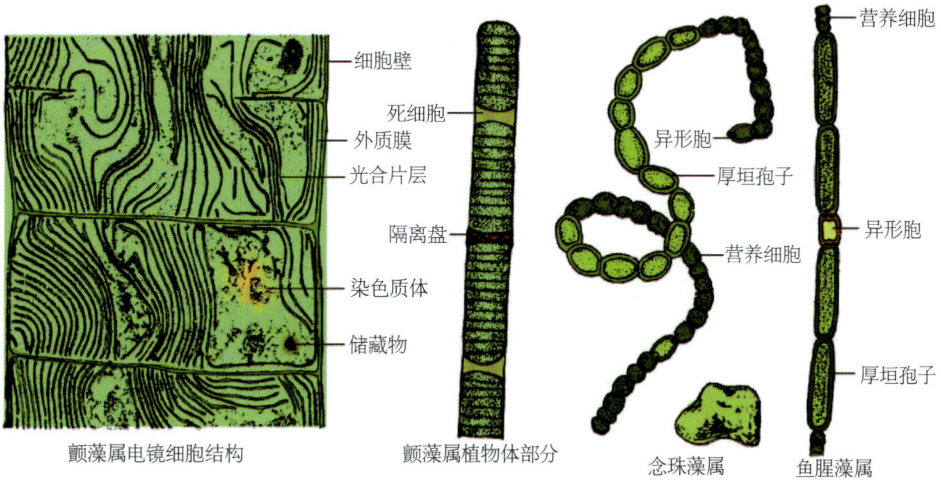


图1-2 蓝藻

蓝藻门植物的繁殖方式主要为营养繁殖和无性繁殖，无有性生殖。营养繁殖通过细胞的直接分裂，故蓝藻又称裂殖藻（schizophyceae）。分裂时细胞中部向内生出新横壁，初生如环，逐渐向心扩展，直至将原生质体分为两半，中央质也同时分为两半。单细胞类型，其细胞分裂后，子细胞分离形成新的单细胞个体；群体类型是细胞反复分裂后，形成更多细胞的大群体，群体破裂后形成小群体；如果为丝状体，其丝状体可作断离繁殖。断离的丝状体段，称为藻殖段（hormogonium）。藻殖段由异形胞（heterocyst）或厚垣孢子（akinete）分隔形成。与厚垣孢子相比，异形胞较小、壁厚，所含物质均匀透明，与营养细胞连接的两端鼓胀，呈乳头状突起（papillae）。厚垣孢子是无性繁殖的结构，类似内生孢子（endospore），萌发之前，原生质体分裂发育形成新的植物。

蓝藻门植物约有150属，2000种，多数种类植物生于淡水中，海水中也有，甚至在85℃温度的热水泉中也有蓝藻的分布。还有的则附生于别的植物体上、光石上，或树干上等的阴湿之处，或与真菌共生形成地衣。

#### 2）代表属种

##### （1）念珠藻属（*Nostoc*）

念珠藻属植物生于水中、湿地或草地上，植物体为念珠状丝状群体，或外有公共的胶质鞘所包被的片状体。细胞为圆球形，丝状体上有异形胞和厚垣孢子（图1-2）。常见种如可食用的葛仙米（*N. commune* Vauch.）和发菜（*N. flagelliforme* Born. et Flah.）等，钝顶螺旋藻（*Spirulina platensia* L.）呈螺旋状，其蛋白质含量高达60%～70%，长期食用该植物能降低胆固醇、抗癌和养胃护肝。

##### （2）鱼腥藻属（*Anabaena*）

鱼腥藻属与念珠藻属相近，念珠状的丝状体无胶质鞘包被，营养细胞为球形或圆筒形，厚垣孢子较长或较大。有的鱼腥藻属植物能固定游离的氮，如能生长在满江红属（*Azolla*）植物的体内，固定游离态氮（图1-2）。

### 2. 绿藻门（Chlorophyta）

#### 1）主要特征

绿藻是最常见的藻类植物，90%的淡水藻类是绿藻，陆地上阴湿处或海水中也有少量分布。绿藻或附着生长，或浮游生活。有些种类与真菌共生成为地衣，有的则生活于绿水螅（*Hydra viridis*）体内。

绿藻的形态结构多样，有单细胞、群体型的球状体、丝状体、片状体和"茎叶体"。多数种类的游动细胞有2根或4根等长的顶生鞭毛。

绿藻植物细胞结构、细胞壁成分、胞内色素及其所储藏的养分与高等植物相似。细胞壁外层为果胶质，内层为纤维素。绿藻色素存在于载色体（含1个至几个蛋白核）中，有叶绿素a、叶绿素b、叶黄素和胡萝卜素。储藏的养料有淀粉和油类。

绿藻有营养繁殖、无性繁殖和有性生殖（同配、异配和卵式生殖）三种繁殖方式。

绿藻门是藻类植物中最大的一个门，约430属，8600种。一般将绿藻门分为绿藻纲（Chlorophyceae）和轮藻纲（Charophyceae）两个纲。

### 2）代表属种

#### （1）衣藻属（*Chlamydomonas*）

衣藻属有100种以上，多生于有机质丰富的淡水中。植物体为单细胞，卵形，细胞内有1个核，一个杯状载色体，载色体中有淀粉粒（或称蛋白核），细胞前端有2条等长的鞭毛，其基部有2个伸缩泡，旁边有1个红色眼点。衣藻（*Chlamydomonas reinhardtii* Dang.）进行无性繁殖时，其营养细胞失去鞭毛，原生质体分为2团、4团、8团、16团，各形成具有两根鞭毛的游动孢子（zoospore）。游动孢子形成后，母细胞成为游动孢子囊，囊壁破裂后放出新个体。衣藻有性生殖为同配或异配，少为卵式生殖（oogamy）。同配生殖（isogamy），即结合的两个配子形状相似，大小相同。异配生殖（gamete），即结合的两个配子形状相似，大小不同，与游动孢子相似。配子结合，形成具有4条鞭毛的合子，以后再形成厚壁的合子（zygote）。休眠后，经过减数分裂，产生4个游动孢子。当合子壁破裂后，游动孢子散出新的衣藻个体（图1–3）。

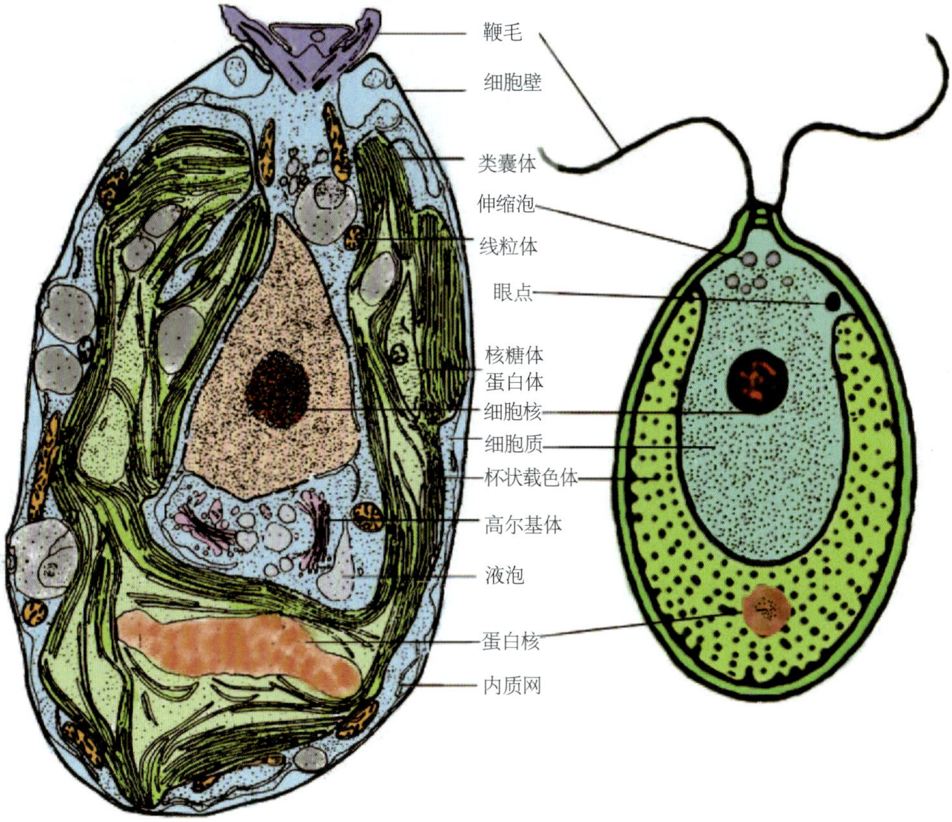


图1–3 衣藻结构

#### （2）水绵属（*Spirogyra*）

水绵属植物是最普通的淡水绿藻，分布于静水中。植物体为不分枝的丝状体，由许多圆筒状细胞连接而成。细胞壁外有很厚的果胶质，手感滑腻。细胞核位于细胞中央，通过原生质丝与贴近细胞壁的细胞质相连，有一个大液泡和一条至多条呈带状螺旋环绕于细胞质的载色体，载色体有多个淀粉粒。水绵以细胞分裂和丝状体的折断进行营养繁殖。水绵的有性生殖通过接合生殖（conjugation）方式进行。在春秋季节，具有性别差异的两条藻丝并列靠近，相对的细胞分别产生突起，并生长、接触直至接触点融通形成接合管（conjugation tube）。同时，各细胞中的原生质体收缩成为配子，其中一条藻丝中的全部配子分别以变形虫式运动到另一条藻丝的对应细胞中，并与其内的配子融合成合子（2*n*），这样的生殖方式称为梯形接合（scalariform conjugation）。合子形成后，产生厚壁，休眠，藻体腐解。环境适宜时，合子减数分裂，形成新的单倍体孢子，由此萌发形成新的个体（图1-4）。此外，水绵还可在同一藻丝体上以相邻两两细胞间进行侧面接合（lateral conjugation）的方式完成有性生殖。

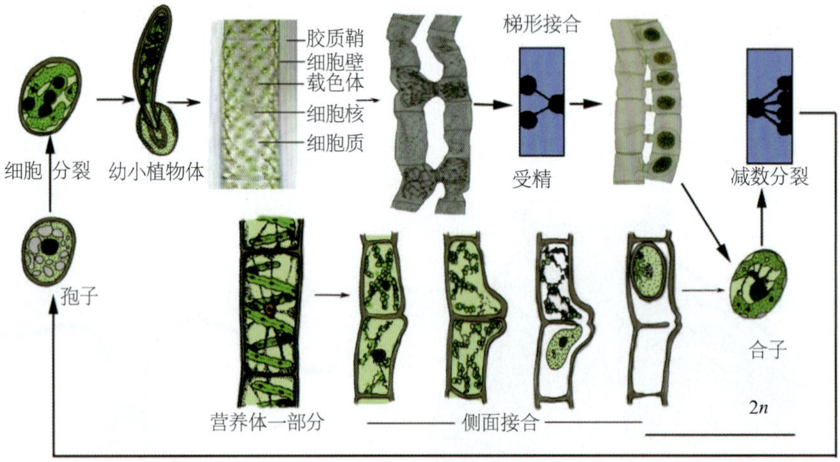


图1-4 水绵属生活史

## （3）轮藻属（*Chara*）

轮藻属分布于流动缓慢、富含钙质的淡水中，如浅湖、池塘、稻田等。轮藻有灭蚊作用，凡轮藻多的地方，往往孑孓很少。

轮藻属植物体直立多分枝，以单列多细胞的无色假根（rhizoid）固着于底泥。高10～60cm。体被钙质。枝顶有一个可持续生长的大型顶细胞（apical cell）。主枝和侧枝有“节”与“节间”之分，“节间”由有一个多核的中央大细胞和数个细长的外围细胞组成。“节”部生“侧枝”，“侧枝”的“节”上有轮生的“叶”（图1-5）。

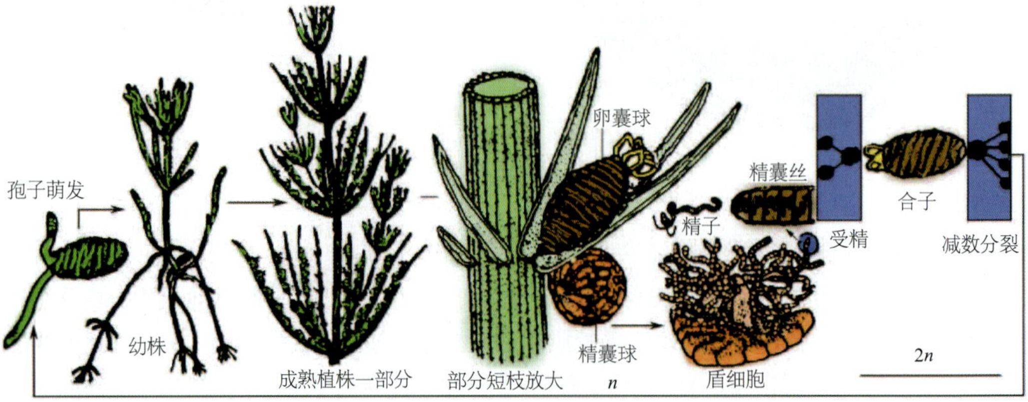


图1-5 轮藻属生活史

轮藻的生殖只行卵式生殖。生殖器官的结构较其他藻类复杂、高级。雌性生殖结构称为卵囊球（oogonium nucule），雄性生殖结构称为精囊球（spermatangium或spermed-producing antheridia）；前者位于节之上侧，后者位于节之下侧。卵囊球卵形，由1个位于中央的卵细胞、5个螺旋形管细胞（tube cell）及其先端各一个冠细胞所组成。精囊球呈球形，由8个三角状的盾细胞（shield cell）组成，其细胞内的载色体呈橘红色。盾细胞内侧生有数个盾柄细胞（manubrium），盾柄细胞上生出1～2个头细胞和次生头细胞。次生头细胞上生出几条精囊丝（antheridia filament），其上每一个细胞中各有一个精子。精子放出后，进入卵囊球与卵结合形成受精卵。受精卵经休眠以后，减数分裂发育形成新的个体。轮藻的营养繁殖以藻体断裂为主。轮藻的枝状体基部也可长出珠芽，由珠芽长成植物体。

## 3. 红藻门（Rhodophyta）

### 1）主要特征

植物体多数为多细胞丝状体或假组织的片状体，很少是单细胞个体。

细胞壁分两层，内层由纤维素组成，外层为琼胶、海萝胶等红藻特有的果胶化合物。载色体含叶绿素a、类胡萝卜素、叶黄素、藻红素和藻蓝素，藻体多为红色或紫红色。储藏物质主要是红藻淀粉（floridean starch）。

繁殖方式有无性繁殖和有性生殖两种。无性繁殖产生静孢子，有性生殖为卵式生殖。

红藻门有550多属，4000多种，生于淡水或海水中，且多数种类固着生活。

### 2）代表属种

紫菜属（*Porphyra*）藻体为单层或双层细胞组成的叶状体，以固着器固着于基质上，细胞有1～2个星状载色体，载色体中央为一个蛋白核，紫菜一般长度为20～30cm，我国常见栽培及分布的紫菜有甘紫菜、圆紫菜和长紫菜等，现以甘紫菜（*P. tenera* Kjellm）为例介绍紫菜的生活史。

甘紫菜是雌雄同株植物，水温在15℃左右时，产生性器官。雄性生殖结构称精子囊，藻体的任何一个营养细胞，都可转变为精子囊器，其原生质体分裂形成64个精子囊，每个精子囊含有一个精子；雌性生殖结构又称为果孢（carpogonium），是由一个普通营养细胞稍加变态形成的。果孢子的一端或两端可产生突起，形成受精丝，果孢子内则含一个经转化而成的卵核。精子放出后可随水流漂至受精丝，并由此进入果胞内与卵核结合，形成二倍体的合子。合子经过分裂，形成8个果孢子。果孢子成熟后，落到文蛤、牡蛎或其他软体动物的壳上，萌发进入壳内，长成单列分枝的丝状体，即壳斑藻。壳斑藻产生壳孢子，由壳孢子萌发为夏季小紫菜，其直径约3mm。当水温在15℃左右时，壳孢子也可直接发育成大型紫菜。夏季因水中温度高，不能发育成大型紫菜，故小紫菜产生单孢子，发育为小紫菜。在整个夏季，小紫菜不断产生，不断死亡。大型紫菜也可以直接产生单孢子，发育成小紫菜。晚秋水温在15℃左右时，单孢子萌发为大型紫菜（图1-6）。

红藻门中的许多植物可以食用、药用和纺织工业用。从海萝［*Gloiopeltis furcata*（P.et R.）J.Ag.］中可提取海萝胶来浆丝，如广东的香云纱；可食用的植物除著名的蔬菜紫菜外，还有石花菜（*Gelidium amansii* Lamx.）、江篱［*Gracilaria confervoides*（Huds. Paperfuss）］等。此外，鹧鸪菜［*Caloglossa leprieurii*（Mont.）J.Ag.］、海人草（*Digenea simplex* C.Ag.）常用作小儿驱虫药，以及从石花菜属、江篱属、麒麟菜属（*Eucheuma*）中提取琼胶（agar）做培养基等。

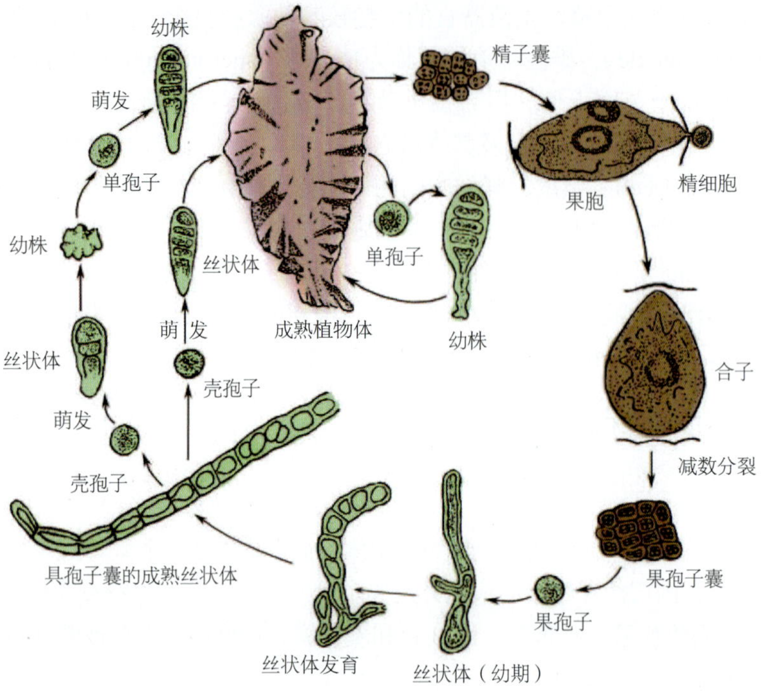


图1-6 甘紫菜生活史

## 4. 褐藻门（Phaeophyta）

### 1）主要特征

褐藻植物体均为多细胞分枝的丝状体，直立或匍匐，或分枝的丝状体相互紧贴成假薄壁组织体，或分化成具有“表皮”、“皮层”和“髓”的假组织体，或有假根、假茎和假叶分化的巨大树状，如巨藻属（*Macrocystis*）等。

细胞壁的组成物质主要是纤维素和藻胶。载色体含叶绿素a、叶绿素c、胡萝卜素及叶黄素，且以可利用短波光的墨角藻黄素含量较多，藻体呈褐色。储藏物质主要是褐藻淀粉（laminarin）（或称海带糖，一种水溶性的多糖）和甘露醇（mannitol），有的种类（如海带），其体内含碘量很高。

褐藻的繁殖方式有营养繁殖、无性繁殖和有性生殖。有些种类以断裂方式进行营养繁殖；无性繁殖产生游动孢子和静孢子。褐藻有性生殖有同配、异配或卵配生殖。游动孢子和配子都具有侧生的2根不等长的鞭毛，一般向前的一根较长，向后的一根较短。褐藻植物有同形世代交替（isomorphic alternation of generations）和异形世代交替（heteromorphic alternation of generation）。同形世代交替即孢子体世代与配子体世代形状、大小相似。异形世代交替即孢子体发达，生活时间长，配子体小，经历时间短。

本门植物属于冷水藻类，几乎全为海产，且多见于寒带海水中，营固着生活，是“海底森林”的主要组成植物。本门约有250属，1500种。

### 2）代表属种

海带（*Laminaria japonica* Aresch）生长在比较寒冷的海洋中，植物体长达十几米，分为三部分：上部为平扁的带片（食用部分），下部为杆状的柄（其组织分为表皮、皮层和髓，髓中有类似筛管的构造，其功能为运输养分），基部为分枝的根状固着器（有些种类呈盘状）。藻体发育到一定时期，带片的两面丛生出许多棒状孢子囊，孢子母细胞经减数分裂产生许多单倍体的游动孢子，分别形成丝状的雌配子体或雄配子体。雌配子体、雄配子体小，雌配子体产生具卵细胞的卵囊，雄配子体产生具精子的精子囊，在卵囊口精卵结合，合子不离母体，萌发成新的孢子体（小海带）。所以，海带的世代交替为异形世代交替（图1–7）。

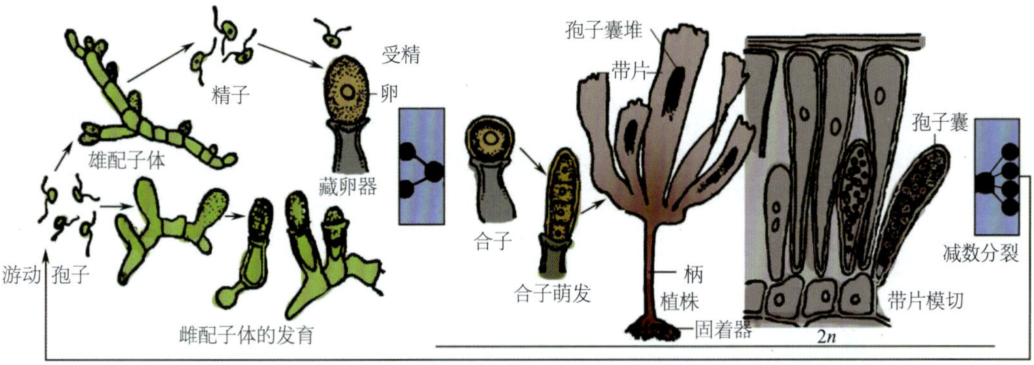


图1–7 海带生活史

褐藻中除海带外，鹿角菜（*Pelvetia siliguosa* Tseng et C.F.Chang）、裙带菜［*Undaria pinnatifida*（Harv.）Suringar］等可食用或药用，马尾藻属（*Sargassun*）的植物还可作饲料或肥料。从马尾藻等植物中提取的褐藻胶、甘露醇、碘氯化钾、褐藻淀粉等，已用作食品或医药工业原料。

## （三）藻类植物与人类的关系

藻类植物是一类高度多样的植物类群，在地球表面的水生生态系统和湿地生态系统中发挥着重要的作用。由于自然环境的变化和人类经济活动的影响，特别是随着工业化、城市化进程的快速发展，以及不合理的水资源开发和利用的影响，我国的湖泊、水库、江河、溪水、沼泽、池塘、泉水等各种内陆水体的水质明显下降，藻类植物的生存面临前所未有的威胁，水体中藻类多样性水平降低，群落结构趋向简化，在许多污染严重的水体中，有些藻类已处于濒危状态，有必要尽早采取积极措施进行保护。

藻类植物具有重要的经济价值。人类对藻类的利用由来已久，应用领域广泛。

工业上提取藻胶。藻类是碘、琼脂、角叉菜胶（carrageenin）、藻酸和钾碱等的来源，在褐藻和红藻中可提取许多物质，如取自褐藻的藻胶酸，可制耐火性更强的人造纤维，作为食品工业中的稳定剂、牙医的牙模型材料，还能使染料、皮革、布匹等增加光泽，使水泥、混凝土、沥青更加不透水，以及提高生丝的质量等。琼胶和卡拉胶被广泛应用于食品、造纸、纤维板以及许多建筑工业。硅藻沉积成的硅藻土用作吸附剂、磨光剂、滤过剂、保温材料，或橡胶、化妆品、涂料等的填充剂，甚至在废水氧化池中用作消化剂。同时硅藻化石也是研究古地理、古气候和石油勘探的重要指示证据。

农业上蓝藻固氮。目前，世界上已知有70多种、我国有10多种固氮蓝藻，它们能增加稻田或水体的氮素营养。

藻类食品。人们常食用的蓝藻有葛仙米、发菜、海泡菜，绿藻有溪菜、石莼、浒苔、海松，褐藻有海带、裙带菜、羊栖菜、鹿角菜；红藻有紫菜、石花菜、海萝、麒麟菜、鸡冠菜、江篱等。据研究，小球藻含蛋白质50%、脂肪4%～30%，其营养价值相当于鸡蛋的5倍、花生仁的2倍。蓝藻还含蛋白质类纤维和多种微量元素与维生素，成为未来食品来源中最有发展前途的重要藻类之一。海藻富含维生素A、维生素$B_1$、维生素$B_6$、维生素C、维生素D、维生素E、维生素K和微量元素硼、钴、铜、锰、锌、碘、钾、铁、镁和钙等，因此，增加藻类食品的摄入有利于健康。

藻类与鱼类关系密切。小型藻类，都直接或间接是鱼、虾的饵料，如甲藻为海产贝类的饵料，有"海洋牧草"之称。

此外，硅藻、甲藻等死亡后沉积海底，成为古生代含油地层中的主要化石。石油勘探中，常以硅藻、甲藻化石为石油蕴藏的依据。藻类用于废水处理，大大减少了常规废水处理中有毒化学品的使用。用藻类来生产优质的生物燃料，在未来能源领域具有广阔的应用前景。

## 二、菌类植物

### （一）菌类植物的一般特征

菌类植物通常是指不具有色素，不能进行光合作用，营异养生活的一类植物的总称。菌类植物除光合硫细菌、硝化细菌等极少数种类外，专营寄生或腐生生活。菌类植物分布广泛，在水中、陆地、动植物体内外都能见到。

菌类植物的繁殖有细胞分裂、营养繁殖、无性繁殖和有性生殖几种方式。生活史过程中，单倍体阶段长，二倍体阶段短。

菌类植物约有120 000种，分属细菌门（Schizomycophyta）、黏菌门（Myxomycophyta）和真菌门（Eumycophyta），其形态结构、繁殖方式和生活史等特征各不相同。菌类植物不是一个有自然亲缘关系的类群。

### （二）菌类植物的分类与代表植物

#### 1. 细菌门（Schizomycophyta）

细菌是单细胞的原核生物（图1-8），一般有几微米大小，无色素，异养型，没有真正的核结构。细菌分布广，水、空气、土壤和许多动植物体内都有细菌。

根据细菌的形态，可将其分为球菌、杆菌和螺旋菌三类。球菌球状或半球状，直径0.5～2μm，一般无鞭毛。杆菌细胞呈棒状，长1.5～10μm，宽0.5～1μm。螺旋菌细胞细长而弯曲。多数杆菌和螺旋菌只有几微米，且其生活史的某一个阶段有鞭毛，能游动。

根据细菌获取营养方式的不同，分为寄生细菌和腐生细菌两类。寄生细菌能致人畜和植物病害，如水稻的白叶枯病、棉花的角斑病、花生的青枯病以及常见的蔬菜软腐病等都是细菌引起的。腐生细菌分布最广，它们生活在动物、植物的残体上和含有机物的土壤及污水中，人及动物的消化道中也有此类细菌存在，它们通过分解有机物质获取养料，营养自身。有少数细菌能利用二氧化碳自制养料，因而是自养的，如硝化细菌、铁细菌能借氧化作用获得能量制造养料，红硫细菌和红螺细菌含有细菌叶绿素，则是光合自养的细菌。

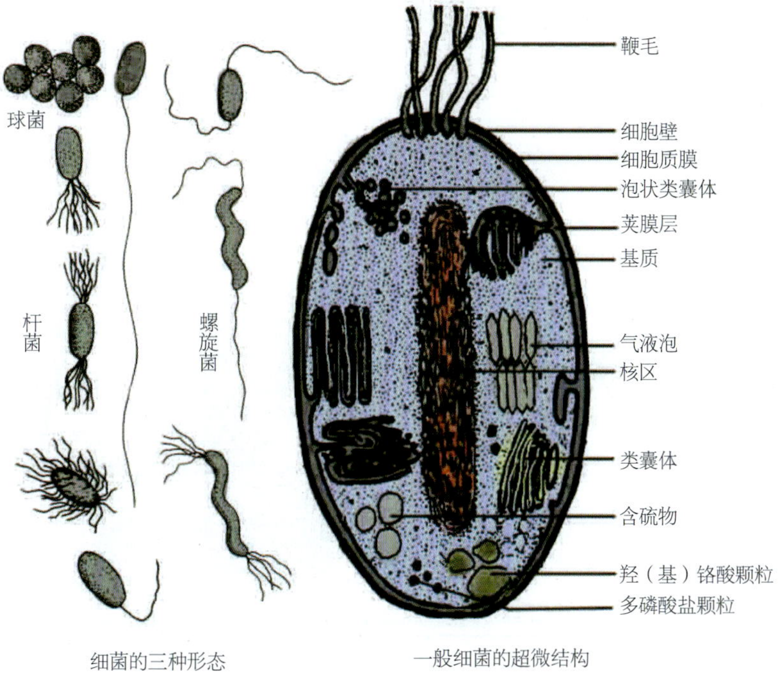


图1-8 细菌的三种形态与一般细菌细胞的结构示意图

细菌的生殖方式是细胞分裂，一分为二。环境适宜时，细菌繁殖速度极快，可20～30min分裂一次，形成新的一代；环境不宜时，细菌可形成芽孢（spore），芽孢原生质体凝缩，其外包被着一层含脂肪、坚厚而不透水的壁，具有很强的抗不良环境的能力。细菌的芽孢能忍受约−253℃的低温，并且在沸水中30h不死，当环境再次适宜时，它们可重新萌发生长。

## 2. 黏菌门（Myxomycophyta）

### 1）主要特征

黏菌约有500种，兼有动物和植物的特性。在生长期或营养阶段，菌体裸露、无细胞壁，呈多核的原生质体团，无叶绿素、异养，似变形虫（amoeba）式运动和吞食固体食物。繁殖时节或在劣境条件下，产生具纤维素壁的孢子，似真菌。因此，黏菌是介于动物和真菌之间的一类生物。

### 2）代表属种

发网菌属（*Stemonitis*）是黏菌中最常见、最广泛分布的一类，发网菌的营养体为裸露的原生质团，称变形体。变形体呈不规则的网状，直径数厘米，在阴湿处的腐木上或枯叶上缓缓爬行。在无性繁殖时，变形体爬到干燥光亮的地方，形成很多的发状突起，每个突起发育成一个具柄的孢子囊（子实体）。孢子囊通常呈长筒形、紫灰色，外有包被（peridium）。孢子囊柄伸入囊内的部分，称囊轴（columella），囊内有孢丝（capillitium）交织成孢网。然后原生质团中的许多核进行减数分裂，原生质团被割裂成许多块单核的小原生质团，每块小原生质团分泌出细胞壁，形成一个孢子，藏在孢丝的网眼中。成熟时，包被破裂，借助孢网的弹力将孢子散出。孢子在适宜的环境下，萌发成具两条不等长鞭毛的游动细胞。游动细胞的鞭毛可收缩成变形体状的细胞，称变形菌胞。有性生殖时，由游动细胞或变形菌胞两两结合，形成合子，合子不经过休眠，合子核进行多次有丝分裂，形成多个双倍体核，构成一个多核的变形体（图1-9）。

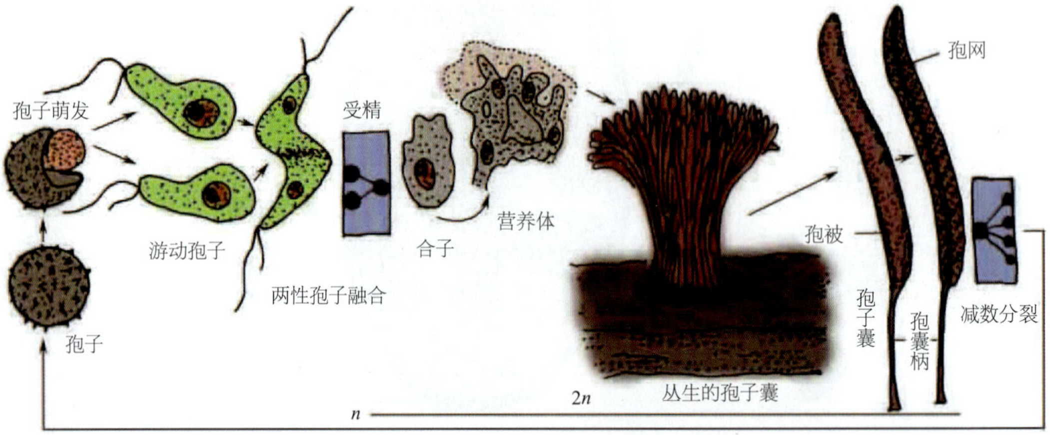


图1-9　发网菌属生活史

## 3. 真菌门（Eumycophyta）

真菌是一类不含叶绿素、异养的真核生物。与细菌不同的是真菌的细胞都有细胞核，细胞壁多含几丁质（chitin），也有含纤维素的。大多数真菌由菌丝（hypha）构成，菌丝是纤细的管状体，组成一个菌体的所有菌丝称菌丝体（mycelium）。菌丝分为有隔菌丝（septate hypha）和无隔菌丝（nonseptate hypha）两种。某些高等真菌在环境条件不良或进入生殖阶段时，菌丝会相互密结形成具有特定形态的菌丝组织体，常见的有根状菌索（rhizomorph）、菌核（sclerotium）、子座（stroma）。

真菌因其不含光合色素而营异养生活。有的寄生，有的腐生。有的以腐生为主，兼寄生生活，而有的则以寄生为主，兼腐生生活。真菌中的绝对寄生者少，但常常是农作物病害的主要病原菌，如小麦秆锈菌（*Puccinia graminis* Pers.）、稻瘟菌（*Piricularia oryzae* Cav.）、玉米黑粉菌（*Ustilago zeae* L.）等。

真菌的繁殖方式有营养繁殖、无性繁殖和有性生殖三种。营养繁殖以菌丝断裂方式进行。无性繁殖可产生多种类型的孢子，孢子内生（即生于孢子囊内）或外生，如麦类白粉菌（*Erysiphe graminis* DC.）的分生孢子（图1-10）。有性生殖有同配生殖、异配生殖和卵式生殖等方式，低等真菌多为同配生殖或异配生殖，较高等的真菌，如子囊菌亚门的种类，有性生殖过程在子囊果（ascocarp）中完成，子囊果内有子囊（ascus），子囊内产生子囊孢子（ascospore）；担子菌纲的种类有性配合后形成担子（basidium），担子内产生担孢子（basidiospore）。子囊孢子和担孢子是有性结合后产生的孢子，与无性繁殖产生的孢子不同。

在真菌的生活史中，单倍体无性阶段所占的时间长，而有性生殖形成的二倍体合子很快进行减数分裂，形成单倍体的繁殖孢子。因此，真菌没有明显的世代交替，但有单倍体和二倍体的核相交替。

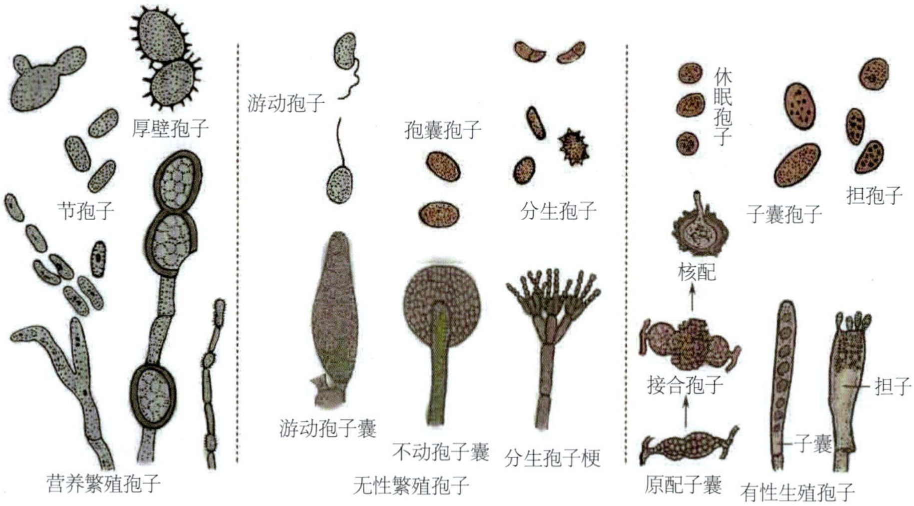


图1-10 真菌的三类孢子

真菌的种类很多，有3800多属，7万～10万种，广布于陆地、水体及大气，而尤以土壤中最多，滋生于各种动物、植物的残体上，主要寄生于各类植物上，许多动物及人体上也有真菌寄生。Ainsworth（1971～1973年）将真菌分为鞭毛菌亚门、接合菌亚门、子囊菌亚门、担子菌亚门和半知菌亚门5个亚门，为多数人接受，现列其检索表如下。

1. 无真正的菌丝体，如有菌丝体，一般不具横隔壁
    2. 无性繁殖产生单鞭毛或双鞭毛的游动孢子，有性生殖产生卵孢子…… 鞭毛菌亚门（Mastigomycotina）
    2. 无性繁殖产生不动的孢囊孢子，有性生殖产生接合孢子……………………接合菌亚门（Zygomycotina）
1. 有真正的菌丝体，菌丝有横隔壁
    3. 有性生殖阶段已经明了
        4. 有性生殖时产生子囊，子囊内产生子囊孢子…………………………… 子囊菌亚门（Ascomycotina）
        4. 有性生殖时产生担子，担子中产生担孢子 ……………………………担子菌亚门（Basidiomycotina）
    3. 有性生殖阶段不清楚，甚至只知其菌丝体而未发现任何孢子……… 半知菌亚门（Deuteromycotina）

### 1）鞭毛菌亚门（Mastigomycotina）

#### （1）基本特征

鞭毛菌亚门菌类除少数单细胞个体外，绝大多数是分枝的丝状体。菌丝多核，繁殖期菌丝的基部产生横隔，形成一个能产生单鞭毛或双鞭毛游动孢子的特定细胞。有性生殖时产生卵孢子（oospore）或休眠孢子；低等的种类为同配生殖或异配生殖。本亚门约有1100种，大多数是水生、两栖生，少数陆生、腐生或寄生。

#### （2）代表属种

水霉属（*Saprolegnia*）

水霉可生活在死鱼、蝌蚪、昆虫等尸体上，是鱼体上常见的一种病原菌。菌丝体无隔壁、多核，呈白色、多分枝的绒毛状。由短的根状菌丝（钻入寄主组织，吸收寄主养料）和众多细长、分枝繁茂的菌丝组成。无性繁殖时，菌丝的顶端稍膨大，在膨大部分的基部产生横隔

壁，形成一个长筒形的游动孢子囊，其内产生的游动孢子呈球形或梨形，顶生两条鞭毛，称初生孢子。初生孢子形成不久，鞭毛收缩，变为球形的静孢子。不久静孢子萌发变成一个具侧生鞭毛的肾形游动孢子，称次生孢子。次生孢子不久又变为静孢子。静孢子在新寄主上萌发，再发育为新菌丝体。这种具两种游动孢子的现象，称双游现象（diplanetism）。营养不良，水霉进入有性生殖，菌丝顶端分别膨大形成精囊和卵囊。在精囊和卵囊内分别产生精子和卵，精卵结合后形成厚壁的合子或卵孢子。卵孢子休眠后经减数分裂和有丝分裂，发育成新的无隔菌丝体（图1-11）。

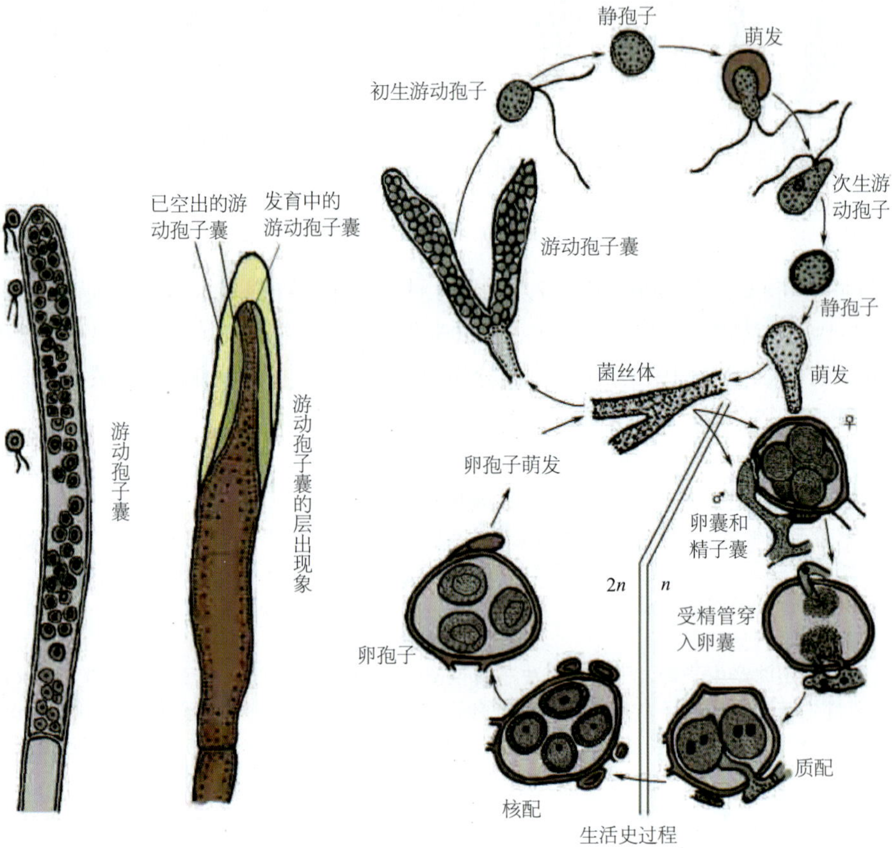


图1-11　水霉属的游动孢子囊及生活史

## 2）接合菌亚门（Zygomycotina）

### （1）主要特征

营养体由无隔、多核菌丝所组成。无性繁殖产生孢囊孢子，有性生殖产生接合孢子。接合菌是由鞭毛菌类向无鞭毛菌类演变的类群，也是由水生向陆生发展过渡的类群。本亚门约610种，有腐生、兼性寄生、寄生或专性寄生等营养类型。

### （2）代表属种

根霉属（*Rhizopus*）

本属为腐生菌，最常见的是匍枝根霉［*R. stolonifer*（Ehrenb. ex Fr.）Vuill］，又称黑根霉、

面包霉。生于面包、馒头等淀粉类的食物上，会使食物腐烂变质。菌丝体由分枝、不具横隔壁的菌丝组成，含多个细胞核。菌丝常横生，向下生有假根；向上可生出孢子囊梗，其先端分隔形成孢子囊，其中生有许多孢子（内生孢子）。孢子成熟后呈黑色，当散落在适宜的基质上时，就萌发成新菌丝（图1–12）。

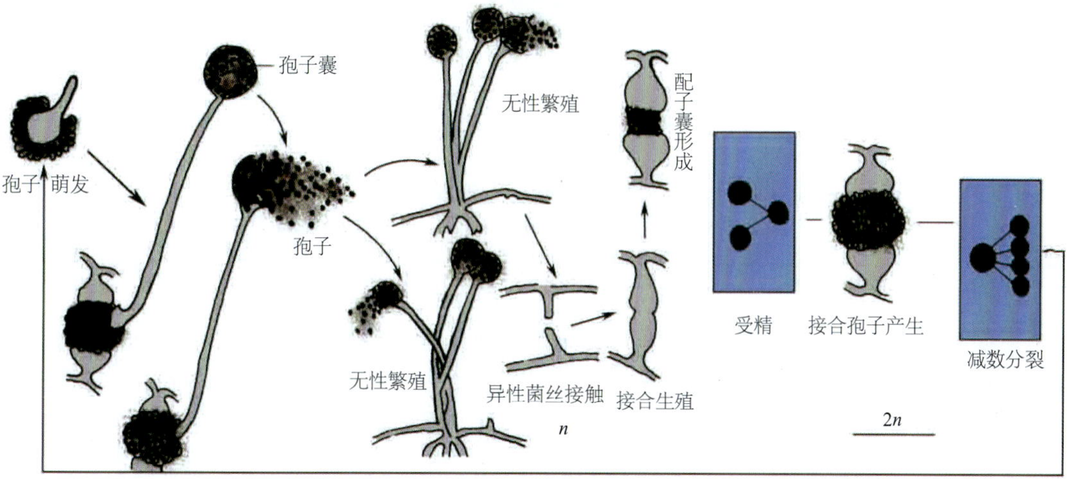


图1–12 黑根霉生活史

黑根霉的有性生殖为接合生殖。在异性菌丝接触处产生短枝，两短枝的顶端膨大，产生横壁，使短枝与菌丝隔开，顶端形成配子囊（gametangium），横壁下部是配子囊柄（gametangiophore）。两个配子囊成熟后，它们之间接触的壁溶解，使原生质体融合为一体，形成合子。不久它的外壁加厚，合子休眠后，经过减数分裂，开始萌发，突破厚壁长出一直立不分枝的菌丝，顶端形成一个孢子囊，孢子囊里产生孢子，由孢子再发育成新的个体。黑根霉常使蔬菜、水果、食物等腐烂。

接合菌亚门中常见的还有毛霉属（*Mucor*）的毛霉，也广泛分布于自然界中。根霉和毛霉含有大量的淀粉酶，能将淀粉分解为葡萄糖。在酿酒业中，先利用毛霉和根霉制成“酒曲”后再酿酒。根霉和毛霉也能产生脂肪酶，分解脂肪，使羊毛脱脂，羊皮软化。

### 3）子囊菌亚门（Ascomycotina）

#### （1）主要特征

子囊菌亚门除酵母菌属（*Saccharomyces*）类为单细胞个体外，大多数为多细胞有机体，菌丝有隔。无性繁殖时，单细胞的种类出芽繁殖，多细胞的种类产生分生孢子。有性生殖时产生子囊，子囊内两性结合后的核经减数分裂，一般形成8个子囊孢子。本亚门子实体（产生孢子的结构）称为子囊果，其周围包被着由交织的菌丝构成的子囊果的壁，子囊果内排列着子囊层（子实层，hymenium）和与之相间的侧丝（paraphysis）。子囊果有3类。①闭囊壳（cleistothecium）。子囊果呈球形，无孔口，完全闭合。②子囊壳（perithecium）。子囊果呈瓶形，顶端有孔口，这种子囊果常埋于子座（stroma）中。③子囊盘（apothecium）。子囊果呈杯碟状，子实层常露在外。子囊果的有无和形状是分纲的主要依据（图1–13）。

图1-13 子囊果的三种类型

子囊菌种类繁多，类型复杂，约有1950属，15 000种。

### （2）代表属种

① 酵母菌属

本属是本亚门中最原始的种类，植物体为单细胞，卵形，有一大液泡，核很小。酵母菌的重要特征是出芽繁殖：首先母细胞的一端形成一个小芽——芽生孢子（blastospore），芽生孢子长大后脱离母细胞，成为新的酵母菌；有时芽生孢子可相连成为假菌丝（图1-14）。有性生殖时合子不转变为子囊，以芽殖法生二倍体的细胞，由二倍体的细胞转变成子囊，减数分裂后形成4个子囊孢子。酵母能无氧发酵，将糖类分解为二氧化碳和乙醇。酿酒酵母（*Saccharomyces cerevisiae* Hansen）是现代生物学研究最重要的模式生物之一。

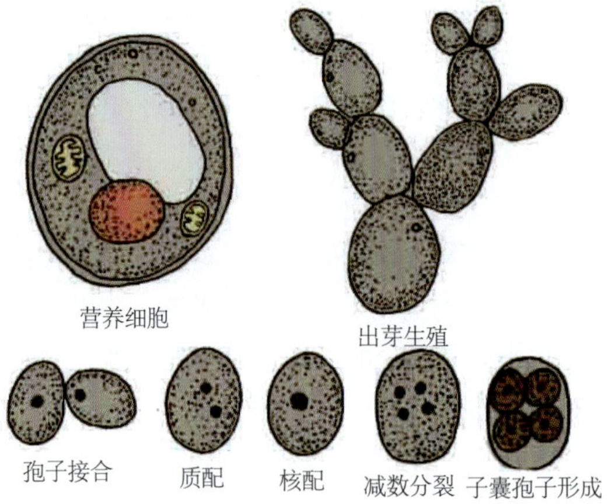


图1-14 酵母属

② 青霉属（*Penicillium*）

本属真菌最普遍，常滋生于水果、蔬菜及各种潮湿的有机质上，常使储藏的柑橘和苹果腐烂，引起青霉病。主要以分生孢子繁殖，从菌丝体上产生很多分生孢子梗，梗的先端分枝数次，呈扫帚状，最后的分枝称为小梗（sterigma），生小梗的枝称为梗基（图1-15）。小梗上生有一串分生孢子，青绿色。有性生殖仅在少数种中发现，形成闭囊壳。黄青霉（*P.chrysogenum* Thom.）和点青霉（*P. nototum* Westl.）等能分泌抗生素——青霉素（penicillin）。

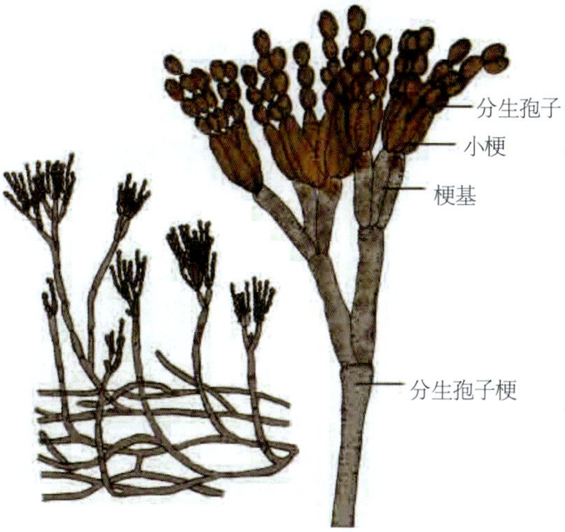


图1-15 青霉属

③ 麦角菌属（*Claviceps*）

本属有麦角菌［*C.purpurea*（Fr.）Tul］，其子囊壳瓶状，主要寄生于麦类的子房中，形成黑色坚硬的菌核，状似角，称为麦角（ergot）；麦角制剂可作收敛子宫、子宫出血或内部器官出血的止血剂，人畜误食也常会发生中毒、流产，甚至死亡。

### 4）担子菌亚门（Basidiomycotina）

#### （1）主要特征

担子菌都是多细胞有隔菌丝体，其菌丝有初生菌丝和次生菌丝之分。由担孢子萌发成单核、有隔且多分枝的菌丝称为初生菌丝；由部分初生菌丝经有性结合后的双核细胞分裂而来的双核菌丝称次生菌丝，由次生菌丝发育成子实体（又称担子果）。

担子菌的营养繁殖产生节孢子（arthrospore）、厚壁孢子（chlamydospore）或芽孢（blastospore）；无性繁殖可产生分生孢子（conidium或conidiospore）、粉孢子；有性生殖产生担子，担子经减数分裂形成担孢子，担孢子萌发形成新的单核菌丝。

担子菌类型多样，约有900属，22 000多种。多数种类是植物专性寄生菌和腐生菌，可食用、药用，但有毒的种类也不少，因此，担子菌与人类关系密切。

#### （2）代表属种

① 锈菌目（Uredinales）

本目菌类为专性寄生菌，主要的寄主为种子植物和蕨类植物，初生菌丝可形成性孢子，次生菌丝可产生秋孢子、夏孢子和冬孢子。大部分锈菌以冬孢子越冬。冬孢子萌发时，经减数分裂产生担孢子。锈菌种类极多，有5000余种。不同孢子的产生有一定的顺序。禾病锈菌（小麦秆锈病菌）（*Puccinia graminis* Pers.）生活史中有两个不同寄主，称转主寄生（heteroecism）。第一寄主为小麦、大麦、燕麦及其他禾本科植物，第二寄主为小檗属（*Berberis*）或十大功劳属（*Mahonia*）等属的某些植物（图1-16）。

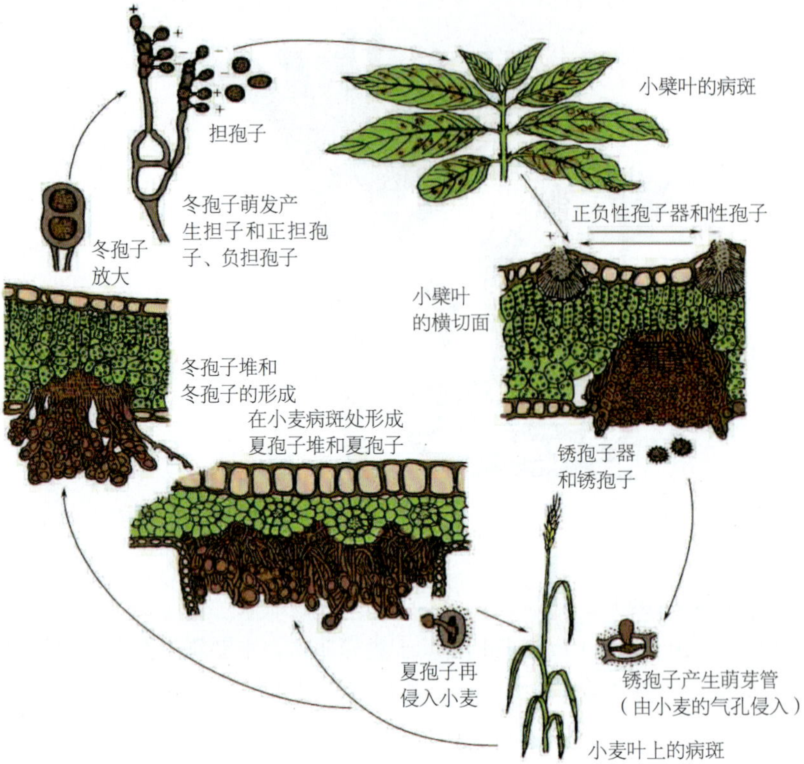


图1-16　禾柄锈菌生活史

② 伞菌目（Agaricales）

本目多数种类为腐生菌。子实体肉质，少革质、栓质或膜质。具有伞状或帽状的菌盖（pileus）和菌柄（stipe）。菌柄大多数中间生。菌盖的腹面为辐射状或放射状的菌褶（gill），子实层生于菌褶的两面，担子果幼嫩时常有内菌幕（partial veil）遮盖着菌褶。菌盖充分生长发育展开时，内菌幕破裂，在菌柄上残留着的部分常形成环状的菌环（annulus）。有些种类有外菌幕（universal veil）包围子实体，菌柄延长时外菌幕破裂后在菌柄基部的残留称菌托（volva）。

伞菌目的种类较多，已知的约有3250种。其中蘑菇属（*Agaricus*）的子实体有菌盖、菌柄和菌褶三个主要部分。菌盖肉质伞形，菌柄中生、柱状肉质，菌褶膜质。现多人工栽培。本目菌的子实体除味美可食外，还供药用，其所含的多糖类抗癌效力很强（图1-17）。

③ 多孔菌目（Polyporales）

本目子实体无菌褶，一年生至多年生，木质、栓质、肉质、蜡质、炭质、海绵质、酪质，稀胶质。形状多种多样，蹄形、扇形、半球形和珊瑚枝状等。担子单细胞，无分隔，担孢子4个。本目种类繁多，构造复杂，常生于树干或木材上，致木腐朽。例如，灵芝［*Ganoderma lucidium*（Leyss.ex Fr.）Karst］生于栎属或其他阔叶树干基部、干部或根部，子实体木质或木栓质，有侧生柄或无柄，有坚硬而光泽的皮壳。

本目植物在我国西北、华北、华中、西南、华东各省和台湾均有分布。有些可作为中药，用于健脑，治神经衰弱、慢性肝炎、消化不良，对防止血管硬化和调节血压也有一定效能，有些可用作滋补剂。

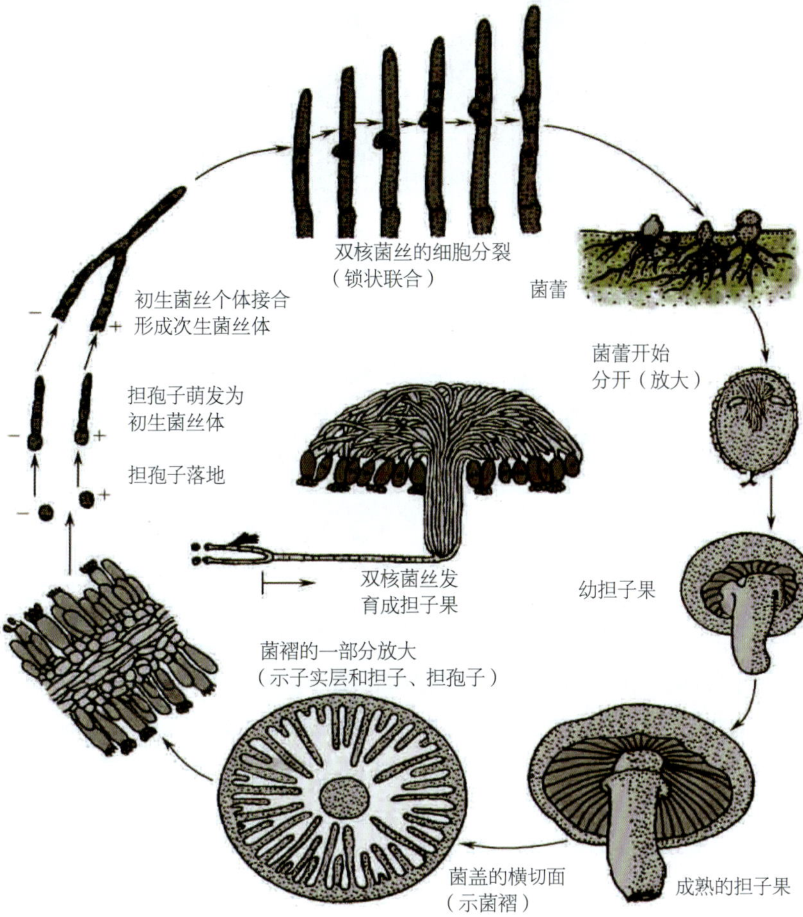


图1–17 蘑菇属生活史

### 5）半知菌亚门（Deuteromycotina）

本亚门的菌类多为有隔菌丝体，在其生活史中，还只知其无性繁殖，有性阶段尚未发现。为了分类上的需要，人为地将这类真菌归纳为一亚门。半知菌大多是子囊菌亚门的无性阶段，少数是担子菌亚门的无性阶段，如发现其有性阶段，则按其有性特征进行归类。

本亚门已知有1800余属，26 000余种，其中约有300属是农作物和森林病害的病原菌，还有些属是能引起人类和一些动物皮肤病的病原菌。常见的农作物病害有引起水稻稻瘟病的稻瘟菌，引起水稻纹枯病的水稻纹枯菌（*Rhizoctonia solani* Kühn）和引起棉花炭疽病的棉花炭疽菌［*Colletotrichum gossypii*（Southw.）Edgerton］等（图1–18）。

## （三）菌类植物与人类的关系

菌类植物是自然物质的分解者。在自然界的物质循环中，菌类植物占有很重要的地位。菌的活动，对碳与氮的循环尤为重要。经菌类的活动，动植物残体腐烂分解成二氧化碳和水等简单的化合物，重新为植物所利用。土壤中不能被植物利用的物质转化成可利用的物质，森林下的枯枝落叶分解成腐殖质，增加土壤肥力。

真菌常通过产生胞外蛋白、有机酸和其他代谢产物来提高其适应严酷环境（如污染严重的

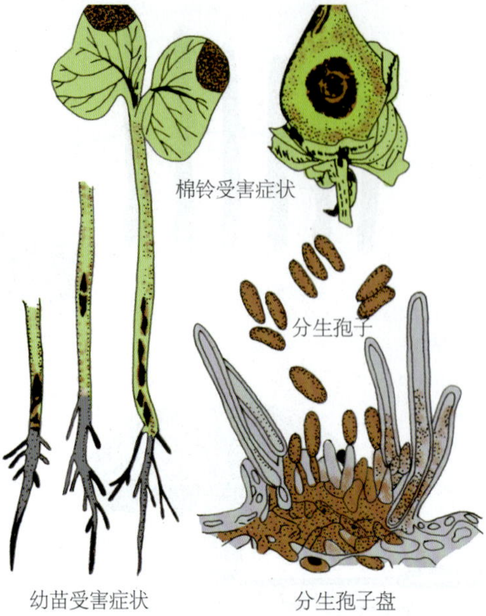


图1-18 棉花炭疽菌

环境）的能力。在工业生产中产生的废水往往富含金属、无机营养和有机化合物等，如果不进行净化处理直接排放将导致环境的持续恶化。白腐菌（*Phanerochaete chrysosporium*）被发现具有高效的废水处理能力，也被认为在土壤生物修复中具有潜在的应用价值。

除真菌外，细菌在环境净化中的作用不可忽视。某些光合细菌可在污染严重的水体环境下生存，并在其自身的代谢活动中降解有机物，发挥净化水质的作用。

在传统的食品工业中，食品的发酵生产是菌类利用中最广泛的应用领域。酵母菌、乙酸菌、乳酸菌、霉菌等是食品加工业中最常用的微生物，因而与人们的日常生活密切相关。酵母菌是面包、馒头、葡萄酒等的加工和生产中必不可少的常用真菌，而酸奶、泡菜的生产也离不开乳酸菌的发酵作用。此外，霉菌则被用于酱油、豆腐乳等的加工。石油原油的分解，以及制革、造纸、制糖和制作面包等都与菌类植物的利用有关。

人类经常食用的菌类植物主要是大型真菌。在我国，已知可用于食用的菌类多达350余种，常见的有隶属于担子菌亚门的香菇［*Lentinula edodes*（Berk.）Pegler］、草菇［*Volvariella volvacea*（Bull.ex Fr.）sing.］、蘑菇、黑木耳［*Auricularia auricula*（L. ex Hook.）Underwood］、银耳（*Tremella fuciformis* Berk.）、猴头［*Hericium erinaceus*（Bull.Fr.)Pers］、竹荪［*Dictyophora indusiata*（Vent.ex Pers）Fisch］、松口蘑［*Tricholoma matsutake*（S.Ito. et Imai）Sing.］、红菇（*Russula lepida* Fr.）、金针菇［*Flammulina velutipes*（Curt. Fr）Sing］和牛肝菌（*Boletus impolitus* Fr.）等，以及少数子囊菌亚门的种类［如羊肚菌，*Morchella esculenta*（L.）Pers.等］。不同种类的食用菌具有各自独特的风味或专一的营养价值，除了直接采收野外自然生长的可食性真菌外，人类还掌握了食用菌栽培技术，不断地培育出新型的食用菌。

在农业上，根瘤菌属（*Rhizobium*）和梭状芽孢杆菌属（*Clostridium*）及固氮菌属（*Azotobacter*）等，都能摄取大气中的游离态氮（$N_2$），合成有机态氮，直接或间接供给绿色植物。利用某些菌类植物还可制成生物肥料。例如，“5406”菌肥实际上就是放线菌类（Actinomycetes）的生物肥料，它能提高土壤肥力，刺激作物生长，并能抑制有害微生物活动。

在医药卫生方面，菌也有极广泛的用途。例如，预防和治疗疾病的抗血清以及常见的链霉素、四环素、土霉素、氯霉素等抗生素，都是由菌类植物中制取的。此外，灵芝、猴头菌有滋补、健生效能，可治疗胃炎和胃溃疡等，所含的多糖类还有抗癌效能。茯苓则有健脾宁心之功效，冬虫夏草能补肺益肾、止咳化痰。猪苓［*Grifula umbelleta*（Pers.ex.fr )Pilat.］、茯苓［*Poria cocos*（Schw.）Wolf.］、木耳、银耳等也都有很高的医药功能。

此外，菌对人类及动物、植物的健康生活有直接影响。致病菌能使人、禽、畜及植物生病受害，甚至造成死亡，如痢疾、伤寒、鼠疫、霍乱、白喉、破伤风、水稻白叶枯病、白菜霜霉病等。

## 三、地衣植物门

### （一）地衣的一般特征

地衣（Lichenes）植物是一类由1种藻类与1种真菌建立的紧密共生关系而形成的多年生复合有机体（symbiotic plant），它们是一类特殊的低等植物类群。通常，将地衣中的真菌称为地衣型真菌（或共生菌），藻类称为共生藻。

地衣植物中真菌和藻类之间的共生关系具有一定程度的专一性，并非所有的真菌都可与藻类建立稳定的共生关系。地衣型真菌中绝大多数隶属于子囊菌纲，少数为担子菌纲和半知菌纲的种类。地衣中的共生藻类主要为隶属于绿藻门（共球藻属，*Trebouxia*；橘色藻属，*Trentepohlia*）和蓝藻门（念珠藻属、伪枝藻属，*Scytonema*）的种类。在一般情况下，菌类占地衣的大部分，藻类则在复合体的内部，成一层或若干团。藻类为整个植物体制造养分，而菌类则吸收水分与无机盐，为藻类制造养分提供原料，并围裹和保护藻细胞。

地衣的主要形态与类型有如下几种。

① 壳状地衣（crustose lichen） 植物体薄质扁平，呈壳状紧贴于树皮、岩石或其他基质的表面，如文字衣属（*Graphis*）（图1-19）。此类地衣群体外观上形成各色条带或板块，如橙衣属（*Caloplaca*）呈红色，微孢衣属（*Acarospora*）呈黄色，茶渍属（*Lecanora*）呈绿色。有些壳状地衣甚至可包埋在岩石中生长。壳状地衣约占全部地衣的80%。

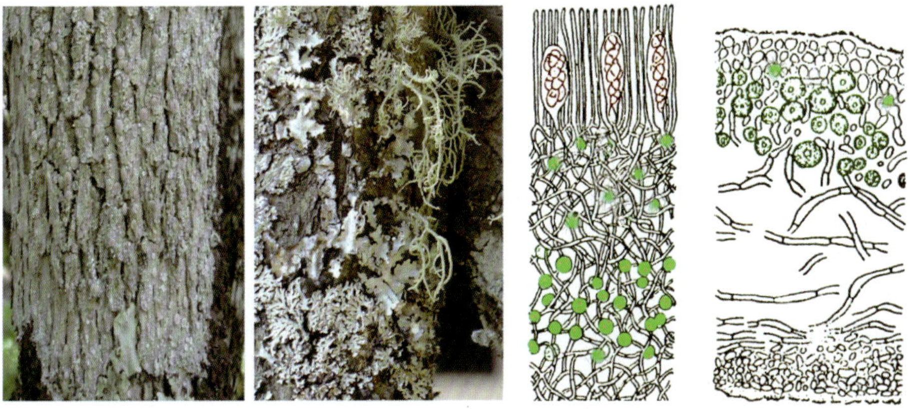

壳状地衣　叶状与枝状地衣　同层地衣　异层地衣

图1-19 地衣植物的形态与结构

② 叶状地衣（foliose lichen） 植物体薄片状，具背腹性，上表面和下表面差异显著。较高级的类型可为网状分枝状。具分枝的叶状地衣顶部和基部表面明显不同，因而可以将它们与绝大部分枝状地衣区分开来。叶状地衣一般通过细小的菌丝假根与基质接触，易于采下，如生于草地上的地卷属（*Peltigera*）和生长在岩石或树皮上的梅花衣属（*Parmelia*）及袋衣属（*Hypogymnia*）等（图1−19）。

③枝状地衣（fruticose lichen） 植物体直立，通常分枝，呈丛生状，是最为高级的地衣。其分枝在外形上更接近于“真正的”分枝，如石蕊属（*Cladonia*）、松萝属（*Usnea*）等（图1−19）。

此外，还有丝状地衣（filamentous lichen），如毡衣属（*Ephebe*）；皮屑状地衣（leprose lichen），如癞屑衣属（*Lepraria*），以及鳞片状（squamulose lichen）地衣，如小皿叶衣（*Normandina pulchella*）等一些过渡或中间类型。

根据地衣植物中藻体的分布规律，在结构层次上将其分为同层地衣（homolomerous lichen）和异层地衣（heteromerous lichen）两种结构类型。

同层地衣没有明显的藻胞层，其上、下“皮层”都有藻类细胞和真菌的菌丝呈交织状混合一起，中部菌丝稀疏，藻细胞均匀分布其中，下皮层的一些菌丝伸入基质内，具有吸收和固着作用，壳状地衣多为同层地衣。异层地衣具有明显的藻胞层，其藻类细胞集中排列于上皮层下方，形成绿色藻层。叶状地衣、枝状地衣一般为异层地衣。在显微镜下观察，典型的叶状地衣的叶状体部位，可以区分出上皮层、藻胞层、髓层和下皮层4个结构层次。最顶层是由共生菌的菌丝密集地交结在一起形成外层的保护层，称为上皮层。在上皮层内侧是由包埋在非常密集交织的菌丝中的藻细胞组成的藻胞层。每个藻细胞或藻细胞群通常由菌丝包裹着，有时则被吸器穿透。在藻胞层下，是由松散地交织在一起的菌丝组成的无藻细胞分布的髓层。在髓层以下的下表面部分，在结构上与上表面相似，菌丝紧密地交织，称为下皮层。下皮层上常带有假根或绒毛等结构，借此叶状体贴于其生长的基质上（图1−19）。有时地衣还含有真菌代谢产物组成的结构，如壳状地衣的皮层内还有多糖。

地衣植物的繁殖主要取决于地衣型真菌的类型和特性。其繁殖有营养繁殖、无性繁殖和有性生殖三种类型。

① 营养繁殖 是地衣最普通的繁殖方式。地衣的营养繁殖体主要有珊瑚芽、粉芽和碎裂片（lobules）3种主要形式。珊瑚芽是叶状体表面的扩展部分，可以是圆柱状的、球状的或十字分枝状的或耳垂状的。20%～30%的叶状地衣和枝状地衣具有珊瑚芽。珊瑚芽是叶状体顶部的细小结构。粉芽是菌丝交织结构中的藻细胞细束，与珊瑚芽不同，粉芽不含皮层，相反，它们与叶状体的髓层（medulla）更为相似，极易自叶状体上脱离。碎裂片是生活的裂片，它生长在叶状地衣叶状体的边缘，它们的结构扁平，可以从叶状体上脱离后随风或水分布。

② 无性繁殖 地衣的藻类及真菌成员都可以产生无性繁殖的孢子。藻类的孢子可以独立生长发育，而真菌的孢子发芽后，幼菌丝若未找到合适的藻类细胞便会立即死亡。地衣型真菌的无性孢子由粉子腔（pycnidia）内产生，故这类孢子特称为粉子（pycnospores）。地衣中的藻类通常以二分分裂法在地衣叶状体内繁殖。

③ 有性生殖 是以其共生的地衣型真菌独立进行的。若共生真菌为子囊菌则产生子囊和子囊孢子，若为担子菌则产生担子和担孢子。地衣型真菌中子囊菌种类最多，子囊衣类地衣的藻

胞层中的一些菌丝分化为囊卵胞（ascogonia）与精胞（spermogonia），两者接触，受精的囊卵胞发芽而伸出双核菌丝，即囊原菌丝，在其先端形成子囊，其中的两个核结合成接合子，并进行减数分裂形成8枚囊孢子。此类孢子自子囊释放后萌发成菌丝，待遇到适合的共生藻细胞后才可继续生存。

地衣植物分布广泛，它们可以在各种自然基质（树皮、岩石、土壤、苔藓和其他地衣）上生长，偶然地也可在人工表面（水泥、金属）上生长。

### （二）地衣的分类

全世界有地衣约500属，25 000多种。地衣植物在形态、构造、生理和遗传特性上既完全不同于共生菌，也有别于共生的藻类。因此，在分类上，通常将地衣独立为一门。根据其共生真菌的门类将地衣植物分为子囊衣纲（Ascolichens）、担子衣纲（Basidiolichens）和半知衣纲（Deuterolichens）3个纲。

子囊衣纲的地衣种类最多，占地衣总数量的99%，约有18个目。属于担子菌的地衣型真菌约50种，分属白蘑目、鸡油菌目和展齿革菌目3个目。此外，还有少数种类属半知衣纲，为无子实体地衣或地衣型真菌，如白角衣属（*Siphula*）、地茶属（*Thamnolia*）、癞屑衣属（*Lepraria*）和绒枝属（*Leprocaulon*）等，它们的归属尚未完全确定。

### （三）地衣植物与人类的关系

地衣植物在结构上是植物界最奇特的类群，地衣体中藻菌间互惠共生关系的建立在很大程度上扩展了藻类和真菌的生态位，使地衣本身能在其他类群植物无法生存的干热贫瘠地区正常地生长，如壳状地衣往往是裸露岩石上唯一生长着的植物。地衣在生长过程中常不断地向体外分泌地衣酸，腐蚀岩石，借此加速岩石的风化和成土过程，因而，地衣植物是自然界名副其实的拓荒者。同时，地衣还是自然界最主要的先锋植物，地衣死亡后遗留下来的有机质，为岩石发育成土奠定了基础，也为苔藓植物等迁入、生长和定居创造了条件。

地衣植物也是一类对大气污染非常敏感的植物，空气中极少量的二氧化硫也能使其逐渐死亡。枝状地衣对大气污染最为敏感，叶状地衣次之，壳状地衣则抗污染能力最强。因此，地衣可作为污染监测的指示植物，根据地衣多样性、种群和时空分布的变化等监测空气污染的程度和对生态系统的影响等。

某些地衣被认为具有药用价值。粉芽肺衣（*Lobaria pulmonaria* Hoffm.）和槽梅衣（*Parmelia sulcata* Tayl.）用于肺病，犬地卷［*Peltigera canina*（L.）Willd.］则被用于狂犬病的治疗。在民间医学中，有些种类的地衣还被制作成“茶”而加以利用。例如，滇西北藏族和纳西族将白雪茶、红雪茶和青雪茶等作为传统保健茶。

有些地衣可以食用，石耳属（*Umbilicaria*）味道鲜美，在中国、日本和北美洲等地被广泛食用。有时，鹿蕊属（*Cladina*）及冰岛衣［*Cetraria islandica*（L.）Ach.］也用作救荒食物，但绝大部分地衣口味苦涩，营养价值较低。

在工业上，地衣主要用作染料和香料工业的原料。据记载，古罗马人用染料衣（*Roccella tinctoria* DC.）经发酵而获得一种紫罗兰色染料。而从梅衣属（*Parmelia*）、肉疣衣属（*Ochrolechia*）和扁枝衣属（*Evernia*）等地衣中提取的褐色染料仍用于羊毛的染色，并有杀菌作用。香料工业中则以拟扁枝衣属（*Pseudevernia*）、扁枝衣属（*Evernia*）地衣为原料加工提取物。石蕊、染料衣、红粉衣（*Ochrolechia tartarea* Mass.）可提取酸、碱指示剂；石蕊试纸就是以石蕊等地衣为原料生产的。此外，地衣植物还在控制土壤侵蚀方面发挥重要的作用。

但有的地衣可危及森林，尤其对茶树、柑橘之类危害较大，常以假根穿入寄主的皮层构成危害。

## 四、苔藓植物门

### （一）苔藓植物的一般特征

苔藓植物（Bryophyta）植株矮小，最大的也只有数十厘米。多生于阴湿处的土壤、林中树皮和朽木上，少数生于水中或岩石上。它们虽然脱离水生环境进入陆地生活，但大多数仍需生长在潮湿地区，它们是植物从水生到陆生过渡的代表类型。

苔藓植物结构简单，是一群小型的非维管高等植物。较低级的种类其植物体为扁平的叶状体，比较高级的种类其植物体有类似茎、叶的分化，称为拟茎叶体，但都没有维管组织和真根。只有假根，假根是单细胞或单列细胞组成的丝状分支结构，有吸收水分、无机盐和固着植物体的功能。

苔藓植物的生活史有明显的世代交替。在世代交替中，配子体绿色、独立生活、占优势，孢子体不发达，寄生于配子体上，依赖配子体提供养分。

苔藓植物现有约23 000种，遍布于世界各地，我国约有3450种。根据苔藓植物原丝体的发达程度和营养体的形态可将其分为苔纲（Hepaticae）、藓纲（Musci）。1899年，美国植物学家M.A.Howe又把角苔类从苔纲中分出，命名为角苔纲（Anthocerotae）（表1–5）。

表1–5 苔纲、藓纲和角苔纲的主要区别

| 特征＼类型 | 角苔纲 | 苔 纲 | 藓 纲 |
|---|---|---|---|
| 植物体 | 构造简单的叶状体 | 叶状体 | 有假根和茎、叶的分化 |
| 孢蒴 | 无蒴柄，孢蒴长角状，常有蒴轴，纵长2瓣裂 | 蒴柄短，多无蒴轴、具弹丝，不规则（4瓣）开裂 | 蒴柄长，有蒴轴、无弹丝，盖裂 |
| 孢子萌发 | 原丝体不发达，不产生芽体，只形成1个简单的配子体植株 | 原丝体不发达，不产生芽体，只形成1个配子体植株 | 原丝体阶段发达，可产生多芽体、配子体植株多 |
| 代表植物 | 角苔 | 地钱等 | 葫芦藓、泥炭藓等 |

### （二）苔藓植物的分类与代表植物

#### 1. 苔纲（Hepaticae）

##### 1）基本特征

植物体（配子体）为叶状体，或有“茎”、“叶”的分化，有背腹之分，常为两侧对称，有单细胞的假根。有性生殖器官埋藏于配子体中，孢子体不发达。多分布于热带、亚热带。

本纲分为五目：①藻苔目（Takakiales）、②美苔目（Calobryales）、③叶苔目（Jungermanniales）、④囊果苔目（Sphaerocarpales）和⑤地钱目（Marchantiales）。从形态学上，可以将苔类分为复杂叶状体（complex thalloid）、简单叶状体（simple thalloid）和茎叶体（leafy）三种类型。

### 2）代表属种

地钱（*Marchantia polymorpha* L.）生于阴湿地，其配子体为叉状分枝的叶状体，生长点位于分叉凹陷处。叶状体的背面有菱形或多边形的小区。各区中央有一个气孔。腹面有多细胞的鳞片和单细胞的假根。成熟的叶状体由上表皮、气室层（air camber）（或同化组织层）、薄壁细胞层和下表皮构成（图1-20）。

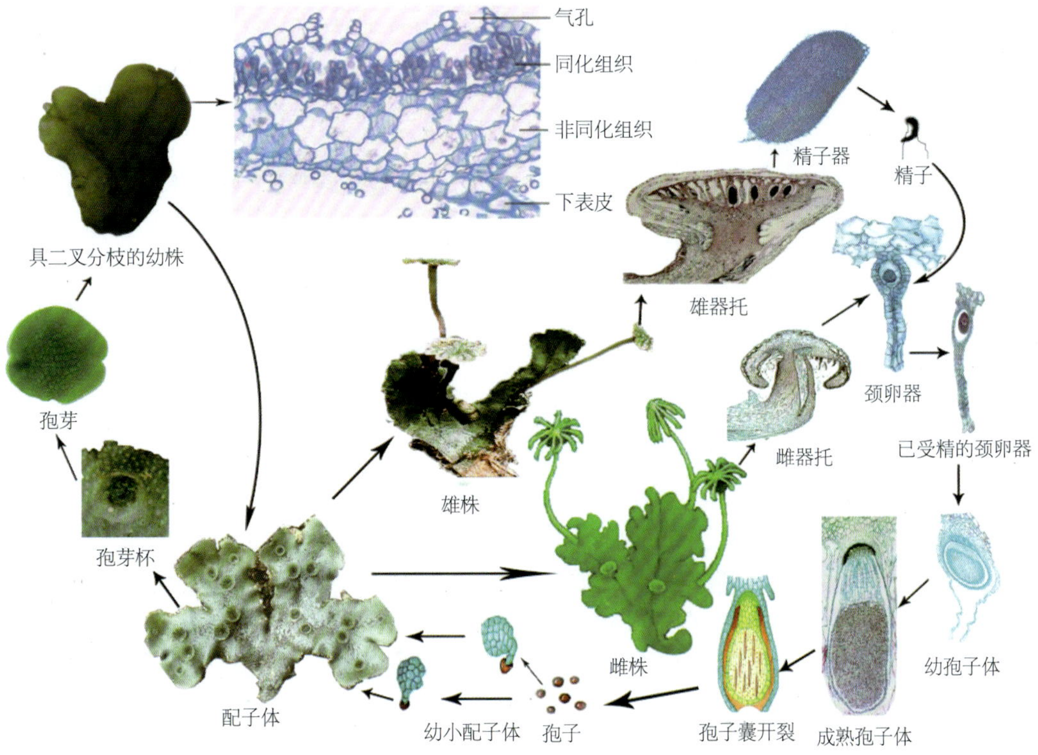


图1-20 地钱生活史

地钱主要以孢芽（gemmae）进行营养繁殖。孢芽生于叶状体背面的芽杯（gemmacup）内，似倒挂的绿色“小提琴”，成熟后脱落，形成新配子体（图1-20）。

地钱为雌雄异株，雌配子体、雄配子体腹面（或背面）的中肋处产生雄器托（antheridiophore）和雌器托（archegoniophore），两者均呈伞状，均由托柄和托盘两部分组成。雌器托盘边缘有指状伸出的芒线，托盘腹面有倒悬的瓶状颈卵器（雌性生殖器官），两侧各有一片蒴苞（involucre），将颈卵器遮盖。颈卵器（archegonium）其形如瓶，分为腹部（venter）和颈部（neck）。“腹部”为一层壁细胞包裹着一个卵细胞和一个腹沟细胞（ventral canal cell）；“颈部”由一层壁细胞包裹着一串颈沟细胞（neck canal cell）组成。雄器托的托盘背面生有很多小孔，每一孔腔中各有一精子器（雄性生殖器官）。精子器（antheridium）呈棒状或球状，由一层壁细胞和其内的多数精子母细胞（*n*）或精子所组成。精子长而卷曲，具鞭毛（图1-20）。

苔藓植物的精子与卵细胞成熟后，精子借助于水游到颈卵器附近，解体中的颈沟细胞和腹沟细胞提供精子运动所需的物质、能量，并诱导精子游向卵细胞，精卵受精形成合子，合子有丝分裂，发育成胚，胚发育成孢子体。孢子体分为孢子囊（又称孢蒴，capsula）、蒴柄（seta）和基足（basal foot）三部分。基足嵌生于配子体植株顶端，呈吸器样吸取配子体中的养分，营养自身；蒴柄是连接基足与孢子囊的柄状结构；孢子囊是孢子体远离配子体一端的结构，其内的造孢组织发育成孢子母细胞，孢子母细胞经减数分裂发育成单倍体的孢子。孢蒴中有长形、壁上有螺旋状增厚的弹丝（elater），可帮助孢子散出。孢子传播后，在适宜的条件下，萌发成仅有6～7个细胞的丝状体（称原丝体，protonema），原丝体上生出芽体，芽体进一步发育成配子体。

现将地钱的生活史图解如下：

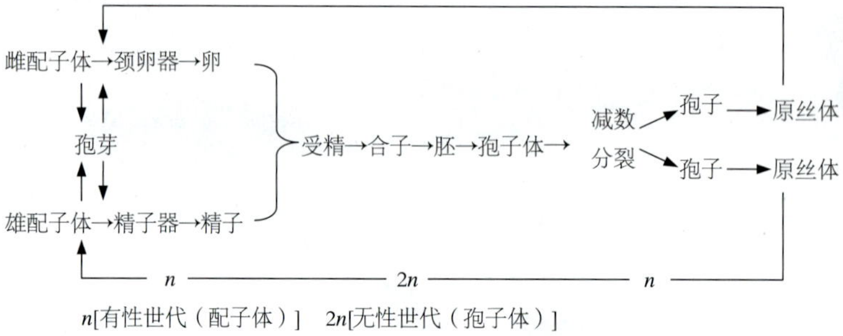


## 2. 藓纲（Musci）

### 1）基本特征

藓纲的植物种类繁多，个体也多，分布遍及全球。植物体为具单列细胞假根的茎、叶（无背腹之分）体，多为辐射对称。孢子萌发形成原丝体（protonema），原丝体上生出带叶的配子枝（gametophore）。孢子体的结构较苔纲复杂，孢蒴具蒴盖、蒴齿，多数种类有蒴帽，其内有发达的蒴轴，但无弹丝。原丝体发达，每一原丝体可形成几个芽体。

本纲分为泥炭藓目（Sphagnales）、黑藓目（Andreaeales）和葫芦藓目（Funariales）3目。

### 2）代表属种

#### （1）泥炭藓属（*Sphagnum*）

本属植物如泥炭藓（*S. cymbifolium* L.），其叶无中肋，由一层细胞组成。细胞有两种。细长的细胞含有叶绿体，连成网状，环围着大而无色的死细胞，且其细胞的壁呈螺纹增厚并具水孔。植物体吸水力强，消毒后可作药棉的代用品。死后的植株所形成的泥炭可作肥料及燃料。

#### （2）葫芦藓属（*Funaria*）

现以葫芦藓（*F. hygrometrica* Hedw）为例介绍本属的特征。葫芦藓植株矮小，习生于阴湿含有机质或氮素丰富的地方，常分布于山林火烧迹地及村落附近。植物体绿色丛生，茎直立，有茎、叶分化，叶倒卵形，螺旋状排列于茎上。茎的基部产生多数假根，将植物体固着于基质上。雌雄同株，雄枝顶端的叶较大，中央为雄器苞（由橘红色的精子器与单列细胞的隔丝所组成）（图1-21）。精子器呈长棒状，有短柄，其中有很多螺旋状、具有两条鞭毛的精子。雌枝顶端的叶集生呈芽状，其中分布着数个颈卵器。精子借助水进入颈卵器并与其中的卵细胞结合发育成胚，胚发育形成孢子体。随着孢子体的生长，蒴柄迅速伸长，使颈卵器断裂成为上下两部，上部成为蒴帽（calyptra）。孢子体顶端膨大成的囊状部分称为孢蒴，孢蒴下为蒴柄和基足。孢蒴的顶部除去蒴帽可见蒴盖。孢蒴内的造孢组织发育为孢子母细胞。孢子母细胞经减数分裂后形成四分孢子，孢子成熟后，孢蒴盖裂，蒴齿帮助孢子散出。孢子遇到适宜环境萌发形成多细胞而有分枝的绿色原丝体，原丝体上发生芽体，芽体再发育成直立的营养体，即配子体（图1-21）。

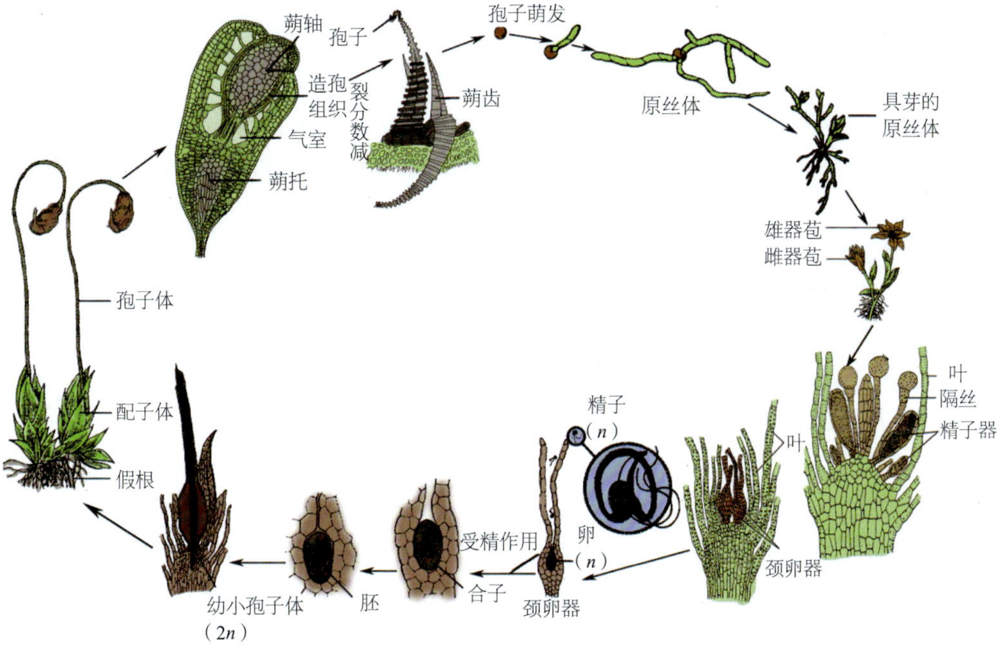


图1-21 葫芦藓生活史

## （三）苔藓植物与人类的关系

苔藓植物与自然及人类的关系密切。苔藓植物是自然界的拓荒者之一，它们和蓝藻、地衣等植物常常首先出现于裸露的岩面、新形成的陆地表面或冻土、沙土地带，成为改造自然的先锋植物。苔藓植物可以分泌一些酸性物质，逐渐溶解岩面，还能积蓄空气中的灰尘和水分，再加上其残体的分解与有机物质的积累，在经历悠久岁月后，逐渐形成土壤，为其他植物的生存创造了有利条件。

苔藓植物生长快，吸水力强，能使沼泽陆地化或使森林沼泽化。在沼泽地带，苔藓植物往往吸干积水，同时它们的残体逐渐堆积填平洼地，并向沼泽地中心扩展，最后使沼泽变成陆地。在这些地方，草本植物和木本植物接踵而来，原有的湖泊、沼泽演替成森林。但在空气湿润而寒冷的北方针叶林地带中，常因过于繁茂的苔藓植物大量吸收水分而加大了土壤酸性，抑制了森林树木的生长，影响树种的萌发和林木的天然更新，长期作用的结果能使森林演变成沼泽地。

苔藓植物对水分、土壤、空气成分等环境因素的反应非常敏感，在不同的森林中或土地类型上常出现不同种类的苔藓植物，因而可利用苔藓植物来指示森林的类型和确定宜于造林的树种与林型。另外，苔藓植物因其结构简单，叶片多由单层细胞组成，又无角质层保护，易受有害气体的伤害，对大气污染很敏感。例如，空气中$SO_2$平均浓度若高于0.154ppm①，将造成苔藓的急性伤害，致使叶色由绿转黄、变褐。因此，国内外都已用苔藓植物作为监测大气污染的指示植物。

苔藓植物可作药用。400多年前，中国人就已利用凤尾藓属（*Fissidens*）和金发藓属（*Polytrichum*）的某些种类作为利尿和刺激毛发生长的药物。在印度和北美洲地区，则用桧叶金发藓（*Polytrichum juniperinum* Willd. ex Hedw）来治疗烧伤、青肿和创伤。在法国，地钱被用作利尿剂。

泥炭藓属（*Sphagnum*）中的泥炭藓醇（sphagnol）可用于治疗湿疹、干癣、瘙痒症、冻疮、疥疮、粉刺和其他皮肤疾病。从折叶苔［*Diplophyllum albicans*（L.）Dum.］和鳞叶折叶苔［*D. taxifolium*（Wahl.）Dum.］中分离得到的Diplophyllin对人类上皮样肿瘤细胞具有显著的抑制作用。

苔藓植物还可用作土壤添加剂、栽培中的装饰材料和庭院美化。泥炭是最重要的土壤调节剂，有利于土壤稳定和保湿，在世界各地被广泛采用。

泥炭藓沼泽地酸性很强（pH2～4），堆积若干年后往往形成泥炭层，俗称草炭或草煤，可作燃料，农业上可用于改良土壤和制造颗粒肥的原料。泥炭藓形成的泥炭含硫量低，与木材燃烧产热相比，其热能利用的环境和生态意义重大。

此外，泥炭藓具有重金属吸收特性，可用作过滤和吸收剂处理含Ag、Cu、Cd、Hg、Fe、Sb和Pb的工业废水。它也可用来过滤土壤、去污剂、染料和微生物等有机物。作为吸收剂的某些苔藓植物的产品，吸收能力强，吸收容量可达其自身重量的12倍以上，而且所需存储空间小，因而应用前景广阔。研究发现，波瓣合叶苔［*Scapania undulata*（L.）Dum.］对Pb、Hg、Cd、Cr、Cu和Ni等重金属具有超强的累积能力，被认为在污染水体和土壤的植物修复（phytoremediation）中具有巨大的应用潜力。因此，苔藓植物及其多样性的保护不但具有重要的生物学意义，而且具有潜在的应用价值。

## 五、蕨类植物门

### （一）蕨类植物的一般特征

蕨类植物（Pteridophyta）又称羊齿植物（fern），有真正的根、茎、叶和维管组织的分化。维管组织包括木质部和韧皮部两部分，其中木质部由专门运输水分和无机盐的管胞组成，韧皮部由专门运输有机物的筛胞组成，一般无次生构造（图1-22）。因此，蕨类植物既是高等的孢子植物，又是原始的维管植物。维管组织的形成是植物适应陆地生活的结果。

① $1ppm=1\times10^{-6}$，下同。

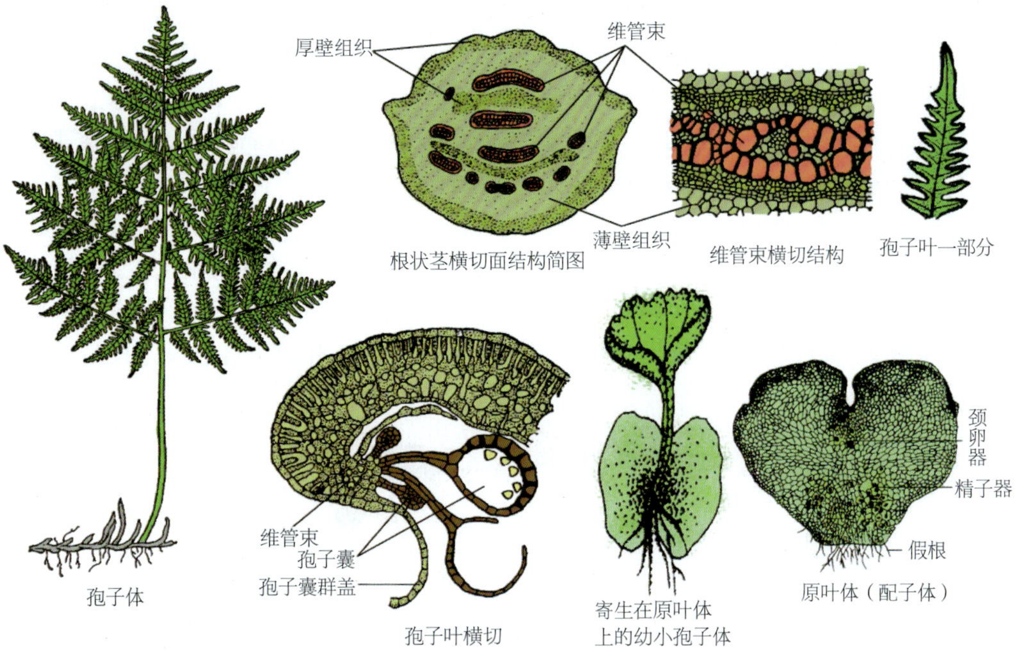


图1-22　蕨成熟孢子体、幼孢子体与配子体（原叶体）

蕨类植物的根系为须根系。茎多为根状茎，在土中横走、上升或直立。茎的解剖结构包括表皮、皮层和中柱三部分。中柱有原生中柱（protostele）、管状中柱（siphonostele）、网状中柱（dictyostele）和多环管状中柱（polycyclic siphonostele）等多种类型（图1-23）。叶有小型叶（microphyll）和大型叶（macrophyll）之分，大型叶种类占绝大多数。大型叶常为多次羽状分裂或呈复叶。孢子囊（sporangium）单生或群生，着生孢子囊的叶称为孢子叶（sporophyll），因而有孢子叶和营养叶之分。有些种类的孢子叶集生茎顶，形成孢子叶球（strobilus）或称为孢子叶穗（sporophyll spike）。孢子有同型孢子（homospory）和异型孢子（heterospory）两类。

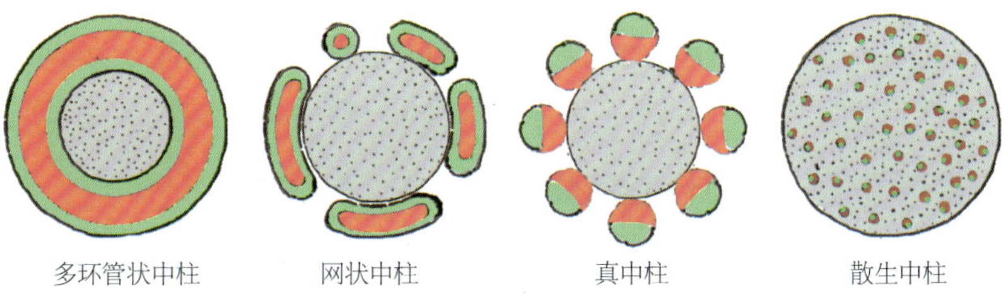


图1-23　蕨类植物的中柱类型

蕨类植物无性繁殖时，在小型叶的种类中，孢子叶常聚生于枝顶，形成球状或穗状的孢子叶球或孢子叶穗，其孢子叶的近轴面或基部有由一群细胞发育形成的孢子囊，且孢子囊壁具多层细胞。这样的孢子囊称为厚孢子囊（eusporangium）；在进化的真蕨类植物中，孢子囊仅由一个细胞发育而来，且孢子囊壁仅有一层细胞，其孢子囊为薄孢子囊（leptosporangium）。高等蕨类植物的孢子囊或孢子囊群（堆）多生于孢子叶的背面、边缘或特定的孢子叶上。水生蕨类植物的孢子囊群生于特化的孢子果（sporocarp）内。孢子囊内的孢子母细胞减数分裂产生单倍体的孢子，孢子发育成微小的原叶体（prothallus，或配子体）。有性生殖时，在原叶体的腹面（少数为背面）产生颈卵器和精子器。精卵成熟后受精形成合子，合子发育成胚，胚进一步发育成孢子体。蕨类植物的配子体和孢子体皆能独立生活，但孢子体发达、占优势，有明显的世代交替（图1-24）。

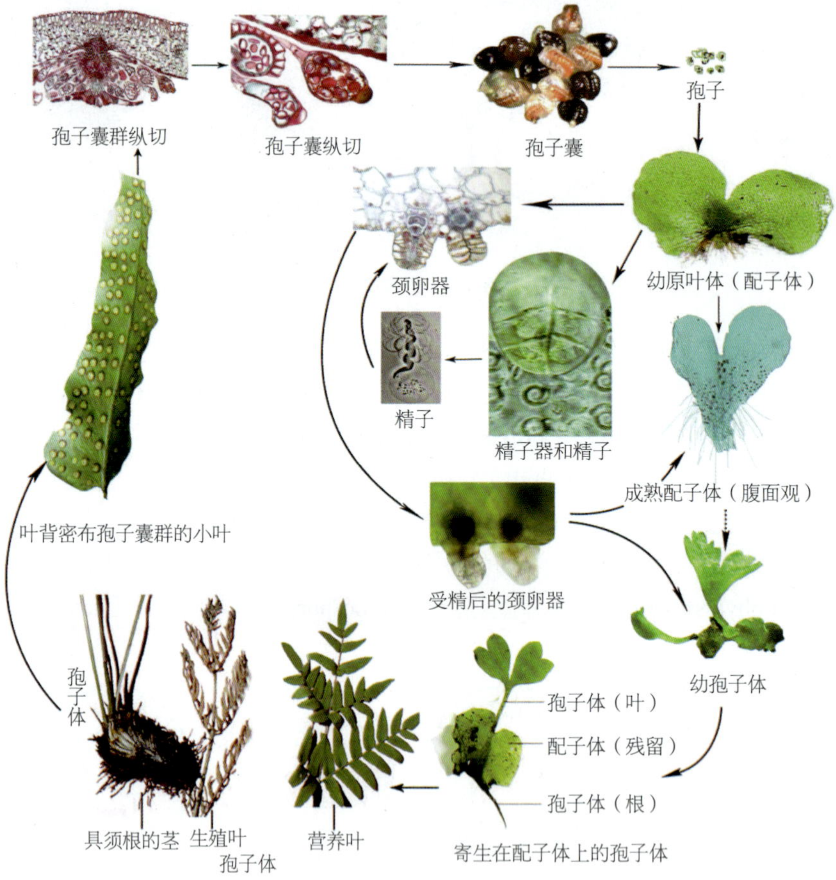


图1-24　蕨类植物的生活史

蕨类植物多为草本植物，蕨类植物约有12 000种，我国约有2600种。主要分布于热带、亚热带地区水湿条件较好的地区，如森林、沼泽、溪流、岩缝或高山等地。

## （二）蕨类植物的分类与代表植物

蕨类植物（门）（Pteridophyta）是一个自然分类群。1987年，我国蕨类植物学家秦仁昌教授将蕨类植物门分为5个亚门，即石松亚门（Lycophytina）、水韭亚门（Isoephytina）、松叶蕨亚门（Psilophytina）、楔叶蕨亚门（Sphenophytina）和真蕨亚门（Filicophytina），它们的孢子体和配子体都能独立生活，孢子体具有维管组织，通常为多年生草本，产生孢子，孢子产生小的线状或叶状的配子体（原叶体），在同一个或不同的原叶体上生出颈卵器和（或）精子器进行有性生殖；前4个亚门为小叶型蕨类，又称为拟蕨植物（fern allies），是一些较原始而古老的蕨类植物，现存的种类很少；真蕨亚门为大叶型蕨类，是较进化的蕨类植物。

现将不同亚门的特征区别列检索表如下：

1. 叶小型，一般不分裂，茎相对于叶发达
    2. 茎中实，叶绿色，螺旋排列
        3. 茎块状，叶长；水生……水韭亚门（Isoephytina）
        3. 茎伸长，叶小；多陆生
            4. 孢子囊一室……石松亚门（Lycophytina）
            4. 孢子囊三室……松叶蕨亚门（Psilophytina）
    2. 茎中空，叶退化成膜质鳞片状，轮状排列……楔叶蕨亚门（Sphenophytina）
1. 叶大型，常羽状或掌状分裂，茎相对于叶不发达……真蕨亚门（Filicophytina）

## 1. 石松亚门（Lycophytina）

孢子体具匍匐的根状茎和直立的气生枝，茎二叉式（dichotomy）分枝，原生中柱，须毛状假根，小型叶，常螺旋状排列，有时对生或轮生。孢子囊属于厚孢子囊（由多层细胞组成）厚壁型，单生于孢子叶腋的基部，或聚生于枝端形成孢子叶球（穗），孢子同型或孢子异型。

本亚门的石松属（*Lycopodium*）约400种，广布世界各地。我国有20多种。叶螺旋状排列，无叶舌。孢子同型。配子体（雌雄同体）小。常见有石松（*L. clavatum* L.）（图1-25），全草可入药，孢子粉可做丸药包衣，也可作为铸造工业的优良分型剂和照明工业的闪光剂。

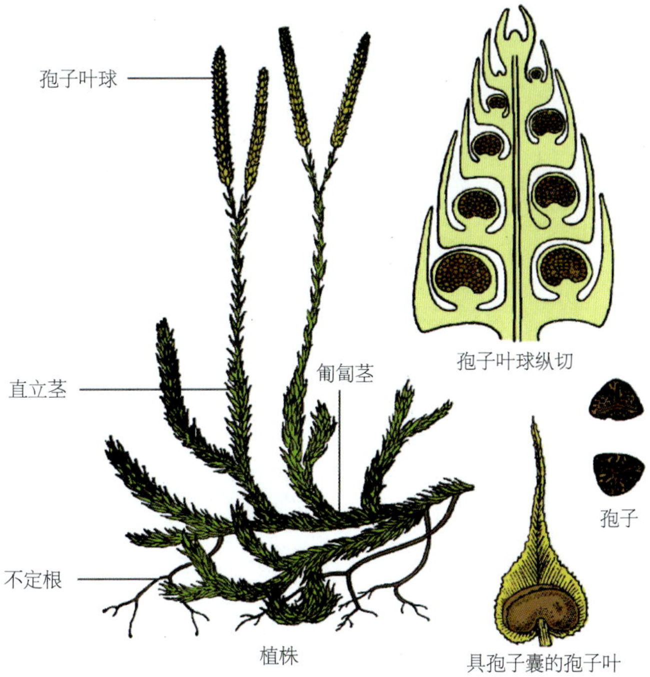


图1-25 石松

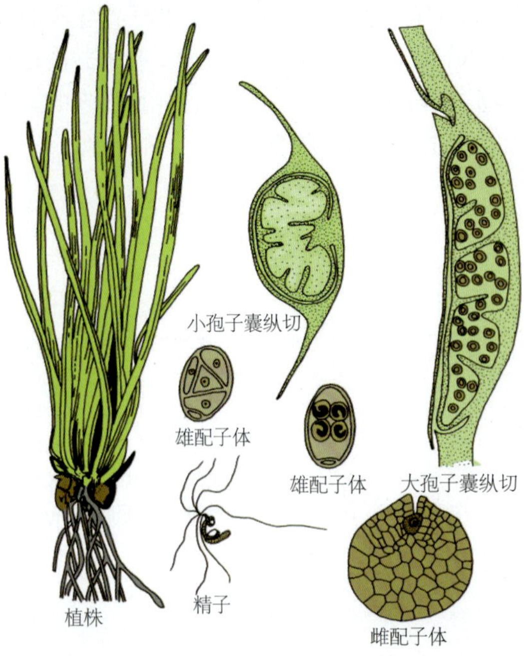


图1-26 水韭属

图1-27 问荆属与木贼属

a. 不育茎一部分；b. 可育茎；c. 可育叶及孢子囊；d. 孢子，弹丝未弹开；e. 孢子，弹丝已弹开；f. 植株一部分；g. 孢子囊穗

## 2. 水韭亚门（Isoephytina）

水韭亚门仅存水韭属（*Isoetes*），有70多种，我国有4种，孢子体为草本，生于水边或水底，叶细长似韭，从生于短粗的茎上，叶舌生于孢子囊的上方。有大孢子囊、小孢子囊及其孢子。精子具多鞭毛（图1-26）。常见的有中华水韭（*I. sinensis* Palmer）。分布于长江下游地区，由于适宜的生境受到人为干扰，植株已非常稀少，为国家一级重点保护植物。

## 3. 松叶蕨亚门（Psilophytina）

松叶蕨亚门为原始的陆生植物类群，孢子体仅有假根，叶为小叶型，枝多次二叉分枝。孢子囊生于柄状孢子叶近顶端，孢子同型。雌雄同体，游动精子螺旋形，具多数鞭毛。我国只有松叶蕨属（*Psilotum*）一属，分布于我国南方的有松叶蕨［*P. nudum*（L.）Grised］。

## 4. 楔叶蕨亚门（Sphenophytina）

楔叶蕨亚门又称木贼亚门。有根、茎、叶的分化，茎具有明显的节和节间，叶小，鳞片状轮生；孢子囊穗生于枝顶，孢子叶盾状（peltate），下生多个孢子囊；孢子同型，具有两条弹丝（图1-27）；精子螺旋形，具多数鞭毛，可游动。

本亚门仅存木贼属（*Hippochaete*）和问荆属（*Equisetum*），有30多种，我国约有9种。问荆（*E. arvense* L.）入药清热利尿，也为田间杂草。

## 5. 真蕨亚门（Filicophytina）

### 1）基本特征

孢子体发达，有明显的根、茎、叶分化。根为不定根，茎除树蕨外全为根状茎，中柱类型多样，叶为大叶型叶，又分为单叶或复叶，幼时拳卷，成长中逐步展开。孢子囊着生于叶缘或叶背，汇集成各种孢子囊群（sorus），有或无囊群盖（indusium），孢子同型。配子体常为心脏形，雌雄生殖器官生于腹面。

真蕨亚门有10 000种以上，我国有40科，2500种。可分为厚囊蕨纲（Eusporangiopsida）、原始薄囊蕨纲（Protoleptosporangiopsida）和薄囊蕨纲（Leptosporangiopsida）。

### 2）代表植物

#### （1）厚囊蕨纲

孢子囊为厚囊型（eusporangiate type），由一群细胞发育而成。孢子囊壁具多层细胞。常见的有心叶瓶尔小草（*Ophioglossum reticulatum* L.）、瓶尔小草（*O. vulgatum* L.）和狭叶瓶尔小草（*O.thermale* Kom）等，生于森林、山坡或草地。根肉质无毛，有菌丝共生（图1-28）。

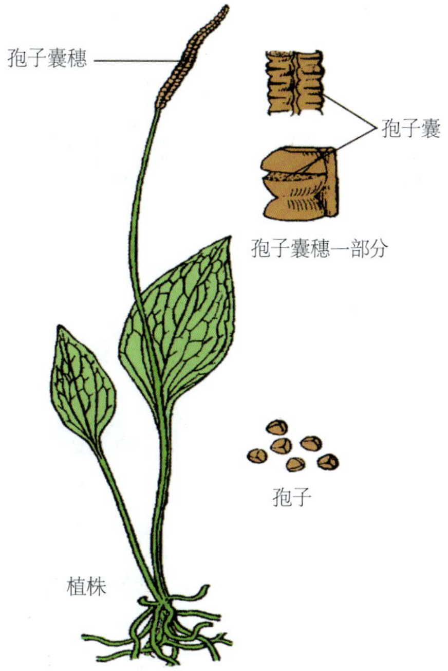


图1-28 瓶尔小草

#### （2）薄囊蕨纲

孢子囊为薄囊型（leptosporomgiate type），由一个细胞发育而来。孢子囊壁仅一层细胞，具有各式环带。孢子囊汇聚为各式孢子囊堆。孢子同型，很少为异型。

本纲有真蕨目（Filicales）（或水龙骨目Polypodiales）、苹目（Marsileales）、槐叶苹目（Salviniales）3个目，是现存蕨类植物中种类最多的一类。

现以水龙骨（*Polypodium niponicum* Mett.）为例说明蕨类植物的生活史。孢子体有横走的根状茎，叶片长圆状披针形，羽状深裂。孢子囊群生于叶的背面，孢子囊群小，无囊群盖；孢子囊有柄，孢子囊壁由一行不均匀增厚的细胞环绕成环带（annulus），近柄的一侧，有几个薄壁大细胞，称为唇细胞（lip cell）。孢子成熟后于唇细胞处开裂散出，环境适宜时，孢子萌发生长成心形、扁平而绿色的原叶体，行独立生活。触地面为腹面，有假根，雌雄生殖器官生于此面。颈卵器瓶状，壁由多细胞组成；上部狭细部分称为颈部，其中有一列颈沟细胞；下部膨大部分称为腹部，其内有腹沟细胞和卵细胞。精子器球状，其壁仅由一层细胞组成，内生多数螺旋形、具多鞭毛的精子。精卵融合，受精卵在颈卵器中发育成胚，再成长为有根、茎、叶的孢子体，进行独立生活。叶的背面又生出孢子囊，孢子囊中的孢子母细胞进行减数分裂，形成单倍体（$n$）的孢子，完成世代交替过程（图1-29）。

## （三）蕨类植物与人类的关系

地球上现存的蕨类植物占维管植物物种多样性的2%～5%。其中，85%的蕨类植物分布于热带地区，特别是中海拔的雨林或海洋性岛屿（如夏威夷群岛），在这些地区它们可占维管植物总数的16%以上。它们与其他绿色植物一样，承担着合成和积累有机物、释放氧气、净化环境等作用。

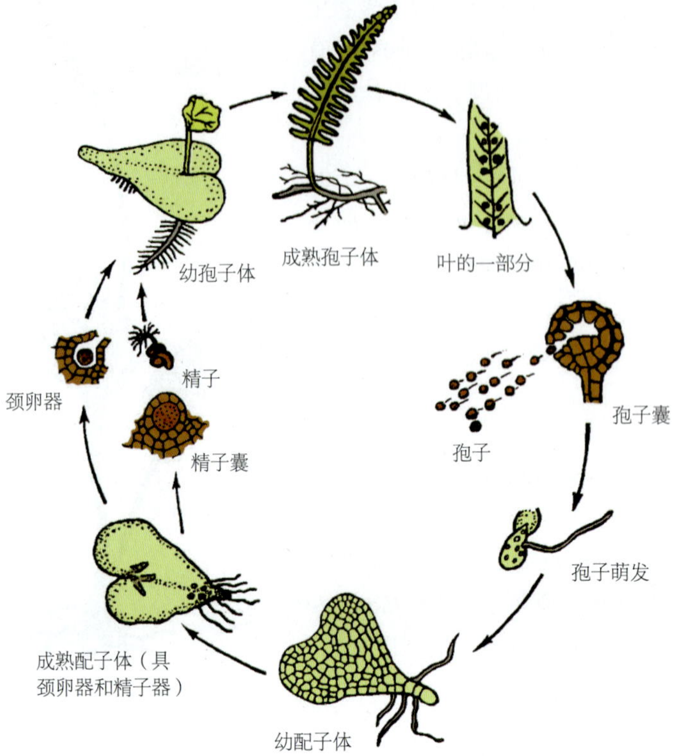


图1-29 水龙骨生活史（依吴国芳）

在我国，作蔬菜食用的蕨类植物常见的有菜蕨［*Callipteris esculenta*（Retz.）J. Smith］或蕨［*Pteridium aquilium*（L.）Kuhn.］、田字草（*Marsilea quadrifolia* L.）等。可供药用的蕨类植物有400多种，常见的如木贼、问荆、卷柏、石松、海金沙［*Lygodium japonicum*（Thunb.）Sw.］等。贯众（*Cyrtomium fortunei* J. Sm.）的根状茎可驱虫解毒、治流行性感冒，还可作农药。

凤尾蕨属植物全株含有鞣质，可提取栲胶。石松的孢子粉可做铸造脱模剂和闪光剂等。蕨类植物的生活对于外界环境条件的反应具有高度的敏感性，许多种类要求不同的特殊生态环境条件，因而可以作为地质、土壤、岩石、矿物质、气候等的指示植物。芒萁［*Dicranopteris dichotoma*（Thunb.）Bernh.］、紫萁（*Osmunda japonica* Thunb.）常作为酸性土的指示植物，蜈蚣草（*Pteris vittata* L.）不仅可作为钙质土或石灰岩的指示植物，同时也对砷有着极强的富集能力，因此可用于砷等重金属污染严重的土壤环境修复。

在农业上，利用满江红（*Azolla imbricata* Nakai Roxb）叶内共生有固氮蓝藻，可以固定大气中的氮，其含氮量达干重的4.65%，是很好的稻田绿肥，也是家畜家禽的良好饲料。

许多蕨类植物由于具有奇特而优雅的形体，无性繁殖能力强，管理简易，有很高的观赏价值，如卷柏、铁线蕨、肾蕨、凤尾蕨（*Pteirs cretica* var. *nervosa* Ching et S. H. Wu）、鹿角蕨属（*Platycerium*）和巢蕨属（*Neottopteris*）等为著名的观叶植物。

桫椤［*Alsophila spinulosa*（Wall. ex Hook.）R M Tryon.］为世界上最古老的活化石，是极少数幸存下来的木本蕨类之一。目前，桫椤分布已经极其稀少，处于濒危状态，被列为国家一级保护植物，既可观赏又可药用。

此外，古代蕨类植物残体被埋入地下，形成了煤炭，为人类提供了大量的能源。

因此，加强对蕨类植物的有效保护，改善蕨类植物的生长生活环境，避免现有物种衰退甚至灭绝，这与保护其他各类植物一样是全人类长期的重要任务之一。

# 六、裸子植物门

## （一）裸子植物的一般特征

裸子植物（Gymnospermae）是一群介于蕨类植物和被子植物之间的高等植物。它们既是最进化的颈卵器植物，又是较原始的种子植物。因其种子外面没有果皮包被，是裸露的，故称为裸子植物。裸子植物的主要特征如下。

### 1）孢子体发达

裸子植物的孢子体占绝对优势，多数种类为常绿乔木，有长枝和短枝之分；维管系统发达，网状中柱，无限外韧维管束，有形成层和次生结构。除买麻藤纲植物以外，木质部中只有管胞而无导管和纤维。韧皮部中有筛胞而无筛管和伴胞。叶针形、条形、披针形、鳞形，极少数呈带状；叶表面有较厚的角质层，气孔呈带状分布。

### 2）配子体退化

裸子植物的配子体寄生在孢子体上，不能独立生活。成熟的雄配子体（花粉粒）具有4个细胞，包括1个生殖细胞、1个管细胞和2个退化的原叶细胞。雌配子体在近珠孔端产生2个至多个颈卵器，但其结构比蕨类植物的颈卵器更加简单，仅含1个卵细胞和1个腹沟细胞，有的无颈沟细胞。雌配子体、雄配子体均无独立生活能力，完全依赖孢子体供给营养。

### 3）胚珠裸露

裸子植物的雌性、雄性生殖结构（大孢子叶、小孢子叶）分别聚生成单性的大孢子叶球、小孢子叶球，同株或异株；大孢子叶平展，腹面着生裸露的倒生胚珠，形成裸露的种子。裸子植物的种子由胚、胚乳和种皮组成。胚（$2n$）来自受精卵，是新一代的孢子体；胚乳（$n$）来自雌配子体；种皮（$2n$）来自珠被，是老一代孢子体。由于胚得到了胚乳提供的营养，受到了种皮的保护，使后代免受外界损伤，不仅大大延长了寿命，而且增加了传播的机会。种子的产生和成功繁衍，促使植物界有更大的发展，达到更高级的进化水平。

### 4）形成花粉管

小孢子叶背部丛生小孢子囊，孢子囊中的小孢子或花粉粒单沟型、有气囊，可发育成雄配子体。裸子植物花粉（雄配子体）成熟后，借风力传播到胚珠的珠孔处，并萌发产生花粉管，花粉管中的生殖细胞分裂成2个精子，其中1个精子与成熟的卵受精，受精卵发育成具有胚芽、胚根、胚轴和子叶的胚。原雌配子体的一部分则发育成胚乳，单层珠被发育成种皮，形成成熟的种子。花粉管的产生，摆脱了水对受精作用的限制，更适应陆地生活。少数种类，如苏铁属（*Cycas*）和银杏（*Ginkgo biloba* L.）等，其精子仍有多数鞭毛可游动。由此可以说明，裸子植物是一群介于蕨类植物与被子植物之间的维管植物。

### 5）具多胚现象

裸子植物常具多胚现象（polyembryony），多胚现象的产生有两个途径：一个是简单多胚现象（simple polyembryony），由一个雌配子体上的几个颈卵器同时受精，形成多胚；另一个是裂生多胚现象（cleavage polyembryony），仅一个卵受精，但在发育过程中，原胚分裂成几个胚。

裸子植物出现于3亿年前的古生代，最盛时期在中生代。现代裸子植物可被分为苏铁纲（Cycadopsida）、银杏纲（Ginkgopsida）、松柏纲（Coniferopsida）、买麻藤纲（Gnetopsida）4纲（表1-6）、9目、12科、71属，800种左右。我国是裸子植物种类最多、资源最丰富的国家，有4纲，8目，11科，41属，236种。有不少是第三纪的孑遗植物，或称"活化石"植物。

**表1-6　裸子植物门四纲植物特征比较**

| 类群＼特征 | 习性 | 叶（聚生、散生） | 大、小孢子叶球 | 精子与颈卵器 | 种子 |
|---|---|---|---|---|---|
| 苏铁纲 | 直立乔木少分枝 | 大型羽状复叶顶生 | 单性异株、大孢子叶聚成球状，小孢子叶圆柱状 | 精子有鞭毛、有颈卵器 | 核果状 |
| 银杏纲 | 乔木有长短枝 | 扇形叶、二叉脉 | 单性异株、大孢子叶简化为环状珠领和1～2胚珠，小孢子柔荑花序状 | 精子有鞭毛、有颈卵器 | 核果状 |
| 松柏纲 | 乔灌木有长短枝 | 针形、鳞形、条形叶 | 单性异株或同株，大孢子叶、小孢子叶聚成球柱状 | 精子无鞭毛、有颈卵器 | 核果状或浆果状 |
| 买麻藤纲 | 灌木藤本有导管 | 鳞片叶、带状 | 单性异株，大孢子叶、小孢子叶聚成球柱状，有假花被 | 精子无鞭毛、颈卵器退化或无 | 核果状，有假种皮 |

## （二）裸子植物的分类与代表植物

### 1. 苏铁纲（Cycadopsida）

#### 1）基本特征

常绿植物，茎干一般不分枝。羽状复叶。大孢子叶、小孢子叶异株。精子具有鞭毛。

本纲现存苏铁科（Cycadaceae），含9属，100种左右。我国仅有苏铁属（*Cycas*），约8种，常见的有苏铁（*C. revoluta* Thunb.）和华南苏铁（*C. rumphii* Miq.）等。

#### 2）代表属种

以苏铁为例：苏铁为雌雄异株，大孢子叶球、小孢子叶球均集生茎顶。小孢子叶球呈长椭圆形，由鳞片状的小孢子叶螺旋状排列而成，每个小孢子叶的背面生有许多由3～5个小孢子囊组成的小孢子囊群。大孢子叶球呈球形，大孢子叶密被淡黄色绒毛，上部羽状分裂，下部为狭长的柄，柄的两侧生有2～6枚胚珠。胚珠珠被一层，珠心顶端有储粉室（pollen chamber），珠心中的大孢子母细胞经减数分裂形成大孢子，进而由大孢子发育成胚乳（雌配子体）和位于其中的2～5个颈卵器。成熟的颈卵器一般有1个卵细胞和2个颈细胞。小孢子叶上有小孢子囊（厚囊型发育），小孢子母细胞经减数分裂，形成小孢子。成熟的小孢子进入花粉室，生出花粉管，在花粉管中形成2个陀螺形、有多数鞭毛的精子（图1-30）。精卵结合后形成合子，胚珠发育成红色种子（种皮三层，胚双子叶、胚乳丰富），继而长成为新的植物。

图1-30　苏铁（依马炜良等）

## 2. 银杏纲（Ginkgopsida）

本纲为单目、单科、单属、单种纲，仅银杏一种，为我国所特有，被国内外广为栽培。

银杏是中生代孑遗的稀有植物，又名白果、公孙树。银杏为落叶乔木，树干高大，枝分顶生营养性长枝和侧生生殖性短枝。年轮明显。各种器官内均有分泌腔。叶扇形，有柄，长枝上的叶大都是先端两裂，短枝上的叶常具波状缺刻，具分叉的脉序。

球花单性、异株。小孢子叶球呈柔荑花序状，生于短枝顶端的鳞片腋内。小孢子叶有一短柄，柄端常有由2个小孢子囊组成的悬垂的小孢子囊群。精子具多数单鞭毛。大孢子叶球简单，通常具长柄，柄端有2个环形的大孢子叶，称为珠领（collar），大孢子叶上各生1～2个直生胚珠，但通常只有1个成熟，种子近球形，核果状，熟时黄色，外被白粉，种皮分化为3层：外种皮厚，肉质，并含有油脂及芳香物质；中种皮白色，骨质，具2条纵脊；内种皮红色，膜质。胚乳肉质，来自于雌配子体。胚具2枚子叶。种子萌发时，子叶不出土。染色体：$n$=12（图1-31）。

银杏树形优美，春季叶色嫩绿，秋季鲜黄，颇美观，是行道树及园林绿化的珍贵树种。木材优良，可为建筑、雕刻、绘图板、家具等用材。种仁（白果）供食用（多食易中毒）及药用，入药有润肺、止咳、强壮等功效。叶可供药用和制杀虫剂，树皮含单宁。

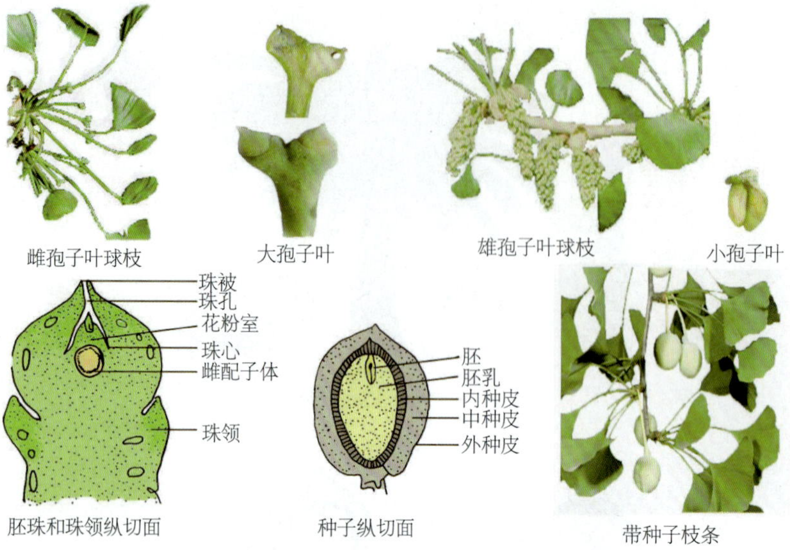


图1–31 银杏

## 3. 松柏纲（球果纲）(Coniferopsida)

### 1）基本特征

常绿或落叶乔木、稀为灌木，茎多分枝，多数种类有长枝、短枝之分，具树脂道（resin duct）。叶单生或成束，针形、鳞形、钻形、条形或刺形，螺旋着生或交互对生或轮生，叶的表皮常具较厚的角质层及下陷的气孔。孢子叶球单性，同株或异株。大孢子叶常排列成球果状。小孢子叶球单生或组成花序，由多数小孢子叶组成，每个小孢子叶通常具2～9个小孢子囊，精子无鞭毛。大孢子叶由三至多数大孢子叶（珠鳞，ovuliferous scale）和苞鳞组成，大孢子叶内侧常生1～2枚倒生胚珠。种子核果状，胚具子叶2～18枚，胚乳丰富。松柏纲植物的叶多为针形，故有针叶树或针叶植物（conifer）之称。

松柏纲是现代裸子植物中数目最多、经济价值最大、分布最广的一个类群，有7科，51属，600余种，隶属于4目，即松柏目（Pinales）、罗汉松目（Podocarpales）、三尖杉目（Cephalotaxales）、红豆杉目（Taxales）。我国有6科，23属，约180种。

### 2）代表属种

以松属（*Pinus*）为例，其植物为常绿乔木，叶针形，常2针、3针、5针一束，生于短枝顶端，基部全为膜质鳞片。雌（大孢子叶球）、雄（小孢子叶球）同株（图1–32）。

组成大孢子叶球的大孢子叶又称珠鳞，珠鳞背面基部有膜状的苞鳞。珠鳞腹面基部有倒生胚珠2枚，胚珠由一层珠被、珠心和珠孔组成。珠心内的大孢子母细胞经减数分裂，形成大孢子，远离珠孔的一个大孢子（其余3个退化）以核型胚乳的方式发育成雌配子体。在雌配子体成熟过程中，原珠孔端的雌配子体细胞发育成2～7个颈卵器，其他细胞成为胚乳。

小孢子叶球（又称雄球花，由若干小孢子叶组成），生于当年生新枝基部的鳞片叶腋内，多数密集。每一小孢子叶球有一个纵轴，轴上螺旋排列着小孢子叶。小孢子叶背面（远轴面）有一对小孢子囊（花粉囊），小孢子囊中有多个小孢子母细胞，经减数分裂各形成4个小孢

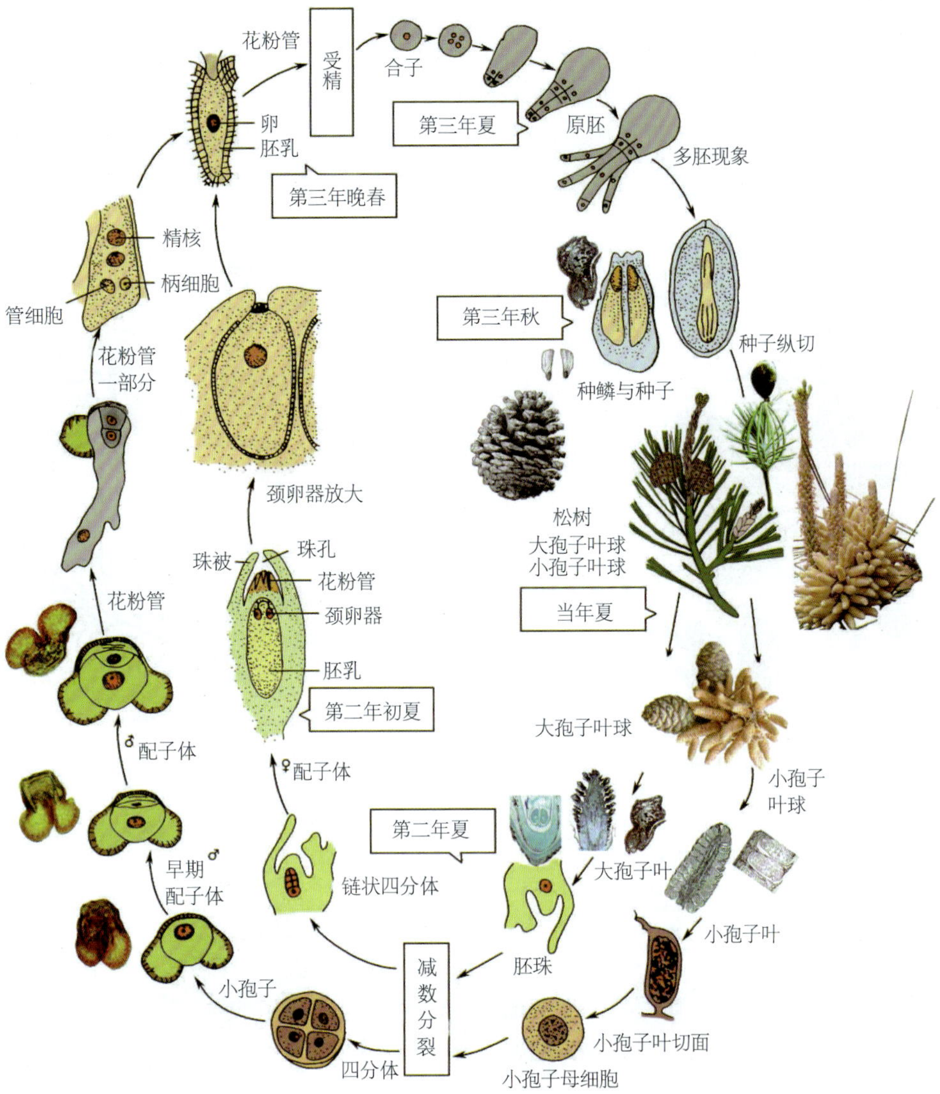


图1–32 松属生活史

子（单核花粉粒）。小孢子经3次不等分裂，形成具4个细胞的花粉粒（雄配子体）。成熟的小孢子具有2个退化的原叶细胞（prothallial）、1个大的管细胞（tube cell）和1个较小的生殖细胞（generative cell），外壁向两侧突出形成气囊。小孢子囊破裂后，花粉粒散出，随风飘扬。

传粉后，小孢子经珠孔进入储粉室，并萌发形成花粉管。在花粉管内，生殖细胞分裂形成2个不具鞭毛的精子，精子随花粉管进入颈卵器，并与卵受精发育成胚。胚珠发育成种子，大孢子叶球发育成松球果。种子成熟后，珠鳞张开，种子散出。种子在适宜的条件下萌发，形成新的植株。

松属中常见的种类有：马尾松（*P. massoniana* Lamb.），2叶一束，长而柔；油松（*P. tabulaeformis* Carr.），2叶一束，较短而硬；白皮松（*P. bungeana* Zucc.ex Endl），3叶一束，树皮灰白色；红松（*P. koraiensis* Sieb.et Zucc），5叶一束。

本纲还有杉木科（Taxodiaceae）的杉木［*Cunninghamia lanceolata*（Lamb.）Hook.］、中国

特有树种水杉（*Metasequoia glyptostroboides* Hu et Cheng）（图1–33）；柏科（Cupressaceae）的侧柏［*Biota orientalis*（L.）Franco］（图1–34）、桧柏［*Sabina chinensis*（L.）Ant.］等优良造林树种。红豆杉［*Taxus chinensis*（Pilger.）Rehd.］，我国特有树种，常绿乔木，叶螺旋状排列，孢子叶球单生，成熟种子生于红色肉质、杯状的假种皮内，其特有生物碱（紫杉醇）是重要抗癌药物（图1–35）。

图1–33　水杉

图1–34　侧柏

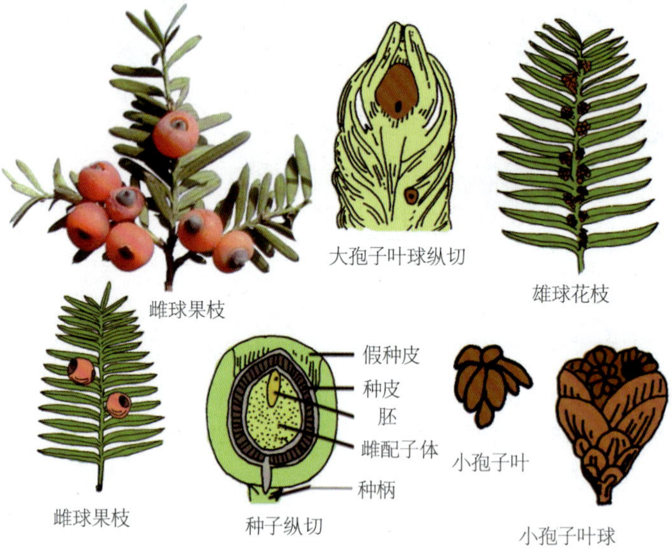


图1–35　红豆杉

## 4. 买麻藤纲（Gnetopsida）

### 1）基本特征

次生木质部具导管，无树脂道。单叶对生，鳞片状或阔叶。孢子叶球序二叉分枝，孢子叶球有类似于花被的盖被，或有两性的痕迹。胚珠具1～2层珠被，有珠孔管（micropylar tube）。精子无鞭毛，颈卵器极其退化或无。成熟大孢子叶球球果状、浆果状或细长穗状，种子由盖被（假花被）发育而成的假种皮包裹，种皮1～2层，胚乳丰富，胚具2枚子叶。为裸子植物与被子植物的过渡类群。

本纲起源于新生代，现存植物共有3目，3科，3属，约80种。我国有2目，2科，2属，19种，全国分布。买麻藤纲某些植物的茎内次生木质部出现导管，孢子叶球有盖被，胚珠包裹于盖被内，以及许多种类有多核胚囊而无颈卵器等，成为裸子植物中最进化的类群。

### 2）代表属种

#### （1）麻黄属（*Ephedra*）

植株为多分枝的小灌木。枝条绿色、多节；叶通常退化成膜鞘，对生或轮生，外形似木贼；雌球花、雄球花异株；种子成熟时花被为肉质，色鲜红，包于种子之外。该属植物草麻黄（*E. sinica* Stapf.）是我国西北与华北常见的药材（图1–36）。

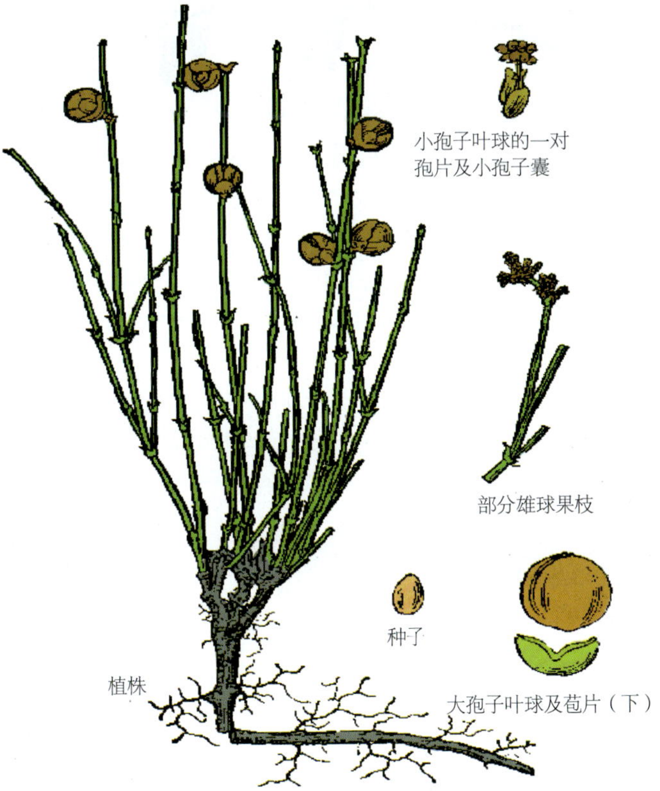


图1–36 草麻黄

#### （2）买麻藤属（*Gnetum*）

木质攀缘而缠绕的藤本植物。茎筒形，节部膨大；叶全缘对生，羽状脉。雌配子体无颈卵器。常见有买麻藤（*G. montanum* Markgr.）和小叶买麻藤［*G. parvifolium*（Warb.）G. Y. Cheng］，药用能祛风、行血、消肿、止痛，生汁内服可解蛇毒（图1–37）。

图1-37　买麻藤

### （3）百岁兰属（*Welwitschia*）

仅百岁兰［*W.bainesii*（HK. F.）Garr.］1种，典型旱生植物，分布于非洲西南沙漠地带。茎短而粗、块状，终生只有一对大型带状叶片，叶长2～3m，可生存百年以上。雌配子体无颈卵器（图1-38）。

图1-38　百岁兰

## （三）裸子植物的起源与演化

裸子植物的演化有如下的趋向：①植物体的次生生长由弱到强；②茎干由不分枝到分枝；③孢子叶由散生到聚生成各式孢子叶球；④大孢子叶逐渐转化，颈卵器简化到无，雄配子体发展为花粉管，雄配子由游动精子到精细胞。生殖器官的演化，使裸子植物更能适应于陆地生活。

裸子植物的起源可远溯到3.5亿年之前。化石研究表明，中泥盆纪的无脉蕨（Aneurophyton）（图1-39）是一种原始的裸子植物。无脉蕨是高大的乔木，无叶脉，孢子囊小而呈卵形，生于末级枝顶；茎具具缘纹孔的管胞组成的次生木质组织，主根不发达。古蕨（Archaeopteris）（图1-39）是晚泥盆纪特有的一群较为进化的原始裸子植物，株高18m以上，茎粗1.5m，有形成层及次生结构，羽状复叶扁平而宽大；根系较无脉蕨发达；孢子囊单个或成束着生在不具叶片的小羽片上，孢子囊有大、小两种孢子，仍以孢子繁殖。其形态、结构和生殖器官的特征更接近裸子植物，因而推测它可能是由原始蕨向裸子植物演化的一个早期阶段或过渡类型，所以人们称古蕨为原裸子植物（Progymnospermae）或半裸子植物。到了晚泥盆纪、早石炭纪时，由原裸子植物演化出更高级的类型——种子蕨目（Pteridospermales）、苏铁蕨目（Cycadofilices）和苛得狄目（Cordaitales）等。

图1-39 无脉蕨和古蕨

种子蕨是一种最原始的种子植物，最早出现于早石炭纪的地层中，在晚石炭纪和二叠纪得到了极大发展，是当时陆生植被中的优势类群。种子蕨植物体不高大，主茎很少分枝，叶为多回羽状复叶。种子小型，并有一杯状包被，其上生有腺体，种子中央为一颇大的雌配子体组织和颈卵器，珠心（大孢子囊）的顶端有一突出的喙，喙外又有一垣围之，两者之间为花粉室，其中有时可看见花粉粒，珠心之外有一层厚的珠被（图1-40）。由上可看，种子蕨是介于真蕨类植物和种子植物之间的一个过渡类型，但种子蕨并非起源于真蕨，而是从起源于裸蕨的原裸子植物演化而来。

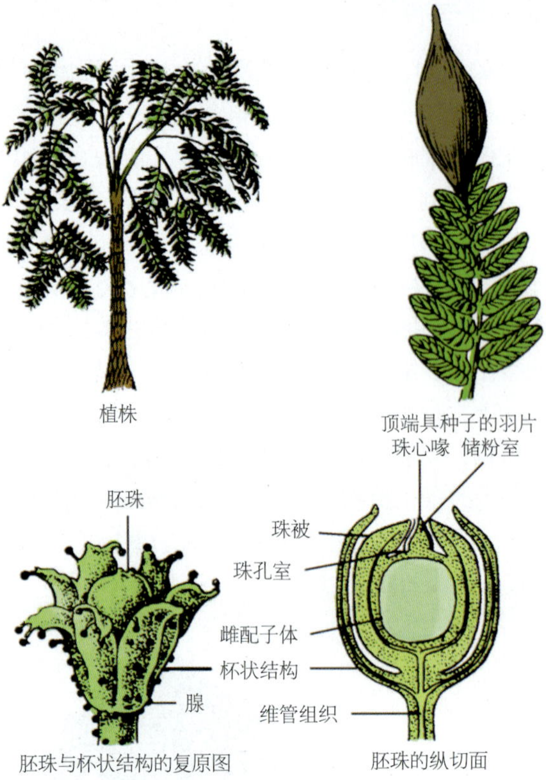


图1-40 种子蕨

在石炭纪、二叠纪的地球植被中，除了外貌像蕨的种子蕨之外，还有一类高大乔木状的种子植物——苛得狄，其植株为高大乔木，茎粗一般不超过1m，茎干的内部构造和种子蕨颇相似，但木材较发达而致密，木质部或薄或厚，通常无年轮，髓由许多薄壁细胞横裂成片组成，似被子植物胡桃的髓；具较发达的根系和高大的树冠，叶皆是全缘的单叶，形态大小颇不一致，其上有许多粗细相等、分叉的、几乎是平行的叶脉；大孢子叶球、小孢子叶球分别组成松散的孢子叶球序，并在大孢子叶球、小孢子叶球的基部有多数不育的苞片；胚珠顶生，珠心和珠被完全分离（图1-41）。从上述特征可以看出，苛得狄植物在胚珠结构、叶的形态与结构等方面与种子蕨相似，而茎的构造和孢子叶的形态等又类似现有的裸子植物。

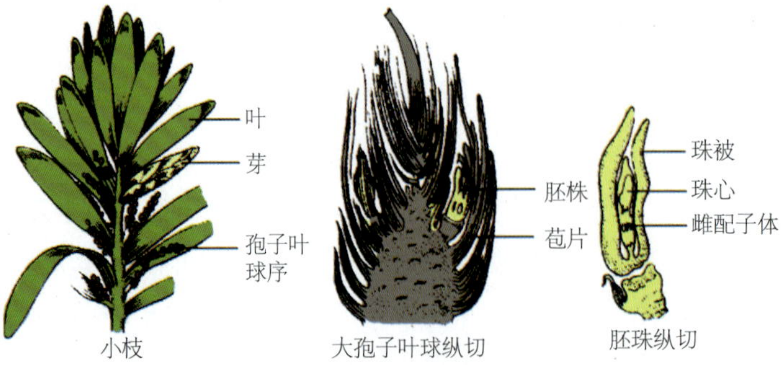


图1-41 苛得狄

种子蕨和苛得狄之间并不存在系统发育上的祖裔关系，它们都是原裸子植物的后裔。根据现有的裸子植物化石资料，现存的裸子植物都是由原裸子植物沿两个方向演化而来。一个是由古蕨经过复杂的分枝和次生组织的发育，在石炭纪形成苛得狄，再进一步发展成为银杏类、松柏类和红豆杉类，现存的裸子植物大多属于此类。另一个则由无脉蕨经过侧枝的简化，形成种子蕨，再进一步发展成为拟苏铁类（Cycadeoides）（图1-42）和苏铁类（Cycads），其中拟苏铁类在白垩纪后期绝灭。至于买麻藤纲植物的起源和系统地位，至今尚存有争议，根据它们形体的结构和明显的分节，被认为与木贼类植物有一定的亲缘关系；但从它们孢子叶球的结构来看，其祖先曾具有两性的孢子叶球，而具有两性孢子叶球的植物只有起源于种子蕨的拟苏铁类，它们的孢子叶球呈二叉分支和具有珠孔管等特点说明买麻藤纲植物很可能是强烈退化或特化了的拟苏铁植物的后裔，但买麻藤植物茎内维管组织具导管、精子无鞭毛、颈卵器趋于消失，以及类似花被结构（盖被）的形成和虫媒的传粉方式等，其性状接近现代被子植物。

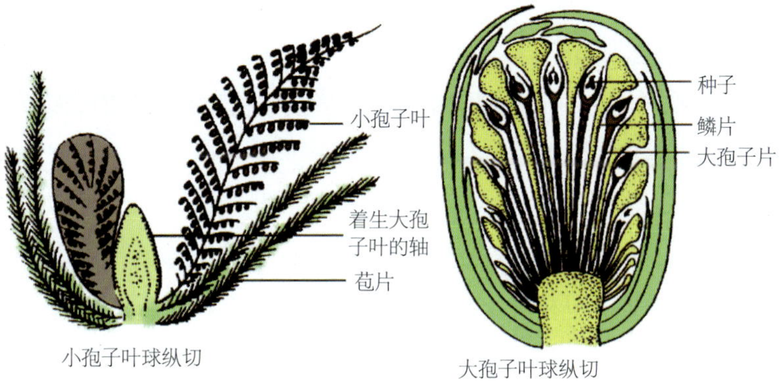


图1-42 拟苏铁孢子叶球

## （四）裸子植物与人类的关系

裸子植物是林业生产上的主要用材树种，我国用在建筑、枕木、造船、家具上的大量木材，大部分是松柏类植物，如东北的红松，南方的杉木。裸子植物又是重要的工业原料植物，可以提供松节油、松香、单宁、树脂、栲胶等，在人民生活中都有重要的用途。

大多数裸子植物为常绿树，树冠美丽，在美化庭院、绿化环境上有很大价值。世界五大庭园植物雪松、南洋杉、金钱松、日本金松和巨杉都是裸子植物。我国的黄山松、水杉、水松、侧柏、龙柏等作为园林观赏树种，也为人类带来了美的享受。

有些裸子植物，如银杏、华山松、红松、香榧等的种子可供食用。有的作药用，如红豆杉属植物全株含三尖杉生物碱，供作抗癌药物；草麻黄为著名中药材，含麻黄碱，枝叶有镇咳、发汗、止喘、利尿等功效，根可止汗。

我国由于特殊的自然环境——第四纪冰河分散，使裸子植物在我国的残余种类特别丰富，很多稀有种类生活到现在，如我国特产的银杏、金钱松、水松、水杉、银杉、白豆杉等，都是地史上遗留的古老植物，因而称为“活化石”。上述6种植物也是我国特有的单种属植物。裸子植物中的珍稀濒危植物很多，它们在研究地史和植物界演化上具有极其重要的意义，但由于天然更新能力弱而造成资源日益枯竭，目前这些濒危植物的种群数量已很少。因此，必须采取有效措施，杜绝滥砍滥伐，保护好现存树种。同时，还应开展繁殖技术的研究，在适宜地区大力育苗造林，以求缓解珍稀濒危植物的生存危机。

## 七、被子植物门

### （一）被子植物的一般特征

被子植物（angiospermae）是现存植物界最高级、最繁盛和分布最广的一个植物类群，在地球上占着绝对优势。现知被子植物共有1万多属，25万种，占植物界种数一半以上。我国有3100多属，约3万种，其中特有属多达100个以上。被子植物能有如此多的种类，有极其广泛的适应性，这和它的结构复杂化和完善化、生殖方式高效化和多样化有关。与裸子植物相比较，被子植物主要具有以下五个方面的进化特征。

#### 1）有真正的花

被子植物最显著的特征是具有真正的花。花的组成包括花被（花萼、花冠）、雄蕊群和雌蕊群等部分，雄蕊和雌蕊是花中最重要的结构。许多被子植物具有鲜艳的花朵和芬芳的气味，可吸引昆虫和鸟类，实现异花授粉。

#### 2）有雌蕊和果实

雌蕊由心皮所组成，包括子房、花柱和柱头三部分。胚珠包藏在子房内，子房在受精后发育形成果实。果实有利于种子的发育、传播和保护种子免遭伤害。

#### 3）有双受精现象

通过双受精作用，受精卵发育成胚（$2n$），融合了双亲的遗传特性；受精极核发育成胚乳（$3n$），更加丰富、稳定和增强子代的遗传优势。这与裸子植物的胚乳直接由雌配子体（$n$）发育而来不同，被子植物的幼胚以$3n$染色体的胚乳为营养，使胚更富于生命力和更强的适应外界环境的能力，更利于种族的繁茂。

#### 4）孢子体高度发达和多样化

在形态、结构、生活型和生活方式等方面，被子植物比其他各类植物更完善和多样化；在解剖构造上，被子植物的输导组织更为完善，木质部中有导管和木纤维，韧皮部有筛管和韧皮纤维，使得体内物质运输更为畅通，机械支持和适应能力大为加强。

#### 5）配子体进一步简化

雌配子体、雄配子体极简化，寄生在孢子体上，无独立生活能力，结构比裸子植物更简化。雄配子体为2个或3个细胞的成熟花粉粒；雌配子体为成熟的胚囊，颈卵器退化为卵器，仅由1个卵细胞和2个助细胞组成。

正是由于被子植物具备了上述适应陆地环境的更优越的形态结构，才使之得以在地球上迅速地发展和繁茂起来，以至成为现今地球上占统治地位的植物类群。因具有真正的花，所以被子植物又被称为真花植物（flowing plants）；由于具有雌蕊，也被称为雌蕊植物（gynoeciatae）。以此与其他具颈卵器的高等植物相区别。

### （二）被子植物的生活史特点

与苔藓植物和蕨类植物的生活史相比，被子植物的生活史具有极大的差异。被子植物与裸子植物同属于种子植物，两者的孢子体世代漫长，孢子体独立生活，在生活史中占据明显优势；配子体寄生在孢子体上，配子体世代在生活史中相对隐蔽而短暂。

在被子植物的生活史中，配子体更加简约化，雄配子体仅有2～3个细胞，雌配子体通常仅有7个细胞（蓼型胚囊）；孢子体更为复杂、多样性。被子植物具有双受精现象，即除了雌配子、雄配子受精外，胚囊中的中央细胞也与花粉管中进入胚囊的另一个精细胞受精，进而发育形成3*n*的胚乳（参见第四章）。

### （三）被子植物与人类的关系

被子植物与人类的关系密切。人类的衣、食、住、行物质生活和精神文化生活无一不是直接或间接地，或多或少地与植物有着千丝万缕的联系。现代化建设中的工业、农业、医学、国防、科学、文化等领域的生产和活动都与植物有着密切的关系。人类的文明和发展、地球生态平衡和稳定都离不开被子植物。

被子植物是丰富多样的，今天的被子植物是历史上植物的进化和发展。关于被子植物的系统发育和分类的知识将在第五章介绍。

## 八、植物界的演化规律

据考证，地球上植物的出现至今已约38亿年。在这漫长的进化历程中，植物不仅种类繁多，而且植物体的形态结构、植物的生活习性和生态适应性等方面都发生了深刻的变化。其进化规律可概述如下。

#### 1）在形态结构方面

植物体形态结构的进化方向是：植物体由简单到复杂。植物体由单细胞个体到多细胞群体，再进化到多细胞有机体，逐渐出现细胞的分工、组织的分化和不同器官的形成。随着生境环境的不断变化和进一步复杂化，植物体形态结构发展也就更加完善、更加复杂和更具多样性。

#### 2）在生态习性方面

植物生态习性的进化总趋势是：植物由水生进化到陆生。植物的保护组织、机械组织和维管组织等的逐渐发育和发展，各器官之间有了明确的分工和强化，适应性不断增强，植物能够在复杂多样、甚至很恶劣的生境环境中生存。

#### 3）在生殖方式方面

植物由无性繁殖进化到有性生殖。在有性生殖中，植物又由同配生殖发展到异配生殖进而到卵式生殖，由简单的卵囊和精囊进化到复杂的颈卵器和精子器，由无胚到有胚。植物的繁殖从以单细胞的孢子进行繁殖到以有复杂结构的种子、果实等进行繁殖。

#### 4）在生活史方面

植物的世代交替从不明显到同型世代交替再到异型世代交替，由配子体（有性）世代占优势到孢子体（无性）世代占优势。衣藻是单细胞、单倍体藻类植物，只有有性生殖过程的合子阶段是双倍体，生活史中只有核相交替而没有明显的世代交替过程。石莼属藻类植物的孢子体与配子体在形状、大小等方面基本相同，因而其世代交替属于同型世代交替，是较原始类型的世代交替。苔藓植物的孢子体寄生在配子体上，是配子体占优势的异型世代交替。蕨类植物的孢子体比较发达，配子体简单，但能独立生活，是孢子体占优势的异型世代交替。种子植物，尤其是被子植物，孢子体高度进化发达和多样性，配子体则极其简化，完全“寄生”在孢子体上。因此，被子植物的世代交替是植物界中最高级、复杂和进化的类型。

植物界的总体进化方向，粗略地讲就是由藻类植物演化为蕨类植物，由蕨类植物进一步演化为裸子植物，亦或再由裸子植物演化到被子植物。这是植物界进化中的主线（图1-43）。菌类植物和苔藓植物则是植物进化系统中的侧枝。菌类植物在形态结构、营养方式和生殖等方面都与高等植物差别很大，难以看出它们与高等植物有直接的联系。苔藓植物虽有某些进化的特征，但孢子体尚不能独立生活，不能脱离水湿环境，从而限制了它们的进化发展。

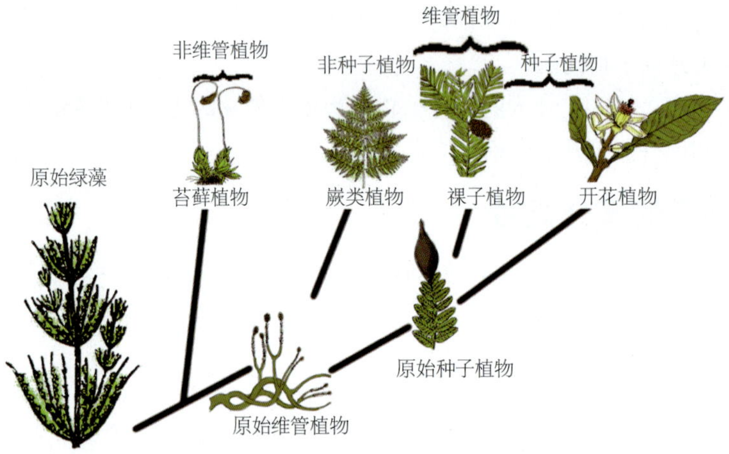


图1-43 植物界演化

## 总结与复习

### 知识要点

植物分类的方法有人为分类法、自然分类法和系统发育分类法3种。人为分类法是人们依自己的方便或按用途进行分类的方法。自然分类法是依据植物间性状的相似程度所进行的植物分类方法。系统发育分类法是以植物性状的相似性程度和演化趋势进行分类，建立能反映植物类群之间亲缘关系和植物界客观演化规律的方法。不同分类方法的建立对人类认识、利用植物和促进植物科学的发展都起到了重要作用。依据系统发育分类法所建立的植物分类系统受到学者们的高度重视和广泛支持。

随着植物学分支学科的发展，建立了细胞分类学、化学分类学、数量分类学、超微结构分类学等。

植物分类的各级单位，以亲缘关系远近为根据，分为界、门、纲、目、科、属、种。种是植物分类的基本单位，种以下还有亚种、变种和变型。而科是植物分类的重要单位。

对于每种植物各国都有各自的名称，一个国家各地的名称也有差异。而世界各国都采用林奈创立的双名法作为一种植物的学名。双名法是用两个拉丁单词作为一种植物的名称，第一个单词是属名，第二个单词是种名种加词，最后加上命名人的姓氏或姓氏缩写。通过植物命名国际法规对植物的命名进行严格的规定。

植物检索表是根据拉马克二歧分类原则，将不同特征的植物，用对比方法，汇同辨异，逐一排列编制而成，用它可迅速鉴定不知学名的植物。使用检索表鉴定检索植物必须做到科学、准确和客观，不可有丝毫的马虎。

根据形态结构、生活习性和生活史等特点，可把植物界简单地分为低等植物和高等植物。低等植物没有根、茎、叶的分化，生殖器官单细胞，合子不发育成胚。低等植物包括藻类植物、菌类植物和地衣植物，它们分别具有不同的特征和代表植物。高等植物有根、茎、叶的分化，生殖器官多细胞，合子发育成胚。高等植物包括苔藓植物、蕨类植物和种子植物（包括裸子植物和被子植物）。

蓝藻是地球上出现最早的植物，属原核生物。其细胞中不具真正的核、载色体和各种细胞器。含蓝藻素，叶绿素中仅有叶绿素a，具蓝藻淀粉。繁殖通过细胞直接分裂或藻殖段进行，无有性生殖。

绿藻植物细胞与高等植物相似，有核和载色体，叶绿素a、叶绿素b最多，还有叶黄素和胡萝卜素，因而呈绿色；储藏的养料有淀粉和油类。形态多种多样，有单细胞群体和多细胞的个体。单细胞植物体的细胞没有营养与繁殖的分化。群体中实球藻也没有分化，多细胞的团藻和轮藻有明显的分化。繁殖方式有营养繁殖、无性繁殖和有性生殖（包括同配生殖、异配生殖和卵式生殖）3种。

红藻植物体多呈红色或紫红色，除含叶绿素、胡萝卜素及叶黄素外，还含藻红素和藻蓝素；储藏的养料是红藻淀粉；植物体为丝状、片状等。

褐藻植物体含有的色素是叶绿素、胡萝卜素及叶黄素，其中以胡萝卜素及叶黄素含量较多，故呈黄褐色；储藏的养料主要是褐藻淀粉和甘露醇；生活史有明显的世代交替。

菌类植物没有根、茎、叶结构，不含叶绿素。除极少数外，其营养方式均为异养。细菌也是原核单细胞生物，根据其形态特征，可将其分为球菌、杆菌和螺旋菌3类。黏菌是介于动物、植物之间的一类多核单细胞生物。黏菌的营养阶段呈一团裸露的原生质体，能做变形虫运动，吞食固体食物，其生殖阶段能产生具纤维素壁的孢子。真菌都具有细胞核、细胞器结构。多数植物体由丝状的菌丝组成，分枝的菌丝团称为菌丝体。高等种类的菌丝体常形成各种类型的子实体，如子囊果和担子果等。根据其菌丝体的有无、菌丝是否具有横隔和有性生殖的孢子类型等，可将真菌分为鞭毛菌亚门、接合菌亚门、子囊菌亚门、担子菌亚门和半知菌亚门。了解菌类植物的特征和不同类型的代表种类对生产、生活和生存与发展很有意义。

地衣是一类特殊的植物，是由某些藻类和菌类共同组合而成的一类互利互惠共生复合体。组成地衣的真菌多数为子囊菌或少数担子菌。藻类是一些单细胞的绿藻和蓝藻。在地衣生长过程中，菌类吸收水分和无机盐类为藻类制造养分提供原料，藻类通过光合作用制造有机物质供给菌类养料，这种互利互惠的关系称为共生关系。根据地衣的形态，地衣可为壳状地衣、叶状地衣和枝状地衣。地衣是陆地先锋植物，也是环境质量的指示植物。

苔藓植物是一类结构比较简单的高等植物，多生于阴湿之地，是植物从水生到陆生的过渡形式的代表。比较低级的种类为扁平的叶状体，比较高等的种类有茎、叶的分化，但都没有真正的根。植株吸收水分和无机盐以及固着是由其上的一些表皮细胞形成的假根来完成的，它们没有维管束那样真正的输导组织。苔藓植物的雌性生殖器官称为颈卵器，由颈部（包括壁细胞和颈沟细胞）和腹部（包括壁细胞和腹沟细胞及卵细胞）组成；雄性生殖器官称为精子器，由壁细胞和若干具2条鞭毛的精子组成。苔藓植物的孢子体分为孢蒴、蒴柄和基足三部分，孢蒴中的孢子母细胞减数分裂产生孢子，孢子发育形成配子体，配子体上产生生殖器官。苔藓植物的配子体占优势，孢子体不能离开配子体而独立生活。苔藓植物可分为角苔纲、苔纲和藓纲，常见的苔藓植物有地钱、葫芦藓等。

蕨类植物多为陆生，有真正的根、茎、叶的分化，有维管组织系统，既是高等的孢子植物，又是低等的维管植物。配子体与孢子体都能独立生活，且孢子体占优势。配子体称原叶体，个体小，通常所见的蕨类植物都是孢子体。蕨类植物有明显的世代交替。配子体产生颈卵器和精子器，孢子体产生孢子囊，孢子囊中产生孢子。孢子是单细胞，是蕨类植物繁殖和传播的结构。蕨类植物常分为石松亚门、水韭亚门、松叶蕨亚门、楔叶蕨亚门、真蕨亚门。常见的蕨类植物有卷柏、节节草、肾蕨、满江红等。

裸子植物属于种子植物，其胚珠和种子裸露。种子的出现使胚得到保护。孢子叶大多聚成孢子叶球，小孢子叶（雄性）生有小孢子囊（花粉囊），小孢子囊内产生很多小孢子（花粉粒）。大孢子叶（雌性）上形成胚珠，珠心内的大孢子母细胞减数分裂形成大孢子，继而形成胚乳和颈卵器。在受精时，花粉粒（雄配子体）产生花粉管，可将精子送到大孢子叶球（雌性）中的大孢子（胚囊）内的颈卵器中，与卵结合。受精脱离了水的限制，使之更适应陆地生活。裸子植物孢子体发达，占绝对优势，配子体十分简单而不能脱离孢子体独立生活。绝大多数裸子植物为常绿树木，有形成层和次生结构。木质部有管胞，极少出现导管；韧皮部仅有筛胞，无筛管和伴胞。裸子植物中大多数种类有颈卵器，少数种类仍有多鞭毛的游动精子，证明裸子植物是一群介于蕨类植物与被子植物之间的维管植物。裸子植物一般分为苏铁纲、银杏纲、松柏纲、买麻藤纲，常见的裸子植物有苏铁、银杏、松、杉、柏等。

被子植物是植物界最高级而复杂进化的一类植物。真正的花结构和种子包被于果皮之中，对种子起保护作用。它们的孢子体占绝对优势，有高度的分化。木质部有了导管和纤维，韧皮部有了筛管、伴胞和韧皮纤维。相反，雌配子体、雄配子体则进一步简化为成熟的胚囊和花粉粒，都不能离开孢子体而独立生活，对陆生生活高度适应。双受精作用和$3n$胚乳的出现，为被子植物所特有，有利于种族的繁衍。被子植物种类最多，与人类的关系十分密切。

植物界的演化进程中，植物的形态结构、生态习性、生殖方式和生活史的世代交替等方面都发生了深刻的变化，使其更加适应环境、保护自我和繁衍后代。

## 复习思考

1. 植物分类的方法有几种，各有什么特点？
2. 植物各级分类单位有哪些？物种的概念及其意义是什么？
3. 何谓双名法？举例说明。
4. 什么是检索表？如何编制和使用检索表？

5. 低等植物有哪些基本特征？包括哪几个类群？
6. 高等植物有哪些基本特征？包括哪几个类群？
7. 细菌和真菌的主要区别是什么？各有哪些代表植物？
8. 蓝藻有哪些基本特征？举出几种代表植物。
9. 绿藻有哪些基本特征？各有哪些代表植物？
10. 地衣的一般特征是什么？常见的代表植物有哪些？
11. 苔藓植物和蕨类植物的生活史和世代交替有何不同？原叶体是蕨类植物的哪个世代？
12. 如何判断生活史过程中的孢子体世代和配子体世代？裸子植物的配子体和被子植物的配子体有何不同？
13. 如何区别有胚植物与无胚植物？它们各有哪些类群？
14. 比较被子植物与裸子植物的进化特征，各举出两类植物类群的一些代表植物。
15. 解释名词：人为分类法，人为分类系统，自然分类法，自然分类系统，系统发育分类法，现代植物分类系统，物种，双名法，检索表，生活史，世代交替，有胚植物，颈卵器，接合生殖，孢子植物，种子植物，维管植物，菌丝体，子实体，同配生殖，地衣，孢子囊群，大孢子叶球，小孢子叶球，珠鳞。

## 阅读与探究

### 阅读参考

**（1）本章知识参考阅读：**

http://jpkc.yzu.edu.cn/course/zwx/0502jxrr.htm

金银根. 2010. 植物学（第二版）. 北京：科学出版社

**（2）知识拓宽参考阅读：**

植物分类学是主要研究整个植物界的不同类群的起源、亲缘关系，以及进化发展规律的一门基础学科。综合植物学及其相关学科研究的成果和知识，形成的多种不同类型和层次的植物分类学，把纷繁复杂的植物界分门别类一直鉴别到种，并建立系统，更有利于人们认识和利用植物。因此，要真正了解植物分类学，必须在学好本章和后续章节知识的同时，深入研和读相关知识。

物种是具有一定形态和生理特征以及一定自然分布区的生物类群，是生物分类的基本单元，也是生物繁殖和进化的基本单元。关于物种的形成条件和方式等的知识可以用“物种”（species）或“物种形成”（speciation）等关键词通过“Baidu”和“Google”查阅。

国际植物命名法规的发展与历届国际植物学会议的举办紧密相联。1900年第1届巴黎（Paris）国际植物学会议即为命名法规的诞生打下了基础。目前公认的国际植物命名法规的第1版是第2届维也纳（Vienna, 1905年）国际植物学会议的产物。第2、第3版法规分别是第3届布鲁塞尔（Brussels, 1910年）和第5届剑桥（Cambridge, 1930年）会议的结果。其中剑桥法规目前被认为是有史以来第一部最完整的法规。第二次世界大战（1939～1945年）前的另外两次国际会议，第4届伊塔卡（Ithaca, 1926年）和第6届阿姆斯特丹（Amsterdam, 1935年）会议，没有推出任何版本的法规。国际植物分类学会（International Association for Plant Taxonomy, IAPT）成立于第7届斯德哥尔摩（Stockholm, 1950年）国际植物学会议，并从此承担了国际植物命名法规的修订和出版的所有职责。斯德哥尔摩会议以后的各届国际植物学会议，分别依次为第8届巴黎（Paris, 1954年）、第9届蒙特利尔（Montreal, 1959年）、第10届爱丁堡（Edinburgh, 1964年）、第11届西雅图（Seattle, 1969年）、第12届列宁格勒（Leningrad, 1975年）、第13届悉尼（Sydney, 1981年）、第14届柏林（Berlin, 1987年）、第15届东京（Tokyo, 1993年）、第16届圣路易斯（St. Louis, 1999年）、第17届维也纳（Vienna, 2005年）、第18届墨尔本（Melbone, 2011年）会议，均出版了相应版本的法规。第19届深圳（Shenzhen, 2017年）会议已在2017年7月正式通过《藻类、菌物和植物国际命名法规（深圳）》，称为"深圳法规"，将在2018年正式出版。因此，进一步了解国际植物命名法规的具体内容，可登录国际植物分类学会主页查看（www.iapt-taxon. org/historic/index. htm）。

藻类植物是以水生植物为主的一个大类群，是重要的初级生产者，与人类关系极为密切。藻类学（phycology，algology）研究藻类植物的分类、形态、构造、生态、生理、生化、遗传及其他生物学和利用的植物学分支。藻类分类学研究藻类植物的门、纲、目、科、属、种系统地位，以了解它们的资源区系和进化系统。藻类形态学研究藻类植物的形态构造。藻类生态学研究藻类植物之间及其与周围环境的相互关系。藻类学还包括实验藻类生态学（藻类生态生理学），藻类生理、生化和藻类遗传学。进一步阅读可参考：①Graham L.E. and Wilcox L.W., 2000, *Algae*, Upper Saddle River, USA, Prentice Hall。②刘永定，范晓，胡征宇主编，2001，《中国藻类学研究》，武汉出版社。③Lee R.E，1999. *Phycology*, Cambridge, Cambridge University Press。④Van Den Hoek C., Mann D.G. and Jahns H.M., 1995, *Algae: an introduction to phycology*, Cambridge, Cambridge University Press。⑤Bold H.C. and Wynne M.J., 1978, *Introduction to the Algae, Structure and Reproduction*, New Jersey, Prentice-Hall, Inc。⑥其他中外文期刊：*Phycologia*、*Journal of Phycology*、*Applied Phycology*、*Botanic Marina*、*Aquatic Botany*等。

细菌学（bacteriology）是微生物学的一个分支学科。它是主要研究细菌的形态、生理、生物化学、生态、遗传、进化、分类及其应用的科学。进一步阅读可参考：甄橙，微生物学的辉煌年代——19世纪的细菌学，生物学通报［J］, 2007，42（9）：58–60。

黏菌（Myxomycetology）是一类奇妙的真核菌类，据推测，可能起源于100万年前。想详细了解黏菌孢子萌发条件，黏菌变形体和游动胞，以及原质团的形态和子实体的形成等的研究进展情况，可参考阅读：史立平，李玉. 黏菌生物学研究进展［J］，吉林农业大学学报，2003,25（1）：49–53,61。

真菌学（mycology, mycetology）是研究真菌形态、分类、生理、生态、发育和遗传的科学，揭示真菌生存和发展的规律，进而获得利用、控制和改造真菌的知识和技能。真菌学的研究主要分为基础研究和应用研究两个方面。基础研究有真菌分类学、真菌比较形态学、真菌生理学、真菌生态学、真菌地理学、真菌遗传学和锈菌学等。在应用研究方面有工业真菌学、工艺真菌学、医学真菌学、兽医真菌学、真菌毒素学、药用真菌学、食用菌学和伞菌学等。人类从几千年前就已开始认识和利用真菌，但是作为一门独立的学科，真菌学只有250年的历史。广义的真菌学研究黏菌、地衣和真菌；狭义的真菌学仅研究真菌。进一步阅读，可查询《微生物学杂志》《微生物学通报》《微生物学报》等刊物，或登录http://www.im.cas.cn/，查询有关微生物的研究和利用等的动态。

地衣是真菌与藻类共生的特殊低等植物。关于地衣的形态、结构、繁殖、生活史及其研究进展等可参考：付伟，赵遵田，郭守玉. 从近年*PNAS*、*Nature*、*Science*发表的涉及地衣的文章看地衣学进展［J］，菌物研究，2007，5（3）：176–182。或直接以“地衣”“lichen”为关键词通过“Baidu”“Google”网站查询相关资料和图片。

关于苔藓植物、蕨类植物、裸子植物的形态特征、生长习性、地理分布、分类与代表植物、起源演化、价值与应用及其栽培管理等的知识，可参考阅读《中国苔藓志》《中国蕨类植物志》《中国蕨类植物图谱》和《中国裸子植物志》；或查询《植物学报》和研究与苔藓植物、蕨类植物相关的文献；或网上查询“Bryophyta”“Pteridphyta”和“Gymnospermae”获取相关知识。

随着地球上自然地理环境的变迁，植物界自身在不断的矛盾中运动和发展着。在一定的地质时期中占支配地位的类型，其优势在发展过程中被较为进化的另一类植物所取代，这时植物界就发生了质的变化，进入了一个新的发展阶段。一些类群的自然绝灭常伴随着新类群的形成，植物界的发展过程就是这样从低级向高级、从简单到复杂不断地变化。关于植物进化的知识，可查阅《植物进化历程》（本书编写组，世界图书出版公司，2010）、“David L. Dilcher，Ge Sun, Early evolution of angiosperms，Geosci. Res.NE Asia,2005，8（1/2）：146”，或*Plant Evolution*、*Origin and early evolution of angiosperms*、*The Origin and early evolution of species*及*Annals of the New York Academy of Sciences*期刊上的相关文献。或登录“http://www.nature.com/nature/journal/v374/n6517/”“http://www.britannica.com”“http://www.britannica.com/EBchecked/topic/197367/evolution/”。

## 探究学习

在教师的指导下，除了进一步阅读扩大知识面外，还应选择校园等处不同类型的植物，根据其所熟悉的几个不同特征练习编制检索表。

本章涉及不同的植物类群，必须在老师的指导和提供一定条件的前提下，才能很好地完成所设定的探究性学习内容。例如，水体富营养化常导致水体出现“水华”现象，严重的直接产生藻毒（如微囊藻毒素）、诱发人肠胃炎等疾病，引起公共卫生问题。因此，水质的监测与评价对指导和控制工农业生产中污染排放具有重大的现实意义。针对这一问题，可“调查与鉴别不同水质中的藻类植物”进行探究性学习等。

又如，科学合理地利用有益真菌或有效控制有害真菌将极大地有益于人类的生活。利用和控制真菌，就必须准确地了解真菌的形态、鉴定真菌的种类。真菌种类不同，所需的生长条件或培养条件也不同。因此，可以某些代表性真菌为对象，在掌握简易培养方法的基础上，采用不同的培养基对简易培养得到的培养物进行分离纯化培养，通过显微观察了解各种真菌的形态特征，进而对真菌加以初步鉴定等。

蕨类植物具有适应陆生生活的能力，但生活史过程离不开水。裸子植物是除被子植物外结构最为复杂的一类植物，种类相对较少。同学们可在老师指导下，对一定区域内蕨类植物、裸子植物的种类和分布进行调查，分析其植物与生境的相互关系，提出保护其生存与繁衍的策略与措施。

# 第二章

# 植物细胞和组织

## 内容导读

细胞是生命有机体进化发展到一定阶段的产物，是各种生命活动进行的场所，是组成多细胞群体、多细胞有机体的基本单位。细胞是什么，细胞有哪些类型，细胞的形态结构特征如何，为什么说细胞是构成一切多细胞生物体结构和生命活动的基本单位？通过本章学习，有助于了解植物细胞的形态结构、功能、繁殖和分化，对真正认识生命活动的基本特性和基本规律有重要意义。

组织是在单细胞生物体、多细胞群体型生物体基础上进化发展而来的，是组成多细胞有机体的结构层次。在进化发展较高级植物的类群中，其植物体都具有多种器官，每一种器官是由多种不同形态、结构和功能的组织构成的，而每一类组织又是由若干形态结构和功能特定的细胞所组成。因此，学习植物细胞和组织的有关知识，不仅有助于学习和掌握植物细胞、组织的形态、结构和功能及其相互关系，而且有助于理解植物体各器官的形态、结构和功能以及植物的种类和作用的多样性等内容。

## 教法与学法

### 教　法

（1）情境教学法，设问式开头使学生进入学习情境。①通过简单介绍显微镜的发明和细胞的发现及细胞学说的诞生，引出细胞的概念，进而展开讲述细胞的形态、结构与功能，介绍细胞的后含物种类及其意义；讲解植物细胞的不同分裂方式及其特征，最后说明细胞的生长与分化特征及其与植物生长发育的关系。②在复习归纳细胞的形态结构、分裂、生长与分化的基础上，引申出一类（群）来源相同的细胞向着同一方向（如细胞壁组成物质的改变、壁结构局部解离与增厚、细胞器的结构、数量、体积或功能的消长、细胞核分布位置的变化或消失等）分化，导致细胞（群）间形态、结构的分异，以及它们与所担负的生理功能间的相互关系的一系列疑问，将学生的兴趣与注意力引入到组织这一节内容的学习中去。

（2）显微镜下直接拍摄不同类型植物细胞、组织的形态与结构，多媒体课件显示植物细胞、组织的多样性；运用微课、微视频展示扫描电镜、透射电镜或冰冻蚀刻下的超微形态结构特征、植物细胞分裂方式、分裂过程和特征等，启发学生联想，理解植物细胞的生长和分化是植物器官的生长发育的基础，阐明组织的形成、组织的类型与组织系统与植物体形态结构和功能的统一性。在本章教学中，还可运用概念图教学方法，将细胞、组织的发育、结构和系统串联成一个整体图，说明生物体形态、结构和功能的统一性。

（3）设计开展反转教学活动，促进学生知识的内化，提高学生学会学习、合作学习的意识与能力。

### 学　法

（1）本章内容全面、详细地介绍了植物细胞、组织的形态、结构（尤其是细胞器的亚显微结构）与功能，是学好植物形态解剖学知识的基础。

（2）学习本章内容，要认真听讲、积极思考，适当做些课堂笔记。积极配合教师的课堂教学，主动回答问题或参与问题讨论等，理解和记忆基本概念。提倡运用归纳比较的方法，列表对比不同细胞器、不同组织所处的位置、结构特征、所担负的生理功能等，归纳整理分散的知识，集成为系统的知识表格，这样易理解、好记忆。

（3）认真学习和掌握植物临时玻片标本的制作和显微观察方法，并分组开展解剖观察和自主学习活动，积极参与班级交流和讨论。

（4）在教师的指导下，查阅资料，进一步了解植物细胞增殖、细胞编程性死亡、极性分化和组织形成及其相互转化与功能一致性等的知识。

# 第一节 植物细胞

人类对植物细胞的认识与显微镜发明以及显微技术等的不断改进密切相关。1665年Robert Hooke（英国，1635～1703年）用自制的显微镜观察软木的结构，发现并命名了细胞（cell）。虽然他当时看到的只是植物死细胞的细胞壁，但这却是人类有史以来第一次看到细胞轮廓，开启了人类对细胞研究的历史。以后，Antonie van Leeuwenhoek（荷兰，1631～1723年）、Marcello Malpighi（意大利，1628～1694年）等先后用显微镜观察和研究了其他多种动物、植物材料，更丰富了人们对动物、植物细胞的认识。1838年植物学家M.J. Schleiden（德国，1804～1881年）和Hubert Schwann提出了细胞学说（cell theory），其主要内容有：植物和动物的组织都是由细胞构成的；所有的细胞都是由细胞分裂或融合而来；卵子和精子都是细胞；一个细胞可以分裂而形成组织。20世纪中叶，电子显微镜的发明和应用，人们对细胞的超微结构，以及其结构与功能间的相互关系等有了更为深入的理解（图2-1）。1958年F.C. Steward（美国，1904～1993年）等，利用胡萝卜根韧皮部细胞培养出完整的植株，证实了植物细胞的全能性。如今，人们能够从分子水平上阐明细胞的各种生命活动。

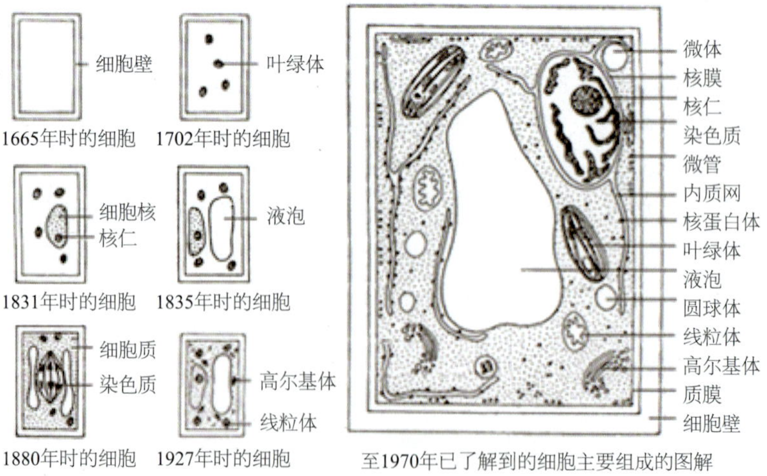


图2-1 细胞结构研究历史示意图解

（细胞内各部分未按比例绘制，依李扬汉）

## 一、植物细胞的形态与结构

通常植物细胞都比较小，形状多种多样。细胞的形状和大小，取决于细胞的遗传性、所担负的生理功能以及对环境的适应性，且伴随着细胞的生长和分化，常相应地发生改变。

单细胞植物和细菌或分离的单个细胞，因细胞处于游离状态，常为球形或近球形。多细胞植物体中，细胞排列紧密、相互挤压，常呈不规则的多面体。

高度进化的植物，其体内的细胞形态具有多样性。输导水分和养料的细胞（导管分子和筛管分子），呈长筒形，并彼此连接成相通的“管道”，更利于物质的运输；起支持作用的细胞（纤维或石细胞），都有特别厚的细胞壁，加强支持功能；吸收水、肥的根毛细胞，其外壁向外突出形成一条长管状的结构，增加其吸收面积（图2-2）。

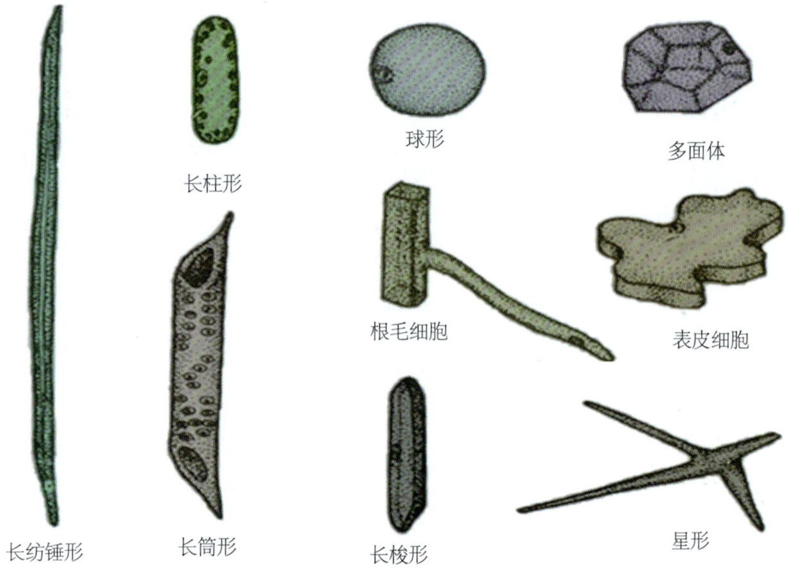


图2-2 细胞的形状（依李杨汉）

植物细胞的大小因植物种类、细胞的生理年龄和所在部位的不同而差别很大。多数植物细胞的直径为10～100μm，肉眼难以辨别。棉籽的表皮毛细胞长达75mm，苎麻茎中的纤维细胞长达550mm，三叶胶属的无节乳管，是由一个细胞生长成的多核结构，贯穿植物体内，长达数米甚至数十米。多细胞植物体是由许许多多的、千差万别的、大小不同的细胞所组成的一个统一而复杂的生命有机体。

植物细胞虽然大小不一、形状多样，但其结构基本相同（图2-3）。植物细胞由原生质体（protoplast）和细胞壁（cell wall）两部分组成。原生质体是由细胞原生质（protoplasm）分化而成的结构，原生质是一个细胞内全部生活物质的总称。真核植物细胞的原生质体又可分为细胞膜、细胞质和细胞核3部分；原核植物细胞的原生质体中，没有明显的细胞质和细胞核的分化。细胞壁是包被原生质体的保护结构，动物细胞不具细胞壁。

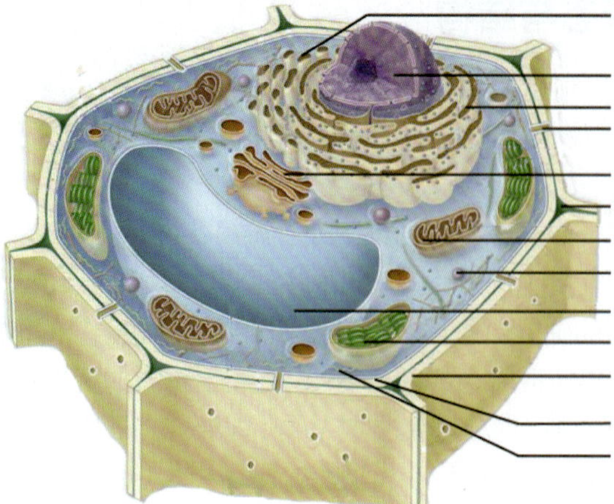


图2-3 植物细胞的结构（模式图）

## （一）原生质体

原生质体由质膜、细胞质和细胞核3部分组成。

### 1. 质膜

质膜（plasmalemma）又称细胞膜（cell membrane），是位于原生质体外围、紧贴细胞壁的膜结构。组成质膜的主要物质是蛋白质和脂类，以及少量的多糖、微量的核酸、无机盐和水。在电子显微镜下，用四氧化锇固定的质膜具有明显的“暗-明-暗”三条平行的带，其内、外两层暗带由蛋白质分子组成，中间一层明带由双层脂类分子组成，三者的厚度分别约为2.5nm、3.5nm和2.5nm，这样的膜又称为单位膜（unit membrane）或生物膜（biomembrane）（图2-4）。

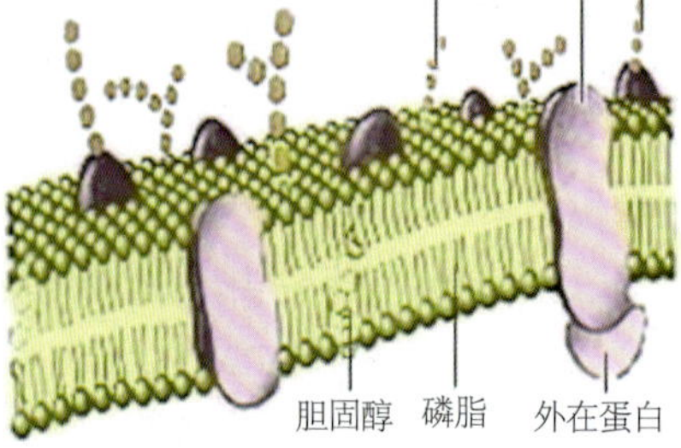


图2-4 流动镶嵌模型的细胞膜图解（依Karp）

质膜有重要的生理功能。例如，使细胞维持稳定代谢的胞内环境，调节和选择物质进出细胞，也与细胞识别、信号传递、纤维素合成和微纤丝的组装等有关。质膜通过胞饮作用（pinocytosis）、吞噬作用（phagocytosis）或胞吐作用（exocytosis）吸收、消化和外排细胞膜外、膜内的物质。

### 2. 细胞质

细胞膜以内、细胞核以外的原生质统称为细胞质（cytoplasm）。细胞质包括胞基质和细胞器两部分。胞基质（cytoplasmic matrix）是呈均质、半透明、胶网状的动态物质，其体积约占细胞质的一半。细胞与环境，细胞质与细胞核，以及细胞器之间的物质运输、能量交换、信息传递和许多重要的中间代谢反应等与胞基质有关。细胞器（organelle）是细胞内具有特定的形态、结构和功能的亚细胞结构。活细胞的细胞质内有多种细胞器，包括具有双层膜结构的质体、线粒体，具有单层膜结构的内质网、高尔基体、液泡、溶酶体、圆球体和微体，以及无膜结构的核糖体、微管、微丝等。

### 1）质体

质体（plastid）来自于前质体，是真核绿色植物细胞特有的细胞器，呈球形或椭圆形，一般大小为几微米至十几微米。前质体（proplastid）主要存在于根端、茎端、胚和卵等的幼龄细胞内。为无色或呈淡绿色的球状体，直径为1～1.5μm，其外有双层膜包被，内膜内褶，伸入基质中，或形成少许游离的小泡或类囊体（thylakoid），膜内基质中有少量的DNA、RNA、核糖体和可溶性蛋白等。当细胞生长分化时，前质体可发育或转变成叶绿体、白色体和有色体。

**叶绿体** 高等植物的叶绿体（chloroplast），主要存在于叶肉细胞内，在茎的皮层细胞、保卫细胞、花萼和未成熟的果实中也有分布，其功能是进行光合作用（photosynthesis），合成有机物。叶绿体呈透镜形或椭圆形，长径3～10μm，短径2～4μm。细胞内叶绿体的数目、大小和形状因植物种类和细胞类型不同而有很大差异。一个细胞内可能有十多个、几十个，甚至几百个叶绿体。叶绿体常分布在靠近质膜处的胞基质中。

在透射电子显微镜下，叶绿体由叶绿体被膜（chloroplast envelope）（由双层单位膜组成）、类囊体系统（thylakoid system）和基质（stroma）3部分构成（图2-5）。

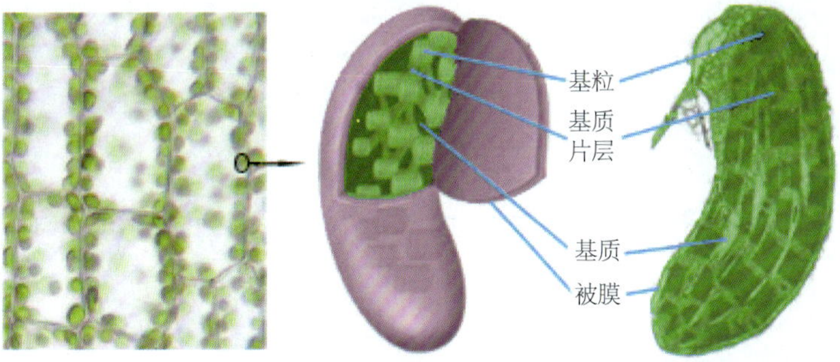


切开的叶绿体结构模式图　　透射电镜下的叶绿体结构

图2-5 叶绿体的结构

叶绿体被膜之间有10～20nm的膜间隙（intermembrane space）。外膜通透性强，内膜具有较强的选择透性，是细胞质和叶绿体基质之间的功能屏障。类囊体系统包括基粒（grana）和基粒间膜（fret）或基质片层（stroma lamella）；基粒是直径0.3～2μm的绿色小颗粒，由许多圆盘状的基粒片层（grana lamella）或类囊体（膜上分布着与光能转化有关的色素和酶类）整齐平行地垛叠在一起构成；基质片层在基质间到处延伸，并与基粒类囊体相连，共同组成了复杂的类囊体系统；类囊体是由单层膜围成的、并且具有很多穿孔的扁平小囊，囊内含有液状的内含物。一个叶绿体可含有40～60个基粒，基粒的数量和大小随植物种类、细胞类型和光照条件不同而变化。例如，烟草的基粒含10～15层，玉米为15～20层；冬小麦基粒所含类囊体层数随叶位上升而增多，以旗叶为最多。基粒以外为基质，基质中有与$CO_2$的同化固定有关的全套酶类，以及核糖体、DNA纤丝、淀粉粒、质体小球（plastoglobulus）和植物铁蛋白（phytoferritin）等。叶绿体含有DNA和核糖体，它可以合成某些蛋白质，在遗传上有一定的自主性。在叶绿体中，还可观察到脂质小球、淀粉粒等结构。

**白色体** 白色体（leucoplast）近球形，大小为2～5μm，结构简单，不含可见色素，常见于甘薯、马铃薯等植物的地下储藏器官、胚以及少数植物叶的表皮细胞中。根据白色体的功能及所储藏的物质不同可将其分为造粉体（amyloplast）、造蛋白体（proteinoplast）和造油体（elaioplast）。造粉体是储存淀粉的白色体，主要分布于子叶、胚乳、块茎和块根等储藏组织中，遇碘呈蓝紫色。储藏蛋白质的白色体称为造蛋白体，常见于分生组织、表皮和根冠等细胞中，遇碘呈黄色；储存脂类物质的白色体为造油体，存在于胞基质中，遇苏丹Ⅲ呈橙红色。

**有色体** 有色体（chromoplast）是含有类胡萝卜素，包括黄色的叶黄素（xanthophyll）和红色的胡萝卜素（carotene）的质体。有色体可见于部分植物的花瓣、成熟的果实、胡萝卜的储藏根以及衰老的叶片中。

### 2）线粒体

线粒体（mitochondrion）是细胞内物质氧化、化学能转变成生物能的主要场所。线粒体的形态与细胞类型和生理状况密切相关，常呈球状、杆状、分枝状等。线粒体的大小一般为（0.5～1.0）μm×（1～2）μm，有的可达（2～4）μm×（7～14）μm。细胞的种类或细胞的生理活性不同，线粒体的数目也有差异。一般代谢旺盛的细胞中线粒体数目多。

透射电子显微镜下，线粒体由双层被膜和基质（matrix）组成（图2-6）。

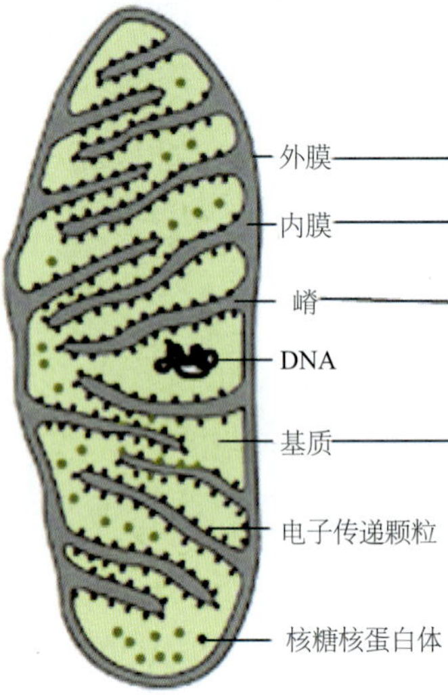


线粒体结构模式图

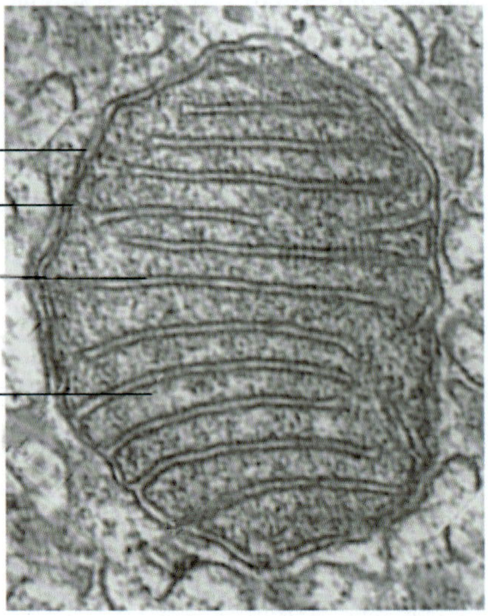

透射电镜下的线粒体结构

图2-6 线粒体的结构

被膜包括外膜（outer membrane）、内膜（inner membrane）和膜间隙（intermembrane space）3部分。外膜有可透性孔，允许分子质量为10kDa以下的分子通过；膜间隙是线粒体内外膜之间的空隙，腔隙宽6～8nm，内含许多可溶性酶类、底物和辅助因子；内膜向腔内突出形成嵴（cristae），嵴有不同的形状和排列方式，或分枝，或呈复杂的网状。一般来说，能量代谢旺盛，细胞中线粒体内膜上嵴的数目也多；嵴表面有许多圆球形颗粒，称为基粒（elementary particle）。基粒由头、柄和基部3部分组成，是ATP合酶（ATP synthase）分布和氧化磷酸化进行的关键部位；基质内主要有与物质氧化分解（三羧酸循环、脂肪酸和丙酮酸氧化等）有关的酶类以及脂类、蛋白质、核蛋白体和含钙颗粒。此外，线粒体内还含有DNA等少量遗传物质，具有遗传上的相对独立性。

### 3）核糖体

核糖体又称核蛋白体（ribosome）等，是合成蛋白质的细胞器。生长旺盛、代谢活跃的细胞内核糖体多。核糖体主要存在于胞基质中，但在细胞核、内质网外表面及质体和线粒体的基质中也有分布。核糖体含有大约60%的核糖核酸和40%的蛋白质。胞基质中的核糖体由两个近于半球形、大小不等的亚基结合而成，直径为17～23nm。多个核糖体可结合到一个mRNA链上，形成多聚核糖体（polyribosome）。

### 4）内质网

内质网（endoplasmic reticulum, ER）是由单层膜围成的扁平的囊、槽、池或管状的、相互沟通的网状系统（图2–7）。ER膜可和核膜的外层膜相连，也可经过胞间连丝和相邻细胞的ER相连，但是不与质膜相连。内质网有两种类型：①粗面内质网（rough endoplasmic reticulum, rER），其膜的外表面附着有核糖体；②光面内质网（smooth endoplasmic reticulum, sER），其膜上无核糖体。内质网是动态易变的结构，其形状、数量、类型以及在细胞内的分布位置，因细胞类型而异，并且随细胞的发育时期、生理状况而相应地变化。

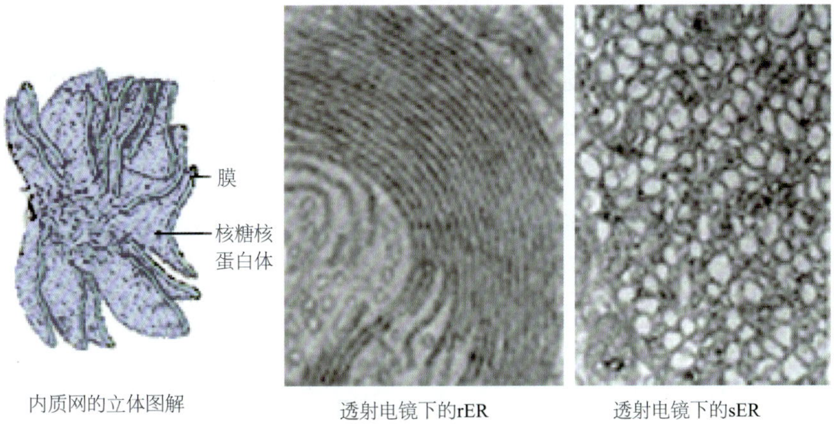


图2–7 内质网的结构

内质网具有制造、包装和运输代谢产物的作用。rER能合成蛋白质及一些脂类，并将其运到sER，再由sER形成小泡，运到高尔基体，然后分泌到细胞外。sER还可合成脂类、糖原等。ER特化或分离出的小泡可形成液泡、高尔基体、圆球体及微体等细胞器。内质网还有“分室”作用，便于不同细胞器间代谢的顺利进行。

### 5）高尔基体

高尔基体（golgi body, dictyosome）是由一叠（一般1～8个）扁平、平滑、近圆形的单位膜围成的、直径为1～3μm的多囊结构（cisterna，或称小池、潴泡、槽库），在生长和分泌旺盛的细胞内特别多（图2–8）。高尔基体的主要功能是合成多糖，参与细胞壁的形成，有时也参与运输ER合成的物质。

### 6）液泡

液泡（vacuole）是由具选择通透性的液泡膜（tonoplast）和细胞液组成的细胞器。在不同类型或不同发育时期的细胞中，液泡的数目、大小、形状、成分都有差别。幼期的细胞，如顶

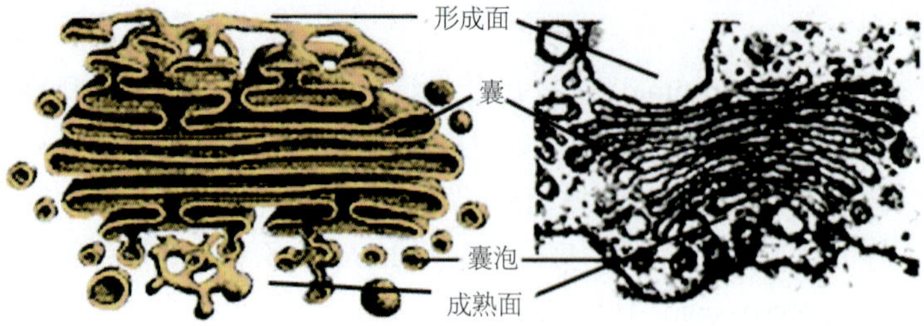


高尔基体模式图　　透射电镜下的高尔基体解剖结构

图2-8　高尔基体结构

端分生组织细胞内，液泡小、数量多，散布于胞基质中。随着细胞的长大和分化，小液泡增大，并逐渐合并为少数几个甚至一个位于细胞中央的大液泡，将其他的原生质都挤成一薄层，包在液泡的外围而紧贴着细胞壁，有利于新陈代谢和细胞的生长。

液泡的主要生理功能包括如下几个。①调节细胞水势和维持细胞的膨压。液泡吸水膨胀，是植物体保持挺立状态的根本因素；若液泡失水，植株就萎蔫，影响植物生长。②参与细胞内物质的积累、储存与转化，控制液泡内的$K^+$、$Na^+$、$Ca^{2+}$、$Cl^-$以及磷酸盐、柠檬酸、苹果酸和多种氨基酸等物质的输入和输出，对细胞代谢起着调节和稳定的作用。液泡还储存糖、脂肪、蛋白质等。③防御作用。许多植物液泡中还有几丁质酶，它能分解破坏真菌的细胞壁，当植物体被真菌侵害时，几丁质酶合成增加，对病原体有杀伤作用。

### 7）溶酶体和圆球体

溶酶体（lysosome）是由单层膜构成的能分解蛋白质、核酸、多糖等生物大分子的细胞器。溶酶体主要来自于高尔基体和内质网分离的小泡。它的形状和大小差异较大，一般为球形，直径0.2～0.8μm。溶酶体除含特有的酸性磷酸酶外，还有多种其他的水解酶。

溶酶体具有异体吞噬（heterophagy）、自体吞噬（autophagy）和自溶作用（autolysis）的功能。溶酶体分解从外界进入到细胞内的物质，称为异体吞噬。例如，有些大分子物质、病毒、细菌，经胞饮或吞噬作用被细胞摄入后，和溶酶体融合而被消化。溶酶体消化细胞自身的局部细胞质或细胞器称为自体吞噬。自溶作用是指在植物发育进程中，有一些细胞会逐步正常地死亡，这是在基因控制下，溶酶体膜破裂，将其中的水解酶释放到细胞内，而引起的细胞自身溶解死亡。

圆球体（spherosome）是由单层膜围成的细胞器。圆球体除含水解酶外，还有脂肪酶，能积累脂肪。圆球体普遍存在于植物细胞中，与脂肪的代谢有关。

### 8）微体

微体（microbody）是单层膜包围的呈球状或哑铃形的细胞器，其直径为0.2～1.5μm，普遍存在于植物细胞中。植物体内的微体有两种类型：一种是含过氧化氢酶的过氧化物酶体（peroxisome）；另一种是含乙醇酸氧化酶的乙醛酸循环体（glyoxysome）。

过氧化物酶体常和叶绿体、线粒体聚集在一起，将光呼吸（photorespiration）的底物乙醇酸氧化为乙醛酸。

乙醛酸循环体除存在于油料植物种子的胚乳或子叶细胞外，在大麦、小麦种子的糊粉层以及玉米的盾片细胞内也有存在。在种子萌发过程中，乙醛酸循环体将储存在子叶和胚乳中的脂类物质逐步转化为糖类，满足种子萌发之需。

### 9）细胞骨架

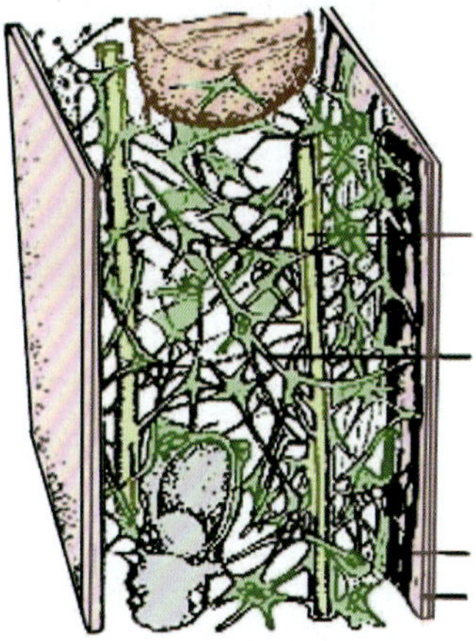


图2-9 细胞骨架的立体观（依李杨汉）

细胞骨架（cytoskeleton）是真核细胞的细胞质内普遍存在的蛋白质纤维网架系统，包括微丝（microfilament, MF）系统、微管（microtubule, MT）系统和中间纤维（intermediate filament, IF）系统。这三类骨架系统分别由不同蛋白质分子以不同方式装配成不同直径的纤维，然后靠许多连接蛋白相互连接形成既有柔韧性又有刚性的三维网架，把分散在细胞质中的细胞器及各种膜结构组织起来，固定在一定的位置，使细胞内新陈代谢有条不紊地进行（图2-9）。细胞骨架系统还是细胞内能量转换的主要场所，微丝系统、微管系统和相关的马达蛋白（motor protein）相互作用，将化学能直接转换为机械能，驱使细胞及细胞内组分的运动。

微丝是主要由肌动蛋白（actin）组成的直径6～8nm的细丝，与细胞质流动、染色体运动、叶绿体运动、胞质分裂、物质运输以及与膜有关的一些重要生命活动，如内吞作用和外排作用等有关。

微管主要由微管蛋白（tubulin）和少量微管结合蛋白组成。微管能支持和维持细胞的一定形状，参与纺锤丝的构成，调节细胞壁的生长和分化，影响胞内物质的运输和胞质运动等。

中间纤维直径约为10nm，是由长杆状的蛋白质装配的一种坚韧、耐久的蛋白质纤维。一般认为，中间纤维在维持细胞形态、调节胞内颗粒运动、控制细胞器和细胞核定位等方面有重要作用。

## 3. 细胞核

细胞核（nucleus）是真核细胞遗传与代谢的控制中心。细胞核的结构，随着细胞周期的改变而相应地变化。间期的细胞核可分为核被膜（nuclear membrane）、核仁（nucleolus）和核质（nucleoplasm）3部分（图2-10）。

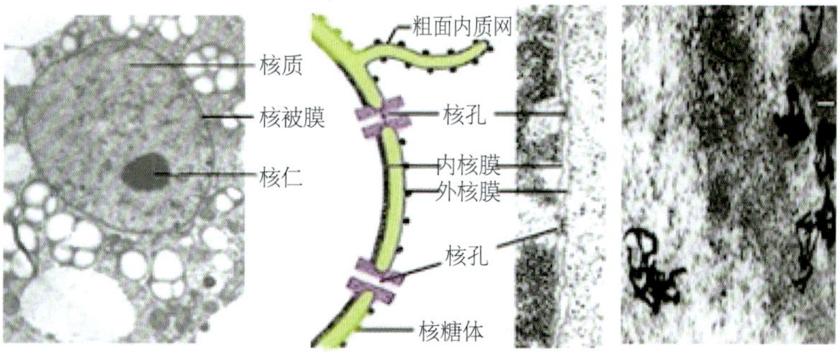


光镜下的细胞核　核膜超微结构　核仁超微结构

图2-10 水稻胚乳细胞核结构

间期细胞核的主要功能是储存和复制DNA；合成和向细胞质转运RNA。DNA在间期一定阶段（S期，即DNA合成期）以半保留方式复制，其含量倍增，为子细胞准备一整套和母细胞相同的遗传物质，通过有丝分裂，分配给子细胞。由此可进一步认为细胞核是细胞的控制中心。rRNA在核仁中合成，并参与核蛋白体亚单位的形成，mRNA和tRNA是以染色质中的DNA为模板合成的，并经核孔转移到细胞质中，参与细胞质中的蛋白质合成。

细胞核的大小、形状以及在胞内所处的位置，与细胞的年龄、功能以及生理状况有关，而且也受某些外界因素的影响。分生组织细胞中的细胞核所占的体积通常较大，占整个细胞体积的1/3～1/2，直径为7～10μm。成熟细胞内的细胞核直径一般为35～50μm。有少数植物的细胞核很大，如苏铁的卵细胞核，直径可达1mm，肉眼可见，某些真菌的细胞核直径不超过0.5μm。细胞核的形状多近球形。在禾本科植物的保卫细胞中，细胞核呈哑铃形。在幼期细胞中，细胞核常位于细胞中央，细胞生长时，由于液泡的增大和合并，细胞核常被挤至细胞的一侧。一般植物细胞仅具一个细胞核，但花药绒毡层细胞、乳汁管以及许多真菌和藻类植物的细胞中常含有2个或更多的细胞核。分化成熟的筛管分子，其细胞核解体，因而不具细胞核。一般来说没有核的细胞不能长期正常生活。

在透射电子显微镜下，细胞核的结构由核被膜、核仁和核质3部分组成。

核被膜　核被膜（nuclear membrane）包被在核的外围，由内外两层相距十至几十纳米的单位膜组成。外核膜（outer nuclear membrane）面向胞质，表面附着有大量核糖体，常与内质网相连。内核膜（inner nuclear membrane）面向核质，和染色质紧密接触。两层核膜之间有20～40nm的核周间隙（perinuclear space），与内质网腔连通。双层核膜在一定间隔处愈合形成核孔（nuclear pore），又称为核孔复合体（nuclear pore complex），它是由一个中央颗粒、8个边围颗粒和连接中央颗粒与边围颗粒的纤丝所组成的复杂结构，是沟通核质与细胞质的通道。全部核孔约占核表面积的8%。高等植物的核，约有3000个核孔。核被膜是选择通透性膜，小于5kDa的小分子可通过核孔自由扩散，60kDa的球形蛋白则几乎完全不能扩散通过，大分子通过核孔靠主动运输完成。核孔既能将复制、转录、染色体构建等需要的组蛋白、DNA聚合酶、RNA聚合酶（分子质量100～200kDa）等运输到核内，又能把翻译所需的RNA、核糖体亚单位等从核内运到细胞质。核孔结构精致，其“开”“闭”与植物的生理状况或特性有关。例如，分蘖盛期的小麦核孔大；小麦抗寒品种的核孔，随温度的降低而逐渐关闭，但小麦不抗寒品种的核孔却依然张开。

内核膜的内侧有一层蛋白质网络结构，称为核纤层（nuclear lamina），它与内膜紧密结合，其厚薄随细胞不同而异。它由中间纤维蛋白组成，构成核纤层的中间纤维蛋白是核纤层蛋白（lamina）。核纤层为核膜和染色质提供了结构支架，并介导核膜与染色质之间的相互作用。当细胞分裂时，核被膜在分裂前期末瓦解，到末期形成两个子核时，又分别重现。

核仁　生活的细胞核内，常有一个或几个核仁（nucleolus）。核仁是真核细胞间期核中最明显的结构，在细胞周期中表现出周期性的消失与重建。在光学显微镜下，核仁是折光率比核质更强而致密的匀质球体。核仁的大小、形状和数目随植物种类、细胞类型、生理状态而异，也受环境的影响。蛋白质合成旺盛的细胞，其核仁的体积相对较大。核仁中的蛋白质占干重的80%，RNA占10%左右。此外，还有少量的DNA、脂类、碱性磷酸酶和ATP酶等。

核质　核质（nucleoplasm）主要包括染色质和核基质两部分。①染色质（chromatin）是间期细胞核内DNA、组蛋白、非组蛋白和少量RNA组成的线性复合物，是间期细胞核遗传物质的存在形式。一般认为，染色质细丝是由许多称为核小体（nucleosome）的基本单位连接而成的串珠状结构。每个核小体的中心有8个组蛋白分子，DNA双螺旋盘在它表面，核小体之间有一段DNA双螺旋，并与另一个组蛋白分子相连。由染色质细丝经多级盘绕、折叠、压缩、包装形成染色体（chromosome）。②核基质（nuclear matrix）是核内充满着的一个以非组蛋白成分为主的网络状结构，又称为核骨架（nuclear skeleton）。核骨架与核纤层和核孔结构有联系，为细胞核内组分提供了结构支架，使核内的各项代谢活动得以有序地进行，并可能对DNA复制、基因表达、染色体构建等起重要作用。

## （二）细胞壁

细胞壁（cell wall）是植物细胞所特有的结构，是由细胞原生质体生命活动过程中向外分泌的多种物质复合而成的结构。细胞壁保护细胞、支持和巩固植物体，与维持原生质体的膨压和植物组织的吸收、蒸腾、运输和分泌等方面的生理活动有很大的关系。

### 1. 细胞壁的结构

在细胞发育生长过程中，因其所形成的壁物质在种类、数量、比例以及物理组成上的时空差异，细胞壁结构表现出分层现象（lamellation），在显微镜下可区分为胞间层、初生壁和次生壁（图2-11）。

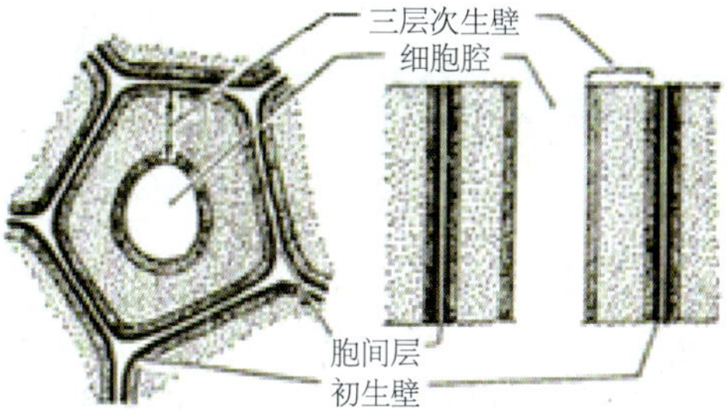

细胞壁的分层示意图

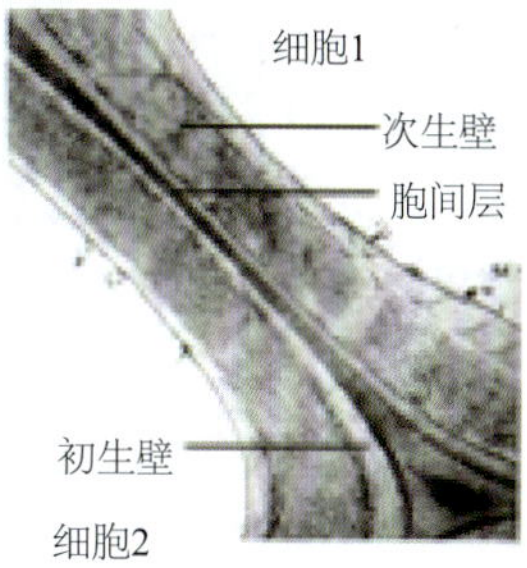

透射电镜下的细胞壁

图2-11 细胞壁的结构分层

#### 1）胞间层

胞间层（intercellular layer）是新的子细胞形成时产生的、以果胶为主的细胞壁结构。果胶是一类多糖物质，胶黏而柔软，能将相邻的细胞黏在一起，果胶物质的可塑性能缓冲细胞间的挤压又不致阻碍初生壁生长和扩大表面积。胞间层在一些酶（如果胶酶）或酸、碱的作用下会发生分解，使相邻细胞失去连接，而彼此分离。西瓜、番茄等果实成熟时，部分果肉细胞彼此分离就是这个原因。

#### 2）初生壁

初生壁（primary wall）是细胞生长、体积增大时所形成的壁层，分别位于胞间层两侧。构成初生壁的主要物质有纤维素、半纤维素和果胶物质等。初生壁一般都很薄，厚度为1～3μm，不过也有均匀或局部增厚的，前者如柿胚乳细胞，后者如厚角组织细胞。然而，增厚的初生壁是可逆的，即在一定情况下厚的初生壁又可以变薄，如柿子胚乳细胞的壁物质在种子萌发时，分解转化，厚壁又变薄；厚角组织在转变成分生组织时，其增厚的壁也能变薄。

### 3）次生壁

次生壁（secondary wall）是某些细胞在生理上分化成熟、体积停止增大，或原生质体走向消失的过程中在初生壁内侧产生的壁层，一般比初生壁厚得多。例如，各种纤维细胞、导管、管胞、石细胞和木薄壁细胞等。构成次生壁的物质以纤维素为主，有的还有木质素、角质素、矿质等物质。

## 2. 纹孔和胞间连丝

### 1）纹孔

初生壁的厚度往往是不均匀的，常有一些凹陷区域，其内有许多胞间连丝通过，这个区域称为初生纹孔场（primary pit field）（图2-12）。次生壁形成时，有的初生纹孔场所在的位置不形成次生壁，在细胞壁上，只有中层和初生壁隔开，而无次生壁的较薄区域称为纹孔（pit）。相邻两细胞的纹孔通常成对存在，合称纹孔对（pit pair）。纹孔对中的胞间层和两边的初生壁，合称纹孔膜（pit membrane）。纹孔的腔，称为纹孔腔（pit cavity）。

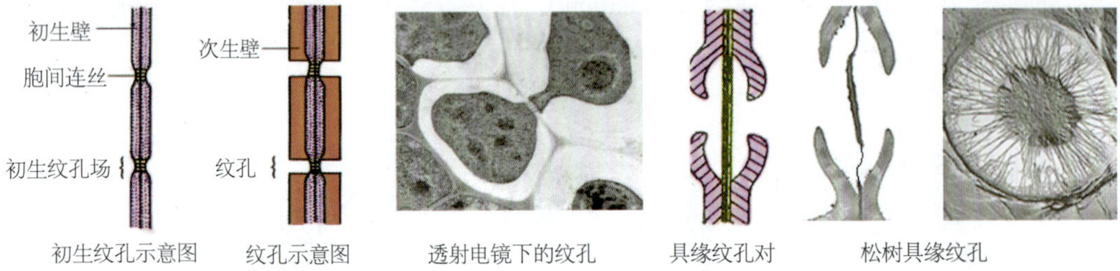


图2-12　初生纹孔场和具缘纹孔

### 2）胞间连丝

胞间连丝（plasmodesmata）是连接相邻两个植物细胞间的细胞质细丝，是细胞间物质、信息和能量交流的直接通道，行使水分、营养物质、小的信号分子以及大分子的胞间运输功能。胞间连丝一般都很细，直径小于0.1μm，经银、汞等重金属特殊处理，使它扩大，可在光学显微镜下分辨出来（图2-13）。

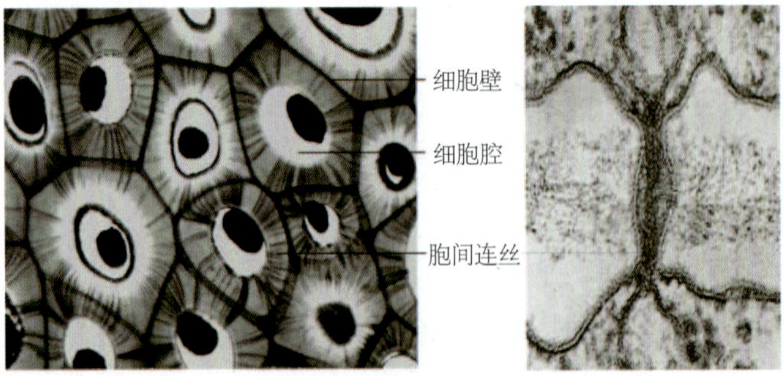


图2-13　光学（左）电子（右）显微镜下柿胚乳细胞（示胞间连丝）

高等植物的生活细胞之间，一般都有胞间连丝相连，其数量、分布位置不一。一个分生组织细胞，可能有1000～10 000条胞间连丝。细胞的不同侧面，胞间连丝的数量不一，筛管分子和某些传递细胞之间，胞间连丝特别多。胞间连丝是相邻细胞间信息、物质和能量交换的通道。

### 3. 细胞壁的生长

植物细胞壁的生长包括初生壁的生长（主要增大面积）和次生壁的生长（主要是增加厚度）。随着细胞的生长，初生壁中的微纤丝由少到多、由稀疏到致密、由横向排列于细胞长轴转变成纵向排列。

在次生壁增厚过程中，随着微纤丝的大量沉积，细胞内合成一些特殊的物质掺入壁内，改变壁的性质以适应功能的变化。细胞壁的这种变化包括木质化、栓质化、角质化、矿质化。木质化是指木质素填充到细胞壁中去的过程，使胞壁的机械强度增加，如纤维、导管和管胞等的细胞壁增厚。细胞壁的栓质化是栓质素在细胞壁中沉积的过程，如老茎和老根表面木栓细胞壁中的栓质能有效地防止水分蒸发、凯氏带中的栓质是质外体运输的屏障等。角质化是细胞壁的表层沉积角质的过程，一般在植物地上器官的表皮细胞外壁会因角质渗入微纤丝之间而角质化，并形成角质膜，以减少植物体的水分损失、过滤强光、防止机械损伤、昆虫摄食和病菌侵染等。矿质化是细胞壁中积累矿物质，如钙、硅等的过程。例如，禾本科、莎草科等植物表皮细胞的外壁中，常积累有二氧化硅而硅质化，增加硬度，并有保护功能。

据估计，地球上的植物每年所形成的纤维素约有85亿t之多。纤维素是造纸、人造纤维、火药、胶片、绝缘材料及食品工业等的不可缺少的重要材料，木质素在石油、塑料、染料和制革等工业方面也有广泛的用途。此外，植物细胞壁在抵抗植物病原微生物的侵害和抗倒伏中起着非常重要的作用，因此，研究细胞壁有着极其重要的意义。

## （三）植物细胞的后含物

植物细胞生活过程中，不仅为生长、分化供应营养物质和能量，同时也产生储藏物质、代谢废物或植物的次生物质等，这些非原生质的物质称为后含物（ergastic substance）。

### 1. 储藏物质

叶绿体光合作用的同化物除运往植物体各部位供新陈代谢消耗外，一部分可暂时储存起来，需要时经分解再利用。常见的储藏物质有淀粉、脂类（油和脂肪）和蛋白质。

#### 1）淀粉

淀粉（starch）是植物细胞质体中形成的最普遍的储藏物质。储藏的淀粉常呈颗粒状，称为淀粉粒（starch grain）（图2-14），它主要分布于储藏组织的细胞中。不同植物的淀粉粒的大小、形状和脐所在的位置，都各有其特点，可作为商品检验、生药鉴定上的依据之一。

#### 2）蛋白质

储藏蛋白以多种形式存在于细胞质中。除造蛋白体合成和积累蛋白质外，小麦胚乳细胞中储存的蛋白质粒（称糊粉粒，aleurone grain）是由储藏蛋白积累在液泡中形成的（图2-15）。蓖麻、油桐胚乳细胞的糊粉粒内，除了无定形的蛋白质外，还含有蛋白质的拟晶体；在马铃薯块茎外围的储藏细胞中，蛋白质的拟晶体和淀粉粒共存于同一细胞内。

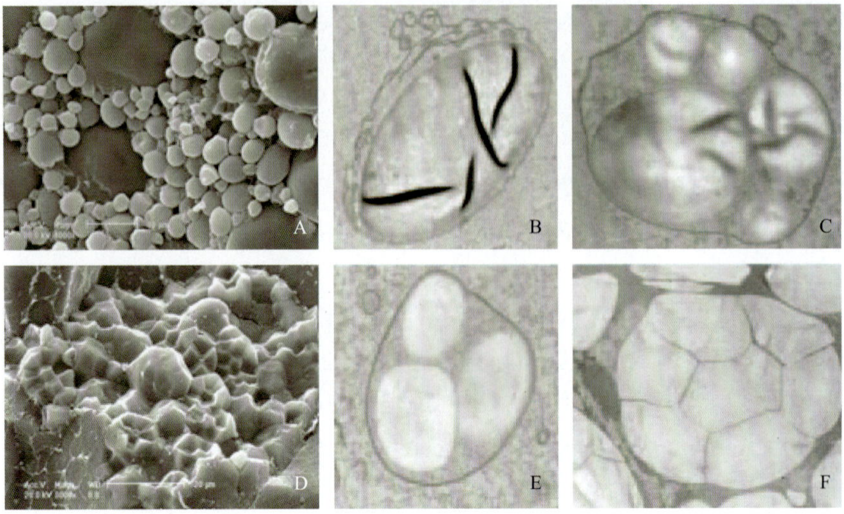


图2-14 储藏淀粉粒的结构（韦存虚供）

A. 成熟小麦籽粒扫描电镜图，示大淀粉粒、小淀粉粒的形态和分布；B. 小麦胚乳发育过程中大淀粉粒的发育透射电镜图，示一个淀粉体内含有1个淀粉粒；C. 小麦胚乳发育过程中小淀粉粒的发育透射电镜图，示一个淀粉体内含有多个淀粉粒；D. 成熟水稻籽粒扫描电镜图，示复粒淀粉粒的形态和分布；E. 水稻胚乳发育过程中复粒淀粉粒的发育透射电镜图，示一个淀粉体内含有多个淀粉粒；F. 水稻胚乳接近成熟期复粒淀粉的形态和排列透射电镜图

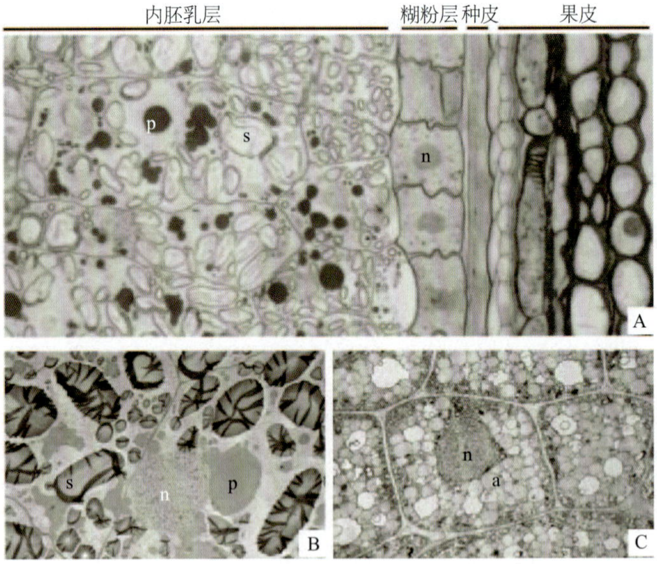


图2-15 小麦储藏蛋白的结构（韦存虚供）

A. 颖果积累淀粉和储藏蛋白光镜图；B. 内胚乳透射电镜图；C. 糊粉层透射电镜图
a. 糊粉粒；n. 细胞核；p. 蛋白体；s. 淀粉粒

### 3）油和脂肪

在植物细胞中，油和脂肪是由造油体合成的重要的储藏物质，两者可能少量地存在于每个细胞内，呈小油滴或固体状，大量地存在于一些油料植物种子或果实内，子叶、花粉等细胞内。

### 2. 晶体和硅质小体

在植物细胞中的结晶（crystal）形成于液泡内，常为草酸钙结晶，呈各种形状，如印度橡皮树叶的上表皮细胞中的结晶呈钟乳体等，禾本科、莎草科、棕榈科植物茎、叶的表皮细胞内所含的二氧化硅晶体，称为硅质小体（silica body）。

## 二、植物细胞的分裂与分化

### （一）植物细胞的分裂

分裂是植物细胞繁殖的方式，是细胞形成新个体或新细胞的过程。植物细胞的分裂有无丝分裂、有丝分裂、减数分裂和细胞的自由形成等不同方式。细胞分裂对植物的生活和繁衍后代有重大意义。

### 1. 细胞周期

细胞周期（cell cycle）是指持续分裂的细胞，从结束一次分裂开始，到下一次分裂完成为止所经历的整个过程（图2–16）。一个细胞周期包括细胞的间期（interphase）和分裂期。间期是细胞进行生长的时期，合成代谢最为活跃，包括合成DNA、蛋白质和积累能量等。分裂期是细胞分裂产生新的子细胞的时期。间期可进一步分$G_1$期、S期和$G_2$期。

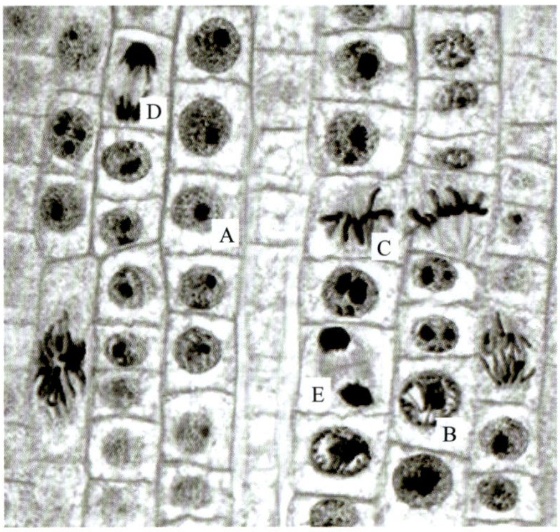


图2–16 百合根尖分生组织细胞的有丝分裂各个时期

A. 间期；B. 前期；C. 中期；D. 后期；E. 末期

$G_1$期是指从前一次分裂结束到DNA复制开始前的间隔时间。在$G_1$期，RNA、蛋白质和酶的合成与蛋白质的磷酸化非常旺盛，膜系统不断完善，细胞器不断增多，细胞的体积、重量增加。S期又称为DNA复制期，即DNA复制、组蛋白和非组蛋白等的合成和新的核小体（nucleosome）等染色体结构的包装。在S期，DNA及组蛋白含量比$G_1$期增加一倍。$G_2$期是细胞分裂的准备期。DNA复制完成，并有少量的RNA合成，主要进行细胞分裂过程中所需的能量（ATP）、物质（微管蛋白等）的代谢和准备等。

细胞周期时间的长短因植物物种或变种的核内所含DNA的数量而定，凡DNA含量多的，细胞周期就长，环境条件，如温度等会明显影响细胞周期持续的时间，一般植物细胞的一个细胞周期所需时间为十几小时至几十小时。

## 2. 植物细胞的分裂方式与特点

### 1）有丝分裂（mitosis）

有丝分裂又称间接分裂（indirect division）。它是一种最普遍而常见的细胞分裂方式。有丝分裂过程包括核分裂（karyokinesis）和胞质分裂（cytokinesis）。核分裂是细胞核的周期性变化与再生的过程，根据其形态学特征可将其划分为前期、中期、后期和末期4个时期（图2-16）。胞质分裂出现在细胞分裂的末期，是细胞质一分为二的过程。

前期（prophase），染色质凝缩成染色体，每条染色体含有2条完全相同的染色单体（chromatid）。前期末，核仁解体，核膜消失，纺锤体逐渐形成。

中期（metaphase），纺锤体（spindle）完全形成，纺锤丝牵引染色体使其排列到赤道面。中期是计数细胞染色体数目最佳的时期。

后期（anaphase），每条染色体的2条染色单体在着丝点分开，分别移向细胞两极。

末期（telephase），到达两极后的染色体，由凝缩状态逐渐解旋伸延成为染色质细丝而进入间期状态；染色质周围的小囊泡组装成新的核膜，核仁重新出现，两子核形成。在末期，纺锤体和纺锤丝转变成成膜体（phragmoplast），并连同来自于高尔基体和内质网的小泡融合成为细胞板（cell plate），随着细胞板的延伸向四周扩展，完成细胞质的分裂，形成两个遗传组成完全相同的子细胞。参与形成细胞板的内质网等，将来发育成胞间连丝。

在有丝分裂过程中，每次核分裂前期必须进行一次染色体的复制。分裂时，每条染色体的两条染色单体分开，形成两条子染色体，平均地分配给两个子细胞，保证了每个子细胞具有与母细胞相同的遗传物质，保证了细胞遗传的稳定性。

### 2）减数分裂

减数分裂（meiosis）是与生殖细胞或雌雄配子形成有关的一种特殊的细胞有丝分裂方式。在减数分裂过程中，细胞连续分裂两次，但染色体只复制一次，因此，同一母细胞分裂成的4个子细胞的染色体数目只有母细胞的一半，减数分裂由此而得名。减数分裂是有性生殖的前提，是物种稳定性、变异性和进化适应性的基础（参见第三章）。

减数分裂对保持遗传的稳定性和丰富遗传的变异性具有十分重要的意义。通过减数分裂形成单核花粉粒和单核胚囊，由它们分别产生的精细胞和卵细胞都是单倍体，精细胞、卵细胞结合后，形成的合子再发育成胚，恢复了二倍体，从而使物种的染色体数目保持相对的稳定性；同时由于同源染色体的联会与交叉，使遗传物质发生交换与重组，提供了新的变异，使后代增强了生活力和适应性。因此，研究植物的减数分裂对于探讨植物的遗传、变异的内在规律和进行有性杂交育种等都有着重要的意义。

减数分裂的过程比较复杂，现简述如下（图2-17）。

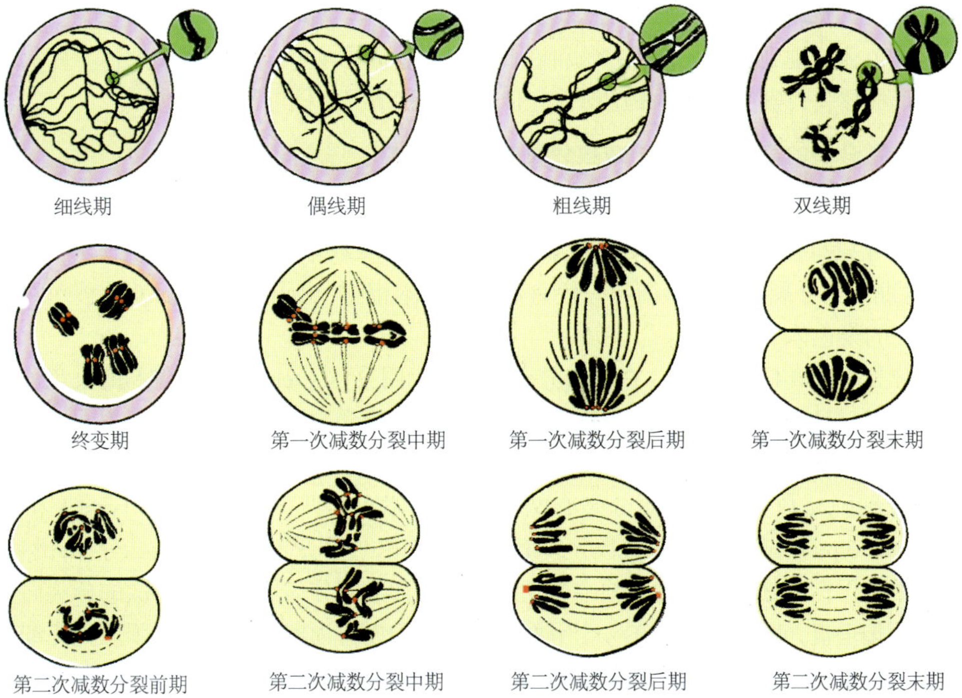


图2-17 减数分裂过程图解（依翟中和）

### （1）减数分裂的第一次有丝分裂

① 前期Ⅰ

细线期（leptotene） 染色体含有两条染色单体，螺旋卷曲成细丝状，常附着在核膜的某处，临近核仁，并向另一方向散开呈花束状（如水稻等）。

偶线期（合线期zygotene） 同源染色体配对联会（synapsis），伴有极少量DNA合成。

粗线期（pachytene） 染色体缩短变粗，由于联会，染色体数目外观上为原来二倍体数目的一半。每个染色体被称为二价体（bivalent），含4条染色单体，又称为四联体（tetrad）。此时，二价体内相邻的染色单体之间，可发生染色单体片段的交换（crossing over），它是生物遗传变异的基础。

双线期（diplotene） 染色体继续缩短变粗，联会染色体呈现X、V、8和0等形状，并能清楚地观察到二价体的4条染色单体。核仁体积缩小，有的仍与染色体相连。

终变期（diakinesis） 染色体继续缩短变粗，染色体对常常分散排列在核膜的内侧，故此时期为观察、计算染色体数目的最适宜时期。以后同源染色体逐渐分开，仅以近端部的交叉处相衔接。终变期末，核膜、核仁相继消失，纺锤丝开始出现。

② 中期Ⅰ（metaphase Ⅰ）

染色体螺旋化，缩短达到最大值。二价染色体以交叉处排列在细胞中部的赤道板上，两条染色体上的着丝粒以等距分列于赤道板的两侧，纺锤体形成。中期Ⅰ也是观察、研究染色体的适宜时期。

③ 后期Ⅰ（anaphase Ⅰ）

由于纺锤丝的牵引，两个着丝粒分别向两极移动，使二价体分离，分别移向各自的极区，故每一个极区只有原来母细胞染色体的一半。

④ 末期Ⅰ（telophase Ⅰ）

两组染色体分别到达极区，有些物种在此期会有核膜形成和染色体螺旋解体。而另一些物种，则不形成核膜，染色体也不螺旋解体。但以上两种情况，核仁都不重现。

### （2）减数分裂的第二次分裂（减数分裂Ⅱ）

减数分裂第二次分裂（减数分裂Ⅱ）发生在第一次分裂结束后，细胞没有进行DNA复制，不存在间期或只有极短的间期，便进入到减数分裂Ⅱ。减数分裂Ⅱ也分为前期、中期、后期、末期4个时期，其分裂过程和特征与一般有丝分裂基本相同，所不同的是后期Ⅱ移向两极的染色体为单倍的染色体组。

减数分裂后形成4个子细胞，在没有分离前，称为四分体（tetrad）。子细胞的染色体数只有母细胞的一半，且由于发生过染色单体片段的交叉，其所含的遗传物质常有所不同，为后代的遗传变异奠定了基础。

花粉母细胞减数分裂的胞质分裂有两种类型，即连续型（successive type）和同时型（simultaneous type）。连续型是在减数分裂第一次分裂末，随即产生新壁形成二分体，然后在第二次分裂末，再在二分体各自的细胞中产生细胞板，形成四分体。由于第二次的分裂面与第一次的分裂面相垂直，四分体排列在一个平面上。其壁的发育为离心式，即胼胝质先在细胞板的中央沉积，然后向两侧扩展，直到和母细胞外围的胼胝质壁相接。这种类型在单子叶植物中占多数，如水稻、小麦、玉米、百合等，少数双子叶植物，如金鱼藻、夹竹桃等也属于本类型。同时型是指细胞壁发生在减数分裂的第二次分裂末，形成4个子细胞核以后，因细胞壁互不垂直，故四分体呈四面体。其壁的发育为向心式，胼胝质从母细胞壁的一侧开始，逐渐向四分体的中央积累，同时把四分体中的细胞核彼此隔开。这种类型在双子叶植物中占多数，如棉花、油菜、烟草、花生、茶等，但是单子叶的兰科、灯心草科以及莎草科等也属于本类型。

### 3）无丝分裂

无丝分裂（amitosis）是不出现染色体和纺锤体的细胞分裂形式（又称直接分裂），形成两个或多个近于相等或不等的子细胞，它是发现最早的一种细胞分裂方式。无丝分裂可见于根、茎、叶、花、果实和种子生长发育的某个时期或某些部位，如块根、块茎的发育，居间分生组织的活动等，在离体培养的愈伤组织中，更常见到细胞无丝分裂（图2-18）。

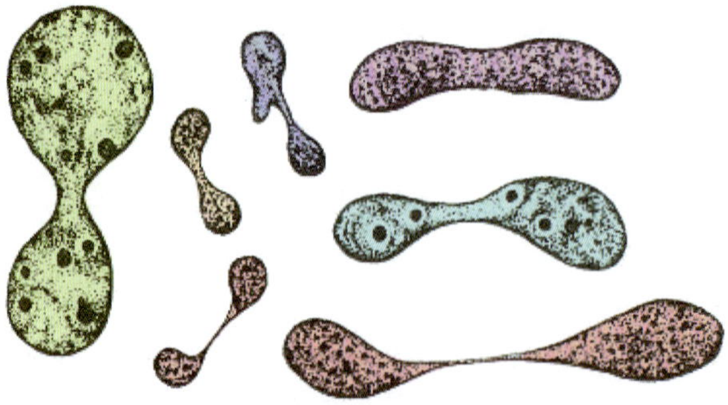

图2-18 棉花胚乳游离核时期细胞核的无丝分裂（依胡适宜）

无丝分裂依其核的形态变化，可分为横缢、出芽等类型。横缢是指核仁分裂为二，接着细胞核伸长，中部横缢，断裂成为两个细胞核，在子核间产生新的细胞壁，最后形成两个子细胞。出芽也是一种无丝分裂，如酵母等细胞的分裂，在细胞的一端，细胞核与细胞质可同时缢缩，形成一至多个子细胞。无丝分裂过程比有丝分裂过程简单，不出现染色质体、纺锤体等一系列变化，消耗能量少，分裂速度快，但其遗传物质一般不能平均分配到子细胞，所以其遗传不稳定。

#### 4）细胞的自由形成

细胞的自由形成实际上是细胞壁的自由形成，而细胞核还是有丝分裂或减数分裂形成的。苹果、小麦等许多被子植物的核型胚乳发育就是如此（参见第三章）。

### （二）植物细胞的生长与分化

细胞通过分裂所产生的子细胞，有的进入下一个细胞周期，再行分裂；有的不再分裂，而朝着生长和分化的方向发展。

细胞进行生长时，活跃地合成大量的新原生质，同时在细胞内也出现许多中间产物和一些废物，从而使细胞的体积不断地增大，重量也相应地增加。在植物体的细胞分裂部位，可以明显地看到，有丝分裂刚产生的子细胞都很小，其体积仅约为母细胞体积的一半。但细胞成熟后，其体积可增加几倍、几十倍，甚至更多。例如，在器官内纵向伸长的纤维细胞，可增大几百倍、几千倍。因此，细胞的生长是细胞体积和重量增加的过程，也是植物体生长的基础。

细胞分化（cell differentiation）是细胞在形态、结构和功能上发生改变的过程。通过细胞分裂和分化，形成形态、结构和功能各异的细胞类型。脱分化（dedifferentiation）是指已分化的细胞在一定因素作用下可恢复分裂机能，重新恢复细胞分裂特性的过程。脱分化后产生的新细胞可以再分化（redifferentiation）成不同的组织。表皮、皮层、韧皮部和厚角组织等都可在一定条件下发生脱分化。可见，植物细胞具有很大的可塑性（plasticity）。

多细胞生物体的生长发育过程中，细胞分裂、生长和分化的同时，也不断地发生着细胞凋亡（apoptosis）或细胞程序性死亡（programmed cell death）。细胞程序性死亡是细胞在一定生理或病理条件下，依据自身的程序，主动结束其生命的过程，是正常的生理性死亡，是基因程序性活动的结果。例如，根系生长发育过程中表皮和根毛细胞的生理性枯萎、死亡，管状分子分化的结果导致细胞的死亡，花药发育过程中绒毡层细胞的降解，种子萌发时糊粉层和淀粉胚乳细胞的退化消失等。

## 第二节 植物组织

植物组织（plant tissue）是由形态结构相似、功能相同的一种或数种类型的细胞组合成的结构和功能单位，也是植物器官的基本组成结构单位。植物组织是植物在长期适应环境的过程中产生的，其发展和完善也是在适应环境的过程中实现的。植物的进化程度越高，其体内细胞（群）间的分工越细，植物体的结构越复杂，适应性越强。被子植物是现存植物中高度发达和进化的植物类群，具有最完善的组织分工，在形态结构和生理功能上表现出高度的统一，适应环境的能力也最强。

在个体发育中，组织的形成是植物体内细胞分裂、生长、分化的结果。高等的多细胞植物，尤其是种子植物，都是由多种类型的组织构成的。每一类组织的细胞在空间上紧密排列在一起，形态、结构相似，共同完成相同的生理功能。几种不同的组织有机配合、紧密联系，形成不同的器官（organ），不同的器官之间互相配合，更有效地完成有机体的整个生命活动过程。因此，由细胞构成组织，由组织构成器官，再构成的植物体是一个有机整体。

对多细胞植物体而言，细胞、组织或器官都有其相对的独立性和全息性，在一定的条件下，一个生活细胞、组织或器官的相对独立的组成部分都可发育成完整植株。组织与组织之间在一定程度上可相互转化。

植物组织中，细胞的形态结构与它们的生理功能是相适应的。例如，叶肉细胞含有许多叶绿体，执行光合作用、制造有机物质；茎干具有发达的管状系统，输导水分和营养物质；根系的根尖部分表皮细胞外壁凸出，形成毛状结构，扩大了根的表面，能够更多地接触土壤，从中吸收水分和溶于水的无机盐养分。这些都说明植物组织的形态、结构和功能是高度统一的。

根据组织的发育程度、形态结构及其生理功能的不同，通常将植物组织分为分生组织和成熟组织两大类。分生组织具有产生新细胞的特性，是产生和分化其他组织的基础。成熟组织由分生组织产生的细胞经生长、分化而形成。

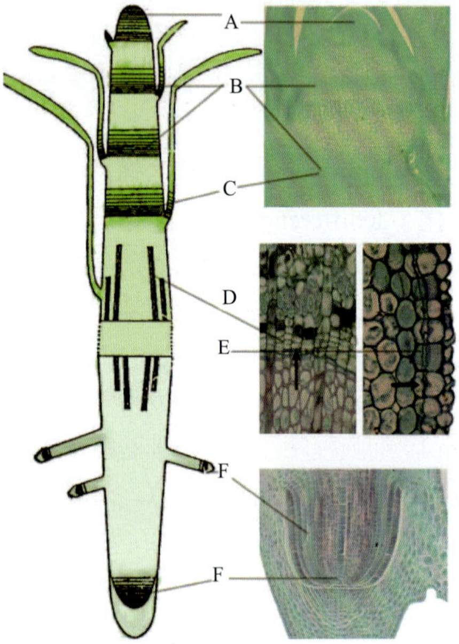

图2-19 分生组织的分布与特征

A. 顶端分生组织（芽）；B、C. 居间分生组织；D、E. 侧生分生组织；F. 顶端分生组织（根）

## 一、分生组织

分生组织（meristem）是一类可连续性或周期性分裂产生新细胞的组织。分生组织的细胞经过分裂、生长、分化而形成其他各类组织，直接关系到植物的生长和发育。

分生组织的细胞排列紧密，一般无明显的细胞间隙；细胞壁薄，主要由果胶和纤维素构成；细胞核相对较大，细胞质浓、细胞器丰富，且一般没有液泡和质体的分化。

根据分生组织在植物体中的存在位置，将其分为顶端分生组织、侧生分生组织和居间分生组织（图2-19）。

### 1. 顶端分生组织

顶端分生组织（apical meristem）位于根和茎顶端的分生区部位，其细胞小、排列紧密、近方形，能较长期地保持旺盛的分裂能力。顶端分生组织分裂产生的细胞，一部分继续保持分裂能力，一部分逐渐分化、形成各种有关的成熟组织。顶端分生组织是根、茎、腋芽和幼叶生长的基础。当有花植物发育到一定阶段，茎的顶端分生组织可转化为产生花或花序的分生组织。

## 2. 侧生分生组织

侧生分生组织（lateral meristem）包括维管形成层（图2-19D）和木栓形成层（图2-19E、图2-20），它们是一类分布于植物体内、平行于所在器官的边缘，且与所在器官的增粗有关的次生分生组织。除维管形成层中有部分近于等径的细胞外，均为长轴形细胞所组成。它们的原生质体内具有不同程度的液泡化。

在多年生植物体内，维管形成层可逐年活动，产生新的细胞，位于维管形成层外侧的细胞分化为次生韧皮部，位于其内侧的细胞则分化为次生木质部；木栓形成层的分裂活动，向外形成木栓层，向内形成栓内层，覆盖于老根和老茎的外周。在裸子植物和多数双子叶植物中，侧生分生组织活动的结果，使根和茎得以增粗。

## 3. 居间分生组织

居间分生组织（intercalary meristem）位于茎、叶、子房柄、花梗、花序轴等器官节段的基部或其成熟组织之间，其细胞的分裂仅局限于一定的时间和空间，便转为成熟组织。居间分生组织的细胞核大，细胞质浓，有一定程度的液泡化，主要进行横向分裂，是器官纵向伸长的基础。禾本科植物茎的每个节间的基部都具有居间分生组织，如水稻（*Oryza sativa* L.）、小麦（*Triticum aestivum* L.）等拔节、抽穗，竹类植物的雨后春笋，韭菜（*Allium tuberosum* Rottler）、葱（*Allium fistulosum* L.）叶子刈割后的快速生长，以及花生（*Arachis hypogaea* L.）子房柄的形成等，都与居间分生组织的活动密不可分。

此外，根据分生组织的来源、发育程度和性质，还可将其分为原分生组织、初生分生组织和次生分生组织。

原分生组织　原分生组织（promeristem）包括胚和顶端分生组织先端的原始细胞。原分生组织的细胞体积较小、近于正方体、细胞核相对较大、细胞质浓、细胞器丰富，有很强的持续分裂或潜在分裂能力，是产生其他组织的原初组织。

初生分生组织　初生分生组织（primary meristem）位于根端、茎端的原分生组织的后方，是原分生组织细胞分裂后经有限生长或衍生或保留的组织。初生分生组织的细胞分裂能力仍较强，部分细胞初步分化为原表皮、基本分生组织和原形成层。原表皮（protoderm）位于最外周，主要进行径向分裂；基本分生组织（ground meristem）位于原表皮之内，所占比例最大，可进行各个方向的分裂，以增加分生组织的体积；原形成层（procambium）位于基本分生组织中的特定部位，其细胞扁而长，是分化产生维管组织的基础。

次生分生组织　次生分生组织（secondary meristem）多位于较老的根、茎等器官的内侧，是由某些成熟组织经脱分化、重新恢复分裂能力而来的组织。次生分生组织的细胞扁长或短轴型的扁多角形，细胞呈不同程度的液泡化。次生分生组织包括木栓形成层（phellogen）和维管形成层（vascular meristem）（尤其是束间形成层），主要分布于根茎器官的内侧，并与其长轴相平行，与根茎的逐年增粗直接相关。

从组织发生的来源和性质分析，顶端分生组织包括原分生组织和初生分生组织。居间分生组织是由茎尖顶端分生组织衍生而遗留在某些器官局部区域的分生组织，属于初生分生组织。侧生分生组织的细胞是在初生分生组织分裂的细胞经生长、分化、成熟的基础上，由成熟组织经脱分化、恢复分裂而来。因此，侧生分生组织属于次生分生组织。

## 二、成熟组织

成熟组织（mature tissue）是由分生组织细胞分裂所产生的细胞经过生长和分化而来的组织。成熟组织在其形态、结构和生理功能上已经稳定，一般不表现分裂活性，因而有永久组织（permanent tissue）之称。某些成熟组织在一定条件下，通过脱分化可转变为次生分生组织。

成熟组织是植物生长成熟的基础，是形态、结构和生理功能各不相同的组织，也是植物体内分布最广、占比例最大的组织。根据成熟组织的细胞来源、在植物体内所处的位置和承担的生理功能，一般将其分为保护组织、基本组织、机械组织、输导组织和分泌结构5类。

### 1. 保护组织

保护组织（protective tissue）是存在于植物体表、由一层或数层细胞构成，具有防止水分过度蒸腾，抵抗外界风雨和病虫害侵入等作用的一种组织。根据保护组织的来源、形态结构及其功能的强弱，可将其分为初生保护组织——表皮和次生保护组织——木栓层。

#### 1）表皮

表皮（epidermis）分布于幼嫩的根、茎、叶、花、果实和种子的表面，通常是一层由初生分生组织的原表皮分化而来的生活细胞（夹竹桃等植物叶的上表皮，具有多层生活细胞所组成的复表皮），是保护植株免于风、雨、病原微生物和虫害等伤害的初生保护组织。表皮以表皮细胞为主，另有保卫细胞、副卫细胞及表皮毛、腺毛等外生物。有些植物的表皮中还有特化的异细胞。表皮的形态特征是植物种类识别和鉴定的依据之一。

表皮细胞　表皮细胞呈各种形状的扁平体（叶）或长方体（根茎），其横切面为矩形。表皮细胞排列紧密，无细胞间隙，彼此常呈波状或不规则紧密嵌合（图2-20）。

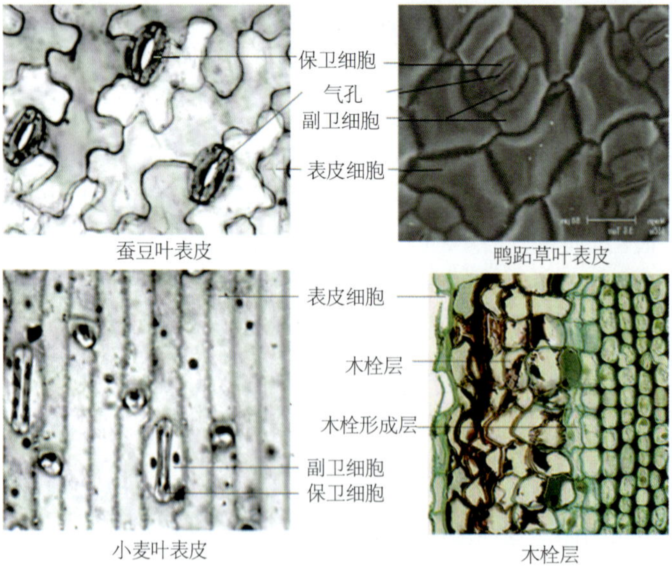


图2-20　表皮与木栓层

气孔器　气孔器是表皮结构的重要组成部分，主要分布于叶片和幼茎的表面，是植株与外界进行气体交换的通道，与光合作用、蒸腾作用密切相关。一般植物的气孔器通常由一对肾形的保卫细胞和位于保卫细胞之间的呈凸透镜状的小孔（称为气孔）所组成。而将保卫细胞和在形态上有分化的细胞（称为副卫细胞，与保卫细胞紧邻）所组成的结构称为气孔器（图2–20）。

稻、麦等禾本科植物的保卫细胞呈哑铃形，中部壁厚，两头壁薄，其分列两侧的两个副卫细胞呈菱形（见第三章第三节）。保卫细胞中含有叶绿体和丰富的细胞质，气孔的开关与保卫细胞水势的变化有关。实验证明，保卫细胞的水势变化是由$K^+$及苹果酸等渗透调节物质进出保卫细胞引起的。此外，光照强度、环境温度和$CO_2$浓度对气孔的开关都有一定影响。

外生物　表皮外生物通常有表皮毛和外分泌结构等，其形状、类型和功能多种多样，对植株有良好的保护作用（图2–21）。

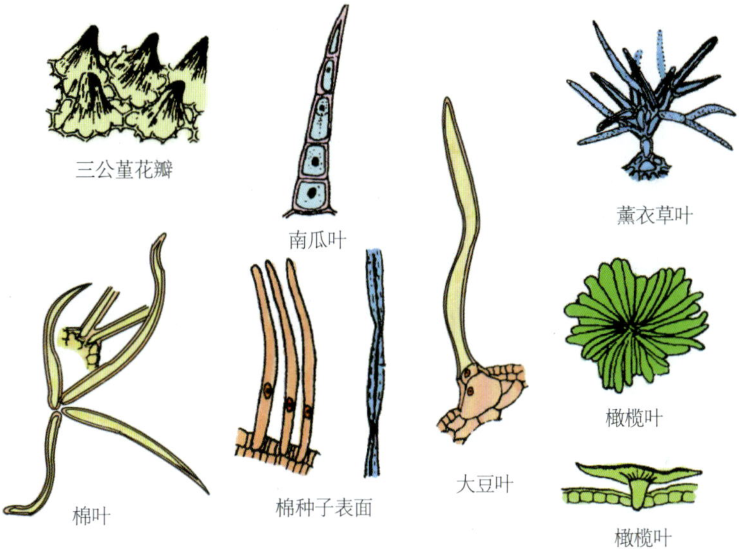


图2–21　表皮毛状物

### 2）木栓层

木栓层（phellem）存在于裸子植物、双子叶植物的老根、老茎以及变态的块根、块茎的外表，是在器官增粗过程中由木栓形成层的活动产生的次生保护组织——周皮（图2–22）。木栓层细胞径向扁平，排列紧密，无胞间隙，细胞壁较厚并高度栓化，原生质体解体，细胞腔中常存在树脂和单宁。因此，木栓层具有不透水、绝缘、隔热、耐腐蚀、质轻等特性，其抗御逆境的能力强于表皮（图2–20、图2–22）。木栓层用途广泛，栓皮槠（*Quercus suber* L.）、栓皮栎（*Quercus variabilis* Bl.）和黄檗（*Phellodendron amurense* Rupr.）是商用木栓的主要原料。

## 2. 基本组织

基本组织（ground tissue）是植物体内分布最广、占有很大体积的一类组织。它们担负着吸收、同化、储藏、通气和传递等功能，因此又有营养组织（vegetative tissue）之称。基本组织虽有多种形态，但皆由薄壁细胞所组成，也称为薄壁组织（parenchyma tissue）。

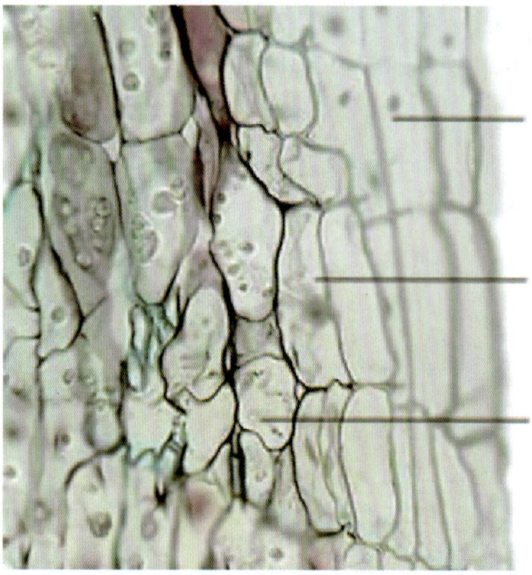


图2-22 木栓形成层与周皮

基本组织细胞壁薄，仅有初生壁。细胞中含有质体、线粒体、内质网、高尔基体等细胞器，液泡较大，排列疏松，胞间隙明显。基本组织分化程度较浅，具有潜在的分裂能力，在一定条件下可经脱分化转变为分生组织。了解基本组织的这些特性，对于扦插、嫁接以及组织培养等工作均有实际意义。

根据基本组织的结构和生理功能的不同，可将其分为吸收组织、同化组织、储藏组织、通气组织和传递细胞5类。

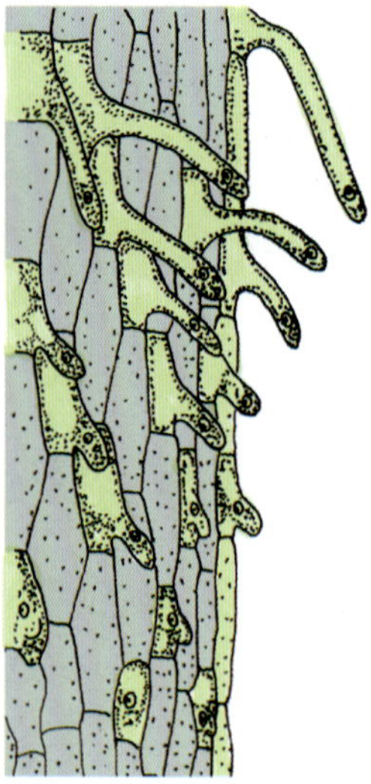

图2-23 吸收组织——根毛

1）吸收组织

吸收组织（absorptive tissue）位于根尖稍后方的根毛区的表皮层上，其细胞壁薄且外壁向外突出形成毛状结构——根毛，是一类从外界吸收水分和溶于水的无机养分的组织（图2-23）。

2）同化组织

同化组织（assimilating tissue）位于植株的绿色部位，尤其是叶肉中，是利用水和$CO_2$进行光合作用制造有机物质（同化产物）的组织。同化组织的细胞中含有大量的叶绿体，液泡化程度较高，具有发达的胞间隙（详见第三章第三节）。

3）储藏组织

储藏组织（storage tissue）是储藏淀粉、蛋白质、脂肪以及某些特殊物质（如单宁等次生代谢物质）的组织。主要分布于块根、块茎、果实、种子，以及根茎的某些结构中，如甘薯［*Ipomoea batatas*（L.）Lam.］的块根、马铃薯（*Solanum tuberosum* L.）的块茎的薄壁细胞储藏淀粉粒，蓖麻（*Ricinus communis* L.）种子的胚乳细胞储藏的糊粉粒，花生子叶和梨果肉细胞储藏的油滴等（图2-24）。仙人掌［*Opuntia dillenii*（Ker-Gawl.）Haw.］等旱生植物的茎叶中存在着一些充满水分的薄壁细胞，形成储水组织，使植物在干旱或盐碱条件下能正常生长。

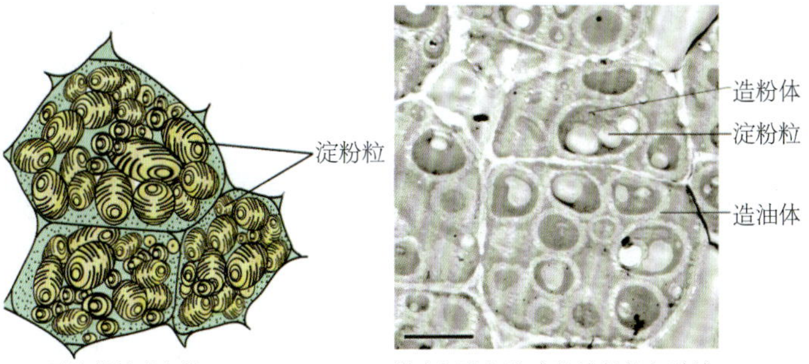


图2-24 储藏组织

### 4）通气组织

通气组织（ventilating tissue）是水生植物和湿生植物中的一种能储存和输导气体的薄壁组织（见第三章第五节）。在这些植物的根、茎、叶结构的发育过程中，部分细胞程序性死亡，形成相互贯通的气道、气腔，储藏着大量的空气，有利于光合作用、呼吸作用过程中气体的交换，同时也可以有效地抵抗水生环境中所受到的机械应力。植物的通气组织发达与否常因物种、生存条件、发育程度和分布部位而不同。

### 5）传递细胞

传递细胞（transfer cell）是一类细胞壁显著向内生长、胞间连丝发达、短途运输物质能力强的薄壁细胞（图2-25）。植物体中的传递细胞分布广泛，常见于物质短途运输发达的部位，如叶表皮腺细胞、木质部或韧皮部薄壁细胞、维管束鞘、花药绒毡层、珠被、胚囊中的助细胞、反足细胞及子叶表皮细胞、胚乳细胞等。传递细胞非木质化的次生壁向内生长，突入细胞腔内，形成许多不规则的乳突状、指状、丝状或分枝状突起，曲折多褶至呈网状，极大地增加了细胞质膜的表面积，有利于细胞对物质的快速吸收与传递。

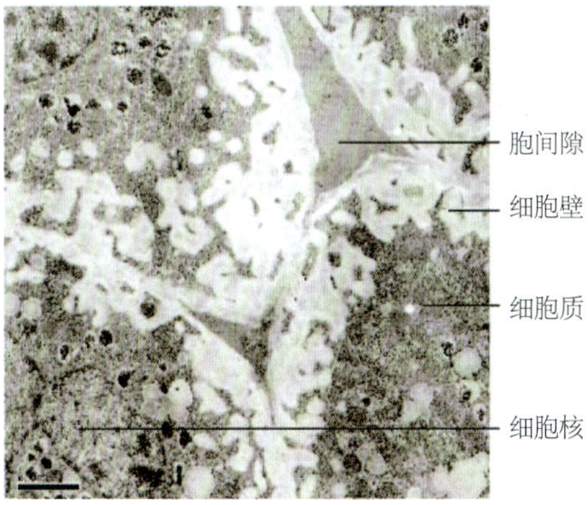


图2-25 传递细胞

## 3. 机械组织

机械组织（mechanical tissue）在植物体内主要起机械支持作用和稳固作用。机械组织细胞的特点是其细胞壁均匀或不均匀加厚。根据其细胞的形态、细胞壁加厚程度与加厚方式，可将其分为厚角组织和厚壁组织。

### 1）厚角组织

厚角组织（collenchyma tissue）的细胞仅在其角隅处或相毗邻的细胞间的初生壁显著增厚（图2-26）。厚角组织主要出现在双子叶植物的幼茎、花梗、叶柄以及粗壮的叶脉等的薄壁组织外围，组成厚角组织的细胞是活细胞，常含叶绿体，有一定的分裂潜能。其细胞壁的局部增厚是伴随着器官的发育而增厚的。因此，厚角组织既有一定的坚韧性，又具有可塑性和延伸性。

厚角组织的细胞较长，两端呈方形、斜形或尖形，彼此重叠连接成束，在横切面上其细胞腔接近于圆形或椭圆形。

### 2）厚壁组织

厚壁组织（sclerenchyma tissue）的细胞壁全面次生增厚、常木质化，细胞腔狭小，细胞成熟时一般没有原生质体。根据其形状不同又可分为纤维和石细胞（图2-26）。

*纤维* 纤维（fiber）细胞狭长，两端尖细，其细胞壁极厚、木质化或多少木质化，细胞腔极小，一般没有原生质体。细胞壁上有少数小的斜缝隙状纹孔。纤维细胞互相以尖端穿插连接，多成束、成片分布于植物体中，形成植物体内主要的支持结构。根据纤维存在的部位，可将纤维分为韧皮纤维（phloem fiber）和木纤维（xylem fiber）。韧皮纤维主要存在于韧皮部，细胞长、壁厚，其组成主要为纤维素，柔韧性强，可做优质纺织原料；木纤维存在于木质部，细胞短小、壁厚、常木质化，硬度大而韧性差，可做填充料。

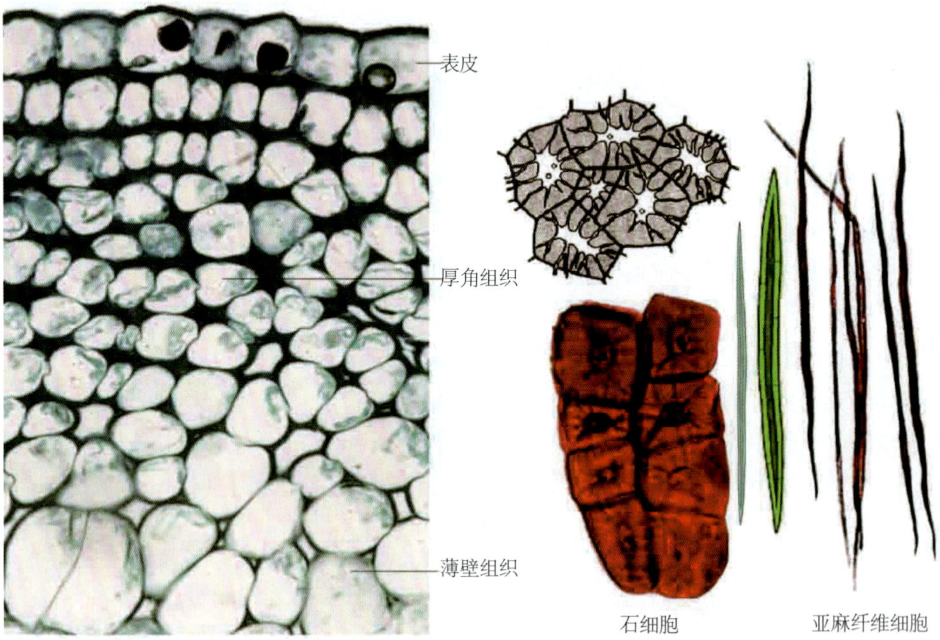


向日葵茎中的厚角组织　　梨果肉中的石细胞

图2-26 机械组织

*石细胞* 石细胞（stone cell）一般是由薄壁细胞经过细胞壁的强烈增厚并高度木质化（有时也可栓质化或角质化）而来的特化细胞。石细胞的细胞壁坚硬、呈同心层次，分枝纹孔从细胞腔放射状分出，细胞腔很小，原生质体消失，故具有很强的支持作用。石细胞形状多种多样，或近于短径，或不规则，最常见的形状为等直径、椭圆形、球形、长形、分枝状或不规则形状。石细胞通常成群聚生，有时也可单生于植物茎的皮层、韧皮部、髓内，桃、杏（*Prunus armeniaca* L.）等的果皮和蚕豆（*Vicia faba* L.）等的种皮中也较常见。茶（*Camellia sinensis* O.Ktze.）等的叶肉、梨等的果肉中分布的石细胞形态、数量是鉴别其品质的依据。石细胞的形态特征有时也作为区分物种的参考依据。

## 4. 输导组织

输导组织（conducting tissue）是植物体内长距离运输物质的组织，其细胞呈长管状，相互贯通成为统一的整体。根据输导组织的结构和所运输的物质不同，可将其分为运输水分和无机盐类的导管与管胞，以及运输有机同化物的筛管与筛胞两大类。

### 1）导管

导管（vessel）普遍存在于被子植物的木质部，向上运输根从土壤中吸收的水分和无机盐。它们是由许多管状的、细胞壁木质化的死细胞纵向连接而成的一种输导组织。组成导管的每一个细胞称为导管分子（vessel element）。

导管分子的侧壁具有各种纹饰的次生加厚，端壁解体消失，形成不同形式的穿孔（具有穿孔的端壁称为穿孔板，perforation plate）。穿孔的形成及原生质体消失使导管成为中空的连续长管，有利于水分及无机盐的纵向运输。导管还可通过侧壁上的纹孔或未增厚的部分与毗邻的细胞进行横向运输。根据导管的发育先后和侧壁木质化增厚方式，可将其分为环纹导管、螺纹导管、梯纹导管、网纹导管和孔纹导管5种类型（图2-27）。

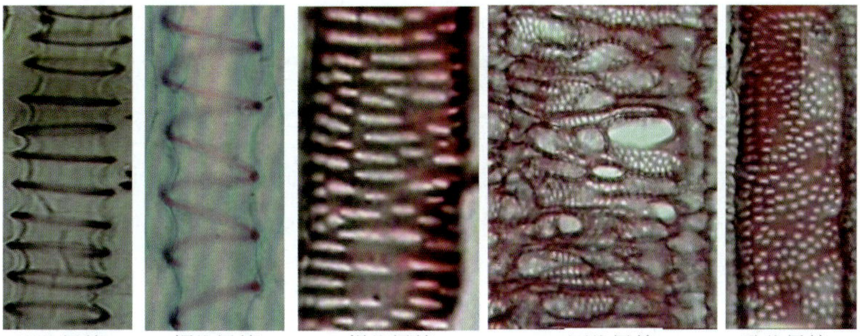


图2-27　南瓜茎导管类型

环纹导管（annular vessel）和螺纹导管（spiral vessel）是在器官的初生生长早期形成的，位于初生木质部中的原生木质部，其导管分子细长而腔小（尤其是环纹导管），且其侧壁分别呈环状或螺旋状木质化加厚，输水能力弱，有时同一条导管的不同部分可出现环纹与螺纹增厚。由于其增厚的部分不多，未增厚的管壁部分仍可适应器官的生长而伸延，但易被拉断。

梯纹导管（scalariform vessel）、网纹导管（reticulated vessel）和孔纹导管（pitted vessel）是在器官的初生生长中后期和次生生长过程中形成的，位于初生木质部中的后生木质部和次生木质部，其导管分子粗短而腔大，输水效率高（尤其是孔纹导管）。梯纹导管和网纹导管的侧壁分别呈梯状和网状增厚，孔纹导管的侧壁则大部分木质化增厚，未加厚的部分则形成纹孔。

### 2）管胞

管胞（tracheid）是绝大部分蕨类植物和裸子植物的唯一输水组织。多数被子植物中，管胞和导管可同时存在于木质部中。管胞长梭状，两端尖斜不穿孔，横切面呈三角形、方形或多角形。管胞一般长为1～2mm，直径较小。各管胞间相互以偏斜的末端穿插纵向连接。水分和无机盐主要通过管胞间侧壁重叠处的纹孔来运输，因此，输导能力不及导管。管胞次生壁的木质化和增厚方式与导管相似，在侧壁上也呈现环纹、螺纹、梯纹和孔纹等多种方式的加厚纹饰（图2-28）。

图2-28　管胞的类型

### 3）筛管和伴胞

筛管（sieve tube）存在于被子植物的韧皮部中，由若干不具细胞核的管状活细胞（即筛管分子，sieve element）纵向连接而成，运输有机物质（图2-29）。筛管分子的细胞壁不次生加厚，端壁（称为筛板，sieve plate）上存在着成群的小孔——筛孔（sieve pore）。穿过筛孔连接相邻两个筛管分子的原生质呈束状，称为联络索（connecting strand）。联络索使纵接的筛管分子相互贯通，形成同化产物运输流。

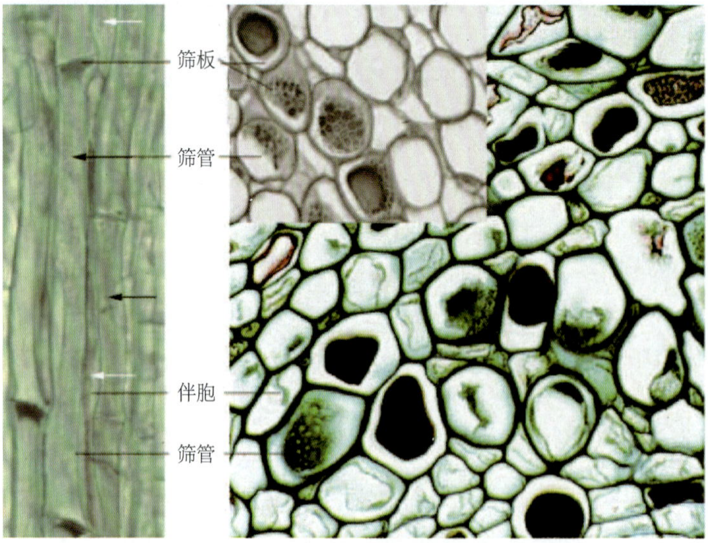


图2-29　筛管（黑箭头）和伴胞（白箭头）

在每个筛管的旁边通常有一个或多个伴胞（companion cell）。伴胞与筛管在发育上具有同源性（由同一母细胞分裂而来），在功能上伴胞从属于筛管，协助和保证筛管的活性与运输功能。

#### 4）筛胞

筛胞（sieve cell）是蕨类植物和裸子植物体内主要承担输导有机物的细胞。筛胞通常细长，末端尖斜，细胞壁上可能有不甚特化的筛域出现，筛孔细小，一般不形成筛板结构。许多筛胞的斜壁或侧壁相接而纵向叠生。运输有机物质的效率比筛管差得多，是比较原始的运输有机物质的组织。

导管和筛管是被子植物体内物质输导的重要组织，但也是病菌感染、传播扩散的主要通道。例如，土壤中的枯萎病菌入侵根部后，其菌丝可随导管到达地上部分的茎和叶，某些病毒可借昆虫刺吸取食而进入筛管，引起植株发病。

### 5. 分泌结构

植物体中凡能产生分泌物质（如糖类、挥发油、有机酸、乳汁、蜜汁、单宁、树脂、生物碱、抗生素等）的有关细胞或特化的细胞组合称为分泌结构（secretary structure）。分泌结构一般由分泌细胞和其他薄壁细胞所组成。根据分泌结构的存在部位和分泌物的溢排情况，可将其划分为外分泌结构和内分泌结构两类。

#### 1）外分泌结构

外分泌结构（external secretory structure）分布在植株的外表，其分泌物排出体外，如腺毛、腺鳞、盐腺、蜜腺和排水器等（图2-30）。

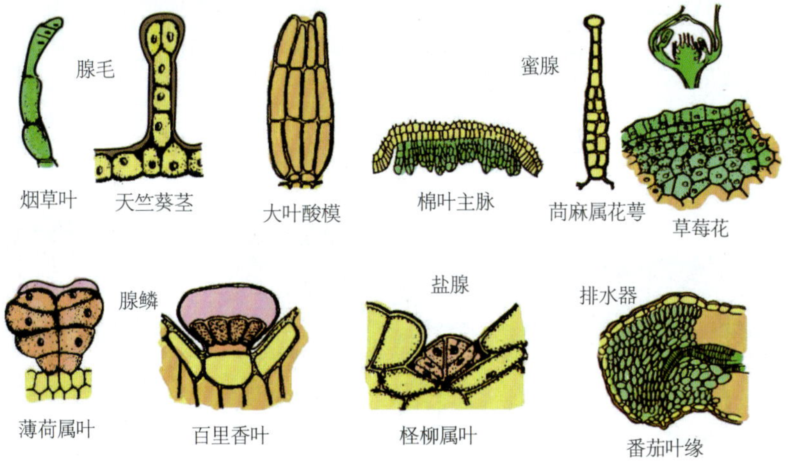


图2-30 外分泌结构常见类型

**腺毛和腺鳞** 腺毛（glandular hair）一般具有头部和柄部两部分，头部由单个或多个产生分泌物的细胞组成，柄部由不具分泌功能的薄壁细胞组成，着生于表皮上。

**蜜腺** 蜜腺（nectary）是能分泌蜜汁的多细胞腺体结构，它们由表皮或表皮及其内层细胞共同形成，即由保护组织和分泌细胞构成。

**盐腺** 盐腺（salt gland）是将过多的盐分以盐溶液状态排出植物体外的外分泌结构。例如，盐生植物滨藜属（*Atriplex* L.）、柽柳属（*Tamarix* L.）等植物的茎、叶表面分布的排盐结构。

**排水器** 排水器（hydathode）是植物将体内多余的水分直接排出体外的结构，常分布于植物的叶尖和叶缘。排水器的排水过程称为吐水（guttation）。在温湿的夜间或清晨，常在叶尖或叶缘出现水滴，就是经排水器泌出的水液。吐水现象往往可作为根系正常生长活动的一种标志。

### 2）内分泌结构

内分泌结构（internal secretory structure）是将分泌物储存于植物体内的分泌结构。它们常存在于基本组织内，常见的有分泌囊（腔）、分泌道和乳汁管（图2-31）。

**分泌细胞团** 分泌细胞团（secretory cell nodule）一般由数层扁平的鞘细胞包裹着一团分泌细胞构成，其中央无腔隙。

**分泌腔** 分泌腔（secretory cavity）是由外侧1～2层扁平的鞘细胞包裹着一层长方形的上皮细胞（第一层分泌细胞）及其内的分泌腔共同构成。分泌腔是植物体内多细胞构成的储藏分泌物的腔室结构。根据腔室形成的方式可分为溶生分泌腔和裂生分泌腔两种类型。溶生（lysigenous）分泌腔较多，最初有一群具有分泌能力的分泌细胞，渐渐地细胞内的分泌物质增多，最后细胞解体，形成溶生的腔室，原来细胞中的分泌物储积在腔中，形成分泌腔，如橘（*Citrus reticulata* Blanco）的果皮和叶，棉的茎、叶、子叶中都有这种类型的分泌腔。裂生（schizogenous）分泌腔是构成分泌腔的细胞间隙扩大成的腔室，周围一至多层分泌细胞将分泌物排入腔室中。

图2-31 内分泌结构常见类型

**分泌道** 分泌道（secretory canal）为管状的内分泌结构，管内储存分泌物质。分泌道也有溶生型和裂生型两种方式，但多为裂生。例如，松柏类植物的树脂道即是分泌细胞的胞间层溶解，细胞相互分开而形成的长形细胞间隙，完整的分泌细胞环生于分泌道周围，由这些分泌细胞分泌的树脂储存于分泌道中。树脂的产生，增强了木材的耐腐性。漆树中裂生型分泌道称为漆汁道，其中储有漆汁。树脂和漆汁都是重要的工业原料，经济价值很高。

**乳汁管** 乳汁管（laticifer）是能分泌乳汁的管状结构。按其形态发生特点可分为无节乳汁管和有节乳汁管。无节乳汁管又称乳汁细胞，如大戟属（*Euphorbia* L.）植物的乳汁管。有节乳汁管由多数长圆柱形细胞连接而成，通常为端壁溶解而连通，在植物体内形成复杂的网络系统，如莴苣（*Lactuca sativa* L.）、蒲公英（*Taraxacum mongolicum* Hand.-Mazz.）等的乳汁管。

**异细胞** 异细胞（idioblast）是单独分散于其他各种组织中的含特殊分泌物的细胞。异细胞由薄壁细胞特化而来，其细胞壁稍厚、细胞体积较大，细胞中的内含物种类很多，有分类学价值，如内含挥发油、树脂、树胶、单宁、蛋白质或黏液等次生物质（含单宁异细胞、含晶异细胞等）。异细胞的研究对于了解植物的生理意义和生化调节机制有着重要的意义。

## 三、复合组织和组织系统

种子植物是具有复杂形态和结构的多细胞、多组织和多器官的有机体，是一个由不同层次的、不同特征的且丰富多样的组织复合而成的复杂系统，这个复杂系统包括不同的复合组织和组织系统。

### （一）复合组织

复合组织（compound tissue）是指由发育上来源相同、结构和功能上密切相关的几种组织复合而成的、相对独立的结构。复合组织位于植物体的特定部位。例如，周皮、树皮、木质部、韧皮部、维管束和分泌结构（尤其是外分泌结构）等都是由多种组织复合而成的。

#### 1. 周皮

周皮（periderm）由木栓层、木栓形成层和栓内层共同构成。木栓层和栓内层都是由木栓形成层分裂发育而来，分列于木栓形成层的外侧和内侧。从组织分类来看，木栓层属于次生保护组织，木栓形成层属于次生分生组织，而栓内层属于次生薄壁组织，因此，周皮是由3种不同组织组成的复合组织。

#### 2. 木质部和韧皮部

木质部（xylem）和韧皮部（phloem）是植物体内主要起输导和支持作用的结构。木质部一般包括导管（多数蕨类植物及裸子植物无导管）、管胞、木薄壁组织和木纤维等；韧皮部包括筛管、伴胞（蕨类植物及裸子植物仅为筛胞，无筛管、伴胞）、韧皮薄壁组织和韧皮纤维等。木质部和韧皮部的组成包含输导组织、薄壁组织和机械组织等几种组织，因而被称为复合组织。由于木质部或韧皮部主要是管状结构，因此，常将木质部和韧皮部或者将其一称为维管组织（vascular tissue）。维管组织的形成，在植物系统进化过程中，对于适应陆生生活有着重要意义。蕨类植物、种子植物都有维管组织的分化，通常将它们总称为维管植物。

#### 3. 维管束

维管束（vascular bundle）存在于蕨类植物和种子植物中，是由原形成层分化而来、由木质部和韧皮部组成的束状结构。在不同种类的植物或不同的器官内，原形成层分化成木质部和韧皮部的情况不同，也就形成了不同类型的维管束。根据维管束中束内形成层的有无或能否增粗生长，可将其分为有限维管束和无限维管束两大类型（图2-32）。

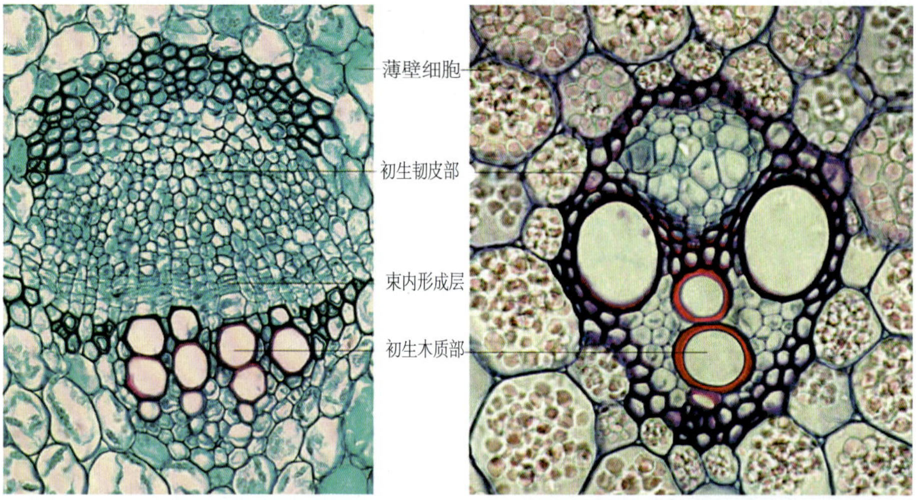


图2-32 无限维管束（左）和有限维管束（右）

### 1）有限维管束

有限维管束（closed bundle）是其组成上仅有木质部和韧皮部、没有束中形成层的维管束。这类维管束一经形成便不再增粗，如大多数单子叶植物中的维管束等。

### 2）无限维管束

无限维管束（open bundle）是指组成上除含有木质部和韧皮部外，在两者之间还保留有束中（内）形成层的维管束。这类维管束以后能通过形成层的分裂活动，不断产生次生韧皮部和次生木质部，如裸子植物和许多双子叶植物的维管束。根据维管束中初生木质部和初生韧皮部的位置和排列情况，其可分为外韧维管束（collateral bundle）、双韧维管束（bicollateral bundle）、周木维管束（amphivasal bundle）、周韧维管束（amphicribral bundle）、辐射维管束（radial bundle）等类型。

## （二）组织系统

种子植物的组织系统包括皮组织系统（skin tissue system）、基本组织系统（ground tissue system）和维管组织系统（vascular tissue system），它们在结构和功能上相对独立、相互联系，共同构成复杂的植物有机体。

## 1. 皮组织系统

皮组织系统（skin tissue system）又简称为皮系统，包括表皮及其外生物、外分泌结构周皮或树皮等。它们覆盖于植物体外表，在植物个体发育的不同时期，分别对植物体起着不同程度的保护作用，同时位于皮组织系统上的特定通道负责控制植物与环境的物质交换。表皮是植物体幼嫩部分或绿色部分的保护组织。草本植物的表皮终生存在，部分草本植物的老茎、老根的表皮和所有叶的表皮都是长期存在的。木本植物的根、茎表皮只存在一段时间，由于根、茎的增粗，表皮被挤毁脱落，周皮形成。树皮通常是指茎维管形成层以外的全部结构的总称，亦或仅是历年形成的周皮总称。周皮和树皮覆盖于裸子植物和多数双子叶植物老根和老茎的外周，周皮具有次生保护作用，其保护能力远远强于表皮。

### 2. 基本组织系统

基本组织系统（ground tissue system）简称基本系统，位于皮组织系统和维管组织系统之间，主要是各类薄壁组织和机械组织等组成的、与植物体的营养代谢和支持巩固植物体有关的组织结构。基本组织系统贯穿于植物的根、茎、叶、花、果实和种子等器官中，把植物体的地上和地下部分、营养和繁殖的各种器官连成一个有机整体。该系统中的代谢产物与储藏物质是人类生存与发展的重要资源物质。

### 3. 维管组织系统

维管组织系统（vascular tissue system）简称为维管系统（vascular system），是贯穿于整个植株、与体内物质的运输、支持和巩固作用有关的组织系统。根据维管系统形成的先后和组成特性，可将其分为初生维管系统和次生维管系统。初生维管系统主要存在于初生成熟组织，如绝大多数单子叶植物、裸子植物、双子叶植物幼嫩的根、茎、叶等的维管组织。次生维管系统则是次生成熟组织中的维管组织，主要存在于双子叶植物和裸子植物的老根和老茎之中。

## 总结与复习

### 知识要点

细胞是生命有机体进化发展的里程碑，是构成生物体的基本结构单元和生命活动的基本单位。细胞的发现、细胞学说的建立，各种专用显微镜、显微技术的发明和应用，以及植物细胞全能性的发现，极大地推动了生命科学的研究、发展和应用。

植物细胞大小不一、形状多样，但其结构基本相同。任何一个植物细胞都是由原生质体和细胞壁两部分组成的。原生质体是由原生质分化而成的结构。真核植物细胞的原生质体可分为质膜（细胞膜）、细胞质和细胞核三部分；细胞壁是包被在原生质体外的保护结构。

质膜主要由蛋白质和脂类物质组成，呈“暗–明–暗”条带状结构，质膜有重要的生理功能。细胞质是质膜以内、细胞核以外的原生质，分化为胞基质和细胞器。胞基质呈半透明、胶网状、流动态，是细胞器代谢的外环境。

细胞器是细胞内具有特定结构和功能的亚细胞结构。①质体是植物细胞特有的细胞器，包括叶绿体、白色体和有色体。叶绿体是光合作用（光能转化为化学能、生物能，无机物转化为有机物）的场所，由双层被膜、类囊体系统和基质三部分构成。②线粒体是有氧呼吸、有机物分解、化学能转化为生物能的场所。线粒体由双层被膜和基质组成。内膜内突形成嵴，嵴表面有许多球状基粒，基粒与ATP合成酶分布和氧化磷酸化有关；基质内主要进行物质氧化分解。叶绿体、线粒体都含有DNA，具半自主遗传特性。③核糖体是合成蛋白质的细胞器，由大小两个亚基组成。④内质网是由单层膜围成的扁平的囊、槽、池或管形成的、相互沟通的网状系统。内质网主要有粗糙型（粗面）内质网和光滑型（光面）内质网两种，具有制造、包装和运输代谢产物和“分室”的作用。⑤高尔基体是一叠由扁平、平滑、近圆形的单位膜围成的囊组成的扁囊堆，与多糖物质的合成和细胞壁的形成有关。⑥液泡是由具选择通透性的液泡膜和细胞液组成的细胞器。液泡的功能主要是调节细胞水势和维持细胞的膨压、参与细胞内物质的积累、储藏与转化。⑦溶酶体是含有多种水解酶，与大分子物质的分解和细胞的程序性死亡有关的细胞器。圆球体是由半个单位膜围成的细胞器，与脂肪的代谢有关。⑧微体包括过氧化物酶体和乙醛酸循环体，与光呼吸和脂类物质代谢有关。⑨细胞骨架是细胞质内的蛋白质纤维网架系统，与胞基质的运动、胞内能量转换和细胞壁发育分化有关。

细胞核是真核细胞遗传与代谢的控制中心。细胞核的大小、形状以及在胞内所处的位置，与细胞的年龄、功能以及生理状况有关，也受一些外界因素的影响。间期的细胞核可分为核被膜、核仁和核质。①核被膜，包被在核的外围，外核膜表面附着大量核糖体。核孔是沟通核质与细胞质的通道。②核仁是间期核中折光率最强的致密球体，是rRNA合成、加工和装配核糖体亚基等的重要场所。③核质包括染色质和核基质。染色质是间期细胞核内DNA、组蛋白、非组蛋白和少量RNA组成的线性复合物，是细胞核遗传物质的存在形式。染色质细丝经多级盘绕、折叠、压缩、包装形成染色体。染色体的结构、组型、形态、基因定位、分裂中的分子行为等一直是细胞生物学的研究热点。核基质是核内以非组蛋白成分为主的网络状结构，对DNA复制、基因表达、染色体构建等起重要作用。

细胞壁是原生质体生命活动过程中向外分泌的多种物质复合而成的结构，支撑和保护细胞、维持原生质体的膨压，与植物组织的吸收、蒸腾、运输和分泌等生理活动有关。细胞壁结构包括胞间层、初生壁和次生壁三部分。胞间层是新的子细胞形成时产生的、以果胶为主的细胞壁结构。初生壁是细胞生长、增大体积时所形成的壁层，主要成分为纤维素、半纤维素和果胶物质等。次生壁是某些细胞在生理上分化成熟、体积停止增大，或原生质体消亡过程中在初生壁内侧产生的细胞壁结构。构成次生壁的物质以纤维素为主，还有木质素、角质素、矿质等物质。

纹孔是次生壁形成过程中，在初生纹孔场处不完全被次生壁覆盖的区域。纹孔具有复杂的结构。胞间连丝是相邻两个植物细胞间的细胞质细丝，是细胞间物质、信息和能量交流的直接通道。

后含物包括储藏物质（淀粉、糊粉粒、油和脂肪）、晶体、硅质小体和植物的次生物质等。

细胞周期是指持续分裂的细胞，从结束一次分裂开始，到下一次分裂完成为止所经历的整个过程。一个细胞周期包括细胞的间期和分裂期两部分。

有丝分裂是一种最普遍而常见的细胞分裂方式。分为前期、中期、后期和末期4个时期。前期，核内的染色质凝缩成染色体，核仁解体，核膜消失以及纺锤体开始形成。中期，纺锤体完全形成，纺锤丝牵引染色体使其排列到赤道面。后期，各个染色体的两条染色单体分开，分别由赤道面移向细胞两极。末期，重新形成两个子核，完成细胞质的分裂。

减数分裂是与生殖细胞或配子形成有关的一种特殊的细胞有丝分裂方式。减数分裂包括2次连续的有丝分裂。与有丝分裂相比，它是与性细胞的发育有关的一次分裂，每条染色体包含4条染色单体。减数分裂过程相对复杂，具有同源染色体的联会和染色单体间的片段交换（染色体的组成发生改变）。减数分裂的结果是一个母细胞经减数分裂形成4个子细胞，且子细胞中的染色体数目减半，并具有新的遗传变异性。

无丝分裂是指不出现染色体和纺锤体的细胞分裂形式，直接分裂形成两个或多个近于相等或差不多相等的子细胞过程。可分为横缢、出芽等类型。

- 植物细胞
  - 原生质体
    - 质膜
    - 细胞核
      - 核膜
      - 核质
      - 核仁
    - 细胞质
      - 胞基质
      - 细胞器
        - 双层膜细胞器
          - 线粒体
          - 质体
            - 白色体
            - 叶绿体
            - 有色体
        - 单层膜细胞器
          - 液泡
          - 内质网
            - 光面内质网
            - 粗面内质网
          - 高尔基体
          - 微体
            - 过氧化物酶体
            - 乙醛酸循环体
          - 溶酶体
          - 圆球体
        - 无层膜细胞器
          - 核糖体
          - 微管
          - 微丝
          - 中间纤维
  - 细胞壁
    - 胞间层
    - 初生壁
    - 次生壁
    - 纹孔与胞间连丝

植物细胞的自由形成分裂方式有两种：①母细胞的细胞质不完全用于子细胞的构成；②母细胞先进行多次核分裂，形成若干游离于细胞质中的核，其后在各游离核间同时产生细胞壁，将细胞质完全分隔开，形成新的细胞。

细胞的生长是细胞体积和重量增加的过程。细胞在形态、结构和功能上发生改变的过程称为细胞分化。

细胞死亡有坏死性死亡和细胞编程性死亡两种不同的形式。前者是由于物理、化学损伤和生物侵袭等外界因素造成的非正常死亡，后者是细胞在一定生理或病理条件下的自主性死亡，是正常的生理性死亡。

植物组织是植物体中形态结构相似、在个体发育中来源相同、担负着一定生理功能的细胞组合。根据组织的发育程度、生理功能和形态结构的不同，可将组织分为分生组织和成熟组织两大类。

分生组织是存在于植物体的特定部位、分化程度较低或不分化、保持胚性细胞特点，并能继续进行分裂活动的细胞组合。

根据分生组织在植物体内的分布位置，可将其分为顶端分生组织、侧生分生组织和居间分生组织。顶端分生组织位于根和茎的顶端分生区，其活动的结果有利于根或茎的伸长生长。侧生分生组织分布于植物体内的周围，平行排列于所在器官的周缘，其活动的结果有利于根或茎的增粗生长。居间分生组织存在于茎、叶、子房柄、花梗等器官中的成熟组织之间，只在短时期内具有细胞分裂能力。

顶端分生组织包括原生分生组织和初生分生组织。居间分生组织属于初生分生组织。侧生分生组织属于次生分生组织。

根据分生组织来源和性质，将其分为原生分生组织、初生分生组织和次生分生组织三类。原生分生组织来源于胚或其他胚性细胞，存在于根尖、茎尖。初生分生组织由原生分生组织衍生而来，位于原生分生组织的后方，这些细胞一方面继续保持分裂能力，一方面已开始分化为原表皮、原形成层和基本分生组织。次生分生组织起源于成熟组织，是由某些成熟组织经过脱分化重新恢复分裂能力而来。束间形成层和木栓形成层是典型的次生分生组织。

成熟组织是由分生组织衍生的细胞，经过生长分化，逐渐形成的各种组织。根据成熟组织的形态特征和生理功能的不同，将其分为5种类型。

保护组织分布于植株各器官的表面，起保护作用，根据来源和形态分为初生保护组织——表皮和次生保护组织——木栓层。表皮上存在气孔。木栓层源自木栓形成层，木栓层、木栓形成层和栓内层三者共同组成周皮，取代表皮。周皮上有皮孔。

基本组织是植物体中最基本、分化程度相对较低、分布最广的一类细胞群，又称为薄壁组织、营养组织。其细胞壁薄、分化程度较低，具有潜在的分裂能力，在一定条件下可经脱分化，恢复分裂能力，进而转化为次生分生组织。同时薄壁组织也可以进一步分化为其他组织。根据薄壁组织的主要生理功能，又将其分为同化组织、吸收组织、储藏组织、通气组织和传递细胞。

机械组织在植物体内主要起机械支持作用，根据细胞形态和加厚程度不同可分为厚角组织和厚壁组织。构成厚角组织的细胞是生活细胞，其细胞壁的增厚不均匀，只发生在细胞角隅处，既有支持的功能，又不影响所在器官的生长。构成厚壁组织的细胞是死细胞，其细胞壁呈均匀的强烈次生增厚。厚壁组织又可分为纤维和石细胞两类。

输导组织分为两类：一类是输送水分和无机盐的导管和管胞；另一类是输送有机同化物的筛管、伴胞和筛胞。导管普遍存在于被子植物的木质部，输导水分和无机盐的效率较高，端壁有穿孔，为死细胞，老化后有侵填体产生。管胞是绝大多数蕨类植物和裸子植物中唯一的输导水分和无机盐的结构，输导效率较低。筛管存在于被子植物的韧皮部，运输有机物的效率较高，端壁有筛板，是无核的活细胞，老化后有胼胝体的产生。筛管旁边细长、小形的细胞称为伴胞，它与筛管有密切的关系。筛胞是蕨类植物和裸子植物内主要承担输导有机物的结构。

分泌结构是指植物体中能产生分泌物质（如糖类、挥发油、有机酸、乳汁、蜜汁、单宁、树脂、生物碱、抗生素等）的有关细胞或特化的细胞。分泌结构一般由分泌细胞和其他薄壁细胞所组成。分泌结构包括外分泌结构和内分泌结构两类。外分泌结构分布在植株的外表，其分泌物排出体外的分泌结构，如腺毛、腺鳞、盐腺、蜜腺和排水器等。内分泌结构是将分泌物储存于植物体内的分泌结构，它们常存在于基本组织内，常见的有分泌囊（腔）、分泌道和乳汁管等。异细胞是含有特殊分泌物的细胞，常单独分散于其他各种组织中。

复合组织是指由发育上来源相同、结构和功能上密切相关的几种组织复合而组成的、相对独立的结构。周皮、树皮、木质部、韧皮部、维管束、分泌结构都是由多种组织复合组成的结构，都是复合组织。

维管植物的组织系统包括皮组织系统、基本组织系统和维管组织系统，它们在植物体内存在的位置、包含的组织类型和担负的生理功能均不同。

## 复习思考

1. 如何区别真核细胞与原核细胞？

2. 试区别细胞质、原生质、原生质体。

3. 细胞质中各类细胞器的形态结构如何？各有什么功能？

4. 植物细胞中的质体可分为哪几种类型？各有些什么特征？

5. 细胞核的形态构造及其机能如何？

6. 细胞壁是怎样产生的？它分哪几层？各由什么物质组成？

7. 植物细胞的初生壁和次生壁有什么区别？在各种细胞中它们是否都存在？

8. 植物细胞后含物中包含哪些物质？各有什么特点？

9. 何谓细胞周期？细胞周期中各个阶段的主要活动有哪些？

10. 植物细胞的分裂方式有几种类型？有丝分裂和减数分裂的主要区别是什么？它们各有什么重要意义？

11. 什么是植物组织？植物组织可分为哪些类型？组织与细胞和器官之间的关系如何？

12. 分生组织和成熟组织各有何特点？两者之间有何关系？

13. 分生组织是如何进行分类的？不同分类间分生组织的关系如何？

14. 从细胞结构特征、功能两个方面区分：厚角组织和厚壁组织，表皮和周皮，筛管和导管，木质部和韧皮部。

15. 列表说明输导组织、机械组织的种类、结构、功能及分布情况。

16. 试简要叙述各类组织在植物体中的分布及功能。

17. 植物组织与组织系统有何区别？植物组织系统包括哪几类，其功能如何？

## 阅读与探究

### 阅读参考

**（1）本章知识参考阅读：**

http://jpkc.yzu.edu.cn/course/zwx/0502jxrr.htm

王金发. 2003. 细胞生物学. 北京：科学出版社

**（2）知识拓宽参考阅读：**

细胞的极性，细胞的分裂、生长与分化，细胞的程序性死亡（PCD）都是现今细胞生物学研究的热点，如要真正了解相关研究的进展和成果，参考阅读*MOLECULAR CELL BIOLOGY*（第7版，2013年）。本书分别从基因表达调控和蛋白质修饰、细胞膜物质运输、细胞运动的分子基础、细胞增殖及其调控、细胞分化与干细胞和细胞凋亡等方面，结合最新研究发展动向，对细胞生物学的前沿领域进行了系统的阐述，并讨论了与细胞增殖、分化和死亡有关的信号网络的分子基础，分析了其与疾病发生的关系。此外，本书还特意介绍了分子细胞生物学最新研究领域，如干细胞、RNA干扰技术等，并尽量提供现代分子细胞生物学的研究方法和思路。

此外，也可参考阅读《植物细胞生物学：从天文学到动物学》（Randy Wayne，科学出版社，2011）。本书是植物细胞生物学领域的专著，也是美国康奈尔大学植物生物学系的Randy Wayne教授二十多年来从事植物细胞生物学教学和科研的结晶。书中选用了大量最原始的图片和数据，突出了现代植物细胞生物学的基本内容，由表及里、由结构到功能、按自然的内在联系依次介绍。使读者对植物细胞的主要结构和功能、两者之间的复杂关系和作用，以及细胞器和生命的起源与演化等有一个系统而全面的了解和认识。编者试图重新建立曾经在数学、天文学、物理学、化学、地质学、哲学和生物学之间存在的联系，使读者能从多维视角、多学科观察植物细胞，了解有机体内的细胞与其他细胞之间的相互作用，细胞与环境之间的相互作用，细胞的起源和进化。

还可参阅《分子细胞生物学（第二版）》（郭凌晨、殷明，上海交通大学出版社，2009）。该书以细胞为对象，主要在分子水平上研究细胞生命活动的分子机制，即研究细胞器、生物大分子与生命活动之间的变化发展过程，研究它们之间以及它们与环境之间的相互关系。

推荐网站：http://www2.estrellamountain.edu/faculty/farabee/biobk/biobookplantanat.html。这是一本国外的在线生物学课本（On-Line Biology Book）中的一部分，网站中用浅显易懂的英文、精美清晰的图片详细描述了各类组织的结构特征、在植物体中的分布、主要功能等方面的知识。

## 探究学习

（1）选取不同色彩的果实、花瓣或叶片等，制作徒手切片并在显微镜下观察，探究花、果、叶等色彩的不同与细胞组成结构间的关系，并进一步思考植物的色彩美与细胞结构的关系。通过查阅相资料探讨如何更好地利用植物的色彩美创造美好的生活。

（2）利用细胞的全能性进行细胞或组织培养，形成愈伤组织、产生胚状体，繁殖新个体或生产人工种子已成为生物技术农业的重要方向。在教师的带领下，应用悬浮培养法，进行单个细胞的培养，跟踪观察细胞的分裂、生长和分化的全过程，加深对课堂知识的理解。还可选择不同的培养条件，深入比较观察细胞分裂、生长和分化的动态及其与影响因子间的关系。

（3）利用分生组织的细胞具有持续不断分裂能力的特性，对果树、蔬菜等进行嫁接、扦插、压条等，扩大繁殖和获得高产优质的新个体，已被广泛应用。因此，可和老师一起，或在老师的指导下，以果树、蔬菜等为材料，进行嫁接或扦插、压条等试验，观察分析砧木与接穗间的细胞愈伤组织的发生、嫁接的成活等与分生组织细胞活性和分布间的关系。不仅可以巩固所学知识，而且能培养学生的科学态度和探究精神。

（4）通过选取同一植物不同生态条件、不同生长状态下的新鲜植物的叶片、根或茎，分别制作徒手切片，简单染色后在显微镜下对比观察各种组织的细胞特征，探究环境变化、生长发育状态对组织的分布部位、组成组织的细胞特征等的影响。

# 第三章

# 被子植物营养器官的形态、结构与功能

## 内容导读

被子植物以细胞为结构组成的基本单位，出现各种组织的分化，并由不同的组织构成具有特定形态结构和生理功能的器官（organ）。被子植物的器官有根、茎、叶、花、果实和种子等，它们在形态结构和生理功能上既各有其特点又彼此相互联系和相互影响。根、茎、叶与植物的营养生长和活动有关，它们统属于营养器官（vegetative organ）。花、果实、种子的形成是植物的繁殖生长和活动，与被子植物的生殖繁衍有关，它们都属于生殖器官（reproductive organ）。被子植物体的整体性、形态结构与生理功能的协调性，以及植物与环境的统一性是植物生长的重要规律。本章主要讲述被子植物营养器官的形态、结构、功能及其与环境间的统一性。

为什么移栽植物时必须带土？为什么巨大的树冠必然有庞大的根系？扦插和压条繁殖的原理是什么？植物的根和侧根是如何发生的，其作用是什么？为什么不同的植物类群具有不同的地下根系分布形态？植物的根系有哪些类型？被子植物根的结构如何？根的结构组成如何适应于吸收和支持功能？

低矮婆娑的小草、蓬勃蔓生的灌木、高大繁茂的木本，都是由植物的芽发育而成，植物的芽有哪些类型？枝条有几种不同的分枝方式？构成枝条的茎的结构如何，与根的结构和发生有何异同？茎为什么具有强大的输导功能？为什么一棵“空心”的树还能生长、枝繁叶茂？树为什么会有年轮，树的年轮是如何形成的？为什么树怕剥皮？木材为什么有差异？树木的哪部分木材最坚固？木材属于茎的哪一部分结构？

叶是植物进行光合作用的主要器官，不同植物的叶其形态、结构有何不同？叶的形态、结构、生理功能及其对环境的适应性如何？

学习完本章内容以后，相信以上这些问题都将会迎刃而解。

植物是不断进化的。植物在漫长的进化历程中，其营养器官的形态、结构和功能都会产生变态。变态器官的出现是植物长期适应特定或不同环境的结果，理解同源器官和同功器官的概念，有助于建立生物进化论的思想。通过本章内容的学习，你将懂得植物体各器官间在形态、结构和功能上既相互独立、又整体协调和高度统一，而且它们与环境也是相互影响和相互适应的。

## 教法与学法

### 教　法

（1）借助于实物或现场教学法直接进行被子植物根、茎、叶形态（形状、大小、类型）特征的展示教学，引导学生进行不同类型根、茎、叶的形态比较、识别和归类。应用微课、微视频或设问引导学生思考根、茎、叶与植物生活以及农业生产的关系，激发学习兴趣，集中精力听课；或提问启发学生说出根、茎、叶的多种生理功能后，反问：结构与功能是相适应的，那么根、茎、叶的结构又是如何与其所执行的功能相适应的呢？自然导入到本章各节相关内容的学习中去。

（2）根、茎、叶形态、结构及其变态器官的发生和特征，还可以通过典型植物形态、结构图片的拍摄、PPT显示或微视频、微课件、Flash演示，或通过互动教学系统进行教学，注意比较归纳根、茎、叶形态、结构和功能间的差异性、适应性和统一性。

（3）在根的结构部分，由于学生是第一次从微观领域接触植物，而且有许多抽象的概念，如初生生长、初生结构、次生生长、次生结构等，所以单凭教师的讲授学生是很难掌握的，结构是通过分生组织发生的。因此，教师在进行这一部分内容的教学中可结合分生组织部分的知识，按照从发生到结构的顺序进行讲解。教师以讲结构的发生、生长和形成过程为主，初生结构、次生结构内容由学生参与总结归纳，并以绘简图或文字图（知识导图）的形式将微观的知识直观化，便于学生的理解和记忆，激发学生的主动参与意识。最后提问：请同学们从组织的角度分析，根的结构是如何与功能相适应的？学生在回答这一问题时一方面巩固了组织和根的相关知识，另一方面又一次明确了生物学的基本规则，即结构与功能相适应，培养了学生的辩证唯物主义思维。如果将这一部分知识弄懂的话，后面关于茎、叶部分结构的学习将会变得容易。

（4）“茎的形态特征”和“茎的分枝方式”两部分虽然知识点较多，也较繁杂，但都比较直观，建议教师通过多媒体手段，以大量的直观图片展示，配合教师的讲解分析，使学生在感性认识的基础上激发学习欲望和提高学习效率。“茎的发生和结构”是本章教学的重点，由于有前一节“根的形态、结构和功能”的知识基础，因此教师在本部分的教学中只需要发挥引导作用，引导学生主动学习，培养学生主动获取知识的能力。例如，茎的初生结构的知识可以通过与根的初生结构进行对比教学，让学生在相同（结构层次的名称）之中找不同（结构的组成特征、发育和排列方式等）；在学生已掌握了根的次生生长与次生结构的基础上，茎的次生结构发生方式可通过自制多媒体动画的形式让学生在动态过程中观察茎和根的次生分生组织的发生与次生结构的形成过程，从区别中发现茎的次生分生组织与根的次生分生组织的发生部位及发生方式上的差异，并要求学生在总结茎的次生结构的同时，比较双子叶植物茎的次生结构与根的次生结构的异同点；茎的次生结构中有关年轮、木材、树皮方面的知识是本章节的难点所在，教师要通过讲解与板书相配合，运用形象的比喻，清楚地描述维管形成层和木栓层的活动发生和特点及活动的过程与结果，难点知识也便迎刃而解。

（5）“叶的形态结构与功能”的教学，建议从”叶的功能”导入讲课内容，通过生产生活中应用实例的描述使学生了解叶的主要生理功能。根据生物学中“结构与功能相适应”的思想，设下悬念：叶的形态与结构是如何与其所行使的功能相适应？引入本节的教学重点：叶的形态与结构及其与功能的关系。叶的结构与生境的知识可以通过给学生呈现不同生境下叶片结构的对比图片、数据等，由学生自主归纳获取知识，教师进行适当的引导、指正。

## 学　法

（1）第一次从微观领域认识植物器官的形态、结构特征，必须在教师的指导下，在课前、课外完成校园不同类型植物的根、茎、叶形态观察与比较，并采集制作小标本，将疑问带入课堂请教任课教师。

（2）课上认真听讲、勤于思考、强化理解，带着问题（尤其是预习中不易理解的知识点）有重点地听课，并记好笔记。课后可以通过绘简图（或概念图、支架图）、一边或一侧逐一加注结构层次名称、特征、功能、适应性等的形式对相关知识加以归纳和内化。定根、不定根、主根、侧根、顶芽、侧芽、不定芽、混合芽、合轴分枝、单轴分枝、假二叉分枝、年轮、完全叶和叶肉等，都可以通过简图的形式记忆，而初生生长、次生生长过程与结构等有关的概念识记可通过在相关的简图/概念之间公式化表示，将抽象转化为直观，以利于理解、记忆和掌握。

（3）确立“植物形态、结构与功能相适应”思想，理解和记忆基本概念。联系各概念，借助于图片资料列表比较单双子叶植物根、茎、叶各结构层次的异同点及其细胞组成特征、对应的生理功能等；尝试以茎为导图起点，画出从茎尖顶端分生组织，经初生生长到初生结构，再经次生生长到次生结构的概念图，构建相关知识型网络。

（4）实验课中，对所观察对象的生境不同分析其形态、结构的变化，注意从各部分组成中的细胞大小、细胞壁的厚薄和加厚方式、细胞间隙的有无及大小、输导组织的发育特征等加以比较，理解植物根、茎、叶的形态、结构、功能与环境的适应性。

（5）被子植物的根、茎、叶形态虽然差别很大，但它们的初生结构层次基本相似。在单子叶植物与双子叶植物、草本植物与木本植物之间，根、茎、叶各结构层次特征与其功能和环境是相一致或相适应性的。有些植物的根、茎、叶可以增粗或增厚，形成次生结构，但植物种类不同，次生结构发生的位置、产生的组织和作用也不尽相同。木本植物粗壮的根、茎以及其质地的差异就是次生生长过程和结构组成不同的缘故。因此，必须辩证地学习和比较分析，变“要我学”为“我想学”“我要学”。

# 第一节 根的形态、结构与功能

根（root）是植物长期适应陆生生活环境而逐渐发展和完善的结构。根一般生长在相对稳定的土壤环境中，是植株吸收水分和矿质营养的主要器官，担负着固定植株的功能。此外，根能合成多种生物活性物质并调节植物的生长发育。有些植物的根常肉质化、储存大量营养物质，既具有繁殖的作用，同时也是人类食物和药物的重要来源。

## 一、根的形态

### （一）定根与不定根

陆生植物种子萌发时，胚根先突破种皮生长，形成植株的主根（main root，taproot）。当主根生长到一定长度时，其上一定部位就会侧向生出支根，称为侧根（lateral root）。主根和侧根发生来源位置确定，又称为定根。侧根与主根往往形成一定角度，当侧根生长到一定长度时，又能生出新的次一级的侧根，这样的多次反复分支，形成整株植物的根系，以适应和满足植株的生长发育（图3-1）。

许多植物除了能产生定根外，还能从茎、叶、老根或胚轴上生出根来，这些根发生的位置不固定，都称为不定根（adventitious root）（图3-1）。不定根也能不断地产生侧根。禾本科植物的种子萌发时形成的主根，存活期不长，主要由胚轴上或茎的基部节上所产生的不定根所替代。生产上，扦插、压条等营养繁殖技术就是利用枝条、叶、地下茎等能产生不定根的习性进行的。

### （二）直根系与须根系

任一植株地下部分根的总称为根系（root system）。根系是在植株的生长发育过程中逐渐形成的。依据根系的组成特点，可将其分为直根系（tap root system）和须根系（fibrous root system）两类（图3-1）。直根系由明显发达的主根及其各级侧根组成。直根系由于主根发达（粗且长），入土深，各级侧根次第短小，一般呈陀螺状分布，大多数双子叶植物（dicotyledons）的根系属于此种类型。须根系主根不发达，主要由不定根及其侧根所组成，且根的粗细长短相差不多，须根系入土较浅，呈丛生状态，似胡须样，故称为须根系，大多数单子叶植物（monocotyledons）的根系属于此种类型。

图3-1 植物的根与根系

植物根系在土壤中分布的深度和广度常因植物的种类、生长发育的好坏、土壤条件以及人为因素的不同而异。生产上根据根系在土层中的分布深度将植物分为深根性植物和浅根性植物两类。根系分布于土壤深层的植物，称深根性植物。一般具有直根系的植物多为深根性植物，如大豆、蓖麻等。根系多在水平方向朝四周扩展，常分布在土壤的浅层中的植物，称浅根性植物。浅根性植物的主根不发达或不明显，常由不定根或侧根组成。一般须根系植物多为浅根性植物，如车前（*Plantago asiatica* L.）、小麦、水稻等。在生产上，深根性植物可适当深施肥，浅根性植物可适当浅施肥，并控制水、肥及光照强度来调整作物根系的生长与分布，以达到丰产的目的。

## 二、根的结构

### （一）根尖分区

根尖（root tip）是指从根的顶端到着生根毛的部分，一般长1～5cm。无论主根、侧根和不定根都具有根尖，它是根的生命活动中最活跃的部分，是根进行吸收、合成、分泌等作用的主要部位。根的伸长、根系的形成以及根内组织的分化也都是在根尖进行的。因此，根尖的损伤会直接影响根和根系的发育。

纵切根尖，依据其各部分细胞的结构特点，从根尖顶端起，依次可分为根冠（root cap）、分生区（meristematic zone）、伸长区（elongation zone）和成熟区（maturation zone）4个部分（图3-2）。必须说明，从分生区到根毛区各区的细胞逐渐分化成熟，形态结构和生理功能各不相同，除根冠外，其他各区的细胞特征逐渐过渡，无严格界限（表3-1）。

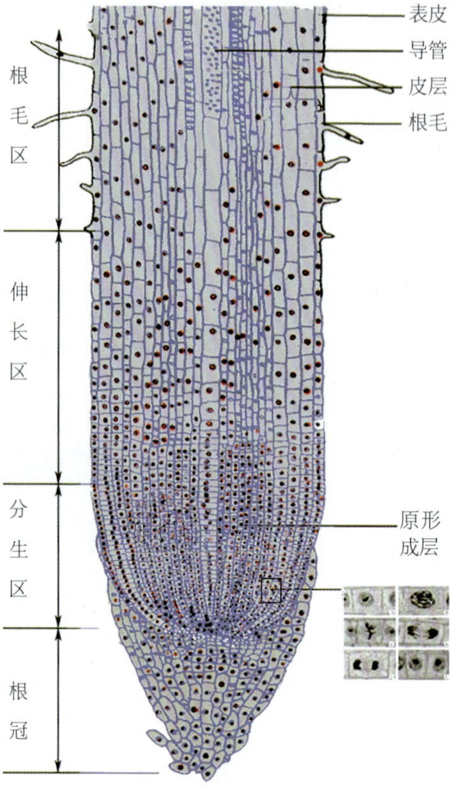


图3-2 玉米根尖纵切，示根尖各分区

**表3-1 根尖分区及其细胞特征**

| 分区 | 外观 | 细胞特点 | 功能 |
|---|---|---|---|
| 根冠 | 帽状 | 不规则、外围细胞排列松散、具丰富的线粒体、质体、高尔基体和内质网 | 保护、向重性 |
| 分生区 | 圆锥状 | 等径、排列紧密、细胞质浓、细胞器丰富、核大、分裂能力强 | 分裂补充新细胞 |
| 伸长区 | 圆柱状 | 远离分生区的细胞体积较大，细胞沿纵轴方向伸长，液泡化明显、分化程度高 | 细胞生长和分化 |
| 成熟区 | 柱状具毛 | 细胞分化成熟，形成不同的组织结构，为了适应对水分等的吸收和运输 | 吸收水分和无机盐 |

## 1. 根冠

根冠是位于根尖顶端的帽状结构，由许多薄壁细胞组成，其作用主要是保护根尖的分生区细胞。根冠细胞不规则，外围细胞大、排列疏松，内部（近分生区）细胞小、排列紧密。根冠细胞含丰富的内质网、高尔基体、线粒体和质体等细胞器，其外壁常有多糖类物质的黏液，可润滑根冠表面、促进根表离子交换、减少根在土壤颗粒间穿行的摩擦阻力，利于根的伸长生长。根冠中部细胞内有若干被称为“平衡石”的淀粉体（图3-2），使根冠可以感受重力，而具有向地性生长的特性。

## 2. 分生区

分生区位于根冠内侧，由顶端分生组织组成，整体形状如圆锥，故又名生长锥或生长点，长度为1～3mm，主要功能是分裂产生新细胞，以促进根尖生长。分生区细胞小、近于等径、排列紧密，无细胞间隙，细胞壁薄、核大、质浓、液泡很小，分化程度低，具有很强的分裂能力，外观呈褐黄色。分生区产生的新细胞，一部分形成根冠细胞，以补偿根冠因受损伤而脱落的细胞；大部分细胞生长、分化，成为伸长区的部分，是产生和分化成根各部分结构的基础；同时，仍有一部分细胞保持分生能力，以维持分生区的体积和功能（图3-2）。

## 3. 伸长区

伸长区位于分生区的后方2～5mm处。此区细胞越远离分生区，则细胞分裂活动越弱，并逐渐停止。其细胞沿着根的纵轴方向伸长，体积增大，液泡化程度加强，细胞质成一薄层位于细胞的边缘部位。因此，外观近半透明状。伸长区细胞的伸长生长是根尖不断向土壤深处推进的动力，这样根不断到达新的土壤环境，便于吸取更多的营养物质、建立庞大的根系。伸长区是分生区到成熟区的过渡区域。

## 4. 成熟区

成熟区位于伸长区的后方，由伸长区细胞进一步分化而来。该区细胞已停止生长，并分化出各种成熟组织。其表面一般密被根毛，因而又称根毛区（root hair zone）。根毛是表皮细胞外壁向外突出形成的顶端封闭的管状结构，成熟的根毛长0.5～10mm，直径5～17μm。根毛形成时，表皮细胞液泡增大，多数细胞质集中于突出部位，并含有丰富的内质网、线粒体与核糖体，核也随之进入顶端（图3-3）。

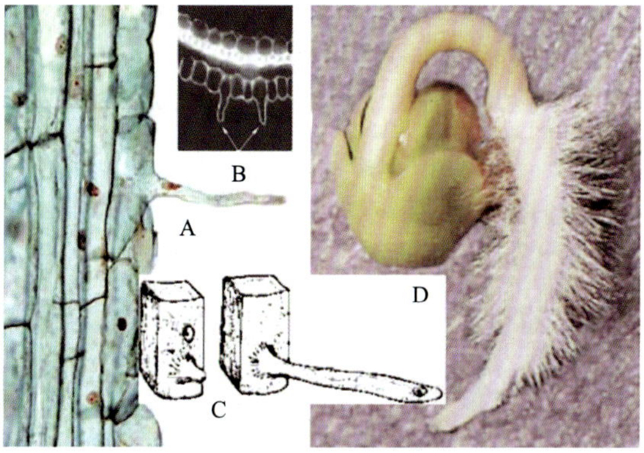


图3-3 根尖与根毛

A、B.根尖纵切、横切部分放大；C.根毛细胞的发育；D.萝卜根尖

## （二）双子叶植物根的结构

### 1. 双子叶植物根的初生结构

根尖顶端分生组织细胞分裂产生的新细胞经生长和分化，形成根毛区成熟结构的过程称为根的初生生长（primary growth）。根初生生长过程中形成的各种组织属于初生组织，由初生组织所复合而成的结构，称为根的初生结构（primary structure）。

横切双子叶植物根的成熟区，自外而内可分为表皮（epidermis）、皮层（cortex）和维管柱（cylinder of vascular tissues）或中柱（stele）3部分（图3–4）。

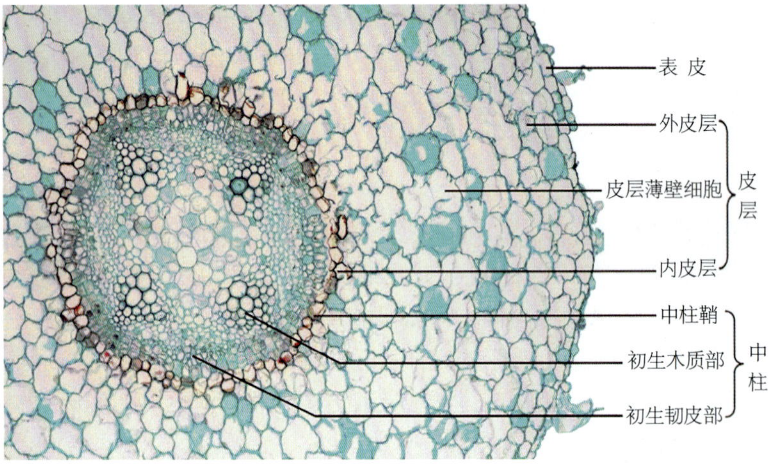


图3–4 蚕豆幼根横切（示初生结构）

#### 1）表皮

表皮是位于成熟区最外一层的生活细胞，由原表皮发育而来。细胞近于长方体形，长径与根的纵轴平行，排列紧密、整齐。对幼根来说，根表皮的吸收作用显然比保护作用更重要，所以根表皮是重要的吸收组织，其细胞壁薄，由纤维素和果胶质构成，水和溶质可以自由通过；许多表皮细胞的外壁向外突出形成根毛，以扩大吸收面积。有些植物的表皮由长、短两种细胞组成，其中长细胞为一般的表皮细胞，而短细胞含有较浓的细胞质和较大的细胞核，为生毛细胞。

某些附生的兰科植物的气生根表皮无根毛，而是经几次平周分裂形成套筒状的多层细胞构成的根被，即复表皮。根被由表皮原始细胞衍生，是一种保护组织，细胞排列紧密，细胞壁局部栓质化、加厚，原生质体瓦解，细胞腔内充满空气，主要可以减少气生根水分的丧失，并行使机械保护作用。

根毛细胞受伤、死亡后，表皮细胞会随之萎缩、凋落，表皮层失去保护作用。

#### 2）皮层

皮层位于表皮与维管柱之间，由基本分生组织分化而来的多层薄壁细胞组成，在根中占有很大比例。皮层是水分和溶质从根毛到维管柱的横向输导途径，又是储藏营养物质和通气的部位，一些水生和湿生植物还在皮层中发育出气腔、通气道等。另外，皮层还是根进行合成、分泌等作用的主要场所。皮层一般又可分为外皮层、皮层薄壁细胞和内皮层3部分。

外皮层（exodermis）是多数植物根的皮层最外一层或数层形状较小、排列紧密而整齐的细胞。在表皮细胞死亡、凋落前，外皮层细胞壁常增厚并栓质化，形成保护组织代替表皮起保护作用。

皮层薄壁细胞位于外皮层和内皮层之间。其细胞层数较多，细胞体积最大，细胞间有明显的胞间隙，细胞中常储藏有各种后含物，以淀粉粒最为常见。水湿生植物的皮层薄壁细胞常部分解离成气腔和通气道。

内皮层（endodermis）是皮层最内一层形态结构和功能都比较特殊的细胞。内皮层细胞排列整齐而紧密，各细胞的上下横壁和径向壁上具有木质化和栓质化增厚的带状结构——凯（卡）氏带（casparian strip）。在横切面上，凯氏带在相邻细胞的径向壁上呈点状，称为凯（卡）氏点（图3-5）。“凯氏带”的特殊结构利于根的吸收作用。

一般具有次生生长的双子叶植物和裸子植物根的内皮层常保持凯氏带状增厚，其余的细胞壁不再继续增厚；也有少数的双子叶植物，其内皮层细胞壁早期为凯氏带增厚，以后细胞壁常在原有的凯氏带基础上再行增厚，覆盖一层木质化纤维层，甚至部分细胞的细胞壁全部都增厚，如毛茛（*Ranunculus japonicus* Thunb.）（图3-5）。

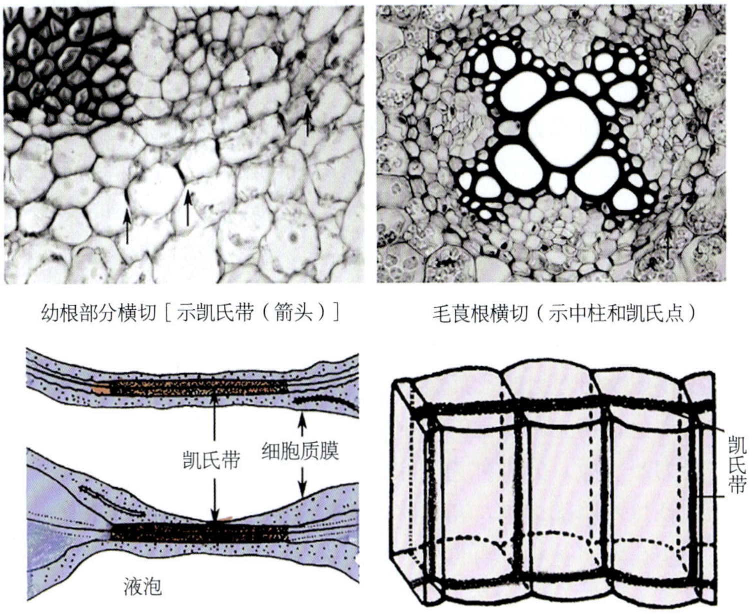


幼根部分横切［示凯氏带（箭头）］　毛茛根横切（示中柱和凯氏点）

内皮层径向壁增厚示意　内皮层细胞的立体观

图3-5　蚕豆幼根横切［示内皮层上的凯氏带（点）］

### 3）维管柱

维管柱，又称中柱，是内皮层以内结构的总称，其所占比例较小，由初生分生组织的原形成层分化而来，是根中物质运输的主要部位。维管柱包括维管（柱）鞘（又称中柱鞘）（pericycle）和维管组织（vascular tissue）（图3-4～图3-6）。

维管（柱）鞘是位于维管柱最外部、紧接内皮层细胞的一层（极少为不连续的数层）薄壁细胞。其细胞排列整齐，分化程度低，有潜在分裂能力，侧根、不定根、不定芽、木栓形成层

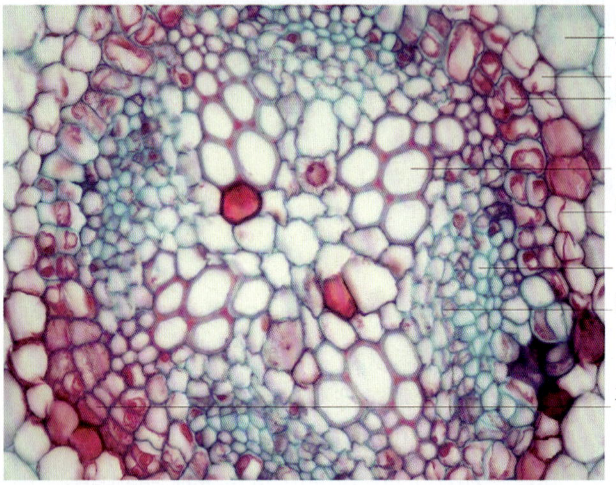


图3-6 蚕豆根横切（示维管形成层和木栓形成层的发生位置）

和部分维管形成层等均发生于此。

维管组织位于维管（柱）鞘内，由初生木质部（primary xylem）、初生韧皮部（primary phloem）和薄壁细胞（parenchyma cell）构成。其中初生木质部与初生韧皮部呈辐射状相间排列，其间被薄壁细胞分隔。初生木质部是输导水分和溶于水的无机盐的组织，初生韧皮部是输导同化产物的组织。

初生木质部位于根的中央部位，主要由导管和木薄壁细胞组成，呈辐射状分布，辐射角处直接与维管柱鞘相连。原形成层发育分化出初生木质部的顺序是由外向内呈向心式并逐渐成熟的，这种初生木质部发育、分化成熟的方式称为外始式（exarch）。紧邻维管鞘、位于辐射角的外方部分的初生木质部称为原生木质部（protoxylem），是原形成层最初产生和分化成熟的初生木质部，主要由管腔较小、具弹性的环纹和螺纹导管组成，其输导、支持能力较弱，在根的初生生长过程中常被拉断而不连续；内方为较晚分化成熟的后生木质部（metaxylem），主要由管腔较大的梯纹、网纹和孔纹导管组成，其输导、支持能力较强。

在成熟根的横切面上，初生木质部的辐射棱角数称为束，不同植物其束数不同。双子叶植物的束数较少，一般为2～6束，分别称为二原型、三原型、四原型……单子叶植物的束数相对较多，一般有多元型初生木质部之称。初生木质部的束数在某些植物中是恒定的，因此有系统分类的价值，如二原型在十字花科、石竹科占优势，多元型在禾本科作物中多见。同一植物的不同品种有时束数有异，如茶（*Camellia sinensis* O.Ktze.），有五原型、六原型和十二原型之分；同一植株侧根中的束数有时少于主根，或相反；外因有时也可造成束数的改变，如用三原型的豌豆（*Pisum sativum* L.）根尖做离体培养时，适量的吲哚乙酸可使新生根成为六原型。初生木质部的束数多少与植株发育形成侧根的能力强弱和侧根分布格局直接相关，束数多形成的侧根就多，束数少则侧根少。

初生韧皮部位于初生木质部辐射角之间，束数与初生木质部相同，但体积较小。初生韧皮部主要由筛管和伴胞组成，也有少数韧皮薄壁细胞，有些植物还有韧皮纤维存在。其发育方式与初生木质部一样，也为外始式，即原生韧皮部（protophloem）在外，后生韧皮部（metaphloem）在内，但原生韧皮部和后生韧皮部界限不明确。初生木质部和初生韧皮部相间辐射状分布，有利于不同物质间的独立快速运输，且初生木质部的辐射角与维管柱鞘紧紧相接，缩短了径向运输距离，利于从皮层输入的溶液迅速进入导管运向地上部分。

在初生木质部与初生韧皮部之间有一层至几层薄壁细胞，在双子叶植物和裸子植物中，原形成层保留的细胞，将来成为次生分生组织（形成层）的一部分；而在单子叶植物中两者之间为成熟的薄壁细胞。

根中一般没有髓，绝大多数双子叶植物根的后生木质部一直分化到根中央；但少数双子叶植物的维管柱内由于后生木质部没有继续向中心分化，而形成由薄壁组织构成的髓（pith）。

## 2. 双子叶植物根的次生结构

大多数双子叶植物和裸子植物，特别是多年生木本植物的根，在初生生长的基础上，产生了次生分生组织——维管形成层（vascular cambium）（可简称为形成层）和木栓形成层（phellogen，cork cambium）。次生分生组织的细胞分裂、生长和分化的过程，称为次生生长（secondary growth）。次生生长产生的组织称为次生成熟组织，由次生成熟组织所复合的结构称为次生结构（secondary structure）。根的次生生长是根的增粗生长过程，根的不断增粗是根的维管形成层和木栓形成层共同作用的结果。

### 1）维管形成层与次生维管组织

#### （1）维管形成层的发生

根的维管形成层由位于初生木质部与初生韧皮部之间的、由原形成层保留下来的、未分化的薄壁细胞（图3-6）和维管（柱）鞘一定部位的、恢复分裂能力的细胞所组成。

根的次生生长起始于初生木质部和初生韧皮部间的、由原形成层保留下来的、未分化的那部分细胞，开始时它们主要平周分裂，形成几片弧状的形成层，其片段数量与根中初生木质部的束数相同。根横切面观，这部分细胞常为切向扁平形。然后，从这些弧形片段两端的细胞开始分裂，使形成层片段沿初生木质部辐射角扩展至维管（柱）鞘处；这时初生木质部辐射角处的维管（柱）鞘细胞脱分化，恢复分裂能力，与弧形片段相连为一圈，形成波浪形的筒状形成层环，此环完全包围了中央的初生木质部，初生韧皮部被隔在了形成层环的外方，其凸起数与根的原型数相同。以后，由于形成层环各处分裂速度不等，波浪状形成层环的凹段细胞形成较早，分裂速度快，而且向内形成的次生木质部细胞多于向外形成的次生韧皮部的细胞，使波浪状环的凹部逐渐被向外推移，使整个形成层呈圆环状，且各区段分裂速度相等（图3-7）。

#### （2）维管组织的组成

维管形成层主要进行平周分裂，其内侧的新生细胞经生长、分化成熟，形成次生木质部，位于初生木质部的外侧；其外侧的新生细胞经生长、分化成熟，形成次生韧皮部，位于初生韧皮部的内侧，次生木质部和次生韧皮部合称为次生维管组织。一般植物的根中，形成层活动产生的次生木质部的数量远远多于次生韧皮部。因此，在根的横切面上，次生木质部所占比例要比次生韧皮部大得多。形成层细胞除进行平周分裂外，还有少量的垂周分裂，以扩大本身的周径，适应根的增粗。在根的增粗过程中，由于初生韧皮部比较柔弱，它们常被挤压于次生韧皮部之外，有时候只剩下被挤碎后的残余部分，其输导同化产物的功能则由次生韧皮部来担负；另外，次生木质部则替代初生木质部行使输导和支持的功能。维管形成层的活动使根不断加粗，其本身的位置也不断外移。

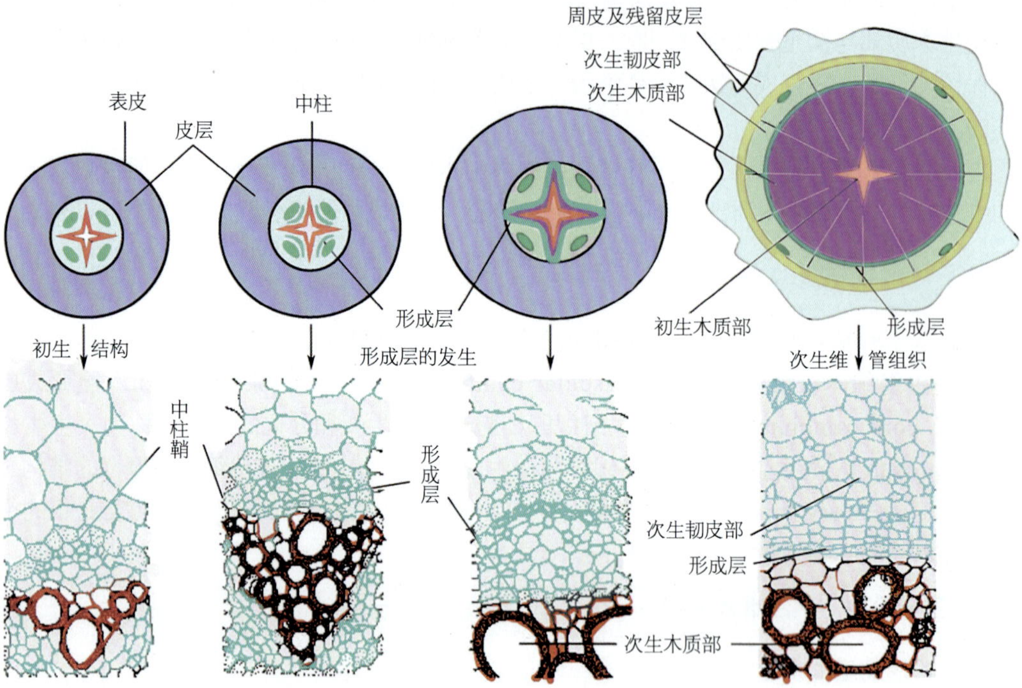


图3-7　根次生维管组织的发生过程

根形成次生结构后，直径显著增粗，但呈辐射状态的初生木质部仍然保留于根的最中心，这是区分老根、老茎的标志之一。

### 2）木栓形成层与次生保护结构

#### （1）木栓形成层的发生

在维管形成层的活动使根不断增粗的同时，维管（柱）鞘细胞也在次生维管组织的挤压和外围的皮层及表皮的张力压迫下，通过脱分化恢复分裂能力，进行垂周（径向）和平周（切向）分裂而发育成木栓形成层。

#### （2）周皮的组成

木栓形成层进行平周分裂，其外侧的新细胞经生长、分化成熟，且细胞壁高度栓质化，形成了由多层木栓细胞组成的木栓层（cork）；其内侧的一至少数几层新细胞发育成栓内层（phelloderm），木栓层、木栓形成层和栓内层这三种不同类型的组织组成的结构称为周皮。周皮是次生保护结构，是比表皮的保护作用更强的复合组织。木栓细胞成熟时为死细胞，形状扁平，排列紧密而整齐，细胞壁栓质化，不透水气，腔内充满气体，可以防止根内部水分过度失散和抵抗病虫害侵袭，同时使其外方的组织（皮层和表皮部分）营养断绝而死亡。

根的维管形成层和木栓形成层活动的结果形成了根的次生结构，自外向内依次为周皮（木栓层、木栓形成层、栓内层）、初生韧皮部（常被挤毁）、次生韧皮部（含韧皮射线）、形成层、次生木质部（含木射线）和辐射状的初生木质部。除少数草本植物和部分木本植物（如槐树等）的根中有髓外，多数双子叶植物根中无髓（图3-8）。

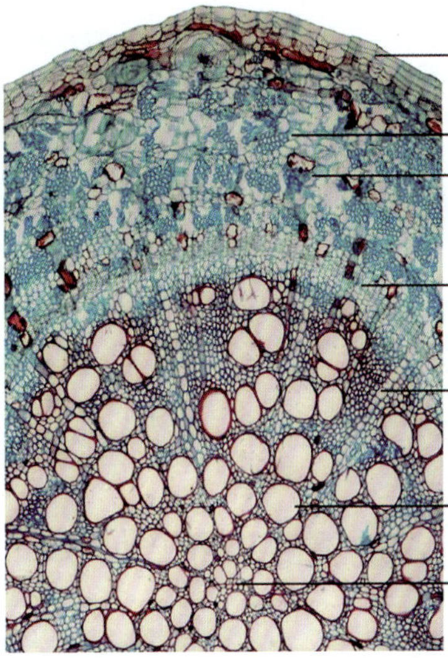


图3-8 棉老根部分横切（示次生结构）

## （三）单子叶植物根的结构

### 1. 禾本科植物根的结构

禾本科植物，如小麦、玉米、水稻及甘蔗（*Saccharum sinensis* Roxb.）等根的基本结构与双子叶植物一样，也分为表皮、皮层、维管（中）柱3个基本部分。但各部分又各有其特点，尤其是没有维管形成层和木栓形成层，不能进行次生生长因而没有次生结构（图3-9～图3-11）。

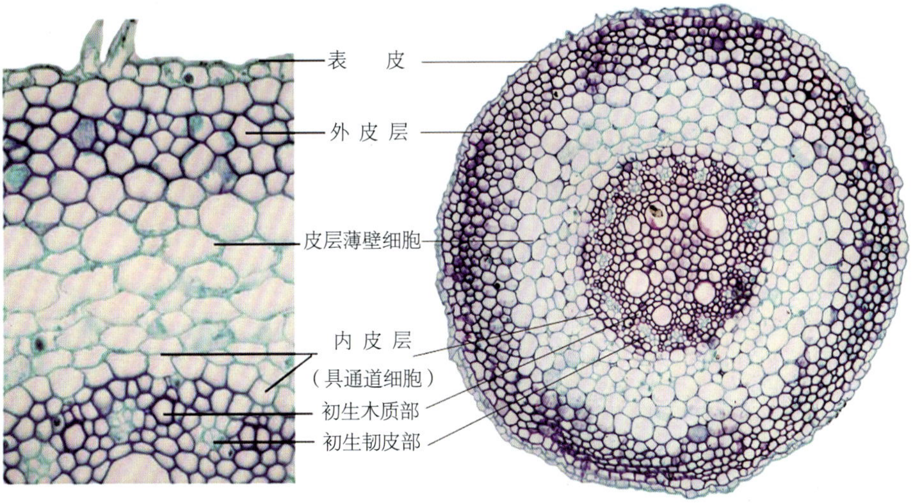


图3-9 小麦根横切（示初生结构）

#### 1）表皮

表皮是最外的一层生活细胞，但寿命较短，当根毛枯死后，往往解体而脱落死亡。

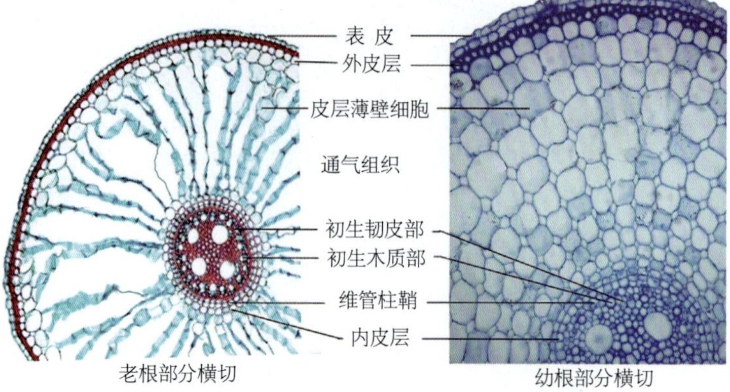


图3-10 水稻根部分横切结构

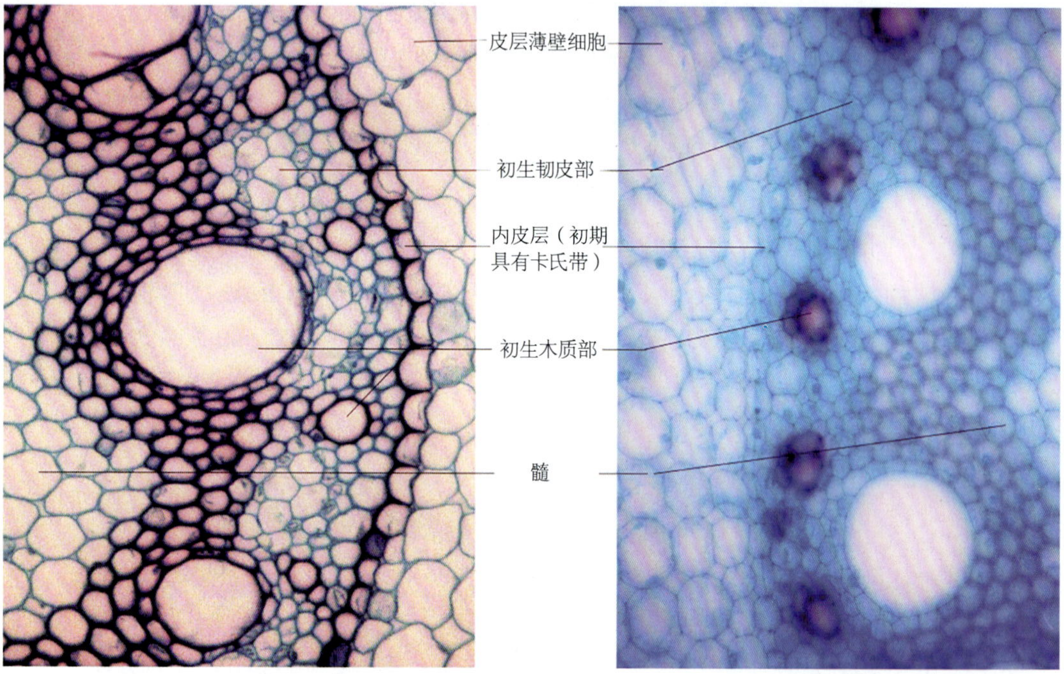


图3-11 玉米幼根（右）与老根（左）部分横切（示维管柱结构）

### 2）皮层

皮层中靠近表皮的一至数层细胞较小，排列紧密，称为外皮层。在根发育后期，外皮层往往形成栓化的厚壁组织，在表皮和根毛枯萎后，代替表皮行使保护作用。

外皮层以内是占比例较大的皮层薄壁细胞。细胞间隙大，排列疏松，可能与通气作用有关，尤其在水稻等水湿生植物老根的皮层中，有明显的气腔，气腔中间被解体的皮层薄壁细胞及其残留的细胞壁所间隔。根、茎、叶的气腔互相贯通，形成良好的通气组织。

皮层最内一层特化的细胞为内皮层。与双子叶植物较长时间保留“凯氏带”结构不同的是，禾本科植物根的内皮层初期具有凯氏带的发育和结构。此后，大部分细胞除外切向壁外，两侧径向壁、上下横壁及内切向壁均次生加厚，在横切面上呈马蹄铁形；少部分没有增厚的细胞为通道细胞，分散位于正对初生木质部辐射角的位置，一般认为它们是根的初生结构部分内外物质运输的主要通道。但在玉米、大麦（*Hordeum vulgare* L.）等植物中，其根的内皮层细胞全部内五面加厚、无通道细胞（图3-11）。有人用透射电镜观察发现，大麦根的内皮层栓质化的细胞壁上有丰富的胞间连丝。

#### 3）维管柱

维管柱由维管（柱）鞘和维管组织构成。维管柱的最外一层薄壁细胞为维管（柱）鞘。维管（柱）鞘在根发育后期常部分（如玉米）或全部（如水稻）木质化，产生侧根的功能减弱。

维管组织由初生木质部、初生韧皮部和髓构成。其中初生木质部一般为多原型，常为七原型以上，多至20原型；初生韧皮部与其相间排列，主要由少数筛管、伴胞组成。维管柱中央有发达的髓，由薄壁细胞组成，可以储藏营养物质。有的植物，如水稻等发育后期，除韧皮部外，维管柱其他组织全部木质化，既保持输导能力，又具有坚强的支持作用。

禾本科植物根的特点是：①外皮层细胞的细胞厚壁化或木质化；②多数内皮层细胞的细胞壁除外切向壁外为内五面增厚或全面增厚；③维管（柱）鞘细胞后期厚壁化；④初生木质部为多原型；⑤初生木质部与初生韧皮部之间的薄壁细胞分化成熟，不再有分裂能力。

### 2. 非禾本科植物根的结构

大多数非禾本科的单子叶植物，包括多年生植物，其根也只有初生生长和初生结构，由表及里分为表皮、皮层和维管柱3部分（图3-12）。

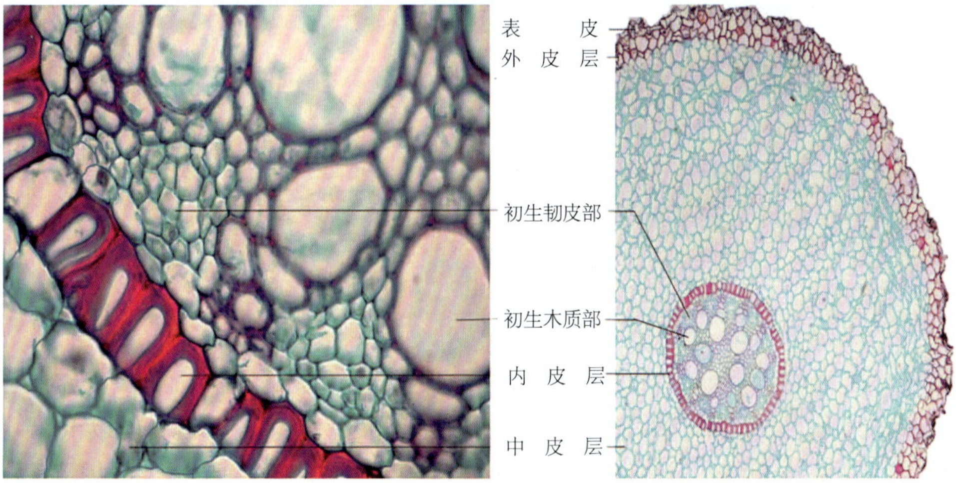


图3-12 鸢尾根部分横切

非禾本科的单子叶植物根的主要特征与禾本科植物相似。但也有些非禾本科植物的根的初生木质部束数较少，如韭菜等的根初生木质部为四（或五）原型。

## 三、侧根的发生

植物的根在伸长过程中除了形成根毛以扩大吸收面积外，无论是主根还是不定根，都不是单独的一条根，总是产生许多侧根。侧根扩大植物地下根的分布范围，以便吸收更多的营养，并能进一步加强根的固着和支持能力。

## （一）侧根的发生

侧根由侧根原基（primordium）发育而来。侧根原基由母根根毛区后方的维管（柱）鞘一定部位的细胞经脱分化、恢复分裂能力而来（图3-13、图3-14）。侧根起源于根内维管（柱）鞘部位的发生方式称为内起源（endogenous origin）。侧根在维管（柱）鞘的发生部位，与初生木质部和初生韧皮部的位置和束数有关。

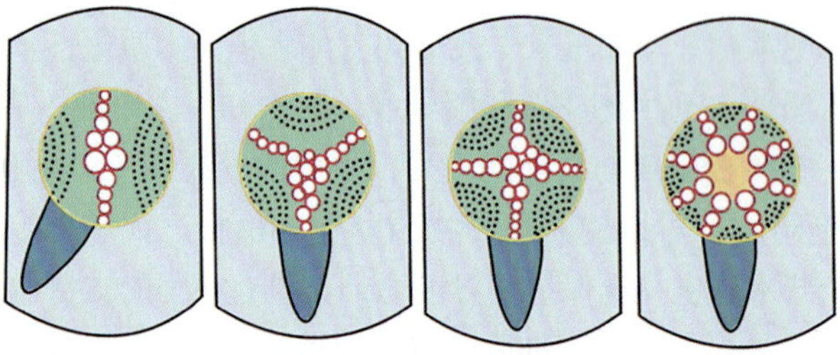

图3-13 侧根的发生规律

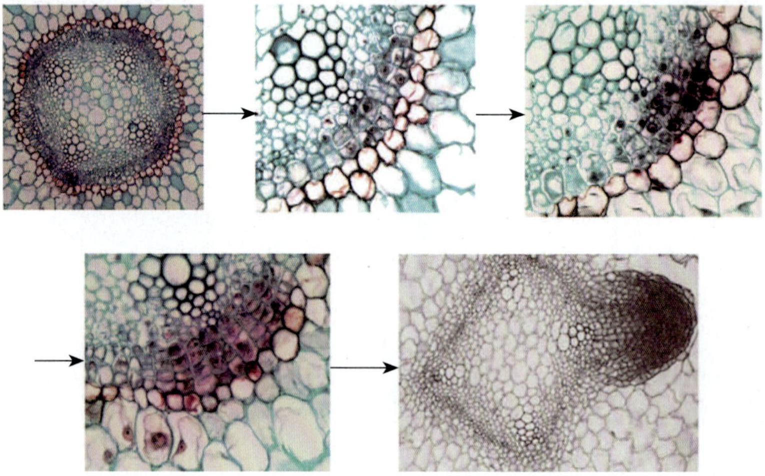

图3-14 侧根原基的发生（金银根等摄）

侧根在维管（柱）鞘上发生的位置通常是稳定的，也常因植物种类而不同。在二原型根中，侧根发生于原生木质部和原生韧皮部之间或正对着原生木质部的维管（柱）鞘细胞。在前一种情况下，侧根行数为原生木质部辐射角的倍数，如胡萝卜为二原型，侧根有四行；在后一种情况下，则侧根只有两行，如二原型的萝卜。在三原型、四原型根中，侧根多发生于正对原生木质部的维管（柱）鞘细胞，初生木质部辐射角有几个，常产生几行侧根，如棉花为四原型，则侧根有四行（图3-13）。在多原型根中，侧根常产生于正对着原生韧皮部的维管（柱）鞘细胞。从外部观察，侧根在母根上沿长轴纵向排列，行列的数目等于初生木质部的束数。

## （二）侧根的形成

侧根是由侧根原基发育而来的。侧根发生时，维管（柱）鞘一定部位的细胞脱分化和恢复分裂后，经几次平周分裂和垂周分裂，形成侧根原基。以后侧根原基细胞继续分裂、生长，逐渐分化出生长点和根冠（图3-14）。随着生长点的细胞继续分裂、增大和分化，增大的侧根原基逐渐深入皮层，并分泌水解酶等，将部分皮层和表皮细胞溶解，因而侧根原基能够穿透皮层，突破表皮，伸出母根外，顺利地伸进土壤形成侧根。侧根伸出母根后，各种组织相继分化成熟，侧根维管组织也与母根的维管组织连接起来。新的支根的形成，扩大了根的吸收面积，增强了整个根系的吸收和固着能力。

侧根和主根有着密切的联系，截断主根能促进侧根和不定根的发生，从而形成更发达的根系。因此，研究根的特性，构建良好的根系，可使栽培植物高产优质。

根的发育和结构可图解总结如下。

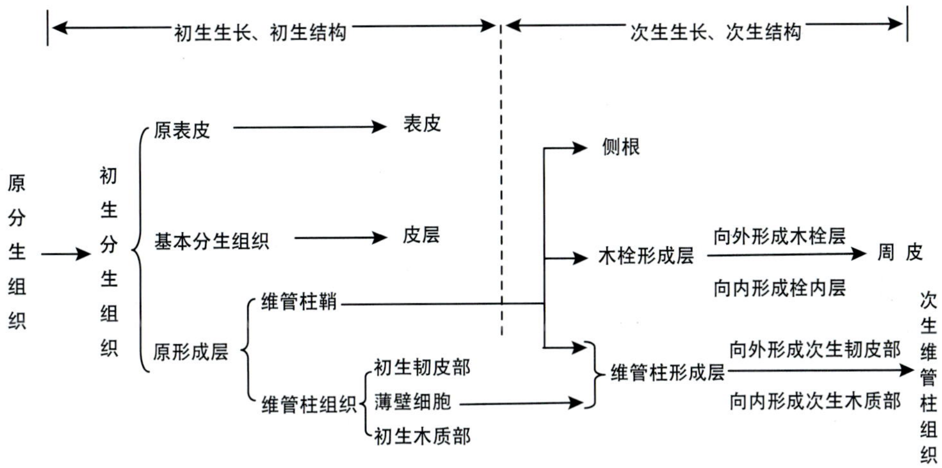


## 四、根瘤与菌根

在土壤中，植物的根系与土壤内的微生物（细菌、放线菌、真菌、藻类及原生动物等）有着密切的关系。一方面，植物新陈代谢活动产生的根系分泌物，很多都是微生物的营养来源；另一方面，土壤微生物的新陈代谢活动加速土壤养分的释放、产生一些刺激植物生长的物质，促进植物的生长。有些土壤微生物还能侵入某些植物的根部，使植物致病；也有些微生物入侵根部后，常形成特殊结构，彼此间建立互利共存共生（symbiosis）关系，形成共生结构，如根瘤（root nodule）和菌根（mycorrhiza）等。

### （一）根瘤

根瘤的形状、大小因植物种类而异。土壤中的根瘤细菌、放线菌和某些线虫都能入侵宿主植物的根部形成根瘤。通常所讲的根瘤，主要是指豆科植物的根瘤（图3-15、图3-16），与农业生产有着密切的关系。

豆科植物的根瘤形成开始于豆科植物的苗期，幼苗根系的分泌物吸引分布在其附近的根瘤菌，使其聚集在根毛周围并大量繁殖。根瘤菌产生的分泌物使根毛卷曲、膨胀，并使部分细胞壁溶解，根瘤菌便由此侵入根毛。在根瘤菌的刺激下，受感染细胞相应地分泌出纤维素等物质包围感染丝，形成具有纤维素鞘的内生管——侵入线。根瘤菌沿侵入线进入幼根的皮层薄壁细胞中，一方面利用皮层的养分大量繁殖自身；另一方面，根瘤菌的分泌物刺激皮层细胞迅速分

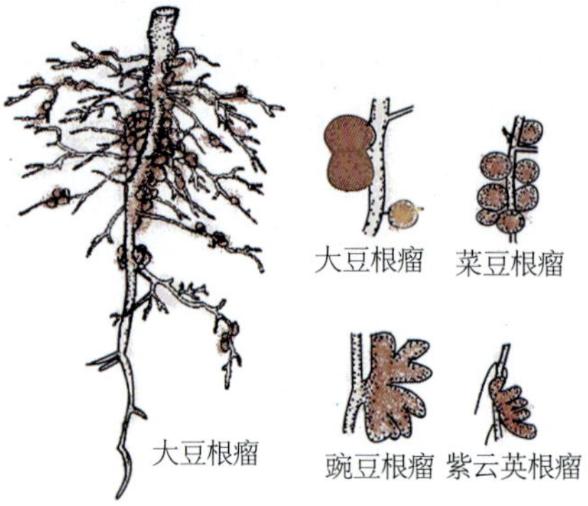


图3-15 几种豆科植物的根瘤

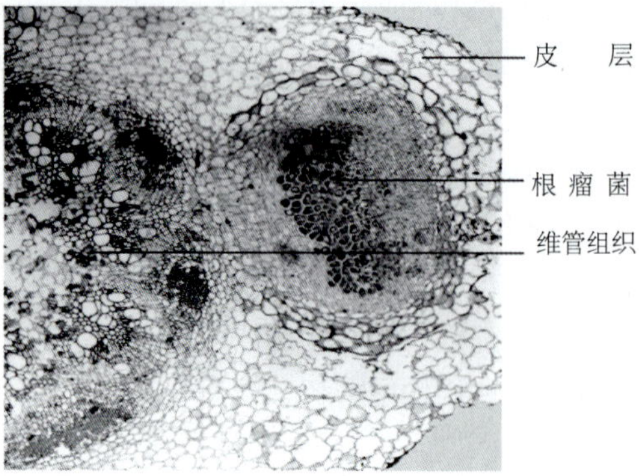


图3-16 蚕豆根横切（示根瘤与根瘤菌）

裂而增加细胞数目。致使皮层局部膨大、凸出，形成一个个瘤状凸起物。

在皮层薄壁细胞内大量繁殖的根瘤菌，逐渐转变为具有固氮能力的拟菌体（bacterioid）进行固氮作用（把空气中的游离氮转变为氨），增加植物生长的氮素营养；同时该区域周围分化出与根中维管组织相连的输导组织、外围薄壁组织鞘和内皮层。

在自然界，除豆科植物外，还有100多种植物，如早熟禾属、看麦娘属、胡颓子属、木麻黄属等植物的根，都可以结瘤固氮，与非豆科植物共生的固氮菌多为放线菌类。有人估计，全世界年产氮肥0.5亿t左右，而通过生物固氮的氮素可达1.5亿t。生物固氮不但量大、无污染，且可节能，实属低碳经济。

## （二）菌根

植物的根与土壤中的真菌结合而形成的共生体，称为菌根（mycorrhiza）。根据菌丝在根中生长分布的部位不同，可将菌根分为外生菌根、内生菌根和内外生菌根3类。

### 1. 外生菌根

外生菌根（ectotrophic mycorrhiza）的菌丝大部分包被在植物幼根的表面，形成白色丝状物覆盖层，只有少数菌丝伸入根的表皮、皮层细胞的胞间隙中，但不侵入细胞之中（图3-17）。外生菌根的菌丝具有根毛的功能，增加根的吸收面积。具有外生菌根的根尖通常略变粗。马尾松、云杉、山毛榉等木本植物的根上常有外生菌根。

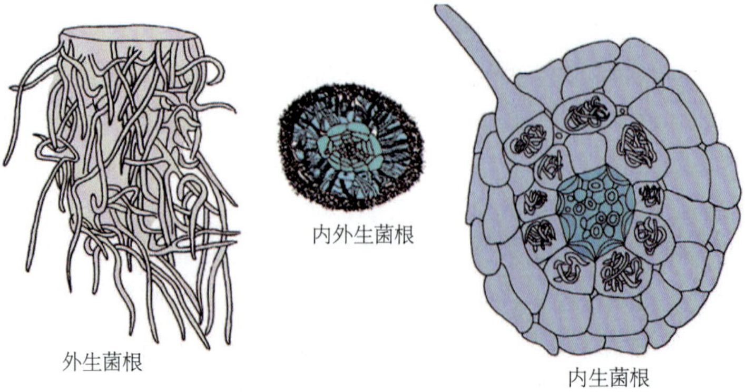


图3-17 菌根

### 2. 内生菌根

内生菌根（endotrophic mycorrhiza）的真菌菌丝通过细胞壁大部分侵入到幼根皮层的活细胞内，呈盘旋状态。在显微镜下，可以看到表皮细胞和皮层细胞内散布着的菌丝，如柑橘、核桃（*Juglans regia* L.）、桑（*Morus alba* L.）、葡萄、李（*Prunus salicina* Lindl.）及兰科（Orchidaceae）等植物。

### 3. 内外生菌根

内外生菌根（ectendotrophic mycorrhiza）是外生和内生菌根的混合型。在这种菌根中，真菌的菌丝不仅从外面包围根尖，而且还伸入到皮层细胞间隙和细胞腔内，如苹果、草莓等。

当真菌和植物共生时，真菌不仅可从宿主中吸取自身生长发育所需要的养分，同时真菌代谢的分泌物可促进土壤中无机养分的释放。菌丝吸收的水分、无机盐等可部分地供给绿色植物使用，利于植物的生长。此外，真菌产生的激素、维生素等物质可刺激根系的发育，促进植物生长。

在生产上，具有根瘤的植物和有些具有菌根的树种（如松、栎等），在缺乏相应共生菌的土壤中往往生长不良。因此，在播种或荒山造林时，常预先在土壤内接种相应的根瘤菌和真菌，或事先用根瘤菌和真菌拌种，并适当增施氮肥，以利植物的根系生长和根瘤、菌根的形成，保证植物生长良好，促进根瘤的固氮和菌根的吸收。但是，真菌生长过旺会使根的营养消耗过多，使树木生长不良。

# 第二节 茎的形态、结构与功能

## 一、茎的形态与分枝

种子萌发后，上胚轴和胚芽向上生长产生茎和叶。茎端和叶腋内的芽（bud）活动生长，形成分枝（twig）。继而新芽不断产生与生长，最后形成了繁茂的植株地上茎枝系统。

茎是植物的重要营养器官之一，其生理功能主要是支持和输导作用。茎支持植株上分布的叶、花和果实，使它们彼此镶嵌分布，更有利于光合作用和果实、种子的发育与传播。茎连接着植株的根和叶，根部从土壤中吸收的水分、矿质元素以及在根中合成或储藏的有机营养物质，通过茎输送到地上各部；叶进行光合作用所制造的有机物，也要通过茎输送到体内各部被利用或储藏。因此，茎是植物体内物质输导的主要通道。有些植物可以形成鳞茎、块茎、球茎、根状茎等变态茎，储藏大量养分，并可以进行营养繁殖。还可利用某些植物的茎易产生不定根和不定芽的特性，采用枝条扦插、压条和嫁接等方法繁殖植物。此外，一些植物的叶退化或早落，茎呈绿色扁平状，可终生进行光合作用，如仙人掌属（*Opuntia*）等。有的茎中还有大量的大型薄壁组织，富含水分，而发展成为储水组织。皂荚（*Gleditsia sinensis* Lam.）等植物茎的分枝可变为刺，具保护作用。葡萄、南瓜等植物茎的分枝还会变为卷须，成为重要的攀缘器官而具有攀缘作用（详见第四节）。

植物的茎常因特殊的结构组成、积累储藏某些特定的代谢产物而被广泛利用。木本植物的茎因其木质化程度很高，作为木材被广泛用于建筑、桥梁、家具、工艺雕刻等多种行业领域，如松、杉、柏、楠木、榆树和竹材等。有些植物的茎较为柔韧，可作编织的原料，如柜柳（*Salix horiganagi* Kimura）等。有些植物茎的韧皮部中含有发达的纤维，可以用作纺织、麻绳、麻袋等的原料，如苎麻、黄麻、亚麻等。有些植物的茎中含有特殊物质，而可通过多种方法，加以提取利用。例如，橡胶、生漆、树胶、糖料、淀粉等均可从植物体中提取获得。有些植物的茎主要由含大量营养物质的薄壁细胞组成，可以食用，如莴苣（*Lactuce indica* L.）的肉质茎、马铃薯的块茎等。有些植物的茎中积累的代谢产物因具有一定的药用价值，可以用作药材，如天麻（*Gastrodia elata* Blume）等。有些植物的茎由于其形态奇异、色彩斑斓，或经雕琢作为观赏，如龟甲竹［*Phyllostachys pubescens*（Carr.）Mitford］及各种树桩盆景等。随着科学技术的发展，对茎的利用将会更加广泛。

## （一）茎的形态与组成

### 1. 茎的形态

不同的植物，其茎的形态特征不同。多数植物的茎呈辐射对称的圆柱体；有些植物的茎呈三棱形，如莎草科植物；或四棱形，如唇形科植物薄荷、留兰香等；或多棱形，如芹菜等。多数植物的茎实心，如棉花、玉米等；也有些植物的茎有髓腔而中空，如毛竹、小麦等。

茎的大小因种和环境而异。有的矮小、幼嫩、可直立生长；有的高大、挺立、不断增粗并高度木质化；有的柔弱不能直立，或攀缘，或缠绕，或贴附于其他物体，蔓延生长（有关茎的性质，详细参见第五章）。有的植物茎秆高于100m，如澳大利亚的桉树（*Eucalyptus globulus* Labill.）；而有的则非常低矮，如牛毛毡［*Eleocharis yokoscensis*（Franch. et Savat.）Tang et Wang］；有的植物树冠庞大，占地面积可达1500$m^2$以上，如生长于缅甸热带雨林中的榕树（*Ficus microcarpa* L.）等。茎的不同形态都是其自身遗传特性所决定的，是环境长期影响的结果。

### 2. 茎的组成

尽管茎的形态大小和习性千差万变，但其组成基本相似。一般植物的茎都具有节和节间，节上长叶，茎的顶端或叶腋中有芽。因此，茎就是枝条上除去叶和芽所留下的轴状部分。不同植物的节和节间的形状不同，节间的长短也不同（图3–18）。

不同植物产生的枝条长短不一，同一植株也可以有长枝和短枝之分。短枝节间短，长枝节间长。一般长枝是营养生长的枝条（裸子植物例外，如雪松等植物的长枝、短枝都是营养枝），短枝是开花结实的枝条，又称花枝或果枝。植株的长枝、短枝发育是物种的遗传特性决定的。枝条或节间的长短与植物的种类、枝条发生的位置、年龄、生育期、植株自身的营养状况和环境因素的影响有关。例如，玉米、甘蔗等植株中部的节间较长，茎端的节间较短；水稻、小麦等在幼苗期，各节密集于基部，节间极短，抽穗后的节间较长。在果树栽培上，常采取整枝或促控结合的方法来调节长短枝的数量和分布，以获得优质、高产和稳产。

在木本植物的枝条上，其叶片脱落后留下的疤痕称为叶痕（leaf scar）。叶痕中的点状突起是枝条与叶柄间的维管束断离后留下的痕迹，称为维管束痕（bundle scar）。有的枝条上还有芽鳞痕（bud scale scar）存在，这是密集的芽鳞片脱落后留下的痕迹。根据枝条芽鳞痕的数量等特征，可以判断枝条的生长年龄和生长速度（图3-18）。

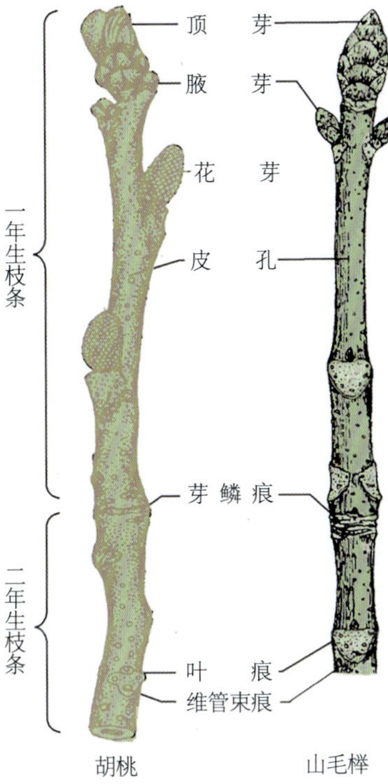


图3-18 枝条形态

枝条外表常可见到的一些小型白色或褐色的斑点称为皮孔（lenticel），这是枝条与外界气体交换的通道。有些植物的枝条上生长有表皮毛、腺毛等多种类型的毛状附属物，它们具分泌作用或保护作用。皮孔、表皮附属物的形态大小、色泽因种而异，是区分物种的参考依据之一。

## （二）芽和茎的分枝

### 1. 芽的类型

芽（bud）分布于枝条的顶端或叶腋内，是未发育的枝条或花和花序的原始体。按照芽生长的位置、性质、结构和生理状态等不同，可将芽分为若干类型。

#### 1）定芽与不定芽

按芽发生位置是否确定，芽分为定芽（normal bud）和不定芽（adventitious bud）两类。定芽生于枝上且发生位置固定，顶芽（terminal bud）包括胚芽，只发生于枝的顶端，腋芽（axillary bud）或侧芽（lateral bud）则只发生于叶腋（叶的近轴面与茎的夹角处），顶芽和腋芽都是定芽。多数植物的一个叶腋中只有一个腋芽，称为单芽（single bud）；有些植物的叶腋可发生两个或几个芽，其中除一个为正芽外，其余均称副芽（accessory bud）（如桃为并生副芽、桂花为叠生副芽）。法国梧桐等植物的腋芽被包藏于鞘状膨大的叶柄基部内侧，叶柄脱落后腋芽露出，这样的芽称叶柄下芽（infrapetiolar bud）。不定芽只发生于植株的老茎、根、叶及创伤部位，其发生位置比较广泛，且没有确定性。例如，柳的老茎、甘薯的块根、秋海棠的叶上发生的芽都是不定芽。

2）叶芽、花芽与混合芽

按结构和性质，芽可分为叶芽、花芽和混合芽。叶芽（leaf bud）是将来发育成营养枝的芽，如水稻的分蘖（侧芽）芽；花芽（flower bud）是将来发育为花或花序的芽，如广玉兰和小麦的顶芽；混合芽（mixed bud）则为将来同时发育为枝叶和花或花序的芽，如梨、苹果等植物的顶芽。

叶芽相对瘦小，而花芽和混合芽通常比较肥大，易与叶芽区别。植物的顶芽和侧芽既可能是叶芽，也可能是花芽或混合芽。例如，禾本科植物的顶芽在营养生长期是叶芽，到幼穗分化时则转变成花芽。植物的副芽则通常是花芽，如桃、桂花等的副芽。

3）鳞芽与裸芽

按芽鳞的有无，芽可分为鳞芽和裸芽。鳞芽（scaly bud）是一些生长或起源在冬寒地带的多年生木本植物的芽，有芽鳞片包被，又称被芽。芽鳞片是叶的变态，其外层细胞角化或栓化、坚硬，外表常被以茸毛、蜡质，或可分泌黏液或树脂，因而可以有效地起到保护作用。随着鳞芽的活动生长，芽鳞片脱落，在枝条的一定部位留下密集的芽鳞痕，成为判别枝条生长年龄和生长速度或生长量的依据。

裸芽（naked bud）是无芽鳞片的仅被幼叶包围着生长锥的芽。所有一年生、两年生草本和一些分布于温暖地区的多年生木本植物的芽均属于裸芽。

4）活动芽与休眠芽

按芽的生理活动状态，可将芽分为活动芽和休眠芽。能在当年生长季节中萌发的芽称活动芽（active bud）。温带的多年生木本植物，其枝条上近下部的腋芽在生长季节里往往是不活动的，暂时保持休眠状态，这种芽称为休眠芽（dormant bud）。休眠芽仍具有生长活动的潜势。在一定的条件下活动芽与休眠芽可以互相转变。

5）珠芽

珠芽（bulbil）是一种未发育的球茎，呈球状、卵圆形等，通常生于叶腋，属于营养繁殖的器官。例如，两年生或三年生的半夏［*Pinellia ternata*（Thunb.）Breit.］叶柄的基部及百合（*Lilium speciosum* Thunb.）花茎的每一叶柄下部或叶子基部生出的珠芽等。此外，山药（*Dioscorea* spp.）、泽泻科（Alismataceae）、水麦冬科（Juncaginaceae）、天南星科（Araceae）和莎草科（Cyperaceae）部分种类都可在叶柄的基部形成珠芽。

此外，按芽形成的季节分，则生长季中形成并发育的芽称为夏芽，多见于草本和热带常绿植物；在生长季末形成，来年生长季才活动的芽称为冬芽或越冬芽，如多年生植物的某些芽。还有，按芽离地面的高低，芽可分为高位芽、地上芽、地面芽和地下芽或隐芽等类型。

一个具体的芽，由于分类依据的不同，可给予不同的名称。例如，梨的鳞芽可以是顶芽或侧芽，也可以是休眠芽，可以是叶芽，也可以是混合芽。种子萌发时，胚芽生长，逐渐发育为具叶的枝条。枝条的顶端和叶腋中生长幼芽。芽有多种类型，芽在茎或枝条上的位置因植物而不同，芽的位置和生长决定了植物地上部枝条分布的格局。

## 2. 芽的结构

### 1）叶芽

叶芽是在植物营养生长的早期陆续出现的芽。其基本结构包括生长锥（growing tip；growth cone）（芽轴、茎尖分生区）、自内而外体积和发育程度递增的叶原基（leaf primordium）和幼叶（图3-19）。有的植物，芽外方还有一至几片芽鳞，以及从第二、第三个（自顶向基）叶原基内侧开始出现的腋芽原基（axillary bud primordium）。腋芽原基位于每个叶原基或幼叶的内侧。

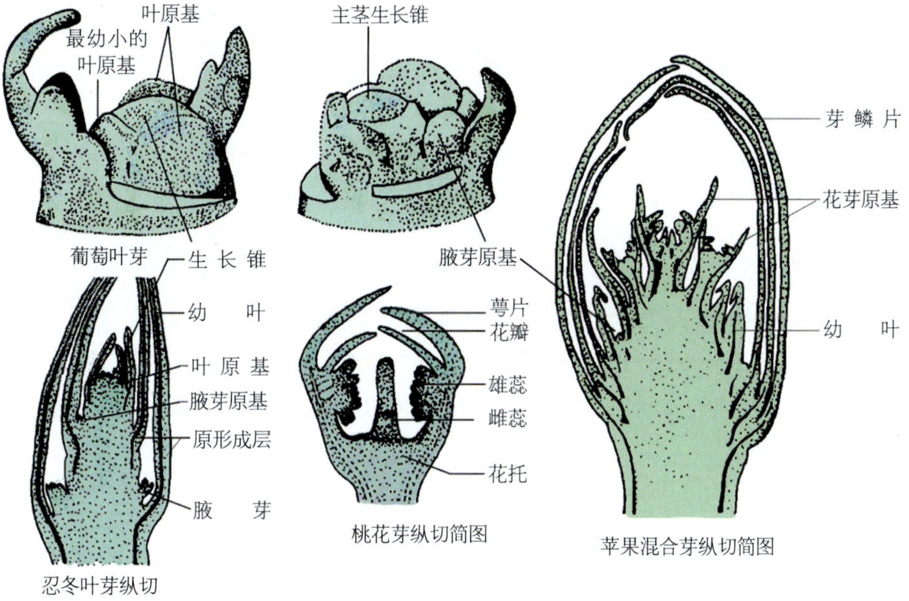


图3-19 芽的类型与结构

### 2）花芽

当植株从营养生长转入生殖生长时，开始形成花芽。花芽是花或花序的原始体，外观较叶芽肥大，内含花或花序各部分（花萼、花瓣、雄蕊和雌蕊）的原基（详见第四章）。花芽中无叶原基和腋芽原基，茎尖分生组织在花芽分化完成后消失（图3-19）。

### 3）混合芽

混合芽有完整的叶芽结构，叶原基或幼叶的叶腋内还有花芽原基的分化，混合芽的外围常有芽鳞片包被（图3-19）。

## 3. 茎的分枝方式

植物的顶芽和侧芽存在着一定的生长相关性。当顶芽活跃地生长时，侧芽的生长就受到一定的抑制。如果顶芽因某些原因而停止生长时，侧芽就会迅速生长，由于上述原因及植物的遗传特性，不同植物有不同的分枝方式，一般种子植物的分枝方式有以下几种（图3-20）。

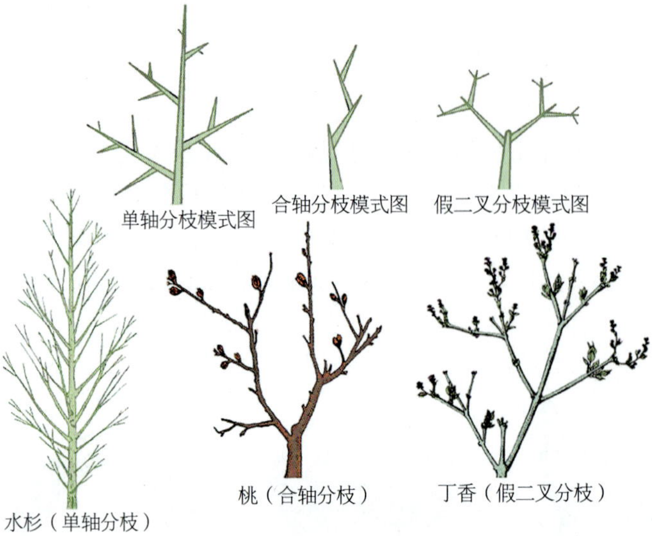


图3-20 分枝类型

### 1）单轴分枝

单轴分枝（monopodial branching）又称总状分枝，是指从幼苗开始，主茎的顶芽活动始终占优势，形成一个直立的主轴，而侧枝则较不发达，其侧枝也以同样的方式形成次级分枝。单轴分枝方式的植株呈塔形，如杨、红麻、黄麻等。所以，栽培这类植物时要注意保护顶芽，以提高其产量与品质。

### 2）合轴分枝

合轴分枝（sympodial branching）的植株顶芽活动到一定时间后死亡，或分化为花芽，或发生变态，而靠近顶芽的一个腋芽迅速发展为新枝，代替主茎生长一定时间后，其顶芽又同样被其下方的侧芽替代生长。合轴分枝的主轴除了很短的主茎外，其余均为各级侧枝分段连接而成，因此，茎干弯曲、节间很短，而花芽较多。合轴分枝在农作物和果树中普遍存在，如棉（图3-20、图3-21）、番茄、马铃薯、柑橘类、葡萄、枣、李等的果枝（fruit shoot），茶树等在幼年期为单轴分枝，成长后则出现合轴分枝。生产上，常采用整枝法来调整果枝和营养枝（foliage shoot）的比例，在保证一定的营养面积的基础上，充分发挥果枝的增产作用，提高品质。

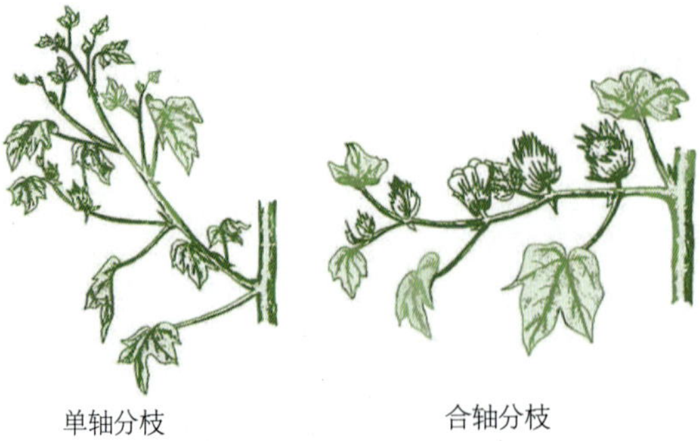


图3-21 棉茎的分枝方式

3）假二叉分枝

假二叉分枝（false dichotomous branching）是指某些具有对生叶序的植物，如丁香、石竹和槲寄生等，其主茎和分枝的顶芽生长形成一段枝条后停止发育，由顶端下方对生的两个侧芽同时发育为新枝，且新枝的顶芽与侧芽生长规律与母枝一样，如此继续发育形成的分枝方式。这样的分枝在外表上形似二叉分枝，实际上它不同于顶端分生组织一分为二所形成的二叉分枝（如地钱，*Marchantia polymorpha* L.）（参见第一章）。

### 4. 分蘖

分蘖（tiller）是指植株的分枝主要集中于主茎的基部的一种分枝方式。其特点是主茎基部的节较密集，节上生出许多不定根，分枝的长短和粗细相近，呈从生状态。典型的分蘖常见于禾本科作物，如水稻、小麦等的分枝方式（图3-22）。

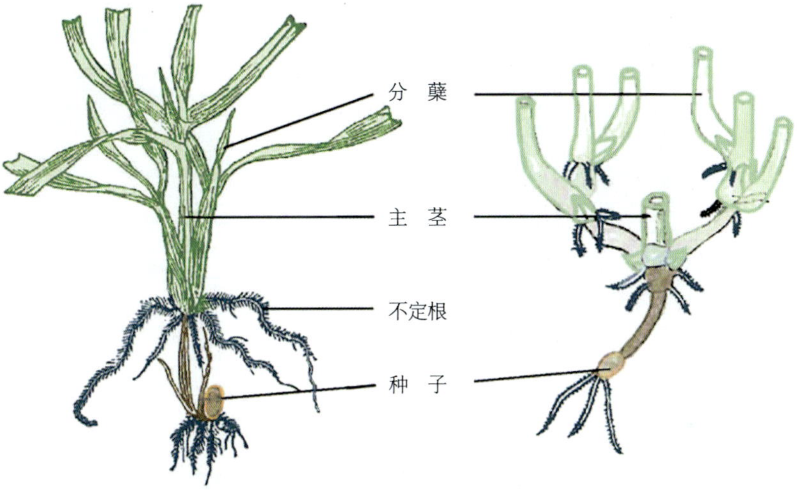


图3-22 小麦分蘖示意图

## 二、茎的结构

### （一）茎尖分区

茎的顶端叫做茎尖（stem tip），是由叶芽（顶芽）活动形成的。顶芽活动时，生长锥的原分生组织分裂，向下产生初生分生组织，初生分生组织经初生生长形成初生结构，从而形成茎尖。根据茎尖的形态和不同区域细胞组成特征，可将其划分为分生区、伸长区和成熟区3个区（图3-23）。茎尖细胞不断进行分裂、生长和分化，使茎不断伸长并不断产生新的枝叶。茎尖的生长分化过程与根尖基本相似，但由于茎尖所处的环境以及所担负的生理功能不同，其形态结构也有所不同。茎尖没有类似根冠的结构，然而分生区的基部次第形成了一些叶原基（有时有腋芽原基）和幼叶，以及未发育成的节和节间，增加了茎尖结构的复杂性。

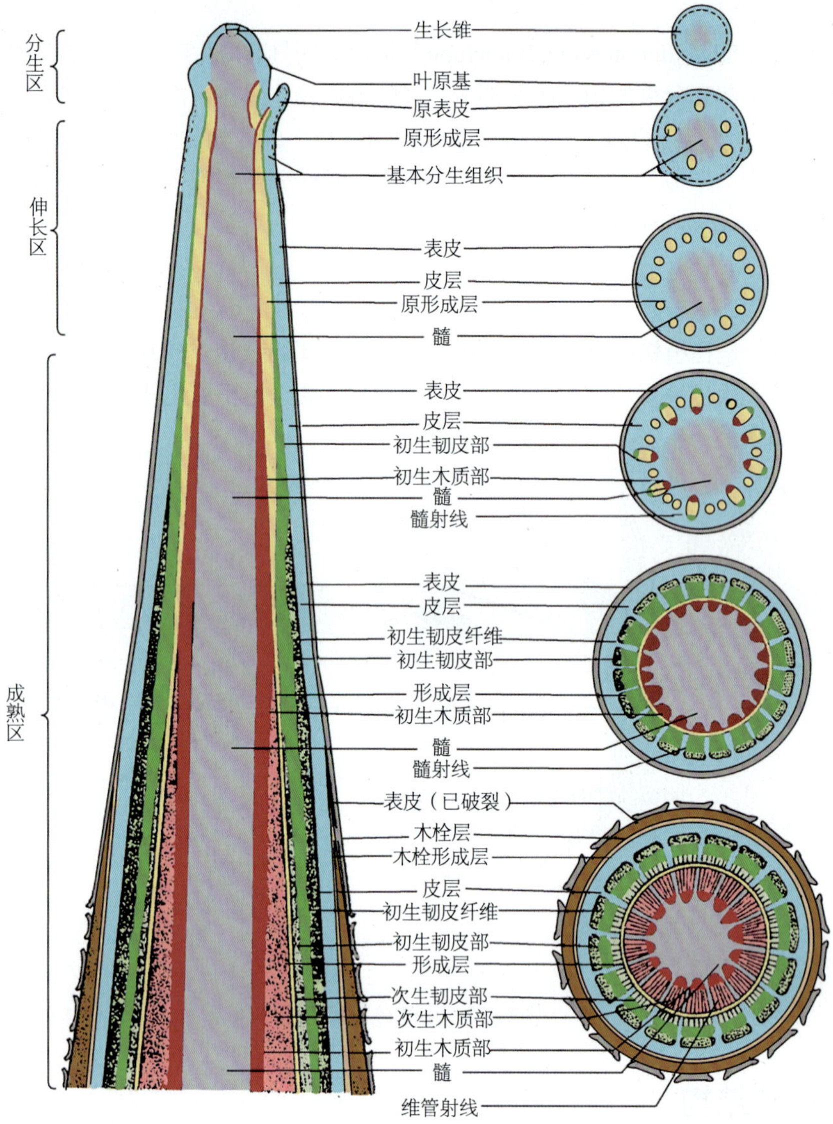


图3-23　茎初生结构至次生结构的发育过程图解（依Strasburger）

## 1. 分生区

茎尖分生区又称生长锥，一般为半球形，由一团具有分裂能力的原分生组织所构成。茎尖顶端以下有叶原基和腋芽原基，有的还有芽鳞原基。现以原套原体学说或组织细胞分区学说来说明茎尖生长锥的结构和分化动态。

### 1）原套原体学说

原套原体学说将茎生长锥分为原套（tunica）和原体（corpus）两部分。原套位于其表面，由一层或数层排列整齐的细胞组成。它们进行垂周分裂（anticlinal division），扩大其表面积。原体是原套内侧的一团不规则排列的细胞，它们可沿着各种方向进行分裂，增大体积（图3-24）。在营养生长过程中，原套和原体的细胞分裂活动，互相配合，故茎尖顶端始终保持原套、原体的结构。大多数植物的原套细胞通常是两层，有的单子叶植物则仅有一层。观察表明：当营养生长向生殖生长过渡时，茎尖的原套层数和原体的相对体积都会发生变化。此外，原套层数也可随季节、植株生长状况、发育阶段等的不同而改变。

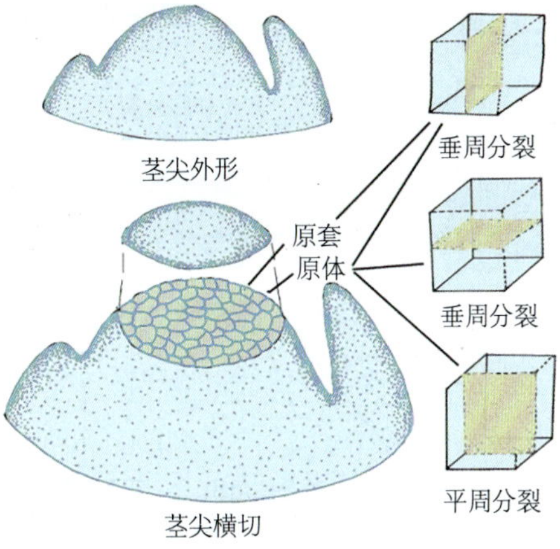


图3-24 水稻茎尖纵剖面与原套原体细胞的分裂面

### 2）细胞组织分区学说

根据细胞学特征和组织分化动态的观察，在裸子植物和已研究的大多数被子植物中发现茎端有分区现象（图3-25）。在原套、原体的中央部位，各有一个原始细胞群，前者称为顶端原始细胞区，后者称为中央母细胞区。这些细胞较大，并具较大的核和液泡，染色比周围的原套、原体细胞浅，细胞分裂较为频繁。这两群原始细胞分裂形成了围绕在它们周围的周围分生组织区（peripheral meristem zone）和下方的肋状分生组织区（rib meristem zone）。肋状分生组织区又称髓分生组织区（pith meristem zone），其细胞较周围分生组织细胞更液泡化，主要进行有规律的分裂，因而形成特殊的“肋状”。有些植物在肋状分生组织区和周围分生组织区上方还有整体如浅盘状的形成层状过渡区（cambium like transition zone），其细胞在茎端纵切面上为扁平状，排列整齐，如同形成层及其衍生细胞所形成的形成层带，如菊等植物的粗壮茎端。形成层状过渡区在叶原基形成的间隔期可以有体积的变化。分生区下方形成初步分化的初生分生组织；原套的表面细胞分化为原表皮层，周围分生组织和肋状分生组织分化形成基本分生组织和原形成层（图3-25，表3-2）。

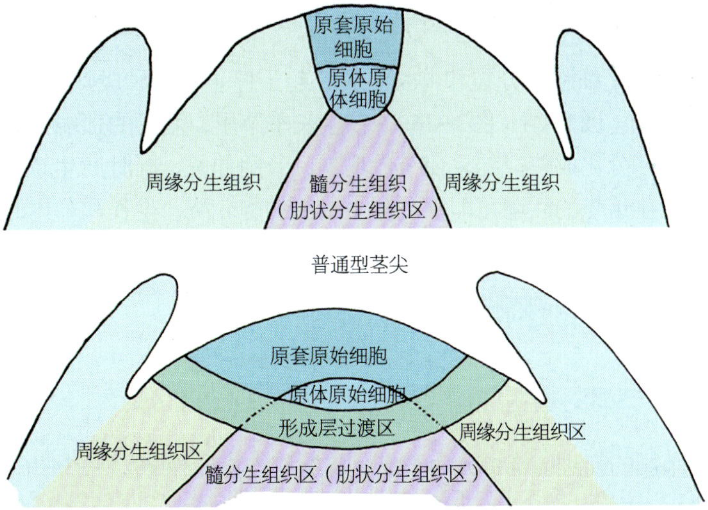


图3-25 被子植物茎尖顶端分生组织分区图解（临Clowes）

表3-2 茎尖不同分区中各类组织的相互关系

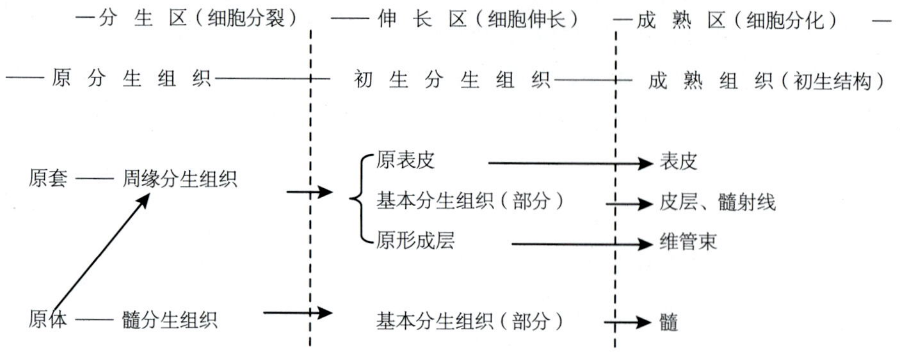


不同植物的细胞组织学分区的具体特征不同。茎尖顶端分生组织比较均匀的植物一般没有分区现象。

在茎尖顶端后部，周缘分生组织（周围区）和髓分生组织（髓区域）逐渐分化为3种初生分生组织。在周缘分生组织内侧维管组织开始以原形成层的方式出现，其细胞因为纵向分裂占优势而变得比较细长，它们可与比较短而宽的基本分生组织的细胞相区别。同时，原表皮也逐渐更多地显出成熟表皮的特征。

### 2. 伸长区

茎的伸长区的细胞学特征与根相似，但该区常包含几个节与节间，其长度可随环境改变。两年生和多年生植物在进入休眠期时，伸长区逐渐变为成熟区。伸长区由原表皮、基本分生组织、原形成层3种初生分生组织分别分化出一些初生组织，其细胞的有丝分裂活动逐渐减弱，伸长区可视为顶端分生组织发展为成熟组织的过渡区域（图3-23）。

### 3. 成熟区

成熟区的解剖特点是细胞的分裂和伸长生长都趋于停止，各种成熟组织的分化基本完成，具备了幼茎的初生结构（图3-23、图3-26）。在生长季节里，茎尖的顶端分生组织细胞不断地进行分裂、伸长生长和分化成熟，结果使节数增加，节间伸长，同时产生新的叶原基和腋芽原基。这种由于顶端分生组织的活动（即顶端分生组织细胞分裂、生长和分化的过程）而引起或表现出的生长称为顶端生长（apical growth）。

## （二）双子叶植物茎的结构

### 1. 双子叶植物茎节间的初生结构

双子叶植物茎节间的初生结构可分为表皮、皮层和维管柱3部分（图3-26）。

#### 1）表皮

表皮是幼茎最外的一层细胞，由初生分生组织的原表皮发育而来的初生保护组织。表皮包括表皮细胞、气孔器和各种表皮毛等表皮附属物。表皮细胞形状较规则，排列紧密、相互嵌合，细胞中一般不含叶绿体，有的含有花色素苷；细胞外壁厚、有角质层，有的还有蜡被，既

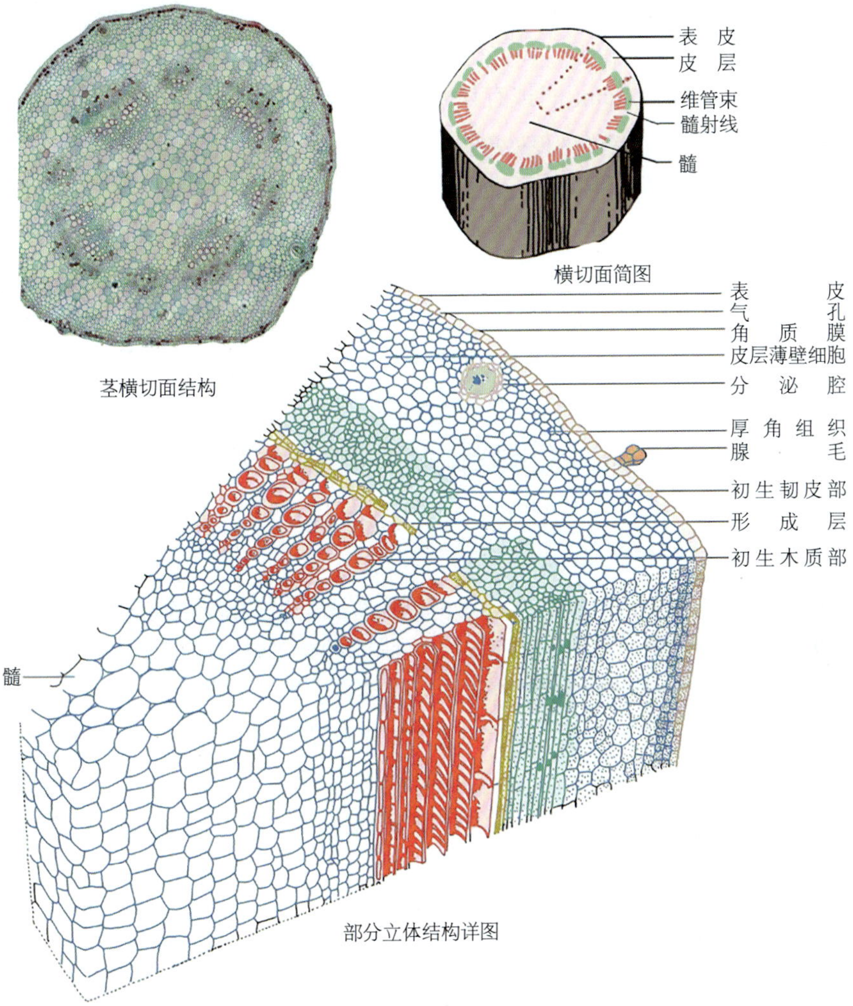


图3-26 棉茎横切部分结构

能起到控制蒸腾、防止体内水分过度散失和病虫入侵的作用，又不影响透光和通气，仍能使幼茎内的绿色组织正常地进行光合作用，如蓖麻（*Ricinus communis* L.）和油菜（*Brassica napus* L.）等。表皮毛形状多样，有单细胞和多细胞的，具有加强保护的功能。有的表皮有腺毛或异细胞，如番茄（*Lycopersicon esculentum* Mill.）等。这些都是植物对环境的适应性。

#### 2）皮层

皮层位于表皮与维管柱之间，由基本分生组织的部分细胞分化而来，皮层所占茎横切面比例远较根小。根据皮层细胞的特征，可将其分为厚角组织和皮层薄壁组织。

##### （1）厚角组织

位于表皮下方，由一至几层含有叶绿体的厚角组织细胞所组成。常成束或连接成片，起着加强幼茎的支持作用。

##### （2）皮层薄壁细胞

由数层体积较大、排列疏松的薄壁细胞所组成，通常含少量叶绿体。幼茎因皮层内细胞含叶绿体而常为绿色。

有些植物幼茎的皮层有分泌道，如棉花、向日葵（*Helianthus annuus* L.）；或有乳汁管，如甘薯［*Ipomoea batatas*（L.）Lam.］；或有其他分泌结构的分化。有些植物也常含有各种晶体和丹宁等的异细胞，如花生（*Arachis hypogaea* L.）、桃（*Amygdalus persica* L.）等。水生植物的茎，一般缺乏厚角组织，细胞间隙发达，常常形成通气组织。

通常幼茎皮层的最内层细胞，其细胞壁不像根中具有特殊的增厚结构。只有少数植物才有内皮层的分化，且往往是地下茎（如根状茎）较地上茎具有较典型的内皮层。例如，千里光属（*Senecio*）、益母草属（*Leonurus*）的内皮层凯氏带，在开花时才出现。有些植物茎的内皮层富含淀粉粒，称为淀粉鞘，如大豆［*Glycine max*（L.）Merr.］等。

#### 3）维管柱

维管柱是皮层以内的中轴部分，由原形成层和部分基本分生组织发育而来。它包括维管束、髓和髓射线3部分。大多数植物的幼茎内没有维管柱鞘或不明显。

##### （1）维管束

维管束是由原形成层发育而来的束状结构。具有次生生长特性的双子叶植物茎的维管束，包括位于外方的初生韧皮部、位于内方的初生木质部和束（中）内形成层3部分。这种具有束中形成层的外韧维管束称为无限外韧维管束。一般来说，草本双子叶植物幼茎各维管束之间的距离较大，它们环状排列于皮层的内侧。多数木本植物幼茎内的维管束，彼此间距很小，几乎连成完整的环。

在维管束发育过程中，初生韧皮部由外至内进行向心发育（centripetal development），为外始式，即原生韧皮部靠外方，后生韧皮部靠内方。而初生木质部却由内至外进行离心发育（centrifugal development），为内始式，即原生木质部靠内方，后生木质部靠外方。这与根初生木质部的外始式发育顺序，有着根本的不同。在初生韧皮部与初生木质部之间，还具有原形成层保留下来的一层分生组织细胞，称束中形成层，这是进行次生增粗生长的基础。

麻类作物茎有比较发达的韧皮纤维，其细胞经协同生长（symplastic growth）和侵入生长（intrusive growth）而较细长，且其细胞壁是纯纤维素的，故柔软而坚韧，品质最佳，为纺织工业的重要原料之一，如亚麻（*Linnum usitatissimum* L.）等。

##### （2）髓

髓（pith）位于幼茎中央，其细胞体积较大，常含淀粉粒，具有储藏作用。有时，髓细胞也有含晶体和含单宁等的异细胞。有些双子叶植物茎的髓细胞生长停止较早，而周围的细胞仍在伸长，从而形成中空髓腔（pith cavity），如蚕豆和南瓜等。有些植物的髓成为一系列水平片状的髓组织，如胡桃（*Juglans regia* L.）和枫杨（*Pterocarya stenoptera* DC.）等。

##### （3）髓射线

髓射线（pith ray）位于维管束之间，是连接皮层与髓的薄壁组织，有横向运输和储藏作用。在茎进行次生生长时，与束中形成层相连接的那部分髓射线细胞恢复分裂能力，转变为束间形成层（interfascicular cambium）。木本植物茎的髓射线狭窄，草本植物茎的髓射线较宽（图3-27）。

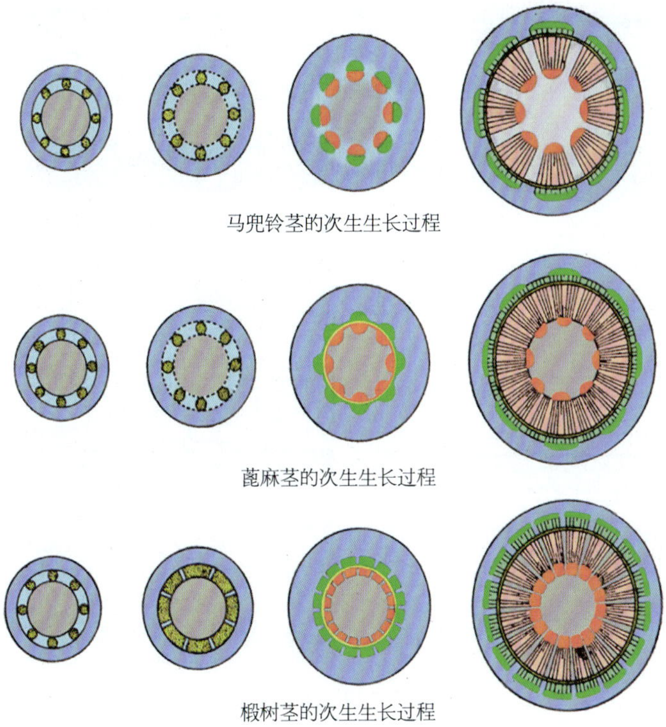


图3-27　双子叶植物茎次生生长的三种主要类型图解

## 2. 双子叶植物茎节间的次生结构

大多数双子叶植物的茎同根一样，在初生生长的基础上，出现维管形成层和木栓形成层，通过它们的活动，进行次生增粗生长。

### 1）维管形成层的发生与次生维管组织

#### （1）维管形成层的发生

当茎进行次生生长时，首先是位于初生木质部与初生韧皮部之间的束内形成层（fascicular cambium）细胞开始分裂、生长分化，接着与束内形成层相连接的髓射线细胞恢复分裂能力，转变为束间形成层（interfascicular cambium）。这样，束内形成层和束间形成层就连成一环，它们共同构成维管形成层。木质化程度高的植物，其维管形成层主要是束内形成层；木质化程度低的草本植物，其维管形成层主要是束间形成层。

#### （2）维管形成层细胞

维管形成层的原始细胞有两种：一是切向面宽、径向面窄的两端尖斜的长梭形细胞，称为纺锤状原始细胞（fusiform initial cell）；一是较小、近于等径或稍长的细胞，称为射线原始细胞（ray initial cell）。前者是形成层的主要成员，沿茎的长轴平行排列，连成一片，发育成茎的纵向（轴向）系统；后者与茎轴垂直排列，分布于纺锤状原始细胞之间，发育成茎的横向（径向）系统。横切面上，纺锤状原始细胞呈扁平长方形，射线原始细胞宽长方形，两者紧密整齐地排列成一环（图3-28）。

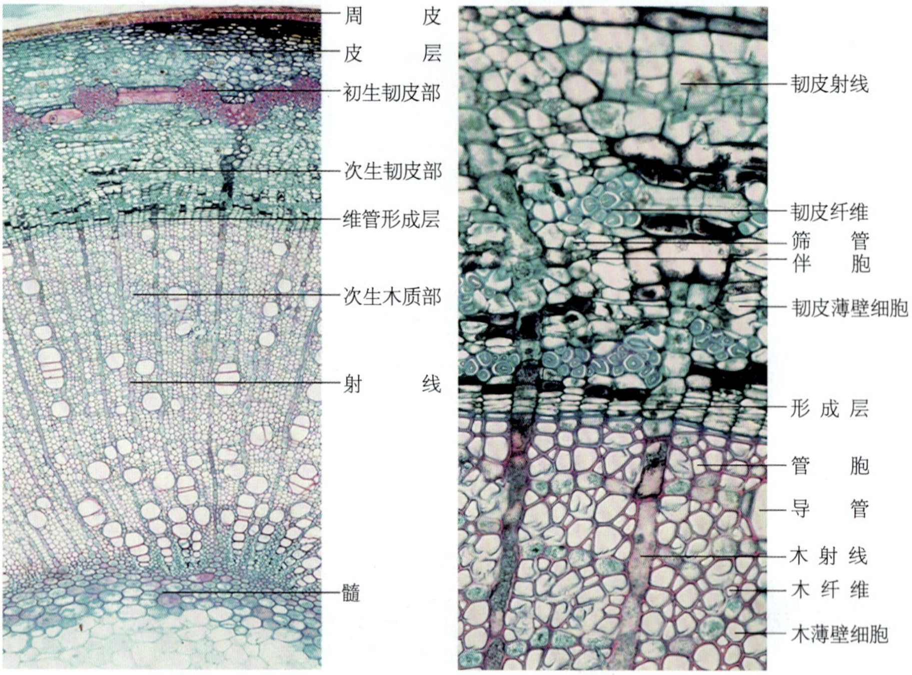


图3-28 胡桃茎部分横切

### （3）次生维管组织

维管形成层开始活动主要是纺锤状原始细胞不断进行切向分裂，向外所产生的新细胞经生长、分化形成次生韧皮部（包括筛管、伴胞、韧皮纤维和韧皮薄壁细胞），向内所产生的新细胞经生长、分化形成次生木质部（包括导管、管胞、木纤维、木薄壁细胞）。次生木质部和次生韧皮部共同构成次生维管组织，成为茎中纵向的输导系统。同时，射线原始细胞也不断进行切向分裂，其外侧的新细胞分化形成韧皮射线，内侧的新细胞分化形成木射线，这两种射线统称为维管射线（vascular ray），成为茎中横向的输导组织，并将次生维管组织隔成许多片区（图3-27、图3-29）。随着次生木质部的增加，维管形成层的位置逐渐外移，其周径也随之扩大。

维管形成层周径扩大的原因，主要是由于纺锤状原始细胞在进行平周的切向分裂的同时，还可以进行垂周的径向分裂。此外纺锤状原始细胞也进行横裂、侧向分裂衍生出新的射线原始细胞。而射线原始细胞本身又能径向分裂，从而使环径扩大，新的射线也将不断形成并贯穿于次生维管组织中。

了解维管形成层的特性，对植物嫁接有实际意义。因为，维管形成层的分裂活动，与枝条伤口的愈合有密切关系，所以在嫁接枝条时，必须使砧木和接穗之间的形成层区保持吻合，才能嫁接成活。

### （4）木材

木材是指维管形成层历年产生的次生木质部的总称（因初生木质部占中央的一小部分，常可忽略）（图3-23、图3-28、图3-29）。

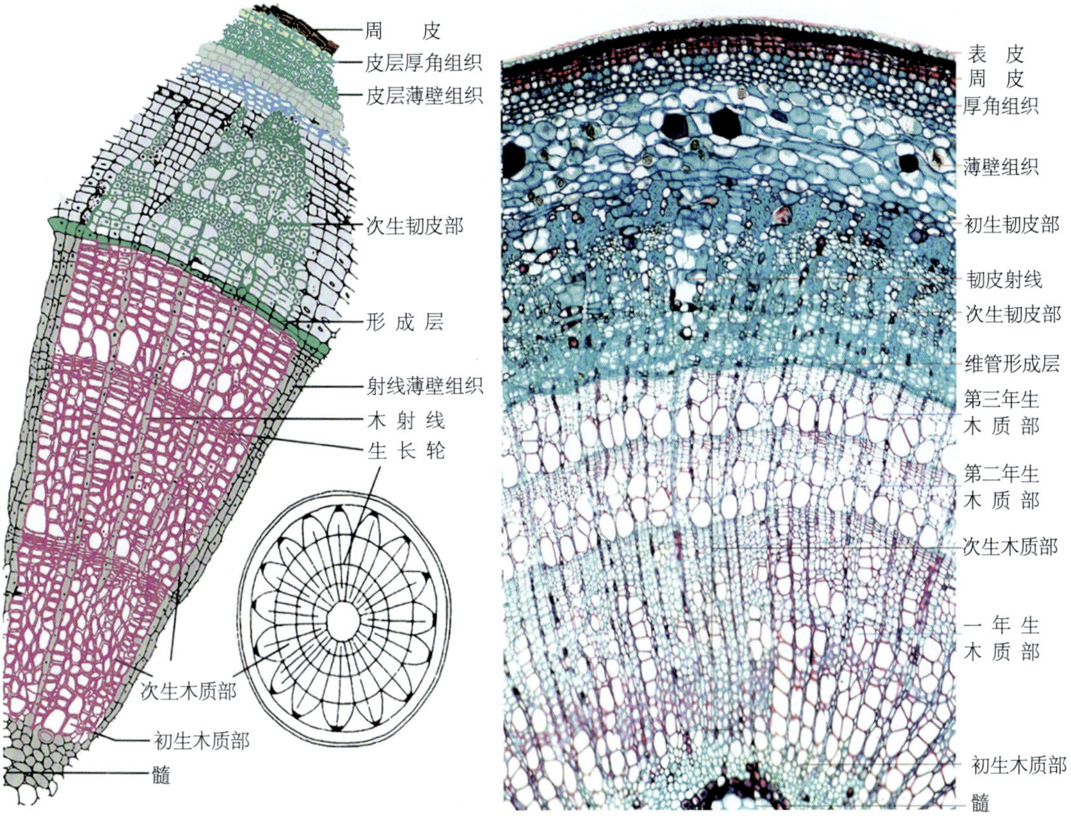


图3-29 三年生椴树茎横切结构

① 年轮

年轮（annual ring）是指在季节性明显的地区，木本植物的维管形成层在一年中只活动一次而形成的次生木质部。因维管形成层在生长季节不同阶段的活动特性不同，所形成的新细胞的大小和分化成熟的结构有差异，使得所产生的次生木质部呈次第变化的同心环，故有生长轮之称。因此，在一个生长期中，维管形成层所产生的次生木质部（木材）构成一个生长轮，一年只有一个生长轮，这样的生长轮就是年轮（图3-29）。植物的年龄、各年份气候特征或变化等均与年轮的宽窄有一定的关系。因此，年轮可作为研究气候变迁的依据。

在温带的生长季初期（春季），气候温和、雨水充沛，适宜于维管形成层的活动，所产生的木材一般较快较多，其中的导管和管胞直径较大，而壁较薄。因此，这部分的木材，质地较疏松、颜色较浅，称为早材（early wood）或春材（spring wood）。在生长季的晚期（如夏末秋初），气温和水分等条件逐渐不宜于树木的生长，维管形成层的活动逐渐减弱，所产生的木材较少，其中的导管和管胞直径较小而壁较厚。因此，这部分的木材质地较坚实而颜色较深，称为晚材（late wood）或夏材（summer wood）。同一年内所产生的早材和晚材就是一个年轮，两者之间的细胞结构是逐渐转变的，没有明显的界限，但前一年的晚材与后一年的早材之间的界限就非常明显。

在次生木质部中，导管可单个或数个聚集分布、木薄壁组织与导管的相对位置、木射线的行数与宽窄程度等特点，因种而异，成为木材鉴定的重要依据。

现将维管形成层的活动及其与衍生组织的关系表解如下：

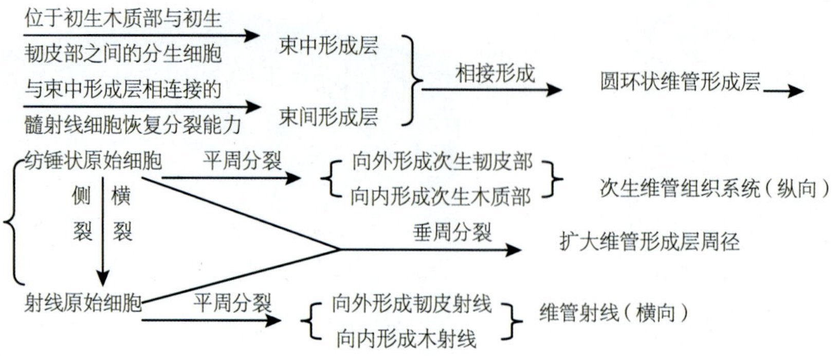


② 边材和心材

横切多年生木本植物的树干，可见其木材的边缘部分和中央部分有所不同。靠近形成层部分的木材是近几年形成的次生木质部，颜色浅，其导管、管胞和木薄壁组织有效地担负着输导和储藏的功能，这样的木材称为边材（sap wood）。边材木质疏松、木质差。靠近茎中央部分的木材是形成较久的次生木质部，这部分颜色较深，其导管和管胞由于侵填体的形成，并因单宁、树脂、色素等有机物的累积而失去输导功能，这样的木材称为心材（heart wood）。心材木质致密、木质好。随着茎的次生生长，新的边材相继产生，老的边材逐年成为心材，能更强地巩固和支持植株。少数木本植物在生长后期，心材被菌类侵入而腐烂，形成空心树干，虽能生活，但易为外力所折断。

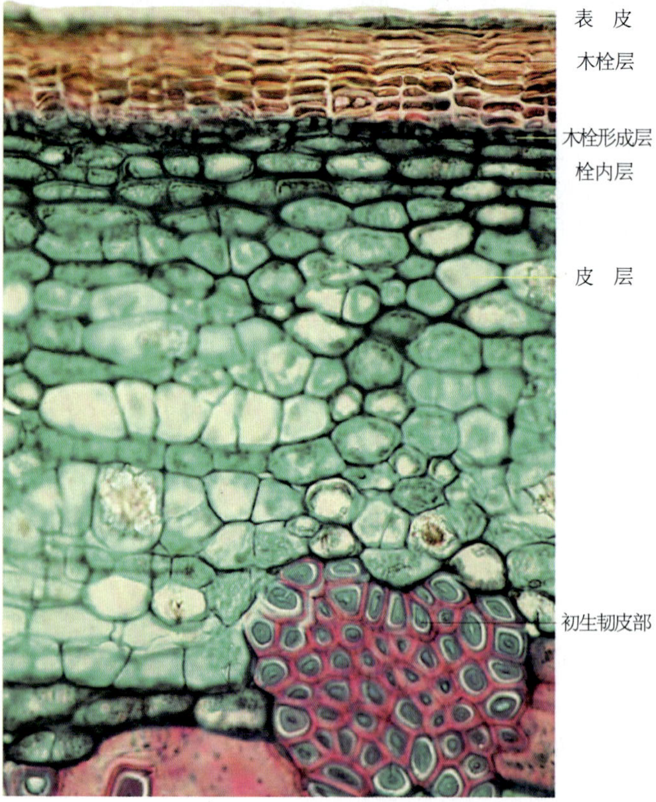


图3-30 胡桃茎部分横切

### 2）木栓形成层的发生与周皮

随着维管形成层的活动和茎的不断增粗，其外周出现了木栓形成层，产生周皮，成为新的次生保护组织。

#### （1）木栓形成层的发生

木栓形成层最初发生的位置因植物种类不同而异。有的起源于表皮（如梨、苹果等），有的起源于近表皮的皮层薄壁组织（如马铃薯、桃等）或厚角组织（如花生、大豆等），有的起源于皮层较深处的薄壁组织（如棉花等），有的甚至在初生韧皮部中发生（如茶属）（图3-23、图3-30）。大多数植物茎中，木栓形成层的活动期是有限的，通常生存几个月就失去活力，以后木栓形成层每年重新发生，在第一次周皮的内方产生第二层新的木栓形成层，再形成新的周皮。这样，木栓形成层的位置则渐向内移。在老茎中，木栓形成层可以在次生韧皮部中发生。当新的木栓层形成以后，由于木栓层细胞不透水、不透气，使新周皮以外的所有组织不能得到水分和养料的供应而死亡。

### （2）木栓形成层的活动

木栓形成层主要进行切向分裂，向外产生的多层新细胞，经生长、分化为木栓层，向内产生的新细胞，经生长、分化为栓内层（图3-30）。木栓层、木栓形成层和栓内层三者构成周皮，保护其内部组织或结构，适应茎的次生增粗生长。木栓形成层产生的周皮包含的木栓组织较多，栓内层较少，有些树木可形成很厚的木栓层，如栓皮栎（*Quercus variabilis* Blume）和白千层（*Melaleuca leucadendra* L.）等。

### （3）皮孔

皮孔（lenticel）是枝条外表上产生的一些呈圆形、椭圆形或枝状的褐色小突起，是茎与外界进行气体交换的通道，也是病虫入侵的“门户”（图3-31）。皮孔一般产生于原来气孔的位置，气孔处或其内方的木栓形成层不形成木栓细胞，而形成许多圆球形的薄壁细胞，其细胞排列疏松，细胞间隙发达，称为补充组织。随着补充组织越来越多，向外突出，形成裂口便有了皮孔。有的树木冬眠之前，在补充细胞群的外方形成封闭层，其细胞排列紧密并栓质化，具保护作用。进入生长季期间，因补充细胞的增多，可突破封闭层，以后又可产生新的封闭层。

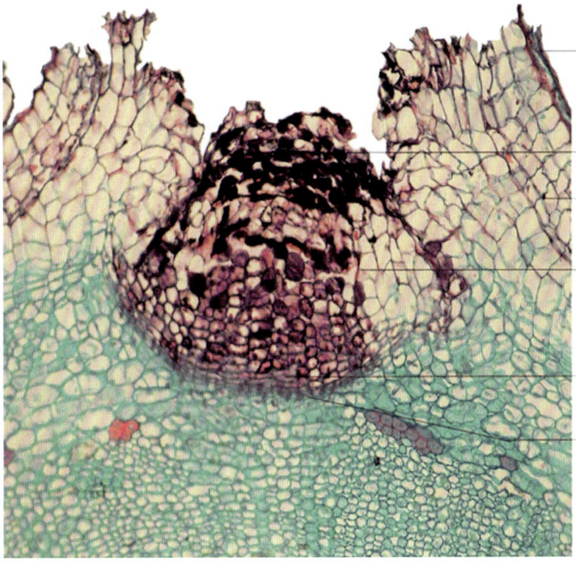


图3-31 接骨木茎部分横切示皮孔结构

木栓形成层发生的位置因植物种类的不同而异，其活动的规律也有差异，因而不同的植物具有不同的皮孔特征或形状。皮孔可作为木本植物种间鉴别的依据之一。

现将木栓形成层的发生和活动表解如下：

表皮细胞<br>或皮层细胞<br>或初生韧皮部薄壁细胞<br>次生韧皮部薄壁细胞 } —恢复分生能力→ 木栓形成层 —平周分裂→ {向外产生木栓层<br>向内产生栓内层} 周皮

树皮　通常意义上的树皮是指维管形成层以外所有组织的总称。树皮的结构包括次生韧皮部和历年产生的周皮以及一些已死的皮层、韧皮部等组织结构。因此，树皮是茎内同化产物输导的通道，同时还具有极强的保护功能。由此可见，树怕剥（或环割）“皮”的真正含义。狭义概念的树皮是木栓形成层历年产生的周皮的总称，是老茎的重要保护结构。

在不同植物中，由于木栓形成层的发生、分布以及树皮组成分子的积累情况不同，树皮常表现出不同形态。例如，刺槐、栎树和大叶桉等的树皮，其木栓形成层呈条状分布，且死亡的组织较长时间不脱落，树皮形成许多深裂纵沟；榔榆、番石榴、悬铃木等树皮木栓层呈片状分化，老的周皮一片片地脱落，树干上常呈现鳞片状斑驳。柠檬桉的树皮木栓形成层为连续筒状分化，树皮一般比较光滑，最后呈套状剥落。

### 3. 双子叶植物茎节部结构特点

双子叶植物茎节部的结构与节间不同，主要表现在维管束的排列不同。茎内有些维管束由节部斜向伸入叶柄，这种斜生于茎内的维管束部分，称为叶迹（leaf trace）。有些维管束斜向伸入侧枝，与枝的维管束相连，这些斜生在茎内的维管束部分，称为枝迹（branch trace）。叶迹和枝迹的斜向伸出，它们的位置逐渐转移到茎的皮层和边缘部分。结果，节部的皮层和维管柱之间就没有截然划分的界限，各个维管束的排列也不成为一环。在茎的维管系统内，位于叶迹或枝迹近轴处的薄壁组织分别称为叶隙（leaf gap）和枝隙（branch gap）。在叶迹和枝迹的地方，存在着维管束的侧面联系。所以，节部的初生结构比较复杂（图3-32、图3-33）。

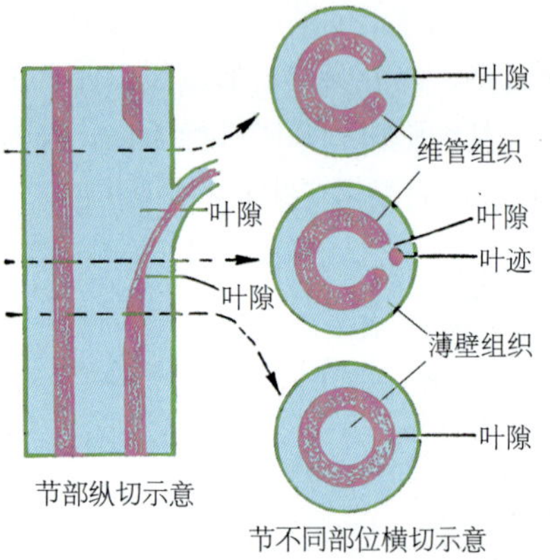

图3-32　叶与枝条中的叶迹与叶隙图解

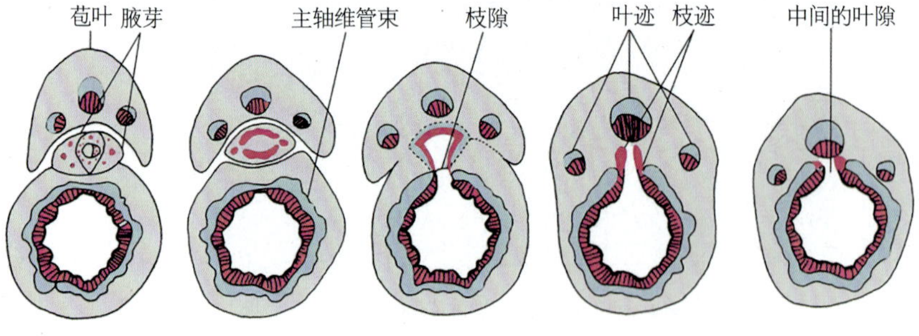

图3-33　柳属一植物节部及其附近向上（由左至右）的连续横切（示主轴与腋芽间的维管束关系）（临Esau）

## （三）单子叶禾本科植物茎的结构

禾本科植物的茎与根一样，不能进行次生生长，没有次生结构。禾本科植物茎有明显的节和节间，节部略膨大，多数种类茎节间中空，少数植物，如玉米、甘蔗等的茎实心。维管束为外韧有限维管束，散生，没有皮层和维管柱之分。茎横切面上，可分为表皮、机械组织、基本组织和维管束等部分。现以水稻、小麦和玉米等为例说明禾本科植物茎节间的结构（图3-34）。

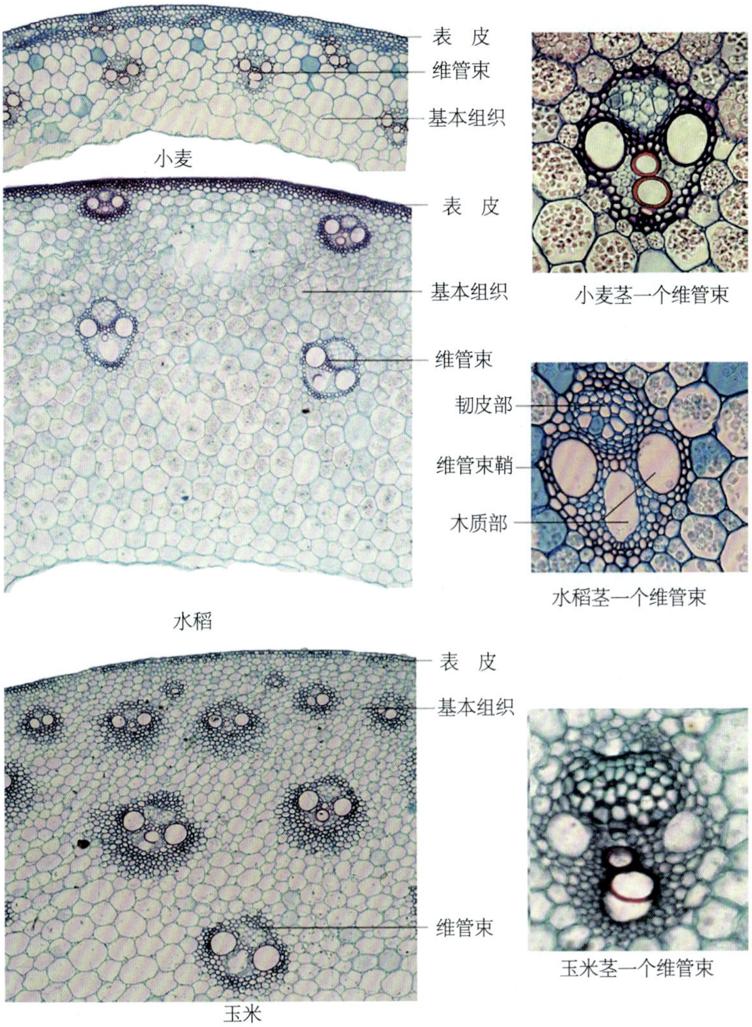


图3-34 小麦、水稻、玉米茎部分横切及一个维管束放大

## 1. 表皮

表皮是位于茎最外面的一层细胞，由长细胞（long cell）、短细胞（short cell）和气孔器（stomatal apparatus）有规律地排列而成，外覆角质膜。长细胞是构成表皮的主要成分，其细胞壁厚，不仅角化且硅化，其纵向壁常呈细密的波浪状。短细胞有两种类型，即栓细胞（cork cell）和硅细胞（silica cell）。它们位于两个长细胞之间，排成整齐的纵列。栓细胞的细胞壁栓化，硅细胞含有大量二氧化硅，硅酸盐沉积于细胞壁上的多少，与茎秆强度和对病虫害抵抗力的强弱有关。甘蔗等的茎表皮上还覆盖着发达的蜡被。气孔器由一对哑铃形的保卫细胞、保卫细胞旁侧各一个副卫细胞和气孔构成，与长细胞间隔排列成纵行。

## 2. 基本组织

表皮以内，维管束之间的所有区域皆为基本组织，主要是由薄壁细胞组成。玉米、高粱和甘蔗等的茎内为基本组织所充满；而水稻、小麦和竹等茎内的中央薄壁细胞解体，形成中空的髓腔。水稻的维管束之间的基本组织中有大型的裂生通气道，成为良好的通气组织。

竹类植物、水稻和玉米茎中，表皮下方的基本组织后期细胞壁增厚，形成厚壁的机械组织。小麦等茎的机械组织环中间为同化组织隔开，幼茎外观可见绿色纵纹。

## 3. 维管束

维管束为有限外韧型，散生于基本组织中。其排列方式有两类。一类以水稻和小麦等为代表，各维管束大体上排列为内、外两环。外环维管束较小，位于茎的边缘，其大部分埋藏于机械组织中；内环维管束较大，为基本组织所包围。另一类如玉米、甘蔗和高粱等，其茎内为基本组织所充满，维管束分散排列于其中；近边缘的维管束较小，相距较近，靠中央的维管束较大，相距较远。维管束的结构组成包括维管束鞘、初生韧皮部和初生木质部三部分。维管束鞘是坚强的厚壁机械组织，包围着初生木质部和初生韧皮部。初生木质部位于维管束的近轴方，整个横切面的轮廓呈V字形。V字形的基部为原生木质部，包括1至几个环纹或螺纹导管及少量木薄壁细胞。在分化成熟过程中，这些导管常被拉短、挤破，其四周的薄壁细胞互相分离形成气隙。在V字形的两臂上，各有1个后生的大型孔纹导管。在这两个导管之间充满薄壁细胞，有时也有小型的管胞。初生韧皮部位于初生木质部的外侧，其中原生韧皮部已被挤毁，后生韧皮部由筛管和伴胞组成。横切面观，筛管大而呈多边形，伴胞小，呈近长方形（图3-34）。

在禾本科植物茎的节部，茎和叶鞘相连。外观节部比较粗大，但其内部结构，由于节间的维管束在此分离、交叉、结合和分离，新的维管束结构延伸进入上一节间和叶鞘中去（图3-35）。金银根等的研究结果表明，水稻、小麦茎节部维管组织横切面积近等于上一节间维管组织和该节位叶鞘维管组织的总和，而略大于下一节间的维管组织横切面总量。

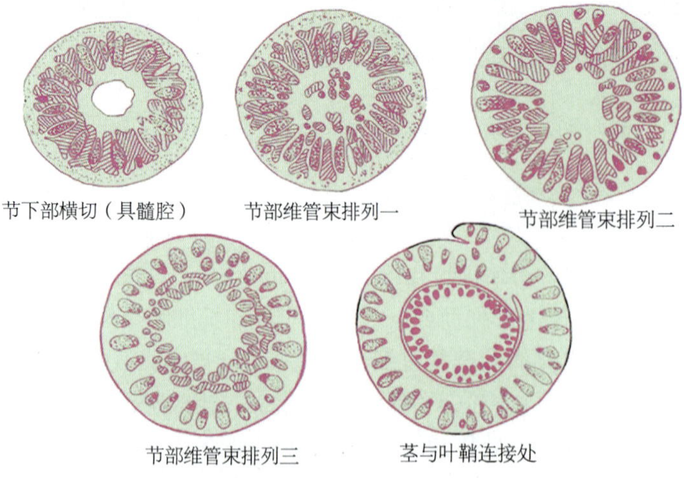


图3-35 禾本科植物茎节部不同水平的横切结构示意图

## （四）禾本科植物茎的初生增粗生长与居间生长

### 1. 初生增粗生长

禾本科植物的维管束没有束中形成层，不能进行次生增粗生长。但是，甘蔗和高粱等的茎实际上比具有次生生长的棉花、花生等的茎还粗壮，其原因是在玉米和甘蔗等茎尖的正中纵切面上，可以看到在叶原基的下面有许多由顶端分生组织衍生而来的扁平初生分生组织细胞，它们有规律地排列为垂周行列，这称为初生增粗分生组织（primary thickening meristem）。它们快速进行平周分裂，衍生出大量薄壁组织细胞（其中穿插着原形成层），形成粗壮的芽尖，随着细胞的分裂和增大，形成粗壮的茎（图3-36）。

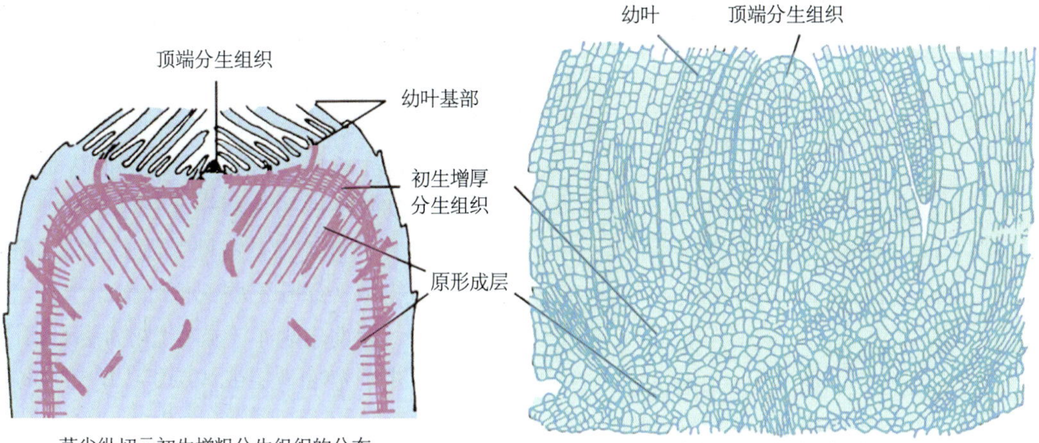

茎尖纵切示初生增粗分生组织的分布　　玉米茎尖纵切部分结构详图

图3-36　单子叶植物茎尖初生增粗分生组织的分布与特征

### 2. 居间生长

禾本科植物茎的每个节间基部都有居间分生组织，它们的细胞进行分裂、生长和分化就使每个节间伸长，这称为居间生长（intercalary growth）。拔节是居间生长的表现，抽穗是几个节间同时进行居间生长的结果。居间生长对植株倒伏后的复原起着重要作用。在节间基部的居间分生组织分布区，不同侧面生长的不平衡，引起向上弯曲生长，使植株部分恢复直立。

# 第三节　叶的形态、结构与功能

叶是植物的营养器官之一，是植物光合作用制造有机养分的重要场所，同时也是蒸腾作用促进植物吸收、运输和分配水分与矿质元素的重要器官。此外，叶还有吸收作用（absorbing function）、繁殖作用（propagating function）和储藏作用（storage function）。人类根据植物叶的不同特性而用作蔬菜（如大白菜、菠菜）、药物（银杏叶）、工业原料（如茶叶、烟叶）、提高环境质量（叶可吸附粉尘，吸收有毒有害气体，减少噪声）降低“温室效应”，以及栽培用作观叶植物等。

# 一、叶的形态与组成

## （一）叶的发生与生长

叶由叶原基（leaf primordium）生长分化而来。当芽形成和生长时，在生长锥的亚顶端，周缘分生组织区的外层细胞不断分裂，形成侧生的突起。这些突起是一团原分生组织细胞，是叶生长发育的起点，因而被称为叶原基。叶原基经顶端生长，形成的圆柱状结构称为叶轴。叶轴是尚未分化的叶柄和叶片。具有托叶或叶鞘的植物，叶原基上部形成叶轴；叶原基基部两侧的细胞较上部分裂快，且发育早，分化成为托叶或叶鞘，包围着叶轴或茎顶端分生组织，起到保护作用。在叶轴伸长的同时，叶轴两侧边缘的细胞开始分裂，进行边缘生长（边缘生长进行一段时间后，顶端生长停止），叶轴两侧的细胞分裂加快，使叶轴逐渐呈扁平状，具备了叶的雏形；如果是复叶，则形成多数小叶片。叶轴基部未进行边缘生长的部分分化为叶柄。最后，随着叶柄伸长，幼叶由芽内逐渐伸出，边缘生长停止，叶片进入居间生长。这个时期幼叶叶片的各部分近乎等速生长，使叶片增大，直到发育成熟（图3-37）。但在有些植物中，幼叶不同部位细胞的生长速度不一致，因而出现了不同类型的叶形。叶的这种发生于植物表层或浅层组织的方式称为外起源（exogenous origin）。

图3-37　烟草叶的发育顺序图解

## （二）叶的形态

### 1. 叶的形状

不同种类植物叶的形态特征不同，其差异主要表现在叶的质地、形状、大小、叶尖、叶基、叶缘和叶脉等方面（详细参见第五章）。

叶形是指叶片和叶柄（有时也包括托叶）的整体轮廓。叶形多采用几何图形或生活中常见的物品形状来描述，如圆形、椭圆形、三角形、菱形、戟形、箭形、心形、肾形、匙形、镰形、提琴形、带形、条形、卵形、针形、披针形等。如果叶片的宽度与长度的比例较大，可在以上词汇前加上“阔”、“广”等词；如叶片最宽处的位置偏向叶尖，则加“倒”来描述（详细参见第五章）。

叶的大小差别很大，小的仅数毫米，如文竹的鳞叶；大的可达数米，王莲叶的直径可达2m，亚马孙酒椰的叶片可长达20多米等。

### 2. 叶的组成

#### 1）双子叶植物叶的组成

一般双子叶植物的叶由叶片、叶柄及托叶组成，有的叶或无托叶或叶柄不明显（图3-38）。

叶片（blade）叶片大多呈典型的扁平体，不同的植物其叶片形状差异很大。叶片是进行光合作用和蒸腾作用的主要场所，是叶最重要的组成部分。叶片内有叶脉（通常呈网状），叶脉对维持叶片形态和叶片内的水分与养分的运输与分配起重要作用。

叶柄（petiole）叶柄位于叶片基部，上端与叶片相连，下端与茎相连，是连接叶片和茎的柱状结构。叶柄通过自身长短的变化和扭曲，支持叶片处于最有利于光合作用的位置，叶柄中的维管束将叶片及茎中的维管组织连接起来，成为茎与叶片之间物质运输的通道。

托叶（stipules）托叶是叶柄基部的附属物，多成对出现，通常比较细小且形状多样。托叶在发育过程中有保护幼叶叶片的作用，成长后或脱落或保留。

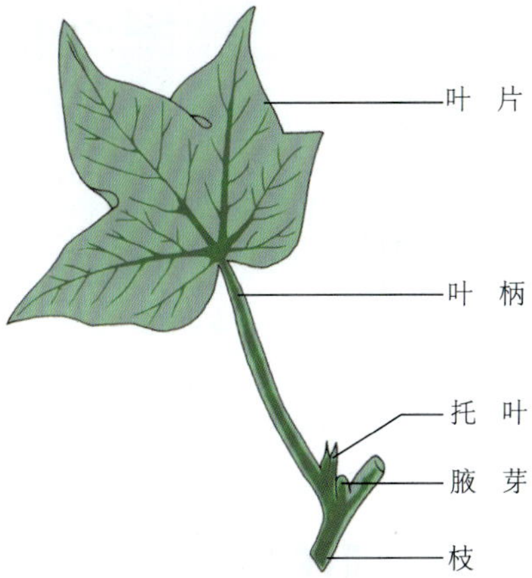

图3-38 双子叶植物叶的组成

通常将具有叶片、叶柄和托叶3部分的叶称为完全叶（complete leaf），如杨树、棉花等。而将叶片、叶柄和托叶三者中缺少其任一部分或两部分的叶称为不完全叶（incomplete leaf）。例如，紫丁香（*Syringa oblata* Lindl.）叶无托叶，莴苣（*Lactuca sativa* L.）茎生叶无叶柄及托叶。

叶可分为单叶（simple leaf）和复叶（compound leaf）两类。如果在一个叶柄上只生一叶片的叶，不论是完全叶还是不完全叶，叶片是完整的还是分裂的，都称为单叶，如棉、梨和甘薯等的叶。绝大多数植物的叶是单叶。如果在一个叶柄上生有两个以上完全独立的小叶（leaflet），则称为复叶。有时，将复叶的叶柄称为总叶柄（common petiole），总叶柄上着生的叶片称为小叶，着生小叶的轴状部分（叶柄的延伸结构）称为叶轴（rachis）（图3-39）。复叶具有多种类型，详见第五章。

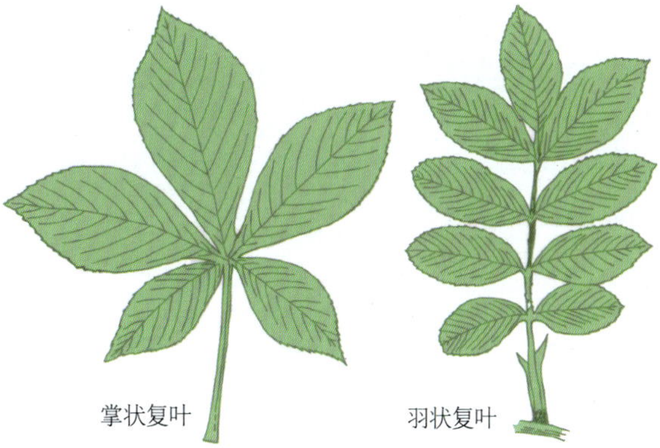

图3-39 复叶

### 2）禾本科植物叶的组成

水稻、小麦等禾本科植物叶多由叶片和叶鞘（leaf sheath）组成，有的还具有叶枕（pulvinus）、叶舌（ligulate）和叶耳（auricle）等结构。其叶片条形，具平行脉。叶基部呈鞘状，叶鞘一侧开裂，包围着茎秆，有保护茎的居间生长、加强茎的支持作用及保护叶腋内幼芽的功能。叶鞘与叶片连接处的外侧称为叶枕（又称叶颈、叶环），叶枕具有弹性及伸延性，可

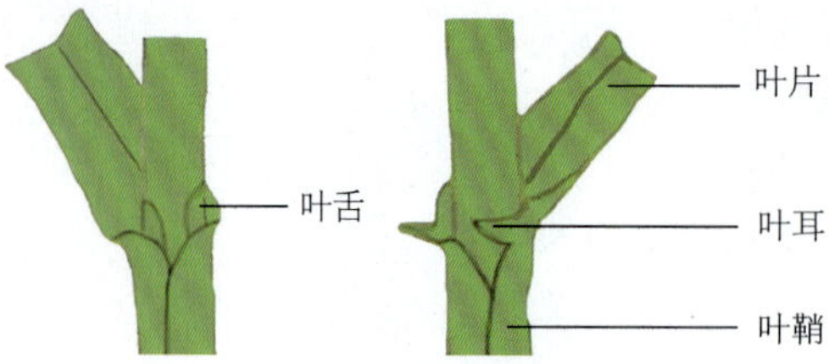

图3-40 禾本科植物叶的组成

以调节叶片的位置。在叶鞘与叶片连接处的内侧，有些禾本科植物有一向上突起的膜状或毛状结构，称为叶舌；叶舌能使叶片向外弯曲，使叶片接受更多的阳光，同时可以防止水分、病原菌及害虫进入叶鞘内。有些植物在叶舌的两旁有一对从叶片基部边缘延伸出来的突出物，称为叶耳。叶舌、叶耳的有无、形态、大小及色泽常作为禾本科植物分类的依据。例如，小麦叶耳明显，稗子［*Echinochloa cousgalli*（L.）Beauv.］则不具叶耳（图3-40）。

## 二、叶的结构

### （一）双子叶植物叶的结构

#### 1. 叶片的结构

横切双子叶植物的叶片，其结构由表及里可分为表皮、叶肉和叶脉3部分。

##### 1）表皮

表皮（epidermis）由初生分生组织的原表皮发育而来，是位于叶片上、下表层的初生保护组织。构成表皮的细胞或组织有表皮细胞、气孔器（stomatal apparatus）和表皮附属物等（图2-20，图3-41）。

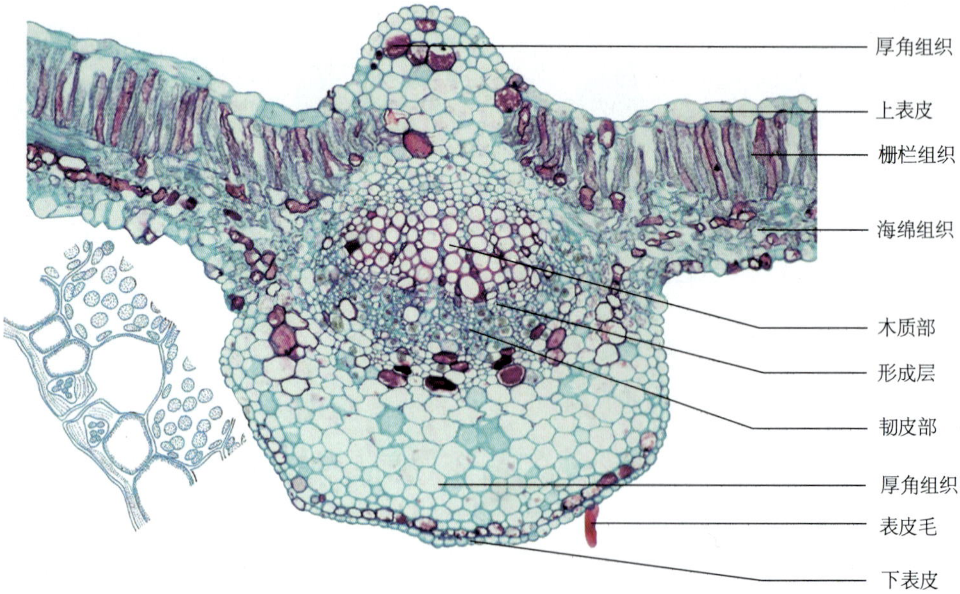

图3-41 棉叶（中脉）及气孔与邻近细胞的横切

表皮细胞是生活细胞，形状不规则，彼此间紧密嵌合，一般不含叶绿体，有的植物表皮细胞内含有花青素，使叶片呈现红、紫、蓝等颜色。表皮细胞外切向壁较厚，常覆有一层角质层。角质层有较强的折光性，有减少强光对植物的伤害、减少水分过度蒸腾和防止病菌侵入的作用。

表皮一般为一层细胞，但少数植物的表皮可为多层细胞，称为复表皮，如印度橡皮树、夹竹桃等植物的叶，其复表皮由3～4层细胞组成。

在大多数双子叶植物叶表皮上，都有气孔器的分布。气孔器通常由两个肾形保卫细胞及其细胞间的气孔组成。气孔器的形态和组成因植物种类不同而异，不同植物、同株植物不同叶位上的表皮气孔器的数量及分布也不同。通常旱生植物叶表皮的气孔数目远远多于湿生植物和水生植物，叶片的下表皮上的气孔数多于上表皮，但浮水植物例外。这些都是植物识别和分类的依据之一。

表皮上还有一些形态不同的表皮附属物，由表皮细胞向外突出分裂形成（参见第一篇第二章）。表皮附属物形状多样，多呈毛状、分枝状、星形或鳞片状，其形态是鉴定植物的特征之一；表皮附属物组成不同，有些是单细胞的，有些是多细胞的；表皮附属物功能不一，有些为分泌结构，有些起保护作用。表皮附属物可反射强光，分泌黏性物质，限制叶表面的空气流动，减缓蒸腾作用，更加强表皮的保护作用。

#### 2）叶肉

叶肉（mesophyll）由含大量叶绿体的薄壁细胞组成，是叶进行光合作用的主要部位。根据细胞形态的不同，叶肉常可分为栅栏组织、海绵组织（图3-41）。

##### （1）栅栏组织

栅栏组织（palisade tissue）是紧贴上表皮的一至数层长圆柱状薄壁细胞，长轴垂直于表皮，排列紧密如栅栏状，细胞内富含叶绿体，光合作用强。

##### （2）海绵组织

海绵组织（spongy tissue）的细胞形状不规则，含叶绿体较少，排列疏松，胞间隙大，光合作用弱，但气体交换和蒸腾作用较强。

有些植物上表皮内侧为栅栏组织，下表皮内侧为海绵组织，这种上、下表皮内侧的叶肉组织形态不同的叶称为异面叶（背腹型叶、两面叶，dorsi-ventral leaf）。海绵组织细胞所含叶绿体较栅栏组织细胞的少，所以异面叶的背面一般绿色较淡。有些植物上、下表皮内侧的叶肉组织形态基本相同，或叶肉细胞没有明显的栅栏组织和海绵组织的分化，这样的叶称为等面叶（isobilateral leaf），如禾本科植物的叶等。

#### 3）叶脉

叶脉（vein）是叶片中贯穿于叶肉组织间的脉纹结构。叶脉分布如茎枝系统，有粗细和主侧脉之分。位于叶片中央最粗大的叶脉称为主脉（中脉）；主脉的分支为侧脉，侧脉的分支称为细脉或小脉，细脉仍可再分支；细脉的末端称为脉梢。叶脉的分布方式叫做脉序（venation）。

##### （1）叶脉的组成

一般叶脉含有厚角组织、薄壁组织及一至数个维管束。薄壁组织包围在维管束外形成维管束鞘（bundle sheath）。较大叶脉的维管束由木质部、韧皮部和束中形成层组成，属无限维管束；束中形成层活动能力弱，活动时间短，只形成极少量的次生维管组织。叶脉中维管束可视作茎中维管束的延伸，茎中维管束的类型，决定了叶内维管束的初生木质部、初生韧皮部分布的相对位置。多数植物的木质部近上表皮、韧皮部近下表皮分布，但也有些植物上、下表皮内侧均有韧皮部分布，而木质部居于其间。

主脉及侧脉中组成分子较多，尤其是厚角组织和薄壁组织，因而叶脉常会在叶面形成隆起（图3-41）。细脉中结构趋于简单，一般没有束中形成层和机械组织，维管束鞘细胞也较少，木质部和韧皮部的组成分子逐渐减少。到了脉梢，仍有一圈薄壁细胞围成的维管束鞘；维管束中仅余一列狭短的筛管分子和1～2个螺纹管胞，有时甚至没有筛管，只有管胞存在。

与小脉和脉梢进行物质交换的维管束鞘薄壁细胞，常具传递细胞（transfer cell）特征，对调节进出维管组织的物质起着重要作用。

在叶脉系统中，主脉及侧脉主要起轴向长距离输导作用，细脉则起释放水分、装载光合产物的横向输导作用。此外，叶脉也因其自身的结构而具有支持叶片的功能。

#### （2）叶脉的类型

不同的植物，其叶片内叶脉分布的方式不同。双子叶植物多具网状脉；单子叶植物多具平行脉、弧形脉、射出脉，偶有网状脉时，也与双子叶植物具游离脉梢的网状脉不同，其细脉多相互交汇、无脉梢游离，如天南星科、薯蓣科的一些植物（详见第五章）。

### 2. 叶柄的结构

叶柄一般细长，横切面为半月形，其结构与茎大致相同，由表皮、基本组织（类似于茎的皮层）和维管（组织）束三部分组成。表皮为一层细胞，表皮下方、基本组织外围有较多的厚角组织，厚角组织有机械作用和一定的弹性，使得在对叶片支持的同时，又不影响叶柄的伸延、扭曲和摆动，使叶呈镶嵌状分布。维管（组织）束多呈半圆形排列在基本组织中（图3-42）。

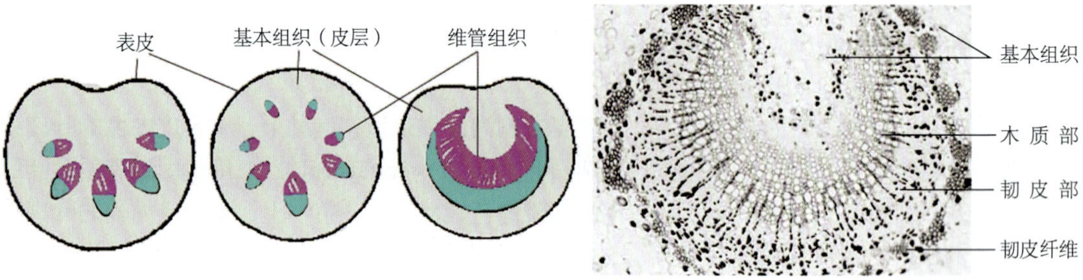


三种不同类型植物叶柄横切面结构简图　　梨叶柄部分横切结构

图3-42　叶柄的结构

## （二）单子叶植物叶的结构

### 1. 禾本科植物叶的结构

#### 1）叶片

禾本科植物的叶片结构也分为表皮、叶肉和叶脉三部分。

#### （1）表皮

禾本科植物叶片的上表皮由表皮细胞（长细胞，long cell）、短细胞（short cell）（硅细胞和栓细胞）、泡状细胞（bulliform cell）和气孔器组成；下表皮组成稍有不同，没有泡状细胞（图3-43）。

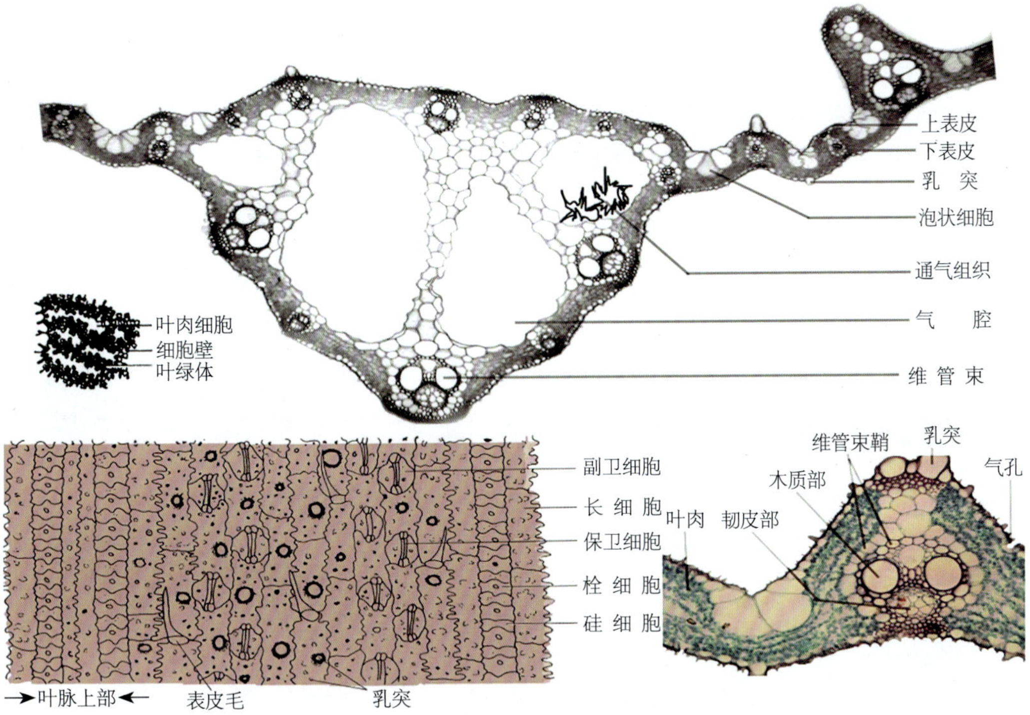


图3-43 水稻叶片表皮及部分叶片横切结构

通过显微镜观察叶片上表皮，可见细胞排列规律，沿叶长轴方向整齐纵列。表皮细胞近长方形，长轴与叶的长轴平行，端壁较平，侧壁具细密锯齿，相邻两列细胞侧壁嵌合紧密，外壁角化且含硅质，可形成乳突。

短细胞包括硅细胞（silica cell）和栓细胞（cork cell），两者常成对分布；硅细胞内充满硅质，外切向壁外突成齿状或刚毛状。表皮细胞硅化及硅细胞的存在，增强了叶片的硬度和抗病虫害的能力。栓细胞是细胞壁明显栓质化的短细胞，有利于增强叶的抗性。

气孔器由一对哑铃形的保卫细胞和一对菱形或近半球形的副卫细胞组成。保卫细胞壁厚薄不均匀，与气孔相邻的细胞壁较厚，其他部分较薄、有弹性。保卫细胞吸水后，哑铃形的头部膨大明显，相互撑开，使气孔开放；保卫细胞失水后，细胞萎蔫，气孔关闭。上表皮、下表皮的气孔器数目相差不大，这与叶片近直立、背腹面受光基本相等有关。

表皮上常生有表皮毛，有些表皮毛基部较大、先端尖锐，且有木质化的厚壁，称为刺毛。

横切叶片可见长细胞、短细胞均近长方形；位于上表皮的泡状细胞（运动细胞）呈扇形、外壁稍厚。叶片失水时，泡状细胞明显较其他细胞萎蔫收缩，因而叶片内卷以减少蒸腾；待植物吸水大于失水时，叶片又可平展如初。

### （2）叶肉

大多数禾本科植物的叶为等面叶，叶肉没有栅栏组织和海绵组织的分化（图5-9）。叶肉细胞形状因植物种类不同而不同，在有些植物中细胞壁具发达的内褶。例如，小麦、水稻等旗叶的叶肉细胞形成“峰、谷、腰、环”的结构，其峰垂直于表皮，各环沿叶片长轴排列。细胞壁的内褶增大了质膜表面积，更有利于光合作用。

有些禾本科植物，最初的光合产物是四碳化合物（如草酰乙酸、苹果酸和天冬氨酸等），这些植物被称为$C_4$植物，如玉米、甘蔗等植物。$C_4$植物利用$CO_2$的能力强于$C_3$植物，且光合效率高，在高温、干旱等不利条件下尤为明显，因此，$C_4$又被称作为高光效植物。$C_4$植物维管束鞘由一层薄壁细胞组成，细胞较大，所含叶绿体比周围叶肉细胞内的叶绿体大、且分布密集于叶肉细胞一侧。常呈明显的“花环”状结构，而不同于$C_3$植物（图3-44）。

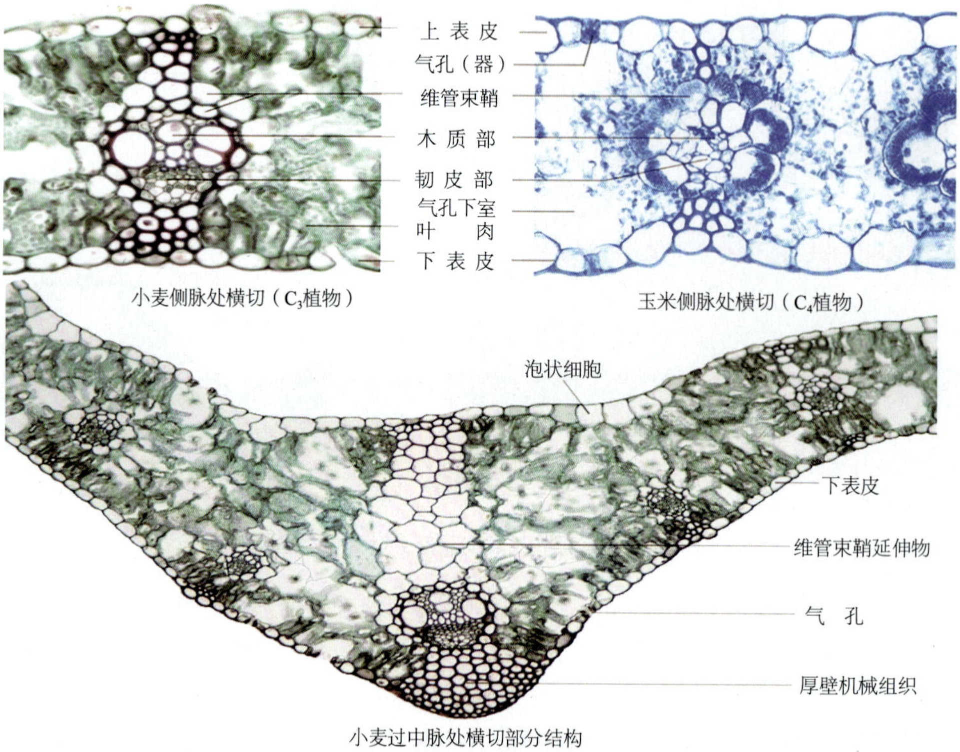


图3-44 小麦、玉米叶横切（示维管束结构）

### 2）叶鞘

叶鞘由表皮、基本组织、维管束组成，维管束较多且彼此平行，维管束结构与茎中维管束结构相似（图3-45）。

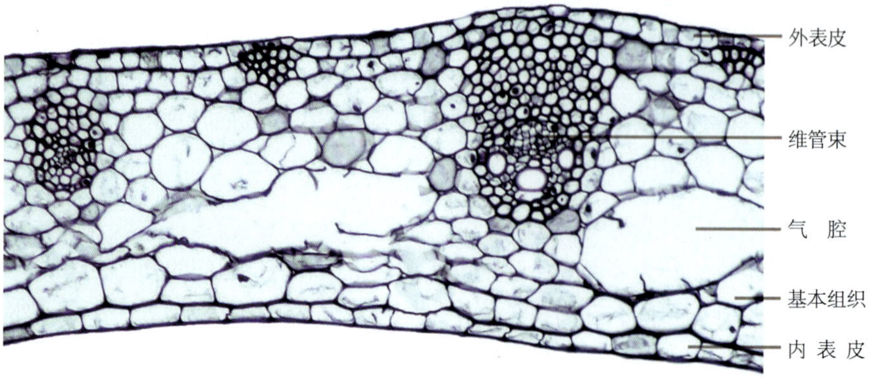


图3-45 小麦叶鞘部分横切

## 2. 非禾本科植物叶片的结构

非禾本科植物的叶在形态和组成上具有多样性。其叶形态各异，主要为条形、披针形等。其组成也不一致，多数非禾本科植物的叶是不完全叶，由叶片和叶鞘两部分组成，如泽泻科（Alismataceae）、莎草科（Cyperaceae）、百合科（Liliaceae）、鸭跖草科（Commenilaceae）、兰科（Orchidaceae）等植物；少数植物的叶是完全叶，具有叶片、叶柄和托叶3部分，如菝葜属（*Smilax*）植物等。

非禾本科植物叶片的结构与禾本科植物叶片的结构基本相似。不同的是：少数非禾本科植物叶片的表皮细胞外壁角质化，具明显的角质层，表皮上的气孔器由两个肾形保卫细胞组成，如洋葱等，火柴头等叶的气孔器除含两个肾形保卫细胞外，还有4个副卫细胞（图2-20）。有的植物的叶肉具有栅栏组织和海绵组织的分化，如薯蓣和菝葜（*Smilax china* L.）等，有的植物近下表皮的叶肉细胞中不含叶绿体，如洋葱等（图3-46），有的植物的叶肉则没有栅栏组织和海绵组织的分化，如水仙、石蒜等；有的植物的叶脉为网状脉等，如玉簪（*Hosta plantaginea* L.）和菝葜等。

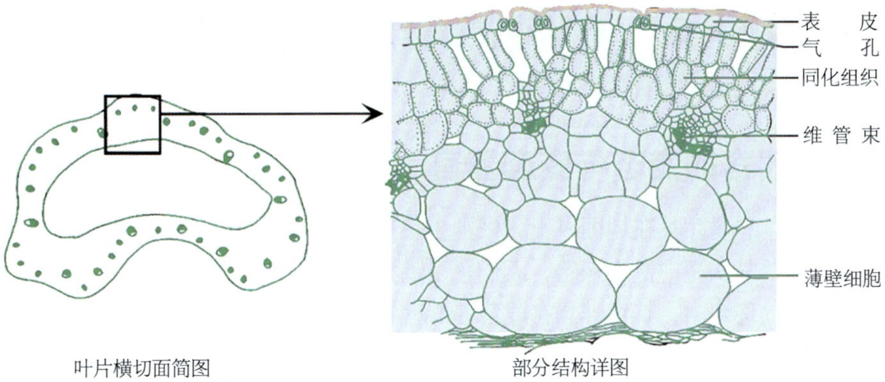


图3-46 洋葱叶横切结构

## （三）离层与落叶

植物的叶是有一定寿命的，不同植物叶的生活期可从数月至数年，如水稻等一年生植物，叶的生活期仅为几个月，当生活期终结时，叶就枯死而脱落。通常将植株四季均生有绿叶的木本植物称作常绿植物，而将当寒冷或干旱季节到来时，全株叶同时枯死脱落的木本植物称作落叶植物，如悬铃木（*Platanus oreintalis* L.）、水杉（*Metasequoia glytostroboides* Hu et Cheng）等。

落叶是多年生植物常见的现象。落叶时，有些植物在叶柄基部产生了离层，但有些植物则无离层出现，如大多数单子叶植物，叶的脱落似乎只是由于机械折断。

可产生离层的植物，在叶将落时，叶柄基部或近基部的部分薄壁组织细胞开始分裂，产生数层小细胞，这就是离区（abscission zone）。离区包括位于远茎端的离层（abscission layer）和近茎端的保护层（protective layer）两个部分。离区细胞层数多，但离层细胞仅有1～3层。离区产生不久，离层细胞开始黏液化、细胞彼此近乎呈游离状态，在其自身重量及外力的作用下，叶从离层处脱落（图3-47）。

离层下方的保护层，由数层栓质化的细胞组成，与加速叶的脱落、承担叶脱落后的初期保

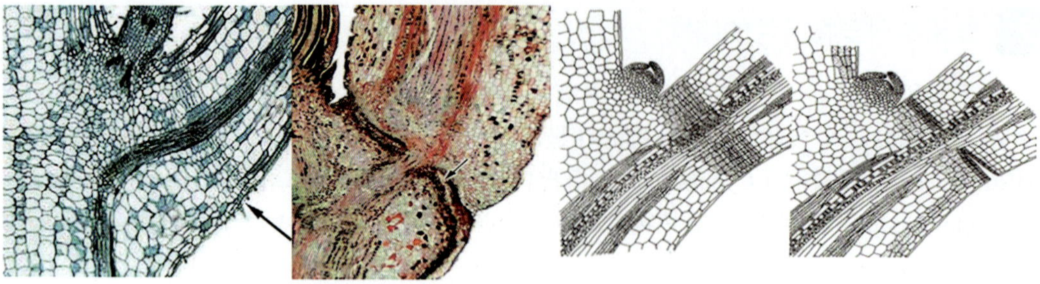

叶柄基部纵切（箭头示离区） 离层结构 离层与保护层

图3-47 叶柄离层的形成

护有关。保护层的存在，使叶柄脱落后在茎上留下非常整齐、光滑的痕迹——叶痕。在木本植物中，保护层最终被保护层下发育的周皮所代替，并与茎的其他部分的周皮相连续。保护层的这些特点，能避免水分的散失和昆虫、病菌等对植物的伤害。

# 第四节 植物的适应性与整体性

## 一、营养器官的变态与变态器官

通常，植物的茎总是生长在地面以上，根则生长在地面以下。但是，有些植物的根、茎却不是如此。例如，莲藕是从泥中挖出来的，人们总误以为它是根，其实属于茎。在自然界，有些植物在长期适应特定的环境中，其营养器官或营养器官的一部分，在形态结构和生理功能方面均发生了显著变异，成为可以遗传的性状，这种现象称为营养器官的变态。发生变态的器官称为变态器官。

### （一）根的变态

依据变态根生长的位置不同，可将其分为地下变态根和地上变态根两大类。

#### 1. 地下变态根

##### 1）肉质直根

肉质直（fleshy tap root）根常见于两年生或多年生的草本双子叶植物。例如，萝卜、胡萝卜、甜菜（*Beta vulgaris* L.）和人参等植物都有一个肥大的肉质直根，其突出的功能是储藏养分、躲避不良环境，条件适宜时繁衍自身。肉质直根由下胚轴和主根基部共同发育而成。肉质直根上部来自下胚轴，没有侧根；下部主体部分来自主根，具多列侧根。肉质直根肥厚多汁，根内薄壁组织发达，细胞内储藏着大量的营养物质（图3-48）。

萝卜根的增粗主要是维管形成层的活动，次生木质部远比次生韧皮部发达。在次生木质部中，主要是储藏大量养分的木薄壁组织细胞，导管少，没有纤维。部分木薄壁细胞可以恢复分裂能力，转变成副形成层（accessory cambium）（三生分生组织），由此产生三生木质部（tertiary

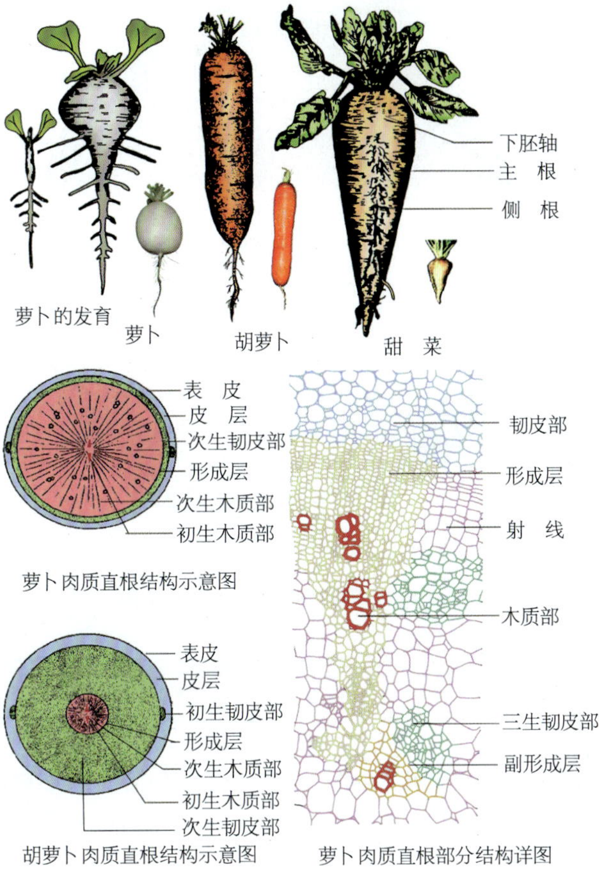


图3-48　肉质直根的形态与结构

xylem）和三生韧皮部（tertiary phloem），构成三生维管组织，形成三生结构。

甜菜的肉质直根的增粗生长比较复杂，当维管形成层活动时，中柱鞘恢复分裂，产生副形成层，通过副形成层的分裂活动，形成具有大量薄壁组织的三生维管组织。以后再由三生韧皮部外侧薄壁组织产生新的副形成层，并形成新的维管组织。如此反复，三生维管束可以达到8～12圈，根据三生维管束圈数多少，特别是木薄壁组织的发达与否，可判断甜菜品种的优劣。

### 2）块根

块根（root tuber）由不定根或侧根经过增粗生长发育而来，所以一株植物可以形成多个块根。块根的主要功能是储藏养分和繁殖。例如，主要储藏淀粉的甘薯、木薯（*Manihot esculenta* Crantz）（图3-49、图3-50），主要储藏菊糖的大丽花（*Dahlia Pinnata* Cav.）等。现以甘薯为例，介绍块根的增粗过程。

甘薯块根是不定根在初生生长的基础上，维管形成层活动产生含有大量木薄壁组织细胞的次生木质部，此后，分散在导管周围的木薄壁细胞恢复分裂，转变为副形成层，由此产生三生结构。三生结构的薄壁细胞中储藏大量糖分和淀粉，在三生韧皮部中还可形成乳汁管。随着维管形成层不断地活动，副形成层可多次发生、生长，使块根迅速膨大。由于次生木质部中的导管分布不均匀，不同各部位生长速度和形成的组织多少不同，使块根呈

块根

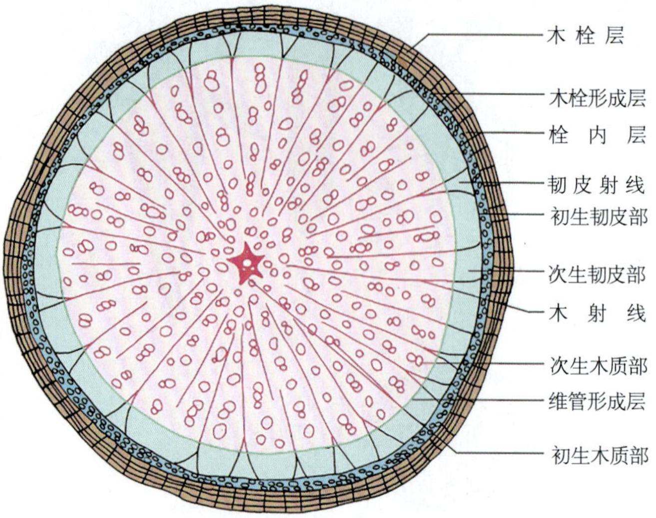


块根横切面结构简图

图3-49 木薯块根横切面结构图解

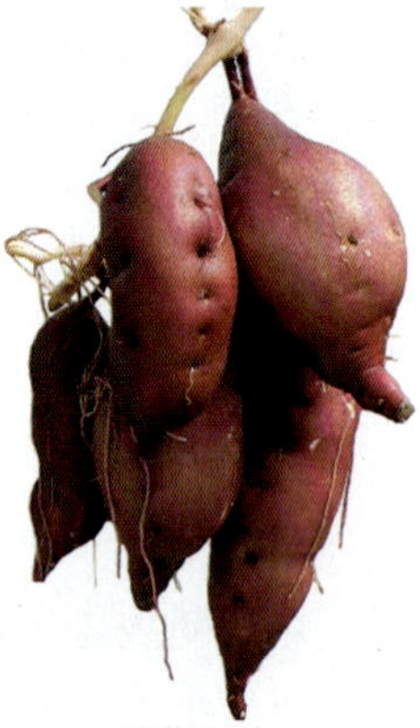

甘薯块根

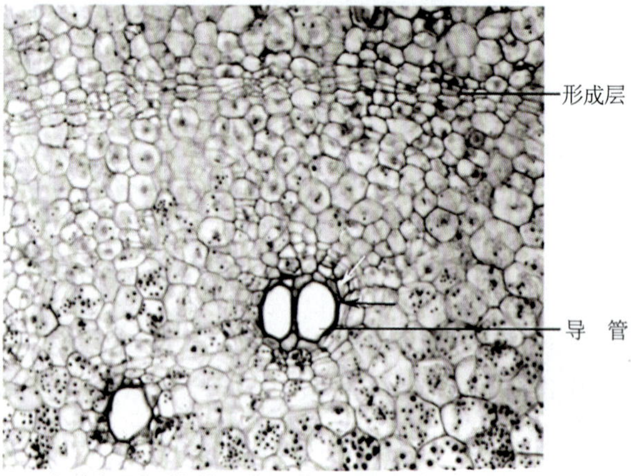


部分次生木质部横切［示副形成层（箭头）］

图3-50 甘薯块根及其部分横切结构

现不规则形状。

### 3）板状根

在热带雨林中，常见某些木本植物茎的基部，由粗大的侧根发育而来的扁平板状的根，称为板状根（buttress root）。板状根外露土面，有时高达3～4m，对树木有较强的支持稳固和抵御风雨的作用。

### 4）呼吸根

一些生长在沼泽或热带海滩地带的植物所产生的一些垂直向上生长、伸出地面的根，这些根中常有发达的通气组织，可将空气储存并输送到地下根部，供给地下根进行呼吸作用，这样的根叫做呼吸根（respiratory root），如水龙（*Jussiae repens* L.）、红树（*Rhizophora apiculata* Bl.）等。

## 2. 地上变态根

凡露出地面，生长在空气中的根均称为气生根（aerial root）。根据气生根所行使的生理功能不同，又可将其分为支柱根、攀缘根及寄生根等类型。

### 1）支柱根

有些植物，常从茎节上生出不定根伸入土中，并继续产生正常的侧根，这些根不但能从土壤中吸收水分和无机盐，而且显著增强了根系对植物体的支持作用，因此，称这类根为支柱根（prop root），如榕树、玉米等。

### 2）攀缘根

藤本植物的茎往往细长柔软，不能直立，它们中有的从茎的一侧产生许多短的不定根，其先端扁平，且常可分泌黏液，易固着在其他植物的树干、山石或墙壁等的表面攀缘上升，这类气生根称为攀缘根（climbing root），如爬山虎［*Parthenocissus tricuspidata*（Sieb.et Zucc.）Planch.］、络石［*Trachelospermum jasminoides*（Lindl.）Lem.］等。

### 3）寄生根

寄生根（parasitic root）是寄生植物通过其不定根发育出的吸器伸入寄主植物的根或茎中以获取营养物质的结构。因此，寄生根又称为吸器。寄生根对寄主植物有害，如寄生于大豆等的菟丝子（*Cuscuta chinensis* Lam.）和寄生于向日葵等的列当（*Orobanche coerulescens* Steph.）等，它们都属于恶性杂草（图3-51）。

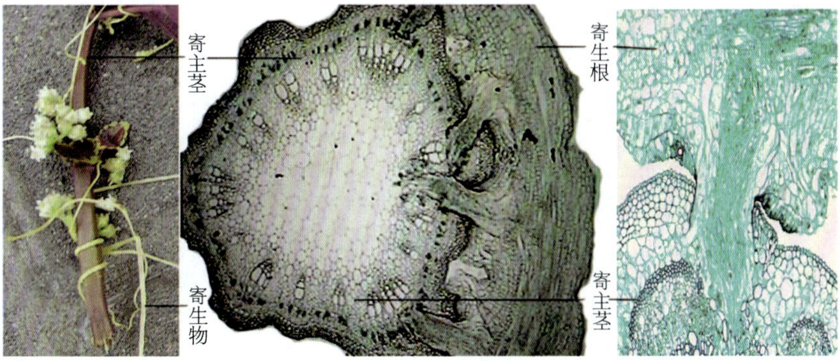


图3-51 菟丝子寄生根

菟丝子的茎纤细柔长，缠绕寄主的茎、叶后，茎上生出许多不定根。不定根的先端首先形成一些丝状细胞，它们可以穿过寄主的表皮、皮层和维管组织，随后在其中分化出维管组织并与寄主的维管组织建立起联系，从寄主组织内摄取养分。

列当有直立的茎，但根不发育，形成吸器侵入寄主植物的根中吸取营养。其吸器细胞发育比较独特，成熟后原生质体消失，形成典型的管状分子，以纹孔与寄主细胞相连，从寄主体内吸取养分。

## （二）茎的变态

茎的变态类型较多，按其生长位置，可将其分为地下变态茎与地上变态茎两大类。

## 1. 地下变态茎

植株分布于土壤中的茎，称为地下茎。地下茎的形态结构常发生明显变化，但仍保持枝条的基本特征，如具有节、节间、顶芽、侧芽和残存的叶等，故与根不同。地下变态茎常储藏大量的营养物质，为特殊的营养繁殖器官。常见的地下变态茎有根状茎、块茎、鳞茎和球茎。

### 1）根状茎

根状茎（rhizome）是蔓生于土层之中，具明显的节与节间，叶退化为非绿色的鳞片叶，叶腋中的腋芽或根状茎的顶芽可形成背地性直立的地上枝，同时在节上产生不定根的一类地下茎，如莎草科的香附子（*Cyperus rotundus* L.）和禾本科的竹、芦苇（*Phragmites communis* Trin.）等植物的根状茎（图3-52）。

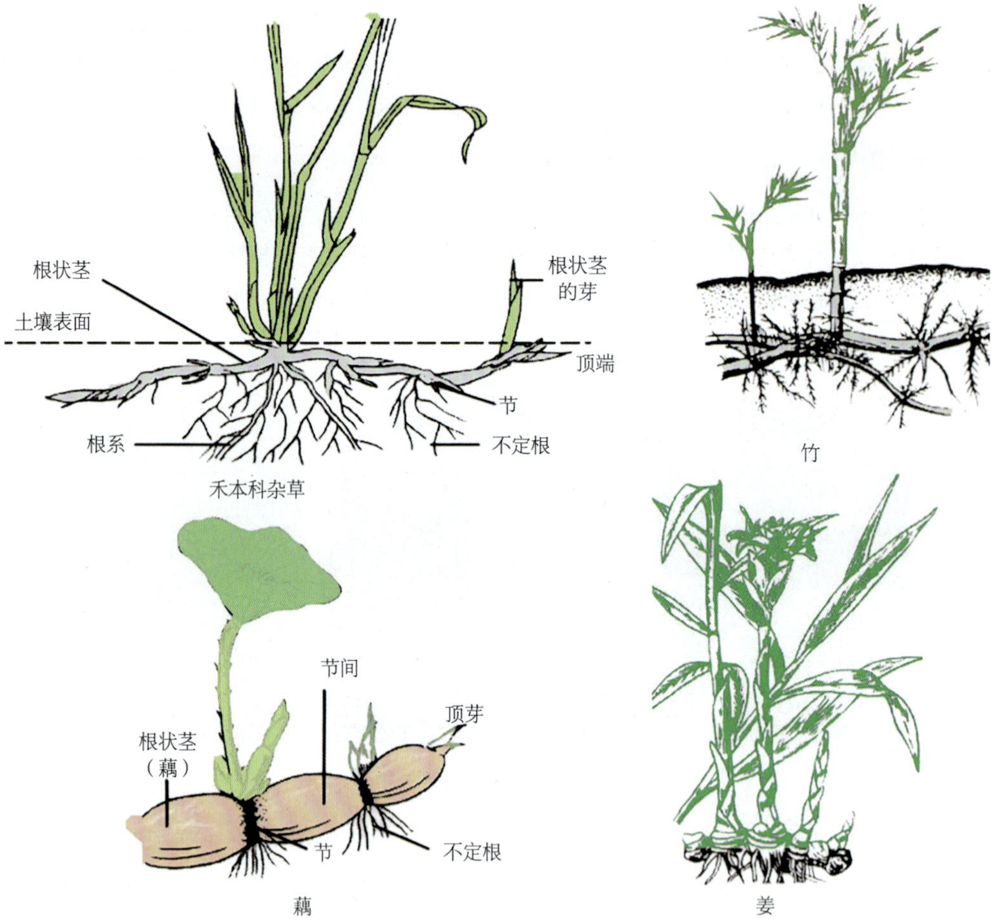


图3-52 几种植物的根状茎

根状茎能存活一至多年，若因外力被切断时，茎段上的腋芽仍可再生为新株，故这类植物生命力强，如是杂草则很难治理。

姜（*Zingiber offcinale* Rosc.）与菊芋（*Helianthus tuberosus* L.）的根状茎短、肉质；莲（*Nelumbo nucifera* Gaertn.）的根状茎即为藕，其中具发达的通气道。这几种根状茎既是储藏器官，同时也是营养繁殖器官（图3-52）。

### 2）块茎

块茎（tuber）是某些植物的顶芽节间短缩、呈不规则、块状膨大的地下茎。植物种类不同，块茎的形态也不同。块茎常肉质，能储藏大量的营养物质，如马铃薯（*Solanum tuberosum* L.）、天麻等。

马铃薯块茎形成于植物基部叶腋长出的入土匍匐枝顶端几个节与节间，经过特殊增粗生长而成，块茎顶端有顶芽，四周有许多作螺旋状排列的芽眼，每个芽眼内有几个芽，相当于腋芽和副芽。在块茎生长初期芽眼下方有鳞片，长大后脱落留下叶痕，称为芽眉。所以芽眼着生处为节，块茎实际上是缩短了节间的变态枝。成熟块茎的结构由周皮、皮层、维管束环、髓环区和髓等部分组成。表皮和皮层的最外层细胞转变为木栓形成层，产生周皮和皮孔，覆盖于块茎之外。周皮的细胞层数及皮孔数因品种和环境等不同而异；皮层由储藏组织组成，内含淀粉粒、蛋白质晶体；双韧维管组织呈筒状排列，外韧皮部与木质部均有发达的储藏组织，少量的输导组织分散其中，形成层不明显；内韧皮部与髓的外层细胞共同组成环髓区，也含大量储藏组织；中央髓和髓射线呈放射状，因细胞含水较多而较透亮（图3-53）。

马铃薯植株与块茎

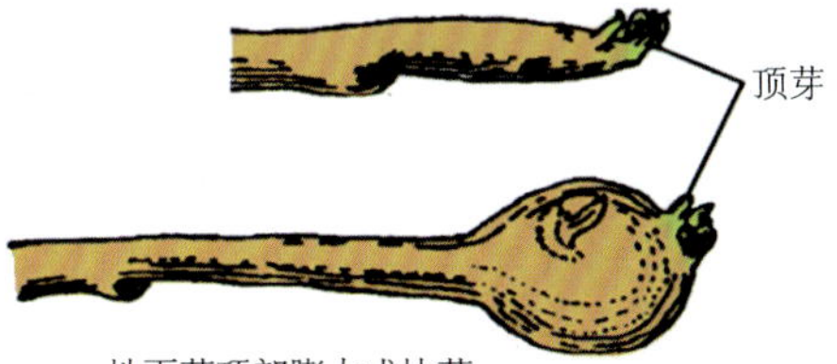

地下茎顶部膨大成块茎

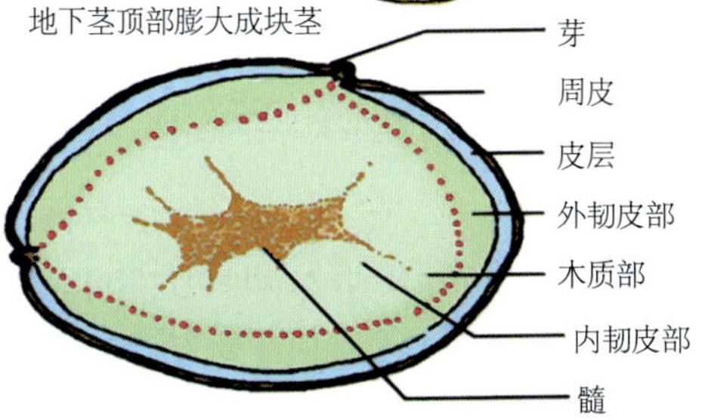

块茎横切面结构图示

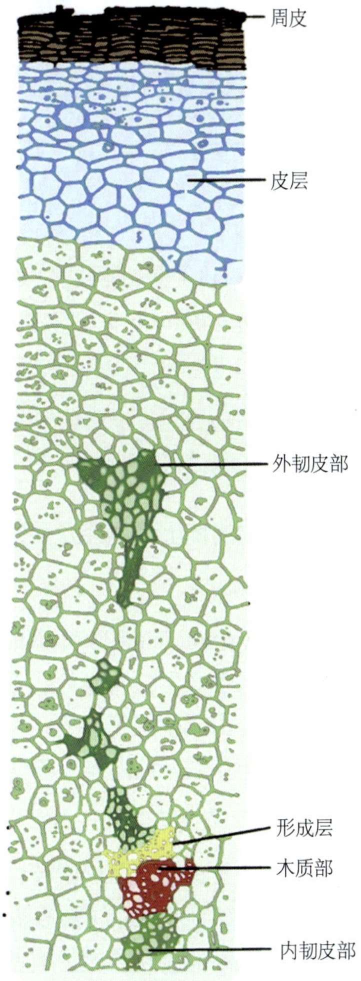

块茎横切部分结构详图

图3-53 马铃薯及其块茎

### 3）鳞茎

鳞茎（bulb）是节间极度缩短的地下茎，其上所着生的叶通常肉质肥厚，如百合科等植物常见的营养繁殖器官和储藏器官。纵切洋葱（*Allium cepa* L.）鳞茎，可见其中央有一扁平、节间极短的鳞茎盘，其上有顶芽，将来发育为花序。四周有肉质鳞片叶重重包围着，它们储藏着大量的营养物质。叶腋有腋芽，鳞茎盘下端产生不定根。可见，鳞茎是一种缩短了节间的地下枝条的变态（图3-54）。

图3-54　鳞茎、球茎和肉质茎

### 4）球茎

球茎（corm）是短粗、呈球状的变态茎。荸荠（*Eleocharis tuberosa* Schult.）、慈姑（*Sagittaria sagittifolia* L.）的球茎由根状茎的顶芽发育而成（图3-54）；芋［*Colocasia esculenta*（L.）Sochott］的球茎由茎基部的几个节间发育而成，球茎顶芽粗壮，有时还有幼嫩的绿叶生于其上。

## 2. 地上变态茎

有些植物的地上茎也会发生变态，其类型较多，也较复杂，通常有下列几种。

### 1）茎卷须

茎卷须（stem dendril）由茎的部分枝条特化而来，纤细呈须状，可卷曲、可分枝，并能缠绕其他物体而攀缘生长，如黄瓜（*Cucumis sativus* L.）、葡萄（*Vitis vinifera* L.）等。

卷须主要由薄壁组织组成，机械组织和输导组织均不发达。幼嫩的茎卷须感受性强，在接触支撑物后能在数分钟内作出卷曲、缠绕生长的反应，老卷须无卷曲反应能力（图3-55）。

### 2）芽球、花球与茎刺

有些植物其顶芽肉质化肥壮，如大白菜（黄芽菜）（*Brassica pekinensis* Rupr.）等的顶芽是一个硕大的芽球，花椰菜（*Brassica oleracea* var.*botrytis* L.）等的顶芽成为巨大的花球，它们储藏养分，有较高的食用价值；有些植物，如火棘［*Pyracantha fortuneana*（Maxim.）Li］、山楂（*Crataegus pinnatifida* Bunge）、皂荚（*Gleditsia sinensis* Lam.）等的顶芽、腋芽或不定芽变为茎刺（thorn），生于枝顶、叶腋或老茎上，有较好的自我保护作用（图3-55）。

火棘顶芽变态成茎刺

乌蔹莓茎卷须

竹节蓼叶状茎

图3-55 茎刺、茎卷须和叶状茎

### 3）肉质茎

有些植物在适应干旱环境的过程中，叶片高度退化或呈刺状，其茎肥大多浆液，薄壁组织特别发达，适于储存水分和养料，并能进行光合作用，这类变态茎称为肉质茎（fleshy stem）。肉质茎肥大、粗壮，常为绿色，如仙人掌等植物（图3-55）。

### 4）叶状茎

有些植物的叶退化或早落，茎扁平、绿色，行使光合作用的功能，这种茎称为叶状茎（cladode，phylloclade或cladophyll），如假叶树（*Ruscus aculeata* L.）、竹节蓼［*Homalocladium platycladium*（F.Muell.）Bailey］、昙花［*Epiphyllum oxypetalum*（DC.）Haw.］、天门冬［*Asparagus cochinchinensis*（Lour.）Merr.］等（图3-55）。

## （三）叶的变态

叶的变态器官类型主要有鳞叶、叶卷须、叶刺、捕虫叶、苞片和片状叶柄等。

### 1）鳞叶

鳞叶（scale leaf）是叶特化或退化成的鳞片状叶。鳞叶一般不呈绿色。鳞叶可分为革质鳞叶、肉质鳞叶和膜质鳞叶3种。革质鳞叶硬、常覆盖于冬芽外，呈褐色，保护着幼芽，又称为芽鳞片。肉质鳞叶肥厚，储藏大量的营养物质，如百合、洋葱等鳞茎上的鳞叶。膜质鳞叶薄，如蓼科植物的托叶，姜、荸荠等地下茎上的鳞片叶等。

### 2）叶卷须

有些植物的叶，常常整个地或部分地变为纤弱、细长的须状结构，借以攀缘向上，这种由叶变来的卷须状结构称为叶卷须（leaf tendril），如豌豆羽状复叶的上端部分小叶变态成叶卷须（图3-56），菝葜（*Smilax china* L.）的托叶变成卷须等。

### 3）叶刺

叶刺（leaf thorn）是由叶或托叶变态而成的刺状结构，如仙人掌科（Cactaceae）植物肉质茎上的刺（图6-9A），刺槐（*Robinia pseudoacacia* L.）叶柄两侧的托叶刺等（图3-56）和小檗属（*Berberis* L.）茎上的刺（图3-56）。虽然叶刺的来源不同，但它们都是叶的变态。

图3-56　叶卷须、叶刺和叶状苞片

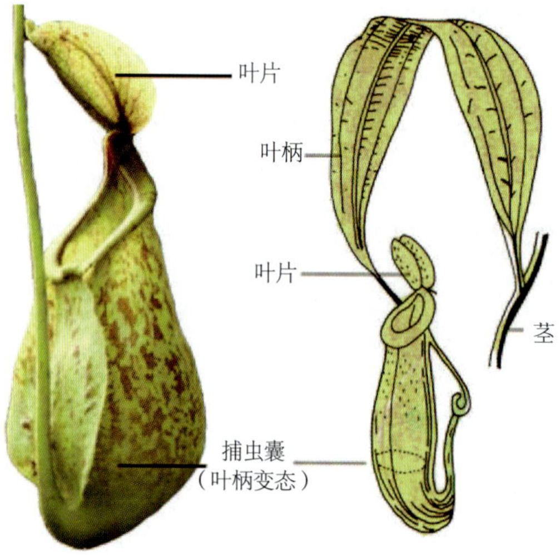


图3-57　猪笼草捕虫囊

4）捕虫叶

捕虫叶（insectivorous leaf）是一类利于捕捉昆虫的变态叶。含有捕虫叶的植物称为食虫植物。食虫植物的捕虫叶，其叶片或叶柄常形成囊状、盘状或瓶状的捕虫器结构，其中有许多有感应性并能分泌消化液的腺毛或腺体，当昆虫触及时，捕虫器立即自动闭合，将昆虫捕获并消化吸收，如圆叶茅膏菜（*Drosera rotundifolia* L.）、猪笼草［*Nepenthes mirabilis*（Lour.）Druce］等（图3-57）。

5）苞片

苞片（bract）是被子植物的花序或花柄下的变态叶。苞片可有多种形状和色泽，即使是绿色，其形态也有别于正常的营养叶，如向日葵、马蹄莲［*Zantedeschia aethiopica*（L.）Spreng］花序下的总苞片呈佛焰苞状，一品红花序的总苞片呈叶状等（图3-56）。

6）片状叶柄

片状叶柄（phyllode）是指有些植物的叶片退化，其叶柄扁平呈绿色叶状体的变态叶，如台湾相思树（*Acacia confusa* Merr.）。

## （四）同功器官与同源器官

根据达尔文的观点，在不同的变态器官中，那些来源不同，但功能相同，形态结构相似的变态器官，称为同功器官（analogous organ），如茎刺、叶刺与皮刺，它们分别来源于茎和叶，均呈刺状，是具有保护功能的变态器官；块根与块茎，分别来源于不定根和地下茎，呈团块状，是兼有储藏和繁殖功能的变态器官；而茎卷须与叶卷须，分别来源于茎和叶，呈细丝状，是攀缘附着的变态器官。此外，凡是来源相同，功能不同，形态结构不同的变态器官称为同源器官（homologous organ），如叶卷须、鳞叶与叶刺等，它们均由叶变态而成，但其形态结构和功能均不同。根状茎、块茎、鳞茎、茎刺等属同源器官，它们均来源于茎，但其形态结构和功能也都各不同。

在植物进化过程中，植物营养器官的变态，可朝着同功或同源两个方向发展。不同器官，因长期适应某种环境、产生相似的形态结构和相应的生理功能，而逐渐发生同功变态；同类器官，因长期适应不同环境、产生不同的形态结构和生理功能，而逐渐发生同源变态。因此，研究变态器官发生的分子机制，对研究物种的起源与进化、改造并创造植物新器官及新种质有重要的理论指导意义。

## 二、植物营养器官的形态、结构与环境的关系

植物是在不同生境中形成和发展起来的，生境的改变影响着植物的发育与生长，水分和光照是对植物营养器官形态结构影响最大的生态因子。根据植物与水分的适应性关系，可将植物分为水生植物（hydrophyte）、中生植物（mesophyte）和旱生植物（xerophyte）三大类。旱生植物是指长期适应干燥缺水环境生长的植物；整株或植株的一部分长期浸沉在水中生长的植物称为水生植物；中生植物是介于两者之间的植物，生活在既不太干旱也不过分潮湿或浸水的环境中。根据植物对光照强弱的适应性，可把植物分为阳性（生）植物（sun plant）和阴性（生）植物（shade plant），阳性（生）植物需要在阳光的直接照射下才能生长良好，但不能忍受荫蔽；阴性（生）植物适于生长在较弱的光照条件下，在全光照下光合作用反而降低，甚至受伤。

### （一）水生植物的根、茎、叶形态与结构

水生植物（hydrophyte）一般是指能够在有水的环境中生活的高等植物，是植物高度进化的又一表现形式。水生植物一般分为沉水植物、浮水植物和挺水植物3种类型。

沉水植物（submerged plants）是指整个植物体完全沉没于水中的植物。沉水植物往往根系少或无根系，如金鱼藻（*Ceratophyllum demersum* L.）等，有些种类的根系无根毛（如荇菜等）。这主要由于其茎叶表面的角质层或蜡质层薄，溶于水的养分能够不同程度地透过其表皮直接进入植物体内。另外，沉水植物通常没有机械组织的分化或发育不完全，细胞的木质化、栓质化程度低，如苦草（*Vallisneria spiralis* L.）等；沉水植物细胞间隙大、排列疏松，通气组织发达、贯穿整个植物体，其内储藏着大量空气，以适应少氧的水环境，如穗状狐尾藻（*Myriophyllum spicatum* L.）等；木质部、韧皮部结构细小、组成成分少，如水鳖［*Hydrocharis dubia*（B1.）Backer］等；较少有次生生长和次生结构的发育与分化。

浮水植物（float plant）是指植株悬浮于水面上的植物，又称为漂浮植物。浮水植物的叶丛生，体形大小不一，须根系，根条数多少不一。浮水植物一般可分为漂浮植物和浮叶植物两类。漂浮植物均为体形小的草本植物，叶少而丛生，少根或具毛状根，如浮萍科（Lemnaceae）植物。有些漂浮植物的叶片或叶柄具有气囊，其根系发达，能使植物稳定于水中生长，当水少或干枯时，其根能扎入淤泥中继续生长，如水浮莲、水葫芦等。浮叶植物，如睡莲、菱属（*Trapa* L.）等，根状茎横卧或细而直立，叶柄细长，叶常浮于水，或挺出水面，或聚生于茎的

顶端，叶柄或叶片常有发达的气囊或通气组织。

挺水植物（emerged plant）是指植物的根和部分茎生长在水下底泥之中，茎、叶挺出水面生长的植物。挺水植物常分布于0～1.5m的浅水区，是陆生植物与水生植物的过渡类群，如香蒲、芦苇等。挺水植物的根、茎、叶内部结构特征与浮水植物相似。例如，根尖通常没有根冠，根的皮层、茎的基本组织等结构中都有发达的通气组织等，以适应水、湿生环境。

## （二）旱生植物的根、茎、叶形态与结构

旱生植物通常是指能在长期缺水环境中正常生长发育的一类植物。尽管旱生植物所处的环境复杂，但其根、茎、叶形态结构特点及其对旱生环境的适应性表现相对一致，如肉质多浆、卷叶和叶片厚革质等。

图3-58 夹竹桃叶横切（示旱生结构）

旱生植物的共同点是：植株体形矮小、茎叶表面积与体积比小，根系发达，如甘草等，或不发达，如仙人掌类等；茎常肉质或肉质化、多浆质，多绿色，栅栏组织发达，有“同化枝”之称，如梭梭［*Haloxylon ammodendron*（Mey.）Bunge］、仙人掌类植物等；叶主要朝着降低蒸腾和储藏水分两个方面发展。叶常不发达，小而厚，常密被茸毛，或退化呈鳞片状、膜状，如草麻黄（*Ephedra sinica* Stapf）、梭梭等，或肉质化肥厚的草本植物，如中华芦荟、猪毛菜（*Salsola collina* Pall.）等。有的植物，叶有复表皮，表皮气孔下陷成气孔窝，限制水分蒸腾，如夹竹桃（*Nerium indicum* Mill.）（图3-58）等；

## （三）阳生植物与阴生植物叶的形态与结构

阳生植物（heliophyte）是在阳光充足地带生长的植物。阳生植物的叶受光、受热较强，因而它们的叶趋向于旱生植物叶的结构特征，一般叶片较厚、较小，角质膜厚，栅栏组织和机械组织发达，叶肉细胞间隙较小。但阳生植物不等于旱生植物，有些阳生植物为水生。

阴生植物（shade plant）是指耐阴性强，分布于阴地环境的植物。阴生植物因长期处于荫蔽条件下，其结构常倾向于水生植物的特点。叶片一般大而薄，角质膜薄；栅栏组织不发达，细胞间隙较大，海绵组织占据叶肉的大部分空间；叶绿体较大；表皮细胞中也常含有叶绿体，可利用散射光进行光合作用。

在同一生境条件下，同一植株其顶部的叶和下部的叶，在结构上也存在着一些差异。越近顶部的叶或向阳一侧的叶，越倾向于旱生植物叶的结构，而下部的叶或生于阴面的叶则倾向于阴生植物叶的结构。

# 三、营养器官间结构与功能的统一性

## （一）根、茎、叶维管系统的联系

植物的器官是其长期适应环境进化发展起来的，是植物体高度复杂完善的标记，是自然选择的结果，器官间形态结构、功能各异，共同协调完成植物体的生命活动过程。但被子植物各器官间又是密切相关的，它们彼此贯通、紧密联系，表现出植物体结构上的整体性。

### 1. 根、茎维管系统的联系

种子萌发时，胚轴的一端发育为主根，另一端发育为主茎，两者之间通过下胚轴相连。然而根的维管组织的特点（即间隔排列和外始式木质部）与茎的特点（外韧维管束的环状排列和内始式木质部）明显不同。所以，在根、茎的交界处，维管组织必须从一种形式逐步转变为另一种形式，发生转变的部位称为过渡区。Eames和Mac Danies（1947）认为“根、茎间过渡区位于植物幼苗系统中的下胚轴”，维管组织的转变与重构起始于下胚轴的基部，经过下胚轴的中部、上部而终止于子叶节。且认为：根的木质部外始式星状中柱是最原始的，茎的内始式真中柱是最进化的。维管组织在下胚轴部位发生，由根部向茎部转变。转变时维管柱有增粗，维管组织中木质部或韧皮部，或两者都发生分叉、旋转、靠拢和合并的变化过程。转变之后的维管组织在根茎间就建立起了统一联系。这一观点得到多数学者的认可。

现以四原型根转变为具有4个外韧维管束的茎为例，每个维管束的木质部分为二叉，顺势转向180°，每一分叉与相邻维管束的一个分叉汇合，并与邻近的韧皮部一起构成茎中的一个外韧型维管束（图3-59）。

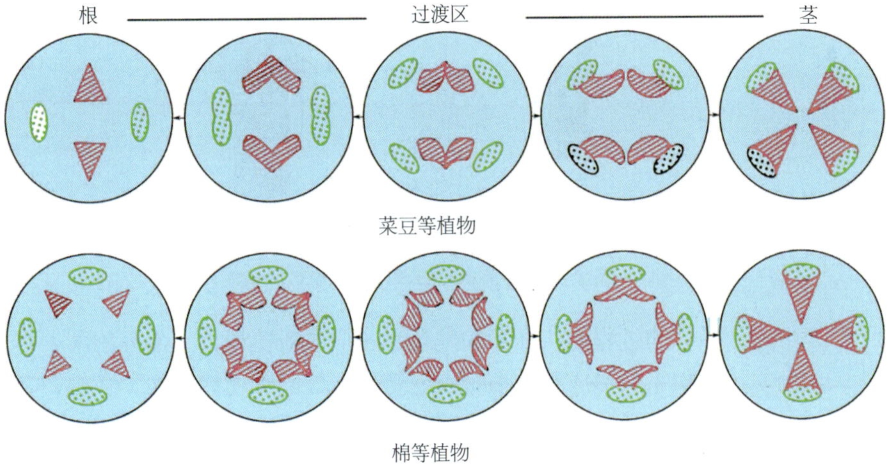


图3-59　根茎过渡区（胚轴）维管组织的转换和联系

### 2. 茎、叶间维管系统的联系

在植物体中，维管束最初由下胚轴进入到子叶节，或由上胚轴进入到第一叶、继而进入到各叶内，其发生特点基本规律是：维管束先旋转、交叉、增粗和合并后，再发生分离，分别进入到下一节间和所在节部的腋芽与叶柄内。进入腋芽的维管束的发育、分布和结构特点与主茎相似；进入到叶内的维管束，如是外韧型维管束，其原本位于内侧的木质部则在进入叶内后，木质部总是朝向叶片的上（内）表面或叶结构的上表皮一侧，而韧皮部则总是位于朝向下（外）表皮或叶结构的下表皮一侧。

## （二）植物体局部与整体的统一性

### 1. 个体发育组成上的独立性与统一性

如前所述，组成植物体的根、茎、叶在形态结构和生理功能上是相对独立的，而各部分的发生生长又可能是同宗同源的（图3-60）。

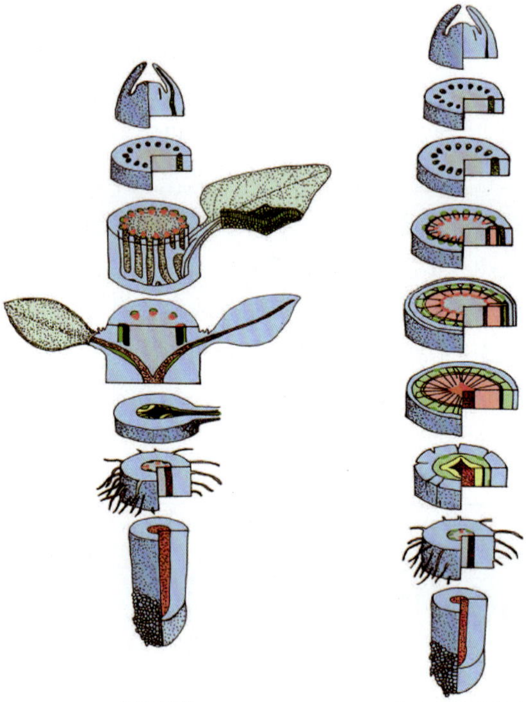


图3-60 双子叶植物体的初生结构与次生结构的发育

在种子萌发形成新个体的过程中，胚芽的发育生长形成新植株地上部分的茎、叶系统，胚根的发育生长与植株地下根系的形成和分布特性密切相关，胚轴连接胚芽、胚根，参与新个体茎的发育与组成，子叶或参与新个体的形成，或在新个体的发育初期提供营养，调节其生长。胚芽、胚根、胚轴、子叶4部分共同组成一个完整的胚，它们均来自于受精卵的发育和分化。从受精卵到新一代个体的形成，是一个系统和整体发育的过程。

从组织系统的角度看，植株的根、茎、叶各组成部分，均是由皮组织系统、基本组织系统和维管组织系统3部分共同组成的。例如，组成叶的表皮、叶肉和叶脉，组成根、茎的表皮、皮层和中柱等分别属于组织系统中的皮组织系统、基本组织系统和维管组织系统，且其组成各组织系统的细胞来源、形态结构特征和所承担的生理功能等都有其相对的一致性和独立性。又如，皮组织系统位于植株的表面，抵御和适应外界环境，保护、协调和稳定植株代谢过程中的内外环境，最大限度地保证植株正常生长代谢。基本组织系统与植物营养物质的吸收、同化和储存等有直接关系，既保持与外界环境的密切联系，又需要借助于其他组织系统不断地将合成和积累的产物重新分配到植物所需要的部位。因此，维管组织系统就成了植物内部营养物质长距离运输与再分配必不可少的结构部分，同时还兼有支持和巩固植物体等的重要生理功能。

## 2. 植物体结构的全息律

植物体结构的全息律是指组成植物体的任一个全息胚（embryo containing information whole organism）（张颖清，1986）的各个部位都分别在整体或其他全息胚上有各自对应的部位；全息胚的一个部位，相对于该全息胚的其他部位，与整体或其他全息胚上其所对应的部位的生物学性质相似程度较大；各部位在某一全息胚的分布规律与对应部位在整体或其他全息胚的分布规律相同；在生长轴线上连续的任意两个全息胚，生物学性质相似程度最大的两端总是处于相隔最远的位置，从而总是对立的两极连在一起。例如，植物的一张叶是一个全息胚，是植株整体的一个缩影，其叶片对应树冠，叶柄对应树干等。根据生物全息理论，生物体或某一全息胚在特定发育时期具有特殊强的遗传势，选用发育到该时期的全息胚作种，不仅能够显著提高作物产量和改进品质，而且能够提高品种的种性和利用价值。

## 3. 营养器官间生理功能的独立性与统一性

在被子植物的生活过程中，根系从土壤中吸收的水分必须通过幼根的表皮、皮层，进入根的中柱，借助于木质部的导管直接进入茎和叶，并在叶内扩散，大量的水分经由气孔蒸腾散发到大气中去，溶于水的无机盐和其余的水分则在植物体内被分配利用。因此，根系的吸水活动与茎的输导和叶的蒸腾作用密切相关（图3-61）。

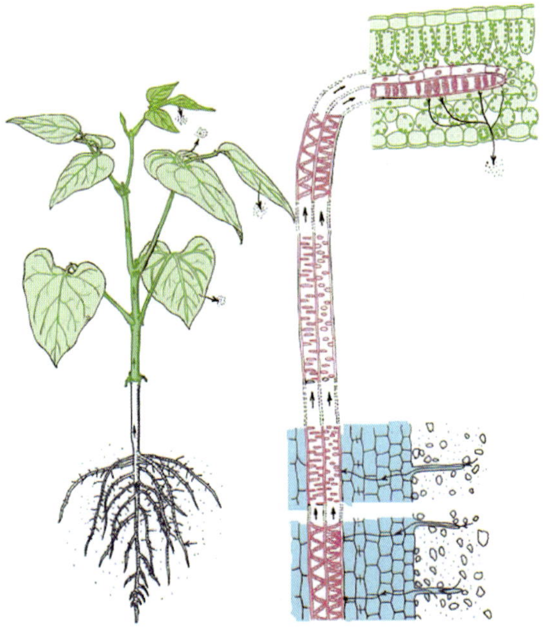

植株　　水分的吸收、运输与蒸腾相关的结构

图3-61　植株营养器官间的功能一体化

叶是植物光合作用的重要场所。叶片进行光合作用，合成和积累同化产物，部分供给叶自身的消耗，大量的养分则通过贯穿于整个植株的韧皮部中的筛管等由叶运往茎、芽、花、果实、种子和根系，或其他特定的储藏器官，供其生长发育利用或储存。

因此，植物体内进行的养分的吸收、合成、运输、利用和储藏的过程是植物体内各组织或组织系统协同行使生理功能的过程。在植物体正常生长、代谢和遗传的过程中，植株的形态结构和生理功能间达到了高度的统一性。

## 总结与复习

### 知识要点

植物的种子萌发后，胚根顶端分生组织的细胞经过分裂、生长、分化，形成了主根。主根上可以产生各级侧根，主根和侧根是定根；在茎、叶、老根或胚轴上产生不定根；一株植物所有根的总和，称为根系。根系可分为直根系和须根系两种：直根系由主根和侧根组成，为绝大多数双子叶植物和裸子植物所具有；须根系主要由不定根组成，为绝大多数单子叶植物和蕨类植物所具有。

根的主要生理功能是吸收、输导、固着、支持、合成、储藏和分泌。根据不同植物根的特点，可以应用到食用、药用、工业原料以及工艺品制作等各个方面。

从根的顶端到着生根毛的部位称为根尖。根尖是根中生命活动最旺盛的部位，担负着细胞分裂、根的伸长、根系形成和物质吸收等重要功能。根尖可分为根冠、分生区、伸长区、根毛区（成熟区）。被子植物根尖分生区的近根尖端为原分生组织的原始细胞，其上为初生分生组织，分化出原表皮、基本分生组织和原形成层，进一步分化为根的初生结构（根毛区）。

双子叶植物根的初生结构包括表皮、皮层和维管柱3部分。表皮细胞壁薄，角质膜不发达，水分易透过，多数表皮细胞的外壁向外延伸形成根毛，扩大了根的吸收面积；皮层由基本组织构成，可分为外皮层、中部皮层薄壁组织和内皮层；内皮层是皮层最内一层细胞，在双子叶植物的根中，其左、右径向壁和上、下横向壁一定位置上有一条木质化、栓质化的“凯氏带”，水分和溶质必须通过内皮层细胞的原生质体向内运输；维管柱的最外方是维管柱鞘，多为一层细胞，具有潜在的分裂能力，可产生维管形成层的一部分、木栓形成层、不定芽和侧根等；维管柱内的初生木质部和初生韧皮部相间排列，分化方式均为外始式。

大多数双子叶植物根可进行次生生长，形成次生结构。它是次生分生组织维管形成层和木栓形成层活动的结果。维管形成层发生于初生木质部和初生韧皮部之间的薄壁细胞（保留下来的一部分原形成层细胞）和正对初生木质部辐射角外面的维管柱鞘细胞，经过分裂、增加细胞数量，最终形成圆环形的维管形成层（横切面观察），维管形成层主要进行切向分裂，向内分裂产生的细胞形成次生木质部，向外分裂产生的细胞形成次生韧皮部，使根增粗。木栓形成层最初由维管柱鞘细胞恢复分裂能力产生，木栓形成层细胞分裂产生木栓层和栓内层，构成周皮。根的次生结构自外向内依次为周皮（木栓层、木栓形成层、栓内层）、初生韧皮部（常被挤毁）、次生韧皮部（含径向的韧皮射线）、维管形成层和次生木质部（含木射线）和辐射状的初生木质部。多数双子叶植物根中无髓。

禾本科植物根的基本结构与双子叶植物一样，也分为表皮、皮层和维管柱三个基本部分。但禾本科植物根与双子叶植物根的初生结构相比有其独特之处，主要表现在以下几个方面：①外皮层薄壁细胞厚壁化；②内皮层细胞的细胞壁为五面增厚结构（外切向壁不增厚）；③初生木质部为多原型；④不保留有分裂能力的细胞。

禾本科植物的根中无维管形成层和木栓形成层的发生，不能进行次生生长，因此不具有次生结构。

侧根是由侧根原基发育形成的。侧根原基的发生方式为内起源，是由母根维管柱鞘的一部分细胞恢复分裂能力形成。侧根只发生于维管柱鞘的一定部位，其发生部位与初生木质部和初生韧皮部的位置和束数有关。侧根的形成能扩大植物地下部分的分布范围，有利于吸收土壤中更多的营养，同时还能加强根的固着和支持能力。

根瘤和菌根是某些高等植物根部所形成的共生结构。根瘤是由根瘤细菌、放线菌侵染根部细胞而形成的瘤状共生结构；菌根是某些真菌与某些高等植物根部所形成的共生体。

茎的主要功能是输导和支持作用；茎还有储藏、繁殖作用，幼嫩的茎还可以进行光合作用。

茎多为圆柱形，茎上有节和节间，还有叶痕、维管束痕、芽鳞痕和皮孔等结构，着生叶和芽的茎称为枝条。

芽是未发育的枝条、花或花序的原始体。按芽将形成器官的性质分为叶芽、花芽和混合芽；按芽的生长位置分为定芽与不定芽；按生理活动状态分为活动芽和休眠芽；按芽鳞的有无分为裸芽和鳞芽；按芽形成季节分为夏芽和冬芽或越冬芽。

叶芽是将来发育为枝条的芽，包括中央的生长锥、叶原基和幼叶。有的植物还有芽鳞和腋芽。花芽是花或花序的原始体，含花或花序各部分（花萼、花瓣、雄蕊和雌蕊）的原基。生长锥、叶原基、腋芽原基和花部原基均由分生组织组成，是地上部分所有新结构、新器官的来源，是芽的主体。芽的形态结构体现了茎对环境的适应。种子植物的分枝方式主要有单轴分枝、合轴分枝、假二叉分枝和分蘖等，研究茎的分枝方式在农林生产上有重要意义。茎尖由上而下可分为分生区、伸长区和成熟区3部分，各区组织结构层次特征不同。

双子叶植物茎节间部分的初生结构可分为表皮、皮层和维管柱3部分。表皮是初生分生组织的原表皮发育而来的初生保护组织。表皮细胞外壁厚、角质化并有角质层，表皮上有气孔和表皮毛；皮层由部分基本分生组织分化而来，分为外皮层（厚角组织）、中皮层和内皮层（不明显）；维管柱是由原形成层和另一部分基本分生组织发育而来的结构，包括维管束、髓和髓射线3部分，维管束是由原形成层发育而来的束状结构，包括初生韧皮部、束内形成层和初生木质部3部分；双子叶植物茎的初生木质部产生、分化和成熟方式为内始式，初生韧皮部和初生木质部为内外排列，与根明显不同。髓射线位于两个维管束之间，连接皮层与髓，有横向运输的作用。

双子叶植物茎的次生结构是维管形成层和木栓形成层活动的结果。维管形成层是束中形成层和束间形成层两部分连接成环而成。维管形成层的细胞有两种：一种是纺锤状原始细胞，另一种是射线原始细胞。维管形成层活动主要是纺锤状原始细胞切向分裂，向外产生次生韧皮部，向内产生次生木质部，构成纵列的次生维管组织系统，成为茎中纵向的输导系统。射线原始细胞切向分裂产生维管射线，构成横向的次生组织系统，成为茎中横向的输导系统。

树皮是维管形成层以外所有组织的总称。木材是指维管形成层历年产生的次生木质部的总和。年轮是一年中只有一个生长期的形成层所产生的次生木质部，早材和晚材没有明显的界限。边材是近树皮的色泽较淡的次生木质部，是后形成的，含有生活细胞，具输导和储藏作用。心材是茎内部色质较深的、较老的次生木质部，丧失了输导能力。

茎中第一次形成的木栓形成层在不同植物中的起源位置不同，最初可以出现在表皮、表皮或皮层的外层、厚角组织，或皮层薄壁组织中，甚至发生在初生韧皮部。木栓形成层细胞分裂活动方式、产生的结构特点与根的木栓形成层相似。向外产生的新细胞生长分化为木栓层，向内分裂的细胞发育成栓内层。木栓层、木栓形成层和栓内层构成周皮。在气孔下方，木栓形成层活动后产生皮孔结构，皮孔是老茎与外界进行气体交换的孔道。

禾本科植物茎节间的结构，可分为表皮、基本组织和维管束三种组织系统。表皮由一种长细胞、两种短细胞和保卫细胞有规律地排列而成，基本组织外围几层厚壁细胞形成坚硬的机械组织，维管束分散在基本组织中，或排列为内、外两环（如小麦、水稻等）。

部分禾本科植物（如玉米）茎尖的叶原基下面，有初生增粗分生组织，通过短期的初生增粗生长，使茎节间伸长后进一步增粗。

叶是绿色高等植物合成有机物的重要器官，叶的主要生理功能是光合作用和蒸腾作用。

叶由叶原基发育而来，发育过程包括顶端生长、边缘生长和居间生长3种方式。一般被子植物的叶呈扁平的薄片状，以叶柄或叶鞘（禾本科植物）着生于茎的节上。双子叶植物的完全叶包括叶片、叶柄和托叶3部分，缺一则称为不完全叶。禾本科植物的叶主要包括叶片和叶鞘两部分，有的在叶片、叶鞘相接处还有叶舌、叶耳和叶环，或只具其中一种。

双子叶植物的叶片，横切面观可分为表皮、叶肉和叶脉3个部分。表皮由原表皮发育而来，是覆盖在叶片上下表面的初生保护组织，一般包括表皮细胞、气孔器、表皮附属物等，表皮细胞一般不含叶绿体；气孔器由两个肾形的保卫细胞组成，之间的裂生胞间隙称为气孔，与叶光合作用时气体交换及进行蒸腾作用有关，有些植物，如甘薯等在保卫细胞外还有副卫细胞。叶肉由基本组织发育而来，是叶片进行光合作用的主要部分。背腹型叶的叶肉分化为栅栏组织（腹面）和海绵组织（背面）。等面型叶的叶肉，则无栅栏组织和海绵组织的分化，或上下两面都同为栅栏组织；叶脉主要由原形成层发育而来，主脉中具有微弱的形成层，叶脉越细，其结构越简单。

禾本科植物叶片也是由表皮、叶肉和叶脉3部分组成。表皮由表皮细胞、泡状细胞和气孔器等有规律地排列而成。表皮细胞有一种长细胞和两种短细胞，泡状细胞分布在两条平行叶脉之间的上表皮位置，在横剖面上形成展开的折扇状，可调节叶片水分，气孔器由两个哑铃形的保卫细胞及其外侧的两个近似菱形的副卫细胞组成；叶肉没有栅栏组织和海绵组织的分化；叶脉为平行叶脉，叶脉内的维管束是有限外韧维管束，各束外围为由1～2层薄壁或厚壁细胞组成的维管束鞘。

落叶的原因与叶柄基部形成离区有关。离区可分化产生保护层和离层结构，叶脱落是离层细胞死亡和外力作用的结果。

植物在适应环境的过程中，有些营养器官的形态结构和生理功能都发生了显著变异，并且这种变异能够稳定地遗传下去，成为物种的特性，这种现象称为营养器官的变态，发生变态的器官称为变态器官。根、茎、叶都具有多种变态器官类型。

凡外形相似、功能相同、但形态学上来源不同的变态器官，称为同功器官，如茎刺、叶刺和皮刺，茎卷须和叶卷须，块茎和块根等都属于同功器官。反之，外形与功能有差别，而形态学上来源相同的变态器官，称为同源器官，如茎刺、茎卷须、根状茎、鳞茎等，都是茎的变态，属于同源器官。

多数学者认为，根、茎间维管组织系统的过渡与转换区在“下胚轴”。在下胚轴区段，根茎维管组织发生初生木质部的分叉、旋转和合并，完成星状中柱向真中柱的转变和联系。

## 复习思考

1. 定根与不定根的区别有哪些？
2. 根系有哪些类型？不同类型的根系在土壤中的分布如何？
3. 根尖可分为哪几个区？各区细胞的特点及功能是什么？
4. 绘图或列表说明双子叶植物根的初生构造及其功能。
5. 简述双子叶植物根内皮层的结构特点。
6. 简述双子叶植物根的次生结构及其发生过程。
7. 试论述根的哪些结构与其吸收功能相适应。
8. 比较双子叶植物根初生结构与单子叶植物根结构的区别。
9. 茎的基本形态组成是什么？其重要组分有哪些？
10. 什么叫芽？芽可分为哪些类型？如何区分定芽和不定芽？
11. 分别叙述叶芽、花芽和混合芽的结构组成。
12. 被子植物常见的分枝方式有哪几种？试举例说明。
13. 根据植物的分枝方式特点，如何进行植物的株形修整？
14. 茎尖是如何分区的？各区有何特点？
15. 双子叶植物茎的初生结构层次性特征如何？
16. 与根相比，双子叶植物茎初生结构有哪些特殊性？
17. 依据根、茎的解剖结构，如何区分根和茎的初生结构？
18. 试比较说明单子叶植物茎的初生结构与双子叶植物茎的初生结构特征差异。
19. 简述双子叶植物茎的次生生长过程和次生结构特点，并说明与根的次生结构发生过程中的异同点。
20. 维管形成层由哪两类细胞组成？分别描述其分裂特性及分裂后产生的结构及其作用。
21. 什么是皮孔？其结构特点如何？
22. 什么是茎的初生增粗分生组织？什么是茎的初生增粗生长？
23. 试列表比较单子叶植物、双子叶植物叶的形态与结构异同点。
24. 叶有哪些生理功能？什么是完全叶、不完全叶？什么是单叶、复叶？如何区分单叶与复叶？
25. 禾本科植物的叶由哪几部分组成？其特征和作用分别是什么？
26. 叶是如何发生和生长的？各个生长阶段的作用是什么？
27. 以棉叶为例，简要叙述双子叶植物叶片的结构特点。
28. 以水稻为例，简要叙述禾本科植物叶片的结构特点。
29. 简要说明碳三植物与碳四植物叶片的结构异同点。
30. 分别举例说明叶的形态结构与生理功能及环境的统一性。
31. 植物的叶为什么会脱落？试解释其原因。
32. 名词解释：年轮，假年轮，心材，边材，变态。什么是同功器官、同源器官？分别举例说明。

33. 植物的根、茎、叶常形成哪些变态类型？分别举例说明。

34. 肉质直根、块根、块茎的发生和结构特点是什么？举例说明。

35. 根、茎间维管束是如何转化和联系的？

## 阅读与探究

### 阅读参考

**（1）本章知识参考阅读：**

http://jpkc.yzu.edu.cn/course/zwx/0502jxrr.htm

http://www.enchantedlearning.com/subjects/plants/leaf/

Peter Gregory. 2006. *Plant Roots: Growth, Activity and Interactions with the Soil*. London: Blackwell Publishing

**（2）知识拓宽参考阅读：**

直接以“根”“茎”“叶”等相关词为检索词，应用“baidu”“google”等网站查询，根据你的兴趣和知识面选择相关条目进一步查询点击并扩大阅读。

根是植物、土壤和微生物及其环境相互作用的中心，是植物和土壤环境物质和能量交换最剧烈的区域，是各种养分和有害物质从无机环境进入生命系统参与食物链物质循环的必经通道和瓶颈。根际系统的研究是当今环境生物学研究的主要热点之一。对植物根、茎、叶的分子生物学研究已取得突破性成就，一大批与根、茎、叶发育有关的基因和基因组合被发现，人类定向改造和利用植物的时代将为期不远。要了解相关知识和进一步阅读，可在教师的指导下，利用网上图书、期刊资源有选择性地查询阅读。

Speck T.，*Plant Stems: Functional Design and Mechanics*，Materials Research，2011，41：169-193。不仅从细胞水平详细解读了茎的结构、结构与功能的关系，而且进一步地讨论了茎的组织、细胞的结构独特性与茎的生长习性的独特性、对不同环境的适应性的关系，此外文中还介绍了茎的层次性、多功能性的结构在工程仿生学上的应用。

*Plant form: An illustrated guide to flowering plant morphology*是由哈佛大学Adrian D. Bell和他的学生Alan Bryan在1991年出版第一版（Oxford University Press）后的再版（Timber Press，2008年），全书共431页，书中收集了大量的植物形态结构的彩色图页，作者以大量的插图描述了开花植物的形态解剖结构，详述了大量植物的生长发育过程中叶、花、根及种子等的结构变化，书中还附有大量的植物学术语的解释，该书不仅是学习植物叶的部分、而且还是学习植物形态解剖学各个部分知识的一本较好的参考用书。

### 探究学习

在本章内容学习的基础上，我们还可以试着去深入学习，拓宽自己的知识面，培养自己的科学素养。根据自己的兴趣、知识背景和专业特点或在教师的指导下，选择某类或不同类型植物的根、茎、叶进行形态和结构差异的比较学习，归纳器官间特征的一般性与特殊性，拓宽书本知识。或根据所学知识，联系生活、生产实际，野外调查、归纳、整理，真正认识和理解被子植物根、茎、叶形态结构与功能、植物与环境间的统一性。

不同的植物有不同特征的根系类型。要进一步了解植物根系类型和分布特征，可无土栽培、基质栽培甚至水培植物，观察和拍摄记录植物根系的生长发育规律。或选取同种植物种子萌发后分别进行土培、水培和营养液培养，在培养不同天数分别取样进行切片，观察比较距离根尖同样长度部位根表面的根毛密度、根的直径、根的内部解剖结构差异，探究不同生境条件对植物根的形态和结构发育的影响。

根是植物吸收养分的器官，不同的植物对营养物质的需求特性不同。应用测土配方施肥技术，可研究出植物不同养分的需求规律，实现精确定量施肥或肥力运筹。或配制全营养液，直接在水培条件下，应用等离子光谱仪（IPC）或原子吸收分光光度计，定期测定培养液中不同营养元素动态，由此可确定所培养植物的需肥特性和需肥规律，达到精确栽培和高产优质的目的。

茎包括主茎和分枝，是植物叶、花、果的承载体。茎有显著的向光性，不同的发育生长阶段，茎的形态一直在改变着。修枝整形可改变植物的生长状态和树冠形态，改变受光模式也可改变茎的生长态势，进而达到人为塑造树冠形状或艺术化植株形态的目的。

茎的结构与其所处的环境及执行的功能密切相关，同学们可以采集一年生草本植物的茎、多年生草本植物的茎、木本植物的幼茎等进行横切面的显微观察，了解不同类型茎的结构组成特征，分析茎的结构组成与其生长特性及执行功能间的关系。

"树怕剥皮"是真的吗？如何剥皮才不会影响树木的生长呢？不妨在教师的指导下，去亲自探究一下。

叶是植物光合自养的主要器官，对人类的物质生活和精神生活贡献巨大。叶对环境敏感，其形态、色泽、质地和作用都具有多样性。根据叶的属性，我们可以设计出许许多多的探究活动。

绿叶面积与环境质量有密切关系，茂密的绿叶可吸附粉尘、吸收有毒有害气体、减少噪声等。同学们可以选定一个城市绿化面积不同的多个小区或工厂区，通过绿叶面积测量、空气污染指数测定，建立绿叶面积与空气污染指数之间的相关性方程，探究增强绿化对改善空气质量的影响。

有兴趣的同学还可以通过气象资料分析等，探究叶的色彩与环境温度变化的关系。

植物全息胚的不同部位对特定性状的遗传势不同。植物的细胞、组织培养和诱导器官的发生与重建植物新个体等，都充分证实了构成植物体全息胚的胚胎学性质，也证实了离体器官的形态发生具有"位置效应""时间效应"和"极性"等的特性。有关全息生物学及其应用的相关知识可参阅：金银根. 1992. 张颖清与全息生物学. 科学，44（3）：51～55。

第四章

# 被子植物生殖器官的形态、结构与功能

## 内容导读

繁殖是重要的生命现象之一。植物的繁殖是植物体生长发育到一定阶段，在特定部位产生的、有利于再生新个体的特定结构。植物通过繁殖不断增加新的个体，有利于保证物种的遗传性和稳定性，随着不断的自然选择和人工选择，物种得以延续、进化和多样化。植物的繁殖方式可分为营养繁殖、无性繁殖和有性生殖三类。

花是被子植物的有性生殖器官。被子植物经过一段时间的营养生长，茎端分生组织逐渐形成花原基或花序原基，进入到生殖生长阶段，逐渐发育成花或花序。不同植物的花在形态、大小、颜色和组成数目等方面存在差异，使植物界更加千姿百态、色彩斑斓。花中最重要的组成部分包括雄蕊和雌蕊。雄蕊最主要的结构是花药，花药中有花粉囊，花粉囊中形成花粉，花粉中产生精细胞或精子。雌蕊最主要的结构是子房，子房中有胚珠，胚珠中形成胚囊，胚囊中产生母细胞和极核或中央细胞。最后，经过开花、传粉、受精，子房便发育成果实，子房内的胚珠便发育成种子。

果实是被子植物特有的有性生殖的产物。受精后，花的其他部分也发生显著变化，或枯萎或宿存。不同植物的果实，尤其是果皮具有不同的发育方式、形态、色泽、结构和化学成分。果皮包裹着种子，果皮的形态结构差异不仅很好地保护种子，还有助于传播种子。

种子在适宜的条件下便可萌发生长，形成不同类型的幼苗。研究幼苗类型对指导农林生产有意义。

通过本章内容的学习，我们将了解花的组成以及雄蕊、雌蕊的形态、结构和发育过程，了解被子植物特有的有性生殖过程、特征和意义，理解和掌握被子植物的生活史过程和特征。

## 教法与学法

### 教 法

（1）充分利用多媒体技术和互联网资源，通过大量的图片和视频向学生展示植物的花、果实和种子的形态、结构特征及其多样性，通过视频或动画向学生展示花、果实和种子各部分结构的发育过程，使教学内容更为形象、直观和生动。

（2）注重实验教学，让学生解剖观察一些常见植物的花、果实和种子，让学生在学习中真正理解、掌握并体会被子植物生殖器官的形态、结构及其多样性。

（3）课堂教学与现场教学相结合，在实验和实习教学过程中，带领学生到花房（或花圃）、花店、水果店、粮店或野外观察植物花、果实和种子的特征。

（4）开展反转课堂教学有利于学生自主学习和自我构建知识体系。

### 学 法

（1）充分利用互联网资源，广泛观察花、果实和种子图片及花、果实和种子的发育及开花、传粉、受精等方面的动画或视频，掌握花、果实和种子的形态结构特征和发育过程，了解花、果实和种子各部分形态结构的多样性。积极参与反转课堂教学活动。

（2）积极投身于每次实验、实习的教学过程之中，努力从实践和实验观察中巩固所学知识。

（3）业余时间多走进大自然，观察、记录和描述植物的开花、结实时间、过程及其特征。

植物的繁殖（reproduction）与生长、发育、遗传、变异一样，也是一种重要的生命活动，通过繁殖，繁衍后代，增加变异，增强适应环境的能力，使物种不断进化。

有的植物可以营养体的一部分，如块茎、块根、匍匐茎等，自然地增加个体数目，这种繁殖方式称为营养繁殖（vegetative production或vegetative reproduction）。在农林生产中，人们常利用植物营养器官的繁殖功能和再生能力，人为地采用扦插（cutting）、压条（layering）和嫁接（grafting）等方法来大量繁殖和培育优良品种。近年来，利用植物细胞的全能性，进行离体的细胞和组织培养，使它们长成为完整的植株，大大提高了优良品种的繁殖系数。

有的植物在生活史的某一阶段能产生一种具有繁殖能力的特化细胞，称为孢子（spore）。它们从植物体上直接产生，或先由植物形成一种特殊的结构——孢子囊（sporangium），再在孢子囊中产生孢子。孢子离开孢子囊后，在适宜的条件下能直接萌发成一新的植株。这种繁殖方式称为无性繁殖（asexual reproduction）。

还有一些植物在生长的一定阶段产生另一种特化细胞，称为配子（gamete）。它们也形成于特化的配子囊（gametangium）中。繁殖时必须有生理上、遗传上或形态上不同的2个配子结合，形成合子，再由合子发育成新的植株。这种繁殖方式因为有两性细胞的结合过程，故称为有性生殖（sexual reproduction）。

被子植物的有性生殖是植物界中最进化、最高级的繁殖方式。被子植物在经历一定时期的营养生长后转入生殖生长，在植株的一定部位形成花芽，然后开花、传粉、受精，产生果实和种子。花是被子植物所特有的繁殖器官（reproductive organ），是形成雌性、雄性生殖细胞和进行有性生殖的场所。被子植物开花结实，形成果实和种子，传播和繁衍后代，使物种得以延续。果实和种子是很多农作物的主要收获对象，且与植物的遗传育种密切相关。

# 第一节 花的组成与发生

## 一、花的形态与特征

### （一）花的形态与组成

现存的被子植物约30万种，其花的形态、大小、颜色和组成数目因种而异、多种多样。被子植物的完全花（complete flower）通常由花梗（或称花柄）、花托、花萼、花冠、雄蕊（群）和雌蕊（群）等几个部分组成（图4-1）。萼片、花瓣、雄蕊和心皮分别是组成花萼、花冠、雄蕊群和雌蕊群的基本单位，它们都是变态叶。萼片和花瓣与雌性、雄性生殖细胞的发育无关，是不育的变态叶。雄蕊和心皮与雌性、雄性细胞的形成和有性生殖直接相关，是可育的变态叶。虽然它们在形态和功能上与寻常的叶差别很大，但它们的发生、生长方式和维管组织系统均与叶相类似。因此，花是适应于生殖、极度缩短且不分枝的变态短枝。

图4-1 花的组成

## 1. 花柄和花托

花柄（pedicel）又称花梗，是连接花和茎的柄状结构，其基本构造与茎相似。花柄既是各种营养物质由茎向花输送的通道，又能支持着花，使其向各方向展布。花柄的长短，常因植物种类而不同。有些植物的花梗较长，如梨、垂丝海棠（*Malus halliana* Koehne）等；有的则很短或无花柄，如贴梗海棠 [ *Chaenomeles speciosa*（Sweet）Nakai ]。果实形成时，花柄发育成果柄。

花托（receptacle）位于花柄的顶端，是花器官其他组分（如花萼、花冠、雄蕊群和雌蕊群）由外至内依次着生的位置。花托通常呈不同方式的膨大，其形态具有多样性且因种而异。有的呈圆柱状（如木兰科植物），有的呈圆锥状（如草莓，*Fragaria chiloensis* Duch. var. *ananassa* Hort.），有的凹陷呈杯状（如桃），有的呈壶状，且与花萼、花冠、雄蕊、雌蕊的一部分贴生或合生在一起，形成下位子房（如苹果等），有的呈倒圆锥形（如莲），有的在雌蕊基部或雄蕊与花冠之间，扩大形成扁平状或垫状的盘状体（称花盘，desk）（如柑橘，*Citrus reticulata* Blanco），有的则在雌蕊（子房）基部形成短柄状，传粉受精后，能迅速伸长，将子房插入土中结实，这种花托类型称为雌蕊柄或子房柄（gynophore），如花生等。

## 2. 花萼

花萼（calyx）是花的最外一轮变态叶，由一定数目的萼片（sepal）组成。花萼常呈绿色，其结构与叶相似，可进行光合作用，为花芽提供营养；但也有一些植物的花萼呈花瓣状，有利于昆虫的传粉，如紫茉莉（*Mirabilis jalapa* L.）等。根据萼片间分离或联合关系的不同，花萼有离萼和合萼两类。

离萼（chorisepalous）是指萼片之间完全分离，如油菜、桑、茶等。

合萼（gamosepalous）萼片之间彼此联合，合生部分称为萼筒（calyx tube），未合生部分称为萼齿或萼裂片（calyx lobe），如茄、棉花等。萼筒具有多样性，如杯状和筒状等；有些植物的萼筒一边伸长或呈管状突出为距，如凤仙花（*Impatiens balsamina* L.）；有些植物的花萼形态发生变化，如菊科植物的花萼常呈毛状，称为冠毛，有助于传播果实；有的花萼变成干膜质，如鸡冠花（*Celosia cristata* L.）等。

花萼常只有一轮，而有的植物在花萼外侧还有一轮绿色的瓣片，称为副萼（epicalyx），如棉花、草莓等。棉花的3片大型的副萼又称为叶状苞片。

一般植物开花以后萼片即落，但也有在其果实成熟时，花萼依然存在，这种花萼称为宿存萼（persistent calyx），如茄、茶、桑、柿（*Diospyros* spp.）等花的花萼。

## 3. 花冠

花冠（corolla）位于花萼的内侧，由若干花瓣（petal）组成，可排列为一轮或多轮。花冠的形态和颜色多种多样。花冠的形态有钟状、蝶状、唇状和舌状等；花色有红、黄、蓝、紫以及多样的过渡色彩；花瓣或花冠具有多种功能，有的花瓣基部有分泌结构，可释放挥发油类和分泌蜜汁，可吸引昆虫，有利于传粉，人类常用它提取精油或用于保健；花冠还有保护雌蕊、雄蕊的作用。花色、花形、花味的多样性不仅吸引昆虫，而且也美化了环境、美化了人们的生活。但也有些植物的花无花瓣或花冠，如紫柳（*Salix wilsonii* Seemen）、玉米等，它们依赖风媒传粉。花瓣彼此分离的花为离瓣花（choripetalous corolla），如油菜、桃等；花瓣彼此联合的花为合瓣花（synpetalous corolla），联合的部分称为花冠筒（corolla tube），分离的部分称为花冠裂片（corolla lobe），有的花瓣全部联合。花冠内花瓣的数目常因植物的种类而异。花冠或花萼及其裂片在花芽中的排列方式，也因植物种类的不同而不同。花瓣的形态、大小和结构的差异，花冠类型、花冠的对称性和作用均因种而异，常是植物分类的主要依据之一（详见第五章）。

花萼和花冠合称为花被（perianth），当花萼和花冠的形态、色彩相似时，也可统称其为花被，如百合等。根据花被的组成或有无，常可分为双被花、单被花和裸花三类。双被花（dichlamydeous flower）是同时具有花萼和花冠的花，如棉和桃等植物的花。单被花（monochlamydeous flower）一般是指只有花萼而没有花冠的花，如桑、蓖麻、荔枝、甜菜等的花。裸花（naked flower）是不具有花萼和花冠的花，有时称为无被花（achlamydeous flower），如柳等植物的花。

## 4. 雄蕊（群）

### 1）雄蕊的形态与组成

一朵花内所有的雄蕊总称为雄蕊群（androecium）。雄蕊（stamen）着生在花冠的内方，是花的重要组成部分之一，一朵花中雄蕊的数目常因植物种类的不同而不同。小麦有3枚雄蕊，油菜、洋葱有6枚雄蕊，棉花、茶、桃等的花具有多数雄蕊。每个雄蕊常由花药和花丝两部分组成。花药（anther）是花丝顶端膨大成囊状的部分，内部有花粉囊，可产生大量的花粉粒。花丝（filament）常细长，基部着生在花托或贴生在花冠基部，有的花丝扁平如带状（如莲），或完全消失［如栀子（*Gardenia jasminoides* Ellis）］，或成为花瓣状［如大花美人蕉（*Canna generalis* Bailey）］。花药在花丝上的着生方式及花药的开裂方式具有多样性（详见第五章）。

### 2）雄蕊群的类型与特征

不同种类植物的花中，雄蕊可以有不同的组合特征。多数植物的雄蕊彼此分离；但有些植物雄蕊的花药合生、花丝分离；有些花丝合生成为不同的束数，而花药分离。雄蕊花丝的长短，也因植物种类而异。多数植物的雄蕊花丝等长，但有些植物花中的雄蕊花丝长短不等、特征稳定，如油菜、薄荷（*Mentha haplocalyx* Briq.）等。有些植物，如火柴头，花中6枚雄蕊常只有2～3枚发育正常、可育，其余则畸形、不育。因此，雄蕊的类型和特征具有多样性（详见第五章）。

## 5. 雌蕊（群）

### 1）雌蕊的组成

一朵花内所有的雌蕊（pistil）总称为雌蕊群（gynoecium）。雌蕊群也是花的重要组成部分。雌蕊位于花的中央，多数植物的花，只有一枚雌蕊。雌蕊由1个或多个心皮（carpel）组成。在形成雌蕊时，常分化出柱头（stigma）、花柱（style）和子房（ovary）3部分。

柱头位于雌蕊的上部，是承接花粉粒的地方，常扩展成各种形状。风媒花的柱头多呈羽毛状，增加柱头接受花粉粒的表面积。虫媒花的柱头常能分泌水分、脂类、酚类、激素和酶等物质，有的能分泌糖类和蛋白质，有助于花粉粒的附着和萌发。

花柱位于柱头和子房之间，其长短因植物种类不同而异，是花粉萌发后花粉管进入子房的通道。花柱提供花粉管生长的营养物质，增加了花粉管进入胚囊的选择性。

子房是雌蕊基部膨大的部分，外为子房壁，内有一至多个子房室，子房室内有一至数枚胚珠。受精后，整个子房发育为果实，子房壁成为果皮，胚珠发育为种子。

子房着生在花托上，它与花托的连接方式也存在很大差异，同时与花萼、花冠、雄蕊群的相对位置也因植物种类不同而有变化（详见第五章）。

### 2）雌蕊（群）的类型

根据组成雌蕊的心皮数目和心皮间分离和联合情况，常将雌蕊分为单雌蕊、离生单雌蕊和复雌蕊3种类型。

单雌蕊（monogynous）是指只由一个心皮发育成的雌蕊，如豆科植物。离生单雌蕊（apocarpous gynoecium）是指一朵花中有多个彼此分离的雌蕊的类型，如八角（*Illicium verum* Hook.）等。复雌蕊（compound pistil）是指由2枚或2枚以上心皮合生成的雌蕊，如油菜等。复雌蕊中的子房、花柱、柱头可全部合生，也可能是花柱、柱头分离或仅柱头分离（详见第五章）。

根据花中雌雄蕊的有无，可把花分为两性花（bisexual flower）、单性花（unisexual flower）和无性花（asexual flower）3类。两性花是兼有雄蕊和雌蕊的花，又称为雌雄同花（hermaphroditic），如玉兰和锦葵等，约占被子植物总数的80%（Yampolsky，1922）。只具有雌蕊的花，称为雌花（pistillate flower），其所在植株称为雌株（gynoecy）；只具有雄蕊的花，称为雄花（staminate flower），其所在植株称为雄株（androecy）。如果雌花和雄花生长于同一植株，则称为雌雄同株（monoecious），如蓖麻、玉米等植物；如果两性花和单性花都存在于同一植株上，则称为杂性同株（polygamo monoecious），如柿、皂角等植物。如果雌花和雄花或两性花分别生长在不同植株上，则称为雌雄异株（dioecious），如大麻（*Cannabis sativa* L.）、菠菜（*Spinacia oleracea* L.）和柳等植物；无性花是既无雌蕊又无雄蕊的花，又称为中性花，如向日葵头状花序边缘的舌状花等。

## （二）禾本科植物的花及小穗

水稻、小麦、大麦、玉米、高粱及甘蔗等禾本科植物的花与一般双子叶植物花的组成不同。它们通常由2枚浆片（鳞片，lodicule）、3枚或6枚雄蕊及1枚雌蕊组成。在花的两侧有1枚外稃（外颖，lemma）和1枚内稃（内颖，palea）。浆片与花被片同源，是变态的叶。外稃与内稃是花基部的苞片，也是变态叶。开花时，浆片吸水膨胀，撑开外稃，使雄蕊和柱头露出稃外，适应于风媒传粉。

禾本科植物的花和内稃、外稃组成小花（floret），再由1朵至多朵小花与1对颖片（glume）组成小穗（spikelet）（图4-2）。颖片着生于小穗的基部，相当于双子叶植物花序分枝基部的小总苞片（变态叶）。具有多朵小花的小穗，具小穗轴（rachilla）结构。只有1朵小花的小穗，小穗轴退化或不存在。不同的禾本科植物可由许多小穗集合成为不同的花序类型。

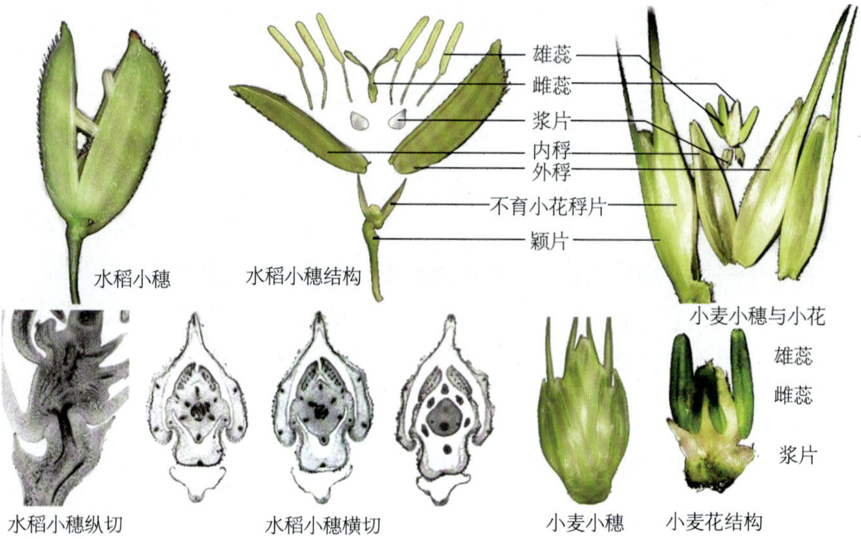


图4-2　水稻和小麦小穗及其结构（金银根）

## 二、花芽分化

花在植株上着生的方式因种而异，可一朵花单独着生，可多朵花有规律地排列在同一个花轴上，形成花序（inflorescence）。花或花序均可生于枝条的顶端或叶腋，它们均是由花芽（花和花序的原始体）发育而来的结构。

植物经一定时期的营养生长后，在适宜的温度、光照和营养条件下，植物的叶和茎生长锥分别对特定的光周期和温差产生感受反应，茎生长锥不再形成叶原基和腋芽原基，而发生花原基或花序原基，逐渐依次形成花或花序的各组成部分，最后分化成花或花序，这一过程称为花芽分化（flower bud differentiation）。

花芽各部分原基的分化和发育成熟的顺序通常由外而内、由下而上有序地进行。花芽分化发育最早出现的是萼片原基，以后依次向内产生花瓣原基、雄蕊原基和雌蕊（心皮）原基。植物种类不同，花芽分化和发育成熟的顺序常有某些变化。例如，牡丹属（*Paeonia* L.）植物的花有多轮雄蕊，各轮的分化顺序则是离心式的。油菜和金粟兰［*Chloranthus spicatus*（Thunb.）Makino］等的花芽分化和成熟的顺序与一般植物无异，但其雄蕊的生长发育进程却快于花瓣。也有些植物，甚至是同一种植物的不同群体内，同一朵花中雌蕊、雄蕊成熟的先后顺序不同，有的花中雄蕊先成熟，有的花中雌蕊先成熟，这种特性有利于异花传粉。

花序的发生和分化与花相似，各组成单位由外而内、由下而上依次进行。花序基部或外侧的总苞通常最早分化，然后自下而上或由外而内地进行小苞片和各苞片腋内花芽的分化。

## 1. 双子叶植物的花芽分化

以桃的花芽分化为例，桃的花芽分化始于夏季，持续时间较长。分化初期，生殖茎端隆起呈宽圆锥状至短柱状，顶端逐渐平宽，并从生殖茎端的周边由外向内依次产生5个萼片原基和5个与之互生的花瓣原基。秋季，随着萼片、花瓣原基的顶端生长和边缘生长的进行，在花瓣原基的内侧陆续分化出许多雄蕊原基。此后，萼片、花瓣基部和雄蕊贴生向上发育形成萼筒，构成杯状花托。最后，生殖茎端中央渐渐隆起，形成一个大的心皮原基（图4-3）。

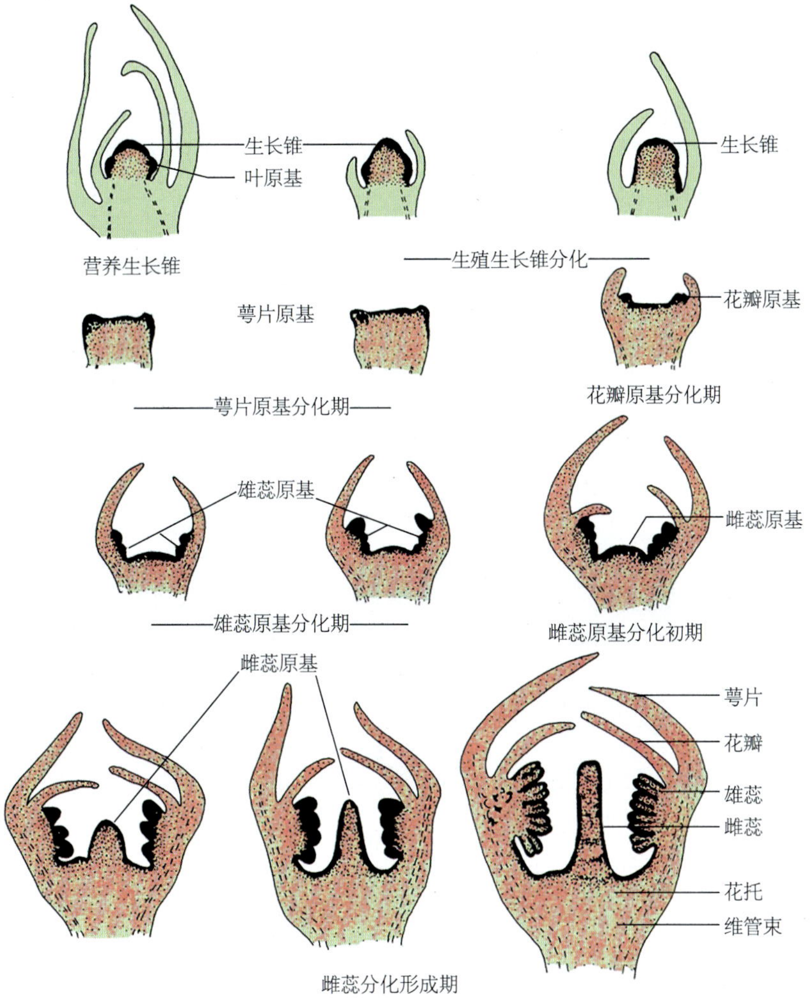


图4-3 桃花芽分化

在桃的花芽分化过程中，雄蕊发育快于雌蕊。在秋季，雄蕊已分化出花药和花丝，花药内部亦开始分化。雌蕊分化稍慢，待心皮完全卷合后，才出现柱头、花柱和子房的分化。子房内部的分化则要延至翌年早春。

## 2. 禾本科植物的花芽分化——小麦的幼穗分化

小麦等禾本科植物的花序由小穗组成，小穗由小花组成，它们的花芽（或花序）的分化一般称为幼穗分化。

小麦的花序是复穗状花序，小穗无柄，着生在穗轴的两侧，每一小穗含数朵小花。花芽分化时，生殖茎端迅速伸长，并在其两侧由下而上逐渐形成一系列环状的苞叶原基（苞叶是退化的变态叶），此阶段称为单棱期。接着，从幼穗中下部开始，分别向上、向下依次发育，在各苞叶原基的腋部分化出小穗原基。由于小穗原基也呈隆起，与苞叶原基构成二棱，故称二棱期。以后，小穗原基继续发育增大，苞叶原基不再发育，被小穗原基盖没而不明显。

小穗的分化源于小穗原基。先在其基部两侧依次分化出2枚颖片（第一颖和第二颖）原基，中央部分向上发育成小穗轴，并在小穗轴的两侧由下而上地进行小花原基的分化。小花的分化则依次形成1枚外稃原基、1枚内稃原基、2枚浆片原基、3枚雄蕊原基及1枚雌蕊原基（图4-4）。小麦的雌蕊由2枚心皮组成，雌蕊原基初发生时，心皮合生，呈环状结构，包围着突起的单生胚珠，以后环状结构闭合，上部形成两个花柱，并发育出羽毛状柱头。小穗上部小花的雌蕊、雄蕊常退化，形成不孕花（图4-2）。

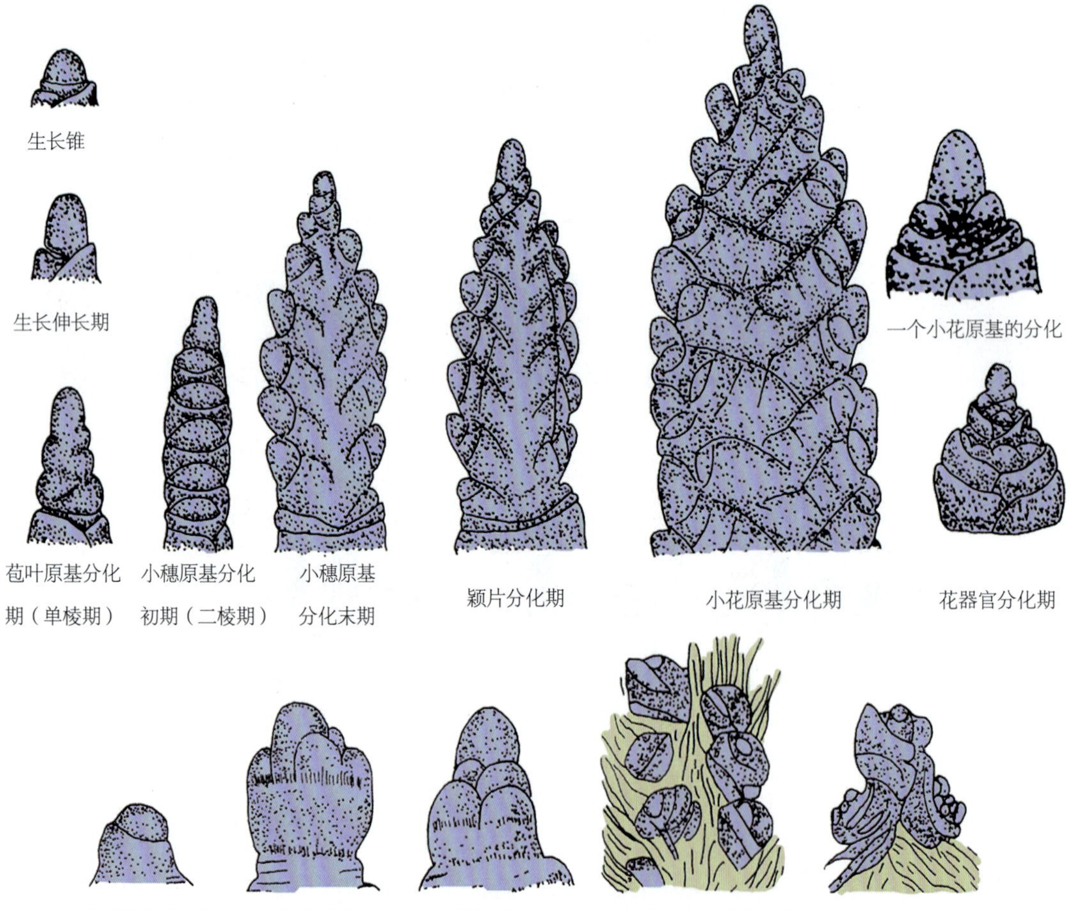


图4-4 小麦（上）、水稻（下）幼穗分化过程示意图

# 第二节 雄蕊的发育与结构

雄蕊由花丝和花药组成。雄蕊原基形成后，经过顶端生长和局部有限的边缘生长，原基迅速伸长，顶端分化发育成花药，基部形成花丝。通常，花丝呈细长的丝状，与花药的界限分明，但在木兰科（Magnoliaceae）等的植物中，花药花丝之间通常没有明显的界限。花丝的结构简单。横切花丝，最外一层为表皮，内为基本组织，中央有一个维管束，上连花药的药隔，下连花托。

## 一、花药的发育与结构

花药是雄蕊产生花粉的结构，由花粉囊（pollen sac）和药隔（connective）组成。多数植物的花药有4个花粉囊，少数种类，如锦葵科植物的花药只有2个花粉囊。花粉囊是产生花粉（pollen grain）的囊状结构，药隔是花药中部连接花粉囊的部分。药隔由通入花丝的维管束和周围的薄壁细胞所组成。

### （一）幼嫩花药的发育与结构

雄蕊原基经顶端生长和边缘生长基本完成幼嫩花药的发育。幼嫩花药最初为一团分生组织，外面为一层原表皮，垂周分裂将来形成花药的表皮；内方是基本分生组织，参与药隔和花粉囊的发育；原基的近中央部分为原形成层，将来形成药隔维管束，与花丝维管束相连。

幼小花药经细胞分裂而逐渐长大，由于4个角隅处的细胞分裂较快，横切面上由近圆形变成四棱形。以后在四棱处原表皮层下面的第一层基本分生组织细胞分化成为多列的孢原细胞（archesporial cell），其细胞较大，核大、质浓，分裂能力较强。有的植物，如小麦、棉花等只有一列孢原细胞，这样，在幼花药的横切面上，可见4个角隅各有一个孢原细胞。随后，孢原细胞进行平周分裂，形成内外两层，外层为初生周缘层（primary parietal layer），内层为初生造孢细胞（primary sporogenous cell）。花药中部的原形成层细胞逐渐分裂、分化形成维管束，并和其他基本分生组织发育来的薄壁细胞一起构成药隔（图4-5）。

表皮为整个花药的最外一层细胞，以垂周分裂增加细胞数目以适应内部组织的生长。

初生周缘层细胞继续进行平周分裂和垂周分裂，自外而内逐渐形成药室内壁（endothecium）、中层（middle layer）和绒毡层（tapetum），与表皮（epidermis）一起构成花粉囊壁。药室内壁常为一层细胞，初期常储藏大量的淀粉和其他营养物质；中层由一至数层较小而扁平的细胞组成，并有大量的淀粉等营养物质；绒毡层是花粉囊壁的最内一层细胞，其细胞较大，初期为单核，中期可形成多核细胞。绒毡层细胞质浓，细胞器丰富，含较多的RNA及蛋白质以及丰富的油脂和类胡萝卜素等营养物质和生理活性物质，对小孢子的发育和花粉粒的形成起重要的营养和调节作用。初生造孢细胞经有丝分裂或不经过有丝分裂发育成花粉母细胞。在花药成熟过程中，花粉母细胞经减数分裂，发育成花粉粒（图4-5）。

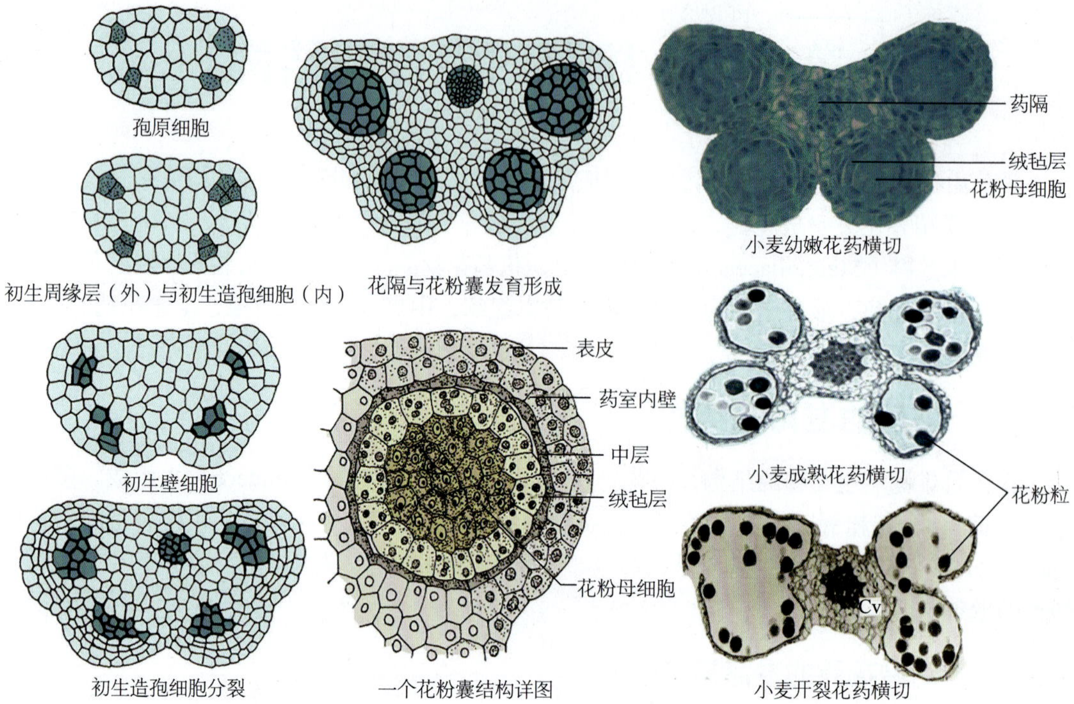


图4-5 小麦花药的发育与结构

## （二）花药的成熟与结构

成熟的花药由药隔和花粉囊两部分组成。药隔是连接花丝和花粉囊的重要结构，包括表皮、药隔基本组织和药隔维管束三部分。表皮和药隔基本组织细胞中的淀粉等储藏物质被逐渐分解转移，药隔维管束则进一步分化成熟，表现为导管壁增厚、腔明显。花粉囊（或称药室）由花粉囊壁（分为药室外壁与药室内壁）和花粉室（花粉囊腔和花粉粒）组成。

花药表皮细胞呈扁长形，外壁可外凸，通常具明显的角质层，有气孔器。

药室内壁细胞径向伸长，细胞壁内五面呈斜纵向条纹状的次生加厚（有的植物为螺旋状加厚），加厚的壁物质主要为纤维素和少量的木质素。在此过程中，细胞内的储藏物质逐渐消失，此时的药室内壁又称为纤维层（fibrous layer）。一些水生植物和闭花受精植物的药室内壁不发生带状加厚。药室内壁在纤维束状增厚时，常在两个相邻花粉囊交接处不发生加厚，留下一狭条状的薄壁细胞（有人称此类细胞为唇细胞）区域。开花后，花药暴露，细胞失水，因纤维层外切向壁不增厚而产生较多的皱缩，所形成的机械力使邻近的花粉囊交接处断开，并形成裂口（lacuna）。花粉粒则由花粉囊的裂口或裂缝处散出。

中层细胞在花药成熟过程中，其细胞内的储藏物质被分解和转移，成为花粉粒发育成熟过程中的养分，其细胞壁被挤压变扁逐渐解体并被绒毡层吸收和利用。所以，成熟的花药中，无中层或仅有残留的中层。

绒毡层在花粉母细胞开始减数分裂时，其细胞核分裂但不伴随细胞质的分裂，常形成具有双核或多核的细胞。绒毡层细胞的生长过程可分为两个时期：①前期，从花药特异组织的分化到花粉粒形成的早期，绒毡层处于一种旺盛的生长状态，它对花粉粒发育的影响也主要集中在这一时期；②后期，随着单细胞花粉粒的中央大液泡的形成及第一次有丝分裂的进行，绒毡层细胞程序性死亡而逐渐衰退、直至消失。根据绒毡层发育后期的形态差别，可将其分为腺质（分泌）绒毡层和变形（周原质团）绒毡层两种类型。

花粉母细胞经减数分裂，形成四分体，四分体解离，发育成单细胞花粉，经1～2次有丝分裂，逐步发育成为成熟花粉粒。

当花粉粒发育完成后，花药也已成熟，此时，因绒毡层解体而消失或仅存痕迹，成熟的花粉囊只剩有表皮、纤维层和成熟的花粉粒。

## 二、花粉粒的发育与结构

在花粉囊壁发育的同时，初生造孢细胞也进行分裂。大多数植物的初生造孢细胞经几次分裂后，形成花粉母细胞（pollen mother cell，PMC）。刚形成的花粉母细胞在双子叶植物中多呈多边形，单子叶植物中多为近圆形，体积较大，细胞核大、质浓且无明显的液泡。花粉母细胞之间以及与绒毡层细胞之间有胞间连丝存在，表明其结构与生理上保持密切联系，花粉母细胞逐渐积累胼胝质，形成胼胝质壁，并逐渐加厚直至胞间连丝被阻断，原有的纤维素壁消失。花粉母细胞发育到一定时期开始减数分裂（meiosis）（参见第二章）。

### 1. 花粉母细胞的减数分裂

减数分裂是植物生活周期（life cycle）中的一个重要阶段，与被子植物的有性生殖密切相关。减数分裂与花粉（小孢子）母细胞形成单细胞花粉粒（小孢子）和胚囊（大孢子）母细胞形成单细胞胚囊（大孢子）直接相关。减数分裂包括两次连续的有丝分裂，但DNA的复制只有一次，染色体也仅分裂一次。因此，一个花粉母细胞或胚囊母细胞经过减数分裂后，形成4个子细胞，每个子细胞染色体的数目（以$n$表示）比母细胞（以$2n$表示）减少了一半，减数分裂因此而得名。例如，水稻花粉母细胞的染色体为24（$2n=24$），经过减数分裂所产生的花粉粒，染色体数目只有12（$n=12$）。

减数分裂间期，称为减数分裂前间期（premeiotic interphase）。高等植物减数分裂前间期所持续的时间比有丝分裂长得多，绝大部分的DNA在此期中合成，极少量的DNA在减数分裂前期Ⅰ中的偶线期和粗线期合成。细胞进入减数分裂就绪状态（state meiotic readiness）后，即可进行减数分裂。

减数分裂的胞质分裂有连续型和同时型两类。

连续型（successive type）减数分裂第一次分裂末，随即产生新壁形成二分体，然后在第二次分裂末，再在二分体各自的细胞中产生细胞板，形成四分体。由于第二次的分裂面与第一次的分裂面相垂直，四分体排列在一个平面上。其壁的发育为离心式，即胼胝质先在细胞板的中央沉积，然后向两侧扩展，直到和母细胞外围的胼胝质壁相接。该类型多见于单子叶植物，如水稻、小麦、玉米、百合等，少数双子叶植物，如金鱼藻、夹竹桃等也是如此（图4-6）。

同时型（simultaneous type）细胞壁发生在减数分裂的第二次分裂期末，形成四个子细胞核以后，因细胞壁互不垂直，故四分体呈四面体型。其壁的发育为向心式，胼胝质从绒毡层一侧的壁开始，逐渐向四分体的中央积累，同时把四分体中的细胞彼此隔开。该类型多见于双子叶植物，如棉花、油菜、烟草、花生、蚕豆、茶等，单子叶的兰科、灯心草科以及莎草科植物等也属于此类型（图4-6）。

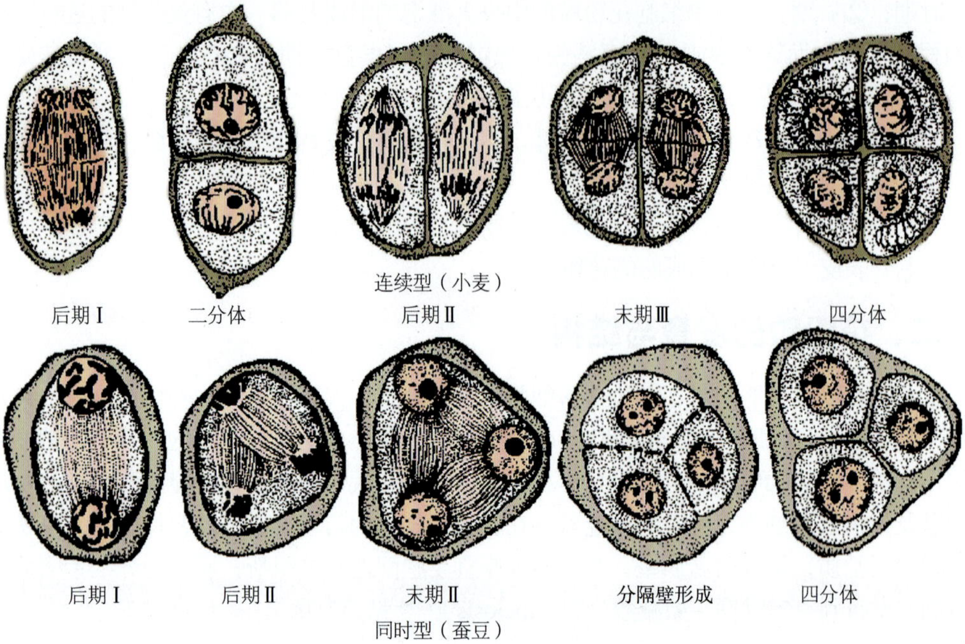


图4-6　花粉母细胞减数分裂的胞质分裂类型

花粉母细胞经减数分裂形成四分体以后，四分体的细胞逐渐彼此分离，形成四个单核的花粉粒（小孢子）。但有些植物由同一花粉母细胞形成的四个花粉粒始终结合在一起，保持四分体的状态，如杜鹃、香蒲的花粉。兰科、萝摩科的花粉粒多数胶着成块，叫做花粉块。

减数分裂对保持遗传的稳定性和变异性有十分重要的意义。通过减数分裂形成单核花粉粒和单核胚囊，由它们分别产生的精细胞和卵细胞都是单倍体，精细胞、卵细胞结合后，形成的合子再发育成胚，恢复了二倍体，从而使物种的染色体数目保持相对的稳定性；同时由于同源染色体的联会与交叉，使遗传物质发生交换与重组，提供了新的变异，使后代增强了生活力和适应性，同时，研究植物的减数分裂对于探讨植物遗传和变异的内在规律及进行有性杂交育种等都有着重要的意义。

## 2. 花粉粒的发育

减数分裂后，由于胼胝质壁的溶解，单核花粉粒从四分体中游离出来，释放到花粉囊中。它们还需要进一步的发育，才能形成成熟的花粉粒，进行传粉。

花粉粒初期细胞壁薄，细胞质浓，核位于细胞的中央。它们不断地从周围吸取绒毡层的分泌物或其降解物，体积增大，细胞质中的小液泡合并成中央大液泡，细胞质成一薄层，细胞核通常被挤向与花粉粒壁上萌发孔相对的一侧（单核靠边期），如水稻、小麦等禾本科植物。此后，细胞核在近壁处不均等分裂，其纺锤体多与花粉粒的壁垂直，细胞板呈弧形弯向生殖核一侧。分裂结果，形成一大一小两个细胞，大的为营养细胞（vegetative cell），小的为生殖细胞（generative cell）。两者所处位置或分化结果不同，其细胞特征亦不同（图4-7）。

花粉成熟时，只有生殖细胞和营养细胞的花粉粒称为二细胞花粉粒，约70%的被子植物，如双子叶植物的棉花、茶、桃、梨、柑橘等；单子叶植物的百合、薯蓣、香蒲及许多兰科植物等的花粉粒成熟时是二细胞花粉粒。另外一些植物，如水稻、小麦、玉米、莎草和向日葵等，它们的花粉粒在花药中尚需进一步的发育，其生殖细胞进行一次有丝分裂，形成两个精细胞（sperm），成为三细胞花粉粒（图4-7）。

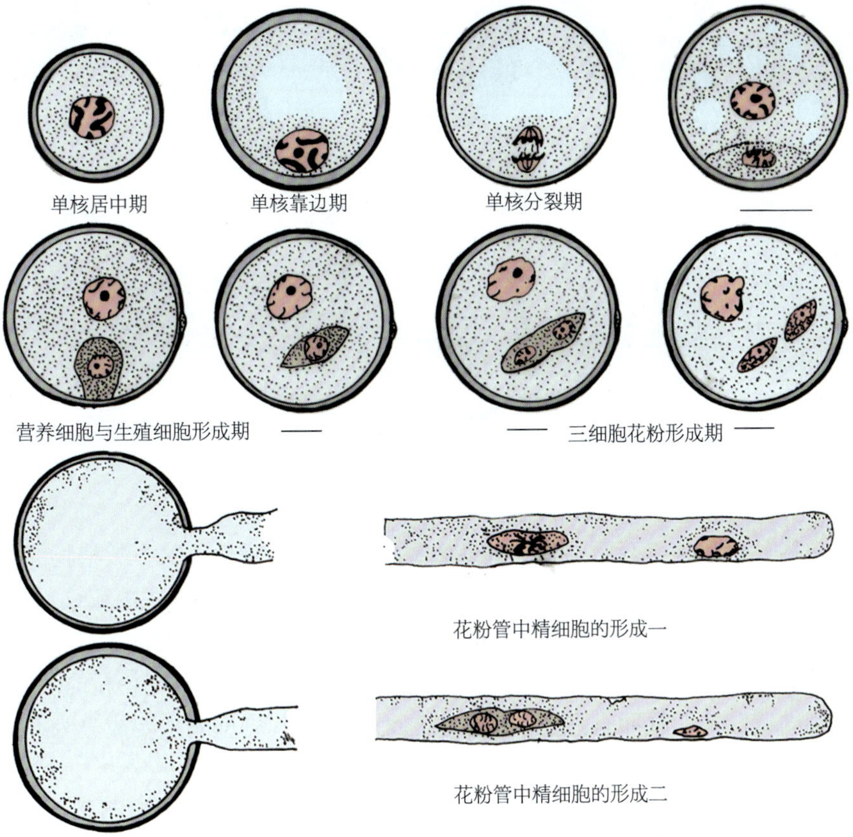


图4-7 花粉粒的发育与花粉管中精细胞的形成（临Mahcshwari）

## 3. 成熟花粉粒的形态与结构

花粉粒的形态和构造十分多样，其形状、大小、外壁上纹饰的差异，萌发孔的有无、数量和分布等特征，都因植物种类而异，且其特征非常稳定。

成熟花粉粒的形状一般多呈球形、椭圆形，也有略呈三角形或长方形的（图4-8）。水稻、小麦、玉米、棉花、柑橘、桃、番瓜、紫云英等为球形；油菜、蚕豆、桑、梨、苹果等为椭圆形；茶略呈三角形；此外，有的呈线形等。

大多数植物花粉粒的直径为15～50μm，水稻花粉粒的直径为42～43μm，玉米为77～89μm，桃为50～57μm，棉花为125～138μm；最大的如紫茉莉为250μm，属巨粒型；最小的花粉粒为高山勿忘草（*Myosotis sylvatica* Hoffm.），仅为2.5～3.5μm，属微粒型。

成熟花粉粒有二细胞花粉粒（two-celled pollen grain）和三细胞花粉粒（three-celled pollen grain）2种类型。它们除了都具有1个共同的花粉壁（pollen wall）和营养细胞（又称管细胞，tube cell）外，二细胞花粉粒还含有1个生殖细胞，三细胞花粉粒则还含有2个精细胞。花粉壁具有外壁和内壁两层结构，营养细胞与生殖细胞分别具有不同的形态、结构和生理功能（图4-8）。

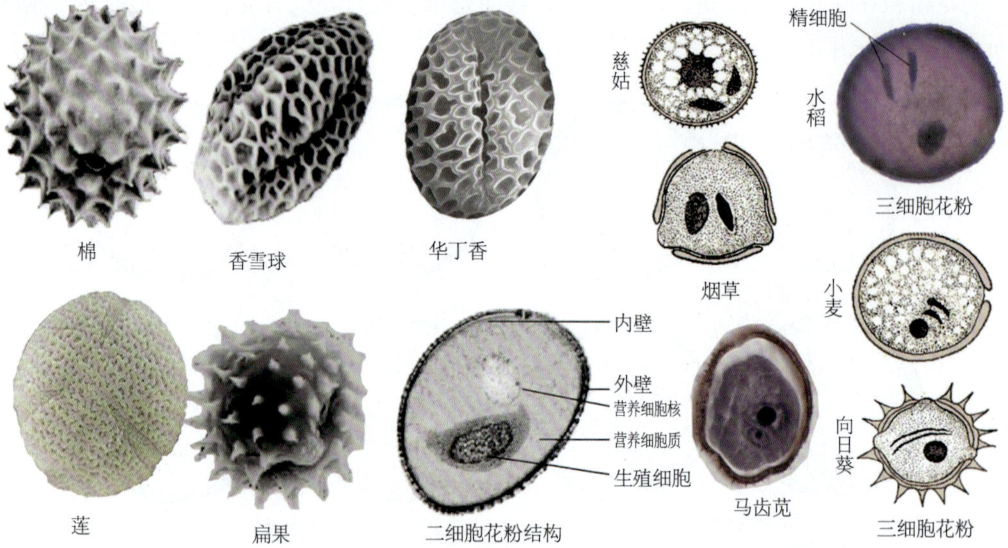


图4-8 花粉粒的形态与结构

花粉壁包括外壁和内壁两层结构。外壁较厚、硬而缺乏弹性。除少数植物的花粉粒表面光滑外，多数植物的花粉外壁上常具有条纹、皱波纹及网纹等不同形式的雕纹，并有刺、疣、棒状或圆柱状等各种附属物。花粉壁上有萌发孔（pore，或萌发沟colpus），其数量因种而异。萌发孔是外壁上不增厚的部位，仅有增厚的内壁，它直接或间接地与花粉粒的萌发有关。

花粉粒的内壁较薄，软而有弹性，在萌发孔处常较厚。内壁的主要成分为纤维素、果胶质、半纤维素及蛋白质等。

营养细胞和生殖细胞来自于同一个母细胞，但是在形态结构上，两者明显不同。营养细胞较大，核结构疏松，核质常向外扩散，含酸性蛋白质较多，染色较浅，通常没有核仁，有的植物营养细胞核呈不规则的瓣裂状。营养细胞的细胞质多，细胞器丰富，有大量的质体、线粒体、内质网、多聚核糖体、高尔基体及小泡。RNA含量较高（对花粉管的生长和生殖细胞的分裂是必要的）。储藏物质的含量也丰富，花粉成熟时，营养细胞中储藏有大量的淀粉、脂肪等，还有各种酶、维生素、无机盐等，在花粉粒的发育后期，质体中常积累大量的淀粉粒，营养细胞的代谢活动较旺盛，这对以后花粉粒萌发和花粉管生长有利。

在二细胞型花粉粒中，生殖细胞无细胞壁，呈纺锤形的裸细胞。其核结构紧密，组蛋白丰富，染色较深，核仁1～2枚，细胞质较少，内质网较不明显，线粒体小，有成群的微管，与细胞的长轴平行分布，对维持细胞的形状起重要作用。

精细胞体积小，大的为50μm×8μm，中等的为20μm×4μm，小的为6μm×2μm，在三细胞花粉粒中，精子已经形成，其形状在不同的植物中常有变化，有纺锤形、球形、蠕虫形、带形、弧形、椭圆形等。精细胞的结构较为简单，缺少细胞壁，细胞核大，细胞质呈薄层，含线粒体、高尔基体、核蛋白体、内质网和微管等多种细胞器，无质体。

在成熟三细胞花粉中，两个精子在形态、结构和遗传上存在差异。较大的一个与营养核紧密连接，较小的一个不与营养核连接。较大的精细胞中，只有极少的质体，但有大量的线粒体，在双受精时，这个精细胞将与中央细胞融合，而较小的精细胞却有丰富的质体和少量的线粒体，将来与卵细胞融合，这种来源于同一生殖细胞的一对姐妹精细胞之间的差异，称为精子的异型性。精子的异型性可导致选择性受精。被子植物在精细胞与营养核之间和一对精细胞之间存在物理上的连接（physical association）与结构上的连接（structural connection）的结构单位，称为雄性生殖单位（male germ unit，MGU）（图4-9）。

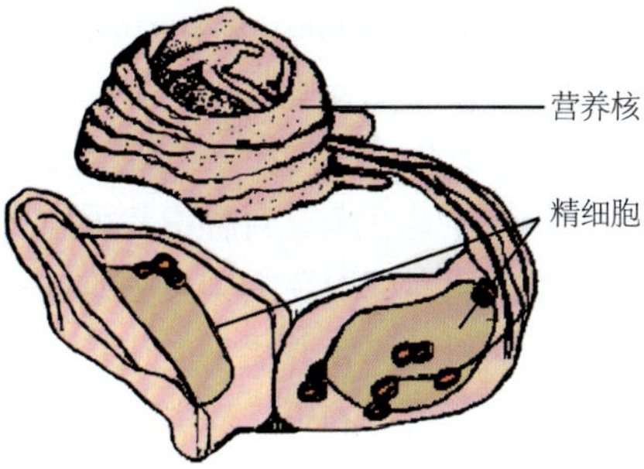

图4-9 雄性生殖单位

## 三、花粉植物与单倍体育种

### （一）花粉的生活力

花粉的生活力因植物种类不同而差异很大，花粉生活力的长短，既取决于植物的遗传性，又受到环境因素的影响。在自然条件下，大多数植物的花粉从花药中散出后，只能存活几小时、几天或几周。花粉粒的类型也与生活力有关，通常三细胞花粉粒因多分裂一次而消耗一部分营养，其生活力较二细胞的低，不耐储存，对外界不良条件耐受力较差。

影响花粉生活力最重要的环境因素是温度、相对湿度和气体环境。控制这几个因素，最大限度地降低花粉的代谢水平，使花粉处于休眠状态，这是延长花粉生活力的基本原则。近年来，在储藏花粉方面利用超低温（-192℃的液态空气或-196℃的液氮）、真空或降低氧分压以及快速冷冻干燥等方法，大大延长了花粉的生活力，取得良好的效果。生产上，研究花粉粒的生活力和储存条件对于远距离人工辅助授粉和杂交授粉有很重要的意义。

### （二）单倍体育种

利用花药和单（核）细胞靠边期的花粉粒离体培养，使其产生愈伤组织（callus）或胚状体（embryoid），然后分化成植株的方法已得到普遍应用。这种来自花粉粒的植株，称为花粉植物（pollen plant），因花粉粒的染色体是单倍体，故又称其为单倍体植物（haploid plant）。

花粉植物的培养是一种新的育种手段，可以减少杂种分离，缩短育种年限，提高选择效率，减少田间实验用地和人力，对异花传粉的植物能迅速获得自交系。对品种提纯、复壮和研究器官的建成与遗传等很有意义。

## 四、雄性不育与利用

有些被子植物开花传粉后散出的花粉发育不正常，没有正常的精细胞或精子，这一现象称为花粉败育（abortion）。花粉败育的原因包括如下几种。①结构（花药退化）型，如花药瘦小或畸形；或药隔维管组织中的导管、筛管分化不完全；或花粉囊壁的绒毡层肥大宿存或过早解离等。②生理（花粉败育）型，如花粉母细胞不能正常进行减数分裂；或减数分裂后，花粉停留在单核或双核阶段，不能产生精细胞；或绒毡层的细胞代谢异常等。③营养型，因营养因素导致雄蕊发育不良，一般无花粉。④环境型，温度过低，或严重干旱等导致雄蕊发育异常等。

有些植物由于受其遗传、生理或环境等的因素影响，而花药或花粉不能正常发育的现象称为雄性不育（male sterility）。雄性不育植物其雌蕊一般发育正常，这种现象已见于40多个科的几百种植物或种间植物中。生产上，如水稻、高粱、玉米、油菜、棉花、番瓜等植物育出的雄性不育植株群体，称为雄性不育系。这样的雄性不育系有的属于遗传型雄性不育，如细胞核雄性不育（genic male sterility）、细胞质雄性不育（cytoplasmic male sterility）和核质互作型雄性不育（genic cytoplasmic sterility）等；有的属于环境型雄性不育，受特定环境的影响导致雄性不育，如水稻的光敏核不育和温敏核不育等，它们分别在长日照和低温条件下才表现出雄性不育现象。此外，应用化学杀雄等方法诱导，也可产生非遗传性的雄性不育植株。

雄性不育在杂交育种中有很重要的作用，杂种一代有着很强的杂种优势。利用雄性不育系进行杂交育种，可免去人工去雄这一复杂的操作过程，既能节约大量人力，又保证了种子的纯度。利用雄性不育开展杂交优势的研究和利用最成功的例子是我国科学家袁隆平院士在水稻杂交育种方面进行的研究与实践，使我国在这方面的工作居世界领先水平。

现将雄蕊花药的发育与结构总结如下：

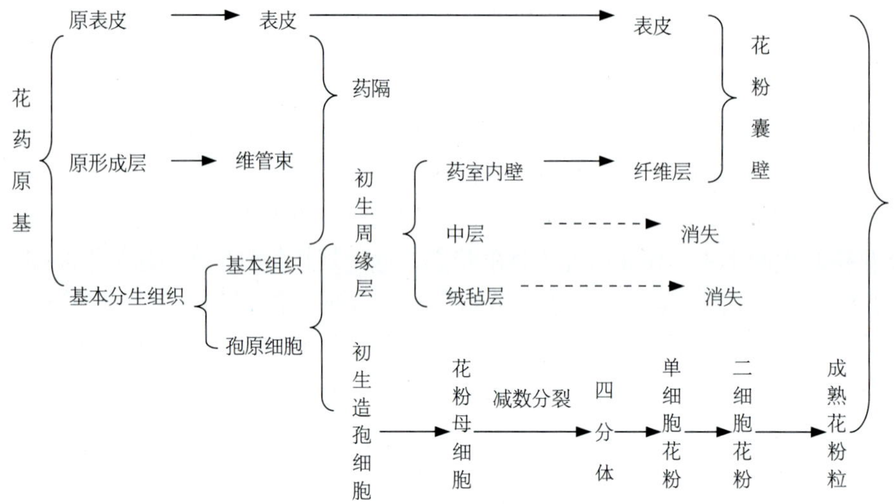


# 第三节 雌蕊的发育与结构

从形态发生上，雌蕊由一至数个变态的叶卷合而成。组成雌蕊的基本单位称为心皮（carpel），心皮是适应于生殖的变态叶。每一心皮通常有三条维管束，其中相当于叶片中脉的维管束称为背束（dorsal carpellary bundle），两侧的维管束称为腹束（ventral carpellary bundle）。心皮在形成雌蕊时，常向内卷合，使近轴的一面（或称腹面）闭合起来，心皮边缘连接处称为腹缝线（ventral suture）；与近轴相背的一面为远轴面（或称为背面）称为背缝线（dorsal suture）。心皮卷合成雌蕊后，其上端为柱头，中间为花柱，下部为子房。

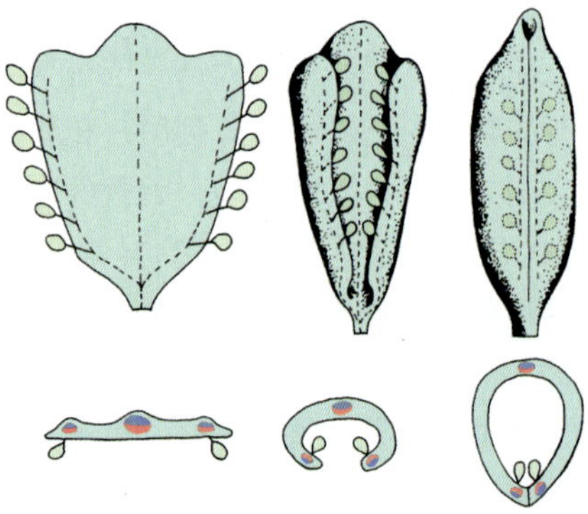
图4-10　心皮形成雌蕊的过程示意图

单雌蕊或离生单雌蕊，每一心皮只有1条背缝线和1条腹缝线（图4-10）。复雌蕊或合生心皮雌蕊，由于合生的心皮多于2枚，则背缝线和腹缝线的数目与心皮数相同。

## 一、柱头的形态与结构

柱头位于雌蕊的顶端，是承接花粉的处所，一般略膨大或扩展成不同形状。大多数被子植物的柱头表皮细胞常变为乳突状，其表面凹凸不平，也有的伸展为单细胞或多细胞的毛状，有利于接受更多的花粉。柱头表皮及乳突的角质膜外侧覆盖着一层亲水的蛋白质薄膜（pellicle），可截获与识别花粉，有利于花粉萌发。

### （一）干柱头

干柱头（dry stigma）是指开花时其表面并不产生分泌物的柱头，如油菜、棉、柿和禾本科等植物的柱头。干柱头的外表存在蛋白质薄膜，具有亲水性，可以通过其下层的角质膜不连续处吸收水分，使得花粉萌发和花粉管生长。

### （二）湿柱头

湿柱头（wet stigma）是指开花时能产生液态分泌物的柱头，如烟草、茄、苹果、梨等植物的柱头。柱头分泌物常因植物的不同而不同，主要为脂类、糖类、酚类化合物、氨基酸和蛋白质等。其中脂类有助于黏住花粉粒，减少柱头失水或防湿；蛋白质参与花粉粒和柱头的识别反应；酚类化合物被认为有助于防止病虫对柱头的侵害，可以有选择地促进或抑制花粉粒的萌发；糖类主要是阿拉伯糖，它们是花粉粒萌发及花粉管生长时的营养物质（图4-11）。

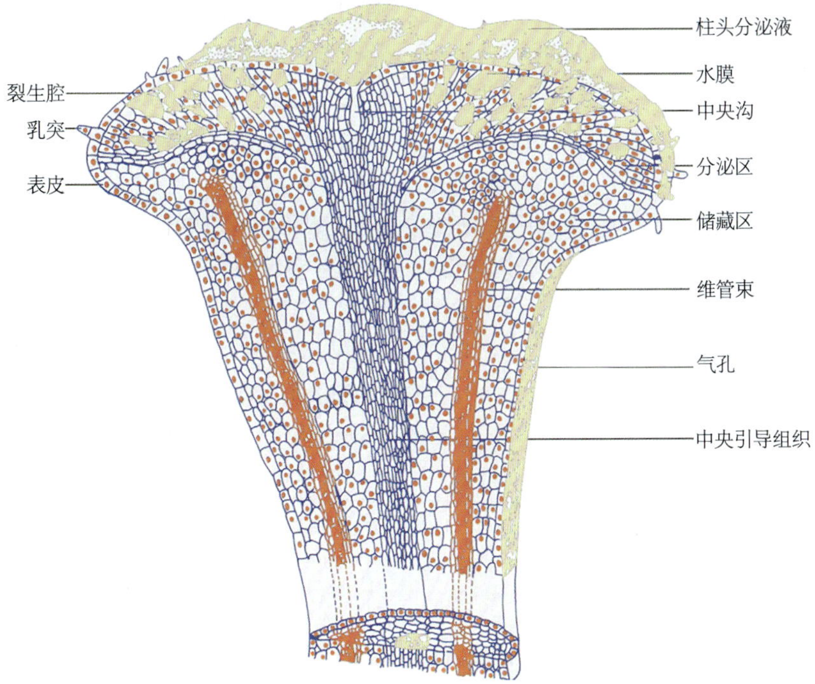


图4-11 矮牵牛湿柱头及部分花柱纵剖结构示意图

## 二、花柱的形态与结构

花柱是连接柱头和子房的柱状结构，是花粉管进入子房的通道。花柱常细长，如玉米的细线状花柱；也有的花柱短而不明显，如小麦、水稻等。花柱的数目可有1～5枚，因种而异。花柱主要有空心型花柱（hollow style）和实心型花柱（solid style）两大类型。

### （一）空心型花柱

空心型花柱在花柱的中央有一条至数条纵行的沟道，称为花柱道（stylar canal），自柱头通向子房，豆科植物和油菜、百合等的花柱属于这种类型。空心型花柱沟道的表面为高度腺性的花柱道细胞（style canal cell），其所产生的黏性分泌物释放到花柱道的表面。传粉后，花粉粒萌发所形成的花粉管沿着花柱道生长并吸收、利用花柱道表面的分泌物营养自身而进一步穿行。

### （二）实心型花柱

实心型花柱没有中空的花柱道，但花柱中央具有富含细胞器、代谢旺盛的引导组织（transmitting tissue），如棉花、烟草、荠菜、芝麻等大多数双子叶植物。在花柱的横切面上，引导组织细胞多呈圆形、细胞间隙大，其中充满糖类（果胶质）、蛋白质等分泌液。传粉后，多数植物的花粉管从引导组织的胞间物质中通过。但水稻、小麦等的实心花柱无引导组织，花粉管通常在花柱中央的薄壁细胞间隙中穿过。

## 三、子房的结构

子房是雌蕊基部膨大的部分，与花托相连。横切子房，其结构由子房壁（ovary wall）、子房室（locule）、胚珠（ovule）和胎座（placenta）等组成（图4-12）。

子房壁位于子房外围，其结构可分为外层、中层和内层。外层表皮上有气孔和表皮毛。中层具多层细胞，多数植物的中层细胞内含有叶绿体，而使子房呈现绿色；维管组织分布于中层之内。内层与外层相近，但气孔和外壁上的角质层分化不完全。

子房室是子房内的空腔，其数目因植物种类、心皮数目和心皮联合方式的不同而异。单雌蕊或离生单雌蕊，仅由一个心皮构成，子房内仅有一个子房室，如大豆、桃、白玉兰等；复雌蕊由2个以上的心皮联合而成，其子房内有一个（如石竹、葫芦等）至多个子房室（如锦葵、百合等）。

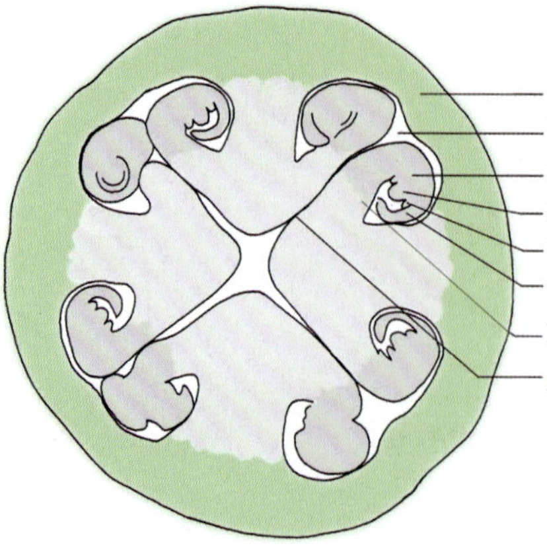


图4-12 棉子房横切结构简图

胎座是心皮边缘愈合处（腹缝线）增生的薄壁组织结构；胎座有多种类型，因种而异（参见第五章）。

胚珠是着生在胎座上的卵形小体，是种子发育的前体结构。胚珠有多种类型（参见第五章）。

### （一）胚珠的发育与结构

随着雌蕊的发育，在子房中胎座的一定部位发育产生胚珠。胚珠的发育起于胎座表皮下层的一个或几个细胞经平周分裂，产生一团细胞，使胎座一定部位突起成为胚珠原基。原基的前端为珠心（nucellus），是胚珠中最重要的结构部分。胚珠中的胚囊就是由珠心细胞发育而成的。原基的基部发育成珠柄（funiculus）。以后，由于珠心基部的表皮层细胞分裂生长快速，产生环状的突起，并逐渐向上扩展，形成珠被，将珠心包围，仅在珠心的前端或一定部位留下一个小孔，此小孔称为珠孔（micropyle）。许多双子叶合瓣花植物，如番茄、向日葵等，及一些离瓣花植物，如胡桃等，只有一层珠被；但多数双子叶离瓣花植物（如油菜、棉花、桃、百合等）和单子叶植物（如水稻、大麦、小麦等），它们的胚珠有内、外2层珠被。一般内珠被（inner integument）发生早于外珠被（outer integument）。在珠心基部或其一侧，珠被、珠心和珠柄汇合的部位称为合点（chalaza）。心皮中的维管束分支从胎座经过珠柄到达合点而进入胚珠内部，成为胚珠输送养料的途径。因此，一个发育成熟的胚珠，其结构包括珠心、珠被、珠柄、珠孔和合点等几部分（图4-13）。在胚珠发育成熟过程中，由于珠柄和其他各部分的生长速度常不均等，胚珠在珠柄上的着生方式也有所不同，从而形成直生胚珠、横生胚珠、弯生胚珠和倒生胚珠等不同的胚珠类型（参见第五章）。

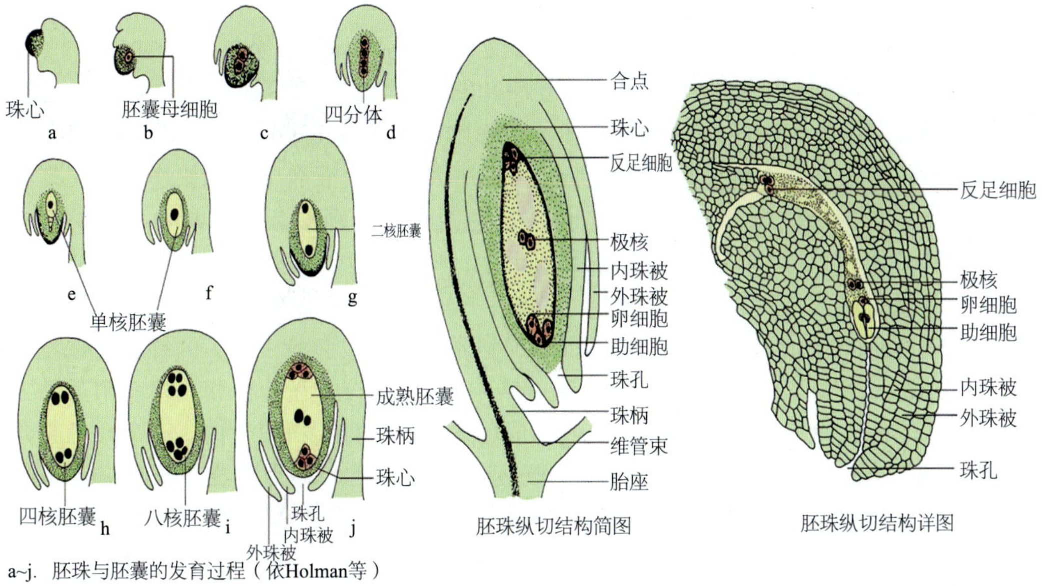


图4-13 胚珠与胚囊的发育过程与结构（依Holman和Robbins）

## （二）胚囊的发育

### 1. 胚囊母细胞的发育

胚囊发育于珠心组织。珠被原基开始形成时，在靠近珠孔一端的表皮层下发育出一个与周围不同的孢原细胞（archesporial cell），其细胞的体积较大，细胞质较浓，细胞器丰富，液泡化程度低，细胞核大而显著。棉等植物的孢原细胞可先进行一次平周分裂，形成内、外两个细胞：外侧的一个称为周缘细胞（parietal cell），内侧的一个称为造孢细胞（sporogenous cell），由造孢细胞发育成胚囊母细胞（embryo sac mother cell，EMC），或称为大孢子母细胞（macrosporal mother cell）；周缘细胞可继续进行垂周分裂和平周分裂，在珠孔端增加珠心的细胞数量，形成厚珠心。向日葵、百合、水稻、小麦等的孢原细胞可直接发育成胚囊母细胞，这类珠心称薄珠心。

## 2. 胚囊发生的多样性

根据胚囊母细胞（大孢子母细胞，下同）减数分裂后参加形成胚囊的子（核）细胞（大孢子，下同）数目的不同，被子植物胚囊可分成单孢型、双孢型和四孢型胚囊3种主要类型。单孢型胚囊的特点是胚囊母细胞经过减数分裂Ⅰ和Ⅱ产生4个线形排列的子细胞，其中3个退化，只有一个子细胞进一步发育成胚囊。双孢型胚囊的特点是胚囊母细胞进入减数分裂Ⅱ，另一个二分体细胞退化。有功能的二分体细胞在进行减数分裂Ⅱ时，不形成细胞壁，这样产生的2个子核都参与胚囊形成。四胞型胚囊的特点是减数分裂Ⅰ与Ⅱ都不产生壁，结果形成4个子核，并全部参与胚囊形成。由于胚囊发育的细节有很大差异，因此，上述3种主要类型的胚囊又可再分为若干不同类型。例如，1950年P. 马赫什瓦里根据大孢子分裂次数、是否存在核融合、成熟胚囊中细胞数目、排列和染色体倍性等特征，把胚囊划分为10个类型。

### 1）单孢型胚囊

单孢型胚囊，又称蓼型胚囊，是指胚囊母细胞减数分裂形成4个单倍体的大孢子，4个大孢子沿珠心呈线形或T形排列，其中靠近珠孔端的3个细胞相继程序性死亡，仅远离珠孔端的一个具功能的大孢子继续发育，形成单细胞胚囊（embryo sac），再由单细胞胚囊发育为成熟胚囊的方式。单细胞胚囊的细胞体积增大、具大液泡，细胞核连续三次有丝分裂，第一次分裂形成两核，随着液泡的形成，这两个核分别移至胚囊两端，形成二核胚囊，二核胚囊连续进行2次分裂，形成四核胚囊、八核胚囊。胚囊细胞在其分裂过程中发育长大和液泡化增强。在每端的4个核中，各有一核向胚囊中部移动，互相靠拢，这两个核称为极核（polar nucleus）。极核与周围的细胞质一起组成胚囊中最大的细胞，称为中央细胞（central cell）。在一些植物中，中央细胞中的2个极核常在传粉和受精前相互融合成一个二倍体的核，称为次生核（secondary nucleus）。近珠孔端的3个核，一个分化成卵细胞（egg cell）、2个分化为两个助细胞（synergid），它们常合称为卵器（egg apparatus）。卵器中的这两类细胞在形态、极性和细胞壁的分化上有许多相似之处，彼此间有胞间连丝，协同完成卵的受精过程。近合点端的3个核分化形成3个反足细胞（antipodal cell）。至此，单核胚囊发育成具有7个细胞的成熟胚囊。这种胚囊发育的形式最初见于蓼科植物，称为蓼型（polygonum type）胚囊。在被子植物中，约有81%的植物的胚囊发育是蓼型胚囊（图4-13、图4-14）。

### 2）双孢型胚囊

双孢型胚囊又称葱型胚囊，是指胚囊母细胞减数分裂的第一次分裂形成二分体，其中近珠孔端的一个细胞逐渐退化消失，近合点端的一个完成减数分裂的第二次分裂，形成具有双核的单细胞胚囊，再由双核的单细胞胚囊发育为成熟胚囊的方式。这种类型的胚囊发育多见于葱、慈姑等植物，又称为葱型胚囊。

### 3）四孢型胚囊

四孢型胚囊是指胚囊母细胞减数分裂只有核分裂而无细胞质的分裂，其结果形成具4个子核的单细胞胚囊，再由具4个子核的单细胞胚囊发育为成熟胚囊的方式（图4-15）。根据减数分裂后4个核的不同排列，可将其分成3组：第1组——贝母型、小白花丹型和德鲁撒型，4个大孢子呈1+3排列：珠孔端1个，合点端3个。第2组——五福花型，4个大孢子核呈2+2排列：合点端和珠孔端各有2个大孢子核。第3组——皮耐亚型、椒草型和白花丹型，4个大孢子呈1+1+1+1排列，即胚囊的两极和两侧各有一个大孢子核。

成熟胚囊是被子植物的雌配子体（female gametophyte），其中卵器是它的雌性生殖“器官”，而卵细胞则是其雌性生殖细胞或称为雌配子（female gamete）（图4-13～图4-16）。

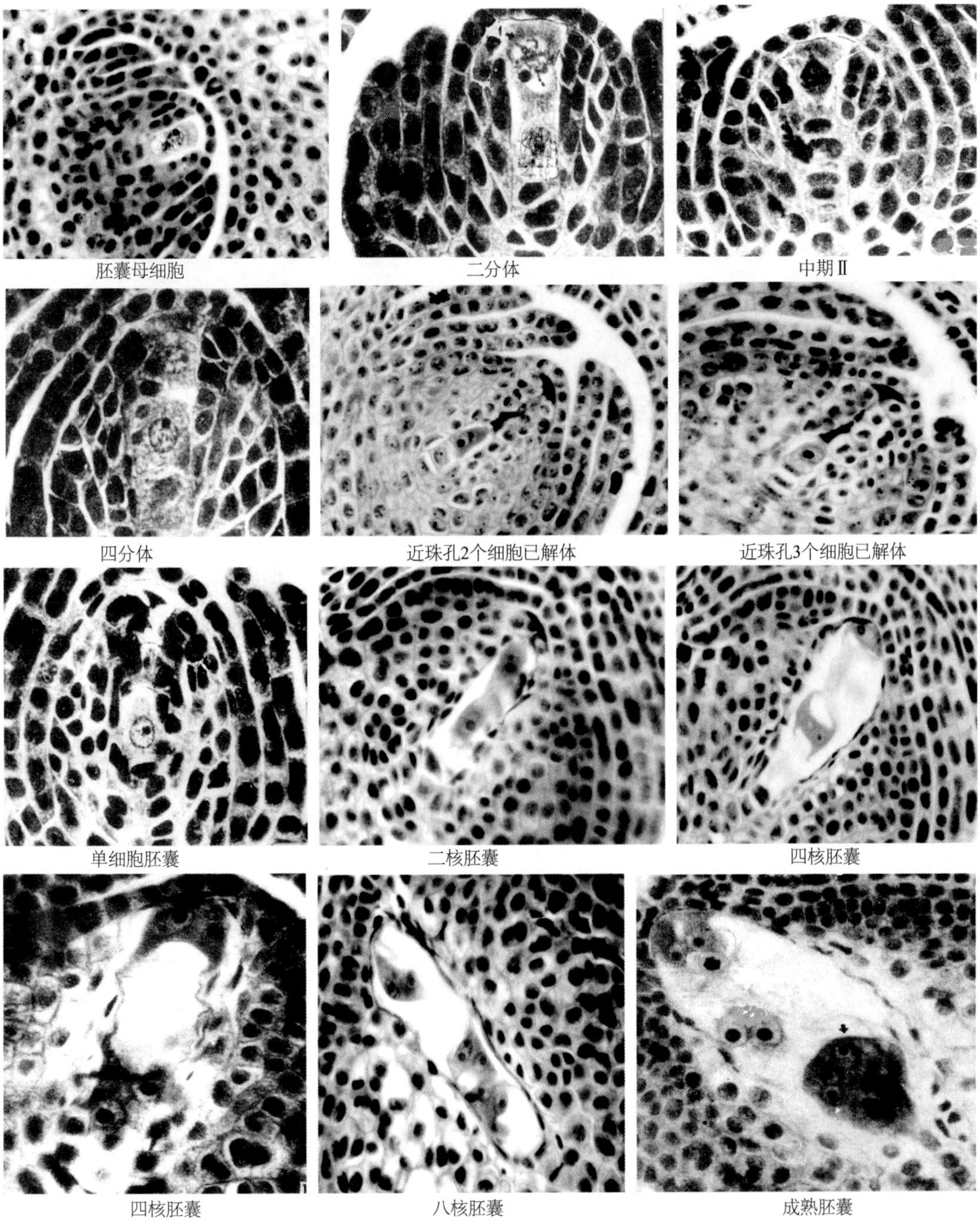


图4-14　小麦胚囊的发育过程

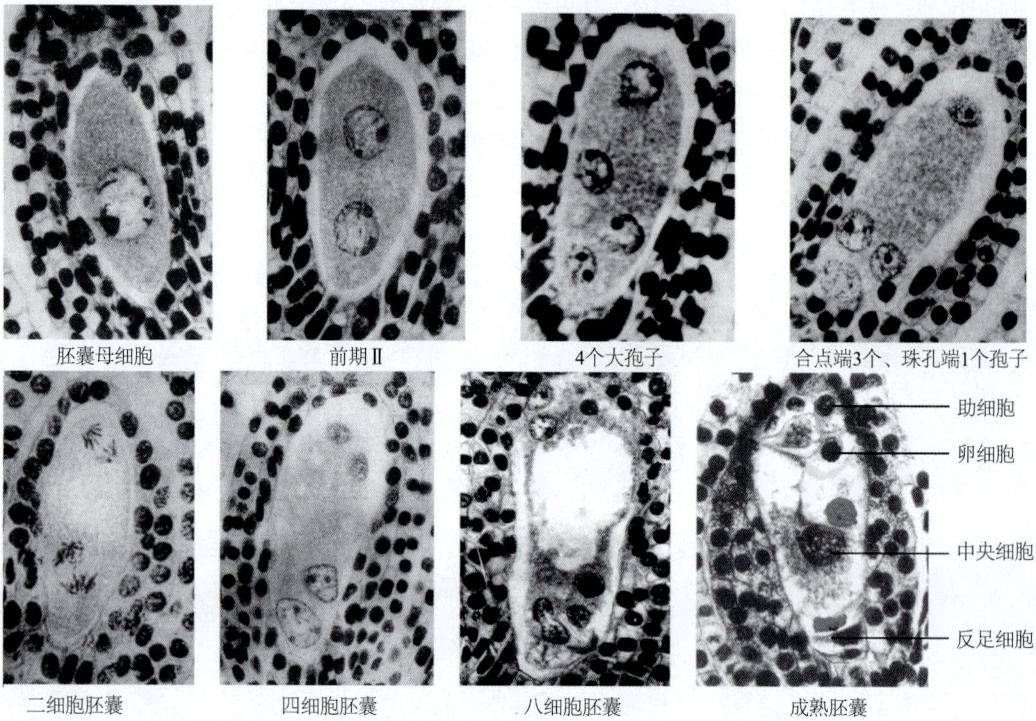


图 4-15 百合贝母型胚囊发育过程

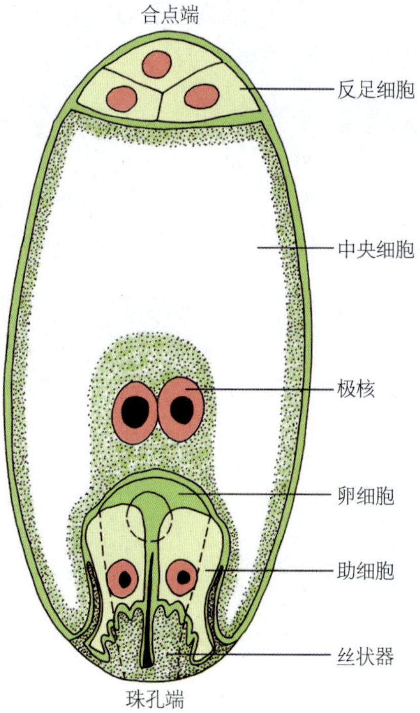


图4-16 成熟胚囊结构图解

## （三）成熟胚囊的结构与功能

被子植物胚囊最普遍的形态是8核、7细胞的结构。这种胚囊除蓼型外，还有葱型、五福花型和贝母型。卵一般伴有2个助细胞，椒草型为1个助细胞，白花丹型和小白花丹型不具助细胞。反足细胞普遍存在，但其数目与倍性是有变异的。胚囊与其周围细胞的接触面，往往具传递细胞的结构，胞壁具内突，这些都与营养物质运输和吸收有关。有些植物的胚囊具吸器。现以蓼型胚囊为例，说明成熟胚囊的结构组成特点。成熟蓼型胚囊含有1个卵细胞、2个助细胞、2个极核和3个反足细胞等部分（图4-16）。

### 1. 卵细胞

卵细胞在胚囊中有极其重要的作用，它受精后发育成胚，即新一代的孢子体。成熟的卵细胞多呈梨形，是一个高度极性分化的细胞。其细胞壁通常在近珠孔端最厚，近合点端逐渐变薄且呈蜂窝状或无，大液泡位于珠孔端，而细胞核、细胞质多位于合点端。例如，棉花的卵细胞壁仅延伸到细胞的一半，玉米的卵细胞合点端也不存在细胞壁，只有质膜为界。成熟的卵细胞中，细胞器常解体、退化、数量减少，说明卵细胞代谢活动弱。卵细胞与助细胞间有胞间连丝相通，有人将卵细胞和助细胞一起称为雌性生殖单位（female germ unit，FGU）。

## 2. 助细胞

助细胞与卵细胞在珠孔端排列成三角形，也是具有高度极性的细胞。助细胞的壁基本完整，其厚薄趋势与卵细胞相似，但在珠孔端的细胞壁上有丝状器（filiform apparatus）结构，它是壁向内的延伸，类似传递细胞壁的内褶突起。内褶的突起因植物的不同而有各种形状，如棉花助细胞丝状器的内突呈指状。丝状器主要由果胶质、半纤维素及纤维素组成。不同植物的组成常有变化。丝状器的结构大大地增加了质膜的面积，可将珠心与珠被细胞内的营养物质转运给胚囊，特别是转运给卵细胞的短距离运输作用，也可以将其产生的某种化学物质分泌到珠孔或珠孔附近的珠心细胞。

助细胞朝珠孔端略尖或弯曲，助细胞的壁不完整，从珠孔端向合点端方向助细胞壁逐渐变薄。无壁区的助细胞原生质由双层膜隔开：其中一层为助细胞膜，另一层为中央细胞膜。每个助细胞的珠孔端有丝状器，丝状器是一团指状细胞壁内突，类似于“传递细胞”的壁。菊科（Asteraceae）植物的助细胞可突破胚囊，向珠孔方向生长。芸香科（Rutaceae）有些植物的助细胞极度扩张，形成助细胞吸器。它有助于细胞从珠心吸收营养并运输到胚囊中去。助细胞的细胞质多集中在珠孔端或丝状器附近，而且含有大量的细胞器，为代谢活跃的细胞，除了吸收物质进入胚囊外，还可以合成和分泌某些向化性物质；$Ca^{2+}$可以作为信号分子，指导花粉管进入珠孔。通常在受精前后，胚囊中的两个助细胞中，一个退化，另一个宿存。当花粉管进入胚囊时，总是到达退化的助细胞中，并在此处释放花粉管的内容物和2个精细胞。

## 3. 中央细胞

中央细胞是胚囊中最大的一个细胞，也是高度液泡化的细胞。成熟胚囊的增大，主要由于中央细胞液泡的膨大。中央细胞也具有极性，其细胞壁不完整，在与珠心或珠被连接处的细胞壁较厚，并常向细胞腔内生出许多指状突起，可从珠心或珠被组织活跃地吸收营养物质；同时，也可向外分泌酶参与珠心细胞的消化。在与卵器和反足细胞相邻的界面，仅合点端具有细胞壁，而在珠孔端近于无细胞壁。

中央细胞的大部分细胞质及其所包含的两个极核或它们融合后形成的次生核靠近卵器处，细胞器丰富，有大量的线粒体、质体、内质网、高尔基体和核糖体等。质体中含有淀粉，表明中央细胞不仅代谢强度高，而且是胚囊储藏营养物质的主要场所。

## 4. 反足细胞

反足细胞是胚囊中变化最大的细胞。多数植物常具3个反足细胞，但也有一些植物的反足细胞有进一步增殖的能力，可形成许多细胞。反足细胞的寿命一般较短，通常在受精之后，甚至在受精之前就已经退化消失。反足细胞之间，或反足细胞与珠心细胞、中央细胞相接处，常有很多胞间连丝，以及细胞质中含有丰富的线粒体、高尔基体、内质网和质体等细胞器和大量的储藏物质，反映了反足细胞也是代谢非常活跃的细胞，对胚囊发育起着吸收、转运和分泌营养物质的多种功能。

大多数被子植物胚囊的整个表面具有吸收机能，可以消化邻接的珠心细胞以致珠被内层细胞。有些植物胚囊的吸器生长较快，可从它的珠孔端或合点端吸器延伸穿出胚珠，或从中央细胞长入子房壁，起吸收的作用。有些植物珠心被完全消耗之后，胚囊与珠被内表皮层细胞直接接触。在这种情况下，珠被内表皮形成腺质珠被绒毡层，其特点与花药腺质绒毡层相似，具有吸收和供应营养的功能。

现将蓼型胚囊的发育过程总结如下：

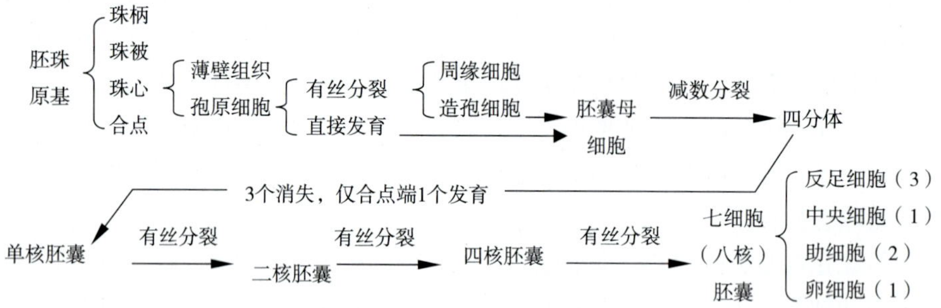


# 第四节 开花、传粉与受精

## 一、开花

一朵花中雄蕊和雌蕊（或两者之一）发育成熟，花萼和花冠开放，露出雄蕊和雌蕊，这种现象或过程称为开花（anthesis）。在开花过程中，雄蕊花丝迅速伸长并挺立，雌蕊柱头或分泌柱头液，或柱头裂片张开，或羽毛状的柱头的毛状物突起等，以利于接受花粉。

不同植物的开花年龄、开花季节和开花期（blooming stage）长短，以及一朵花开放的具体时间，因种类和环境而各不同。一般一年生、两年生植物，一生中仅开花一次，结实后植株枯萎死亡。多年生植物在达到开花年龄后，能每年按时开花结实，并延续多年。多年生植物开花的年龄，有很大差异，如桃3～5年、柑橘6～8年、桦木10～12年、麻栎10～20年、椴树20～25年，以后则每年开花。竹类虽为多年生植物，却一生只开一次花，开花后即死去。植物的开花季节也因植物不同而异。多数植物在早春至春夏之间开花。有的在盛夏开花，如莲；有些植物在秋季甚至深秋、初冬开花，如茶、油茶及枇杷等。有些园艺植物几乎四季都能开花，如月季、天竺葵等。冬季和早春开花的植物有的是先花后叶，如腊梅、迎春、梅、玉兰等；也有花叶同时开放，如梨、桃等；但绝大多数植物为先叶后花。

植物的花期是指一株植物从第一朵花开放到最后一朵花开闭所历经的时间，有的花期较短，如水稻为5～7天，柑橘、梨、苹果等花期为6～12天，油菜为20～40天，棉花、花生、番茄、番木瓜等可延续一至数月。栽培植物的花期与品种的特性、营养状况以及外界条件等有着密切的关系。

植物的花时是指同一植株上50%以上的花同时开放的时间。初花期是指植物第一朵花开放的时间，终花期是指最后一朵花开放的时间，盛花期是指植物有50%以上的花盛开着的时期。研究植物的花时、花期，对人工授粉、杂种优势的研究和利用有重要意义。

大多数植物的开花都有一定的昼夜周期性。在正常的气候条件下，许多禾本科植物的花一般从上午7~8时开始开放，11时左右最盛，午后减少。植物每天开花的时间常与气候条件有关，如果天气晴朗，气温较高，湿度较低，开花的时间常可提前、开花数多；反之，阴雨天气，气温较低，则开花常推迟。植物开花对温度、湿度相当敏感。例如，水稻开花的最适温度为28~30℃，最适相对湿度为70%~80%，玉米则为20~28℃和65%~90%。虫媒植物开花的昼夜周期性和进行传粉的蜂、蝇、蝴蝶、蛾类的昼夜活动规律有关。

不同植物每朵花的开放时间也有长有短。例如，小麦花只能开5~30min，水稻为1~2h，南瓜、西瓜等晨开午闭，棉花晨开晚蔫，番茄约为4天，桃、梨为4~8天，某些热带兰属植物一朵花开放的时间可长达80天以上。植物的开花习性是长期适应形成的遗传特性，与原产地的各种生态条件有密切的关系。生态条件的变化，如纬度、海拔、气温、光照、湿度、营养状况等的变化都可能引起植物开花的提早或推迟。

在水稻、小麦、玉米和大麦等的杂种优势的研究和利用中，亲本的可育系和不育系之间，其花时、花期不遇，两者开花不同步一直是杂种优势研究和应用、特别是杂交制种的关键障碍。

水稻等禾本科作物的开花是由小花中的两枚浆片的吸胀和萎缩决定的。浆片吸胀膨大，将外稃推开，颖花开放。浆片吸胀后的体积越大，开花张角也越大，越有利于柱头外露和传粉受精，反之，则不利；浆片萎缩，则颖花关闭。与可育系相比，不育系花期迟、花时滞后、开花张角小、开闭花持续时间长、小花开张后多数不完全闭合，以及杂种结实率低、籽粒畸形等均与开花过程浆片调节的行为异常有关；浆片的行为成为调控花时和开花过程、严重制约着杂种优势研究和利用的关键因素。

因此，研究和掌握植物的开花规律，不仅有利于栽培上采取相应的措施以提高产量和品质，而且便于进行人工有性杂交、创育新品种。

## 二、传粉

传粉或受粉（pollination）是指花药中花粉散出，借助外力传到雌蕊柱头上的过程。植物的传粉有自花传粉（self pollination）和异花传粉（cross pollination）两种方式。

### （一）自花传粉与异花传粉

自花传粉是一朵花中成熟的花粉粒传到同一朵花的雌蕊柱头上的过程，如大豆等植物是自花传粉植物。异花传粉，在严格意义上讲，是指不同植物之间的传粉过程。

#### 1. 自花传粉

自花传粉是物种在不利条件下繁衍种群的一种特性，具有繁殖保障效应（reproduction assurance），它能减少和稳定种群内的遗传变异，增加种群间的遗传分化，进一步降低自然选择的作用强度，加快新物种形成的进程。

自花传粉植物具有3个方面的特点：①两性花，花的雄蕊常常紧挨着雌蕊，且花药开裂面朝向雌蕊，花粉易于落在自花的柱头上；②雌雄同时成熟，雄蕊的花粉囊和雌蕊的胚囊发育成

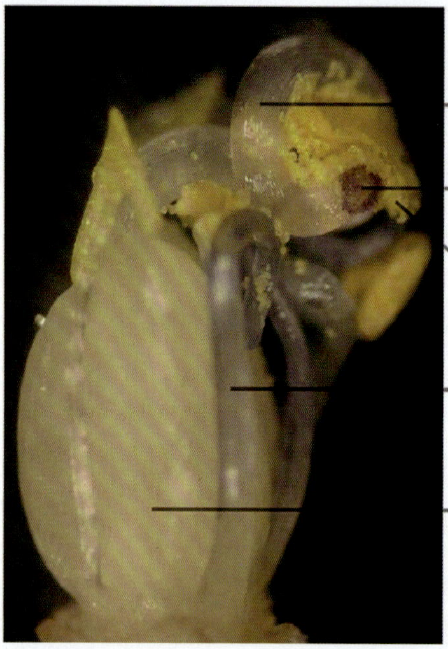

图4-17 火柴头花柱缠绕型自花授粉（金银根）

熟进程基本一致；③自交亲和，雌蕊的柱头对自花的花粉萌发和花粉管中雄配子的发育没有任何障碍。

最典型的自花传粉为闭花传粉和闭花受精（cleistogamy），如豌豆和大麦等，它们与开花受精（chasmogamy）不同，开花前，其成熟花粉粒可直接在花粉囊里萌发，产生花粉管，穿过花粉囊壁进入雌蕊完成传粉。

金银根（2006）研究发现，火柴头植物的自花授粉是花柱卷曲性缠绕花药，致花药破裂花粉散出而粘连柱头完成自花受粉（图4-17）。实际上，在自然界中，即使是异花传粉的植物也不一定是绝对的异花传粉，它们中总会有部分植株或部分花朵在异花受粉无法实现的条件下进行自花传粉。例如，黄花大包姜［*Caulokaempferia coenobialis*（Hance）K.Larsen］，清晨花开，花药开裂，其花粉伴随着油质浆状物从花药中溢出，并沿着雌蕊的花柱流向柱头，完成自花受精，这种传粉方式被称为“花粉滑动式自花授粉”（王英强，2004）。海滨锦葵（*Kosteletzkya virginica* L.）在没有传粉媒介异花传粉时，可以通过柱头向外反卷曲接触自花中的花粉，完成自花授粉过程，这样的传粉方式被称为“滞后自花授粉”（delayed autogamy）（钦佩等，2004）。大根槽舌兰［*Holcoglossum amesianum*（Rchb. f.）Christenson］在没有风、昆虫等任何外部传递媒介的情况下，能依靠其雄性花药的花柄自体转动360°，将花粉团送入同一朵兰花的雌性柱头腔内，从而完成繁衍进化的最重要步骤（刘可为，2006）。

农林生产中，将同株异花间的传粉，或同一品种内株间的传粉也作为自花传粉。

### 2. 异花传粉

异花传粉是指借助于生物的和非生物的媒介，将一朵花中的花粉粒传播到另一朵花的柱头上的过程。异花传粉是被子植物最普遍的传粉方式，是植物多样化的重要基础。异花传粉可以发生在同一株植物的各朵花之间，也可发生在作物的品种内、品种间，或植物的不同种群之间，玉米、油菜、向日葵、梨、苹果、瓜类植物等，都是异花传粉植物。

果树生产上，异花传粉一般指不同品种之间的传粉，林业上指不同植株之间的传粉。

异花传粉是杂种优势研究和利用、优质高产新品种选育的生物学基础。但是，异花传粉也是品种衰退的根本原因之一。

## （二）植物异花传粉的适应性

异花传粉是植物进化的原动力之一。植物在长期的历史发展中，在其花的形态组成、雌蕊行为、生理识别、成熟程度和生态多样性等方面都形成了许多适应于异花传粉的特性。就花器官形态组成的发育差异而言，单性花只能异花传粉，雌、雄异长必然有空间上的阻隔，为异花传粉提供可能；就雌蕊的行为论，开花过程中花柱反向卷曲，回避花药，为异花传粉提供机会；就生理识别而言，花粉粒降落到自花的柱头不能识别亲和并萌发，产生自花不孕；就雌蕊、雄蕊成熟程度而言，有的物种，甚至同种植物的不同个体间，花中的雌蕊、雄蕊的分化时间有先后、成熟进程和程度也不同，只有依赖异花传粉完成受精结实；从花的生态多样性看，雌蕊、雄蕊在花中分布的位置不利于自花传粉。因此，植物的异花传粉方式多样，有着更为广泛的生物学基础。

## 1. 单性花

单性花（unisexual flower）植物的传粉一般都是异花传粉，如玉米、板栗、胡桃等雌、雄同株植物，大麻等雌、雄异株（dioecy）植物等。

## 2. 雌雄异长

雌雄异长（heterogony）发生于同种或同种群内不同个体间不同类型的两性花间。雌雄异长可分为同型雌雄异长和异型雌雄异长两类。

## 3. 花柱曲卷性

花柱卷曲性（flexistyly）是指某些两性花的植物在开花过程中，其花柱通过反向卷曲，回避自身的花药（远离花药开裂传粉的一侧），而避免自花授粉的现象。

## 4. 自花不孕

自花不孕（self sterility）是指花粉粒落到同一朵花或同一植株的柱头上不能结实的现象。自花不孕有两种情况：一种是花粉粒落到自花的柱头上，根本不能萌发，如向日葵、荞麦、黑麦等；另一种是自花的花粉粒虽能萌发，但花粉管生长缓慢，一般没有异花的花粉管生长快，最终不能自体受精，如玉米、番茄等（进行玉米等自交系的培育，必须在人工传粉后套袋隔离，才能成功）。此外，某些兰科植物的花粉对自花的柱头有毒害作用，常引起柱头凋萎，以致花粉管不能生长。

## 5. 雌雄异熟

雌雄异熟（dichogamy）是指一株植物或一朵花中的雌蕊、雄蕊成熟时间不一致或雌雄性功能在时间上的分离。雌雄异熟能有效避免自身的花粉和柱头间的性别干扰。Lloyd和Webb（1986）认为，雌雄异熟的类型很多，按两性功能出现的时间顺序分为雌性先熟和雄性先熟，如油菜、甜菜的两性花为雌蕊先熟（protogyny），向日葵、梨、苹果的两性花为雄蕊先熟（protandry）。按雌雄异熟表现在花内或花间分为花内雌雄异熟（intraflora dichogamy）和花间雌雄异熟（interflora dichogamy），如玉米的雄花序比雌花序先成熟。

## 6. 雌雄异位

雌雄异位（herkogamy）既可以指花内雌、雄异位，即同一朵花内的雌蕊、雄蕊空间的分离，也可以指花间雌、雄异位。花间雌、雄异位主要有3种形式：雌花、雄花同株，雌花、两性花同株及雄花、两性花同株（Webb and Lloyd，1986）。花内雌、雄异位是指同种个体只产生一种两性花，但花中雌蕊、雄蕊的空间排列位置不同，可避免自花传粉。百合科的嘉兰属（*Gloriosa*）植物，开花时，雌蕊的花柱基部在近子房处呈直角状，向外折伸，远离雄蕊，以避免自花传粉；玄参科的某些植物的粗大而分裂的柱头紧盖在花药之上，传粉者进入花中不可避免地会碰到柱头，而柱头一旦被接触就反卷曲，露出花药（Webb and Lloyd，1986）；小檗属（*Berberis* ）的雄蕊贴着花被，远离雌蕊的花柱、柱头。昆虫采蜜时触动雄蕊，6枚雄蕊弹出，花粉散落在昆虫身上（Webb and Lloyd，1986）。此外，异型花（herkogamy）和花柱对生（enantiostyly）等也属于雌雄异位。

## （三）风媒花和虫媒花

植物进行异花传粉时，必须借助于各种外力才能把花粉传布到其他花的柱头上去。传送花粉的媒介主要有非生物（风和水等）和生物（昆虫、鸟、蝙蝠等）两类。非生物传粉，尤其是风媒传粉被认为是从生物传粉进化而来。在被子植物中，有约1/3的植物种类属于风媒传粉的植物，其余2/3是动物（尤其是昆虫）传粉的植物（Gorelick，2001）。由于长期的演化，植物对各种传粉方式产生了与之适应的形态和结构。

靠风传粉的植物是风媒植物（anemophilous plant），在被子植物中，禾本科（如水稻、小麦、玉米等）、莎草科（如薹草等）以及柔荑花序类植物（如栎、杨、桦木、核桃等属于此类）等，它们的花称为风媒花（anemophilous flower）。

因为风力传粉不具有方向性，传粉效率低，风媒植物进化产生出许多促进花粉萌发与捕获花粉的形态学适应性结构。风媒植物的花能随风吹动而散出花粉，一般风媒花小而多，常为单性花，花被很小或退化消失，绿色、褐色和微红色的苞片、花被片可能有益于改善花（蕾）内的温度；一般花无蜜腺和香气；花丝细长（禾本科植物），易随风摆动，散布花粉；产生的花粉粒多，小而轻，外壁光滑干燥，适于乘风远播；雌蕊的柱头大，常呈羽毛状，高高伸出，有利于承受花粉粒。

借水传粉的植物为水媒植物（hydrophilous plant），水媒传粉只发生于少数水生植物中，如金鱼藻、黑藻、水鳖、苦草等。有的植物的花粉释放到水体中，漂浮在水面，雌花挺出水面接受花粉后再回到水中；有的植物的花粉可以在花药中萌发产生花粉管，经生长到达雌蕊的柱头，完成传粉过程。

依靠昆虫（如蜂类、蝶类、蛾类、蝇类、蚁类以及甲虫等）传粉的植物是虫媒植物（entomophilous plant）。例如，油菜、向日葵、瓜类等大多数被子植物，它们的花是虫媒花（entomophilous flower）。

虫媒花一般花冠大而显著，有鲜艳的色彩，一般昼间开放的花多为红、黄、紫等色，而夜间开放的花多为纯白色，只有夜间活动的蛾类能识别帮助传粉；花具特殊的气味（芳香的甚至恶臭的），不同的气味所趋附的昆虫种类不同，能产蜜汁且蜜腺暴露于外的，往往短吻类昆虫（如蜂类等）趋集，深藏花冠内多为长吻型昆虫（如蝶类等）所吸取；花粉粒较大，花粉壁粗糙而有花纹、有黏性，常黏集成块，易黏附在虫体上。花粉粒含有丰富的蛋白质、糖等，可作为昆虫的食物，这些性状皆有利于昆虫的传粉。

虫媒花的大小、形态、结构、蜜腺的位置等，常与传粉昆虫的大小、形态、口器的类型及结构等特征形成了巧妙的适应。虫媒植物的分布、开花季节、昼夜的周期性，与传粉昆虫在自然界中的分布、开花季节活动的规律性，也存在密切的关系，这也充分体现了事物间的互相联系和互相影响。

食蜜鸟（如蜂鸟，具长喙）在取食蜜液过程中，其胸部和头部都会黏上花粉而传粉。因此，依靠食蜜鸟传粉的植物称为鸟媒植物（ornithophilous plant）。此外，蝙蝠又称“花朵动物”，在其用尖吻和巨舌采食花蜜和花粉的过程中，可将花粉黏在头上而传粉于其他花的柱头上。

被子植物的有性生殖是与其交配系统紧密相关的。传粉是被子植物受精的必经阶段，花粉的运动在很大程度上限定了植物个体间的基因流和群体的交配方式，从而影响后代的遗传组成和适合度。

### （四）农业上对传粉规律的利用和控制

在植物生产过程中，根据植物传粉的规律，可人为有效地利用和控制传粉。采用人工授粉、人工去雄或化学杀雄的方法均可提高植物的异花传粉、受精的结实率，进而提高作物的产量和品质，甚至培育出新的作物品种。

人工授粉是指在人为采集并妥善保存花粉的基础上，人工给植物授粉的方法。例如，银杏生产中，采用套袋法收集银杏雄株上的花粉，再将花粉异地喷洒到银杏雌株上，可提高银杏受精结实率和产量。在稻、麦杂交制种中，用拖绳摇曳植株也能促进花粉传播等。

人工去雄是指在植物开花的前1～2天，事先将花中的雄蕊去除，以便人工授粉，为杂交制种和培育新品种提供便利和可能。

化学杀雄是在植物的花蕾期或花芽分化期喷施化学杀雄剂（如氨基磺酸、对苯胺磺酸、二氯丙酸和吡喃酮类衍生物等），阻碍雄蕊的发育，保证异花传粉或有利人工授粉的方法。人工授粉可间接起到辅助传粉的作用，提高传粉机会，增加结实率，提高作物的产量和品质。

此外，根据自花传粉可使基因型纯合的特点，在植物育种中，利用自花传粉培养两个自交系，进而配制杂交种，也具有显著的增产效果。

## 三、受精

受精（fertilization）是指雌性、雄性细胞（即卵细胞和精细胞）互相融合的过程。被子植物的花粉落到柱头上，经识别亲和后萌发，产生花粉管。花粉管携带两个精细胞经花柱、子房、进入胚珠，到达胚囊，释放出的两个精细胞分别与卵和极核融合的过程称为被子植物的双受精（double fertilization）过程。在这一过程中，花粉从萌发、生长，到花粉管释放出精子都是花粉（管）与雌蕊相互作用的结果。花粉（管）与雌蕊的相互作用包括识别信号的交流、花粉管在雌蕊中的生长和花粉管生长方向的引导等。

### （一）花粉粒与柱头的相互识别

在自然条件下，落在柱头上的花粉粒种类和数量通常很多，但并不是所有落在柱头上的花粉粒都能萌发产生花粉管并插入花柱，直至完成受精。一般认为，花粉与柱头之间存在某种识别反应过程。当花粉粒落到柱头上时，花粉粒壁蛋白（一种糖蛋白）与柱头细胞表面的蛋白相互识别（recognition or rejection），决定花粉与柱头的亲和性（compatibility）或不亲和性（incompatibility）。对亲和性好的花粉，柱头提供水分、营养物质及刺激花粉萌发生长的物质，花粉内壁凸出，同时，花粉内壁分泌角质酶，溶解与柱头接触处的柱头表皮细胞的角质膜，以利于花粉管穿过柱头的乳突细胞。如果是自花或远缘花粉不具亲和性，则产生“拒绝”（rejection）反应，柱头乳突细胞基部产生胼胝质，在花粉萌发孔，或在开始伸出花粉管的一端，形成胼胝质，将萌发孔阻塞，阻断花粉的萌发和花粉管的生长。因此，花粉与柱头的识别作用对于完成受精作用有决定性意义。

## （二）花粉管的发育与定向生长

花粉粒和柱头之间经识别后，亲和的花粉粒产生水合反应（pollen hydration），从柱头分泌物中吸收水分和营养，内壁从萌发孔处向外突出，形成细长的花粉管（图4-18），花粉的内含物流入管内，花粉管穿过被侵蚀的柱头乳突的细胞壁，向下进入柱头组织的细胞间隙，向花柱和子房方向生长（Tammy et al.，2001）。花粉管生长时，其细胞质处于运动状态，如为二细胞花粉粒，生殖细胞和营养细胞随之进入花粉管先端，一般营养细胞在前。生殖细胞在花粉管中分裂一次，形成两个精细胞；如为三细胞花粉，则营养细胞和两个精细胞都进入花粉管中。

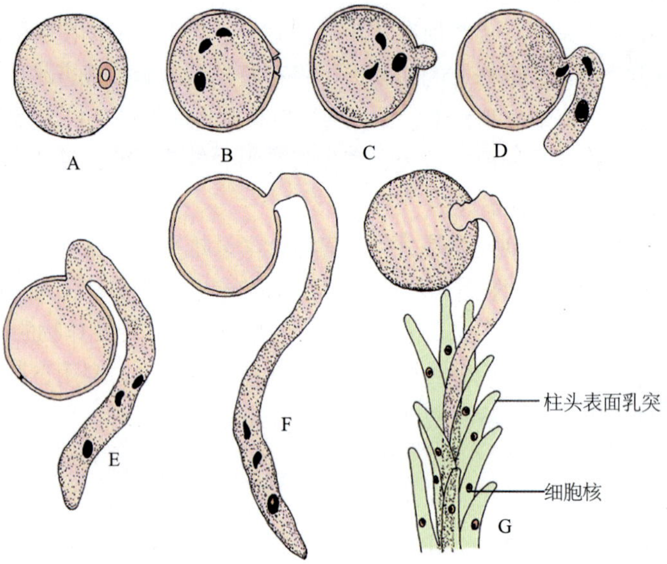


图4-18　水稻柱头上花粉粒的萌发和花粉管生长（依李扬汉）

A. 花粉粒；B ~F. 花粉粒萌发产生花粉管；G. 花粉管侵入柱头

花粉管的生长从突破柱头开始，插入花柱后，在空心的花柱中，常沿着花柱道表面的黏性分泌物生长，在实心的花柱中，常沿着引导组织细胞间隙生长，而后穿越子房壁、进入胚珠，最终到达胚囊，将精子释放到胚囊内，完成传粉过程。

花粉管生长过程中，除消耗自身的储藏物质外，还大量地从花柱道或引导组织的分泌物中吸取糖类（如葡萄糖）及肌醇等，用于花粉管的伸长和新壁的形成，其生长活动常有酶与激素的参与。花粉管到达子房后，一般沿着子房的内壁或经胎座继续生长，直达胚珠。通常花粉管是从珠孔穿过珠心进入胚囊的，称为珠孔受精（porogamy）。但也有些植物的花粉管穿过合点区或珠被进入胚珠，称为合点受精（chalazogamy）或中部受精（misogamy）（图4-19）。棉花的珠心组织比较发达，在花粉管到达之前常在珠孔与胚囊之间有一狭条的珠心细胞退化，花粉管即由此通过。有的植物，珠心组织的表皮细胞壁黏液化，有利于花粉管的穿行。

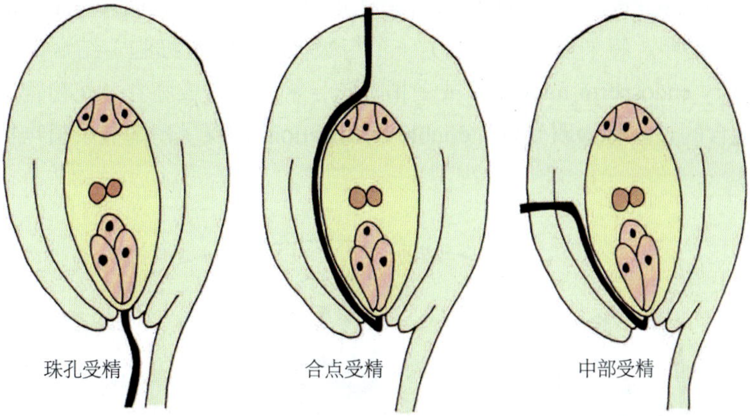


图4-19 花粉管进入胚珠的三种途径

当花粉管生长时，如原为三细胞花粉粒，1个营养细胞和2个精细胞都流入花粉管。如原为二细胞花粉粒，则营养细胞核和生殖细胞核都流入花粉管，生殖细胞在花粉管中有丝分裂一次，形成2个精细胞。营养细胞核一般位于花粉管的前端，与花粉管吸收利用外周物质、加工合成花粉管壁物质和向胚囊的趋向性生长密切相关。营养细胞核一般在花粉管到达胚囊时就消失，或仅留下残迹。花粉管每生长一定长度，花粉管便在其后方产生横壁，阻断花粉管与后方的联系。

传粉后，雌蕊上形成花粉管的过程是被子植物雄配子体的后期发育阶段。成长的花粉管和其所含的1个营养细胞、2个精细胞是成熟的雄配子体，精细胞就是前面已经提到的雄配子。

## （三）影响花粉管生长的因素

花粉粒在柱头上萌发，花粉管生长进入胚囊所需要的时间，因植物种类和外界条件而异。在通常情况下，多数植物需要12～18h。

温度显著影响花粉粒的萌发和花粉管的生长。在10℃时，小麦传粉后2h开始受精；在20℃时，萌发最好，30min即开始受精；30℃仅需15min即可受精。大多数温带地区的植物，花粉粒萌发和花粉管生长的最适温度为25～30℃。不正常的低温和高温，都不利于花粉粒的萌发和花粉管的生长，甚至会使受精作用不能进行。

花粉粒在柱头上的萌发速度和萌发率具有群体效应。用多量的花粉粒传粉，其花粉粒的萌发和花粉管的生长速度常比用少量花粉粒传粉的要高、要快得多，结实率也高。

此外，水分、盐类、糖类、激素和维生素等，都对花粉粒的萌发和花粉管的生长有影响。

## （四）双受精的过程和意义

### 1. 双受精过程

多数被子植物的花粉管进入胚珠前后，胚囊中两个助细胞中的一个常先退化，花粉管穿过胚囊的壁，经过助细胞的丝状器进入已退化的助细胞，花粉管顶端或亚顶端破裂，精细胞、一个营养核、细胞质、淀粉粒等花粉管内含物一起喷泄而出，形成特定的细胞质流，将精细胞带到卵和中央细胞之间的位置，花粉管内的物质释放后，花粉管裂口处很快被胼胝质阻塞，阻断了胚囊内物质倒流入花粉管。进入胚囊后的2个精细胞，一个与卵细胞融合，形成二倍体的合子（zygote）或受精卵，将来发育成胚；另一个与极核（或中央细胞）结合，形成三倍体的初生胚乳核（primary endosperm nucleus）或受精极核，将来发育成胚乳。花粉管中的两个精子分别与卵和极核融合的过程称为双受精（double fertilization），双受精是被子植物特有的有性生殖现象（图4-20）。

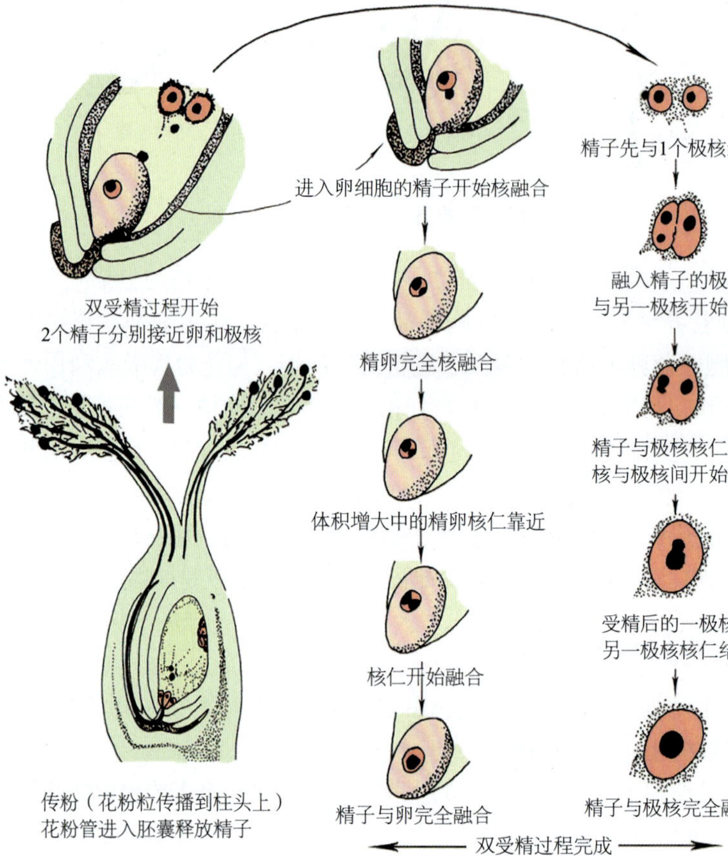


图4-20 水稻的双受精过程图解

## 2. 双受精作用

精、卵细胞的融合，将父本、母本具有差异的遗传物质重新组合，形成具有双重遗传特性的合子，由此形成的新个体一方面恢复了物种原有的染色体数目，保持了物种遗传的相对稳定性；另一方面，由于精、卵母细胞在减数分裂过程中出现染色体的片段互换和遗传物质的重组，因而其性细胞在一定程度上遗传差异较大，由其受精产生的后代必然出现新的遗传、变异的性状，丰富了物种的适应性和抗劣性。

此外，双受精中一个精细胞和两个极核或一个次生核融合，形成了三倍体的初生胚乳核，由此发育的胚乳同样结合了父本、母本的遗传特性，生理上更为活跃，作为营养物质在胚的发育过程中被吸收、利用，其子代的变异性更大，生活力更强，适应性更广。

因此，双受精不仅是植物界有性生殖的最进化形式，也是植物杂交育种的理论基础。在杂交育种过程中，应尽量选择差异大的杂交组合，其后代更易选育出新的优良品种或新的植物类型。

### （五）受精的选择性与多精受精

植物开花时，各种不同的花粉都有可能传播到柱头上，柱头和花粉粒间相互识别，只有能和柱头的生理、生化及遗传相协调的花粉粒才能萌发，而且同一花粉管中的两个精子在形态和生理方面亦存在着差异，并非随机地与卵细胞或极核受精，这些表明了受精具有选择性。

传粉时，落在柱头上的花粉粒常很多，萌发后长出花粉管，伸入花柱的也很多，在一般情况下，只有一条花粉管进入一个胚珠的胚囊完成受精。但有时几条花粉管可同时进入一个胚囊，这样胚囊里就有两对以上的精细胞，这称为多精子现象（polyspermation），如棉属中曾发现有3条花粉管进入一个胚囊。多余的花粉管进入胚囊后，常被吸收利用，起营养作用。有时多余的精子可能与助细胞或反足细胞受精，并分别发育成胚，形成多胚现象（polyembryony）。有时，可能有两个以上的精细胞进入卵细胞，发生多精受精（polyspermy），形成多倍体后代。但是，一般在多精入卵时仍只有一个精子与卵融合，其余的精子就在卵细胞里被吸收利用，可能对胚的营养条件和遗传性状产生影响。

## 四、环境条件对开花、传粉和受精的影响

影响开花、传粉和受精的因素很多，概括起来可分为内因和外因两类。内因通常是由于雄性不育和雌蕊与花粉粒之间的遗传不亲和性，或受精障碍等；外因主要是气候条件及栽培措施等。

温度是影响开花、传粉和受精的最重要的外界环境因素。低温不仅影响花芽分化进程，而且使花粉粒的萌发和花粉管的生长减慢，甚至使花粉管不能到达胚囊，而且加速卵细胞和中央细胞的退化，使精细胞接近卵细胞和中央细胞的过程受到抑制，或精细胞与卵细胞接触和融合的时间延长等。例如，水稻传粉、受精的最适温度为26～30℃，如日平均温度在20℃以下、最低温度在15℃以下，则传粉、受精受阻。在我国双季稻地区，早稻或连作晚稻的传粉、受精期间，如遇低温、多雨，就会出现大量的空粒、瘪粒。

湿度或水分对开花、传粉和受精也有很大影响，干旱、高温减缓花芽发育和花器官各部分的膨大，导致柱头和花柱的干枯。在稻、麦开花季节，保持适宜的田间湿度，有利于开花、传粉和受精。但开花季节雨水过多，易导致花粉粒吸水破裂。因此，雨水的淋洗会稀释柱头分泌物，不适合花粉粒的萌发，降低结实率。此外，氮肥过多或过少影响植株花芽的发育，影响受精持续时间。

# 第五节 种子的发育与结构

被子植物开花受精之后，子房发育为果实，胚珠发育成种子。有些植物的花托、花萼筒，甚至苞片等也参与果实的形成，如草莓、苹果和菠萝等。被子植物的种子生于果实之内，受到良好的保护，对其后代的适应、躲避不良环境和繁衍后代等有重要意义。

种子和果实与人类生活有着极为密切的关系。人类粮食的80%直接取自植物的果实或种子，稻、麦等果实中富含淀粉，是人类赖以生存的主粮；大豆、花生、油菜、芝麻和油茶等的种子含

油量高，是食用油的主要来源；棉纤维是棉种子的表皮毛，是轻纺工业的重要原料；许多瓜类的果实为优良的果品或蔬菜；啤酒大麦的果实是生产啤酒的主要原料；可可、咖啡的种子可作提神的饮料；巴豆、枸杞、罗汉果等的种子是良好的中药材；从刀豆种子中可以提取脲酶；玉米种子不仅可以作为优良的饲料，还可以从中提取细胞分裂素。还有许多植物的种子和果实中的储藏物，经过提炼加工后，成为重要的工业原料。“没有种子就没有农业”，甚至没有人类的文明。

种子是植物有性生殖过程中由胚珠发育而来的结构，是新生命存在的场所。胚珠经过双受精后，初生胚乳核（受精极核）发育成胚乳，合子（受精卵）发育成胚，而珠被则发育成种皮。在种子的形成过程中，原来胚珠内的珠心和胚囊内的助细胞、反足细胞甚至胚乳等都可能被吸收而消失。

## 一、种子的发育

### （一）胚乳的发育

被子植物种子中的胚乳（endosperm）一般早于胚而发育，以便为胚的生长发育提供必需的营养和环境。胚乳的发育形式一般可分为核型胚乳、细胞型胚乳和沼生目型胚乳3种类型。其中核型胚乳是被子植物中最为普遍的一种胚乳发育方式。

#### 1. 核型胚乳

初生胚乳核第一次分裂和以后的多次分裂均不伴随细胞壁的形成，胚乳核呈游离状态分布在受精后的中央细胞中。随着液泡的进一步发育增大，游离核常被挤到胚囊的周缘成一薄层。游离核形成的时间和数目因植物种类而异。待胚乳游离核发育到一定阶段，位于其细胞周缘的细胞核之间先向内逐渐产生径向细胞壁，继后形成横壁，由外而内形成胚乳细胞，这样的胚乳发育方式称为核型胚乳（nuclear endosperm）（图4-21）。核型胚乳在单子叶植物（如水稻、小麦、玉米等）和双子叶植物（如棉、油菜、苹果等）中普遍存在。

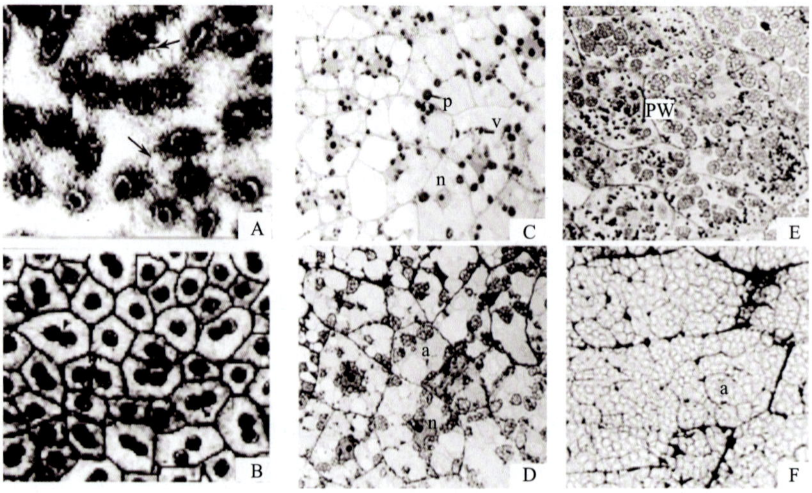


图4-21　水稻胚乳细胞的发育与成熟

A～C. 胚乳细胞形成；D～F. 细胞分化与成熟；D、E. 细胞分化期；F. 细胞成熟期，箭头示细胞板；n. 细胞核；P. 蛋白质；v. 液泡；pw. 初生壁；a. 淀粉粒

## 2. 细胞型胚乳

细胞型胚乳（cellular endosperm）的特点是初生胚乳核分裂伴随着细胞壁的形成，且以后各次分裂都是常规的有丝分裂，即细胞核分裂一次，细胞质也分裂一次，不出现游离核时期。大多数双子叶合瓣花植物，如番茄、浙江柿（*Diospyros virginiana* L.）、烟草、芝麻等，其胚乳的发育均属细胞型胚乳（图4-22）。细胞型胚乳在发育过程中，有时产生吸器，从珠心组织吸取养分，吸器的结构常因植物种类而有所不同。

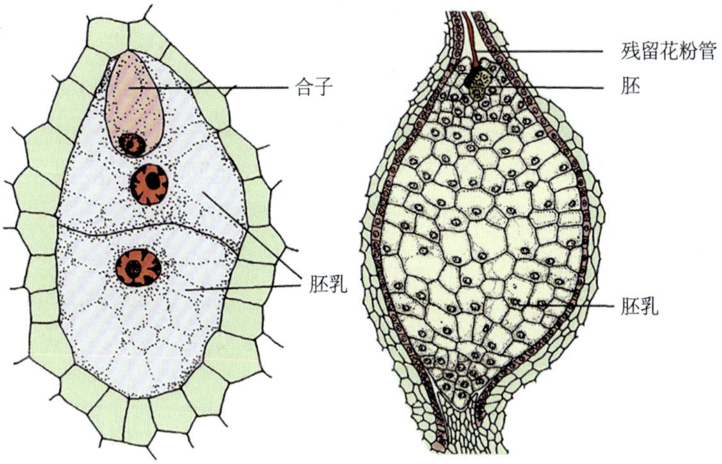


图4-22 浙江柿细胞型胚乳的发育（依Yakovlev）

## 3. 沼生目型胚乳

沼生目型胚乳（helobial endosperm）发育的特点介于核型胚乳和细胞型胚乳之间。初生胚乳核的首次分裂伴随细胞质的分裂，将胚囊腔分隔为二，形成一大、一小两个细胞，大细胞位于珠孔端，小细胞位于合点端。前者可进行多次的游离核分裂，最后形成细胞。后者细胞核不分裂或极少分裂，呈合胞体状态（图4-23）。具沼生目型胚乳特征的植物多见于沼生目的慈姑（*Sagittaria sagittifolia* L.）、喜马亚独尾草（*Eremurus himalaicus* Baker）和百合目的紫萼［*Hosta ventricosa*（Salisb.）Stearm］等。少数双子叶植物，如虎耳草属（*Saxifraga*）、檀香属（*Santalum*）等植物也有此类型。

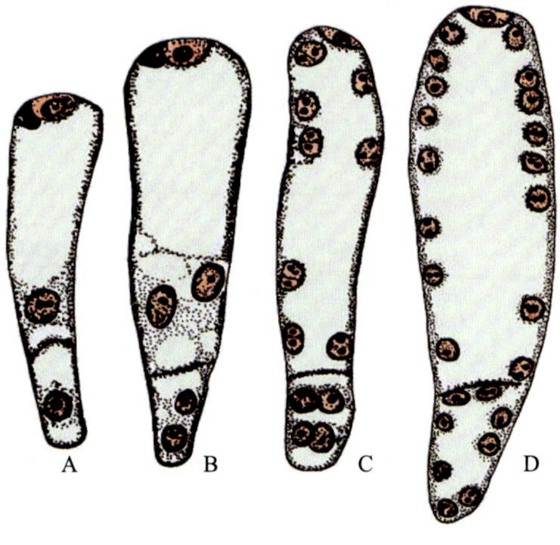


图4-23 喜马亚独尾草沼生目型胚乳的发育

A. 胚乳细胞经第一次分裂形成2个细胞，上端一个已产生2个游离核；B～D. 示上端与下端的2个细胞的核均进行核分裂，产生多个游离核

在被子植物中，初生胚乳核一般是三倍体结构，含有两套母本染色体和一套父本染色体。但有些植物由于胚囊发育类型不同，其胚乳核可有不同的染色体倍数。例如，百合和贝母的两个极核，一个是单倍体，另一个是三倍体，受精后可形成具五倍体遗传特征的初生胚

乳核。也有因为胚囊中极核数目多于两个而有更高的染色体倍数的。多倍体的胚乳在生物学上有重要意义，如株型高大、适应性强等。初生胚乳核通常不经休眠（如水稻）或经短暂的休眠（如小麦为0.5～1h）后，即开始第一次分裂。胚乳核的分裂有无丝分裂和有丝分裂等形式，其分裂速度较快。因此，当合子进行第一次分裂时，胚乳核或胚乳细胞已有一定数量，并包围原胚。

胚乳细胞的生活力因种而异。大部分种子的胚乳细胞具有生命力，但在禾本科植物的胚乳中，只有糊粉层的细胞具有生命力，其余组织都是由死细胞组成的。

胚乳细胞中储藏着大量的营养物质。其中最重要的储藏物质为糖类、脂肪、油类和蛋白质。糖类中最重要和常见的是淀粉粒，它从前质体的基质中开始形成，有各种结构、形状、大小和数量。胚乳细胞的细胞壁中也可储藏大量的糖类物质，如柿（*Diospyros kaki* Linn.f.）和海枣（*Phoenix* spp.）等胚乳细胞壁的主要储藏物质是半纤维素。

在胚的发育过程中，胚乳可全部被胚吸收利用而形成无胚乳种子类型，如豆类、瓜类植物等，或部分被胚吸收利用而形成有胚乳种子类型，如蓖麻、小麦等。

## （二）胚的发育与结构

### 1. 双子叶植物胚的发育与结构

#### （1）胚的发育过程

现以十字花科植物荠菜为例说明双子叶植物胚的发育过程（图4-24）。荠菜合子不均等横向分裂一次，产生一个基细胞（近珠孔，细胞大，高度液泡化）和一个顶细胞（远离珠孔，细

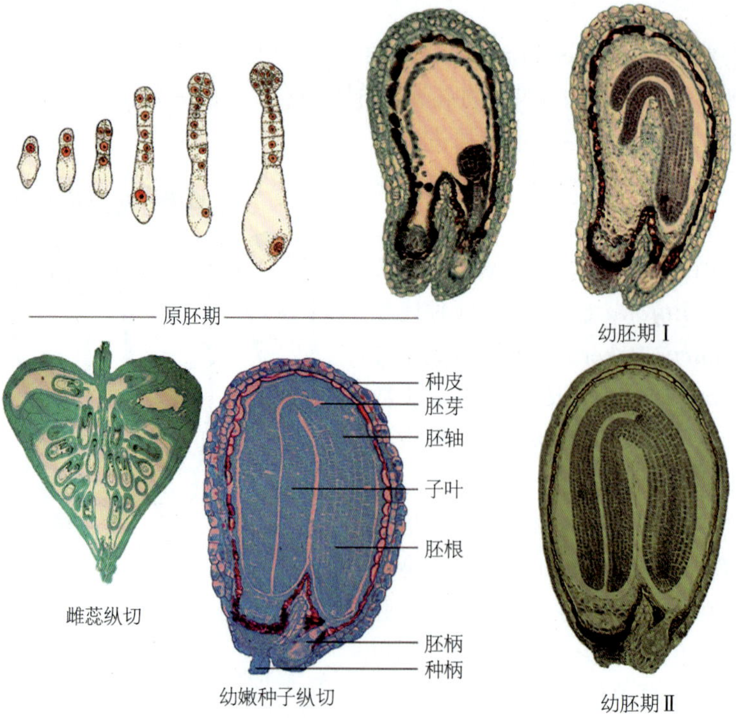


图4-24 荠菜胚的发育和结构

胞小，细胞质浓）。随后，基细胞分裂一次，远离顶细胞的那个细胞继续进行3～4次横分裂，形成单列多细胞的胚柄，将胚体推向胚囊中部，以利于胚在发育中吸收周围的营养物质。同时，胚柄基部的一个细胞膨大呈泡状，靠着珠孔附近的细胞壁内凸成传递细胞特征，从珠被、珠心组织中吸收、加工、转化和运输养分供给胚的发育。而与顶细胞紧邻的细胞小，内质网和高尔基体丰富，但核糖体少，蛋白质与核酸含量也少，该细胞分裂滞后，且仅分裂两次，参与胚根的发育，并对胚根从珠孔处伸出有引导作用。

在胚柄的生长过程中，顶细胞相应进行分裂，首先发生一次纵向分裂，接着进行与第一次分裂面相垂直的第二次纵向分裂，形成四分体胚体。然后各个细胞分别进行一次横向分裂，形成八分体。八分体再经过各个方向的连续分裂，形成多细胞的球形胚体。胚体继续增大，在顶端两侧部位的细胞分裂较多，生长较快，形成两个子叶原基突起。此时，整个胚体呈心形，而称“心形胚”，且胚体内部细胞已开始分化。随着子叶的生长，紧接其基部的胚轴也相应伸长，整个胚体呈鱼雷形，又称“鱼雷形胚”。以后，在两片子叶基部相连处的凹陷部位分化出胚芽；与胚芽相对的一端，胚体的基部细胞和与其相接的一个胚柄细胞不断分裂，共同参与胚根的发育分化而完成幼胚发育。随着幼胚的发育，胚轴和子叶显著延伸并在胚囊内弯曲呈马蹄形，胚柄退化消失。

油菜胚的发育过程与荠菜基本相似，其差异之处主要是油菜胚柄的基细胞呈狭长的棒状，胚柄末端显著延伸呈钩状；发育后期，子叶弯曲、对折，并包裹胚轴和胚根，略呈圆形。

棉胚发育时，无典型的四分体胚体。在球形胚体的形成过程中，细胞的分裂不很规则。胚柄短而不明显，成熟时仅含4～6个细胞，而且常常很早解体。受精后6～10天，胚体呈心形，当18天时，胚的各部均已发育形成。

### （2）成熟胚的结构

双子叶植物成熟胚包括胚芽（plumule）、胚轴（hypocotyl）、胚根（radicle）和子叶（cotyledon）（2枚）4个部分。胚根和胚芽的体积很小。胚根一般作圆锥形，胚芽常呈现雏叶的形态、胚轴介于胚根和胚芽之间，一般极短，不甚明显。胚根和胚芽的顶端都有生点，由胚性细胞组成，这些细胞体积小、细胞壁薄、细胞质浓厚、核相对地比较大、没有或仅有小型液泡。当种子萌发时，这些细胞能很快分裂、长大，使胚根和胚芽分别伸长，突破种皮长成新植物的主根和茎、叶。同时，胚轴也随着一起生长，根据不同情况成为幼根或幼茎的一部分。一般由子叶着生点到第一片真叶的一段称为上胚轴，子叶着生点到胚根的一段称为下胚轴。着生在胚轴上的子叶，其形态、结构常随植物种类和其所担负的生理功能而异。大豆、瓜类等的子叶肥厚，除了在两个子叶相接处的表皮内侧有2～3层栅状细胞外，其他部分均为充满蛋白质、脂肪等物质的薄壁细胞，它们主要起储藏养料的作用，供种子萌发和幼苗成长时利用。棉的子叶宽而薄，呈折叠状存在于种子中。子叶细胞中也含有一些营养物质，但较为明显的特点是子叶内部已有1～2层栅栏组织细胞和几层海绵组织细胞的初步分化及早期叶绿体的形成，海绵组织内可见分泌腔，其解剖结构与叶片颇为相似。这是该植物子叶出土后能很快开始光合作用的结构基础。

通常将胚仅具有2枚子叶的种子称为双子叶种子，而其植物则被称为双子叶植物，如苹果、黄瓜、棉、油菜、茶等。

## 2. 单子叶禾本科植物胚的发育与结构

### （1）胚的发育

单子叶禾本科植物胚发育的早期阶段，与双子叶植物大致相似，但后期发育过程则差别显著。例如，小麦合子经过两次分裂形成四细胞原胚，以后，继续进行各个方向的分裂，形成基部稍长的梨形原胚。不久，梨形原胚偏上一侧出现小凹沟。凹沟以上区域称为“顶端区”，将来形成盾片（内子叶）的主要部分和胚芽鞘的大部分；凹沟稍下处的附近，即原胚的中间区域称为“器官形成区”，将来形成胚芽鞘的其余部分以及胚芽、胚轴、胚根、胚根鞘和一片不发达的外胚叶；原胚的基部称为“胚柄细胞区”，则形成盾片的下部和胚柄。冬小麦胚发育成熟所需时间为传粉后约16天，春小麦约22天完成，玉米胚的发育较慢，约在传粉后45天才接近成熟。水稻的合子启动分裂较小麦快，开花后7天，胚的各部分基本分化完成，8～14天，胚继续长大，直至分化成熟。水稻成熟胚的胚轴弯折明显，在形态上与小麦胚存在差别。10天左右的水稻胚，已具有发芽能力。单子叶植物的胚只形成一片子叶，因此，发育进程中不出现心形期和鱼雷形期（图4-25）。

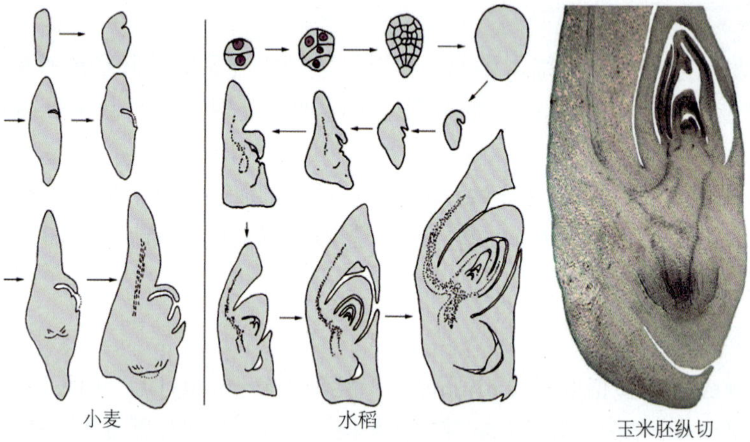


图4-25　禾本科植物胚的发育过程示意图

### （2）成熟胚的结构

单子叶禾本科植物的胚在组成上与双子叶植物大致相同，都具有胚芽、胚轴、胚根和子叶结构，所不同的是禾本科植物胚的胚芽外罩有胚芽鞘，胚根外罩有胚根鞘，分别成为胚芽、胚根的保护性结构（图4-25）。成熟胚只有一片宽大的子叶，因其子叶形如盾牌，故有盾片之称。水稻、小麦等禾本科植物的子叶（盾片）具有从胚乳中吸收养料的作用，其盾片上皮细胞能分泌植物激素，促进糊粉层细胞中淀粉酶（基因）的活性表达，对胚乳细胞的营养物质分解，促进胚生长有重要作用。

通常将胚仅具有一枚子叶的种子称为单子叶种子，而其植物则被称为单子叶植物，如小麦（禾本科植物）、百合（百合科植物）等。

## 3. 无融合生殖和多胚现象

### （1）无融合生殖

无融合生殖（apomixis）是指某些被子植物不经过雌雄性细胞的融合（受精），而产生有胚种子的现象。有人认为无融合生殖是介于有性生殖和无性生殖之间的一种特殊的生殖方式，它虽然发生于有性器官中，却无两性细胞的融合，但仍然以具胚的种子形式而非营养器官进行繁殖。

无融合生殖现象已在被子植物36个科的300多种植物中发现，其形式多样，可归纳为单倍体无融合生殖和二倍体无融合生殖两大类。

单倍体无融合生殖的胚囊由胚囊母细胞经过正常的减数分裂形成，这种胚囊中的细胞都只含单倍的染色体。若由卵细胞不经过受精而发育成胚，称为单倍体孤雌生殖（haploid parthenogenesis），如玉米、小麦、烟草等植物。若由助细胞或反足细胞直接发育成胚，则称为单倍体无配子生殖（haploid apogamy），如水稻、玉米、棉花、烟草、亚麻、黑麦、辣椒等植物。单倍体无融合生殖所产生的胚都是单倍体，无法进行减数分裂，其后代常常不育，无法遗传。但可加倍成纯合二倍体，用于育种。

二倍体无融合生殖的胚囊是由未经过减数分裂的孢原细胞、胚囊母细胞或珠心细胞直接发育而成，这种胚囊中的细胞都是二倍体，同样可以出现二倍体孤雌生殖（diploid parthenogenesis）（如芸苔属、蒲公英）或二倍体无配子生殖（diploid apogamy）（如葱）。二倍体无融合生殖所产生的胚为二倍体，能正常生殖和遗传。

无融合生殖方式可阻碍基因的重组和分离，在植物育种工作中有很大的利用价值。例如，优良杂种后代的二倍体无融合生殖，只要合理隔离种植，就能一劳永逸地保存杂种的优良性状，而不再产生分离和衰退。如果是单倍体无融合生殖的杂种后代，则可通过人工或自然加倍染色体，很快得到遗传上稳定的纯合二倍体，缩短育种进程，固定杂种优势，提高育种效率。此外，无融合生殖在克服远缘杂交不亲和，提纯复壮品种等方面也有广泛的应用前景。

#### （2）不定胚与多胚现象

不定胚（adventitious embryo）是某些植物的珠心或珠被细胞分裂、发育形成的胚。不定胚可与合子胚同存于胚囊中，并有自己的子叶、胚芽、胚轴和胚根结构。例如，柑橘的胚珠中，可有4～5个，甚至更多的胚，其中只有一个来源于受精卵的合子胚，其余均为来源于珠心的不定胚（珠心胚）。通常情况下，珠心胚利用营养多、出苗快，长成的珠心苗也较健壮，且基本保持母体的优良特性，减少衰退。因此，不定胚在生产上很有利用价值。

多胚现象（polyembryony）是指在同一个胚珠中产生两个或两个以上胚的现象。多胚现象形成的原因相当复杂，或由受精卵裂生成两个至多个独立胚，即裂生多胚（cleavage polyembryony），或称真多胚；或在一个胚珠中形成两个胚囊而出现多胚（如桃、梅）；但更多的情况是除了合子胚外，胚囊中的助细胞（如菜豆等）和反足细胞（如韭菜等）也发育成胚。上述来源的多胚在发育过程中，常常很难发育成熟。

### （三）种皮的发育与结构

种皮（seed coat，testa）是由珠被发育而来的保护结构。种皮具有保护种子不受外力损伤和防止病、虫入侵的作用。种皮的层数、厚薄、色泽和附属物等因植物种类不同而异。胚珠仅具单层珠被的则只形成一层种皮，如向日葵、番茄、胡桃；具双层珠被者，通常相应形成内、外两层种皮，如蓖麻、苹果等。有些植物虽然有两层珠被，但内珠被发育过程中退化成纤弱的单层细胞，甚至完全消失，只由外珠被继续发育成为种皮，如大豆、蚕豆、菜豆等；有些植物的外珠被在种子形成过程中常被吸收而消失，内珠被形成极不发达的种皮，如小麦、水稻等残存的种皮常常与果皮紧贴在一起，主要由果皮对胚起着保护作用。

种皮成熟时，内部结构也发生相应改变。大多数植物的种皮其外层常分化为厚壁组织，内层为薄壁组织，中间各层往往分化为纤维、石细胞或薄壁组织。以后随着细胞的失水，整个种皮成为干燥的包被结构，干燥使坚硬的种皮的保护作用得以加强。有些植物的种皮十分坚硬，不易透水、不通气，与种子的萌发和休眠有一定关系。

少数植物的种子具有肉质种皮，如石榴种子成熟过程中，外珠被发育为坚硬的种皮，而种皮的内表皮细胞却辐射状扩伸，形成多汁含糖的可食部分。裸子植物中的银杏其种皮具有三层结构，中种皮为肥厚的肉质结构。还有一些植物的种子，它们的种皮上出现毛、刺、腺体、翅等附属物，对于种子的传播具有意义。

大豆、菜豆等豆科植物在种子的发育过程中，内珠被消失，外珠被分化形成许多明显的层次。最外面的表皮层细胞径向伸长，侧壁与外壁增厚，发育成柱状石细胞，呈栅栏状垂直分布，故特称此层为栅状层，它是豆科植物种子所特有的保护结构。栅状层下面为短的骨状石细胞，细胞两端膨大呈“工”字形，或一端稍大而呈漏斗形，可增强种皮的保护功能。栅状层内侧，为较疏松的薄壁组织。种皮坚硬的豆类种子常有很高的抗逆能力，使种子的寿命得以延长，同时也有利于种子的长距离传播，对物种的繁衍有重要意义。

在芸苔、荠菜等十字花科植物中，种子的外种皮一般由2～5层细胞组成，内种皮可厚达10层细胞。外种皮的外表皮细胞几乎充满分层状的黏液物质，当表皮遇水时，这些物质吸水膨胀，可促使细胞的外壁破裂。外种皮下有薄壁组织分化，它们可能发育出厚壁或被挤毁吸收。外种皮的内表皮，其细胞在径向壁和内切向壁上都出现显著的木质化增厚，是种皮中的最坚固的细胞层。这些细胞的结构特征很明显，在分类上可用作鉴定参考。种皮发育中，内珠被外侧数层细胞常被挤毁，内侧细胞则常转变成了色素层（图4–26）。

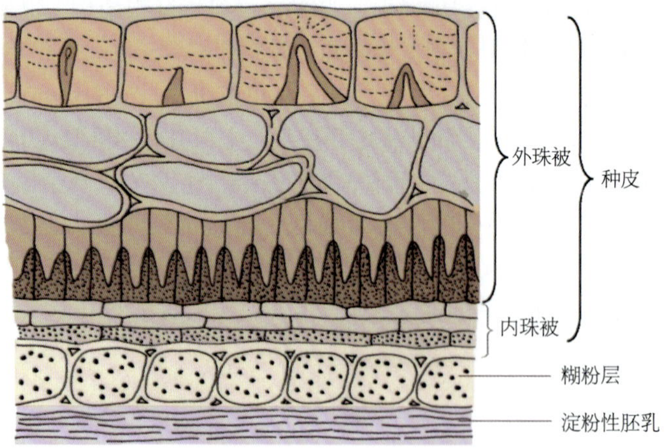


图4–26　荠菜种皮和糊粉层横切面结构（依Cernohorsky）

棉花的种皮由内、外珠被共同发育而成。外珠被分化为外表皮、外色素层和内表皮。外表皮的部分细胞外壁突出伸长，细胞壁沉积纤维素而形成表皮毛（棉“纤维”）。棉纤维从发生至成熟需70～80天，在此过程中，水分和温度对纤维的伸长影响显著，土壤缺水或温度低于10～20℃，纤维伸长就会受到影响；温度较高，细胞壁加厚速度较快。外表皮层下面，为含褐色素的薄壁细胞所组成的外色素层，可为表皮毛的发育提供营养。内表皮发育成厚壁细胞层。内珠被也分为三个层次，其外表皮发育特殊，细胞伸长，细胞壁增厚，特化为栅状层。其内侧为内色素层和乳白色层。乳白色层可能来源于内珠被的内表皮（图4-27）。

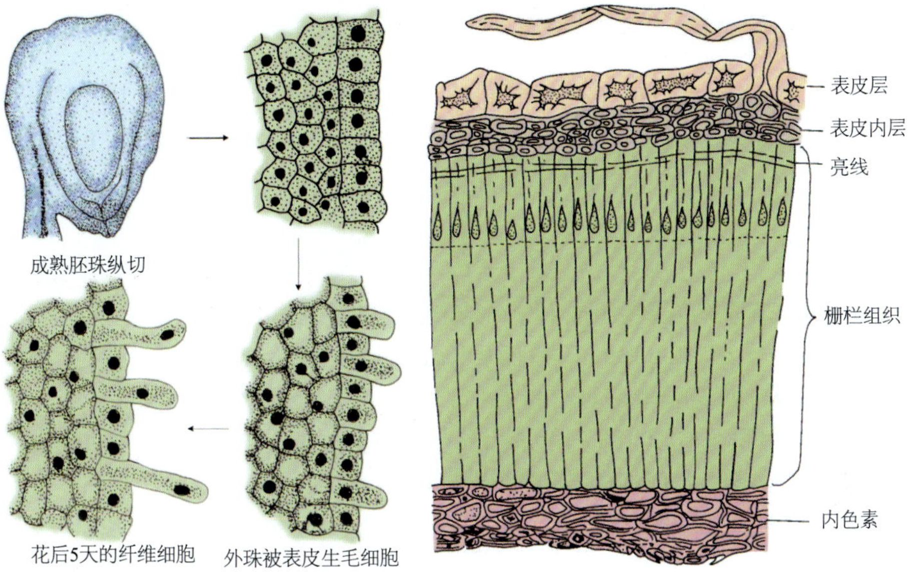


图4-27 棉花种皮的发育和结构

少数植物的种子可形成假种皮。假种皮由珠柄或胎座，或由珠柄与胎座共同发育而来。假种皮包于种皮之外，常含有大量油脂、蛋白质、糖类等储藏物质，如龙眼（*Dimocarpus longana* Lour.）、荔枝（*Litchi chinensis* Sonn）果实的肉质多汁的可食部分等。

## 二、种子的组成和基本类型

### （一）种子的形态

植物种子的形状、大小、色泽和附属物等因植物种类的不同而不同。蚕豆、菜豆为肾脏形；豌豆、龙眼（*Euphoria longana* Lam.）为圆球状；花生为椭圆形；瓜类的种子多为扁卵形；豆薯的种子为近方形；荞麦的种子为三棱形；葱的种子为盾形。椰子的种子很大，直径达20cm，油菜、芝麻（*Sesamun indicum* Linn.）等的种子较小，而烟草、马齿苋（*Portulaca oleracea* L.）、兰科（Orchidaceae）植物的种子则近于细微。种子的颜色以褐色和黑色较多，但也有其他颜色，如豆类种子就有黑、红、绿、黄、白等色。种子表面有的光滑发亮，也有的暗淡或粗糙。粗糙的表面通常有穴、沟、网纹、条纹、突起、棱脊等雕纹。成熟并脱落后的种子上，还有明显的斑痕——种脐（种子从果实上脱落后留下的斑痕）。有的种子还具有翅、冠毛、刺、芒和毛等附属物，这些都有助于种子的传播。种子的重量差异很大，一个带着内果皮的椰子种子，可以达几千克重，而药用植物马齿苋种子的千粒重约0.13g，寄生的高等植物列当种子更小，千粒重仅为0.0029～0.0049g。有时，同一种植物，不同发育时期和不同部位产生的种子也有差异，如棉花植株中偏下部位的种子呈宽卵形，而上部的种子则近椭圆形等。种子的形态特征在植物种类鉴别、商品检验、检疫和优良品种的判定等方面有重要意义。

## （二）种子的组成

不同植物的种子虽然形态、大小、色泽和附属物等方面存在差异，但其基本结构和组成一致。种子通常由种皮、胚和胚乳三部分组成，有些种子成熟后胚乳消失，形成无胚乳种子。

### 1. 种皮

种皮（seed coat，testa）是种子外面的保护层（由珠被发育而成），具有保护种子不受外力机械损伤和防止病虫害入侵的作用。种皮的层数、厚薄、色泽和附属物等因植物种类不同而异。成熟的种子在种皮的一定部位都有种脐和种孔（来自于珠孔）。

### 2. 胚

胚（embryo）是种子的重要组成部分，是未发育的新个体的雏体。胚由胚芽（plumule）、胚轴（hypocotyl）、子叶（cotyledon）和胚根（radicle）4部分组成。种子萌发后，胚芽、胚轴和胚根分别发育成植株的茎叶和根等结构。

胚根和胚芽的体积很小。当种子萌发时，这些细胞能很快分裂、长大，使得胚根和胚芽生长、突破种皮长成具有根、茎和叶的新的幼小植株。

胚轴是连接胚芽和胚根的轴状结构。在种子萌发过程中，胚轴也随之生长，成为幼根或幼茎的一部分。

子叶是新植株最早的叶，子叶的数目、生理功能因植物种类不同而异。具有2片子叶的植物，称为双子叶植物，如豆类、瓜类、棉、油菜等。只有1片子叶的植物，称为单子叶植物，如水稻、小麦、玉米、洋葱等。双子叶植物和单子叶植物组成被子植物的两个大类。子叶的生理作用具有多样性。有些植物的子叶里储有大量养料，供种子萌发和幼苗成长初期利用，如大豆、落花生；有些植物的子叶在种子萌发后露出土面可在短期内进行光合作用，如陆地棉、油菜等。另有一些植物的子叶呈薄片状，能在种子萌发时分泌酶物质，消化、吸收和转移胚乳的养料，如小麦、水稻、蓖麻等。

### 3. 胚乳

胚乳（endosperm）是有胚乳种子中储藏营养物质（主要是淀粉、蛋白质和脂肪）的薄壁组织。种子萌发时，胚乳被胚消化吸收、利用；有些植物的种子成熟后，不含有胚乳，这是因为在种子的发育过程中，胚乳被胚全部吸收利用，营养物质储存到子叶中的缘故。

## （三）种子的基本类型

根据成熟种子中胚乳的有无，可将种子分为有胚乳种子和无胚乳种子两类。

### 1. 有胚乳种子

有胚乳种子（albuminous seed）由种皮、胚和胚乳3部分组成。蓖麻、番茄、烟草、柿等双子叶植物的种子和单子叶植物中的水稻、小麦、玉米、洋葱等的种子都属于这种类型。

#### （1）双子叶植物有胚乳种子（以蓖麻为例）

蓖麻（*Ricinus communis* L.）的种子具两层种皮，外种皮坚硬光滑并有花纹，内种皮膜质乳白色。种子的一端有由外种皮延伸而成的海绵状突起结构，称为种阜（caruncle）。种阜遮盖于种子之外，有吸水作用，利于种子萌发。种脐邻近种阜，不很明显。在种子的一面，中央有一纵棱，称为种脊（rhaphe），它是倒生胚珠的胚柄与珠被愈合处留于种皮上的痕迹。胚乳含有大量脂肪，占种皮以内的较大空间。胚藏于胚乳之中，胚芽、胚轴、胚根极小，子叶两片大而薄、有明显脉纹、紧贴胚乳，基部与胚轴相连（图4-28）。

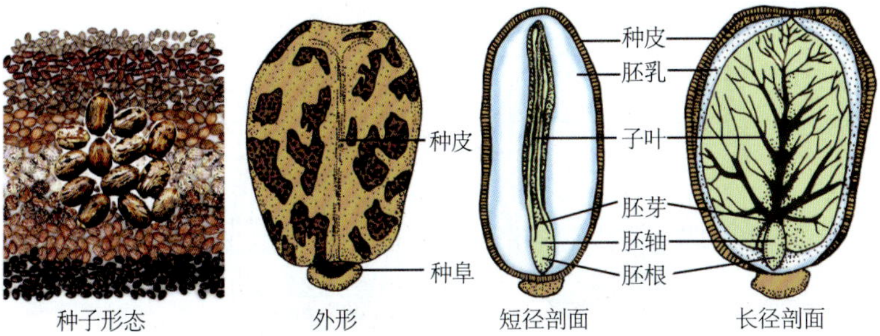


图4-28 蓖麻种子形态与结构

### （2）单子叶植物有胚乳种子（以小麦为例）

小麦种子实为果实（颖果——果皮与种皮愈合不易分离，含有单粒种子的果实）。小麦的籽粒或黄或白，其一端有果毛，腹面有一纵行的腹沟。胚乳发达，占籽粒中的绝大部分，由含蛋白质的糊粉层和大量储藏淀粉的胚乳细胞组成。胚位于籽粒基部的一侧，体积较小，包括胚芽（具胚芽鞘）、胚轴、胚根（具胚根鞘）和子叶（一枚，又称盾片）。胚轴上与子叶相对的外侧，还有一小突起，称为外胚（子）叶（图4-29）。洋葱种子近半球

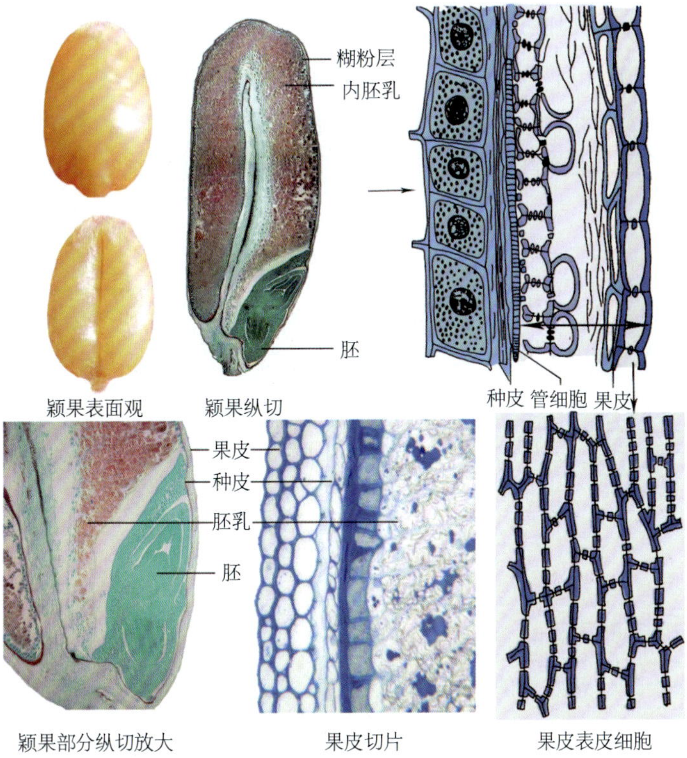


图4-29 小麦颖果的形态与结构

形，种皮之内有储藏蛋白质、类脂和半纤维素等营养物质的角质胚乳，胚弯曲，包藏于胚乳之中。子叶一片，长筒形，胚芽位于子叶基部一侧的裂缝处。胚轴较短，其下方为胚根（图4-30）。

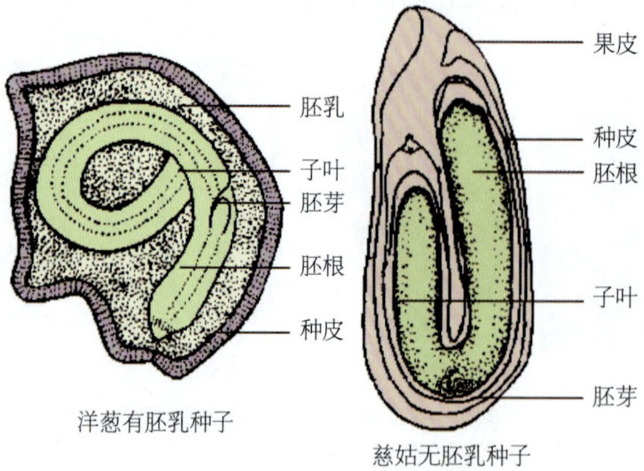


图4-30　洋葱与慈姑种子的结构

## 2. 无胚乳种子

无胚乳种子（exalbuminous seed）的结构包括种皮和胚两部分。双子叶植物中的花生、豆类、瓜类、油菜、棉、桃、柑橘等植物的种子和单子叶植物中的矮慈姑（*Sagittaria pygmaea* Miq.）、眼子菜属（*Potamogeton* L.）等植物的种子均属此类型。

### （1）双子叶植物无胚乳种子（以蚕豆为例）

蚕豆（*Vicia faba* L.）种子一端的一条黑色细长的瘢痕称为种脐，是种子脱落后留下的痕迹。种脐一端有一细小种孔，与种孔相对的另一端隆起部分为种脊。两个"豆瓣"为子叶，子叶外侧的小突起为胚根，连接两片子叶的结构为胚轴，与胚轴相连、与胚根相对的另一端为胚芽（图4-31）。

图4-31　蚕豆种子与胚的结构

### （2）单子叶无胚乳种子

单子叶植物眼子菜、慈姑等的种子很小，仅有种皮和胚两部分，种皮薄，胚弯曲，子叶一枚（图4-30）。

现将种子的基本结构概括如下：

种皮： 一般坚韧，包被在种子外围，为种子的保护层。禾本科植物的种皮与果皮愈合不能分开

胚：
- 胚芽： 由生长点与幼叶（有些植物无幼叶） 组成。禾本科植物的胚芽外面有胚芽鞘包围
- 胚轴： 是连接胚芽、胚根和子叶的轴（包括上胚轴和下胚轴）
- 胚根： 由生长点与根冠所组成。禾本科植物的胚根外有胚根鞘包围
- 子叶： 双子叶植物的胚有子叶两片，单子叶植物的只有一片子叶。禾本科植物的子叶称盾片

胚乳： 是储藏营养物质的组织。禾本科植物的胚乳分为糊粉层和淀粉储藏组织（有些植物的胚乳在种子发育早期为胚所吸收，形成无胚乳种子，其养料储藏在子叶中）

# 第六节 果实的发育与结构

果实是被子植物有性生殖的产物和特有结构。一般而言，传粉、受精和种子发育等过程对果实的发育有着显著影响。受精后，花的各部分组成发生显著变化，花萼枯萎或宿存。花瓣和雄蕊凋谢，雌蕊的柱头、花柱枯萎或随果实的发育而增大。雌蕊仅子房或子房外其他与之相连的部分一同生长发育，膨大为果实（fruit）。不同植物的果实具有不同的发育方式、形态结构、色泽和化学成分，人类对果实的利用方式也不同。果实的特征差异是植物形态学分类的重要依据。在被子植物中，果实包裹着种子，不仅起保护作用，还有助于传播种子。

## 一、果实的发育和结构

雌蕊受精后，雌蕊的子房细胞继续分裂借以增加细胞的数量，但细胞分裂周期一般是比较短暂的，只在开花后数周，即只在果实发育的早期才进行细胞分裂，此后果实的生长主要是子房细胞体积和重量的增加。例如，西瓜幼果的果肉细胞直径为29.6μm，果实成熟时其细胞直径可达到700μm，肉眼可以辨别。

果实一般由果皮和其内所含的种子组成。根据果实的发育来源与结构组成，可将果实分为真果和假果两类。真果（true fruit）是完全由或仅由子房发育而成的果实，如小麦、玉米、棉花、花生、柑橘、桃、茶等（图4-32）。假果（pseudocarp或false fruit）是由子房、花托、花萼，甚至整个花序共同发育而成，如梨、苹果、瓜类、石榴、菠萝和无花果等。

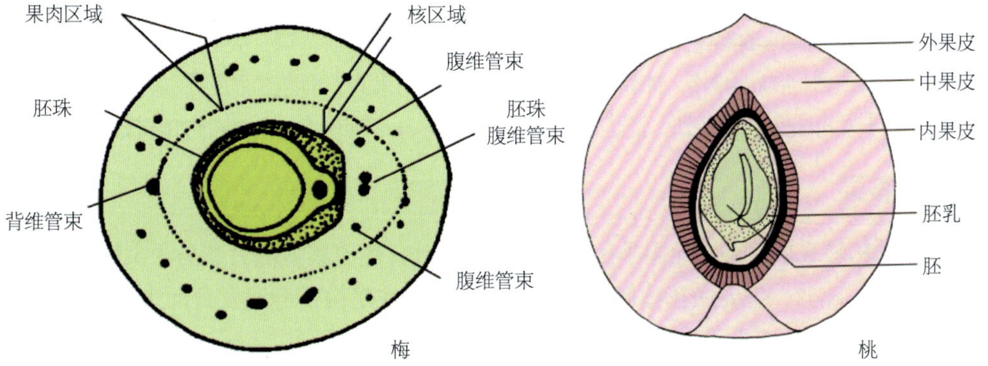


图4-32 核果（真果）的结构（依Sterling）

## （一）真果

真果的结构较简单，外层为果皮（pericarp），内含种子。果皮由子房壁发育而成，可分为外果皮、中果皮和内果皮3层。果皮的厚度不一，视果实种类而异。果皮的层次有的易区分，如核果；有的互为混合，难以区分，如浆果的中果皮与内果皮；更有禾本科植物，如小麦、玉米的籽粒和水稻除去稻壳后的糙米，其果皮与种皮结合紧密，难以分离。果实中的种子发育已如前所述，现将果皮和胎座的发育简述如下。

### 1. 外果皮

外果皮（exocarp）由子房壁（心皮）的外表皮发育而来，由一层或数层细胞构成。如果外果皮有数层细胞，则除含有外表皮细胞层外还有表皮下层的一至数层厚角组织细胞（如桃、杏等），也可能是厚壁组织细胞（如菜豆、大豆等）。一般外果皮上分布有气孔、角质、蜡被，有的还生有毛、翅、钩等附属物，它们具有保护果实和有助果实传播的作用，也是识别物种的依据之一。

### 2. 中果皮

中果皮（mesocarp）由子房壁的中层（心皮的基本组织和维管组织）发育而来，由多层细胞构成，维管组织呈网状分布其中。中果皮在结构上变化很大，有的中果皮具有许多营养丰富的薄壁细胞，成为果实中的肉质可食部分（如桃、杏、李等）；有的中果皮的薄壁组织中还含有厚壁组织；有的在果实成熟时，中果皮变干收缩成膜质、革质，或成为疏松的纤维状，维管组织发达，如柑橘的“橘络”。

### 3. 内果皮

内果皮（endocarp）由子房壁（心皮）的内表皮发育而来，多数由一层细胞构成。但也可由多层细胞构成，如番茄、桃、杏等。在番茄等果实中，内果皮由多层薄壁细胞组成；在桃、杏等果实中，内果皮的多层细胞通常厚壁化、石细胞化，形成硬核。在柑橘、柚子等果实中，内果皮的许多表皮细胞发育成大而多汁的汁囊；在葡萄等的果实中，内果皮细胞在果实成熟过程中，细胞分离呈浆状；在禾本科植物中，因其果实的内果皮和种皮都很薄，在果实的成熟过程中，通常两者愈合，不易分离，形成独特的颖果结构。

### 4. 胎座

胎座（placenta）是心皮边缘愈合发育形成的结构，是胚珠孕育的场所，是种子发育成熟过程中的养分供应基地。在果实的成熟过程中，多数植物果实中的胎座逐渐干燥、萎缩；但是，也有的胎座更加发达，参与形成果肉的一部分，如番茄、猕猴桃等植物的果实；有些植物的胎座包裹着发育中的种子，除提供种子发育所需的营养外，还进一步发育形成厚实、肉质化的假种皮，如荔枝、龙眼等植物。

## （二）假果

假果的结构较真果复杂，除由子房发育成的果实外，还有其他部分参与果实的形成。例如，梨、苹果的食用部分，主要由花萼筒肉质化而成，中部才是由子房壁发育而来的肉质部分，且所占比例很少，但外、中、内3层果皮仍能区分，其内果皮常革质、较硬（图4-33）。在草莓等植物中，果实的肉质化部分，是花托发育而来的结构；无花果（*Ficus carica* L.）、菠萝［*Ananas comosus*（L.）Merr.］等植物的果实，其肉质化部分主要由花序轴、花托等部分发育而成。

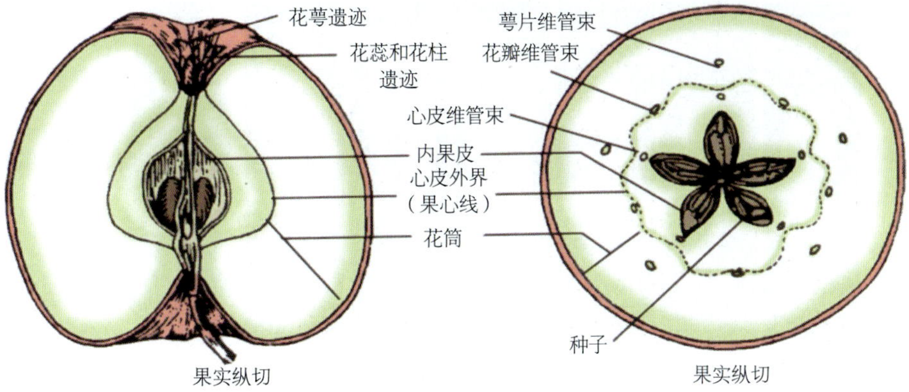


图4-33 苹果果实（假果）的结构

果实发育、成熟过程中的形态、结构、色泽与化学成分等均会发生变化，使得成熟果与幼果明显不同。例如，多数幼果的表皮毛，在果实发育成熟中逐步脱落；有的幼果初期近于无毛，在果实成熟过程中形成各式各样的钩、刺等结构；有的幼果时，果皮中含有大量的叶绿体，在果实成熟过程中，叶绿素合成下降，产生花青素或有色体，因而出现各种鲜艳的颜色。有些植物的果皮内含有油腺，当果实成熟时，能散发出芳香的气味，如茴香、柑橘、花椒等。有些植物的果实在成熟过程中，细胞的化学成分也有显著的变化，如单宁和有机酸减少、糖分增加等。所以，成熟的果实，不仅颜色鲜艳，而且甘甜可口。

## （三）禾本科植物颖果的发育与结构

水稻颖果（caryopsis）含有1粒种子。花后12天，是水稻颖果鲜重和体积增长最快的时期，也是胚乳细胞发育分化的关键时期。此后，颖果主要进行淀粉、蛋白质等干物质的积累。水稻颖果一般呈规则的扁椭圆形，长5～7mm；果皮有光泽，种皮极薄，仅1～2层细胞，常与果皮贴合，不易分离；胚小、胚乳占95%以上，果实干燥后，胚体失水收缩而在颖果基部一侧留下凹坑（图4-34）。小麦颖果的发育与水稻相似，也是含有单粒种子的果实（图4-35）。

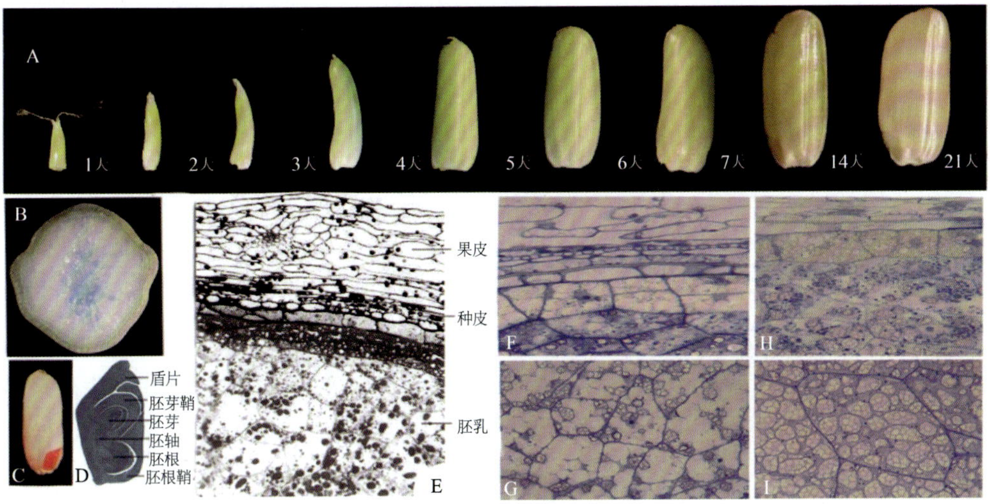


图4-34 水稻颖果的发育和结构（依王忠和金银根）

A. 颖果发育过程；B. 颖果横切；C. 经染色处理的颖果；D. 胚纵切；E. 颖果部分横切；F. ～I. 胚乳细胞发育成熟过程

图4-35 小麦颖果的发育和胚结构（依熊飞和金银根）

## 二、单性结实

通常被子植物在开花、传粉、受精后，雌蕊的子房发育成果实。但是也有一些植物，可以不经过受精作用而结实，这种现象称为单性结实（parthenocarpy）。由单性结实所形成的果实一般都没有种子，或虽有种子但种子内没有胚，如无籽葡萄、无籽柑橘、无籽香蕉、无籽柿子等。单性结实有两种情况：一种是子房不经过传粉或任何其他刺激便可形成无籽果实的现象称为营养性单性结实，如柑橘、柠檬的某些品种；另一种是子房必须经过一定的传粉刺激才能形成无籽果实，称为刺激性单性结实，如以马铃薯的花粉刺激番茄花的柱头，或用某些苹果的花粉刺激梨花的柱头，都可以得到无籽果实等。

单性结实在一定程度上与子房所含的植物生长激素的浓度有关，所以，农业上应用植物生长调节剂（如赤霉素、生长素等10.6～10.7mol/L）诱导番茄、柑橘、黄瓜、辣椒等，使其单性结实，人工生产无籽果实取得良好效果。

单性结实必然产生无籽果实，但并非所有的无籽果实都是单性结实的产物。因为有些植物开花、传粉和受精以后，胚珠在发育为种子的过程中受阻，也可以形成无籽果实。

## 三、果实的类型

果实是被子植物有性生殖的产物。根据果实的发育特征可将其分为单果、聚合果和复果三类。单果（simple fruit）是在一朵仅具有一枚雌蕊的花中，其雌蕊子房发育而成的果实，如桃和小麦的果实等。聚合果（aggregate fruit）是在具有离生单雌蕊的花中，不同雌蕊的子房均独自发育成的果实，如草莓和八角等的果实。复果（multiple fruit）是由整个花序发育形成的果实，复果又称为聚花果，如菠萝和无花果等的果实（详见第五章）。

## 四、果实与种子的传播

果实和种子成熟后迟早要脱离母体，散布较远的距离，以争取更多的生存空间，使种群繁衍。如果植物的果实和种子没有适当的传播方法，其后代就要拥挤在一起，这样种内个体间的生存竞争将会十分激烈，导致相当多的个体因生存竞争的失败而死亡；同时，后代聚集在一起，还迫使进行近亲交配，这很不利于植物的进化。因此，植物通过长期的自然选择，成熟果实和种子具备了适应于各种传播方式的结构和特性，以扩大后代个体的分布范围，使种群更加繁荣。有的果实或种子借助于风吹、水流、动物和人类的携带来散布，也有的形成某种特殊的弹射机构来散布（图4-36、图4-37）。

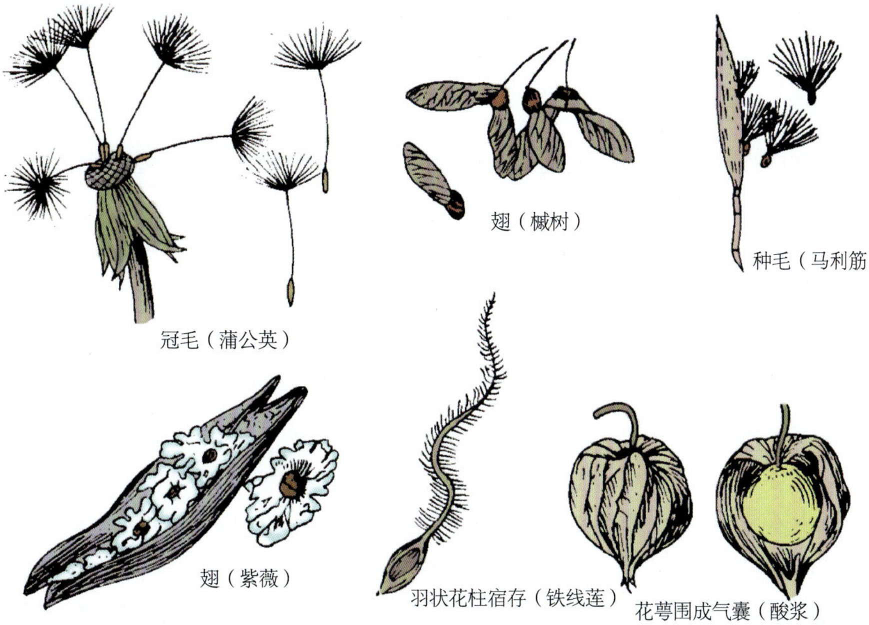


图4-36 借风力传播的果实和种子（依陆时万和徐汉卿）

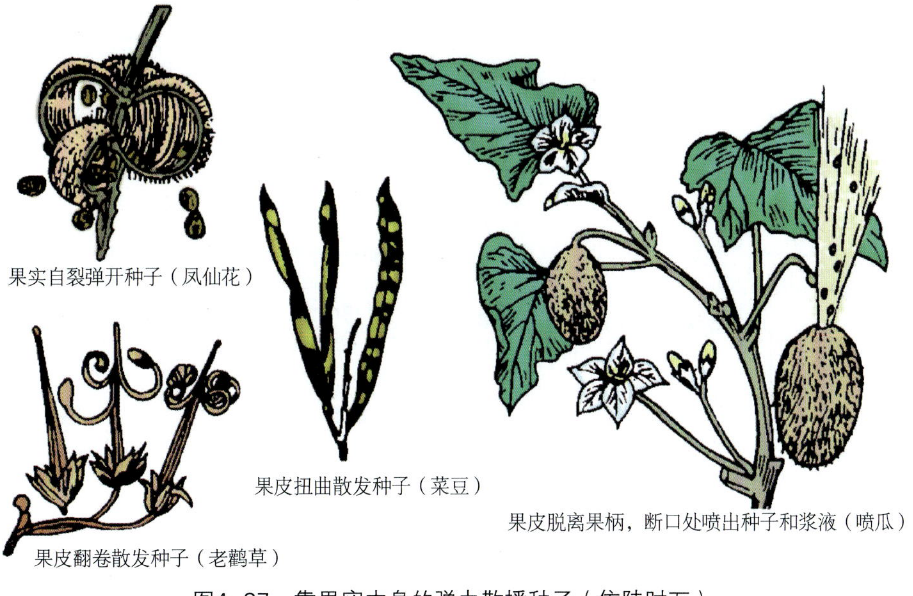


图4-37 靠果实本身的弹力散播种子（依陆时万）

### 1）风力传播

适应于风力传播的果实和种子，大多数小而轻，并有翅或毛等附属物。例如，苦荬菜（*Lactuca indica* L.）、蒲公英的果实具有冠毛，柳的种子外面有绒毛，榆树（*Ulmus pumila* L.）的果实具有翅等，这类果实很容易随风传播到远方。

### 2）水力传播

水生植物、沼泽植物的果实或种子，多借助于水力传播。例如，莲的花托形成“莲蓬”，含有大量疏松而海绵状的通气组织，适于水面漂浮传播。生长在热带海边的椰子，其外果皮和内果皮坚实，可抵御海水的侵蚀，中果皮疏松纤维状，能借海水漂浮至远方。

#### 3）人类和动物的活动传播

有些植物的果实外表有刺状或钩状附属物，当人或动物经过时，可黏附于衣物或动物的皮毛上，被携带至远处，如鬼针草（*Bidens pilosa* L.）、牛膝（*Achyranthes bidentata* Bl.）、苍耳（*Xanthium sibiricum* Patrin. ex Widder）等的果实与刺。有些植物的果实或种子成熟后被鸟兽等吞食，它们具有坚硬的果皮或种皮，可以不受消化液的侵蚀而随粪便排出体外，传播到异地他处仍能萌发生长，如稗草的果实等。人类的生产经济活动、长距离的引种和运输等都有利于夹带或混杂的植物果实或种子的远距离传播，加速这类种群的扩散和繁衍。

#### 4）果实弹力传播

有些植物的果实，其果皮各层细胞的含水量不同、细胞壁的增厚程度不同，其果实成熟干燥后的收缩程度也不同。因此，可发生爆裂而将种子弹出。例如，大豆、绿豆等的荚果，果皮在失水干燥过程中扭曲或卷曲，弹出种子。又如，凤仙花果实成熟时果皮内卷，喷瓜［*Ecballium elaterium*（Linn.）A. Rich.］成熟时，从顶端将种子喷射出去等，靠其自身发育的特殊结构将种子弹出传播。

现将花至果的发育过程简要总结如下：

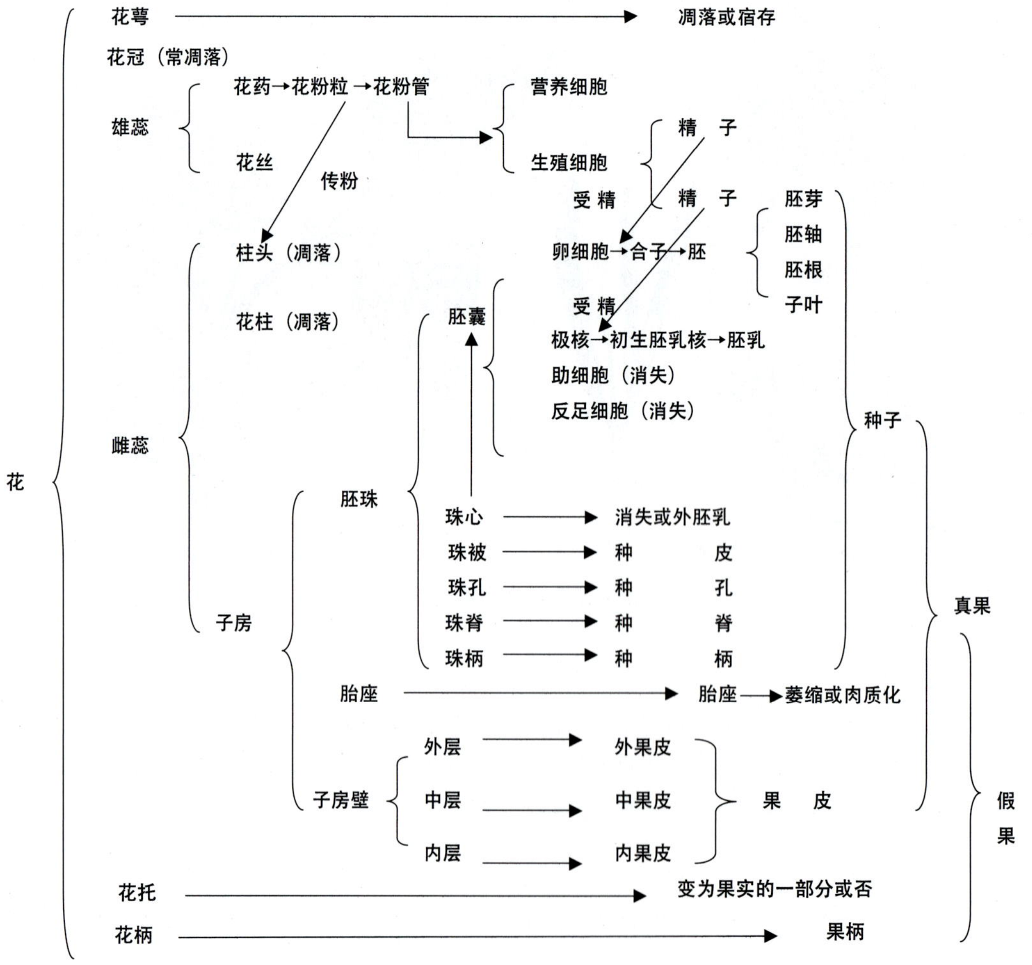

# 第七节 被子植物的生活史

## 一、种子萌发与幼苗类型

### 1. 种子的休眠

种子传播到适宜的生境环境中，有的能够萌发产生幼苗，而有的则不能萌发。通常将具有生活力的种子给予适宜的外在条件（如适宜的温度、充足的水分和足够的氧气等）而不能发芽的特性称为种子休眠（seed dormancy）。种子休眠能有效地调节种子萌发的时间和空间，对植物的繁衍和适应性有重要的生态学意义。

种子休眠的原因可归为两大类：第一类是胚本身的因素造成的，包括胚发育未完成，生理上未成熟，缺少必需的激素或存在抑制萌发的物质。用低温层积、变温处理、干燥、激素处理等方法可解除其休眠。第二类是种壳（种皮和果皮等）的限制造成的。包括种壳的机械阻碍、不透水性、不透气性以及种壳中存在抑制萌发的物质等原因。用物理、化学方法破坏种皮或去除种壳即可解除其休眠。此外，如胚乳的合成、积累和转化尚未完成也与种子休眠有关。

### 2. 种子萌发

种子萌发（seed germination）一般是指成熟的、完整的和具有生活力的种子吸水后，胚生长突破种皮并形成幼苗的过程。种子萌发过程中，新陈代谢强烈，胚各部分生长明显。

种子萌发的内在、外在条件很多，内在条件也是种子萌发的前提。完整的结构、生理性成熟、活力强和营养足够，缺少任一条件，都不能正常萌发形成具有竞争力的新一代个体。

种子萌发的外在条件是具有充足的水分、适宜的温度和足够的氧气，有些植物的种子萌发时还必须具备光照或黑暗条件。充足的水分是种子萌发的必要条件，种子充分吸胀软化后，才能进行内外气体交换、抑制物的分解或溶失，胚根、胚芽才能突破种皮而继续生长。温度是种子萌发的充分条件，温度对种子萌发的影响有三基点，在最低温度时，种子萌发所需时间长，发芽不整齐，易烂种；最适温度是在最短的时间内萌发率最高的温度。高于最适温度，虽然萌发速率较快，但发芽率低。低于最低温度或高于最高温度时，种子就不能萌发。氧气是种子萌发的保障条件，种子萌发过程中，由于旺盛的呼吸作用而需要足够的氧气。一般植物的种子在10%以上的氧浓度时才能正常萌发。因此，创造良好的环境条件，协调好水分、温度和氧气的关系是种子顺利萌发的根本保证。

萌发中的种子，其胚合成代谢旺盛，胚沿纵轴方向延伸，使整个胚体伸长。当胚根突破种皮后，有氧呼吸加强，新生器官生长加快，表现为种子的吸水和鲜重的持续增加。胚根继续生长伸入土中，接着胚芽或连同下胚轴也相继由种皮内伸出。以后，胚根进一步发育形成根系，幼苗固定于土壤中，并从土壤中吸取水分和养料；胚芽伸出土面，进一步形成地上茎叶系统，完成幼苗的形态建成过程。

### 3. 幼苗类型

不同植物的幼苗（seedling）呈现不同的形态。通常，根据种子萌发时子叶的位置，将幼苗分为子叶出土型幼苗（epigaeous seedling）和子叶留土型幼苗（hypogaeous seedling）两大类。

### （1）子叶出土型幼苗

在种子萌发时，胚根首先突破种皮，向下生长，接着下胚轴迅速伸长，将子叶带离种壳并推出地面，子叶出土后稍长大、展开并转变为绿色，具一定的光合作用能力。此后，胚根、胚芽则相继发育为地下的根系和地上茎叶系统。双子叶植物的蓖麻、大豆、油菜、向日葵、棉花、瓜类等以及单子叶植物的洋葱等种子萌发形成的幼苗均为子叶出土型幼苗（图4-38、图4-39）。

图4-38 棉种子萌发与子叶出土幼苗

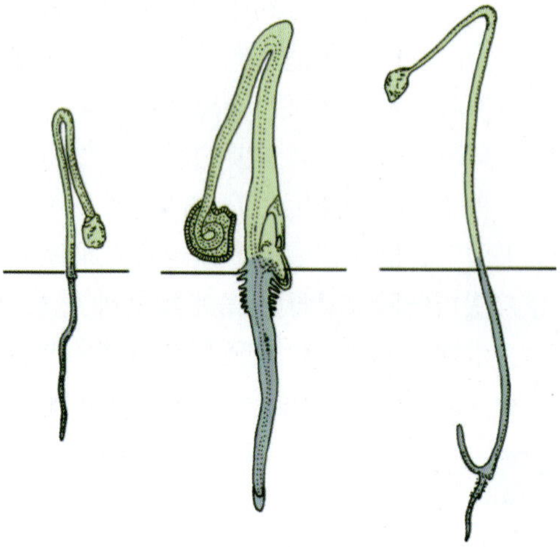

图4-39 洋葱种子萌发与子叶出土幼苗

### （2）子叶留土型幼苗

有些植物的种子萌发时，仅子叶以上的上胚轴或中胚轴伸长生长，它们连同胚芽向上伸出地面，形成植物的茎叶系统。而下胚轴并不伸长或伸长极其有限，使子叶和种皮藏留于土壤中。例如，双子叶植物的蚕豆、豌豆、柑橘、荔枝等的无胚乳种子，以及单子叶植物的水稻、小麦、玉米等的有胚乳种子，它们萌发形成的幼苗均属于子叶留土型幼苗（图4-40、图4-41）。

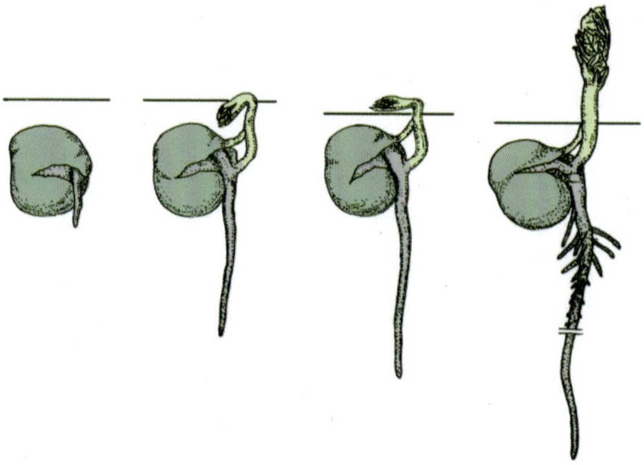

图4-40 豌豆种子萌发与子叶留土幼苗

图4-41 水稻种子萌发与子叶留土幼苗

此外有一些植物种子的萌发，兼有子叶出土和子叶留土的特点。例如，花生种子萌发时，上胚轴和胚芽生长较快，同时下胚轴也相应生长。播种深时形成子叶留土幼苗，播种浅时则形成子叶出土幼苗。火柴头（*Commelina bengalensis* Linn.）、鸢尾（*Iris tectorum* Maxim）等种子发芽时，下胚轴伸长出土，子叶部分出土、部分和种壳完全留在土中，形成子叶不完全出土或子叶不完全留土幼苗（图4-42）。因此，了解植物的幼苗类型，对合理把握播种深度、正确识别和防治杂草幼苗等都具有重要的生产实践意义。

图4-42　火柴头种子的萌发与幼苗的形成过程

## 二、被子植物的生活史过程和特征

### 1. 被子植物的生活史过程

被子植物个体的生命活动，一般从上一代个体产生的种子开始，经过种子萌发形成幼苗，逐渐成长为具有根、茎、叶的植株。植株经历一段时期的营养生长后，便可转入生殖生长，在植株的一定部位分化出花芽，再由此发育成花朵。在花芽分化过程中，雄蕊花药中的花粉母细胞经减数分裂产生单倍体的单细胞花粉粒。在多数双子叶植物中，单细胞花粉粒进一步发育成由营养细胞和生殖细胞共同组成的二细胞成熟花粉粒；在多数单子叶植物中，二细胞花粉粒还进一步发育，其生殖细胞分裂一次，形成具有一个营养细胞和两个精细胞（雄配子）的成熟花粉粒。与此同时，在雌蕊胚珠中的胚囊母细胞经减数分裂产生单细胞胚囊，再由单细胞胚囊进一步发育形成具有卵细胞（雌配子）和中央细胞（或两个极核）的成熟胚囊等。此后，植株经开花、传粉和双受精作用，其中一个精子与卵细胞融合成合子（受精卵），随后发育成胚；另一个精子与极核融合，形成初生胚乳核，最后发育成为胚乳（宿存或被消化吸收形成肥大的子叶）；珠被则发育为种皮，它们共同构成新一代种子；伴随这一过程，子房发育成果实。这样，被子植物经历了从上一代种子至形成新一代个体，再由新一代个体产生新的种子的全部生活历程，这就是被子植物的生活史（life history）或生活周期（life cycle）。

植物的生活史有长有短，与物种的特性和地理环境的影响直接相关。稻、麦、棉花、番茄、南瓜或油菜、白菜等一年生或两年生植物，生活周期短，一生中只一次开花，一次结实，种子成熟后，整个植株不久枯死。茶、桃、李、柑橘等多年生植物，其生活周期长，经多年、多次开花、结实之后，才逐渐衰老死亡。

## 2. 被子植物的生活史特征

被子植物的生活史过程包括以下两个基本阶段。

其一，从合子（受精卵）形成开始，经胚胎发育和新个体的生长、发育，直到新的胚珠中胚囊母细胞和花药中的花粉母细胞减数分裂开始前止。这一阶段在整个被子植物生活周期中占据了绝大部分时间，植物体独立生活，各部分细胞内染色体数目为二倍（$2n$），称为二倍体阶段，或称为孢子体阶段。因为，孢子体阶段的植物体由二倍体的细胞组成，将来可以通过花粉母细胞和胚囊母细胞的减数分裂，产生单倍体的小孢子（单核花粉粒）和大孢子（单核胚囊），因而又将这一阶段称为孢子体阶段。又因为该阶段不经历性细胞的产生和融合过程，因此，又称其为无性阶段。

其二，从花粉母细胞和胚囊母细胞开始减数分裂到产生成熟的二（或三）细胞花粉粒（雄配子体）和成熟胚囊（雌配子体），再到双受精开始前的阶段。这一阶段在整个被子植物生活周期中所占的时间极短，且不能脱离孢子体生存，必须依赖于孢子体获取营养来营造自身，其细胞内染色体数目全为单倍（$n$），因此，称其为单倍体阶段。在该阶段中，花粉母细胞经减数分裂产生的单倍体的单核花粉粒（小孢子），再发育为具有2（或3）个细胞的成熟花粉粒；经过传粉，花粉粒与柱头相互识别亲和后萌发形成花粉管，二细胞花粉粒的花粉管中的生殖细胞便在花粉管中分裂形成两个精细胞（雄配子）。成熟的花粉粒（三细胞）和花粉管（含两个精细胞和一个营养细胞）是被子植物高度简化了的、能够产生或形成雄配子的单位或结构，称为雄配子体。同时，胚囊母细胞经减数分裂后形成的单核胚囊（大孢子），再发育成为含有一个卵细胞（雌配子）的多细胞成熟胚囊（蓼型胚囊为7个细胞8个核胚囊）。成熟胚囊是被子植物高度简化了的、能够产生或形成雌配子的单位或结构，称为雌配子体。这一阶段因为与雌、雄配子的发育形成有关，又被称为配子体阶段。由于该阶段产生雌、雄性细胞（卵细胞与精细胞）和与性细胞的融合有关，又被称为有性阶段。

在被子植物的生活史过程中，单倍体阶段极短，高度简化、集约化，二倍体阶段高度发达、进化。由二倍体阶段（孢子体阶段，或无性阶段）到单倍体阶段（配子体阶段，或有性阶段），必须经过减数分裂过程才能实现。二倍体阶段较长，由单倍体阶段到二倍体阶段的转折点就是1个精细胞与卵融合（受精）为合子，1个精细胞与极核或中央细胞融合（受精），形成初生胚乳核。因此，减数分裂和双受精是被子植物生活史中的重要环节和转折点（图4-43、图4-44）。

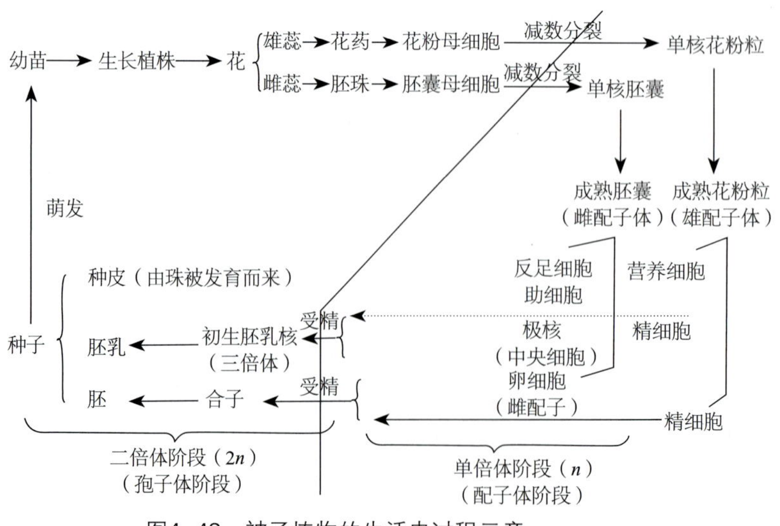


图4-43 被子植物的生活史过程示意

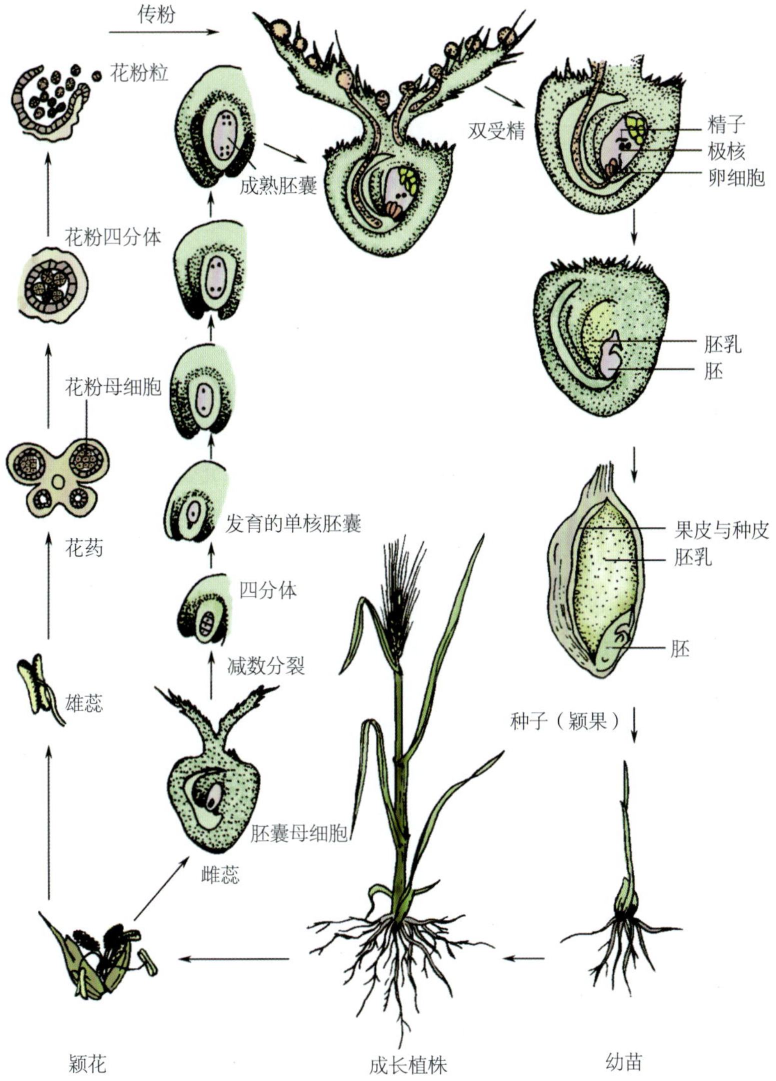


图4-44 小麦生活史图解（依徐汉卿）

## 总结与复习

### 知识要点

花是适应于生殖的变态短枝。一朵完全花由花柄、花萼、花瓣、雄蕊群和雌蕊群组成。单被花、裸花、中性花和单性花都是不完全花。禾本科植物的小穗由2枚颖片、小穗轴和一至数朵小花组成，小花由1枚内稃、1枚外稃、2～3枚浆片、3～6枚雄蕊和1枚雌蕊组成。

花萼有离萼和合萼两种类型。花瓣分离的称为离瓣花，联合的称为合瓣花。根据雌蕊的心皮数目和分离联合程度，将雌蕊分为单雌蕊、离生单雌蕊和复雌蕊三种类型。

植物从营养生长进入生殖生长，发生花芽分化，花芽分化的一般顺序为萼片原基、花瓣原基、雄蕊原基和雌蕊原基。禾本科植物的花芽分化称为幼穗分化，小麦幼穗分化的顺序为单棱期、二棱期、颖片分化期、小花分化期和花分化期。

雄蕊包括花丝和花药。花药由花粉囊和药隔组成。花粉囊是产生花粉粒的地方。在花药发育过程中，孢原细胞进行一次平周分裂形成内外两层细胞，外层称周缘细胞，内层称造孢细胞。周缘细胞分裂形成药室内壁、中层、绒毡层，它们与表皮一起构成花粉囊壁。与此同时，造孢细胞分裂形成花粉母细胞，花粉母细胞经减数分裂，以同时型或连续型方式形成4个单核花粉粒，进一步分裂、发育成熟为二细胞花粉粒或三细胞花粉粒。花粉粒由外壁和内壁、1个营养细胞、1个生殖细胞或2个精细胞构成。花粉有一定的生活力，花粉粒可以经组织培养形成花粉植物，花粉败育而形成的雄性不育植物在育种上有应用价值。

心皮是组成雌蕊的基本单位，是适应于生殖的变态叶。雌蕊包括柱头、花柱、子房三部分。子房内有胚珠，胚珠由珠心、珠被、珠孔、合点和珠柄等几部分构成。

蓼型胚囊的发育过程，首先是在近珠孔的珠心表皮层下形成孢原细胞，孢原细胞发育为胚囊母细胞，胚囊母细胞减数分裂形成直线形的四分体，近珠孔端的3个消失，近合点端的1个发育成为单核胚囊。单核胚囊经三次有丝分裂，发育为成熟胚囊。成熟胚囊包括1个卵细胞，两个助细胞，1个大型的中央细胞（内含2个极核或1个次生核），3个反足细胞（位于胚囊合点端）。

当雌蕊、雄蕊成熟后，即可开花。花粉粒由花粉囊中散出，借外力传到雌蕊柱头上，称为传粉。传粉有自花传粉和异花传粉两种方式，异花传粉对植物生存繁衍有利，植物对异花传粉产生诸多适应性。传粉的媒介主要有昆虫和风等，花的形态组成和行为与传粉方式相适应。虫媒花和风媒花各有其不同的特征。研究和利用传粉规律对农业生产有重要意义。

花粉粒与柱头识别后，亲和的则萌发形成花粉管，花粉管通过花柱进入胚珠的胚囊并释放2个精细胞，2个精细胞分别与卵细胞和极核融合完成双受精，再分别发育成合子和初生胚乳核。双受精是被子植物特有的生殖现象，对被子植物的进化和繁衍有极其重要的意义。

在种子和果实的发育过程中，合子发育成胚，胚的发育成熟经历原胚期、幼胚期和胚成熟期。双子叶植物和单子叶禾本科植物胚的发育中期、后期存在差异。初生胚乳核发育成胚乳，胚乳为三倍体。胚乳的发育有核型、细胞型和沼生目型三种。珠被发育成种皮。经受精的胚珠发育成种子。

种子都含有种皮和胚两部分，有的植物的种子内还具有胚乳。种皮坚韧，为种子的保护层，禾谷类作物种子的种皮与果皮不易分开。胚由胚芽、胚轴、子叶和胚根四部分组成。其胚芽一般由生长点与幼叶构成（有些植物无幼叶），禾本科作物的胚芽外面有胚芽鞘包围、保护；胚轴是连接胚芽、胚根和子叶的轴（包括上胚轴和下胚轴），胚轴的生长与幼苗类型有关；胚根由生长点与根冠所组成，禾本科作物的胚根外面包有胚根鞘，起保护作用。双子叶植物的胚有两片子叶，单子叶植物的胚只有一片子叶；胚乳是储藏营养物质的组织，禾本科作物的胚乳包括糊粉层和淀粉细胞。

根据成熟种子内胚乳的有无和胚中子叶的数目，将种子分为双子叶有胚乳种子（如蓖麻等）、双子叶无胚乳种子（如大豆等）、单子叶有胚乳种子（如洋葱、小麦等）和单子叶无胚乳种子（如慈姑等）4种类型。

子房发育成果实。子房以外的其他部分参与形成的果实称假果。果实主要包括果皮和种子两部分。果皮由外果皮、中果皮和内果皮组成。

有些植物不经过性细胞融合而产生有胚种子，称为无融合生殖，无融合生殖在育种上有很重要的应用价值。单性结实包括营养单性结实和刺激单性结实两种，利用单性结实可培育无籽果实。

果实分为单果、聚合果、聚花果（复果）三种类型。单果是一朵花中只有一个雌蕊且只形成一个果实的类型。聚合果是一朵花内有若干个离生单雌蕊分别形成的果实类型。聚花果为整个花序形成的果实。

不同的果实和种子具有不同的传播方式和特性。成熟的种子在适宜的萌发条件下，其胚由休眠状态转变为活动、生长状态的过程称为种子萌发。种子萌发的内在条件包括完整的结构、生理上充分成熟、丰富的营养、充沛的活力。种子萌发必需的外在条件包括充足的水分、足量的氧气、适宜的温度等，水分、氧气和温度之间相互联系、相互制约。

种子萌发生长过程中，如果下胚轴的相对生长速度和生长量明显大于上胚轴的相对生长速度和生长量，则形成子叶出土型幼苗，如大豆、洋葱等；如果上胚轴的相对生长速度和生长量大于下胚轴的相对生长速度和生长量，则形成子叶留土型幼苗，如豌豆、小麦等。了解幼苗类型对把握播种深度、精耕细作和杂草防治有指导意义。

被子植物生活史是指被子植物从种子萌发形成幼苗，再经过一系列生长发育，再形成新一代种子的过程。在被子植物的生活史中，孢子体复杂、占优势，配子体简化、依赖孢子体营养自身；减数分裂是孢子体（二倍体、无性）阶段向配子体（单倍体、有性）阶段过渡的重要环节，双受精是配子体阶段向孢子体阶段过渡的重要转折点。

## 复习思考

1. 植物繁殖的类型、特点及其生物学意义是什么？
2. 一朵完全花由哪几个部分组成，各有什么作用？
3. 什么是心皮，心皮是如何发育成雌蕊的？
4. 以桃为例，说明双子叶植物花芽分化的过程。
5. 以小麦和水稻为例，说明禾本科植物花和小穗的组成。
6. 简述由周缘细胞发育为花药壁的过程及绒毡层在小孢子形成过程中的作用。
7. 简述由孢原细胞发育为小孢子及进一步发育为雄配子体的过程。
8. 简述成熟花粉的类型和一般结构。
9. 以蓼型胚囊为例，说明成熟胚囊的发育过程、组成及各细胞的位置、特点和功能。
10. 虫媒花和风媒花各自有什么特点？简述虫媒花适应昆虫传粉的一般特征。
11. 何谓双受精？简述双受精的过程及其生物学意义。
12. 什么是花粉败育和雄性不育？产生这两种现象的原因是什么？
13. 什么是无融合生殖和多胚现象？它们各分为哪些类型？
14. 以荠菜和小麦为例，说明双子叶植物胚胎发育与单子叶植物胚胎发育有何异同？
15. 什么是核型胚乳，其发育过程如何？
16. 种子有哪些类型?举例说明其结构特点。
17. 以文字图形式描述花、果实和种子三者间的关系。
18. 举例说明果实的类型和结构特征。
19. 什么是子叶出土型幼苗、子叶留土型幼苗？了解幼苗类型对农林生产有何指导意义。
20. 简述被子植物的生活史，并分别描述生活史中的两个重要阶段和转折点。

# 阅读与探究

## 阅读参考

**（1）本章知识参考阅读：**

http://jpkc.yzu.edu.cn/course/zwx/0502jxrr.htm

http://4a.njau.edu.cn/botany/#

金银根. 2010. 植物学（第二版）. 北京：科学出版社

金银根，何金铃，吴晓霞. 2017. 植物学学习指南与题解. 北京：科学出版社

**（2）知识拓宽参考阅读：**

花器官发育、绒毡层与花粉育性，雄性生殖单位、雌性生殖单位，单细胞胚囊、单细胞花粉和受精卵的第一次不均等分裂、双受精2个精子的偏好性、珠心细胞的消亡、胚乳发育中的质体动态、细胞的程序性死亡等的分子生物学机制是现今植物生物学研究的热点，进展快、成果多。要了解其最新研究进展，可在教师的指点下，查阅相关文献。

要了解植物生长、存活和繁殖之间的资源分配，尤其是植物在传粉、花的构建、近交衰退、交配系统、传粉与受粉间的干扰，以及植物生活史进化与繁殖生态学两大分支领域当今研究的进展等，可参考《植物生活史进化与繁殖生态学》（张大勇，2004）。

要想了解植物发育的机制和原理、植物的发育与进化等研究成果可参考《发育生物学原理》（樊启昶和白书农，2002）以及《植物发育的分子机理》（许智宏和刘春明，1998）等。

## 探究学习

（1）调查当地当季有哪些常见开花植物，观察这些植物的开花特征；比较风媒花和虫媒花的区别。

（2）到当地花房或花店观察一些观赏花卉的特征，注意辨别哪些是单生花，哪些是花序。

（3）到超市或种子公司观察各种植物的“种子”，思考这些“种子”的结构及哪些是真正的种子。

（4）到超市、水果店或野外观察各种植物的果实，思考这些果实的结构及可食用部分是由花的哪一部分发育而成的。

（5）在植物花芽分化和开花季节，选择不同时期的花芽或花后不同时期的胚珠，解剖观察并拍摄花芽的大小与花芽分化不同时期的特征及其相互间的关系，或解剖观察并拍摄胚发育不同阶段的特征及其与果实发育不同时期的关系，进一步加强课本知识的学习和深化。

# 第五章

# 被子植物
# 主要分科概述

## 内容导读

被子植物是植物界种类最多、结构最复杂、进化最高级的一大类群植物。现存已知的被子植物有25万种，一般将其归为2纲、300多科、8000多属。通过学习与了解那些与人类关系较为密切或在系统分类与进化上有重要地位的科、属和种的特征，建立被子植物分类知识框架，可为进一步研究、学习奠定基础。

植物与环境、植物与人类，甚至植物与地球的未来都有着十分密切的关系。只有学好植物分类学知识，懂得植物的作用和重要性，才能真正合理利用和保护植物。

## 教法与学法

### 教　法

（1）充分利用现代教育技术，采用讲授式、演示式与实物展示相结合的教学方法，或直接利用体式显微镜互动教学系统，师生共同进行植物形态学特征多样性的互动式教学。

（2）指导学生在课余与课外观察与识别植物，制作植物小标本（并标注其重要特征）和参考阅读，加强指导并开展课堂交流讨论。

（3）加大和强化实验教学力度，面对面、手把手地指导和训练学生如何观察和描述植物特征，特别是如何解剖观察、识别花器官各部分的形态学特征，训练和教会学生熟练使用检索表或植物分类学工具书，开展反转课堂教学，促进学生自主和合作学习。

### 学　法

（1）在认真学好植物分类学基础知识的同时，应用比对法自觉进行课外观察、记载和描述不同植物各个器官的形态学分类特征。

（2）课前课外充分备课，在认真听课的同时，积极配合教师的课堂教学，主动回答问题或参与课堂问题讨论与反转课堂教学。在学习中问，在解剖中思，在讨论中学。学用结合、学以致用。

（3）分组或分班级开展被子植物系统与进化不同学派的辩论赛活动，进一步理清真花说和假花说及其对应的分类系统。

（4）实验课上，自觉一丝不苟地学习、理解和掌握解剖、观察植物形态学特征的方法、技巧，强化动手、动脑能力。经过训练，独立完成若干种植物的解剖观察、特征描述和所属科、属、种的检索鉴定，以便能够完成野外植物（资源）种类的调查、分类与评价。

# 第一节　被子植物分类的形态学基础知识

被子植物在长期演化、适应环境的过程中，出现了各种各样的形态特征，经典的植物分类学就是根据植物的不同器官的形态特征来进行的。

# 一、茎

## (一)茎的生活习性

植物茎的生活习性是植物在长期适应环境的过程中形成的。根据茎的性质,可将植物分为木本植物、草本植物和半灌木3种类型。木本植物(wood plant)茎的主要部分为木质部,质地比较坚硬,寿命长。草本植物(herb plant)茎中的木质部不发达,质地通常脆嫩,寿命相对较短。半灌木(subshrub)是介于木本植物和草本植物之间的一类多年生植物,如沙拐枣属(*Calligonum*)和蒿属(*Artemisia*)的一些植物。

### 1. 木本植物

乔木(tree) 乔木有明显的主干,通常树干高在3m以上,分枝距地面较远,如白玉兰(*Magnolia denudata* Desr.)等。

灌木(shrub) 主干不明显,通常树高在3m以下,近地面分枝,如紫荆(*Cercis chinensis* Bunee.)、月季等。

### 2. 草本植物

一年生草本植物(annual herb) 生活周期在一年内完成,如水稻、花生等。

二年生草本植物(biannual herb) 生活周期跨越2个年份,如冬小麦等。

多年生草本植物(perennial herb) 植物的地下部分或整个植株能生活多年,每年都能发芽继续生长,如荷花(*Nelumbo nucifera* Gaerth.)等。

藤本植物(vine) 植物体细长,不能直立,只能匍匐于地面,或缠绕或攀缘别的植物(或支持物)而生长,藤本植物依茎质地的不同,又可分为木质藤本与草质藤本两种类型。前者如葡萄、省藤(*Calamus platyacanthoides* Merr.)等,后者如牵牛[*Pharbitis nil*(L.)Choisy]等。

## (二)茎的生长习性

根据茎的生长习性,可将茎分为以下几种(图5-1)。

图5-1 茎的生长习性

直立茎（erect stem） 茎垂直立地，如杨树、小麦等。

平卧茎（prostrate stem） 茎平铺于地面，如蒺藜（*Tribulus terrestris* L.）等。

匍匐茎（stolon stem） 茎平卧地面，节上生根，如甘薯（*Ipomoea batatas* Lam.）等。

攀缘茎（climbing stem） 借助于茎、叶等的变态器官攀缘于其他物体上，如黄瓜等。

缠绕茎（twining stem） 茎缠绕于其他物体上，如牵牛等。

## 二、叶

叶的大小、形态和组成常因植物种类而异，变化较大，但分类地位相近的植物叶的形态常相似（图5-2）。

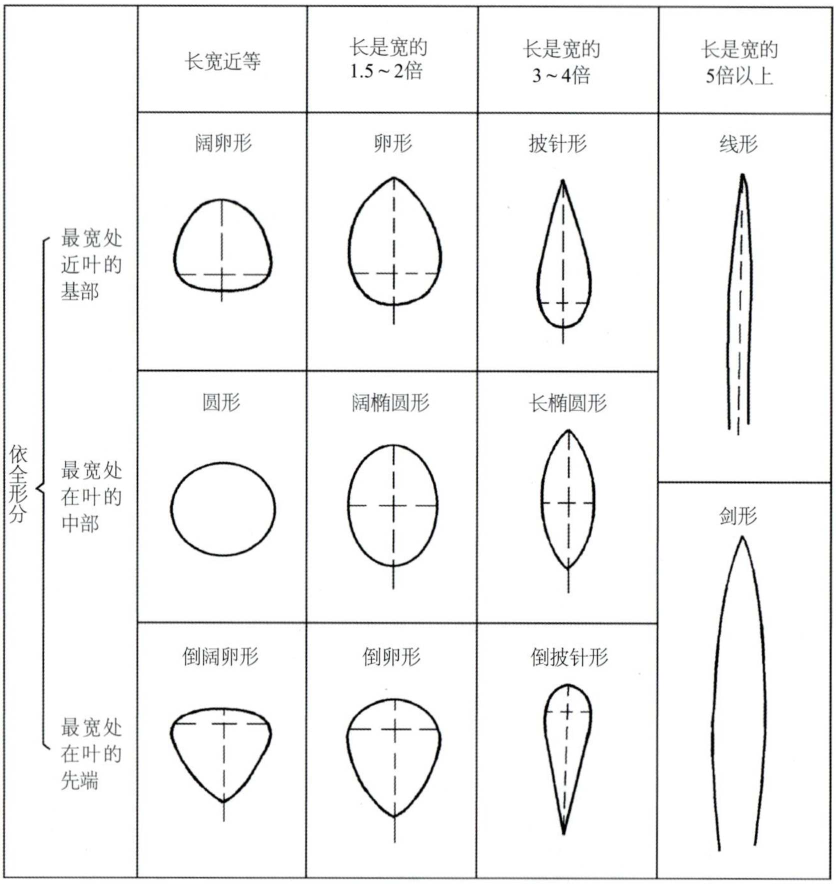


图5-2 基本叶形

### （一）叶的形态

#### 1. 叶的质地

革质（coriaceous） 叶厚韧似皮革，如大叶黄杨（*Euonymus japonicus* Thunb.）等。

膜质（membranaceous） 叶薄而半透明、非绿色，如中麻黄（*Ephedra intermedia* Schrenk.）。

草质（herbaceous） 叶薄而柔软，如陆地棉（*Gossypium hirsutum* L.）等。

肉质（succulent） 叶肥厚多汁，如马齿苋（*Portulaca oleracea* L.）等。

## 2. 叶形

叶形是指叶片的整体形状。不同植物叶形往往不同，叶形是识别植物的重要依据之一。植物中，叶形近似条形、圆形、椭圆形和卵形的情况很普遍，为了利于区分植物，往往根据叶片最宽处位置及叶的长宽比对这类叶形进行细分，又可分为不同的类型（图5-2、图5-3）。

图5-3 叶的基本类型图解

条形（linear）（线形）和剑形（ensiform） 叶的长宽比在5以上，前者叶片厚、硬，如凤尾丝兰（*Yucca filamentosa* L.），后者叶片薄、软（如小麦），如为宽阔且特别长的条形叶，又可称为带状叶（如玉米）。

圆形（orbicular）、阔椭圆形（broad elliptical）和长椭圆形（long elliptical） 叶的最宽处位于中部，叶长是叶宽的1～1.5倍、1.5～2倍和3～4倍。莲（*Nelumbo nucifera* Gaertn.）多为圆形叶，印度胶树多为阔椭圆形叶，八角（*Illicium verum* Hook.），多为长椭圆形叶。

阔卵形（broad ovate）、卵形（ovate）和披针形（lanceolate） 叶的最宽处位于中部以下偏向叶基，叶长是叶宽的1～1.5倍、1.5～2倍和3～4倍。毛白杨（*Populus tomentosa* Carr.）多为阔卵形叶，女贞（*Ligustrun lucidum* Ait.）多为卵形叶，垂柳（*Salix babylonica* L.） 多为披针形叶。

倒阔卵形（broad obovate）、倒卵形（obovate）和倒披针形（oblanceolate） 叶的最宽处位于中部以上偏向叶尖，叶长是叶宽的1～1.5倍、1.5～2倍和3～4倍。玉兰叶多为倒阔卵形叶，马齿苋叶多为倒卵形叶，蒲公英（*Taraxacum mongolicum* Hand. -Mazz.）多为倒披针形、倒长卵形叶，小蘖叶为倒披针形叶。

在具体描述叶形时，有些介于上述标准叶形间的过渡类型，常用复合名称来描述，如卵状披针形是指叶片兼有卵形和披针形的特征，矩圆形是指兼有矩形和椭圆形的特征等。有时植物叶形十分特殊，用其形描述更为准确、便捷，如管形（葱*Allium fistulosum* L.）、三角形［三角叶蟹甲草*Cacalia deltophylla*（Maxim.）Mattf.］、箭形（慈姑*Sagittaria sagittifolia* L.）、戟形（田旋花*Convolvulus arvensis* L.）、盾形（莲）、肾形［大黄橐吾*Ligularia duciformis*（C. Winkl.）Hand. -Mazz.］等。

## 3. 叶尖

叶尖（leaf apex）是叶片的先端，其常见的叶尖类型（图5-4）有以下几种。

图5-4 叶尖类型

尾尖（caudate） 叶先端延伸较长，近尾状，如白豆蔻（*Amomum kravanh* Perre ex Gagnep.）。

骤尖（cuspidate） 叶先端突起成短尖，如小叶黄杨的部分叶。

渐尖（acuminate） 叶先端为锐角，如杏（*Armeniaca vulgaris* Lam.）。

锐尖（acute） 叶先端为锐角，且叶边缘直顺，如桑（*Morus alba* L.）。

钝尖（obtuse） 叶先端成一钝角或狭圆形，如大叶黄杨。

截形（truncate） 叶先端平截，近乎成一直线，如鹅掌楸［*Liriodendron chinense*（Hemsl.）Sargent.］。

尖凹（concave） 叶先端稍凹入，如黄杨［*Buxus sinica*（Rehd.et Wils.）Cheng.］。

倒心形（obcordate） 叶先端宽圆且凹入明显，如酢浆草（*Oxalis comiculata* L.）。

## 4. 叶基

叶基是叶片的基部，其常见的类型（图5-5）有以下几种。

心形（cordate） 叶片在叶柄处凹入，叶柄两侧各有一圆裂片，如圆叶牵牛［*Pharbitis purpurea*（L.）Voight.］。

耳垂形（auriculate） 叶片在叶柄两侧的两个裂片如耳垂状，如油菜（*Brassica campestris* L.）。

偏斜（oblique） 叶片在叶柄两侧的两个裂片大小不等，一侧大，一侧小，如秋海棠（*Begonia evansiana* Andr.）。

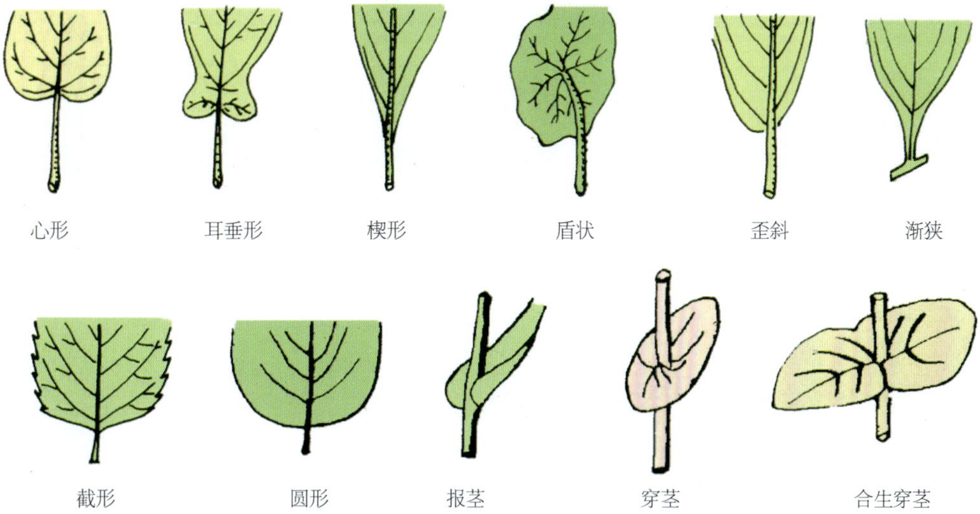


图5-5 叶基类型

楔形（cuneate） 叶片在近叶柄处渐变狭，两边一同趋向基部呈楔子状，如垂柳（*Salix babylonica* L.）。

截形（truncate） 叶片在叶柄两侧的叶片平截，近乎成一直线，如有些杨树叶的基部。

圆形（rounded） 叶片基部呈半圆形，如苹果（*Malus pumila* Mill.）。

抱茎（amplexicaul） 无叶柄，叶基部的两个裂片围裹着茎，如抱茎苦荬菜（*Ixeris sonchifolia* Hance.）。

穿茎（perfoliate） 无叶柄，叶基深凹，叶基部的两个裂片包围茎后合生，茎似穿叶而过，如金黄柴胡（*Bupleurum aureum* Fisch.）。

## 5. 叶缘

叶缘指叶片的边缘。叶缘凹凸不齐时，缺陷处称为缺刻，两缺刻之间的部分叶称为裂片（图5-6）。

全缘（entire） 叶边缘平整，如玉兰、女贞。

波状（undulate） 叶边缘略有凹凸，曲线起伏平缓似波浪，如白菜（*Brassica pekinensis* Rupr.）。

钝齿状（obtusely serrate） 叶缘缺刻明显，齿尖钝圆，如大叶黄杨。

锯齿状（serrate） 叶缘缺刻明显，齿尖尖锐、两边不等，向叶尖偏斜，如月季（*Rosa chinensis* Jacq.）。

牙齿状（dentate） 叶缘缺刻明显，齿尖尖锐、两边基本相等，齿尖直向外方，如桑（*Morus alba* L.）。

重锯齿状（double serrate） 叶缘锯齿的边缘又具更小锯齿，如华北珍珠梅［*Sorbaria kirilowii*（Regel）Maxim.］。

纤毛状（ciliiform） 叶边缘有纤细睫毛状物外伸，如山樱花［*Cerasus serrulata*（Lindl.）G. Don ex London.］。

刺芒状（aristate） 叶缘有侧脉向外延伸的刺芒，如刺叶冬青（*Ilex bioritsensis* Hayata.）。

图5-6　叶缘类型

## 6. 叶裂

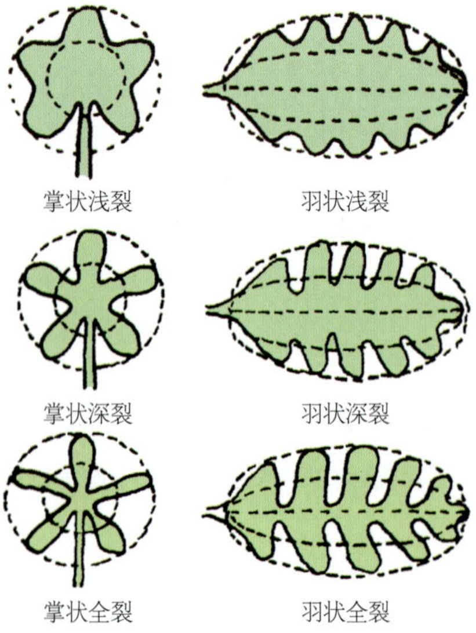


图5-7　叶裂类型

叶裂指叶缘具有较大缺刻的边缘形态（图5-6、图5-7）。

### 1）叶裂形状

掌状裂（palmate）　叶片如手掌状，各裂片或裂片的延伸线在叶柄顶端交汇于一点。

羽状裂（pinnate）　叶片如羽毛状，各裂片分别在不同部位与中脉交汇。

### 2）叶裂缺程度

浅裂（lobate）　叶裂不超过半个叶片的1/2，如菊花［*Dendranthema morifolium*（Ramat.）Tzvel.］叶羽状浅裂；棉叶掌状浅裂。

深裂（parted）　叶裂超过半个叶片的1/2，但未达主脉或叶脉基部，如蒲公英叶羽状深裂；蓖麻叶掌状深裂。

全裂（divided） 叶裂深达中脉或叶基，如马铃薯（*Solanum tuberosum* L.）叶羽状全裂；大麻（*Cannabis sativa* L.）叶掌状全裂。

通常同种植物的叶形较为相近，但有些植物，同一株植株的叶形差异较大，这种特性称为异形叶（heterophylly）。异形叶的出现，有些与植株发育年龄有关，如人参，第一年所生叶为三出复叶，从第二年起为掌状复叶；有些与环境有关，如慈姑沉水叶为线形，漂浮叶椭圆形，气生叶为箭形；有些与叶在植株上分布的位置有关，如薜荔（*Ficus pumila* L.）的营养枝上的叶小而薄，卵状心形，而花枝上的叶大而厚，呈卵状椭圆形。

### （二）叶脉

不同的植物，其叶脉的分布格式，即脉序不同（图5-8）。双子叶植物多具网状脉；单子叶植物多具平行脉、弧形脉、射出脉，偶有网状脉，与双子叶植物具游离脉梢的网状脉不同，其细脉多相互交汇、无脉梢游离，如天南星科（Araceae）、薯蓣科（Dioscoreaceae）的一些植物；裸子植物多具单一主脉；叉状脉多见于蕨类植物，偶见于银杏等种子植物。

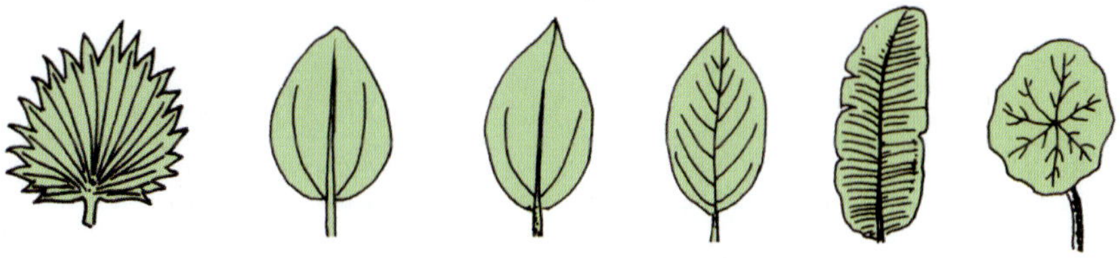


图5-8 脉序类型

#### 1. 网状脉（序）

网状脉（netted venation）的叶脉错综分枝，侧脉与细脉交织呈网状。根据中脉分枝情况的不同又可分为以下几种。

羽状（网）脉（reticulate venation） 叶片中部具一条明显主脉，各侧脉自主脉两侧逐渐分出，排列似羽毛，如毛白杨（*Populus tomentosa* Carr.）、板栗等。

掌状（网）脉（palmate venation） 几条近于等粗的叶脉自叶柄顶部发出，叶脉数回分支，排列似掌骨，如南瓜［*Cucurbita moschata*（Duch.）Poiret.］、蓖麻等。

三出脉（ternately venation） 主脉两侧只产生了一对侧脉。如果分支由主脉基部或近基部生出，则称为基生三出脉，如枣（*Ziziphus jujuba* Mill.）等；如分支离开主脉基部一段距离生出，则称为离基三出脉，如樟树［*Cinnamomum camphora*（L.）Presl.］等。

#### 2. 平行脉（序）

平行脉（parallel venation）的侧脉粗细相近，彼此大致平行，其分枝细脉可在叶尖或叶缘汇合，但不呈网状。常见于单子叶植物中的条形叶、剑形叶。依据侧脉的形状，又可分为以下几种。

直出平行脉 叶的主脉、侧脉均从叶基发出，彼此近平行，直达叶尖汇合，如玉米（*Zea mays* L.）等。

横出平行脉 侧脉从主脉两侧分别发出，与主脉近垂直；侧脉彼此近平行至叶缘，如粉芭蕉（*Musa paradisiaca* L.）等。

弧形脉（arcuate venation） 主脉、侧脉从叶基呈明显弧形发出，至叶尖汇合，常见于单子叶植物中宽大的阔椭圆形、卵状椭圆形叶中，如玉簪［*Hosta plantaginea*（Lam.）Aschers.］等。

射出脉（radiate venation） 主脉、侧脉从叶基辐射状发出，常见于单子叶植物中近圆形的叶，如蒲葵（*Livistona chinensis* R.Br.）等。盾形叶叶脉多为网状脉序，但因其各侧脉由叶柄顶端向四周发出，呈辐射状，又被称为射出脉，如荷花等。

## （三）叶序

叶在茎上的排列方式称为叶序（phyllotaxy）（图5-9）。常见的有以下几种。

互生（alternate） 每节上只着生一张叶，如小麦、大豆（*Glycine max* Merr.）、棉花等。

对生（opposite） 每节上相对着生两张叶，如薄荷（*Mentha haplocalyx* Briq.）、石竹等。

轮生（whorl） 同一个节上着生三张或三张以上的叶，如夹竹桃（*Nerium indicum* Mill.）等。

簇生（fascicled） 三张或三张以上的叶着生于极度缩短的短枝或植株基部密集的节上，如车前（*Plantago asiatica* L.）等。

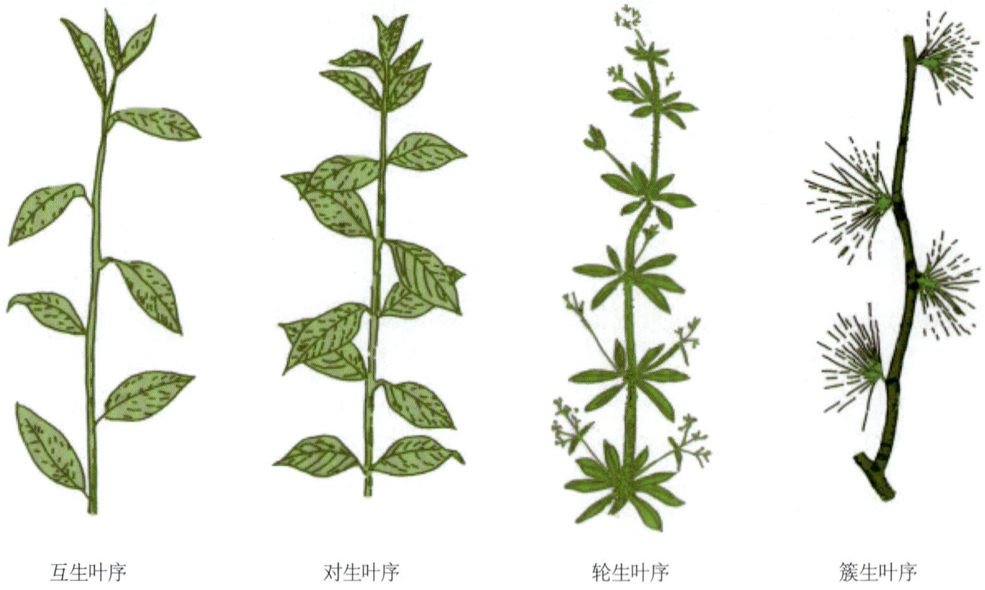


图5-9 叶序类型

## （四）叶的类型

### 1. 完全叶与不完全叶

具有叶片、叶柄和托叶3部分的叶称为完全叶（complete leaf），如杨树、棉花等；缺少其中任一部分或两部分的称为不完全叶（incomplete leaf），如丁香无托叶、莴苣（*Lactuca sativa* L.）无叶柄及托叶等。

## 2. 单叶与复叶

单叶（simple leaf） 在一个叶柄上只着生一片叶，如棉花。

复叶（compound leaf） 在一个叶柄上着生两片以上的叶。复叶的叶柄称为总叶柄（common petiole），总叶柄上着生的叶称为小叶（leaflet），着生小叶的轴状部分称为叶轴（rachis），如七叶树（*Aesculus chinensis* Bge.）。

一般认为，复叶由单叶发展演化而来，即单叶经过叶全缘至叶缘有缺刻、叶缘深裂至全裂，且小叶柄出现或小叶与叶轴间关节明显时，便形成了复叶。全裂叶是单叶与复叶的过渡类型，因而有时与复叶界限并不明显，但可根据全裂叶相邻裂片基部存有部分叶缘这一特点来分别。

根据小叶在总叶柄上的排列方式，可将复叶分为羽状复叶和掌状复叶两类（图5-10）。

图5-10 复叶类型

羽状复叶（pinnately compound leaf） 3枚以上小叶，在总叶柄两侧相对排列。根据总叶柄分支的情况，复叶可分为以下几种。

一回羽状复叶 总叶柄不分支，小叶直接着生在总叶柄上，如刺槐（*Robinia pseudoacacia* L.）。

二回羽状复叶 总叶柄分支一次后再着生小叶，如合欢（*Albizzia julibrissin* Durazz.）。

三回羽状复叶 总叶柄分支两次后再着生小叶，如南天竹（*Nandina domestica* Thunb.）。

根据组成复叶的小叶数目，羽状复叶又可分为奇数羽状复叶（odd-pinnate）和偶数羽状复叶（paripinnate）。

掌状复叶（palmately compound leaf） 3枚以上小叶，着生在总叶柄顶端，呈掌状，如七叶树（*Aesculus chinensis* Bunge.）、人参等。根据总叶柄的分支情况可分为一回掌状复叶、二回掌状复叶等。

三出复叶（ternately compound leaf） 3枚小叶着生在总叶柄上，根据3枚小叶叶柄的长短，可将其分为掌状三出复叶（如酢浆草）和羽状三出复叶（如刺桐，*Erythrina indica* Lam.）。

单身复叶（unifoliate compound leaf） 是一种特殊形状的复叶，顶生小叶较大，与总叶柄间关节明显；两侧的小叶退化不存在，叶轴向两侧延展，常呈翅状。单身复叶可能是三出复叶的一退化类型，如柑橘属（*Citrus*）等植物。

复叶与生有单叶的小枝，叶轴与纤细的茎有时不易区分，识别时应仔细辨认。

# 三、花

## （一）花冠的类型与特征

### 1. 花冠的类型

花冠的形态多种多样。由于花瓣的离合，花冠筒的长短，花冠裂片的形状和深浅等不同，形成各种类型的花冠（图5-11）。

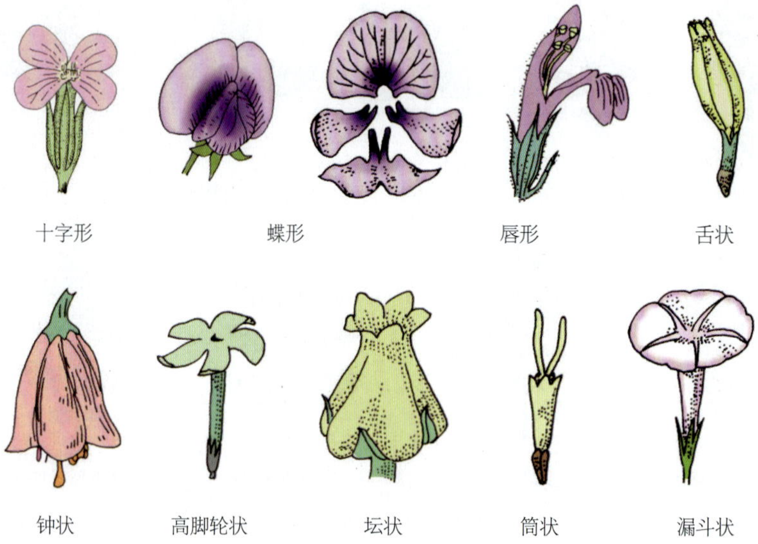


图5-11 花冠类型

筒状（tubular） 花冠大部分联合呈管状或圆筒状，花冠裂片向上伸展，如向日葵（*Helianthus annuus* L.）的盘花等。

漏斗状（funnel shapped） 花冠下部呈筒状，并由基部逐渐向上扩大（或呈喇叭状），如甘薯等。

钟状（campanulate） 花冠筒宽而短，上部扩大呈钟形，如南瓜、桔梗［*Platycodon grandiflorus*（Jacq.）A.DC.］等。

轮状（rotate） 花冠筒短，裂片由基部向四周扩展，状如车轮，如番茄（*Lycopersicon esculentum* Miller.）等。

唇形（labiate） 花冠基部筒状，上部略呈二唇形，如芝麻（*Sesamun indicium* L.）等。

舌状（liguate） 花冠基部呈一短筒，上端向一边张开呈扁平舌状，如向日葵花盘的边花等。

蝶形（papilionaceous） 花冠含花瓣5枚，排列成蝶形，最上一瓣最大，称为旗瓣，两侧的两瓣状如翼，称为翼瓣，为旗瓣所覆盖，且较旗瓣小，最下两瓣位于翼瓣之间，其下缘常稍合生，状如龙骨，称龙骨瓣，如豌豆（*Pisum sativum* L.）等。

十字形（cruciform） 花冠由4枚分离的花瓣排列成十字形，如油菜、白菜、萝卜（*Raphanusp sativus* L.）等。

此外，因为蔷薇科（Rosaceae）植物的花有多种花托类型，花萼、花冠、雄蕊和雌蕊的着生位置差别较大，但其花萼、花冠的形态、大小、数目及其相互关系又基本一致，均为五基数、相互分离，花瓣彼此覆瓦状排列等，因而被一些学者单列为一类，称其为蔷薇花或蔷薇花冠（图5-12）。

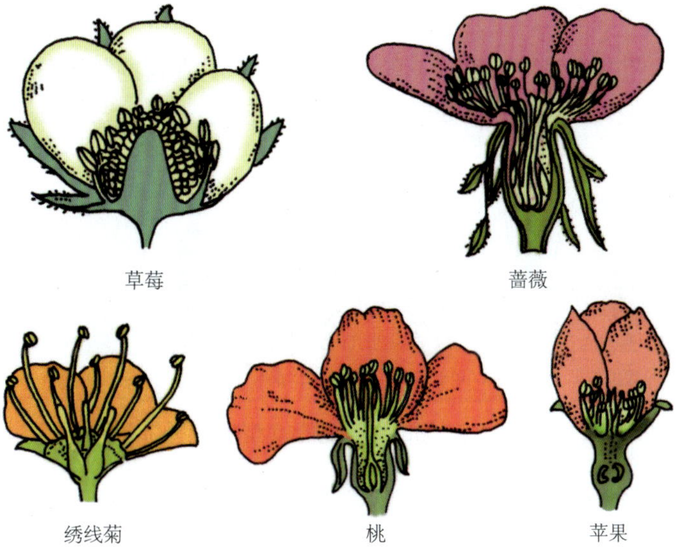


图5-12 蔷薇花冠

筒状、漏斗状、钟状、轮状以及十字形花冠等的各枚花瓣的形状、大小基本一致，这类花呈辐射对称（radial symmetry）。蝶形、唇形、舌状花冠等至少有一枚花瓣的形状、大小明显与其他花瓣片不同，因此，这类花常呈两侧对称（bilateral symmetry）。也有一些植物的花是不对称的，如美人蕉的花冠位于花萼的上方或内轮，由若干“花瓣”排列为一轮或多轮。

## 2. 花瓣的排列

组成花冠的花瓣数目常因植物种类的不同而不同，花瓣间的排列方式也因种而异，一般在花蕾初放时较为明显，常作为分类的依据。常见的花瓣间的排列方式有镊合状、覆瓦状和旋转状等类型（图5-13）。

图5-13 花瓣的排列方式

镊合状（valvate） 花瓣（裂）片边缘彼此互不覆盖，如茄、番茄等。若花瓣（裂）片边缘向内弯则为向内镊合状，若花瓣片边缘向外弯则为向外镊合状。

旋转状（convolute） 指花瓣片的一边既覆盖着相邻一枚花瓣片的边缘而另一边又被另一相邻的花瓣片的边缘所覆盖，如棉花、牵牛等。

覆瓦状（imbricate） 与旋转状相似，只是花冠中有一枚或两枚花瓣片完全包被在其相邻花瓣的外侧，一枚或两枚花瓣片完全被包被在其相邻花瓣的内侧，如蚕豆（*Vicia faba* L.）、油菜等。

## （二）雄蕊类型与特征

### 1. 雄蕊的类型

植物种类不同，花中雄蕊的数目、花丝的长短、花药和花丝的分离与联合方式常不同，从而形成不同的雄蕊类型（图5-14）。

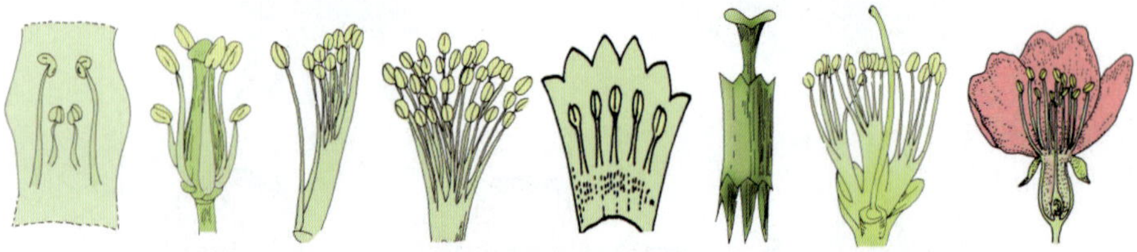


图5-14 雄蕊类型

单体雄蕊（monadelphous stamen） 一朵花中全部雄蕊的花丝联合成一体，花药分离，如棉等。

二体雄蕊（diadelphous stamen） 一朵花中有10枚雄蕊，其中9枚雄蕊的花丝联合，另一枚雄蕊单生，呈两束，如蚕豆等；或是10枚雄蕊中，各5枚雄蕊的花丝联合而成2组，如合萌属（*Aeschynomene*）。

多体雄蕊（polyadelphous stamen） 一朵花中雄蕊众多且全部花丝联合成多组，如金丝桃（*Hypericum chinense* L.）等。

聚药雄蕊（synantherous stamen） 一朵花中雄蕊的花药合生，花丝彼此分离，如菊科（Asteraceae）植物。

二强雄蕊（didynamous stamen） 一朵花中通常有4枚雄蕊，且2长2短，如唇形科（Lamiaceae）植物。

四强雄蕊（tetradynamous stamen） 一朵花中通常有6枚雄蕊，且其花丝4长2短，如十字花科（Brassicaceae）植物。

冠生雄蕊一朵花中雄蕊花丝的一部分与花瓣或花冠筒部合生，如泡桐等。

离生雄蕊一朵花中雄蕊彼此分离，仅以花丝基部与花托相连，如蔷薇科（Rosaceae）植物。

### 2. 花药的着生方式

花药位于花丝顶端，呈囊状膨大且花粉粒在其中发育成熟。花药通过花丝与花托相连（图5-15）。花药在花丝上的着生方式也有不同类型。

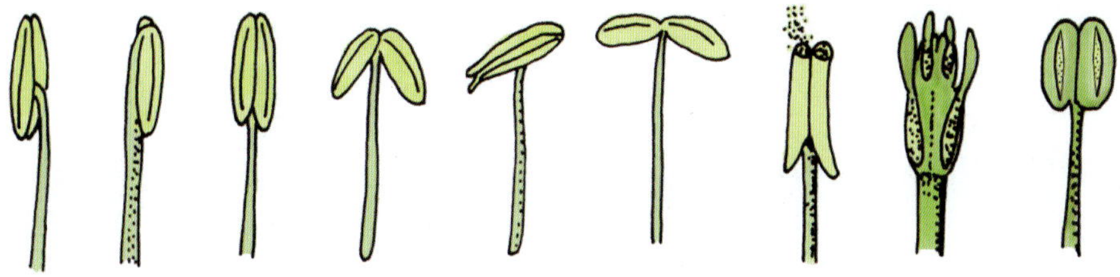


图5-15 花药的着生与开裂方式

基着药（basifixed anther） 花药仅以其基部着生于花丝的顶端，如望江南（*Cassia occidentalis* L.）、唐菖蒲（*Gladiolus hybridus* Hort.）等。

背着药（dorsifixed anther） 花药背部与花丝相连，如苹果（*Malus pumila* Mill.）、油菜等。

丁字药（versatile anther） 花药以其背部的中部与花丝相连，如小麦、百合等。

个字药（divergent anther） 花药以其上部与花丝相连，且其中下部张开时呈“个”字形，如凌霄［*Campsis grandiflora*（Thtlnb.）Loisel.］等。

广歧药（divaricate anther） 花药平展，仅顶部与花丝相连，如地黄［*Rehmannia chingii*（Gaert.）Libosch.］等。

全着药（adnate anther）花丝短粗、花药整体着生于花丝上，如莲、玉兰等。

#### 3. 花药开裂的方式

花药成熟后开裂传粉，其开裂方式主要有（图5-15）以下几种。

纵裂（longitudinal split） 药室纵长开裂，为最常见的花药开裂方式，如小麦、油菜等。

孔裂（poricidal） 药室顶端开孔花粉散出，如马铃薯、杜鹃（*Rhododendron simsii* Planch.）等。

瓣裂（valvate） 药室有2个或4个瓣状盖，瓣盖打开时花粉散出，如小檗（*Berberis julianae* Schneid）、樟等。

### （三）雌蕊（群）的类型与特征

#### 1. 雌蕊的类型

由于组成雌蕊的心皮数目和心皮间离、合情况不同，雌蕊常分为下列3种类型（图5-16）。

单雌蕊（monogynous） 一朵花中只有一个心皮构成的雌蕊称为单雌蕊，如豆类、桃、李、梅等。

离生单雌蕊（apocarpous gynoecium） 一朵花中有多个彼此分离的单雌蕊，如八角（*Illicium verum* Hook.）、草莓和毛茛（*Ranunculus japonicus* Thunb.）等。

复雌蕊（compound pistil） 一朵花中只有一个由两个以上心皮合生成的雌蕊称为复雌蕊，如油菜、茄、棉花等。复雌蕊中，有的子房合生，花柱、柱头分离，如梨等；有的子房、花柱合生，柱头分离，如向日葵等；也有的子房、花柱、柱头全部合生，柱头呈头状，如油菜等。组成复雌蕊的心皮数目，常和花柱、柱头、子房室数呈正相关。

图5-16 雌蕊类型

正确判断雌蕊的类型和组成雌蕊的心皮数目在植物分类和物种鉴别中很有意义。一个复雌蕊的心皮数目，常与花柱、柱头、子房室、果皮上的沟、棱数成正比。可借此判断复雌蕊的心皮数目。

## 2. 子房的位置

子房着生在花托上，它与花托的连接方式存在很大差异，同时与花萼、花冠、雄蕊群的相对位置也因植物种类不同而有变化（图5-17）。

图5-17 子房的位置

上位子房（superior ovary） 又称为子房上位，子房仅以其基部与花托相连，花的其余部分均不与子房相连。子房上位又可分为以下三种情形：

（1）上位子房下位花（superior hypogynous flower） 子房仅以其基部与花托相连，花被与雄蕊着生的位置低于子房，如油菜，玉兰等。

（2）上位子房周位花（superior perigynous flower） 子房仅以其基部与杯状花托底部相连，花被与雄蕊着生于杯状萼筒的上沿边缘，即子房的周围，如桃、李等。

（3）半下位子房（half inferior ovary） 又称为子房半下位或中位，子房的下半部陷生于花托中，并与花托愈合，子房上半部仍外露，花的其余部分着生在子房周围花托的边缘，故也称为周位花，如菱、马齿苋等。

下位子房（inferior ovary） 又称为子房下位，整个子房埋于下陷的花托中，并与花托愈合，花的其余部分均着生在子房上方花托的边缘，故也称为上位花，如南瓜、苹果等。

## 3. 胎座的类型

在雌蕊的子房内，胚珠着生的部位称为胎座（placenta）。由于心皮的数目和连接方式以及胚珠着生的部位不同，形成了不同的胎座类型（图5-18）。

边缘胎座（marginal placentation） 单心皮，子房一室，胚珠着生于腹缝线上，如豆类。

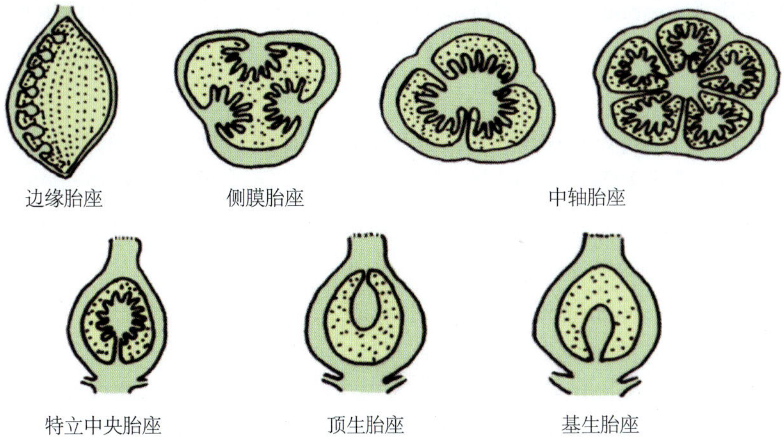


图5-18 胎座类型

侧膜胎座（parietal placentation） 两个以上的心皮所构成的一室子房或假数室子房，胚珠着生于心皮的边缘，如油菜、白菜、南瓜、黄瓜、番木瓜等。

中轴胎座（axile placentation） 多心皮构成的多室子房。心皮边缘于子房中央形成中轴，胚珠生于中轴上，如棉花、柑橘等。

特立中央胎座（free central placentation） 多心皮构成的一室或不完全数室子房，子房腔的基部向上有一个中轴，但不到达子房顶，胚珠着生于此轴上，如石竹科植物。

基生胎座（basal placentation）和顶生胎座（apical placentation） 胚珠生于子房室的基部或顶部，前者如菊科植物，后者如瑞香科（Thymelaeaceae）植物。

## 4. 胚珠的类型

常见的胚珠有以下几种类型（图5-19）。

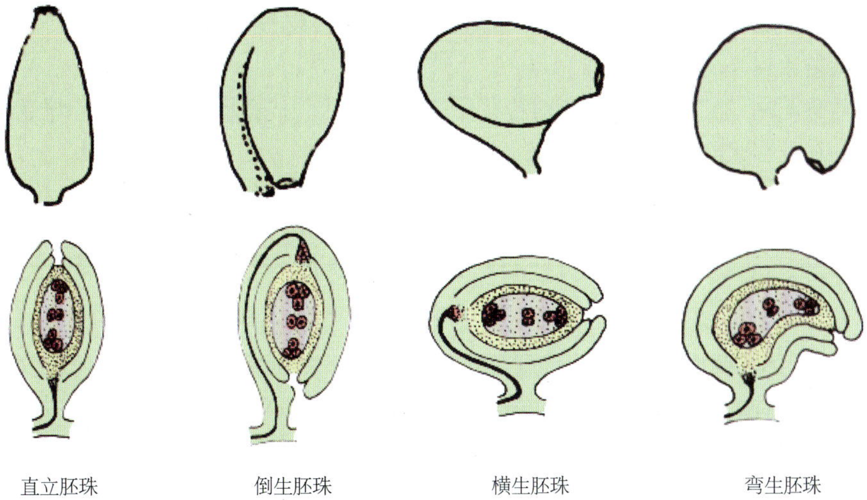


图5-19 胚珠的类型

（1）直生胚珠（atropous ovule或orthotropus ovule） 胚珠各部分均匀生长，整个胚珠直立地着生于珠柄，珠孔、珠心、合点和珠柄处于同一直线上，如荞麦（*Fagopyrum esculentum* Moench.）、胡桃等。

（2）倒生胚珠（anatropous ovule） 胚珠一侧生长快，另一侧生长慢，胚珠向生长慢的一侧倒转约180°，合点、珠心和珠孔的连接线成一直线；珠心不弯曲，珠孔朝向胎座，合点在珠柄相对的一侧，靠近珠柄一侧的外珠被常与珠柄贴生，形成一条珠脊，向外隆起，如稻、麦、百合、棉等大多数被子植物。

（3）弯生胚珠（campylotropous ovule） 胚珠的下半部生长较均匀，上半部向生长慢的一侧弯曲，胚囊亦一定程度弯曲，珠孔向珠柄方向下倾，如油菜、蚕豆、扁豆等。

（4）横生胚珠（hemianatropous ovule） 胚珠的一侧生长较快，胚珠在珠柄上扭转约90°，珠孔、珠心和合点的连接线与珠柄几乎垂直，如锦葵等。

## （四）花程式与花图式

花程式（flower formula）是指用字母、符号及数字等来表示花的形态组成、位置和排列等特征的关系式；花图式（flower diagram）是指用花器官各部分的横断面结构简图来表示花结构与组成的数目、排列、分离与联合情况的示意图。

### 1. 花程式

花的各组成部分用一定的字母来代表，通常用K（或Ca）代表花萼（kalyx），用C（Co）代表花冠（corolla），用A代表雄蕊群（androecium），用G代表雌蕊群（gynoecium），用P代表花被（perianth）。花各部分的数目可用数字来表示，如果该部分缺少时，就用“0”表示；数目很多或不定数，就用“∞”来表示，并把它们写于代表各部字母的右下角处。如果某部分在一轮以上时，就用“+”来表示，如果某一结构的各组成部分相互联合，就用“( )”来表示。子房的位置可以在雌蕊的字母G下方加一横线表示上位子房$\underline{G}$，在字母G上方加一横线表示下位子房$\overline{G}$，上下方各添加一横线则表示半下位子房$\overline{\underline{G}}$。同时在心皮数目的后面用“：”号隔开的数字表示子房室的数目。

辐射对称花用“*”表示，两侧对称花用“↑”表示，♀表示雌花，♂表示雄花，⚥表示两性花，书写在花程式的前边。现分别举例说明。

百合花花程式是⚥* $P_{3+3}\ A_{3+3}\ \underline{G}_{(3:3)}$，其含义表示：百合花为两性整齐花，花被6数，列为2轮，各轮3枚；雄蕊群由6枚雄蕊组成，2轮排列，每轮3枚；雌蕊群为由3心皮合生而成的复雌蕊，子房上位、3室。

蚕豆花花程式是⚥↑$K_{(5)}\ C_{1+2+(2)}\ A_{(9)+1}\ \underline{G}_{1:1:\infty}$，其花程式表示：蚕豆花是两性两侧对称（不整齐）花；花萼萼片5枚合生；花冠由5枚花瓣组成，其中旗瓣1片，翼瓣2枚离生，龙骨瓣2枚合生；雄蕊群有雄蕊10枚，其中9枚合生，1枚分离；雌蕊子房上位、一心皮一室。

### 2. 花图式

把花的结构组成用其横切面简图等表示其数目、分离与联合及其排列位置关系的简图称花图式（图5-20）。花图式的表示：用一黑圈表示花着生的花轴，用空心的弧线表示苞片，用带有线条的弧线表示花萼。由于花萼的中脉明显，故弧线的中央部分向外隆起突出。实心的弧线表示花瓣，雄蕊和雌蕊分别用花药和子房的横切面轮廓表示。花图式由外而内依次为苞片、花萼、花冠、雄蕊（群）和雌蕊（群）。萼片间、花瓣间、雄蕊间，以及雄蕊与花瓣等的相互连合以线段连接彼此的边缘（图5-20）。

图5-20 花图式

## 四、花序的类型与特征

### （一）有限花序

有限花序（definite inflorescence），又称离心花序（centrifugal inflorescence）、聚伞花序（cyme），其花序顶端或中心的花先发育、先成熟、先开花，渐及下边或周围的花后开（图5-21）。由于顶花先开，限制了花序轴的继续伸长。常见的有限花序类型有四种。

图5-21 部分有限花序类型

### 1. 单歧聚伞花序（monochasium）

花序主轴顶端先生一花，然后在顶花下的一侧形成侧枝，继而侧枝的顶端又生一花，如此依次生花、开花，形成合轴分支的花序。这样的花序有蝎尾状聚伞花序（scorpiod cyme），各分支为左右间隔生长，如唐菖蒲、美人蕉等；卷伞花序（bostrix），各分支朝向一个方向，如聚合草、附地菜等。

### 2. 二歧聚伞花序（dichasium）

在某些具有对生叶序的植物中，顶花下的花序主轴向两侧各生一支，分支的顶花下再生出两个分支，如此反复分支，且均是顶花先开的花序，如繁缕等。

### 3. 多歧聚伞花序（pleiochasium）

花序轴的顶端发育出一朵花后，紧接其下的主轴再分出3个以上的分支，且各个分支又如此发育出顶花和分支的花序，如泽漆等。

### 4. 轮伞花序（verticillaster）

在唇形花科植物中，对生叶序的叶腋内各生出3朵以上的花所共同组成的一类花序，如益母草等。

## （二）无限花序

无限花序或称向心花序、总状类花序，其花序的特征是花轴下部的花先发育、先成熟、先开花，渐及上部，或其边缘的花先发育、先成熟、先开，渐及其中心的花开放。常见的无限花序（图5-22）有以下几种。

图5-22 无限花序类型

### 1. 总状花序（raceme）

组成总状花序的花有花梗，排列在一不分支且较长的花轴上，花轴能继续伸长，如珍珠菜（*Lysimachia clethroides* Duby）等。

### 2. 穗状花序（spike）

穗状花序和总状花序相似，只是花无梗，如车前、大麦。穗状花序轴能持续膨大的花序，称为肉穗花序，其基部常有总苞，如玉米的雌花序和红掌（*Anthurium andraeanum* Lind.）等。

### 3. 柔荑花序（catkin,ament）

若干单性花排列于一细长、柔软的花轴上，花序通常下垂，花后整个花序或连果实一起脱落，如杨、柳等。

### 4. 圆锥花序（panicle）

花序轴上生有多个总状或穗状花序，形似圆锥，即复合的总状或穗状花序，如水稻或玉米的雄花序等。

### 5. 伞房花序（corymb）

花有梗，排列在花轴的近顶部，下边的花梗较长，向上渐短，花位于一近似的平面上，如麻叶绣线菊（*Spiraea cantoniensis* Lour.）、山楂等。由几个伞房花序排列在花序总轴的近顶部的花序称为复伞房花序，如华北绣线菊（*S. fritschiana* Schneid.）。

### 6. 伞形花序（umbel）

花梗近等长或不等长，均生于花轴的顶端，状如张开的伞，如红瑞木（*Swida alba* Opiz.）等。几个伞形花序生于花序轴的顶端者称为复伞形花序，如胡萝卜、人参等。

### 7. 头状花序（capitate）

花近无梗，集生于一平坦或隆起的总花轴（花序轴）上，而成一头状体，如菊科植物。

### 8. 隐头花序（hypanthodium）

花集生于肉质囊状的总花序轴内壁上，如无花果（*Ficus carica* L.）等。

在自然界中，花序的类型比较复杂，有些植物是有限花序和无限花序混生的。例如，葱是伞形花序，但中间的花先开，又有聚伞花序的特点。水稻是圆锥花序，但开花的顺序也具有聚伞花序的特点。

## 五、果实的类型与特征

根据果实发育的来源或结构组成，一般将果实分为单果、聚合果和复果等类型。

## （一）单果

由一朵花中的一个单雌蕊或复雌蕊参与形成的果实称为单果。根据果实成熟时的质地和结构，可将单果分为肉果（fleshy fruit）和干果（dry fruit）两类。

### 1. 肉果

肉果肉质多汁，常见的肉果（图5-23）有以下几种。

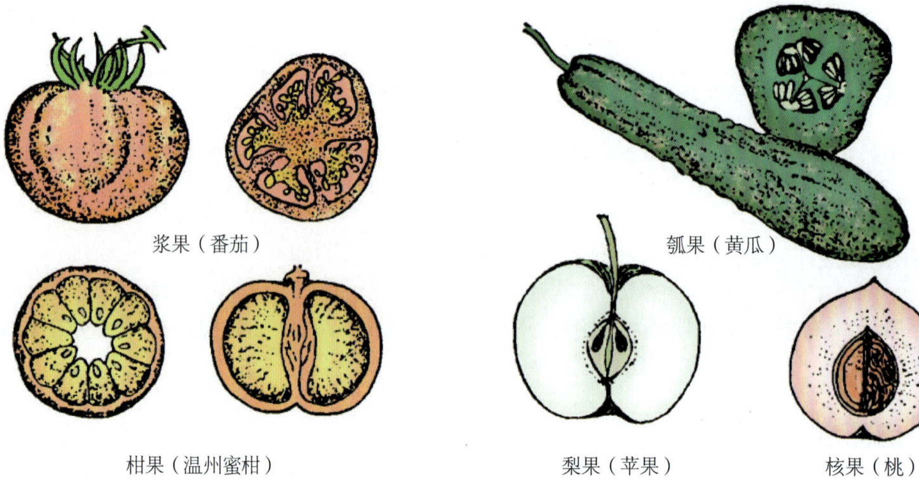


图5-23 单果之肉果的主要类型

浆果（berry） 由复雌蕊的上位子房或下位子房发育而来。浆果的外果皮薄，中果皮、内果皮和胎座均肉质化，浆汁丰富，含一至多粒种子。例如，由上位子房发育来的浆果，如番茄、葡萄、柿等，由下位子房形成的浆果，如香蕉、瓜类等。

核果（drupe） 具有坚硬果核的一类肉果。由单雌蕊或复雌蕊的上位子房或下位子房发育而来。核果的外果皮薄，中果皮厚，多肉质化，内果皮石质化，由石细胞构成硬核，常含一粒种子，如桃、梅、李、杏等是由单心皮的上位子房发育成的核果，而胡桃（*Juglans regia* L.）则是由2心皮的下位子房发育成的核果。

柑果（hesperidium） 柑橘类植物特有的一类肉果，由复雌蕊具中轴胎座的上位子房发育而成。柑果的外果皮厚，外表革质，其内分布许多油囊；中果皮较疏松，具多分枝的维管束；内果皮膜质，其内表皮上生众多的囊状多浆的毛状体，为食用的部分。

梨果（pome） 由花萼筒和子房联合发育而成的假果。通常花萼筒参与形成果皮，且外果皮薄、中果皮厚而肉质化，内果皮常革质，如苹果、梨等。

瓠果（pepo） 由下位子房发育而成的假果，花托和外果皮发育成坚硬的果壁，中果皮、内果皮肉质，侧膜胎座常较发达，如葫芦科植物。

### 2. 干果

干果成熟时果皮干燥。开裂的干果称裂果（dehiscent fruit）（图5-24），不开裂的干果称闭果（indehiscent fruit）（图5-25）。

图5-24　单果之裂果的主要类型

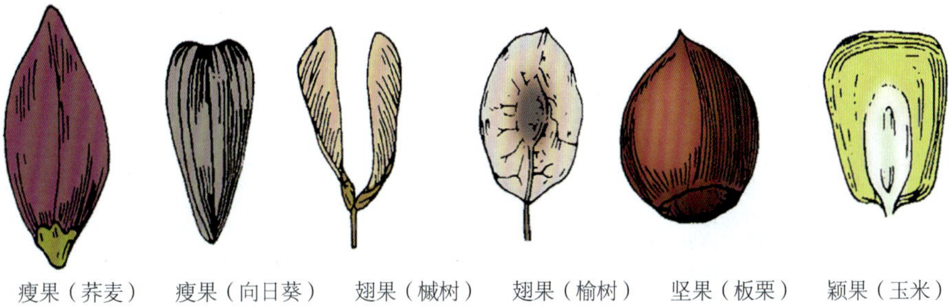


图5-25　单果之闭果的主要类型

### （1）裂果

蒴果（capsule）　由复雌蕊发育而来，具多粒种子的一类开裂干果。不同植物的蒴果成熟时的开裂方式可能不同，常见的有：室背开裂，即沿心皮的背缝线裂开，如棉、百合、鸢尾等；室间开裂，即沿心皮相接处的隔膜裂开，如烟草等；室轴开裂，即果皮外侧沿心皮的背缝线或腹缝线相接处裂开，但中央的部分隔膜仍与轴柱相连而残存，如牵牛、曼陀罗等；盖裂，即果实中上部环状横裂成盖状脱落，如马齿苋、车前等；孔裂，即果实成熟时，每一心皮顶端裂一小孔，以散发种子，如虞美人、金鱼草等。

荚果（legume）　由单雌蕊发育成的果实。荚果成熟时，果皮裂成两瓣，如大豆等。

角果（silicle silique）　由2个心皮联合发育、具假隔膜且为侧膜胎座的果实。角果成熟时，果皮沿腹缝线处开裂，假隔膜留存，如十字花科植物的果实。

分果（schizocarp）　由2枚或2枚以上心皮构成的复雌蕊的子房发育而成，具2个或数个子室。果实成熟时，子室分离成若干各含一粒种子的分果瓣，仍属不裂干果。胡萝卜、芹菜等的分果由2枚心皮构成的下位子房发育而成，成熟时分离为2个分果瓣，分悬于中央果柄的上端，常称为双悬果，双悬果为伞形科植物的主要特征之一。苘麻等的果实是由多个心皮组成的果实，成熟时可分为多个分果瓣。

蓇葖果（follicle）　由离生单雌蕊发育而来的果实，成熟时，沿一条缝线裂开（背缝线或腹缝线），如飞燕草、梧桐等。

### （2）闭果

瘦果（achene）　瘦果可由1～3个心皮组成的上位子房或下位子房发育而来，内含一粒种子。成熟时，果皮革质或木质，容易与种子分离。1心皮瘦果，如白头翁，2心皮瘦果，如向日葵，3心皮瘦果，如荞麦。

颖果（cariopsis） 禾本科植物特有的果实类型。由2～3个心皮组成，含一粒种子，果皮和种皮愈合，不能分离，如小麦、玉米等的果实。

坚果（nut） 通常由复雌蕊发育而成，含1粒种子且果皮坚厚的一种不裂干果，如板栗、栓皮栎等。

翅果（samara） 由单雌蕊或复雌蕊的上位子房形成的一种不裂干果。果皮的一部分向外扩延成翼翅，如枫杨（*Pterocarya stenoptera* DC.）、榆树（*Ulmus pumila* L.）等的果实。

## （二）聚合果

聚合果（aggregate fruit）是指在一朵花中，由离生单雌蕊分别独立发育而成的果实类型。即每一离生雌蕊各发育成一个单果（小果），根据组成聚合果的单果类型可将其分为聚合瘦果（如草莓等）、聚合核果（如悬钩子等）、聚合坚果（如莲等）和聚合蓇葖果（如八角、梧桐、芍药）等（图5-26）。

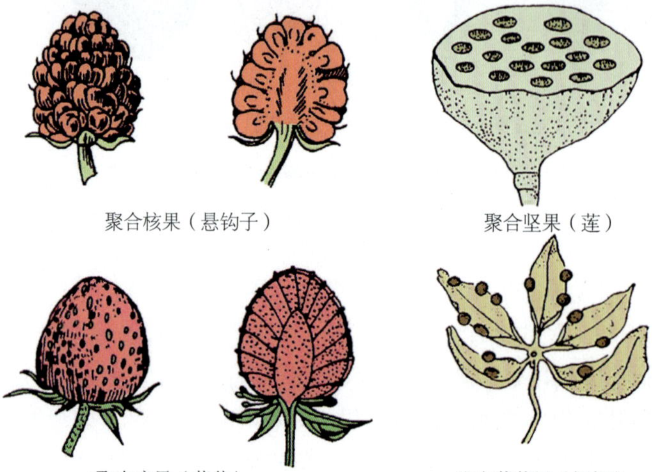


图5-26 聚合果类型

## （三）复果

复果（multiple fruit）又称为聚花果，是由整个花序发育而成的果实类型。例如，桑葚来源于一个雌花序，各花的子房发育成一小坚果，包藏于肥厚多汁的花萼内。菠萝的果实是由许多花聚生在肉质花轴上发育而成。无花果是由隐头花序发育而成的果实类型，其肉质花序轴内陷成球囊状，囊的内壁上着生若干小坚果（图5-27）。

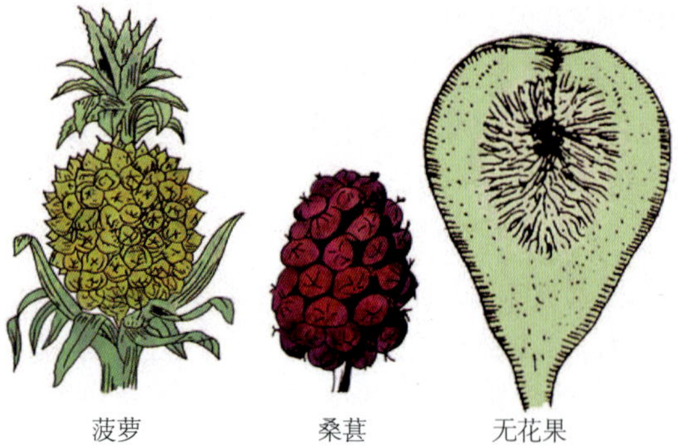


图5-27 复果（聚花果）

# 第二节 被子植物的分类原则

已有的植物化石研究资料表明，被子植物似乎是在距今1.4万年前的白垩纪突然同时兴起的。现行被子植物的分类，在参照零星的化石资料的同时，主要根据现存被子植物的形态学特征，尤其是花和果实的形态学特征，有时也参照植物的解剖结构等的特点来进行分类。近几十年来，染色体的形态、组成和数目、生物化学成分和分子系统学的研究成果，对被子植物某些科、属的分类和系统位置的明晰起到重要作用，更有利于反映出植物间的亲缘关系。

根据多数学者的观点，被子植物的形态结构与生理功能，特别是花和果实向着更加经济、高效、适应多种环境、有利于传宗接代和种族繁衍的方向演化发展，由此总结出了有关被子植物特征性状的一般演化规律和分类原则（表5-1）。

**表5-1 被子植物特征性状演化的一般规律**

| 项目 | 初生的、原始的性状 | 次生的、较进化的性状 |
|---|---|---|
| 茎 | 1. 木本<br>2. 直立<br>3. 无导管只有管胞<br>4. 具环纹、螺纹导管<br>5. 同心维管束 | 1. 草本<br>2. 缠绕<br>3. 有导管<br>4. 具梯纹、网纹、孔纹导管<br>5. 散生维管束 |
| 叶 | 6. 常绿<br>7. 单叶、全缘<br>8. 互生（螺旋状排列） | 6. 落叶<br>7. 叶形复杂化、有各种缺刻、复叶<br>8. 对生或轮生 |
| 花 | 9. 花单生<br>10. 有限花序<br>11. 两性花<br>12. 雌雄同株<br>13. 花部呈螺旋状排列<br>14. 花的各部多数而不固定<br>15. 花被同形，无花萼、花冠之分<br>16. 花部离生（离瓣花、离生雌蕊、离生心皮）<br>17. 整齐花<br>18. 虫媒花<br>19. 子房上位<br>20. 花粉粒具单沟<br>21. 胚珠多数<br>22. 边缘胎座、中轴胎座 | 9. 花组成花序<br>10. 无限花序<br>11. 单性花<br>12. 雌雄异株<br>13. 花部呈轮状排列<br>14. 花的各部数目不多，有定数（3、4或5）<br>15. 有萼片和花瓣分化，单被花或无被花<br>16. 花部合生（合瓣花、具有各种形式结合的雄蕊、合生心皮）<br>17. 不整齐花<br>18. 风媒花<br>19. 子房下位<br>20. 花粉粒具3沟或多个萌发孔<br>21. 胚珠少数、定数<br>22. 侧膜胎座、特立中央胎座 |
| 果实 | 23. 聚合果、单果<br>24. 真果 | 23. 聚花果<br>24. 假果 |
| 种子 | 25. 有胚乳<br>26. 胚小，直伸，子叶2枚 | 25. 无胚乳，子叶储藏营养物质<br>26. 胚弯曲或卷曲，子叶1枚 |
| 生活型 | 27. 多年生<br>28. 绿色自养植物 | 27. 一年生<br>28. 寄生、腐生植物 |

应当指出，不能简单地根据植物的某一性状来判断植物的进化地位，应当联系各种性状综合地加以分析。因为某种植物的各种性状在演化上并不是同步的，往往同一植物体上有的为进化性状而有的却保留着原始的性状。例如，苹果下位子房是进化的，雄蕊多数则是原始的。再如，对于一般植物而言，两性花、胚珠多数、胚小是原始的性状，而在兰科植物中却是进化的标志。

# 第三节 被子植物的分科概述

按照克朗奎斯特系统（参见第四节）被子植物分为双子叶植物纲（Dicotyledoneae）（木兰纲，Magnoliopsida）和单子叶植物纲（Monocotyledoneae）（百合纲，Liliopsida）两个纲，它们的主要区别如表5-2所示。

**表5-2 双子叶植物纲与单子叶植物纲的主要特征比较**

| 项目 | 双子叶植物纲（木兰纲） | 单子叶植物纲（百合纲） |
| --- | --- | --- |
| 胚 | 具2片子叶（极少数1片、3片或4片） | 仅含1片子叶（或有时胚不分化） |
| 根 | 主根发达，多为直根系 | 主根不发达，须根系 |
| 茎 | 维管束作环状排列，具形成层，有次生生长和次生结构 | 维管束散生或呈环状排列，无形成层，无次生生长和次生结构 |
| 叶 | 具网状脉 | 具平行脉或弧形脉 |
| 花 | 花部常5或4基数，花粉粒具3萌发孔 | 花部常3基数，花粉粒具单个萌发孔 |

实际上，上述这些特征的区别只是相对的、综合的，有些特征常有交错现象。例如，双子叶植物中的毛茛科中有具1枚子叶、须根系、维管束散生的植物，单子叶植物天南星科、百合科等的某些植物的叶具网状脉，以及双子叶植物木兰科和单子叶植物禾本科的花粉都具有单个萌发孔等。

## 一、双子叶植物纲

### （一）木兰目（Magnoliales）

木本，单叶，托叶有或无。花常两性，单生或为聚伞花序，花托显著，花部螺旋状排列至轮状排列；虫媒花；花被多为3基数；雄蕊常为多数，向心发育；心皮多数离生或少至1个。胚乳丰富，胚小。花粉单（沟）孔、无孔（沟）或双孔。有的属种无导管。本目有10科3000种，我国有木兰科（Magnoliaceae）、八角科（Illiciaceae）、五味子科（Schisandraceae）、水青树科（Tetracentranceae）、番荔枝科（Annonaceae）等8科。

木兰科（Magnoliaceae）* ⚥ $P_{6\sim15}A_{\infty}\underline{G}_{\infty:1}$

主要特征：木本。单叶互生，全缘，托叶包被芽，早脱落，枝具环状托叶痕；花单生；两性，辐射对称，常同被；雄蕊及雌蕊多数、分离、螺旋状排列于柱状花托上，子房上位。聚合蓇葖果穗状，稀为翅果；种子有胚乳。

木兰科共有15属，约335种，分布于亚洲的热带和亚热带地区，少数在北美洲南部和中美洲。我国有11属，165种，主产于华南和西南。

木兰科是现存被子植物中最原始的类群之一，有不少是孑遗种，且处于濒危或稀有状态，已被列入国家重点保护植物名录。重要属有木兰属、含笑属、木莲属和鹅掌楸属。

木兰属（*Magnolia*） 托叶与叶柄联合；花大、顶生，花被多轮，雌蕊群、雄蕊群紧接；蓇葖果，背缝开裂。常见植物有：玉兰（*M. denudata* Desr.），落叶乔木，早春开花，先花后叶，花白色。各地均有栽培供庭院观赏，花蕾药用（图5–28）。紫玉兰（辛夷）（*M. liliflora* Desr.），落叶小乔木，花紫色或紫红色。各地栽培供观赏。广玉兰（洋玉兰、荷花玉兰）（*M. grandiflora* L.），叶常绿革质，下表皮密被锈色绒毛，花大，白色芳香。原产北美洲，为著名庭院观赏树种。厚朴（*M. officinalis* Rehd. et Wils.），落叶乔木，叶大、顶端圆，集生枝顶。我国特产，分布于长江流域及华南。树皮、根皮、花、果及芽含厚朴酚可入药。凹叶厚朴［*M. officinalis* subsp. *biloba*（Rehd. et Wils.）Cheng et Law.］，叶二裂，产我国东南各省，药用。

图5–28 木兰科

本科其他重要的属种有如下几种。含笑属（*Michelia*）：常绿乔木或灌木，托叶与叶柄分离，花单生叶腋，常不满开，有雌蕊群柄。常见的植物有含笑花［*M. figo*（Lour.）Spreng.］、白兰花（*M. alba* DC.）和黄兰（*M. champaca* L.）等。鹅掌楸属（*Liriodendron*）：落叶乔木，叶分裂，先端截形，具长柄，翅果不开裂。白垩纪至第三纪广布于北半球，现仅存2种，如北美鹅掌楸（百合木）（*L. tulipifera* L.）和鹅掌楸（马褂木）［*L.chinensis*（Hemsl.）Sarg.］，为世界珍贵观赏树木。

## （二）樟目（Laurales）

木本，具芳香油细胞。单叶全缘，常互生，无托叶；虫媒花，花3基数；花被同形，离生；花药瓣裂；雌蕊1～2个，仅1个成熟，常为核果；内胚乳有或无。本目共有8科2500余种，我国有樟科（Lauraceae）和腊梅科（Calycanthaceae）等。

樟科（Lauraceae）* ⚥ $P_{3+3}\ A_{3+3+3+3}\ \underline{G}_{(3:1)}$

主要特征：木本，具油腺，单叶互生，革质全缘，无托叶，三出脉或羽状脉。花两性整齐3基数，轮状排列，花药瓣裂；子房上位，1室；核果。种子无胚乳。

本科约45属，2000余种，主产热带和亚热带。我国产24属，430余种，多产于长江流域及以南各省。樟科植物为我国南部常绿阔叶林的主要树种。

樟属（*Cinnamomum*） 叶常为3出脉，发育雄蕊3轮，基部有腺体，圆锥花序，萼常脱落。樟［*C.camphroa*（L.）Pres.］，叶离基3出脉，脉腋具腺体，主产长江以南，为重要用材和绿化树种，其木材及根可提取樟脑，枝、叶、果可提樟油（图5-29）。

本科还有许多是优良的材用、油料和药用树种。例如，楠属（*Phoebe*）的浙江楠（*P. chekiangensis* C.B.Shang）和闽楠［*P. bournei*（Hemsl.）Yang.］均为国家二级保护植物，材质优良；润楠属（*Machilus*）的多种植物和檫木［*Sassafras tzumu*（Hemsl.）Hemsl.］等均为优良的材用树种，肉桂（*Cinnamomum cassia* Presl）的树皮为著名的药材和调料，山苍子［*Litsea cubeba*（Lour.）Pers.］和山胡椒［*Lindera glauca*（Sieb. et Zucc.）Bl.］的花、叶、果可提取芳香油，乌药［*Lindera aggregata*（Sima）Kosterm.］的根入药。

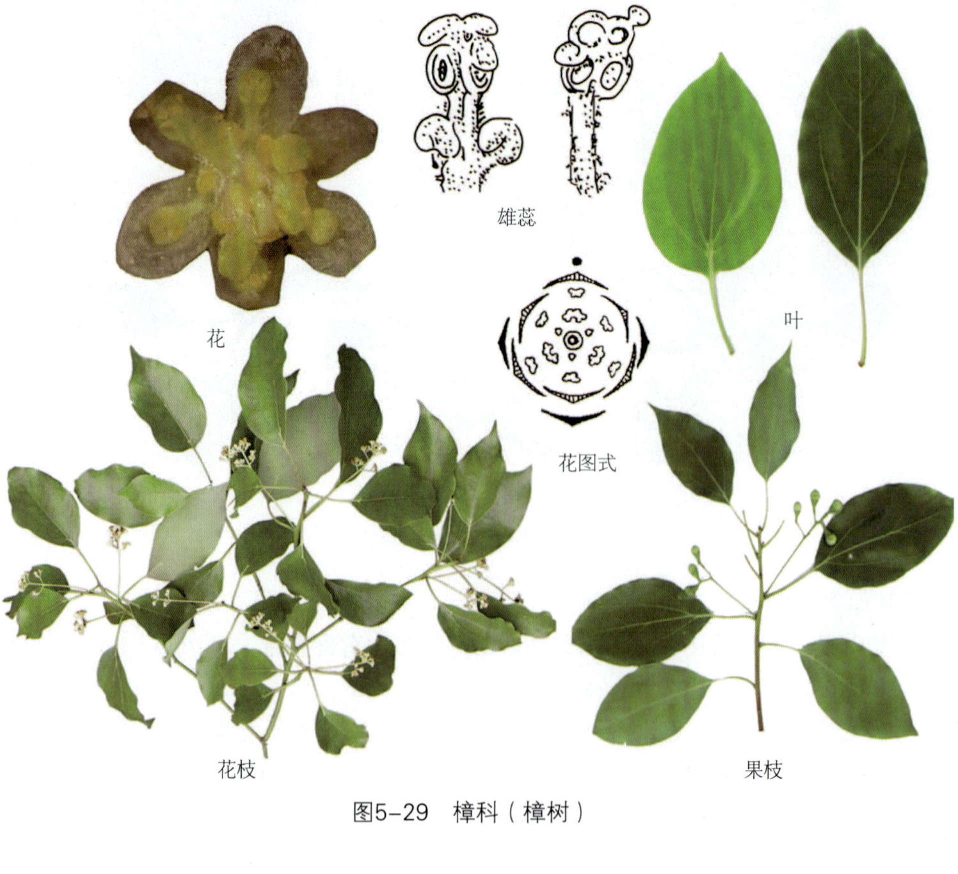


图5-29 樟科（樟树）

## （三）毛茛目（Ranales）

常为草本或藤本，罕为灌木。花两性或单性，多为辐射对称，少数两侧对称，双被或单被；雄蕊多数、分离，螺旋状排列或定数而与花瓣对生；心皮多数，离生，螺旋状排列或轮生；种子胚乳丰富。

本目包括小檗科（Berberidaceae）、大血藤科（Sargentodoxaceae）、毛茛科（Ranunculaceae）、木通科（Lardizabalaceae）、防已科（Menispermaceae）、马桑科（Coriariaceae）和清风藤科（Sabiaceae）等8科。

毛茛科（Ranunculaceae）$* ⚥ \uparrow K_{3\sim\infty}\ C_{3\sim\infty}\ A_{\infty}\ \underline{G}_{\infty\sim1}$

主要特征：草本；花两性，整齐，多为5基数，花萼和花瓣均离生；雄蕊和雌蕊多数、离生、螺旋状排列于膨大突起的花托上；子房上位；聚合瘦果或聚合蓇葖果。

毛茛科有50属，2000多种，广布世界各地，多见于北温带与寒带。我国有43属，700余种。本科植物含有各种生物碱，故有许多有毒植物、药用植物和农药植物。

毛茛属（*Ranunculus*） 直立草本，叶互生，花黄色或白色，花瓣基部常有蜜腺，聚合瘦果。本属约600种，我国有80余种，南北均产。毛茛（*R. japonicus* Thunb.），基生叶3深裂，植株密被白色柔毛，聚合果近球形，广布于我国各地，生于沟边和田边。全草外用为发泡药，可治疗痁疾、关节炎，也可作土农药（图5-30）。茴茴蒜（*R. chinensis* Bunge.），基生叶为三出复叶，植株被长硬毛。全草含原白头翁素，有毒，供药用。石龙芮（*R. sceleratus* L.），植株近无毛，叶3深裂，每裂片再3～5浅裂，聚合果呈长圆形，生沟边湿地。全株有毒，入药能散淤化结，嫩叶捣汁可治恶疮痈肿，也治毒蛇咬伤。

图5-30 毛茛科（石龙芮）

本科其他重要的属种有如下几种。铁线莲属（*Clematis*）：攀缘草本或木质藤本，羽状复叶对生，萼片花瓣状，瘦果集成头状，具宿存的羽毛状柱头，如毛蕊铁线莲（*C. lasiandra* Maxim）等。其他，如黄连属（*Coptis*）的黄连（*C. chinensis* Franch），根状茎黄色，可提取黄连素，可治疗肠炎、痢疾等症。乌头属（*Aconitum*）的乌头（*A. carmichaeli* Debx.），块根即中药乌头，入药能祛风镇痛，子块根经炮制为中药“附子”，有回阳补火，散寒除湿之效。此外，侧金盏花属（*Adonis*）、升麻属（*Cimicifuga*）、唐松草属（*Thalictrum*）、金莲花属（*Trollius*）、白头翁属（*Pulsatilla*）等均含有不少著名的药用植物，具有重大的经济价值。

### （四）壳斗目（Fagales）

木本，单叶互生，具托叶；花单性，风媒，雌雄同株，单被花，雄花为柔荑花序；雄蕊与花被对生，雌蕊由2~3心皮合生，外具总苞，子房下位，悬垂胚珠；坚果，种子无胚乳。

本目含3科。我国有壳斗科（Fagaceae）和桦木科（Betulaceae）。

壳斗科（Fagaceae）$* ♂: K_{(4\sim8)}C_0A_{4\sim20}$；$♀: K_{(4\sim8)}C_0\overline{G}_{(3\sim6:3\sim6:2)}$

主要特征：木本；单叶互生，有托叶，羽状脉直达叶缘；雌雄同株或异株，无花瓣，雄花为柔荑花序，子房下位。总苞木质化成壳斗（cupule），部分或完全包被坚果。

壳斗科共8属，900余种，主要分布于热带与北半球的亚热带。我国7属，约320种。该科植物是构成亚热带常绿阔叶林和温带落叶阔叶林的主要成分。材质坚韧，为建筑等的良好用材。种子统称“橡子”，含淀粉；树皮及壳斗可提制栲胶，用以鞣革。

栗属（*Castanea*） 落叶乔木，小枝无顶芽。雄花序直立，总苞完全封闭，外面密生针状长刺，坚果1~3枚。全世界共11种，我国有3种。栗（*C. mollissima* Bl.），又名中国栗，为著名木本粮食植物，主产于华北、华中和西南等地区，为山区重要果树。栗果为著名干果，味甜，营养价值高；栗材质优良，可作建筑用材（图5-31）。

图5-31 壳斗科

本科其他重要的属种有：栎属（*Quercus*），落叶乔木；雄花序下垂，雌花1～2朵簇生；坚果单生，壳斗不封闭。本属的栓皮栎（*Q. variabilis* Bl.）、麻栎（*Q. acutissima* Carr.）、槲栎（*Q. dentata* Thunb.）等，都是重要的工业原料植物。此外，水青冈属（*Fagus*）的水青冈（*F. longipetiolata* Seem.）、栲属（*Castanopsis*）的苦槠（*C. sclerophylla* Schott.）和红栲（*C. hystrix* Miq.）等均为重要的经济林木。

## （五）杨柳目（Salicales）

本目仅杨柳科1科，形态特征同科。

杨柳科（Salicaceae）$*♂: P_0 A_{2\sim\infty}$；$♀: P_0 \underline{G}_{(2:1:\infty)}$

木本；单叶互生，有托叶；花单性，雌雄异株，稀同株，柔荑花序，常先叶开放，花无花柄和花被，每花有1枚膜质苞片，具由花被转化来的花盘或蜜腺，雄蕊2至多数；花粉有2种类型：一类是无萌发孔，外壁薄，具模糊的颗粒状雕纹的杨属类型，一是花粉具2或3（拟孔）沟，外壁具显著网状雕纹的柳属类型；雌蕊子房上位、2心皮、侧膜胎座，胚珠倒生、多数、合点端受精；蒴果、瓣裂，种子小，由珠柄长出多数柔毛，无胚乳；染色体：*X*=19、22（图5-32）。

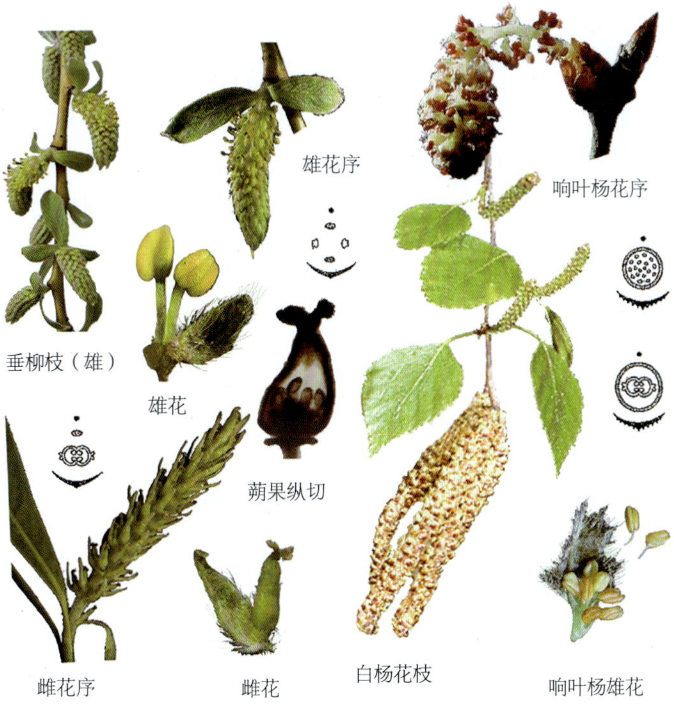


图5-32 杨柳科

本科有3属，620多种，主产于北温带，中国产3属，320余种，全国分布。

杨属（*Populus*） 茎皮光滑或具纵沟，髓心五角状。芽有鳞片数枚。单叶互生，多为卵圆形、卵圆状披针形或三角状卵形。雌雄异株，柔荑花序下垂。花先叶开放，无花被，有杯状花盘，雄蕊常多数。蒴果，种子小，具白色绵毛。杨属有100多种，广布于欧洲、亚洲、北美洲大陆。中国有约57种。毛白杨（*Populus tomentosa* Carr.），落叶乔木，叶基部心形或平截，短枝的叶背面绒毛脱落，树皮灰绿色至灰白色，为常见的行道树。银白杨（*Populus alba* L），幼枝、叶柄、叶背面均密被白色绒毛，树皮白色，树冠宽大，常作行道树。此外，还有山杨、小叶杨、加杨、辽杨等。杨树是中国的主要造林树种。

柳属（*Salix*） 约500种。落叶灌木或乔木，少常绿，单叶长而尖，互生；花单性异株，无花被，每花有一苞片；雄蕊1～2或更多，花丝基部有腺体1～2枚；子房1室，有侧膜胎座，柱头2。本属主产北半球的温带地区，我国约200种，各省均产之。例如，杞柳（*S. purpurea* L.）和蒿柳（*S. viminalis* L.）、旱柳（*S. matsudana* Koidz.）等都有重要的价值。

## （六）石竹目（Caryophyllales）

草本，少数为肉质植物，叶对生或轮生；花两性，稀单性，辐射对称，花同被、异被或单被，花盘有或无；雄蕊定数，1～2轮，1轮者常与花被对生；子房上位，心皮合生，弯生胚珠，多数至1个，中轴胎座或特立中央胎座；胚弯曲，常具外胚乳。

本目含石竹科（Caryophyllaceae）、藜科（Chenopodiaceae）、商陆科（Phytolaccaceae）、紫茉莉科（Nyctaginaceae）、仙人掌科（Cactaceae）、番杏科（Aizoaceae）、粟米草科（Molluginaceae）、马齿苋科（Portulacaceae）、落葵科（Basellaceae）、苋科（Amaranthaceae）等11科。

石竹科（Caryophyllaceae）* ⚥ $K_{4\sim5}\ C_{4\sim5}\ A_{4\sim5+4\sim5}\ \underline{G}_{(2\sim5:1:\infty)}$

主要特征：草本，茎节部膨大；单叶，全缘，对生，基部常横向相连；花两性，辐射对称；花萼常宿存；雄蕊常为花瓣的2倍；子房上位，特立中央胎座，蒴果。

本科约70属，2000余种，广布全世界，尤以温带和寒带为多，我国有32属，近400种，全国各地均有分布。本科植物多为田间杂草，部分为观赏和药用植物。

石竹属（*Dianthus*） 花单生或为聚伞花序。萼片结合成筒，花瓣5，檐部和爪部分明，两者相交成直角；雄蕊10，2轮，花柱2，种子多数。本属分布于欧洲、亚洲和非洲，我国南北均产，大部分供观赏或药用。石竹（*D.chinensis* L），茎簇生，直立，上部分枝，叶线状披针形；萼下有4苞片，叶状开展，花白色或红色，常栽培供观赏和药用（图5-33）。此外，香石竹（康乃馨）（*D.caryophyllus* L.）、美国石竹（须苞石竹、美女石竹、什样锦）（*D.barbatus* L）、瞿麦（*D.superbus* L.）等均具有较高的观赏或药用价值。

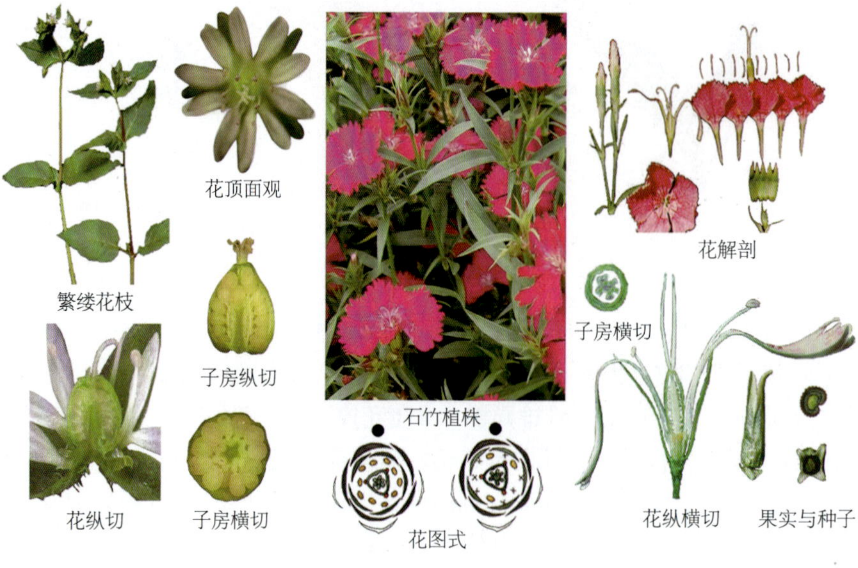


图5-33 石竹科

本科常见的植物有太子参（孩儿参）[*Pseudostellaria heterophylla*（Miq.）Pax.]，多年生草本，块根长纺锤形、肥厚，分布于我国华东、华中以北。块根入药，能健脾、补气、生津。簇生卷耳（*Cerastium caespitosum* Gilib.），草本，全体有短柔毛，花白色，花瓣顶端2裂，为路边常见杂草，亦可供药用。王不留行（麦蓝菜）[*Vaccaria segetalis*（Neck.）Garcke]，全株无毛，花粉红色，种子供药用，称“留行子”，能活血通经，消肿止痛，催生下乳，除华南外，广布全国。此外，本科还有许多栽培花卉，如满天星（*Gypsophila oldhamiana* Miq.）、剪秋罗（*Lychnis senno* Sieb. et Zucc.）等。

## （七）蓼目（Polygonales）

本目仅有蓼科（Polygonaceae），其特征与蓼科相同。

蓼科（Polygonaceae）$*$ ⚥ $P_{6\sim3}A_{3\sim9}\underline{G}_{(3\sim2:1:1)}$

主要特征：多为草本，茎的节部膨大；单叶互生，全缘，具膜质托叶鞘抱茎；花两性，单被，萼片花瓣状，子房上位；瘦果三棱形。

本科32属，1100余种，全球分布，主产北温带。我国产11属，200余种，分布于南北各地。本科植物大多生活于水边、湿地或高山潮润草甸之中，有“跋山涉水”科之称。

蓼属（*Polygonum*） 草本或藤本；花被多具色彩，常5裂，子房常三棱形，少数双凸镜形，瘦果短于萼片。本属600余种，广布于全球，我国有110余种。何首乌（*P. multiflorum* Thunb.），多年生草质藤本，地上茎称夜交藤，具块根，茎缠绕，多分枝，下部木质化，托叶鞘筒状；圆锥花序大而开展，瘦果三棱形，包于翅状花被内；我国南北各地均有分布，块根和藤茎可入药。虎杖（*P. cuspidatum* Sieb. et Zucc.），草本，茎中空，具散生红色或紫红色斑点，叶卵圆形，雌雄异株；根入药，称“九龙根”，有活血散淤、清热解毒等功效。蓼蓝（*P. tinctorium* Ait.），一年生草本。托叶鞘圆筒状，有长睫毛。穗状花序，瘦果卵形，有3棱。我国南北各地都有分布，多为栽培或为半野生状态。叶供药用，清热解毒，又可加工成靛青，作染料。本属还有多种药用植物，如拳参蓼（*P. bistorta* L.）、红蓼（*P. orientale* L.）、水蓼（辣蓼）（*P. hydropiper* L.）、杠板归（*P. perfoliatum* L.）等。

本科其他常见的属种有如下几种。大黄属（*Rheum*）：多年生粗壮草本，叶基生；萼片6，

图5-34 蓼科

内轮3枚果期不增大，雄蕊9（6），果有翅。大黄（*R. officinale* Baill.）、掌叶大黄（*R. palmatum* L.）等根茎作泻下药，可健胃。荞麦属（*Fagopyrum*）：草本；总状花序或密集的伞房花序；花萼5裂，果期不增大，瘦果3棱形，明显伸出宿存花萼之外。荞麦（*F. esculentum* Moench.），茎直立，红色。叶广三角形，基部心形。瘦果卵形。我国各地栽培，种子富含淀粉、蛋白质、多种矿质元素和维生素$B_1$，营养价值高，可食用或饲用（图5-34）。

## （八）山茶目（Theales）

木本，单叶互生；花多两性，辐射对称，双被花，五基数，覆瓦状排列，少数旋转状排列，雄蕊常多数，中轴胎座。

本目包括山茶科（Theaceae）、猕猴桃科（Actinidiaceae）、龙脑香科（Dipterocarpaceae）、藤黄科（Guttiferae）等18个科。

山茶科（Theaceae）$* \text{⚥}\ K_{4\sim\infty}\ C_{5,(5)}\ A_{\infty}\ \underline{G}_{(2\sim8:2\sim8)}$

主要特征：常绿木本，单叶互生，叶革质；花两性，整齐，5基数，花萼宿存；雄蕊多数，数轮排列，常花丝基部合生而成数束雄蕊，着生于花瓣上；子房上位，中轴胎座；常为蒴果。

本科有28属，700余种，主要分布于东亚。我国有15属，400余种，广泛分布于长江流域及南部各地的常绿阔叶林中。

山茶属（*Camellia*） 叶革质，边缘有锯齿，苞片与萼片形态常相似，但向内逐渐增大，覆瓦状排列；花瓣基部多少合生，雄蕊多数，2～6轮，外轮的花丝结合成一个长或短的筒，并与花瓣基部合生，内轮花丝分离，花药丁字形着生；子房上位，3～5室；蒴果，室背开裂；种子近球形或有棱角。本属约220种，分布于亚洲热带和亚热带地区；我国有190多种，主要分布于西南部至东南部。其中最有价值的有山茶（*C. japonica* L.）、茶［*C. sinensis*（L.）O. Kuntze］和油茶（*C. oleifera* Abel）等（图5-35）。

图5-35 山茶科

本科还有供观赏的厚皮香［*Ternstroemia gymnanthera*（Wight. et Arn.）Sprague］，供榨油的梨茶（*Camellia latilimba* Hu），供材用的木荷（何树）（*Shima superba* Gardn. et Champ.）和紫茎（*Stewartia sinensis* Rehd. et Wils.）等。

## （九）锦葵目（Malvales）

木本或草本，茎皮多纤维，单叶互生，具托叶，幼小植物具星状毛；花两性或单性，整齐，五基数，花萼镊合状排列，花瓣旋转状排列，雄蕊多数，多少合生，稀定数，子房上位，心皮多数至3，常合生，胚珠一至多数，常有胚乳。

本目包括椴树科（Tiliaceae）、锦葵科（Malvaceae）、杜英科（Elaeocarpaceae）、梧桐科（Sterculiaceae）和木棉科（Bombacaceae）5个科。

锦葵科（Malvaceae）$* ⚥ K_5 C_5 A_\infty \underline{G}_{(3\sim\infty:3\sim\infty)}$

主要特征：纤维植物，单叶互生，常有星状毛，有托叶；花两性、整齐、五基数，具副萼；单体雄蕊，花药1室；心皮3～20，合生或分离。子房上位，中轴胎座，每室具1至多胚珠，蒴果或分果。

本科有75属，1000～1500种，分布于温带及热带。我国有16属，80多种。本科植物常用作纤维、药用、食用和观赏植物，其中尤以纤维为主。

棉属（*Gossypium*） 一年生灌木状草本。叶掌状分裂，副萼3或5，萼呈杯状；蒴果3～5瓣，室背开裂，种子倒卵形或有棱角，种子表皮细胞延伸成纤维。陆地棉（*G. hirsutum* L.），枝常疏生长柔毛。叶3～5浅裂，花黄色，副萼3，有7～13细长齿裂，原产美洲，我国产棉区普遍栽培。棉纤维较优良，供纺织用，种子可榨油，根供药用，可治慢性气管炎（图5-36）。我国南方广泛栽培的还有树棉（*G. arboreum* L.）和海岛棉（*G. barbadense* L.）等。

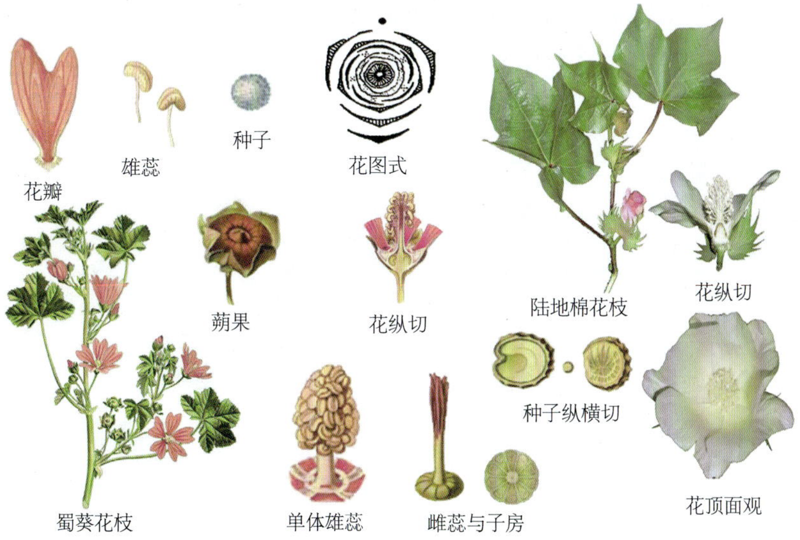


图5-36 锦葵科

本科重要的属种有：木槿属（*Hibiscus*），木本或草本；花萼5齿裂，花冠钟形，单体雄蕊大，心皮5，结合，花柱分枝5，较长。种子肾形。例如，木槿（*H. syriacus* L.）、木芙蓉（*H. mutabilis* L.）、吊灯芙蓉［*H. schizopetalus*（Mast.）Hook. f.］、朱槿（*H. rosa-sinensis* L.）和红秋葵［*H. coccineus*（Medicus）Walt.］等都是常见的观赏植物。

本科常用作纤维类植物的有苘麻（*Abutilon theophrasti* Medicus）和大麻槿（*Hibiscus cannabinus* L.）等，其纤维为编织等的重要原料；本科食用植物有黄槿（*H. tiliaceus* L.）和野葵（*Malva verticillata* L.）等；冬葵籽、苘麻和蜀葵［*Althaea rosea*（L.）Cavan.］的种子、药蜀葵（*A. officinalis* L.）的根和拔毒散（*Sida szechuensis* Matsuda）的叶等可入药；蜀葵、黄蜀葵［*Abelmoschus manihot*（L.）Medic］、锦葵（*Malva sinensis* Cavan.）等均为常见的观赏植物。

## （十）堇菜目（Violales）

木本或草本，叶互生或对生，托叶常存；花常两性，整齐，双被花，五基数；雄蕊与花瓣同数或较多，雌蕊由3个（偶5个）心皮组成侧膜胎座，子房上位，胚珠多数，具2层珠被，种子常有胚乳。

本目有堇菜科（Violaceae）、葫芦科（Cucurbitaceae）、大风子科（Flacourtiaceae）、西番莲科（Passifloraceae）、红木科（Bixaceae）、柽柳科（Tamaricaceae）、旌节花科（Stachyuraceae）、番木瓜科（Caricaceae）、秋海棠科（Begoniaceae）等24科。

葫芦科（Cucurbitaceae）*♂：$K_{(5)}C_{(5)}A_{1+(2)+(2)}$；*♀：$K_{(5)}C_{(5)}\overline{G}_{(3:1)}$

主要特征：草质藤本，具双韧维管束，茎卷须侧生于叶腋，单叶互生、掌裂；花单性、整齐，五基数，花萼合生具萼筒，聚药雄蕊，花丝两两结合，1分离，花药折叠，雌蕊3心皮，子房下位，侧膜胎座，常为瓠果。

本科约90属，700余种，主要分布于热带和亚热带，我国产20属，130种，引种栽培7属，约30种。葫芦科有人们食用的多种瓜果，经济价值极高。

南瓜属（*Cucurbita*） 草质粗壮藤本，卷须分枝，叶具长硬毛，花冠钟状，5中裂。原产于美洲，我国4种。南瓜［*C. moschata*（Duch.）Poir.］，果柄有槽不发达，现世界广为栽培，作蔬菜、杂粮和饲料植物，种子药用（图5-37）。

图5-37　葫芦科

葫芦［*Lagenaria siceraria*（Molina）Standl］，一年生攀缘草本，果下部大于上部，中部缢细，成熟后果皮木质，可做各种容器。常见栽培的还有3个变种：瓠子［*L.siceraria* var. *hispida*（Thunb）Hara］，果实长圆柱形，皮绿白色，果肉白色，嫩时作蔬菜。小葫芦［*L.siceraria* var. *microcarpa*（Naud.）Hara］，果实形状与葫芦相似，但长不足10cm，植株结果较多；果实供药用，能利尿消肿，种子油可制皂。瓠瓜［*L.siceraria* var. *makinoi*（Nakai）Hara］，果实梨形，通常成熟后剖开作水瓢用，嫩时亦可作蔬菜食用；果皮晒干入药，利尿消肿。

香瓜（*Cucumis melo* L.），为著名水果，栽培已久，品种多，如哈密瓜、白兰瓜、菜瓜和黄金瓜等。黄瓜（*C. sativas* L.）原产于印度、南亚与非洲，现广泛栽培，为著名蔬菜。

丝瓜［*Luffa cylindrical*（L.）Roem.］，嫩果可炒食，成熟后维管束网称丝瓜络，供药用和洗涤器具用。西瓜［*Citrullus lanatus*（Thunb.）Mansfeld］，原产于亚洲的热带，栽培做夏季消暑水果，有些品种专供食用瓜子（图5-37）。

本科还有多种药用植物，如绞股蓝［*Gynostemma pentaphyllum*（Thunb.）Makino］，卷须常2裂或不分裂，叶鸟足状，有小叶柄。常人工栽培，内含“人参皂碱”，入药，有强身健脑之功效。栝楼（*Trichosanthes kirilowii* Maxim.），根状茎肥厚，圆柱状。根制品称“天花粉”，果称“栝楼实”，果皮为栝楼皮，种子的中药名为“栝楼仁”，都供药用，有解热止渴、利尿、镇咳祛痰等作用。分布于我国北部至长江流域各地。

### （十一）白花菜目（Capparales）

草本或木本，单叶或掌状复叶，多数无托叶；花整齐或两侧对称，雄蕊多数至定数；心皮2，合生，侧膜胎座，子房常有柄；胚弯曲折叠，一般无胚乳。

本目包括白花菜科（Capparidaceae）、十字花科（Cruciferae，Brassicaceae）、辣木科（Moringaceae）等5个科，约4000种。我国有白花菜科、十字花科和辣木科。

十字花科（Cruciferae，Brassicaceae）$* ⚥\ K_4\ C_4\ A_{4+2}\ \underline{G}_{(2:2:1\sim\infty)}$

主要特征：草本，常有辛辣汁液，单叶互生，无托叶；总状花序，花两性，整齐，四基数，十字花冠；四强雄蕊；心皮2，合生，侧膜胎座，具假隔膜；角果；种子无胚乳。胚弯曲、折叠，其折叠方式有：子叶缘倚，子叶直叠，胚根靠附于子叶的边缘；子叶背倚，子叶横叠，胚根贴附于子叶的背面；子叶对折，子叶合抱胚根。种子无胚乳（图5-38）。

本科有300属，约3000种，广布于世界各地，以北温带为多。我国有57属，300多种。有许多种类是重要的蔬菜。

芸苔属（*Brassica*） 一两年生草本。单叶，基生叶具柄，茎生叶无柄；总状花序，花两性，花瓣黄色，基部具爪，长角果，具喙（顶端不开裂的部分），圆柱形，种子近球形，子叶对折。本属约有100种。常见植物有大白菜，原产我国，两年生草本，第一年仅长抱心的基生叶，翌年春抽出花茎，开花结实，花黄色，为北方冬季的主要蔬菜。油菜，种子含油40%，是我国重要的食用油料作物之一，嫩茎叶可菜用（图5-38）。青菜（*B. chinensis* L.）、芥菜［*B. juncea*（L.）Czern. et Coss.］、卷心菜（*B. oleracea* var. *capitata* L.）、花椰菜（*B. oleracea* var. *botrytis* L.）、羽衣甘蓝（*B. oleracea* var.*acephata* f. *tricolor* Hort.）等是重要的蔬菜，其他可食用的蔬菜还有蔊菜［*Rorippa indica*（L.）Hern］等。

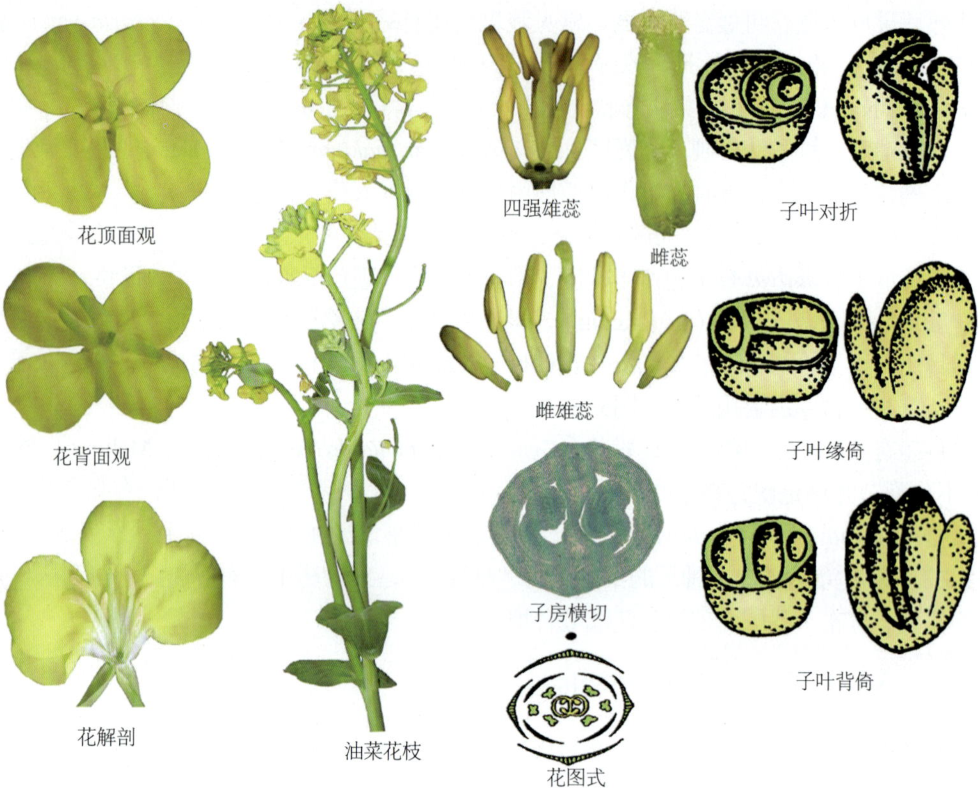


图5-38 十字花科

萝卜属（*Raphanus*） 叶大，羽状分裂，花淡红色或紫色，长角果呈串珠状，不开裂，具长喙。本属约有10种。萝卜（*R.sativus* L.）具肉质根，品种很多；红萝卜（*R.sativus* f. *sinoruber* L.）、大青萝卜（*R. sativus* var. *acanthiformis* L.）为重要的根菜类等。

此外还有：荠菜［*Capsella bursa-pastoris*（L.）Medic.］，草本，基生叶丛生、大头羽状分裂，总状花序，花白色，短角果倒三角形，子叶背倚。全国均有分布，嫩的茎叶可作蔬菜，全草也可入药。独行菜（*Lepidium apetalum* Willd.），无花瓣，雄蕊2，短角果圆扇形，每室具1种子。种子可入药，具有利尿、止咳、化痰的作用。松蓝（*Isatis indigotica* L.），花黄色，短角果长圆形，边缘具翅，仅具1种子，栽培药材，根称板蓝根，叶称大青叶，均可入药，具有清热解毒的作用。此外，紫罗兰（*Matthiola incana* R.Br.）等，可供观赏。

### （十二）蔷薇目（Rosales）

木本或草本；单叶或复叶，互生，稀对生，常有托叶；花两性，稀单性，辐射对称，花部五基数，轮生；雄蕊多数至定数；子房上位至下位，心皮多数离生到合生或仅1心皮，胚珠多数至少数。

本目包括海桐花科（Pittosporaceae）、八仙花科（Hydrangeaceae）、茶子科（Crossulariaceae）、景天科（Crassulaceae）、虎耳草科（Saxifragaceae）、蔷薇科（Rosaceae）等24科。

蔷薇科（Rosaceae）$* \text{⚥} K_{(5)} C_{5,0} \quad A_{5\sim\infty} \underline{G}_{\infty\sim1}$；$\overline{G}_{(4\sim5:4\sim5)}$

主要特征：茎常有刺及皮孔，叶互生，常有托叶；花两性、蔷薇花冠、周位花，整齐、五基数，轮状排列，花被与雄蕊基部常结合成杯形、盘形或壶形花筒；花托隆凸或凹陷，果实为聚合蓇葖果、聚合瘦果、梨果或核果。

本科有110余属，3400余种，主产于北半球温带。我国有55属，900余种，全国各地均产。根据花托的形状、子房位置、心皮数和果实特征分为4个亚科，各亚科形态特征比较如表5-3所示。

**表5-3　蔷薇科各亚科主要形态特征比较**

| 科 | 绣线菊亚科 | 蔷薇亚科 | 苹果亚科 | 李亚科 |
|---|---|---|---|---|
| 叶 | 单叶，稀复叶；常无托叶 | 复叶，稀单叶，托叶发达 | 单叶、复叶，有托叶 | 单叶，有托叶 |
| 花 | 稀合生，花托平碟状，心皮2～5枚分离，子房上位 | 花托隆起成头状或凹下呈囊袋状，心皮多数，分离，子房上位 | 花托深凹，参与果实形成，心皮2～5枚联合，子房下位 | 花托凹陷呈杯状，心皮1枚，子房上位 |
| 果 | 聚合蓇葖果，稀蒴果 | 聚合瘦果或小核果 | 梨果 | 核果 |

Ⅰ. 绣线菊亚科（Spiraeoideae）$* \text{⚥} K_{(5)} C_5 A_\infty \underline{G}_{5:1}$

主要特征：灌木，稀草本；单叶，稀复叶，多无托叶；心皮常5，分离或基部多少合生；子房上位；聚合蓇葖果，稀蒴果。

绣线菊属（*Spiraea*）　小灌木；花筒浅杯状，伞房、伞形或圆锥花序；聚合蓇葖果（图5-39）。主要分布在我国，南北各地均产，常栽培供观赏。绣球绣线菊（*S. blumei* G.Don），叶菱状卵形、3浅裂，背面灰白色，花白色。我国大部分地区均产，为园林习见花木。中华绣线菊（*S. chinensis* Maxim.）叶两面有毛，分布很广，为庭院常见栽培植物。此外，珍珠梅（*S. blumei* G. Don）、笑靥花（*S. proxifolia* Sieb. et Zucc.）和珍珠绣线菊（*S. thunbergii* Sieb. et Bl.）等，常作树坛或花篱。

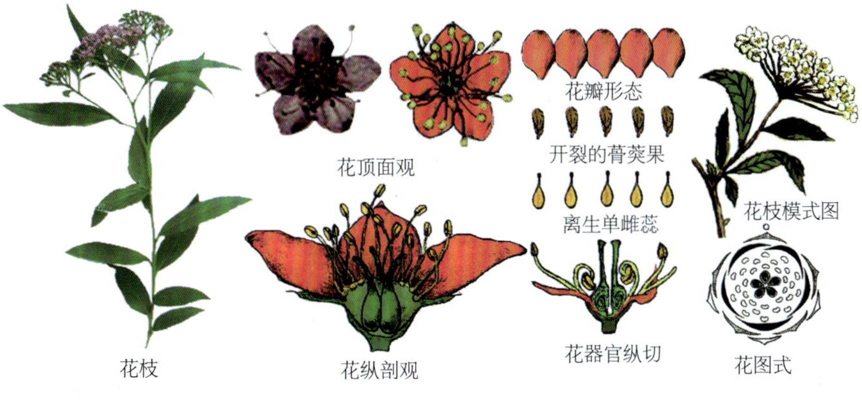


图5-39　绣线菊亚科（金银根等）

本亚科常见的还有华空木（*Stephanandra chinensis* Hance），其叶缘有重锯齿，锯齿直达尾状的先端。圆锥花序。产长江流域。茎皮纤维可造纸，根入药。白鹃梅［*Exochorda racemosa*（Lindl.）Rehd.］，雄蕊5，心皮结合，蒴果，有5棱脊。产于江苏南部、安徽、浙江、江西东北部、河南东南部及湖北。枝叶秀丽，花洁白，为著名花木；根及树皮入药。

Ⅱ. 蔷薇亚科（Rosoideae）* ⚥ $K_{(5)}C_5A_{\infty}\underline{G}_{\infty}$

主要特征：木本或草本，托叶发达；周位花，雌雄蕊多数、分离，着生于凹陷或突出的花托上，子房上位，每心皮含胚珠1～2个，聚合瘦果。

蔷薇属（*Rosa*） 灌木，皮刺发达，羽状复叶，托叶常贴生于叶柄上；花托凹陷，托杯壶状，雄蕊生于花筒口部，多数瘦果集于肉质的花筒内，组成一个聚合果称“蔷薇果”。广布于北温带和热带高原，我国南北各地均有野生种和栽培种。本属著名的观赏花卉有玫瑰（*R. rugosa* Thunb.），叶皱缩，茎多皮刺和刺毛，花玫瑰红色；月季（*R.chinensis* Jacq），托叶有腺毛，萼有羽状裂片，花大型，少数单生。金樱子（*R. laevigata* Michx.），3小叶复叶，光亮，花单生，白色，果梨形，密布刺，广布于华东、华中、华南。果可熬糖、酿酒，根及果入药。野蔷薇（*R. multiflora* Thunb.），小叶9枚，伞房花序，花白色；常栽培观赏，花、果、根入药（图5-40）。

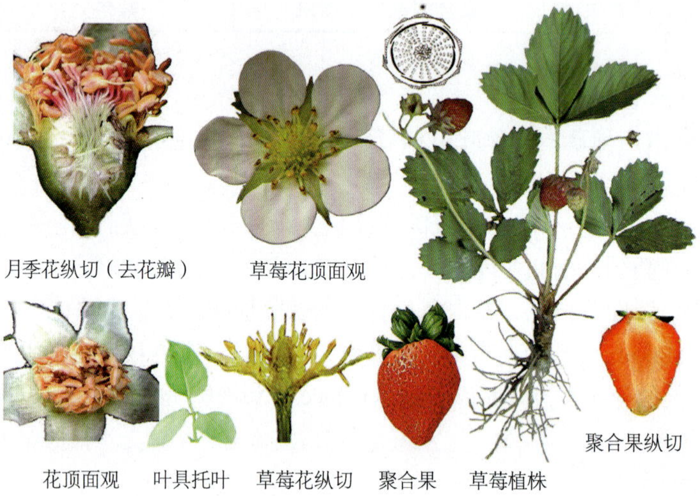


图5-40 蔷薇亚科

本亚科还有多种经济植物，如地榆（*Sanguisorba officinalis* L.），羽状复叶，小叶间附属小叶，花部4基数，短穗状花序，根为收敛止血药。草莓（*Fragaria ananassa* Duch.），原产南美，现我国栽培，聚合果食用（图5-40）。蛇莓［*Duchesnea indica*（Andr.）Focke］，具长匍匐茎，3小叶复叶，全国广布，全草药用。龙芽草（仙鹤草）（*Agrimonia pilosa* Ledeb.），羽状复叶，小叶大小间杂，花黄色，分布几遍全国，全草入药，为收敛药，并有强壮止泻功效。棣棠花［*Kerria japonica*（L.）DC.］，灌木，青枝，绿叶，黄花，瘦果，分布在华中、华东至华南。花入药，常栽培为庭院观赏植物。

Ⅲ. 苹果亚科（Maloideae）* ⚥ $K_{(5)}C_5A_{\infty}\overline{G}_{(2\sim5:2\sim5)}$

主要特征：木本，有托叶；心皮2～5，多数与杯状花筒之内壁结合成子房下位，或仅部分结合为子房半下位，每室有胚珠1～2个；梨果。

梨属（*Pyrus*） 叶近卵形，花柱2～5条，离生，果肉有石细胞，果实梨形。沙梨［*P. pyrifolia*（Burm.f.）Nakai］，产于长江流域和珠江流域；果食用，可入药。

苹果属（*Malus*） 叶近椭圆形，花柱基部结合，果肉无石细胞。苹果（*M. pumila* Mill.），萼与花梗有毛，果扁圆形，两端凹，原产于欧洲、西亚，我国北部至西南有栽培，果鲜食或加工酿酒（图5-41）。垂丝海棠（*M. halliana* Koehne），果梗细长，花下垂。原产于我国西部，为重要的庭院观赏植物。

图5-41 梨亚科

本亚科还有多种资源植物。枇杷［*Eriobotrya japonica*（Thunb.）Lindl.］、山楂（*Crataegus pinnatifida* Bunge）和野山楂（*C. cuneata* Sieb. et Zucc.）等为著名的水果。木瓜［*Chaenomeles sinensis*（Touin.）Koehne］，果长椭圆形、暗黄色，木质，产于华东至华南，果药用，治关节痛、肺病等症。火棘（火把果、救军粮）［*Pyracantha fortuneana*（Maxim.）L.］，常绿灌木，具顶芽成枝刺，一般作绿篱，果成熟时橘红色或深红色，入秋红果累累，极具观赏价值，果实可食用。石楠（*Photinia serrulata* Lindl.），产于长江以南各省（自治区），春秋叶橙色、紫色、黄色、红色，树形整齐，为优美园林树种。

Ⅳ. 李（梅）亚科（Prunoideae）$*$ ⚥ $K_{(5)}C_5A_{\infty}\underline{G}_{(1:2)}$

主要特征：木本，单叶，有托叶，叶基常有腺体；花托凹陷呈杯状，心皮1，子房上位，胚珠2个，斜挂；核果，内含1种子。

李属（*Prunus*） 侧芽单生，顶芽缺，花叶同放，子房和果实光滑无毛。李（*P. salicina* Lindl.），叶倒卵状披针形，花3朵同生，白色，果皮有光泽，并有蜡粉，核有皱纹，我国广布；果食用，核仁、根、叶、花、树胶均可药用。

桃属（*Amygdalus*） 侧芽3，具顶芽，果核常有孔穴。桃（*A. persica* L.），叶披针形，花单生，红色，果皮密被毡毛。桃原产我国，栽培历史悠久，有3000年以上（图5-42）。著名的品种有蟠桃（*A.persica* var. *compressa* Bean）、垂枝桃、白花碧桃等，它们均为重要的春季观花植物。果食用，桃仁（胚）、花、树胶、枝、叶均可入药。榆叶梅［*A. triloba*（Lindl.）Ricker］，叶顶端常3裂，叶缘有不等的粗重锯齿，花粉红，先叶开放，产于我国东部、北部，常栽培供观赏。

图5-42　桃亚科

杏属（*Armeniaca*）　侧芽单生，顶芽缺；花先叶开放，子房和果实常被短毛。杏，叶卵形至近圆形，先端短尖或渐尖，花单生、微红，果杏黄色，微生短柔毛或无毛，核平滑，我国广布，果食用，杏仁（胚）入药。梅（*A. mume* Sieb.），叶卵形、长尾尖，花1～2朵，白色或红色，果黄色有短柔毛，核有蜂窝状孔穴，分布全国，果食用，花、果可入药，木材为制作雕刻等工艺品的良好用材。

樱属（*Cerasus*）　幼叶对折式，果实无沟，不同于上述3属。樱桃［*C. pseudocerasus*（Lindl.）G. Don］，花梗多毛，萼片反折。山樱［*C. serrulata*（Lindl.）G. Don ex London.］，花梗无毛，萼不反折。常见栽培变种日本晚樱，我国各大城市公园有栽培供观赏。郁李［*C. japonica*（Thunb.）Lois.］，灌木，叶顶端尾状长尖，基部近圆形。产我国中部和东亚，为园林习见植物。

## （十三）豆目（Fabales）

木本或草本，常有根瘤，常为复叶，稀单叶，互生，有托叶，叶枕发达；花两性，五基数；花萼5、结合，花瓣5，辐射对称至两侧对称；雄蕊多数至定数，常10个且为二体雄蕊；雌蕊1心皮、1室，含多数胚珠；荚果。

本目植物依据花的形状、花瓣排列的方式，可分为含羞草科（Mimosaceae）、苏木科（Caesalpiniaceae）和蝶形花科（Fabaceae，Papilionaceae）3个科，600属，20 856种。我国151属，1100种以上。

豆目三科植物的形态特征比较如表5-4所示。

表5-4 豆目三科形态特征比较

| | 含羞草科 | 苏木科 | 蝶形花科 |
|---|---|---|---|
| 花冠 | 辐射对称 | 假蝶形花冠 | 蝶形花冠 |
| 花瓣 | 镊合状排列 | 上升覆瓦状排列 | 下降覆瓦状排列 |
| 雄蕊 | 多数或5，合生或离生 | 10，分离 | 10，常为（9）+1的二体雄蕊 |

### Ⅰ. 含羞草科（Mimosaceae）$*⚥ K_{(3\sim6)} C_{3\sim6;\,(3\sim6)} A_{\infty\,(3\sim6)} \underline{G}_{1:1}$

主要特征：木本，稀草本，二回羽状复叶；花辐射对称，花瓣镊合状排列，雄蕊常多数，荚果。

本科约64属，2950种，分布于全世界热带和亚热带地区，少数分布于温带地区。我国产6属，引种9属，约66种。

含羞草属（*Mimosa*） 乔木、灌木或草本，有时为藤本，常有刺。叶常有感应运动性，花小，两性或单性，形成有柄的头状花序或穗状花序。本属有500种，多生于美洲热带。我国引入3种及1变种，在广东及海南岛等地生长。含羞草（*M. pudica* L.），二回羽状复叶，羽片2～4个，掌状排列，受触动即闭合而下垂；萼钟状有8个小齿，花瓣4、雄蕊4。原产于美洲，现已归化于热带各地，生于旷野荒地或灌丛中，长江流域常有栽培供观赏。全草药用。

合欢属（*Albizzia*） 落叶乔木或灌木。小叶很小，多片，歪斜；花淡黄色至淡红色，形成有柄球形头状花序，或圆柱形穗状花序，腋生，或列生于枝梢成圆锥花序。本属约有50种，分布于亚洲、非洲的热带，以至大洋洲。合欢（马缨花）（*A. julibrissin* Durazz.），乔木，小叶线状，矩圆形，中脉偏斜，头状花序，萼片、花瓣小，不显著；花丝细长，淡红色。产于华东、华南、西南和辽宁等地，栽培做行道树，树皮和花药用（图5-43）。

图5-43 含羞草科

本科金合欢属（*Acacia*）常为乔木或灌木，偶为草本，有刺或无刺，常具多对小叶，也有退化仅存叶状的叶柄，称假叶；花小而多，两性或单性，大多黄色，偶带白色，呈有柄球形头状花序，雄蕊分离或结合成单体，子房上位。本属有800～900种，广布于热带和亚热带地区，尤以大洋洲及非洲种类最多。我国仅见于广东、海南岛、台湾及香港。台湾相思（*A.confusa* Merr.），乔木，叶片常退化，叶柄扁化成叶状，头状花序腋生，黄色。华南常见，耐旱，根系有大量根瘤菌，为荒山造林、水土保持和沿海防护林的优良树种。

Ⅱ. 苏木科（云实科）（Caesalpiniaceae）↑ ⚥ $K_{(5)}C_5A_{10}\underline{G}_{1:1}$

主要特征：木本；花两侧对称；花瓣上升覆瓦状排列；雄蕊10或较少，常分离；荚果。

本科约180属，3000余种，分布于热带和亚热带地区，少数属分布于温带地区。我国有21属，130余种。

云实属（*Caesalpinia*）乔木或灌木，有时蔓生，有刺或无刺，二回羽状复叶；花白色、黄色或红色，总状花序，常合生为顶生圆锥花序；萼5裂、花瓣5枚，1枚被覆盖在内的花瓣稍小，其余近于相等，有爪；雄蕊10个，分离；子房无柄，有少数胚珠；荚果卵形至披针形，常扁平，无翅；有少数种子。本属约100种，我国有17种。云实［*C.decapetala*（Roth）Alsteon］，落叶灌木，分枝长而四散，有弯曲的刺，叶轴有刺。花黄色，后方1瓣有红色条纹，雄蕊红色。我国南北各地常栽培作绿篱。苏木（*C. sappan* L.），小乔木，疏被刺。分布于我国南部和西南部；心材红色，可提取红色染料以代替苏木色精，根可提取黄色染料，干燥的心材入药为清血剂。

紫荆属（*Cercis*）乔木或灌木。叶互生，单叶全缘，掌状脉；花假蝶形，有梗，淡红色或红色，簇生或成总状花序，先叶而生；萼5齿，红色，花瓣5片，上部1片最小，位于最内面，荚果扁平，微有翅；种子多数。本属约有8种，我国有5种。紫荆（*C. chinensis* Bunge），野生者为乔木，叶圆形而厚，花5～8朵簇生，淡紫红色；荚果为扁带形，种子近黑色。产于我国南北各地，为著名观赏树种（图5-44）。

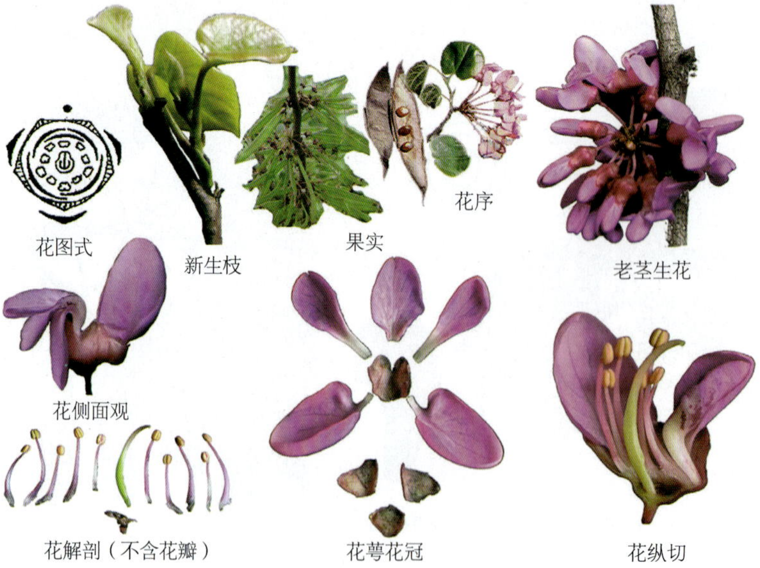


图5-44　苏木科（紫荆）

本科重要的属种有：羊蹄甲属（*Bauhinia*）乔木或灌木，有时为藤本；节上或有刺，有时具卷须；单叶全缘，或先端2裂，或深裂，或全裂为2小叶，中脉突出于两裂或两小叶之间呈短芒状；花多，大而美丽，荚果扁平。本属约有600种，我国约有40种。红花羊蹄甲（*B. blakeana* Dunn.）子房具长柄，通常不结果。1963年，红花羊蹄甲被定为香港市花。世界亚热带地区广泛栽植观赏。本属的羊蹄甲（*B. purpurea* L.）和洋紫荆（*B. variegata* L.）等均为我国南方常见的庭院观赏及行道树。

本科还有皂荚（*G. sinensis* Lam.）具茎刺、木质坚硬，一回羽状复叶，荚果紫黑色，荚汁可代替肥皂。山皂荚（*G. japonica* Miq.）茎刺稍扁，果荚扭旋，常为行道树。决明（*Cassia tora* L.），羽状复叶具小叶6枚，种子近菱形，有光泽，供药用。凤凰木［*Delonix regia*（Bojea）Raf.］落叶乔木，二回羽状复叶。原产非洲，热带地区常栽培作行道树。

### Ⅲ. 蝶形花科（Fabaceae，Papilionaceae）$\uparrow$ ⚥ $K_{(5)}C_5A_{(9)+1,\ (5)+(5),\ (10),\ 10}\underline{G}_{1:1}$

主要特征：叶常互生，有托叶，小叶具小托叶；花两侧对称，5基数，蝶形花冠，花瓣下降覆瓦状排列；二体雄蕊或10枚分离，或更多；子房1室；荚果；种子无胚乳。

本科约440属，11 000种，分布于全世界。我国产103属，引种11属，共1380余种，产于全国各地。蝶形花科植物适应力极强，分布广泛，与人民生活密切相关。种子含有大量的蛋白质、脂肪和淀粉，多为粮食、饲料或油料作物；有许多可用于蔬菜、绿肥、药用和材用，并有许多为田间杂草。

豌豆属（*Pisum*） 羽状复叶，有小叶2～3对，叶轴顶端有分枝的卷须，托叶明显。豌豆（*P. sativum* L.），一年生栽培作物，2～3对小叶构成羽状复叶，顶端一对以上的小叶变态成卷须，托叶肥大抱茎；花白色或紫色，萼钟形，裂片5，旗瓣大，圆形，翼瓣与龙骨瓣贴生；二体雄蕊，子房细长，花柱内侧有毛，荚果长椭圆形，背部直，种子数粒，圆球状，黄褐色。我国各地广为栽培，幼苗、嫩荚及种子均供食用；茎叶可作绿肥和饲料（图5-45）。

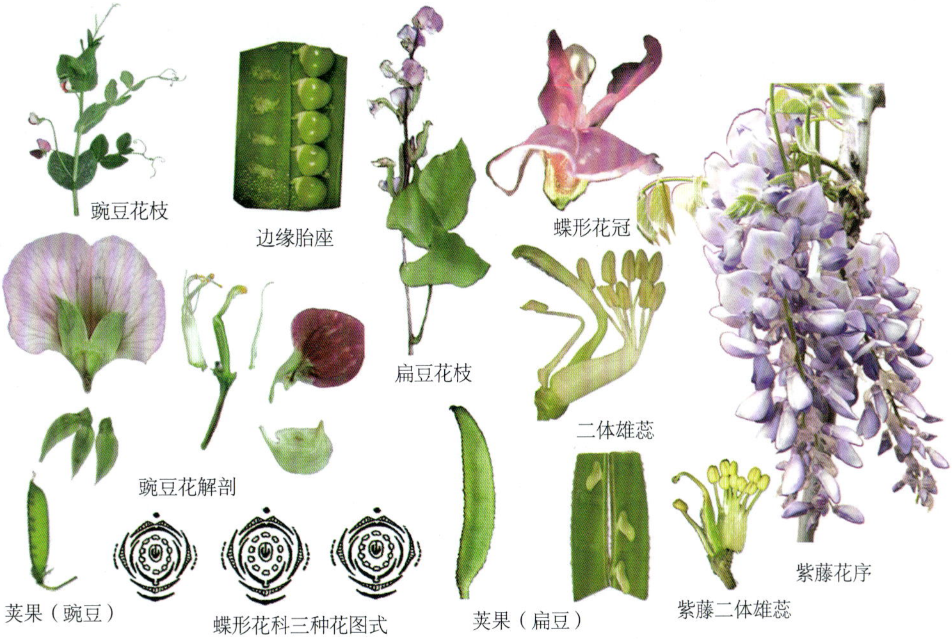


图5-45 蝶形花科

大豆[*Glycine max*(L.)Merr.]，原产于我国，主产于东北，为重要的油料作物，世界各地广为栽培。落花生(*Arachis hypogaea* L.)，是著名的油料作物，原产于巴西，我国广泛栽培，种子富含脂肪和蛋白质。豌豆及蚕豆(*Vicia faba* L.)是全世界普遍栽培的豆类作物。其他常见的食用豆类有豇豆[*Vigna unguiculata*(L.)Walp.]、菜豆(*Phaseolus vulgaris* L.)、赤豆(*P. angularis* Wight)、绿豆(*P. radiatus* L.)、刀豆[*Canavalia gladiata*(Jacq.)DC.]、木豆[*Cajanus cajan*(L.)Millsp.]和扁豆[*Lablab purpureus*(L.)Sweet]等。此外，块根做食用的有豆薯[*Pachyrhizus erosus*(L.)Urban]和甘葛藤(*Pueraria thomsonii* Benth.)等。

可作牧草和绿肥使用的有苜蓿属(*Medicago*)、草木犀属(*Melilotus*)、车轴草属(三叶草属)(*Trifolium*)、猪屎豆属(野百合属)(*Crotalaria*)、紫云英(*Astragalus sinicus* L.)、兵豆(*Lens culinaris* Medic.)、百脉根(*Lotus corniculatus* L.)、田菁[*Sesbania cannabina*(Retz.)Poir.]、紫穗槐(*Amorpha fruticosa* L.)、胡枝子(*Lespedeza bicolor* Turcz.)等。农业上利用豆科植物进行轮作或间作可以提高土壤的肥力。

可作纤维用的有热带产的猪屎豆属，其中以菽麻(印度麻)(*Crotalaria juncea* L.)最为著名，田菁和葛属(*Pueraria*)的茎皮纤维可代黄麻和做人造棉的原料。

可作药用的种类多达200种以上，有些是名贵的药材，常见的有甘草，能清热解毒，润肺止咳，调和诸药。黄芪[*Astragalus membranaceus*(Fisch.)Bunge]和内蒙黄芪(*A. mongolicus* Bunge)的根入药，有滋肾补脾，止汗利水，消肿排脓之效。香花崖豆藤(*Millettia dielsiana* Harms ex Diels)的根和藤，中药名“鸡血藤”，有补血行血、通经活络的功效。兵豆等植物的种子中含有植物凝血素，对某些血型的人有凝血作用，并能抑制某些肿瘤细胞，现已应用于早期肝癌的诊断。此外还有鱼藤(*Derris trifoliata* Lour.)、广州相思(*Abrus cantoniensis* Hance)、补骨脂(*Psoralea corylifolia* L.)、苦参(*Sophora flavescens* Ait.)等多种。

作为优良木材用的，有华东地区习见的花榈木(*Ormosia henryi* Prain.)、红豆树(*O. hosiei* Hemsl. et Willd.)等，同为落叶乔木，木材红色，为制家具的良材。紫檀(*Pterocarpus indicus* Willd.)心材红色，可供制作乐器和优质家具，俗称“红木”。黄檀(*Dalbergia hupeana* Hance.)木材黄色或白色，为优良的材用树种，又是放养紫胶虫的优良寄主。

作观赏用的种类甚多，著名的如紫藤属(*Wisteria*)，落叶攀缘灌木，奇数羽状复叶；总状花序很长，下垂，有蓝紫、红紫或白色等花色变化。南方常见的有紫藤[*W. sinensis*(Sims)Sweet]、多花紫藤[*W. floribunda*(Willd.)DC.]，广为庭院栽培，为著名的棚架观赏植物。另有香豌豆属(*Lathyrus*)、刺桐属(*Erythrina*)等多种植物。槐树(*Sophora japonica* L.)，落叶乔木，幼枝绿色。花黄白色，圆锥花序。我国南北各地普遍栽培，为良好的庭院树和行道树。龙爪槐，小枝卷曲下垂，栽培供观赏。

可做杀虫药的有我国西南部和南部产的锈毛鱼藤[*Derris ferruginea*(Roxb.)Benth.]和鱼藤、厚果崖豆藤(*Millettia pachycarpa* Benth.)等。

作为染料的有木蓝(*Indigofera tinctoria* L.)和野青树(*I. suffruticosa* Mill.)，均为提取蓝靛的原料植物。

此外，胡枝子属等是山野常见灌木，耐旱，可作水土保持的地被植物，也可用于防护林的基层林，在我国南方严重退化的坡地红壤上作为土壤改良和水土保持树种，已取得良好效果。

## （十四）大戟目（Euphorbiales）

常木本，单叶，有时为复叶；花单性常较小，常无花瓣，雄蕊多数至1个，花盘有或缺，雌蕊心皮2～5，合生，子房上位，常3室，每室胚珠1～2，种子有丰富的胚乳。本目包括黄杨科（Buxaceae）、大戟科等4科。

大戟科（Euphorbiaceae）♂：$*K_{0\sim5}C_{0\sim5}A_{1\sim\infty}$；♀：$*K_{0\sim5}C_{0\sim5}\underline{G}_{(3:3:1\sim2)}$

主要特征：草本、灌木或乔木，多具乳汁；多单叶，少复叶，多有托叶，叶基常具腺体；花单性多同株，常为聚伞花序或杯状聚伞花序，萼片常5，花瓣常缺；雄蕊1至多数，雌蕊心皮3，合生，蒴果3室，少浆果或核果；种子有胚乳。

本科约300属，8000多种，仅药用植物种类超过863种。我国66属，360余种。世界性分布，主产热带，我国主要分布于长江流域及以南各省（自治区）。

油桐属（*Vernicia*） 乔木，含乳汁，叶全缘或3～7裂，叶柄顶端具2腺体；圆锥花序，雌雄同株，核果，种子油质。油桐［*V. fordii*（Hemsl）Airy Shaw］，叶卵状或卵状心形，花白色，有黄红色条纹，果皮光滑。分布于淮河流域以南，其产量占全世界总产量的70%，是油漆和涂料工业的重要原料。

蓖麻属（*Ricinus*） 草本，单叶，掌状5～11裂；花单性同株，无花瓣；蒴果被软刺。仅蓖麻（*Ricinus communis* L.）1种，种子有明显的种阜，种皮光滑具斑纹。原产非洲，我国各地均栽培。种子含油69%～73%，用于工业和医药，叶可饲养蓖麻蚕（图5-46）。

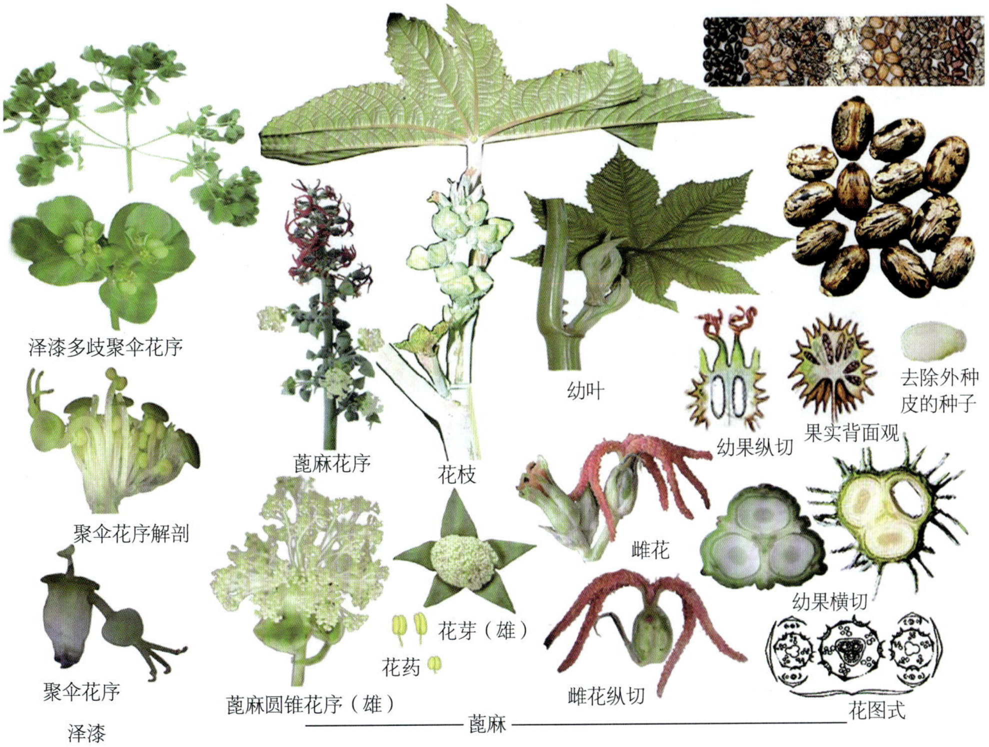


图5-46 大戟科

**橡胶属（*Hevea*）** 高大乔木，具乳汁。叶柄顶端有腺体，花小单性同株。橡胶树（*H. brasiliensis* Muell Arg.），为优良的橡胶植物。原产于巴西，我国台湾、海南和云南有栽培。

**大戟属（*Euphorbia*）** 草质、木质或无叶的肉质多浆植物。花序以杯状花序聚为聚伞花序，杯状花序之总苞合成杯状，顶端4～5裂，具肥厚的腺体，雌雄花均为单性、裸花，雄花雄蕊1，雌花心皮3，上位子房、中轴胎座，蒴果，如泽漆（*Euphorbia helioscopia* L.）（图5-46）等，可供药用。

本科还有巴豆（*Croton tiglium* L.）等著名植物。

## （十五）无患子目（Sapindales）

木本，稀为草本。叶互生、对生或轮生，复叶或单叶；花两性、单性或杂性，常辐射对称，少数为两侧对称，通常4～5基数；雄蕊常为8枚或10枚，2轮，稀为4～5枚或更多；花盘常存在；雌蕊常由2～5枚心皮组成；子房上位，每室1～2个胚珠，稀多数。

本目包含省沽油科（Staphyleaceae）、无患子科（Sapindaceae）、七叶树科（Hippocastanaceae）、槭树科（Aceraceae）、橄榄科（Burseraceae）、漆树科（Anacardiaceae）、苦木科（Simaroubaceae）、楝科（Meliaceae）、芸香科（Rutaceae）、蒺藜科（Zygophyllaceae）等15科，5400多种。

### Ⅰ. 无患子科（Sapindaceae）$* \uparrow ⚥ K_{4\sim5} C_{4\sim5} A_{4\sim5+4\sim5} \underline{G}_{(3:3)}$

主要特征：木本，常羽状复叶，互生，无托叶；花常单性，少杂性或两性，花瓣内侧基部常有腺体或鳞片，花盘发达，位于雄蕊外方，心皮3；蒴果、浆果、核果或翅果；种子常具假种皮，无胚乳。

本科约150属，2000种，广布热带和亚热带。我国有25属，53余种，主要分布于长江以南各省（自治区）。

**荔枝属（*Litchi*）** 常绿乔木。花杂性，雌雄同株，辐射对称，顶生圆锥花序；萼片杯状，5浅裂，花瓣缺；花盘肉质，碟状；雄蕊6～8枚，花丝有毛；子房有短柄，果实为核果状，果皮有凸瘤；种子具肉质、多汁、白色的假种皮。本属共2种，分布于亚洲的热带和亚热带地区，我国仅有1种。荔枝（*L. chinensis* Sonn.），小叶薄革质，花小，绿白色或淡黄色；果球形或卵形，果皮暗红色。广植于我国东南部至西南部，为著名果树。假种皮供食用，根及果核供药用，治疝气、胃痛（图5-47）。

本科其他重要的种类还有：龙眼（*D. longan* Lour.），幼枝生锈色绒毛；小叶革质。花小，黄色；有花瓣。果球形，外皮土黄色。种子球形，黑褐色，光亮。我国东南部和西南部广泛栽培。为南方著名果树。假种皮供食用，并为滋补品；种子、根、叶、花均入药（图5-47）。栾树（*Koelreuteria paniculata* Laxm.），落叶乔木，奇数羽状复叶，小叶纸质；圆锥花序，花杂性同株，花瓣淡黄色，花盘偏于一侧；蒴果囊状。我国南北各地多有分布，叶可提制栲胶，花可作黄色染料，又是北方常见的园林绿化树种。无患子（*Sapindus mukorossi* Gaertn.），落叶乔木，偶数羽状复叶；圆锥花序，核果，肉质，无假种皮，产于长江以南各省（自治区）。果皮含皂素，可代肥皂使用，种子榨油，为润滑油，根、果可入药。

图5-47 无患子科

Ⅱ. 芸香科（Rutaceae）* ⚥ $K_{(4\sim5)}C_{4\sim5}A_{8\sim10}\underline{G}_{(4-5:4-5)}$

主要特征：多木本，茎常具刺，羽状复叶或单身复叶，互生，叶上常具透明腺点；萼片和花瓣常4～5，花盘发达，位于雄蕊内侧，雄蕊常2轮，外轮对瓣生，子房常4～5室，花柱单一，常为柑果或浆果。

本科有150多属，1700余种，分布于热带、亚热带。我国连同引进栽培的共29属，约150种，主要分布于南方各地。

柑橘属（*Citrus*） 常绿小乔木或灌木，常有枝刺。单身复叶，叶片革质；花常两性，萼片合生、杯状宿存，果时增大；雄蕊多数，生于花盘基部，花丝中部以下合生；柑果大。本属分布于亚洲的热带和亚热带地区。我国南方各地均有栽培，其中不少种类为我国南方的重要果树。柑橘（*C. reticulata* Blanco），叶柄细长，翅不明显，果扁球形，果皮易剥离，为我国著名果品之一，果皮即中药陈皮。甜橙［*C. sinensis*（L.）Osbesk.］，叶柄短，有狭翅；果实近球形，果皮难剥离，为我国著名果品之一。柚［*C. maxima*（Burm.）Merr.］，叶柄有倒心形宽翅，果大，球形、扁球形、梨形，为亚热带主要果树之一。酸橙（*C. aurantium* L.），叶柄有狭长形或倒心形的翅，果球形，橙黄色。果实可提取柠檬酸，入药有破气消积等功效（图5-48）。本种的变种代代花（*C.aurontium* var. *amara* Engl.），花作茶的香料。柠檬（*C. limonia*），果味酸，作饮料或蜜饯。

本科其他重要的经济植物还有花椒（*Z. bungeanum* Maxim.），茎干常具增大的皮刺，花单性，单被，花被花萼状；果球形，红色或紫红色，表面具瘤状腺体。除东北和新疆外，我国其他各地均有分布，野生或栽培。果实为调味品，并可提取芳香油；入药有散寒燥湿、杀虫之功效；种子可榨油。金橘［*Fortunella margarita*（Lour.）Swingle］，果较小，金黄色，可生食或制蜜饯。枸橘［*Poncirus trifoliata*（L.）Raf.］，有棘刺，三出复叶，果球形，橙黄色，入药名“枳

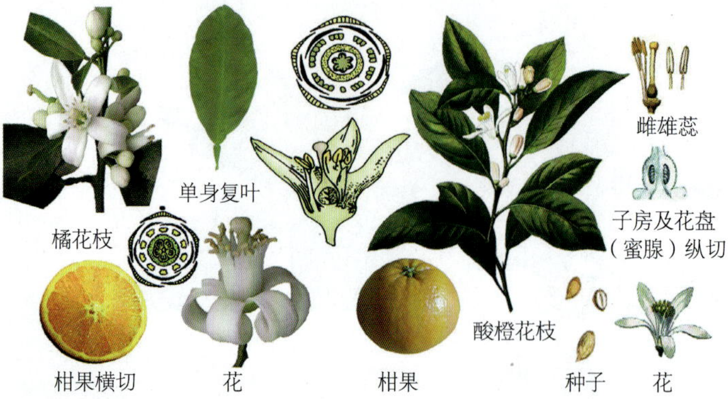


图5-48 芸香科

壳”；广泛栽种作绿篱。吴茱萸［*Evodia rutaecarpa*（Juss.）Benth］，无刺，奇数羽状复叶对生，小叶背面密被长柔毛，有腺点；果紫红色，药用；种子榨油；叶提芳香油或制黄色染料。黄皮［*Clausena lansium*（Lour.）Skeels］，肉质浆果，近球形或长椭圆形，成熟时深黄色。为南方果树，果肉味酸甜可食，叶煎水可预防流行性感冒。九里香（*Murraya exotica* L.），花香，常作庭园观赏树种，也可药用。

## （十六）伞形目（Apiales，Umbellales）

草本或木本。单叶或复叶，互生，稀对生或轮生，叶柄基部常膨大呈鞘状；花两性，稀单性，辐射对称，排成伞形或复伞形花序，有时为头状花序；子房下位，通常具上位花盘。

本目包括五加科（Araliaceae）和伞形科（Apiaceae, Umbelliferae）。

### Ⅰ. 五加科（Araliaceae）* ⚥ $K_5C_5A_5\overline{G}_{(5\sim2:2\sim5)}$

主要特征：多木本，叶常互生，叶柄基部扁鞘状；伞形花序，花两性，整齐，5基数；花萼筒与子房合生，子房下位，每室1胚珠；常浆果。

本科约80属，900多种，分布于热带至温带地区。我国有23属，170余种，除新疆外全国各地分布，西南较多。

本科植物在经济上有多方面的用途，其中药用植物较多，有些还是贵重的药材。例如，人参，多年生草本，根状茎（每年增生一节，中药上称“芦节”）短，下端为纺锤状肉质根，可分叉；掌状复叶，3～6枚在茎顶似轮生；伞形花序单生茎顶，花淡黄色；果实扁圆形，熟时红色。根含多种人参皂碱及少量挥发油，为著名补气强壮药。同属的大叶三七［*Panax pseudo-ginseng* Wall.var. *japonicus*（C. A. Mey.）Hoo et Tseng］，根状茎肉质肥厚，呈竹鞭状；根状茎及肉质根入药。羽叶三七［*P. pseudo-ginseng* Wall. var. *bipinnatifidus*（Seem）Li］，块根为止血、散淤、消肿药。

五加（*Acanthopanax giacilistylus* Smith），落叶灌木，掌状复叶，小叶常5片；果实近球形。产长江流域及以南各省（自治区）。根皮含挥发油、维生素A、维生素B及鞣质等，称“五加皮”，具有祛风化湿、健胃利尿之功效，也可制“五加皮”药酒。

本科经济植物还有通脱木［*Tetrapanax papyriferus*（Hook.）K. Koch］，茎中充满白色的髓部，称“通草”，供药用，具除水肿下乳汁之功效。常春藤［*Heddera nepalensis* K. Koch var. *senensis*（Tobl.）Rehd.］，常绿攀缘灌木，茎枝有气根。庭院栽培，藤、叶入药。

Ⅱ. 伞形科（Apiaceae, Umbelliferae）$*\text{⚥} K_{(5)-0}C_5A_5\overline{G}_{(2:2)}$

主要特征：芳香性草本，叶互生，常有鞘状叶柄；典型复伞形花序，花5基数，子房下位，2室；双悬果，常具5棱，每分果含1粒种子。

本科约300属，4079种，据统计，有药用植物586种。分布于北温带、亚热带或热带的高山上。我国约有90属，500多种，全国均有分布。

胡萝卜属（*Daucus*） 叶2～3回羽状全裂。总苞片叶状，羽状分裂，子房及果实有刺。本属有60种，我国有1种1变种。野胡萝卜（*C. carota* L.），根细小，为农田杂草，药用有驱虫、解毒、消肿之功效。变种胡萝卜（*C.carota* L. var. *sativa* DC.），具肥大肉质的圆锥根。为广泛栽培蔬菜，含胡萝卜素等，营养丰富；可药用（图5-49）。

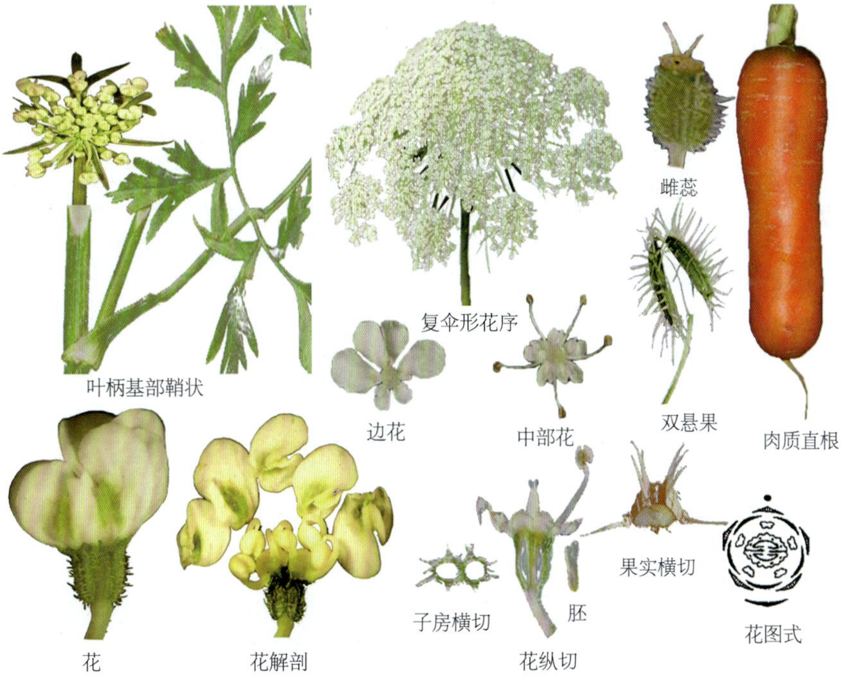


图5-49 伞形科（胡萝卜）

本科经济植物众多，供药用的还有当归属（*Angelica*）的白芷［*A. dahurica*（Fisch.ex Hoffm.）Benth.et Hook.f.］，原产东北，各地有栽培。当归［*A. sinensis*（Oliv.）Diels］，根供药用，为妇科要药，能补血活血，调经止痛，润肠通便。柴胡属（*Bupleurum*）的北柴胡（*B. chinense* DC.），叶倒披针形或剑形，中部以上常较宽，先端急尖。根为解热要药和镇痛剂。此外，前胡（*Peucedanum praeruptorum* Dunn）、防风［*Saposhnikovia divaricata*（Turcz.）Schischk.］、川芎（*Ligusticum chuanxiong* Hort.）等也常作药用。积雪草［*Centella asiatica*（L.）Urban］、旱芹（*Apium graveolens* L.）、芫荽（*Coriandrum sativum* L.）、茴香（*Foeniculum vulgare* Mill.）等常作蔬菜。

## （十七）杜鹃花目（Ericales）

木本，稀草本，单叶，无托叶；花两性，稀单性，辐射对称或稍两侧对称，常五基数；花瓣基部合生，偶分离；雄蕊为花瓣的倍数，偶同数而互生，花药常有芒或距等附属物，顶孔开裂，常为四合花粉；子房上位或下位，中轴胎座，胚珠多数，有胚乳。

本目包括山柳科（Ckethraceae）、杜鹃花科（Ericaceae）、鹿蹄草科（Pyrolaceae）等8科。

杜鹃花科（Ericaceae）$* \uparrow ⚥ K_{(5\sim4)} C_{5\sim4,(5\sim4)} A_{5\sim4+5\sim4,5\sim4} \underline{G}_{,(2\sim5:2\sim5)} \overline{G}$

主要特征：常灌木，单叶互生；花两性，花萼宿存，花冠合生，辐射对称或稍两侧对称；雄蕊分离，自腺性花盘发出，常为花冠裂片的倍数，花药孔裂，顶端有附属物或距，花粉常四分体；子房上位，中轴胎座，胚珠多数；多为蒴果或浆果。

本科约有75属，1350余种，广布全球，主产于温带和亚寒带，也产于热带高山。我国有20多属，700多种，广布，以西南地区最多。其中杜鹃花属的多种为著名观赏植物，有些则为食用水果类植物或药用植物。

杜鹃属（*Rhododendron*） 常绿或落叶灌木。花冠漏斗形、辐状、钟形或筒形，常稍两侧对称；雄蕊与花冠裂片同数或为其倍数；子房上位，蒴果室间开裂。该属约800种，主产北半球寒带、温带或热带高山地区；我国约600种，广布，以西南最多。本属植物大多有较高观赏价值，为我国闻名世界的三大名花之一（另两种为报春花和龙胆花），多数还处于野生状态。杜鹃（*R. simsii* Planch.），花鲜红或深红，为酸性土指示植物；早春开花，为优良观赏花木（图5-50）。花、叶入药。满山红（*R. mariesii* Hemsl. et Wils.），花淡紫色。羊踯躅［闹羊花，*R. molle*（Bl.）G. Don.］，花黄色；叶及花有毒，可入药做麻醉剂，也可做农药。

图5-50 杜鹃花科

本科的马醉木（*Pieris polita* W. W. Sm. et J. E. Jeff.）和毛果南烛［*Lyonia ovalifolia* var. *hebecarpa*（Franch. ex Forb. et Hemsl.）Chun.］，为江南山坡常见种，根、叶药用。观赏用的植物还有吊钟花（*Enkianthus quinquefloprus* Lour.），冬春之交开花，温室有栽培。轮生叶欧石楠（*Erica tetralix* L.），原产西北欧，花红色极美观，栽培供观赏。鹿蹄草（*Pyrola calliantha* H. Andres），常绿草本，生林下，全草入药。水晶兰（*Monotropa uniflora* L.），腐生草本，全体白色，生于林下。

## （十八）玄参目（Scrophulariales）

木本或草本，叶对生，轮生或互生，单叶或复叶；花辐射对称或两侧对称，常为唇形花冠；雄蕊4枚或2枚，偶5；子房上位，2室或1室，稀5室，胚珠2至多数（稀1）；常蒴果，或为浆果、核果。

本目包括木犀科（Oleaceae）、玄参科（Scrophulariaceae）、苦苣苔科（Gesneriaceae）、爵床科（Acanthaceae）、紫葳科（Bignoniaceae）、胡麻科（Pedaliaceae）等11科。

Ⅰ. 木犀科（Oleaceae）$* ⚥\ K_{(4)}$稀$_{(3\sim10)}\ C_{(4)}$稀$_{(5\sim9)\,0}\ A_2$稀$_{3\sim5}\ \underline{G}_{(2:2)}$

主要特征：木本，叶常对生，无托叶；花两性、常合瓣、整齐、4基数；冠生雄蕊2；心皮2，子房上位，2室，每室2胚珠；常为核果、蒴果或翅果。

本科约28属，400种，广布温带和热带地区。我国有11属，150种，南北各地均有分布。本科植物具有很大的经济和应用价值，有许多观赏、药用、油料植物和材用树种。

木犀属（*Osmanthus*） 常绿乔木或灌木，单叶，全缘或有锯齿；花两性或单性，簇生叶腋，或呈顶生或腋生的总状花序；核果，内果皮坚硬，种子常1。本属40余种，分布于亚洲东南部及北美洲。我国27种，主产长江以南各地，西南最多。中国是木犀属植物的分布中心，该属有85%的种类分布在我国。2004年，向其柏教授获得国际木犀属品种登录权，表明我国的木犀属研究已经处于世界领先地位。本属著名植物桂花（*O. fragrans* Lour.），灌木或乔木，叶革质，椭圆形至椭圆状披针形；花极芳香，簇生叶腋，花梗纤细；果椭圆形，熟时紫黑色，俗称桂子。原产我国西南和中部，现广泛栽种于长江流域及以南地区，是我国特产的观赏花木和芳香树；花可做食品香料（图5-51）。

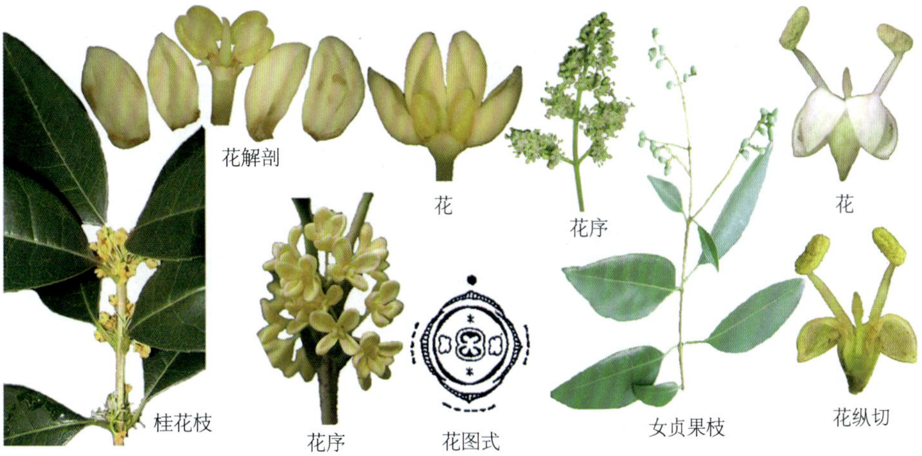


图5-51 木犀科

本科其他重要的属种有：梣属（白蜡树属）（*Fraxinus*）的梣（白蜡树）（*F. chinensis* Roxb.），圆锥花序，无花冠，翅果倒披针形。我国特产，几遍全国，是护堤、固沙及城市绿化的良好树种；枝叶放养白蜡虫，树皮作中药"秦皮"。女贞属（*Ligustrum*）的女贞（*L. lucidum* Ait.），常绿，叶革质；浆果核果状，熟时蓝色。为常见庭院及行道观赏树种；果称"女贞子"，补肾养肝，明目；枝叶可放养白蜡虫。素馨属（*Jasminum*）的茉莉花［*J. sambac*（L.）Ait.］，常绿，单叶，背面脉腋有黄色簇毛；聚伞花序顶生，白色，芳香，花后常不结实。原产印度，我国南方各地栽培供观赏。花极香，可提制香精或制作茉莉花茶；花、叶、根入药。迎春花（*J. nudiflorum* Lindl.），落叶，枝弯拱下垂，幼枝绿色，四棱形，无毛；三出复叶，对生，先花后叶。主产于黄河流域以南各地，为园林绿化常见观赏植物，叶和枝入药。

Ⅱ. 玄参科（Scrophulariaceae）↑稀* ⚥ $K_{4\sim5,(4\sim5)}C_{(4\sim5)}A_{4,\text{稀}2,5}\underline{G}_{(2:2)}$

主要特征：常草本，单叶，常对生；花两性，多两侧对称，唇形花冠，常二强雄蕊；心皮2枚，子房上位，2室，中轴胎座，胚珠多数；蒴果。

本科220余属，约4500种，广布世界各地。我国有61属，680种，分布于南北各地，主产西南。

泡桐属（*Paulownia*） 落叶乔木，叶具长柄，无托叶；圆锥状聚伞花序顶生，萼5裂宿存，花冠大，筒部长，微弯，5裂；蒴果，室背开裂；种子小而多，有膜质翅。本属11种，分布于东亚，我国均产。本属植物均为阳性速生树种，木材轻且易加工，耐酸耐腐，防湿隔热，为家具、航空模型、乐器及胶合板等的良材；花大而美丽，供庭院观赏。毛泡桐［*P. tomentosa*（Thunb.）Steud.］，枝条有明显皮孔，叶和花具星状毛；萼浅钟状，花冠淡紫色，稍2唇形。原产我国，分布于辽宁以南至湖北、华东各省，各地多栽植为行道树及庭院树（图5-52）。

图5-52 玄参科（毛泡桐）

本科植物常含生物碱，多供药用。例如，含地黄素（rehmannin）、甘露醇和葡萄糖的地黄属（*Rehmannia*）植物地黄［*R. glutinosa*（Gaertn.）Libosch.］，根状茎肉质、黄色，入药可清热凉血，有补血、强壮作用。玄参属（*Scrophularia*）的玄参（*S. ningpoensis* Hemsl.），茎四棱形，顶生圆锥花序；花冠上唇明显长于下唇。我国广泛栽培，块根含生物碱、左旋天门冬等，为著名药用植物。毛地黄（*Digitalis purpurea* L.）和原产欧洲、现广为栽培的毛花毛地黄（*D. lanata* Ehrh）的叶均含毛地黄素（digitaline），为强心要药；阴行草（*Siphonostegia chinensis* Benth.），全草含挥发油，清热利湿，凉血止血，祛淤止痛。本科做观赏用的种类有原产欧洲的金鱼草、原产美洲的蒲包花（*Calceolaria crenatiflora* Cav.）、爆仗竹（*Russelia equisetiformis* Schlecht, et Cham.）等，均为庭院栽培。此外，原产我国的美丽桐［*Wightia speciosissima*（D. Don）Merr.］，可作为庭院观赏植物或行道树。

## （十九）茄目（Solanales）

草本或木本，单叶，稀复叶，互生，稀对生；花两性，辐射对称，稀两侧对称，常由五基数4轮构成；花冠筒状或漏斗状，裂片旋转或覆瓦状排列；花盘存在，雄蕊5，着生于花冠筒上；子房上位，胚珠多数或1～2枚。

本目包括茄科（Solanaceae）、旋花科（Convolvulaceae）、菟丝子科（Cuscutaceae）等8科。

茄科（Solanaceae）* ⚥ $K_{(5)}C_{(5)}A_5\underline{G}_{(2:2)}$

主要特征：常草本，单叶互生，无托叶；花两性合瓣、整齐、五基数；花萼宿存、花后增大；雄蕊与花冠裂片互生，花药常孔裂；上位子房2室，胎座偏斜；胚珠多数，浆果或蒴果。

本科约80属，3000余种，广布于温带及热带地区，美洲热带种类最多。我国有24属，约115种。

烟草属（*Nicotiana*） 烟草（***N. tabacum*** L.），高大草本，全体被腺毛；圆锥状聚伞花序顶生。原产南美，现全世界温带和热带广泛栽培。叶为卷烟和烟丝的原料；全株含尼古丁（nicotine），有剧毒，可做农药杀虫剂，可入药。

茄属（*Solanum*） 草本、灌木或小乔木。单叶，偶复叶；花冠常钟状，花药侧面靠合，孔裂；浆果。全世界约2000种，我国39种。茄（***S. melongena*** L.），全株被星状毛，叶卵形至矩圆状卵形，叶缘波状，花单生（图5-53）。本种为栽培种，花色、果形和颜色均有极大变异。浆果食用，根茎入药。马铃薯（***S. tuberosum*** L.），又名洋芋、土豆，草本，奇数羽状复叶，小叶大小相似。原产热带美洲，广为栽培，块茎供食用或提取淀粉。龙葵（***S. nigrum*** L.），一年生草本，植株粗壮多分枝，花4～10朵组成短蝎尾状花序，生于节间，浆果黑色，全世界广布，全草入药，可抗癌。

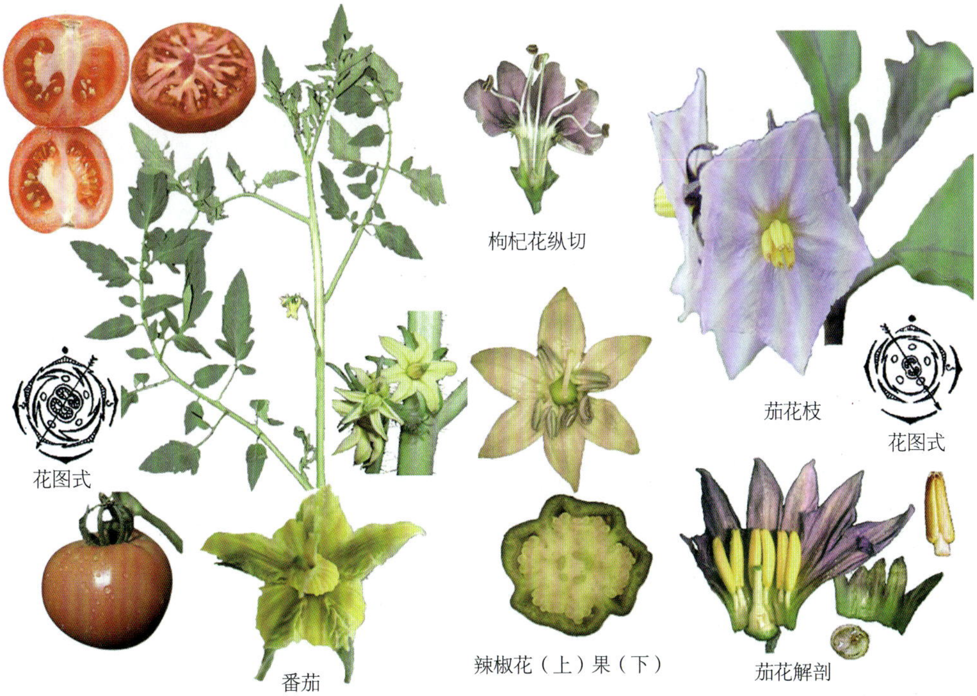


图5-53 茄科

本科重要的属种还有：辣椒属（*Capsicum*）的辣椒（*C. annuum* L.），浆果无汁，有空腔，果皮肉质，味辣。原产于南美洲，我国已有数百年栽培历史，为重要的蔬菜和调味品（图5-53），如菜椒［*C. annuum* L.var. *grossum*（L.）Sendt.］、朝天椒［*C. annuum* L.var. *conoides*（Mill.）Irish］等。番茄属（*Lycopersicon*）的番茄（*L. esculentum* Mill.），全株被黏质腺毛（图5-53）。叶为羽状复叶或羽状分裂。浆果。原产南美，现世界广泛栽培，果实为盛夏蔬菜和水果。本科植物许多种类含生物碱及其他成分，可供药用。除上述之外，还有颠茄（*Atropa belladonna* L.）含阿托品（atropine）、颠茄碱（belladonin）等，叶为镇痛、镇痉药；根治盗汗，并有散瞳功效。此外，还有许多观赏植物，如夜香树（*Cestrum nocturnum* L.）、碧冬茄（*Petunia hybrida* Vilm.）、瓶子花（*Cestrum fasciculatum* var. *newellii* Bailey）等。

## （二十）唇形目（Lamiales）

草本或木本、茎常方形；叶对生、互生或轮生；花两性，稀单性，两侧对称，二唇形或否；雄蕊4或2或与花冠裂片同数；子房常由2心皮组成，深裂或否，花柱顶生或生于子房底部；核果，或分成4个小坚果。

本目包括紫草科（Boraginaceae），马鞭草科（Verbenaceae）和唇形科（Lamiaceae, Labiatae）等4科。

唇形科（Lamiaceae）$\uparrow \text{⚥} K_{(5)} C_{(4\sim5)} A_{4,2} \underline{G}_{(2:4)}$

主要特征：草本，植株常含芳香油，方茎、叶对生，无托叶；轮伞花序，唇形花冠，花萼宿存；二强雄蕊，子房上位，花柱基生，小坚果4枚。

本科220属，7756种，其中药用植物有1059种，是世界性的大科。近代分布中心为地中海和小亚细亚，是其干旱地区植被的主要成分。我国约98属，800种，分布广泛（图5-54）。

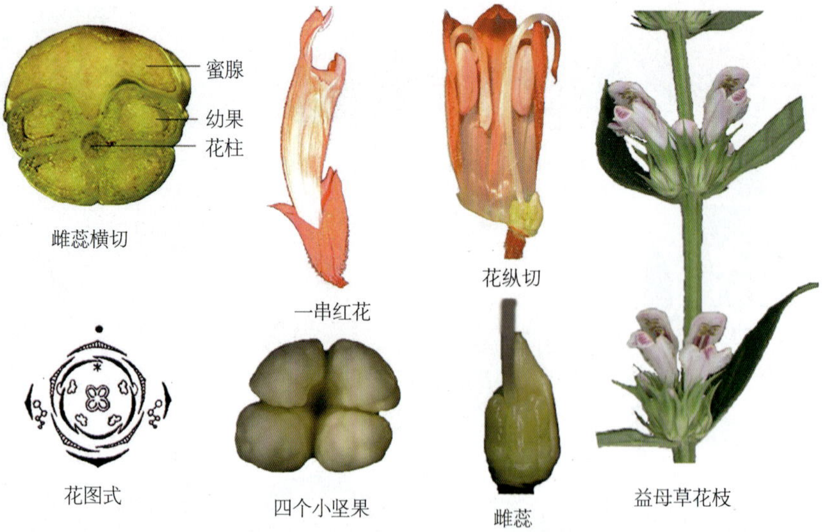


图5-54 唇形科

筋骨草属（*Ajuga*） 花冠假单唇形，子房浅4裂或几裂至中部。小坚果倒卵形，有皱纹。紫背金盘（*A. nipponensis* Makino），一年生或两年生草本，茎常直立，从基部分枝，花时无基生叶，全体被疏柔毛。全草入药，清热解毒、凉血降压。

益母草属（*Leonurus*） 花萼漏斗状，5脉，萼齿近等大，内无毛环或具斜向或近水平的毛环。益母草［*L.artemisia*（Lour.）SY Hu］，叶两型，基生叶心状卵形，茎生叶数回羽裂；花冠上唇全缘、下唇3；小坚果长圆状三棱形。分布全国各地。全草入药，为妇科药，能活血调经。小坚果称“茺蔚子”，有利尿、明目作用。

唇形科植物几乎都含芳香油，可提取香精，如薄荷（*Mentha haplocalyx* Briq.）、留兰香（*M. spicata* L.）、罗勒（*Ocimum basilicum* L.）以及百里香属（*Thymus*）、薰衣草属（*Lavandula*）、迷迭香属（*Rosmarinus*）等。紫苏［*Perilla frutescens*（L.）Britton］的小坚果为著名的油料作物之一。药用种类众多，有160余种，常见的有藿香［*A. rugosus*（Fisch. et Mey.）K.Wntze］、夏枯草（*P. vulgaris* L.）、活血丹［*Glechoma longituba*（Nakai）Kupr.］等。此外，五彩苏［*Coleus scutellarioides*（L.）Benth.］、一串红（*Salvia splendens* Ker Gawl.）常栽培供观赏。草石蚕（*Stachys sieboldii* Miq.）根状茎串珠状，酱渍后食用。

## （二十一）菊目（Asterales）

本目仅菊科（Asteraceae, Compositae）一科。

菊科（Asteraceae）$* \uparrow ⚥ K_{0\sim\infty} C_{(5)} A_{(5)} \overline{G}_{(2:1:1)}$

主要特征：常草本，叶互生；头状花序，有总苞，合瓣花冠（舌状、筒状）；聚药雄蕊，子房下位，2心皮1室，1胚珠，连萼瘦果，常有冠毛。

本科约1000属，至2017年3月，被确认的植物总数有32 581种，广布全世界，主产于北温带，热带较少；我国约230属，2300多种，广布全国。本科植物为被子植物中最大的一科，也是进化上较为复杂的科之一。经济价值较大，有不少的油料作物、药用植物、蔬菜和观赏植物，也有许多田间常见杂草。

根据头状花序花冠类型的不同、乳汁的有无，菊科可分为筒状花亚科和舌状花亚科。

### Ⅰ. 筒状花亚科（Tubuliflorae）

植物体无乳汁。头状花序全为筒状花，或边缘花假舌状、漏斗状，而盘花为筒状花。

筒状花亚科包括菊科的绝大数种、属，11族，我国有11族。常见的属有以下几种。

向日葵属（*Helianthus*） 一年生或多年生草本，体内有树脂道；下部叶常对生，上部叶互生；头状花序单生或集成伞房状，总苞片数轮，外轮叶状，缘花假舌状，中性不孕；盘花筒状，两性能结实；瘦果稍压扁。约100种，主产北美洲，我国引种4～5种。向日葵（*H. annuus* L.）种子含油50%，可榨油食用，种仁可生食或炒食，有些品种可栽培供观赏。菊芋（*H. tuberosus* L.），又名洋姜，其块茎富含淀粉和菊糖，常做蔬菜，或酿酒，或提取淀粉（图5-55）。

菊属（*Dendranthema*） 多年生草本，有香气；头状花序大，单生枝顶或伞房状排列；盘花筒状两性，缘花假舌状雌性；瘦果具多数纵肋，无冠毛。本属约200种，我国有50种。菊花［*D.morifolium*（Ramat.）Tzvel.］，为原产我国的著名观赏植物，栽培品种甚多，花色、叶形变化很大，有的全为舌状花，分布全国。野菊（*D. indicum*）可药用，能清热解毒、治感冒。

本亚科还有许多经济植物。药用植物有：雪莲花（*Saussurea involucrata* Kar.et Kir.），头状花序全为筒状花，分布于新疆天山，国家三级保护植物。此外，可做药用的还有红花（*Carthamus tinctorius* L.）、白术（*Atractylodes macrocephala* Koidz.）、千里光（*Senecio scandens* Buch Ham.ex D. Don）、东风菜［*Doellingeria scaber*（Thunb.）Nees］、牛蒡（*Arctium lappa*

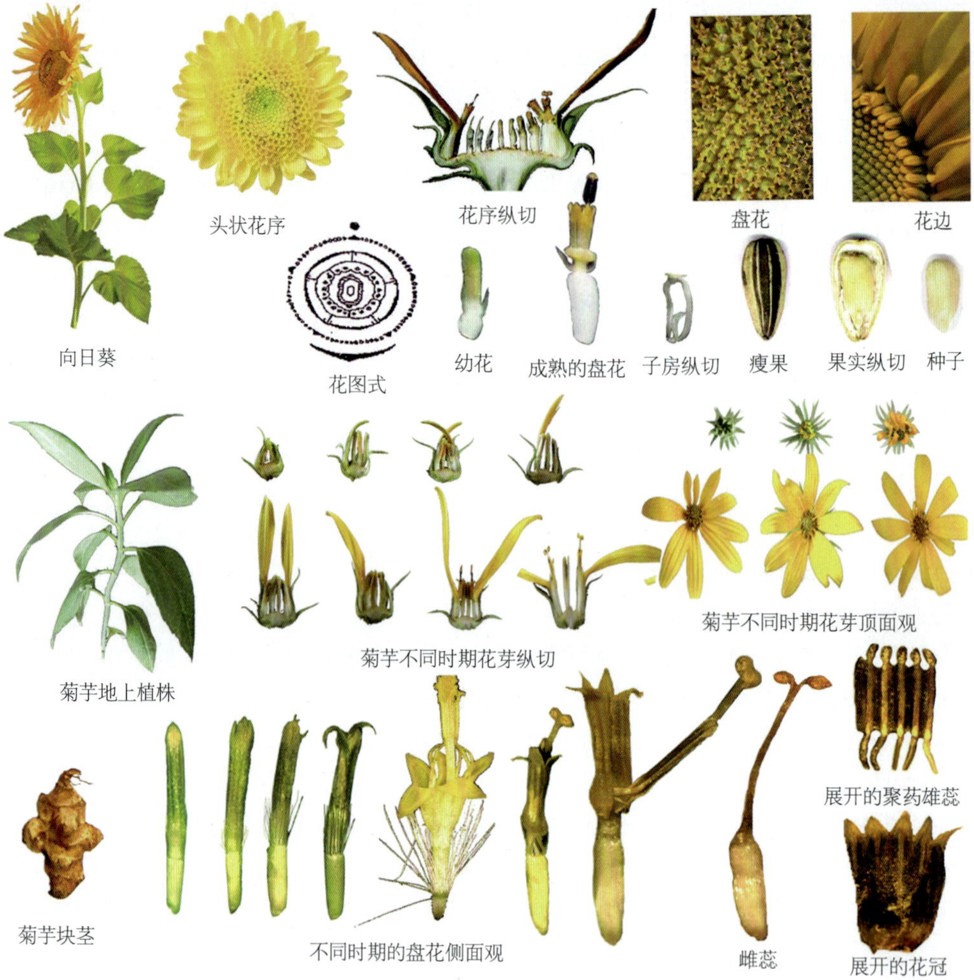


图5-55　菊科（管状花亚科）（刘承晨拍摄）

L.）等；除虫菊（*Pyrethrum cinerariifolium* Trev.）是著名的杀虫植物，头状花序中含除虫菊素和灰菊素等杀虫成分，为制作农业杀虫剂和蚊香的重要原料。常见的栽培观赏植物有：大丽花（*Dahlia pinnata* Cav.）、百日菊（*Zinnia elegans* Jacq.）、金盏菊（*Calendula officinalis* L.）、雏菊（*Bellis perennis* L.）、翠菊（*Callistephus chinensis* Nees）、万寿菊（*Tagetes erecta* L.）、孔雀草（*T. patula* L.）和瓜叶菊（*Senecio cruentus* Dc.）等。本亚科还有许多外来恶性杂草，如紫茎泽兰（*Eupatorium adenophorum* Spreng.）、飞机草（*E. odoratum* L.）、豚草（*Ambrosia artemisiifolia* L.）、加拿大一枝黄花（*Solidago canadensis* L.）（图5-68）、微甘菊（*Mikania micrantha* Kunth）、一年蓬［*Erigeron annuus*（L.）Pers.］、加拿大飞蓬（*E.canadensis* L.）、香丝草［*Conyza bonariensis*（L.）Cronq.］等。此外，泥胡菜（*Hemistepta lyrata* Bunge.）、刺儿菜［*Cirsium setosum*（Willd.）MB.］和醴肠（*Eclipta prostrata* L.）等，都是常见的田间杂草，有的还是病虫害的中间寄主等。

Ⅱ．舌状花亚科（Liguliflorae）

植物体常具乳汁，无香气。头状花序全为舌状花，花小两性。

本亚科仅莴苣族一族，34属。

莴苣属（*Lactuca*） 一至多年生草本，叶全缘或羽状分裂；瘦果扁平，具长喙，冠毛多而细，基部连成环。该属有70余种，我国产40种。莴苣（*L. sativa* L.），原产地中海沿岸，现各地普遍栽培做蔬菜。品种较多，如莴笋（*L. sativa* var. *angustata* Irish.ex Bremer），茎发达可食用；生菜（*L. sativa* var. *romasa* Hort.），叶狭长不卷心，以叶做蔬菜。

蒲公英属（*Taraxacum*） 多年生草本，叶基生呈莲座状；头状花序单生花葶顶端，黄色；瘦果纺锤形，有棱，先端延长成喙，冠毛多。该属约60种，我国有40种。常见的，如蒲公英（*T. mongolicum* Hand. -Mazz.）（图5-56），为全国广布的杂草，是棉红蜘蛛、棉铃虫等的中间寄主，也可入药。

本亚科大多为杂草，除上述外，还有苦苣菜（*Sonchus oleraceus* L.）、黄鹌菜［*Youngia japonica*（L.）DC.］等。

图5-56 菊科（舌状花亚科）

## （二十二）其他重要的双子叶植物

莲（*Nelumbo nucifera* Gaertn.） 莲科（Nelumbonaceae）水生草本植物。有乳汁，根状茎粗大；叶盾形，常高出水面；花大，单生，花柄高于叶柄；花被多数，螺旋状排列，雄蕊多数螺旋排列，早落；花药狭窄，药隔延伸，花粉3沟；心皮多数，花托海绵状，顶端开孔，聚合果，种皮海绵状。主产于亚洲和大洋洲，常栽培，根状茎食用，花供观赏（图5-57）。

图5-57 睡莲科

杜仲（*Eucommia ulmoides* Oliv.） 为杜仲目（Eucommiales）单科、单属、单种植物。落叶乔木，单叶互生，无托叶；枝具片状髓心，叶和树皮折断后有白色胶丝；雌雄异株，无花被。雄花簇生，具柄，花丝极短；雌花具短柄，子房为两个心皮合生，1室，具2个倒生胚珠；坚果具翅，种子具胚乳（图5-58）。特产于我国中部及以南各省，树皮入药具补肝肾、强筋骨和降血压等作用，树皮中的硬橡胶为重要的工业原料。为国家二级重点保护植物。

图5-58 杜仲

桑（*Morus alba* L.） 荨麻目（Urticales）桑科（Moraceae）落叶乔木，具有乳汁；单叶互生，托叶早落；花单性异株，柔荑花序；雄花萼片4，雄蕊4，中间具有退化雌蕊；雌花萼片4，子房上位，由2个心皮合生形成，1室1胚珠；瘦果包于肉质化的萼片内，形成聚花果，俗称桑葚（图5-59）。原产我国，各地栽培。桑叶饲蚕，桑葚、根内皮（称桑白皮）、桑叶和桑枝均药用，茎皮纤维可造纸，桑葚可食，木材坚硬，可作家具。

珙桐（*Davidia involucrata* Baill.） 珙桐科（Davidiaceae）落叶大乔木。叶互生、纸质、宽卵形，边缘有尖锯齿；花杂性，由多数雄花和一朵两性花组成顶生头状花序；花形似鸽子展翅，白色的大苞片似鸽翅，暗红色的头状花序如鸽头，绿黄色的柱头像鸽喙，盛花时犹如满树群鸽栖息，被世界上誉称为“中国鸽子树”；核果肉质，椭圆形或矩状卵形，表面紫色，有黄褐色小斑点。珙桐是我国特有植物，为第三纪古热带植物区系的孑遗种，在研究古植物区系和系统发育等方面都有重要的科学价值，被列为国家一级重点保护植物。现世界广为引种栽培，为著名观赏植物（图5-60）。

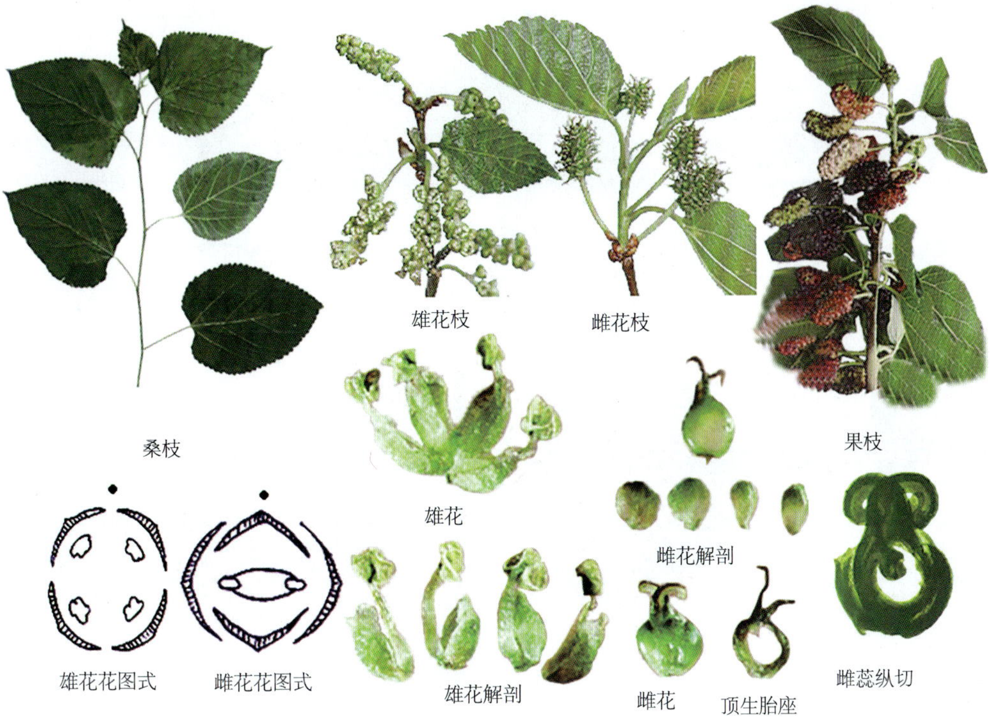


图5-59 桑

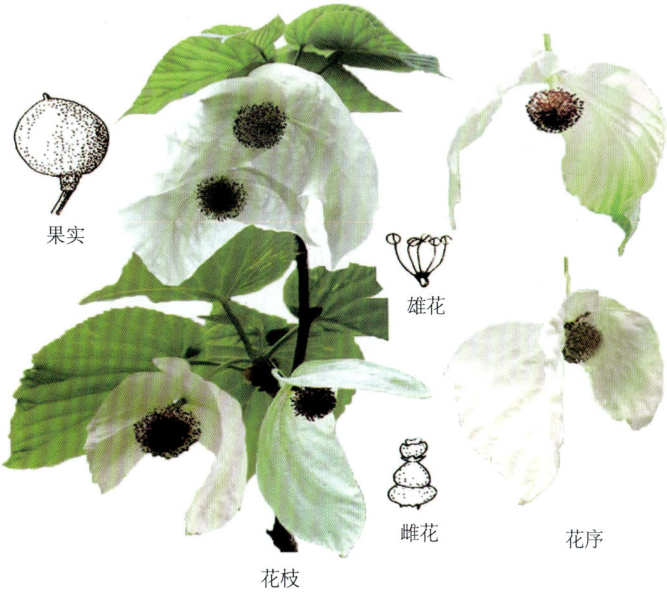


图5-60 珙桐

葡萄（*Vitis vinifera* L.） 葡萄科（Vitaceae）落叶木质藤本，具茎卷须，茎皮呈片状剥落；髓褐色。叶掌状缺裂，基部心形，花瓣合生呈帽状，花时脱落，圆锥花序，浆果。广为栽培，果可生食，或制葡萄干，或酿酒，根、藤可药用（图5-61）。

图5-61 葡萄

## 二、单子叶植物纲

### （一）泽泻目（Alismatales）

水生或沼生草本植物。叶互生，常密集于根状茎或匍匐茎的近顶端而呈基生状，通常基部扩大和具鞘；花序聚伞状伞形、总状或圆锥花序，有时单生；花整齐、3基数（少多数），两性或单性；花被6，2轮，外轮花萼状，内轮花瓣状；雌蕊3～20离生（或基部合生），排成1轮或螺旋状排列。

本目包括花蔺科（Butomaceae）、泽泻科（Alismataceae）等3科。

泽泻科（Alismataceae）*⚥，♀，♂ $P_{3+3}A_{\infty \sim 6}\underline{G}_{\infty \sim 6}$

主要特征：水生或沼生草本，叶有长柄，基生，具叶鞘；花两性或单性，花被显著，有花萼与花冠之分，花萼宿存；心皮多数离生，螺旋排列于凸起花托上；聚合瘦果；种子无胚乳。

泽泻属（*Alisma* L.） 水生草本，叶椭圆形或卵圆形。花两性，轮生，排成伞形或圆锥花序；雄蕊6；心皮10～20，轮生于扁平的花托上。泽泻［*A. orientale*（Sam.）Juzepcz.］叶基楔形或心形；花白色，具球茎；为常见田间杂草；茎、叶可做饲料；球茎入药，有利尿渗湿之功能（图5-62）。

慈姑属（*Sagittaria* L.） 叶变化大，沉水叶带状，出水叶卵形或箭形。花单性，轮生，排成总状或圆锥花序，上部花雄性，下部花雌性，也有两性花；雄蕊6～∞；心皮∞，着生于凸起的花托上。瘦果压扁，有翅。慈姑（*S.sagillifolia* L.）地下匍匐枝的顶端膨大成球茎，南方广为栽培；球茎食用或制淀粉，药用清热解毒（图5-62）。

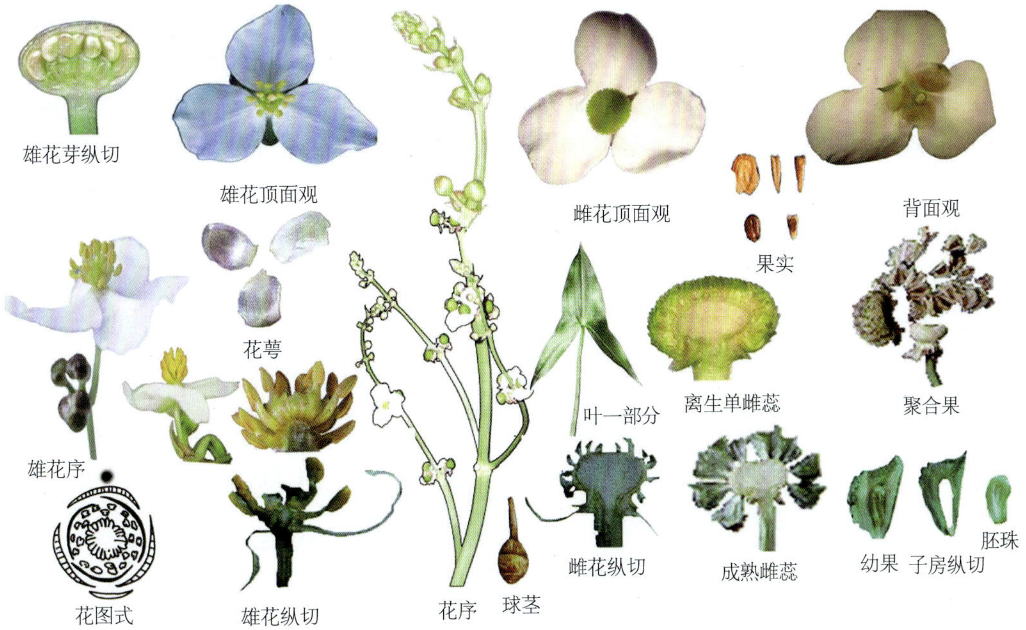


图5-62　泽泻科（慈姑）

## （二）槟榔（棕榈）目（Arecales）

本目仅棕榈科（Arecaceae）1科，形态特征同科。

棕榈科（Arecaceae）♂：$*\ P_{3+3}A_{3+3}$；♀：$*\ P_{3+3}\underline{G}_{3,(3)}$；$*$⚥ $K_3C_3A_{3+3}\underline{G}_{3,(3)}$

主要特征：木本，树干不分枝，常具皮刺；叶常绿，大型，簇生茎顶，叶柄基部膨大成纤维状鞘；圆锥状肉穗花序，多分枝；佛焰苞1至数片；花小，淡绿色，两性或单性；浆果、核果或坚果；种子具丰富胚乳。

本科约200属，3000余种，分布于热带和亚热带，以热带美洲和热带亚洲为分布中心。我国有28属（包括栽培），100余种，主要分布于南部至东南部各省。本科多为重要纤维、油料、淀粉及观赏植物。

棕榈属（*Trachycarpus*）　常绿乔木，叶掌状分裂，裂片多数顶端浅2裂；花常单性，异株，多分枝的肉穗状或圆锥状花序，佛焰苞显著；果实肾形或球形。棕榈［*T. fortunei*（Hook.）H.Wendl.］，分布于长江以南各地，现广泛栽培供观赏。树干可作支柱和小器具原料，叶鞘纤维可制绳索、地毯、床垫，嫩叶可制扇、帽等，果实（棕榈子）及叶鞘纤维（陈棕）可供药用（图5-63）。

椰子属（*Cocos*）　仅椰子（*C. nucifera* L.）1种，常绿乔木；叶羽状全裂或为羽状复叶，佛焰花序腋生，多分枝；雄花聚生于分枝上部，雌花散生于分枝下部，子房3室，每室成熟胚珠1个；坚果大型，种子1枚，胚乳内有1富含液汁的空腔。广布于热带海岸，我国台湾、海南及云南等地均产，为重要的木本油料、纤维植物和热带优美的观赏植物，椰子乳是可口的清凉饮料之一。

本科植物经济用途很多。蒲葵［*L.chinensis*（Jacq.）R. Br.］，产于我国南部。嫩叶制蒲扇，叶脉可制牙签，树形优美常栽培供观赏，种子入药。西米棕（*Metroxylon sagu* Bottb.）的髓部可以取制“西米”淀粉，油棕（*Elaeis guineensis*）是重要的油料植物。王棕［*Roystonea regia*（HRK）O.F. Cook.］，乔木，高10～20m，干常在中部膨大，产于热带古巴，果实是鸽子的饲料。鱼尾葵（*Caryota ochlandra* Hance），叶二回羽状全裂，顶端扇形，有不规则的缺齿，侧面菱形似鱼尾，分布于我国东南部至西南部；其茎含大量淀粉，可作槟榔粉的代用品，边材坚硬，可制手杖和筷子等。省藤（*Calamus platyacanthoides* Merr.）茎为编织藤器原料。槟榔（*Areca cathecu* L.），原产马来西亚，我国广东和云南南部、台湾有栽培。种子含单宁和多种生物碱，入药；果实做嗜好品，常为口含嚼料。王棕、鱼尾葵和原产澳大利亚的假槟榔［*Archontophoenix alexandrae*（F.Muell.）H.Wendl et Drude］等常植为庭院树或行道树。

图5-63 棕榈科（棕榈）

## （三）天南星目（Arales）

草本，稀木质藤本。叶宽具柄；花小，花被常退化或缺或成鳞片；花密集成肉穗花序，并被一大型多色彩的佛焰苞所包围；子房上位，浆果或胞果。种子常具胚乳。

本目包括天南星科（Areaceae）和浮萍科（Lemmaceae）。

天南星科（Areaceae）♂：$*P_{0,\,4\sim6}A_{6\sim少数}$；♀：$*P_{0,\,4\sim6}\underline{G}_{(2\sim3)}$

主要特征：草本，叶常基生；花聚集成肉穗花序，花两性或单性，通常雄花位于花序上方，雌花位于花序下方，中部为中性花，花序下或外有佛焰苞；浆果（图5-64）。

本科约115属，2450种。主要分布于热带、亚热带，我国35属，200多种，主要分布于南方。

天南星属（*Arisaema*） 多年生草本，有块茎，叶常三裂；花单性，肉穗花序，佛焰苞宿存，雌雄同株或异株；浆果，种子有胚乳。本属有150多种，我国80种以上。一把伞南星［*A.erubescens*（Wall.）Schott］，块茎药用，解毒消肿，祛风定惊，化痰散结。

图5-64 天南星科

本科还有芋［*Colocasia esculenta*（L.）Schott］，原产于南美洲，现广泛栽培，块茎栽培食用。半夏［*Pinellia ternata*（Thunb.）Breit.］，小草本；小球茎有毒，加工后入药，是常用药，有开胃健脾、止呕的功能。魔芋（*Amorphophallus rivieri* Durieu），掌状复叶，小叶羽裂；块茎扁球形；佛焰苞暗紫色；块茎富含葡萄甘露聚糖和淀粉等，能治便秘，降低胆固醇，有预防和缓解心血管疾病的作用，现已开发出多种美味的低热脂的保健食品。此外，马蹄莲［*Zantedeschia aethiopica*（L.）Spreng］、龟背竹（麒麟叶）［*Epipremnum pinnatum*（L.）Schott］、红掌（天堂鸟，安祖花）（*Anthurium andraeanum* Lind.）等是庭园常见的观赏植物。

## （四）百合目（Liliales）

草本，少数为草质或木质藤本，或为木本，常具根状茎、鳞茎或球茎；单叶互生，很少对生或轮生，有时全为基生；花两性，较少单性，多为虫媒花，常3基数，花被花瓣状、常2轮，分离或下部联合呈筒状；雄蕊通常与花被片同数，花粉粒双核，稀为3核，多具单沟；心皮3，子房上位或下位，中轴胎座，胚珠每室少至多数；果实通常为蒴果，稀为浆果或核果；种子胚乳丰富。

本目包括雨久花科（Pontederiaceae）、百合科（Liliaceae）、鸢尾科（Iridaceae）、百部科（Stemonaceae）、薯蓣科（Dioscoreaceae）等15个科。

百合科（Liliaceae）$* \text{⚥}\ P_{3+3}A_{3+3}\underline{G}_{(3:3)}$

主要特征：多年生草本，具多种地下变态茎；单叶，花两性、整齐、3基数，花被片6片，排列成两轮，雄蕊6枚，与之对生，子房上位，3室；蒴果或浆果。

本科有240属，近4000种，广布全世界，但主要分布于温带和亚热带地区。我国有60属，600余种，各省均有分布，以西南最盛。

百合属（*Lilium*） 具鳞茎，鳞瓣肉质多数，无鳞被，茎直立，常不分枝；花大，单生或成总状花序；花被漏斗状，雄蕊花药丁字形着生，中轴胎座，蒴果。该属约80种，产北温带，我国有60多种。常见种卷丹（*L. lancifolium* Thunb.）、百合（*L. brownii* F.E. Brown ex Miellez）及变种百合（*L.brownii* var. *viridulum* Baker），野生或栽培作观赏，鳞茎供食用或药用。此外，麝香百合（*L. longiflorum* Thunb.）、王百合（*L. regale* Wil.）等皆为常见观赏植物（图5-65）。

图5-65　百合科

葱属（*Allium*）　多年生草本，有刺激性葱蒜味；鳞茎有鳞被。叶基生，伞形花序顶生，初为膜质总苞包被；花被分离或基部合生；子房上位，蒴果。该属约300种，主产北温带，我国有100余种。有多种广为栽培的著名蔬菜，如洋葱（*A. cepa* L.）（图5-65）、葱（*A. fistulosum* L.）、蒜（*A. sativum* L.）、韭菜（*A. tuberosum* Rottl. ex Spreng）等，其植物体内含杀菌素等多种成分，为保健食品。

本科其他重要的属种还有如下几种。贝母属（*Fritillaria*）：鳞茎近球形，无鳞被；叶对生、轮生或散生，先端卷须状；蒴果有宽翅。浙贝母（*F. thunbergii* Miq.），分布于江浙一带，常栽培作药用。川贝母（*F. cirrhosa* D. Don）分布于西南，鳞茎入药，能清热润肺、养阴生津、止咳化痰。萱草属（*Hemerocallis*）的黄花菜（*H. citrina* Baroni.），蒴果室背开裂。花蕾作蔬菜食用，也可观赏，根可入药。萱草（*H. fulva* L.）根可入药，能清热利尿、凉血止血、解毒、疏肝、化痰、消肿。天门冬属（*Asparagus*）的天门冬［*A. cochinchinensis*（Lour.）Merr.］叶退化成干膜质鳞片状，叶状枝针形，浆果，块根入药。石刁柏（*A. officinalis* L.），分布于中亚和英国，现广为栽培作蔬菜，称“芦笋”。文竹［*A. setaceus*（Kunth）Jessop.］，原产非洲，常盆栽供观赏。

本科常见的药用植物还有黄精属（*Polygonatum*）的玉竹［*P. odoratum*（Mill.）Drue.］和

黄精（*P. sibiricum* Delar.ex Redoute.）、芦荟［*Aloe vera* var. *chinensis*（Haw.）Berg.］等；郁金香（*Tulipa gesneriana* L.）、风信子（*Hyacinthus orientalis* L.）、玉簪［*Hosta plantaginea*（Lam.）Aschers.］、吊兰［*Chlorophytum comosum*（Thunb.）Jacq.］、蜘蛛抱蛋（*Aspidistra elatior* Blume）等常栽培观赏，或作地被植物。

## （五）鸭跖草目（Commelinales）

草本，叶互生或基生，常具叶鞘；花两性，整齐或不整齐，3基数；萼片3，绿色或膜片状；花瓣3，分离或基部联合；雄蕊1～3或6；3心皮，子房上位，3室或1室；蒴果；种子有胚乳。

本目包括鸭跖草科（Commelinaceae）和黄眼草科（Xyridaceae）等4科。

鸭跖草科（Commelinaceae）*↑⚥ $K_3\ C_3\ A_{3+3}\ \underline{G}_{(3:3)}$

主要特征：草本，叶鞘明显；花被有花萼和花冠之分，萼片宿存；雄蕊6枚，二型；子房上位；蒴果，种子有棱，胚乳丰富，种脐的背面或侧面具圆盘状胚盖。

本科约50属，700余种，主要分布在热带，少数分布于亚热带和温带。我国有15属，51种，各地均有分布。

鸭跖草（*Commelina communis* L.），茎多分支，下部匍匐状而节上常生根，叶互生，长圆状披针形至披针形，几无柄；聚伞状花序有花数朵，佛焰苞片有柄，心状卵形，边缘对合折叠，基部不相连；花蓝色，花瓣有爪；蒴果椭圆形。分布于云南、甘肃以东的南北各地。全草供药用，有清热解毒、凉血、利尿之效。火柴头（*C.benghalensis* L.），叶卵状披针形，有地上、地下花，且均能结实，产生4种不同萌发特性和生态适应性的种子，是棉、玉米、果、蔬等田间极难防治的杂草之一（图5-66）。

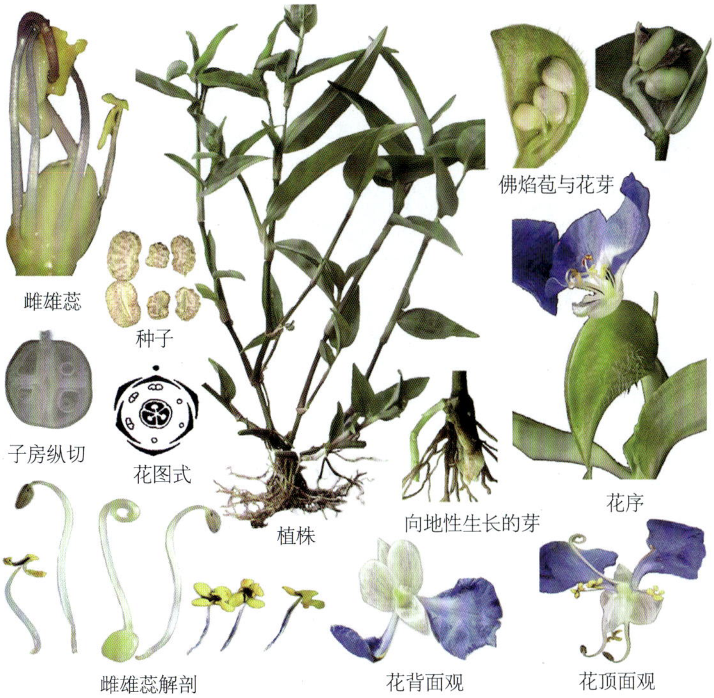


图5-66 鸭跖草科（火柴头）

紫竹梅（*Setcreasea purpurea* Boom.），又名紫鸭跖草、紫叶草；全株紫色，茎较粗壮；叶长圆形，边缘有长纤毛；花玫瑰紫色；其花叶皆美，为优良地被植物，也可盆栽作室内观叶植物。

## （六）莎草目（Cperales）

草本，多具根状茎，单叶具叶鞘；花单生于颖状苞片内，由1至多数小花组成小穗，由小穗组成各式花序；花被鳞片状、刚毛状或缺如；子房上位，心皮2～3，1室，颖果或坚果等。

本目有莎草科（Cperaceae）和禾本科（Gramineae，Poaceae）2科。

### Ⅰ. 莎草科（Cperaceae）* ⚥ $P_0A_{1\sim3}\underline{G}_{(2\sim3)}$；* ♂：$P_0A_{1\sim3}$ * ♀：$P_0\underline{G}_{(2\sim3)}$

主要特征：多年生或一年生草木，常有不同的变态茎；茎常三棱、实心，少数中空，无节；叶基生有时缺，常3列，有闭合的叶鞘；花小，两性或单性，生于鳞片腋内，与鳞片组成小花，2至多朵小花和鳞片组成小穗，小穗可再组成多种花序，花序下具总苞；花被缺或为下位刚毛、丝毛或鳞片，雄蕊1～3枚，心皮2～3，子房上位，1室；柱头2～3枚；瘦果或坚果。

本科约96属，9300多种，广布于全世界，以温带、寒带为多。我国31属，630多种，全国各地皆有。

莎草属（*Cyperus*） 秆散生或丛生，常棱柱状；花序下具叶状总苞，小穗常两侧压扁，不脱落。颖片2列，柱头3，小坚果具3棱。本属约380种，分布于温带和热带。我国约30种，分布全国，主产东南部至西南部。油莎草（*C.esculentus* L.），多年生草本，根状茎细长，顶端膨大成块茎。原产非洲和地中海，我国多数地区引种栽培。块茎含油27%以上，是良好的食用油和工业用油，其油饼可制糖、酿酒，茎叶做造纸原料或饲料。香附子（*C.rutundus* L.），根状茎细长，具多数黑褐色块茎。干燥块茎含香附醇，入药可理气解郁，调经止痛（图5-67）。

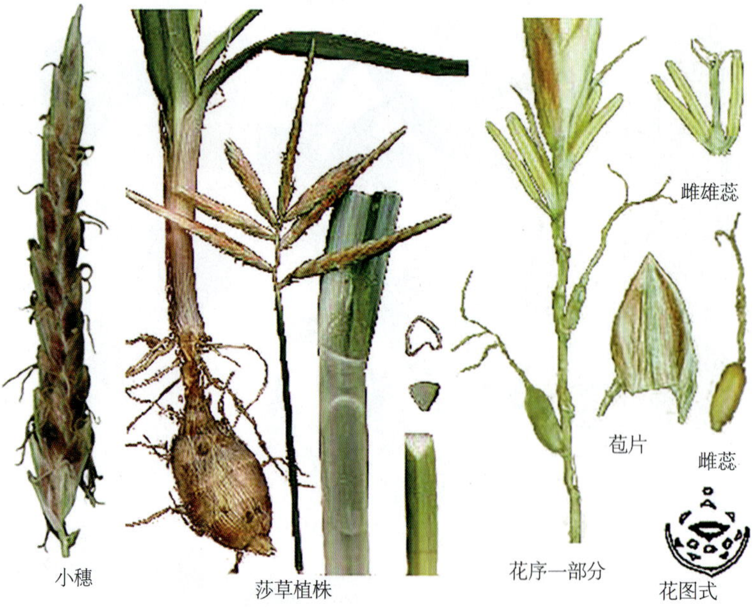


图5-67 莎草科（莎草）

薹草属（*Carex*） 茎三棱形，叶基生或秆生；小穗单一或成圆锥状复穗状花序。约2000种，广布全世界；我国约400种，各省均产，主要分布于北方。乌拉草（*C.meyeriana* Kunth），秆丛生，粗糙。小穗2～3，雄小穗顶生，雌小穗位于雄小穗下方。分布于东北，为“东北三宝”之一。

本科其他重要的经济植物有：荸荠［*Eleocharis dulcis*（Burm.）Trin.ex Henschel］，秆圆柱形丛生，叶退化仅有膜质叶鞘；匍匐根状茎，顶端膨大成球茎，食用或药用。蒲草［*Lepironia articulata*（Retz.）Domin.］，嫩叶作蔬菜，老叶编织席袋等。

本科其他重要的属种还有：藨草属（*Scirpus*），茎三棱形，叶仅具叶鞘，小穗组成聚伞花序或头状花序；颖片多数螺旋排列。本属约200种，分布广；我国有40多种。藨草（*S.triqueter* L.），除广东外，分布于全国各地。茎纤维可做编织原料或造纸。

Ⅱ. 禾本科（Gramineae，Poaceae）$* ⚥\ P_{2\sim3}A_{3,\ 3+3}\underline{G}_{(2\sim3:1)}$

主要特征：草本或木本，地上茎称秆，秆圆柱形，中空或实心，有节；单叶互生，2列，叶鞘开裂，常有叶舌、叶耳；小花组成小穗，再由小穗组成多种花序；颖果。

禾本科是种子植物中的1个大科，约750属，1万余种。我国有225属，1100多种。根据茎是否木质化将禾本科分为竹亚科和禾亚科。

### 1）竹亚科（Bambusoideae）

主要特征：秆一般为木质，多为灌木或乔木状，秆的节间常中空；主秆叶（秆箨即笋壳）与普通叶明显不同；秆箨由箨片、箨鞘和箨耳组成。箨片通常缩小而无明显的中脉；普通叶片具短柄，且与叶鞘相连处成一关节，叶易自叶鞘脱落（图5-68）。

图5-68　竹亚科

本亚科（不包括我国不产的草本竹类）有70余属，1000种左右，主要分布在除欧洲以外的热带和亚热带地区，在温带和寒温带中也有少量的分布。我国除引种栽培外，有37属，500余种，主要分布在长江流域以南各省。

簕竹属（*Bambusa*）地下茎合轴，秆丛生，节间圆筒形，每节有多数分枝，小枝在某些种类可硬化为刺；主茎叶称箨叶，由箨片、箨鞘及箨耳组成；箨片直立，基部与箨鞘的顶端等宽，箨耳显著。全世界有100余种，我国有60多种。孝顺竹［*B. multiplex*（Lour.）Raeusch］，枝条多数簇生于1节，叶常5～10生于1小枝上，分布于华南、西南各省，通常栽培供观赏。变种凤尾竹［*B. multiplex* var.*nana*（Roxb.）Keng］，叶片通常10余枚生于小枝上，形似羽状复叶。分布于长江流域以南各省（自治区），多栽培，供观赏。佛肚竹（*B. ventricosa* Mc Clure），秆有异型，畸形秆节间瓶状。原广东特产，各地栽培或盆栽，供观赏。黄金间碧玉竹［*B. vulgaris* cv.*vittata*（A.et C.Riviere）Chia.］，秆有黄绿相间的花条纹，色泽鲜亮，是世界著名的园林观赏竹种。

箬竹属（*Indocalamus*） 灌木或小乔木；秆散生或丛生，直立，节不甚隆起，具一分枝，常与主秆同粗；叶片大型。全世界含20种以上，均产我国，主要分布于长江以南各省（自治区）。阔叶箬竹［*I. latifolius*（Keng）McClure.］，秆高约1m，秆箨宿存。分布于华东、陕南汉江流域等地区。秆宜作毛笔秆或竹筷，叶宽大，可制防雨用品。

刚竹属（*Phyllostachys*） 秆散生，圆筒形，在分枝的一侧扁平或有沟槽，每节两分枝。本属50余种，均产我国，主要分布在黄河流域以南。本属经济价值最大的竹类植物毛竹［*P.edulis*（Carr.）H. de Lehaie］，高大乔木。新秆有毛茸与白粉，老秆无毛。分布于长江流域及以南各省（自治区），以及河南、陕西，多见丘陵山地。毛竹笋芽供食用，秆为建筑用材、造纸和编织等的重要原料。该属栽培种龟甲竹［*P.heterocycla*（Carr.）Mitford］等为美丽的观赏竹种。同属的早竹（*P. praecox* C.D.Chu et C.S.Chao）、乌哺鸡竹（*P. vivax* McClure）等均为华东地区常见的优良食用笋竹。

### 2）禾亚科（Agrostidoideae）

主要特征：多年生或一年生草本；秆通常草质，秆生叶即是普通叶，叶片大多为狭长披针形或线形，具中脉，通常无叶柄，叶片与叶柄之间无明显的关节，不易从鞘脱落；花具2～3枚浆片（或鳞片），雄蕊3枚或6枚。

本亚科约575属，9500多种，遍布于世界各地。我国170多属，700余种。

稻属（*Oryza*） 水生或陆生，圆锥花序顶生，小穗两侧压扁，颖片退化成两半月形，着生小穗柄顶；小花3，仅顶花结实，两朵退化，仅存外稃；结实小花外稃硬纸质；雄蕊6枚，颖果与稃片难以分离。该属约25种，分布于热带，我国产4种，引种栽培2种。其中广泛栽培于我国南方的稻（*O. sativa* L.），是我国栽培历史最悠久的作物之一，现全世界广为栽培，为最有价值的粮食作物（图5-69）。20世纪70年代，我国科学家袁隆平创造的杂交水稻得到成功普及，对解决全球的温饱问题发挥了重要作用。

图5-69 禾亚科（水稻与小麦）

小麦属（*Triticum*） 陆生，一年或两年生草本，茎节间中空；复穗状花序直立，小穗由3～5朵小花组成，背腹压扁。小麦（*T.aestivum* L.）叶有叶舌、叶耳，颖片2枚，内外稃等长，雄蕊3枚，是极重要的粮食作物之一（图5-69）。

玉蜀黍属（*Zea*） 一年生栽培植物，秆直立，基部节处常有气生根，秆顶生雄性圆锥花序；雌花序圆柱状，自叶腋内抽出，雌花序外包多数鞘状苞片；雌小穗密集成纵行排列于粗壮的穗轴上。该属仅玉米1种，全世界广泛栽培，为主要的粮食作物之一。变种和品种很多，我国南北均有栽培（图5-70）。

图5-70 禾亚科（玉米）

甘蔗属（*Saccharum*） 多年生草本，秆粗壮；圆锥花序，小穗两性，成对生于穗轴各节，1无柄，1有柄，穗轴易逐节脱落。本属约11种，多分布于亚洲的热带与亚热带地区，我国约5种。甘蔗（*S. sinense* Roxb.），秆直立，高约3m，在花序以下有白色丝状毛；秆含糖量多，为我国南方重要的制糖原料，蔗鞘与叶片均为牲畜的良好饲料。

高粱属（*Sorghum*） 一年生或多年生草本。圆锥花序，小穗成对着生于穗轴各节，穗轴顶端1节有3小穗；无柄小穗两性，有柄小穗雄性或中性。约30种，分布于热带和亚热带，我国约5种。高粱，为一年生栽培作物，秆实心，基部具支柱根，叶狭长披针形，小穗卵状椭圆形。我国广为栽培，为重要杂粮之一。谷粒供食用、制饴糖及酿酒，种子及根可入药。

禾本科具有十分丰富的植物资源，常见的经济植物，如雀麦（*Bromus japonicus* Thunb.）、苏丹草［*Sorghum sudanense*（Piper）Stapf］等是很好的牧草。药用植物白茅［*Imperata cylindrica*（L.）Beauv.］的根茎入药，为利尿剂、清凉剂。薏苡（*Coix lacryma-jobi* L.）的果实含淀粉、油脂，可食用和入药，有利尿和强壮作用（图5-88）。香茅属（*Cymbopogon*）有些种类的茎、叶可提制芳香油或做饲料和造纸。高羊茅（*Festuca arundinaceae* L.）、草地早熟禾（*Poa pratensis* L.）和狗牙根［*Cynodon dactylon*（L.）Pers.］等为园林绿化中常用的草坪植物。大米草（*Spartina anglica* Hubb.）于1963年引入江苏及浙江海滨，现已归化。其根茎蔓延迅速，是一种优良的海滨先锋植物，可保滩护堤，积淤造陆，并可作饲料、肥料、燃料及造纸等原料。而同属的互花米草（*S. alterniflora* Loisel.），原产美国东南部海岸，于1979年引入我国后，曾取得了一定的经济效益，但目前已经成为比较典型的、影响当地渔业产量并威胁到红树林的外来入侵种。此外，稗［*Echinochloa crusgalli*（L.）Beauv.］等是常见的田间杂草，假高粱［*Sorghum halepense*（L.）Pres.］等是重要的外来恶性杂草，必须严加控制。

## （七）兰目（Orchidales）

陆生、附生或腐生的草本。花常为两侧对称，多为两性；花被片6，2轮；雌蕊由3心皮组成，子房下位，1室或3室。种子微小，极多，具未分化的胚，无胚乳或有少量胚乳。

本目包含兰科（Orchidaceae）、水玉簪科（Burmanniaceae）等4科。

兰科（Orchidaceae）$\uparrow$ ⚥ $P_{3+3}\,A_{2\sim1}\,\overline{G}_{(3:1:\infty)}$

主要特征：多年生草本，常有根状茎或块茎，陆生、附生或腐生，稀为攀缘藤本；单叶互生，基部常具抱茎的叶鞘，有时退化成鳞片状；花被2轮，外3枚花萼状，内3枚花瓣状，中央近轴1枚花瓣特化为唇瓣；雄蕊和雌蕊合生成合蕊柱，花粉结合成花粉块，子房下位，侧膜胎座；蒴果，种子极多，微小（图5-71）。

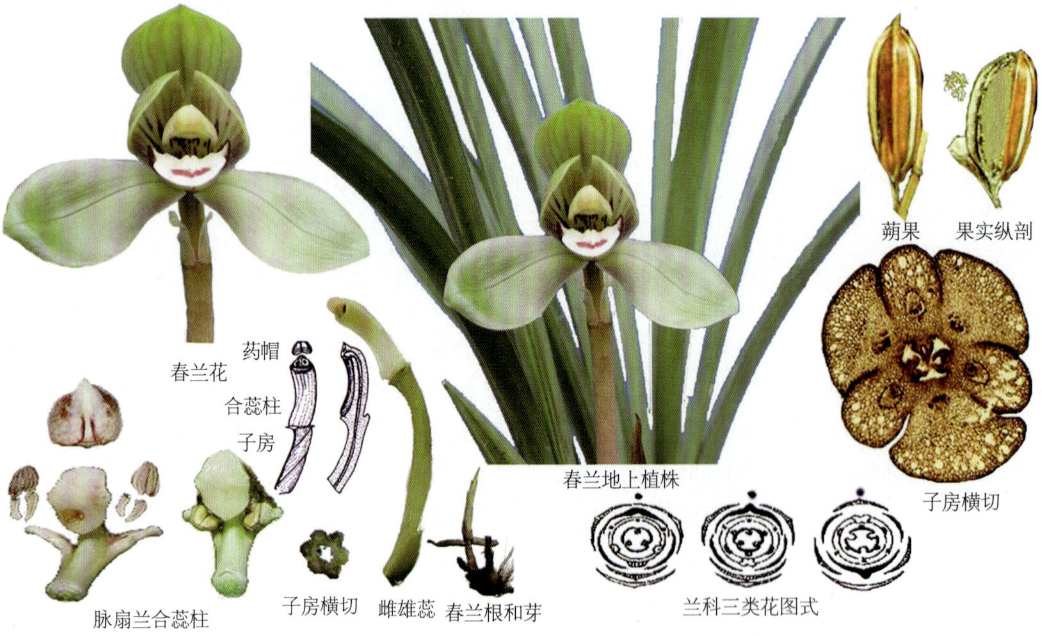


图5-71　兰科

本科约700属，28 237种，广布于热带、亚热带和温带地区，是被子植物的第二大科。我国有166属，1100种，主要分布于长江流域及以南地区。本科中有许多著名的观赏植物和名贵药材，经济价值很高。

兰属（*Cymbidium*）　茎极短或变态为假鳞茎；叶革质、带状，近基生；花大，美丽又芳香；蒴果椭圆形。全属约60种，我国有40种，分布在江南各省。本属有不少兰花名品，常栽培供观赏。例如，春兰［*C. goeringii*（Rchb.f.）Rchb.f.］，花多单生，早春开花；蕙兰（*C. faberi* Rolfe.），总状花序，春末夏初开花；建兰［*C. ensifolium*（L.）Sw.］，总状花序具花3~7朵，秋季开花；寒兰（*C. kanran* Makino.），秋末冬初开花。

石斛属（*Dendrobium*） 附生草本。茎黄绿色，节间明显；花大而艳丽，侧萼片与蕊柱足合生成萼囊；唇瓣3裂。约1400种，我国产60余种。钩状石斛（*D. aduncum* Lindl.），冬春开花，花色艳丽，常栽培供观赏，全草入药。铁皮石斛（*D. candidum* Wall. ex Lindl.）、细茎石斛［*D. moniliforme*（L.）Sw.］等为名贵药材，也常栽培供观赏。

白芨属（*Bletilla*） 陆生草本。具扁平假鳞茎，上有环痕。叶薄纸质，集生茎基；花大，顶生总状花序；唇瓣2裂，无距。约10种，我国有8种。白芨［*B. striata*（Thunb.）Reichb.f.］为著名中草药，也常栽培供观赏。

本科资源植物丰富。药用植物除多种石斛属植物外，还有天麻（*Gastrodia elata* Blume）、手参［*Gymnadenia conopsea*（L.）R. Br.］等多种。观赏植物较多，蝴蝶兰（*Phalaenopsis aphrodite* Rchb. f.）、大花杓兰（*Cypripedium macranthum* Sw.）、波瓣兜兰［*Paphiopedilum insigne*（Lindl.）Pfitz.］等均为名贵的观赏兰花。

## （八）其他重要的单子叶植物

香蕉（*Musa paradisiaca* L.var. *sapientum* O.Ktze） 为芭蕉科（Musaceae）多年生草本植物，具地下茎，地上假茎直立，由多层叶鞘包叠而成。叶大，矩圆形，侧脉平行；花序顶生，穗状花序，上部为雄花，下部为雌花，花唇形，3基数，心皮3，子房下位，中轴胎座；浆果具3棱，是著名水果之一（图5-72）。

图5-72 香蕉

山药（*Dioscorea opposita* Thunb.） 为薯蓣科（Dioscoriaceae）多年生草质藤本植物，可缠绕生长，具块茎或根状茎。单叶互生、网状脉；花单性整齐、3基数；心皮3，子房下位，果有3翅。我国大部分地区有栽培，块茎食用，入药作滋补强壮剂（图5-73）。

水仙（*Naricissus tazeta* var. *chinensis* Roem） 石蒜科（Amaryllidaceae）多年生草本（图5-74）。地下部分的鳞茎肥大似洋葱，基生叶与花葶同时抽出，花葶中空，花高脚碟状；花白色，有鲜黄色杯状副花冠（金盏银台）。因多为水养，且叶姿秀美，花香浓郁，亭亭玉立水中，故雅称“凌波仙子”。原产于我国浙江、福建，各地栽培作盆景，现已成为世界上有名的冬季室内和花园里陈设的花卉之一。

图5-73 薯蓣科（薯蓣）（王庆亚供）

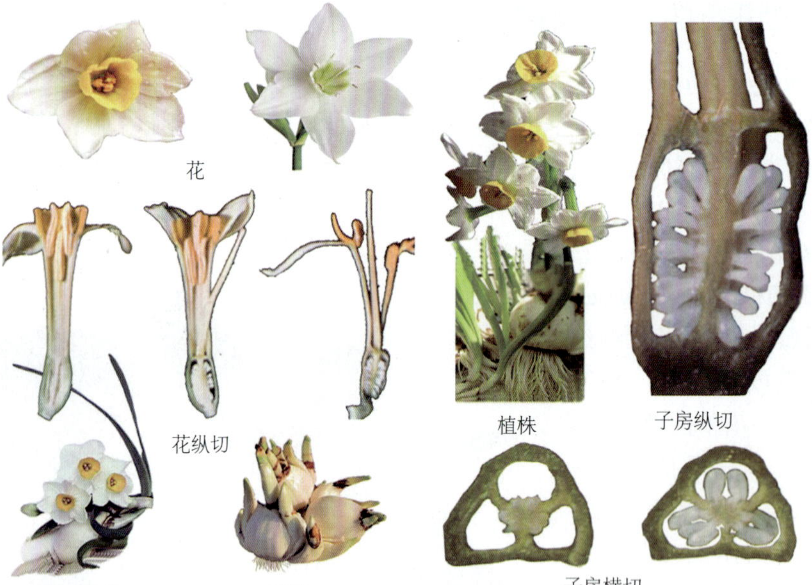


图5-74 石蒜科（水仙）

姜（*Zingiber officinale* Rosc.） 姜科（Zingiberaceae）多年生宿根草本。根状茎肉质，肥厚，扁平，有芳香、辛辣味和短指状分枝；叶片披针形，基部狭窄，有抱茎的叶鞘，无柄；穗状花序由根状茎抽出；苞片淡绿色，花冠黄绿色，唇瓣长圆状倒卵形，呈淡紫色，有黄白色斑点，下部两侧各有小裂片；雄蕊1枚，子房下位，花柱丝状，淡紫色，柱头放射状；蒴果长圆形（图5-75）。原产太平洋群岛，我国中部、东南部至西南部各省（自治区）广为栽培。根状茎含辛辣和芳香成分，入药有发汗解表、温中止呕、解毒等功效，又可作蔬菜和调味用。

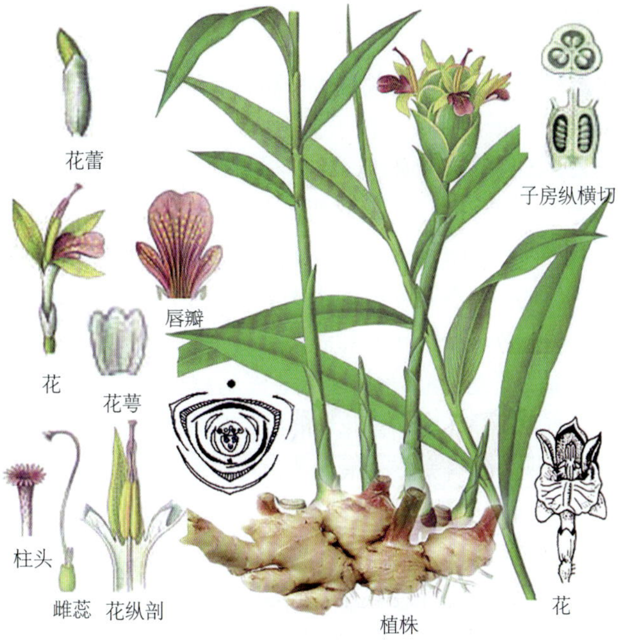


图5-75 姜

# 第四节 被子植物的起源与分类系统

新的形态学（广义）性状的大量积累，特别是对花的形态发生的广泛研究，以及在此基础上的花发育进化遗传学的开展，为理解花的多样性分化的机制带来了希望。

利用DNA序列资料以及根据这些资料推导的被子植物各个大类群的系统发育树迅速增加，对于被子植物的起源、分化和现存各大类群之间的关系提出了许多新观点，也不断地对传统的观念提出挑战。结实器官化石不断地被发掘，为人们进一步地了解被子植物的历史、进化和关系提供了直接证据。自达尔文的《物种起源》一书出版之后，生物学家才真正地走上进行自然分类的道路，在分类工作中人们试图去寻求“自然类群”和“共同祖先”，亦将重建生物分类群的系统发育作为研究的目标。

现存的被子植物若从早白垩纪大爆发时算起，已经演化了上亿年的历史，如果要追溯到它们的祖先类型起源，被子植物有2亿年左右的演化历史，经历了起源、分化、灭亡和发展的过程。对于有2亿年左右演化历史的被子植物来说，不可能建立一个包括全部已绝灭的植物类群和现存植物类群在内的谱系发生系统，而只能对现存的植物类群进行系统排列，以反映它们之间或近或远的亲缘关系。

## 一、被子植物的起源与进化

论及被子植物的起源要涉及三个问题：祖先、时间和地点。对于祖先，目前植物学家们取得比较一致的认识，即被子植物起源于已经绝灭的最古老的种子植物——种子蕨类。对于起源时间和起源地，由于化石等资料的不充分，仍然存在较大的分歧，现简略介绍如下。

## （一）起源的时间

最原始的被子植物已经不复存在，有关被子植物的起源只能是根据原始的种子植物化石以及现存的代表植物来进行比较与推测。关于被子植物起源的时代，过去一直认为是在距今1.3亿年前的下白垩纪。近20年来，不断有在三叠纪、侏罗纪或早白垩纪最早期“发现被子植物”的报道（图5-76）。1998年，孙革等报道了中国辽西北票黄半吉沟距今1.45亿年的侏罗纪地层中的被子植物——辽宁古果（*Archaefructus liaoningensis*）。王鑫等（2007，2015）先后在中国辽西葫芦岛市连山区白马石乡上三角城子村的中晚侏罗纪的海房沟组发现了中华施氏果（*Schmeissneria sinensis*）花序、中华星学花（*Xingxueanthus sinensis*）和潘氏真花（*Euanthus panii*）的化石，中华施氏果花具花被，成对着生于花序轴，子房2室，胚珠着生在子房壁上，中华星学花有类似柔荑花序的雌性生殖器官，潘氏真花具有花萼、花瓣、具花粉的雄蕊和具胚珠的子房及花柱中空的雌蕊。韩刚等（2016）在这一地层中发现了具有完整的根、茎、叶和果实的草本植物渤大侏罗草（*Juraherba bodae*），2010年王鑫等又在德国南部早侏罗纪找到了被子植物化石小穗施氏果（*Schmeissneria icrostachys*），其枝、叶、短枝、花序、花和果实与种子清晰可见。以上研究表明，在中侏罗纪中晚期，中国辽西地区就已有了迄今发现最早且丰富多样的被子植物种类。结合Hochuli（2013）在瑞士北部三叠纪中期地层发现的类似被子植物花粉和分子钟推算与系统分析，被子植物的起源至少可以追溯到距今2亿～2.25亿年的三叠纪甚至更早时代（距今2.6亿年）。

A　B　C　D　E　F

图5-76　被子植物早期化石及其复原

A. 辽宁古果复原　B. 中华施氏果花序化石　C. 中华施氏果花序复原　D. 小穗施氏果化石　E. 小穗施氏果一朵花复原　F. 渤大侏罗草（左：植株，右上：叶尖，右下：花）复原

## （二）起源的路径

关于被子植物的起源地或起源中心问题，不同的学者存在着十分对立的观点。达尔文等最早曾提出被子植物的高纬度——北极或南极起源说，认为被子植物起源于高纬度地区，而后向低纬度地区发展的观点。但后来发现这些地区的被子植物化石时代较新，这种理论逐渐被抛弃。

自20世纪50年代以来，国际上多数植物学家或古植物学家一直认为被子植物起源地和起源中心是在低纬度的热带或亚热带，如巴西的热带高原、冈瓦纳东北部等，其理由主要是基于一些具较原始性状的现存被子植物（如木兰目等）现今绝大多数生长在这一地区。塔赫他间（Takhtajan）等（前苏联）、吴征镒等（中国）、坎普等（美国）等诸多学者的研究都相继得出类似的结论，认为热带是被子植物早期分化和可能的发源地。

然而近年来我国科学家孙革等在我国东北地区侏罗纪上部和白垩纪以及蒙古下白垩纪等发现了最早的被子植物“辽宁古果”化石，表明现今处于较高纬度的东亚地区可能是被子植物的起源地或起源中心之一。

由于化石植物的缺乏和对过去发生的地质和气候变化还不是十分清楚，关于被子植物的起源地仍处于推测阶段，确切回答被子植物的起源地点和路径仍有困难，有待进一步深入研究。

## （三）可能的祖先

被子植物种系庞杂，形态变化较大，分布极广，难以用统一的标准将所有的被子植物归属成一类。因此对于被子植物的祖先存在不同的假说，主要有多元论、二元论和单元论三种起源学说。

### 1）多元论

该学说认为：现存被子植物来自许多不相亲近的类群，彼此是平行发展的。威兰（G. R. Wieland）、胡先骕、米塞（Meeuse）和哈利叶（Hallier）等是多元论的代表，他们认为：被子植物不同类群由不同的祖先平行发展、进化而来。我国植物分类学家胡先骕于1950年发表了一个被子植物多元起源的系统，提出双子叶植物起源于多元的半被子植物，单子叶植物与双子叶植物毛茛目也无必然的联系。米塞则认为被子植物至少有4个不同的祖先，并把双子叶植物分为3个亚纲。

### 2）二元论

该学说认为：柔荑花序类的化石在侏罗纪地层已有所发现，在地史上并不比多心皮类出现得迟，两者不存在直接的联系，可能是平行发展，来自各自不同的祖先。无花瓣的柔荑花序类来源于具有轴生胚珠的孢子叶穗类的远祖；多心皮类来自具有叶生胚珠的孢子叶类。拉姆（Lam）和恩格勒（A.Engler）均为二元论的著名代表。

### 3）单元论

目前多数植物学家支持被子植物的单元起源学说。该学说的主要依据是：被子植物有许多独特和高度特化的性状，如导管、筛管和伴胞的存在；雌雄蕊在花轴上固定不变的排列位置；雄蕊的4个花粉囊和特有的药室内壁；雌蕊具有心皮和柱头；通过花粉管完成双受精过程，并形成具有三倍体的胚乳。因此，认为被子植物只能起源于一个共同的祖先。哈钦松、塔赫他间、克朗奎斯特和Judd是单元论的主要代表。

我国系统分类学家吴征镒、路安民等（1998，2002，2003，2005）完整地论述了被子植物的系统发育和演化，提出了被子植物的“多系、多期、多域”的新分类系统。他们将被子植物（木兰亚门）分为8纲、40亚纲、202目和572科，命名了22个新亚纲，对每个科所包含的属种数和地理分布作了说明。“多系、多期、多域”新系统得到广泛重视，也产生广泛影响。路安民（2005）认为，被子植物间存在着一组共同的性状，它们有着共同的祖先。被子植物是一个单元起源的类群。已有的被子植物分类系统建立的依据包括形态学、分子系统学、古植物学和植物地理学等的综合性状，反映了现存类群的亲缘关系和可能追溯到的最近祖先。并且认为：现存的被子植物分类系统只是一个“亲缘”系统。

多种证据，尤其是分子证据显示：现存的被子植物可能来自一个前被子植物，或被子植物基本类群（原始类群）——ANITA成员（无油樟科Amborellaceae、睡莲科Nymphaeceae、八角目Illiciles、早落瓣科Trimeniaceae、木兰藤科Austrobaileyaceae)，ANITA成员包含了大量的祖征，且共同衍征很少。这可能是被子植物在演化早期，沿着不同传代线分化和分道扬镳，形成今天的多系植物类群。1998年“辽宁古果”的发现表明，被子植物的祖先类群极可能是早已灭绝的种子蕨类植物。

## 二、被子植物的系统演化与分类系统简介

### （一）被子植物系统演化的两大学派

在研究被子植物的系统发育中，由于化石证据的缺乏，人们自然地把重心放在被子植物的生殖器官——花的发生和演化，以寻求被子植物祖先的式样及其起源。例如，假花（Pseudanthium）学说、真花（Euanthium）学说，以及由它派生的真花孢子叶（Euanthostrobilus）学说、生殖叶（Gonophill）学说（R. Melville，1962，963）、生殖茎节（Anthocorm）学说（A. D. J. Mecuse，972）等。而其影响最广的是“假花”学说和“真花”学说（图5-77、图5-78）。

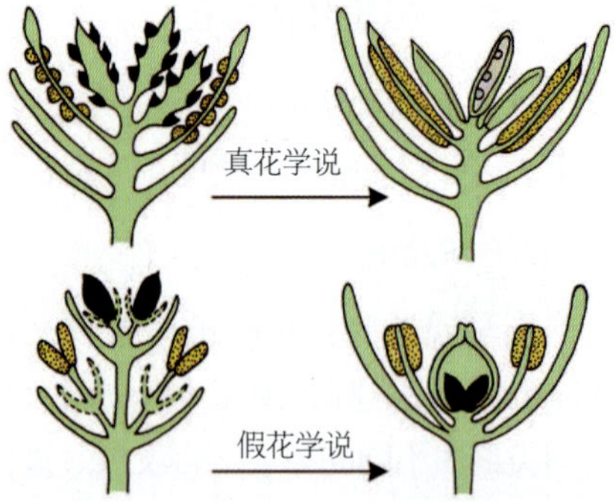

图5-77　真花学说与假花学说示意图

#### 1. 假花学说（Pseudanthium theory）

假花学说是奥地利植物学家韦特斯坦（R.von Wetlstein，1907）阐述恩格勒系统关于被子植物花构造演化而形成的学说。该学说认为被子植物是由裸子植物单性孢子叶球演化而来。裸子植物的麻黄类中的具有雌雄异花序的弯柄麻黄，被子植物每一个雄蕊与心皮，分别相当于1个极端退化的雄花与雌花。雄花的苞片变为花被，雌花的苞片变为子房壁。雄花的小苞片消失成为雄蕊，雌花的小苞片消失后仅剩下胚珠着生在子房壁上。由于裸子植物中的麻黄类都是以单性花为主，所以推测原始的被子植物必然是单性花，即现存的具单性花的荑花序类植物（如现存的木麻黄目Casuarinales，壳斗目Fagales、杨梅目Myricales和胡桃目Jugalandales）为被子植物的原始类群。

但是，现在大多数学者反对单性花原始的观点，并且Engler在1964年第11版的《植物分科志要》中也改变了这一观点。

#### 2. 真花学说（Euanthium theory）

真花学说由H.Hallier（1901）以及Arber和Parkin（1907）提出。该学说认为，被子植物的花是由已绝灭的原始裸子植物的两性孢子叶球（两性花）演化而来。本内苏铁目（或种子蕨等）的两性孢子叶球主轴的顶端演化为花托，生于伸长主轴上的大孢子叶演化为雌蕊，其下的小孢子叶演化为雄蕊，下部的苞片演化为花被；现生被子植物中具有两性、多离生心皮类的木兰目和毛茛目为原始类群，而荑花序类植物是一个较为进化的类群。

图5-78　单性和两性孢子叶球

## （二）被子植物的主要分类系统

### 1. 恩格勒系统

恩格勒系统是由德国植物学家Adolf Engler和K. Prantl于1897年在《自然植物分科志》（*Dienathürlichen Pflanzenfamilien*）中公布的，为植物分类学史上第一个比较完整的自然分类系统，后于1964年重新修订完善。该系统坚持假花学说和二元起源的观点，将双子叶植物分为古生花被亚纲和合瓣花亚纲，并认为被子植物花的演化是从无被花发展到有被花，从单被花到双被花，从离瓣花到合瓣花，花部是由少数到多数，从单性花到两性花，风媒花到虫媒花方向演化。因此，柔荑花序类植物是被子植物中最原始的类型。最初还认为，双子叶植物和单子叶植物是平行发展的两支，单子叶植物这一类群相对要比双子叶植物原始（图5-79）。

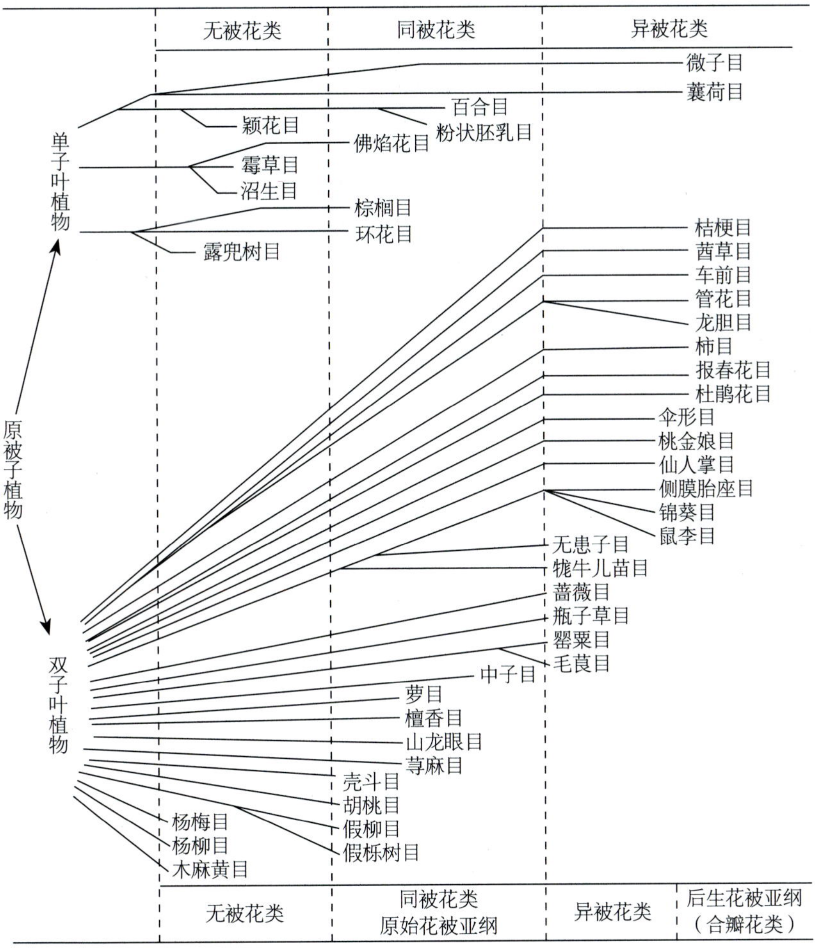


图5-79 Engler被子植物分类系统图（1897年）

恩格勒系统是被子植物分类学史上第一个比较完善的分类系统。该系统将植物界分为17门，其中被子植物独立成一个门，共包括2纲，62目，343科。目前中国科学院植物标本室、《中国树木分类学》和《中国高等植物图鉴》等均采用这一系统。

## 2. 哈钦松系统

哈钦松系统是由英国植物学家J.Hutchinson于1926～1934年在《有花植物科志》(*The Families of Flowering Plants*)中发表的，1973年重新修订。该系统是在Bentham和Hooker分类系统基础上发展起来的，坚持真花学说和单元论的观点，认为花的演化是由两性花到单性花，由虫媒花到风媒花，由双被花到单被花或无被花，由雄蕊多数和雌蕊的心皮多数分离向着雄蕊及雌蕊的心皮定数且联合的方向发展。因此，荑花序类植物较进化，而木兰目为较原始的类群。并认为单子叶植物起源于双子叶植物的毛茛目，将单子叶植物的发生列于双子叶植物之后(图5-80)。

哈钦松系统较恩格勒系统有较大的进步，主要表现在把多心皮类作为演化的起点，在许多地方阐明了被子植物的演化关系，但其被子植物分为木本支和草本支的观点，目前已被认为是完全错误的。我国的《种子植物分类学》《广州植物志》和《海南植物志》等均采用这一系统。

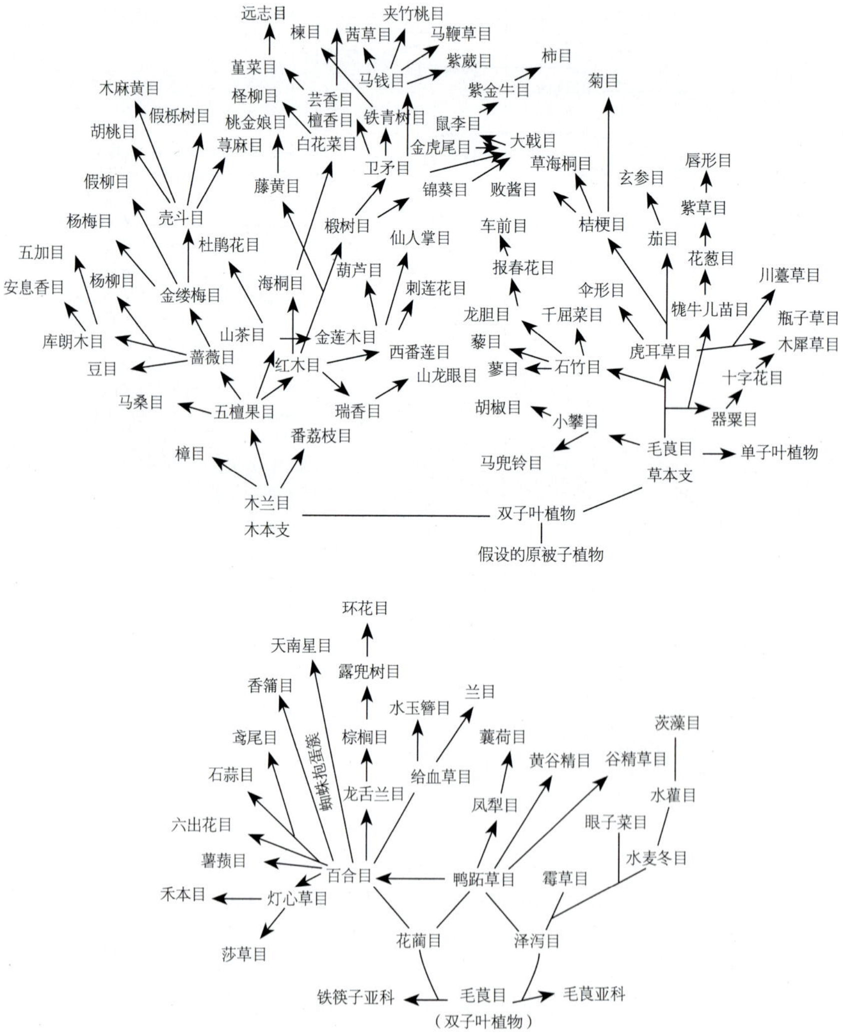


图5-80　哈钦松被子植物分类系统图(1973年)

## 3. 塔赫他间系统

塔赫他间系统是由俄罗斯植物分类学家Armen L.Takhtajan于1954年在《被子植物起源》一书中发表的，1997年新出版了《有花植物多样性和分类》(*Diversity and Classification of Flowering Plants*)，将被子植物［木兰植物门(Magnoliophyta)］分为2纲［木兰纲(Magnoliopsida)(11亚纲)和百合纲(Liliopsida)(6亚纲)］，17亚纲，71超目，232目，591科，并认为种子蕨可能是被子植物的祖先。该系统主张真花学说和单元起源的观点，认为两性花、双被花、虫媒花是原始的性状。草本植物是由木本植物演化而来；双子叶植物中木兰目最原始，单子叶植物中泽泻目最原始；泽泻目起源于双子叶植物的睡莲目。打破了传统的把双子叶植物纲分成离瓣花亚纲和合瓣花亚纲的概念，增加了亚纲的数目，调整了一些目、科，各目、科的安排更为合理。例如，把连香树科独立为连香树目，把原属毛茛科的芍药属独立成芍药科等，都和当今植物解剖学、染色体分类学的发展相吻合，比以往的系统前进了一步。但该分类系统在分类等级上增设了“超目”，科的数量达到了591科，不利于教学中的应用(图5-81)。

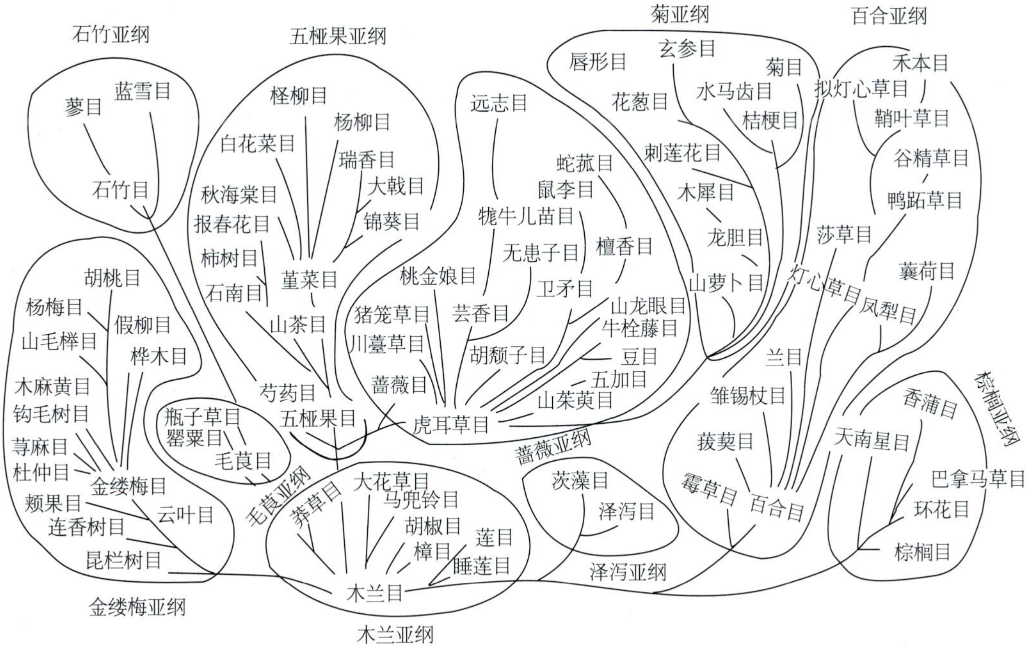


图5-81 塔赫他间被子植物分类系统图(1980年)

## 4. 克朗奎斯特系统

克朗奎斯特系统是由美国纽约植物园主任Arthur Cronquist于1957年在《双子叶植物目、科新系统纲要》一文中发表的，于1981年《有花植物的综合分类系统》(*An Integrated System of Classification of Flowering Plants*)和1988年《有花植物的进化和分类》(*The Evolution and Classification of Flowering Plants*)进行了两次修订，完善了他的系统体系。在他的系统中，将被子植物分为2纲，11亚纲，83目，378科。

该系统同样采用真花学说和单元起源的观点，认为有花植物起源于已经灭绝的种子蕨；木

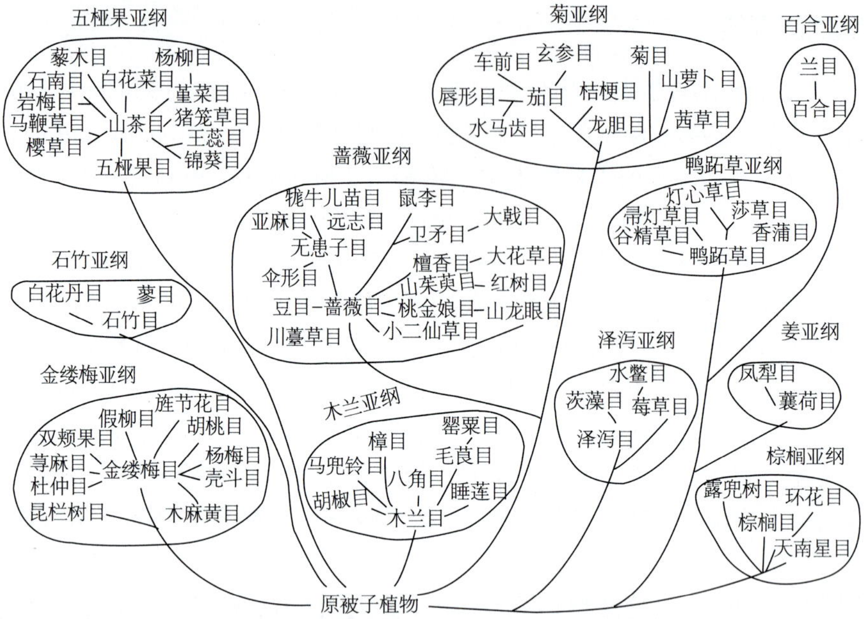


图5-82 克朗奎斯特被子植物分类系统图（1988年）

兰亚纲为被子植物的基础复合群，木兰目是最原始的代表；葇花序类植物起源于金缕梅目；单子叶植物来自于类似现代睡莲目的祖先；泽泻纲是百合亚纲进化线上近基部的1个侧枝；将被子植物分为木兰纲（双子叶植物）和百合纲（单子叶植物）。木兰纲包括6个亚纲，64目，318科；百合纲包括5亚纲，19目，65科；合计11亚纲，83目，383科。

克朗奎斯特接近于塔赫他间系统，但更为简化，取消了“超目”一级分类单位，科的数目有所压缩，范围比较适中，有利于教学（图5-82）。目前该系统在全世界受到了普遍的重视，本教材的被子植物分科部分排序就是依据克朗奎斯特系统。

## 5. 胡先骕系统

我国著名植物分类学先驱胡先骕教授（1894～1968年）在1950年发表了《被子植物的一个多元的新分类系统》。他认为，被子植物的发生是多元的，被子植物发生于遥远的中生代二叠纪、三叠纪之间；一方面上溯到亚苏铁之Williamsoniella与Wielandiella，一方面与其他的一切裸子植物，如苛得狄（Cordaites）、银杏类、松杉类和苏铁类皆有渊源。并以为被子植物的茎叶花的演化基础在二叠纪初即已奠定。该系统认为：单子叶植物是独立发生的一支，沼生类、百合类和佛焰苞类来自多元祖先，如棕榈目与苏铁蕨有关；而双子叶植物中的木兰目、毛茛目、金缕梅目、羽状复叶类等均为古代原始类群。

## 6. 吴征镒分类系统

我国植物学家吴征镒等在总结了比较形态学、化学分类学、古植物学、分支系统学和分子系统学等的研究成果基础上，于2002年提出了被子植物的一个“多系、多期、多域八纲新分类系统”。该系统被学术界称为被子植物的多元分类系统。按照这个系统，在早白垩纪，被子植物通过8条主传代线进化至现今的被子植物8个纲，即木兰纲（Magnoliopida）、樟纲

（Lauropida）、胡椒纲（Piperopida）、毛茛纲（Ranunculopida）、金缕梅纲（Hamamelidopida）、蔷薇纲（Rosopida）、石竹纲（Caryophyllopida）和百合纲（Liliopida）。"八纲系统"包含40亚纲，202目，572科，其中有22个新亚纲和6个新目为新命名。

## 7. APG被子植物分类系统

APG系统是由29位植物学家组成的被子植物系统发育小组（The Angiosperm Phylogeny Group，APG）于1998年提出"被子植物APG分类法"（An Odinal Classification for the Families of Flowering Plants），后经2003年、2009年和2016年不断修订完善（APGⅡ、APGⅢ、APGⅣ）。该分类系统是现今分子系统学研究成果所然，也是全世界大部分著名植物分类学家智慧的结晶。

APG系统提出了一个以"目"为单位的被子植物分类系统（an ordinal classificationg for the families of flowering plants）[Annals of the Missouri Botanical Garden，85（4）：531～553，1998]。该系统依据"单系原则"将全部被子植物各科目聚类成3大类、40目、462科。第一类为"木兰分支"（Magnoliids），包括樟目（Laurales）、木兰目（Magnoliales）和胡椒目（Piperales）等；第二类为"单子叶植物分支"（Monocots），包括菖蒲目（Acorales）、泽泻目（Alismatales）、天门冬目（Asparagales）、薯蓣目（Dioscoreales、百合目（Liliales）、露兜树目（Pandanales）和若干不确定的科，另设鸭跖草分支（commelinids），包括棕榈目（Arecales）、鸭跖草目（Commelinales）、禾本目（Poales）、姜目（Zingiberales）和金鱼藻目（Ceratophyllales）等；第三类为"真双子叶植物分支"（Eudicots），真双子叶植物分支除了毛茛目（Ranunculales）、山龙眼目（Proteales）和一些科外，还包括"核心真双子叶植物分支"（core eudicots）（如石竹目Caryophyllales，檀香目Santalales、虎耳草目Saxifragales和一些不确定的科）、"蔷薇分支"（rosids）（如牻牛儿苗目Geraniales、桃金娘目Myrtales外，包含Ⅰ类真蔷薇分支和Ⅱ类真蔷薇分支）和"菊分支"（Asterids）（除杜鹃花目Ericales及若干科外，还有Ⅰ类真菊分支和Ⅱ类真菊分支）。APGⅣ被子植物分类系统（2016）基本分支特征如下：

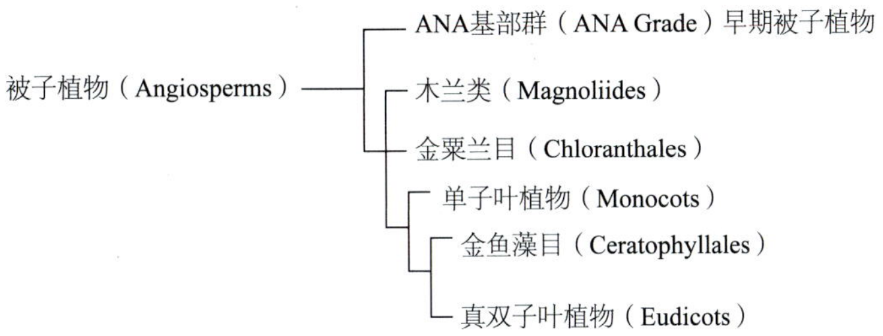


## 总结与复习

### 知识要点

经典的植物分类是建立在对植物的形态特征的鉴别基础上的。花器官的特征和各组成部分的性状差异是物种鉴别的主要依据。

根据花瓣的数目以及离合程度可以分为舌状、筒状、漏斗状、钟状、轮状、十字形、蝶形等。

雄蕊的类型多种多样，如单体雄蕊、二体雄蕊、多体雄蕊、二强雄蕊、四强雄蕊、聚药雄蕊和冠生雄蕊等。

雌蕊的类型也是多种多样，如单雌蕊、复雌蕊和离生单雌蕊等。

子房着生在花托上，其位置有上位子房、半下位子房和下位子房等。

胎座的类型有：边缘胎座、侧膜胎座、中轴胎座、特立中央胎座、基生胎座和顶生胎座等。

胚珠的类型包括：直生胚珠、倒生胚珠、弯生胚珠和横生胚珠等。

花程式是指用字母、符号及数字等来表示花的形态组成、位置和排列等特征的关系式；花图式是指用花器官各部分的横断面结构简图来表示花结构与组成的数目、排列、分离与联合情况的示意图。熟悉植物的花程式和花图式有利于学习和掌握花器官的特征。

无限花序的开花顺序由下向上，或由边缘向中央，可分为：总状花序、穗状花序、肉穗花序、柔荑花序、伞房花序、伞形花序、头状花序、隐头花序，以此作为单位还可构成复合的花序，如复总状花序（圆锥花序）、复穗状花序。有限花序开花顺序从上向下，或从内向外，可分为单歧聚伞花序、二歧聚伞花序、多歧聚伞花序和轮伞花序。

由单雌蕊或复雌蕊发育而成的果实称为单果。单果常分为肉果和干果两类。肉果是果实成熟时肉质多汁的果实类型，如浆果、核果、柑果、梨果、瓠果等。干果是果实成熟时果皮干燥的果实类型。干果有裂果和闭果之分。裂果，如蓇果、荚果、角果、分果、蒴荚果等。闭果，如瘦果、颖果、坚果、翅果等。聚合果是指由离生单雌蕊发育而成的果实类型，如聚合瘦果、聚合核果、聚合坚果和聚合蓇葖果等。复果又称为聚花果，是由整个花序发育而成的果实类型，如桑葚、无花果等。

被子植物亚门为双子叶植物和单子叶植物两个纲，它们的主要形态特征比较如下表所示。

| 特征 | 双子叶植物纲 | 单子叶植物纲 |
|---|---|---|
| 子叶数目 | 2片 | 1片 |
| 根系 | 直根系 | 须根系 |
| 茎 | 茎内维管束环状排列，有形成层，次生组织发达 | 茎内维管束散生，无形成层，只有初生结构 |
| 叶脉 | 网状叶脉 | 平行叶脉或弧形叶脉 |
| 花基数 | 4或5 | 3 |

被子植物系统演化过程中，木兰科与毛茛科是双子叶植物中的原始类群。其原始性状主要为雄蕊、雌蕊均为多数，离生，并作螺旋状排列。泽泻科和百合科是单子叶植物中较古老的类型。菊科是双子叶植物中最进化的一科，构成系统进化干的顶峰，具有多样的适应能力及进化性状，如头状花序是花序中进化的性状；花瓣联合、聚药雄蕊、子房下位，胚珠少数等都为进化的性状。兰科植物的花，形态结构高度特化是被子植物中适应于昆虫传粉的进化类群。禾本科的花高度简化，如花被退化、花粉松散、干燥光滑等性状适于风媒传粉，也是进化的类群。

对于经济价值高的植物所在科属要重点掌握其科的特征及识别要点。锦葵科中有重要的纤维作物，如棉花、洋麻等。单体雄蕊、花药1室及蒴果为该科的显著性状。豆科中有著名的油料作物和豆类杂粮，如大豆、花生、蚕豆、赤豆等。豆科植物的种类很多，根据花冠的形态、雄蕊的数目等再分为含羞草亚科、云实亚科和蝶形花亚科，应着重了解划分亚科的依据。十字花科是蔬菜类植物集中的科，并有重要的油料作物——油菜。蔷薇科中有许多果树和观赏植物。根据子房位置、胚珠数目、花托和果实的不同形态特征，可将其分为绣线菊亚科、蔷薇亚科、李亚科和苹果亚科4个亚科。唇形科中芳香植物和药用植物较多，它的最突出的性状是唇形花冠、子房深四裂、4个小坚果。百合科中蔬菜、药用、观赏植物资源丰富。它是单子叶植物的典型代表，要掌握它的典型性状。禾本科植物中，粮食作物种类特多。要着重掌握其花序、小穗和小花的结构特征，此外小穗在穗轴上的排列情况以及小穗两侧压扁或背腹压扁及小穗的脱落位置等性状，在禾本科分属分种中是重要的依据，也须加深理解。

在学习分类时，对于易于混淆的科、属可应用比较的方法，如蓼科与藜科、旋花科与茄科、莎草科与禾本科等主要特征的比较。

对于习见的经济植物，如桑、板栗、荞麦、杨树、柳树、女贞、杜鹃、茶、蓖麻、南瓜、柑橘、荔枝、桂圆、胡萝卜、薄荷、番茄、烟草、慈姑、棕榈、葱和常见的花卉，如广玉兰、石竹、锦葵、菊花、兰花等，要知道它们所属的科，并能按照该植物性状说出该科的特征。

学习被子植物分类系统时，应对具代表性的恩格勒与哈钦松两个分类系统作一般的了解。它们的主要观点概括如下表：

| 恩格勒分类系统 | 哈钦松分类系统 |
|---|---|
| 假花说 | 真花说 |
| 杨柳目、桦木目、胡桃目等柔荑花序类植物为原始类型 | 木兰目、毛茛目等多心皮类植物为原始类型 |
| 木兰科，毛茛科等为进化类型 | 柔荑花序类植物为进化类型 |
| 单子叶植物排在双子叶植物前 | 双子叶植物排在单子叶植物前 |

## 复习思考

1. 比较木兰纲与百合纲的主要区别。

2. 简述木兰科、毛茛科、蔷薇科、蝶形花科、杨柳科、十字花科、锦葵科、山茶科、芸香科、木犀科、葫芦科、茄科、唇形科、伞形科、菊科、泽泻科、莎草科、禾本科、百合科、兰科等科的主要识别特征，并列出相关科的花程式和常见代表植物。

3. 简述真花学说和假花学说的主要内容及其代表系统。

4. 名词解释：舌状花冠，筒状花冠，漏斗状花冠，钟状花冠，轮状花冠，十字花冠，蝶形花冠，单体雄蕊，二体雄蕊，多体雄蕊，二强雄蕊，四强雄蕊，聚药雄蕊，总状花序，穗状花序，肉穗花序，柔荑花序，伞房花序，伞形花序，头状花序，隐头花序，单歧聚伞花序，二歧聚伞花序，多歧聚伞花序，轮伞花序，花程式，花图式，单果，肉质果，干果，浆果，柑果，瓠果，梨果，核果，裂果，闭果，蒴果，荚果，角果，分果（双悬果），蓇葖果，瘦果，颖果，坚果，翅果，聚合果，复果。

# 阅读与探究

## 阅读参考

**（1）本章知识参考阅读：**

http://jpkc.yzu.edu.cn/course/zwx/0502jxrr.htm

http://4a.njau.edu.cn/botany/#

吴国芳，冯志坚，马炜良，等. 1992. 植物学（下册）(第二版). 北京：高等教育出版社

**（2）知识拓宽参考阅读：**

关于吴征镒院士的被子植物的“多系、多期、多域八纲新分类系统”，可详细阅读《中国被子植物科属综论》(吴征镒等，2003）相关章节，或直接阅读由其公开发表的相关研究论文。

关于以“目”为单位的被子植物分类系统（APGⅣ）各分支与所含各目、各科的相关知识信息，可直接以“APGⅣ，2016”为关键词通过“Baidu”“Google”等网站查询阅读。

《中国植物志》是目前世界上最大型、种类最丰富的一部巨著，全书80卷126册，5000多万字。记载了我国301科，3408属，31 142种植物的科学名称、形态特征、生态环境、地理分布、经济用途和物候期等。该书基于全国80余家科研教学单位的312位作者和164位绘图人员80年的工作积累、45年艰辛编撰才得以最终完成。需要学习和了解更多植物的特征、分布和利用等知识，可进一步查阅“中国数字植物标本馆（CVH）”，它是由中国科学院生物标本馆、植物研究所、昆明植物所、华南植物园、版纳热带植物园、沈阳应用生态所、武汉植物园、西北高原生物所、成都生物所、新疆生地所、西北农林科技大学、广西植物所、江苏省植物所、庐山植物园、四川大学、中山大学、南京大学、南开大学、武汉大学、内蒙古大学、广西中医药研究所等共同创建。该馆由“数字化标本库”“植物数据库”“电子植物志”“植物图片库”四部分组成，通过一个虚拟的网络平台为用户提供一个方便快捷获取中国植物标本及相关植物学全面准确信息的平台。数字化标本库已收录200多万号一般标本和3000号模式标本。植物数据库提供中国植物名录、植物文献数据库、中国干燥标本集等多项查询。电子植物志包括中国植物志、西藏植物志、青海植物志、秦岭植物志、四川植物志、海南植物志等。网站还载有240科1469属3784种，共计27 300张植物彩色照片。中国植物志、中国植物图像库（Plant Photo Bank of China，PPBC）是专门系统收集、整理并长效保存植物照片、幻灯片、数码图片的实体库，作为公众获取中国植物图片信息的重要平台，目前已收录图片321科3313属16 807种，714 501幅（http://www.plantphoto.cn/）。中国自然标本馆（Chinese Field Herbarium，CFH）是中国科学院植物研究所建设的生物多样性信息网络平台，致力于为用户生物多样性数据的采集、管理、利用和学习交流提供全套解决方案，通过分类系统树为各用户，各类群提供自动化的数据管理支持（www.cfh.ac.cn/）。

或直接阅读：The Angiosperm Phylogeny Group, An update of the Angiosperm Phylogeny Group Classification for the orders and families of flowering plant: APG Ⅳ, Botanical Journal of the Linnean Society, 2016, 181 (1): 1−20.

关于被子植物的起源与可能的祖先至今没有确切的答案。进一步了解请参考以下文献：

Cornet B. 1989.The reproductive morphology and biology of Sanmiguelia lewisii, and its bearing on angiosperm evolution in the Late Triassic. Evolutionary Trends in Plants, 3(1): 25～51

Zhong–Jian Liu，Xin Wang. 2016.A perfect flower from the Jurassic of China.Historical Biology, 28(5):707～719

Han Gang, Liu Zhongjian, Liu Xueling,, et al. 2016. A Whole Plant Herbaceous Angiosperm from the Middle Jurassic of China.Acta Geological Sinica (English Edition), 90 (1):19～29

Hochuli P A, Feist–Burkhardt S. 2013. Angiosperm–like pollen and Afropollis from the Middle Triassic (Anisian) of the Germanic Basin (Northern Switzerland). Frontiers in Plant Science, 4: 344

Wang X, Duan S, Geng B, et al. 2007. Schmeissneria: A missing link to angiosperms? .BMC Evolutionary Biology, 7: 14

Wang X, Wang S. 2010. Xingxueanthus: An enigmatic Jurassic seed plant and its implications for the origin of angiospermy. Acta Geologica Sinica, 84(1): 47～55S

## 探究学习

教师指导学生准备放大镜、镊子、解剖针，甚至解剖镜等器具，学生利用课余、周末和假日进行植物的特征观察和描述。在观察植物时，先要了解所观察植物的生长环境，再观察植物具体的形态特征。植物形态特征的观察先营养器官（根、茎、叶）后生殖器官（花、花序、果实、种子）等的形态、组成和类型特征，有时也包括植株的生长方式等，必要时借助于放大镜或解剖镜观察其细微特征，并能层次分明而完整地对植物特征进行科学的描述。借助于《中国高等植物图鉴》《中国高等植物》《中国植物志》《中国种子植物科属检索表》《中国种子植物科属词典》和地方植物志、区域植物检索表、不同经济用途的植物检索表等工具书，查询辨别所观察对象的科学名称，并记住它们的识别特征。

在教师的指导下，结合秋游、春游和野外教学与教学实习活动，对活动所及区域内的植物种类、分布状况、群落组合及其与生境环境间的相互关系等进行调查，用植物形态学术语对植物进行特征描述归类、分析和评析。并按照检索表编制的基本原则，练习编制该类植物所属科、属和种的检索表，相关内容参见“十二五”普通高等教育本科国家级规划教材《植物学实验与技术（第二版）》（金银根和何金铃，2017）。

# 主要参考文献


金银根. 2006. 植物学（全国高等农林院校规划教材）. 北京：科学出版社

金银根. 2010. 植物学（第二版）. 北京：科学出版社

金银根，何金铃. 2017. 植物学实验与技术（第二版）. 北京：科学出版社

金银根，何金铃，吴晓霞. 2017. 植物学学习指南与题解. 北京：科学出版社

李庆军，许再富，夏永梅，等. 2001. 山姜属植物花柱卷曲性传粉机制的研究. 植物学报，43（4）：364～369

李扬汉. 1985. 植物学（第二版）. 北京：高等教育出版社

陆时万，徐祥生，沈敏健. 2001. 植物学（第二版）. 北京：高等教育出版社

路安民，汤彦承. 2005. 被子植物起源研究中的几种观点的思考. 植物分类学报，43（5）：420～430

马炜梁. 2015. 植物学（第二版）. 北京：高等教育出版社

阮成江，钦佩，韩睿明. 2004. 海滨锦葵的滞后自花受粉策略. 科学通报，49（24）：2620～2622

汤彦承，路安民. 2003. 系统发育和被子植物"多系多期多域"系统——兼答傅德志的评论. 植物分类学报，41（2）：199～208

吴征镒，路安民，汤彦承，等. 2002. 被子植物的一个"多系多期多域"新分类系统总览. 植物分类学报，40（4）：289～322

吴征镒，路安民，汤彦承，等. 2003. 中国被子植物科属总论. 北京：科学出版社

张大勇，姜新华. 2001. 植物交配系统的进化，资源分配对策与遗传多样性. 植物生态学报，25：130～143

Cornet B. 1989. The reproductive morphology and biology of Sanmiguelia lewisii, and its bearing on angiosperm evolution in the Late Triassic. Evolutionary Trends in Plants, 3(1): 25 ~ 51

Cronquist A. 1988. The Evolution and Classification of Flowering Plants. 2nd ed. New York: The New York Botanical Garden

Elliot W T, Ralph S C, Barbour M G, et al. 1982. Botany—an introduction to plant biology . 6th ed. New Yoke: John Willey & Sons

Han Gang, Liu Zhongjian, Liu Xueling, et al. 2016. A Whole Plant Herbaceous Angiosperm from the Middle Jurassic of China.Acta Geological Sinica (English Edition), 90 (1):19 ~ 29

Heywood V H. 1976. Plant Taxonomy. London: Edward Arnold

Hochuli P A, Feist−Burkhardt S. 2013. Angiosperm−like pollen and Afropollis from the Middle Triassic (Anisian) of the Germanic Basin (Northern Switzerland). Frontiers in Plant Science, 4: 344

Johri B M, Ambegaokar K B, Srivastava P S. 1992. Comparative Embryology of Angiosperms Vol.1,Vol.2. Berlin: Springer-Verlag

Ke−Wei Liu, Zhong−Jian Liu, LaiQiang Huang, et al. 2006. Pollination: Self−fertilization strategy in an orchid. Nature, 441: 945~946

Li Q J，Xu Z F，Kress W J, et al. 2002. Flexible style that encourages outcrossing. Nature, 410: 432

Ray P M, Steeves T A, Fultz S A. 1982. Botany. Philadelphia and Madrid: Saunders College Publishing

Wang X, Duan S, Geng B, et al. 2007. Schmeissneria: A missing link to angiosperms? .BMC Evolutionary Biology, 7: 14

Wang X, Wang S. 2010. Xingxueanthus: An enigmatic Jurassic seed plant and its implications for the origin of angiospermy. Acta Geologica Sinica, 84(1): 47 ~ 55

Wang Y Q, Zhang D X, Renner S S, et al. 2004. A new self pollination mechanism. Nature, 431(7004): 39 ~ 40

Zhong−Jian Liu, Xin Wang. 2016. A perfect flower from the Jurassic of China.Historical Biology, 28(5):707 ~ 719

# 附表1：国外植物学发展大事记

| 年代 | 代表人物 | 国别 | 主要事件 |
|---|---|---|---|
| 公元前5000年 | 古巴比伦人，亚述人 | 古巴比伦、亚述 | 区分出枣椰的雌雄性别 |
| 公元前2000年 | 汉穆拉比人 | 汉穆拉比王朝 | 首次报道人工授粉 |
| 公元前 | 西奥弗拉斯脱 | 古希腊 | 《植物志》、《植物的历史和植物的本源》 |
| 公元前1世纪 | P. 迪奥斯科里德斯 | 罗马 | 本草学著作《医药资料》 |
| 16世纪 | O. 布龙费尔斯 | 德国 | 描述260种植物，试图编写地方植物志 |
| | H. T. 博克；L. 福克斯 | | 描述500种植物 |
| | A. 切萨皮诺 | 意大利 | 出版《植物十六卷》（1583年） |
| 17世纪 | R. J. 卡梅拉里乌斯 | 德国 | 证明花药是植物的雄性器官，子房和花柱是植物的雌性器官（1694年） |
| | G. 博安 | 瑞士 | 描述6000种植物；对植物进行从简到繁的排序；提出种属和同种异名概念，将相似的植物置于同一属并给以不同的“种加词”，成为最早的双名法 |
| | J. P. de图内福尔 | 法国 | 提出以名词做属名，将植物分为22纲和122组，描述了698个属 |
| 18世纪 | C. 林奈 | 瑞典 | 出版《自然系统》，依据雄蕊的有无和数目，将植物分为不同的纲目属种；完善和推广了“双名法”（1735年） |
| | J. G. 克尔罗伊特 | 德国 | 杂交（正交、反交与回交）试验与技术成熟 |
| 19世纪 | C. R. 达尔文 | 英国 | 出版《物种起源》，提出进化论观点（1859年） |
| | E. 海德格尔 | 德国 | 将“生态学”概念引入自然科学中（1866年） |
| | C. Γ纳瓦申 | 俄国 | 发现被子植物的双受精现象（1898年） |
| | G. B. 阿米奇 | 意大利 | 观察到花粉管进入子房并到达胚珠的珠孔 |
| | E. A. 施特拉斯布格师生 | 德国 | 确定花粉粒具有2核或3核结构；描述了胚囊发育与精卵结合过程（1879年） |
| | W. 霍夫迈斯特 | 德国 | 发现藓类、蕨类植物精子器中的精子与颈卵器中卵融合的过程（1849年） |
| | N. 普林斯海姆 | 德国 | 发现藻类植物的受精过程（1855年） |
| | G. J. 孟德尔 | 奥地利 | 发现植物遗传的分离规律、自由组合规律（1866年） |
| 20世纪 | J. 华升、F. 克里克 | 美国、英国 | 发现DNA的双螺旋结构（1953年） |
| | 众多科学家 | 全世界 | 电子显微镜揭示细胞膜系统、非膜系统的组成结构和功能 |
| | H. T. 奥德姆 | 美国 | 《系统生态学》（1983年） |

# 附表2：中国植物学发展大事记

| 年代 | 主要事件 | 代表人物 |
|---|---|---|
| 7000年前 | 采集、种植植物 | 两河流域先民 |
| 前2196年 | 著《山海经》18卷，多有植物及其地理分布的描述 | 汉晋人? |
| 夏（前21～前16世纪） | 著《夏时》描述了几十种植物在不同时期生长、繁殖或栽培 | 夏朝子民 |
| 商（前16～前11世纪） | 甲骨文记有禾、秫、黍、粟、桑、栗、杞、柏等 | 商朝子民 |
| 周（前1796～前771年） | 著《诗经》 | 周朝臣民 |
| 春秋战国（前770～前221） | 著《神农本草经》，最古老的草药书 | 子仪? |
| 汉初（前3世纪前后） | 著《尔雅》之“释草”、“释木”专篇 | 秦汉时人或孔子门人? |
| 魏 | 著《齐民要术》（533～544年），提出豆、谷轮作 | 贾思勰 |
| 晋 | 著《南方草木状》，最古老的药典 | 嵇含 |
| 南朝（梁） | 著《本草经集注》，分植物为草木、果、菜、米实类 | 陶弘景 |
| 唐 | 著《新修本草》（《唐本草》）（657～659年） | 苏敬等 |
| 宋（960～1279年） | 著《洛阳牡丹记》（1031年） | 欧阳修 |
| | 著《荔枝谱》（1059年） | 蔡襄 |
| | 著《本草图经》（1061年），记植物400余种，有图说 | 苏颂等 |
| | 著《橘录》（1178年） | 韩彦直 |
| | 著《金漳兰谱》（1233年） | 赵时庚 |
| | 著《菌谱》（1245年） | 陈仁玉 |
| | 著《花果卉木全芳备祖》（1256年） | 陈景沂 |
| 元 | 著《农书》（《王祯农书》1313年前后）中的“百谷谱”，对谷属、蓏（luǒ）属、蔬属、果属、竹木、杂类等作物栽培进行了分论 | 王祯 |
| 明 | 著《救荒本草》（1406年）我国乃至世界最早研究野生食用植物的著作 | 朱橚 |
| | 著《本草纲目》（1590年） | 李时珍 |
| | 著《群芳谱》（1621年） | 王象晋 |
| | 著《农政全书》（1628年成书，1639年刊出） | 徐光启 |
| | 著《天工开物》（1637年） | 宋应星 |
| 清 | 著《植物名实图考》（1846年） | 吴其濬 |
| | 编译《植物学》（1858年） | 李善兰 |
| 1898年 | 译著《天演论》“物竞天择，适者生存”的生物进化思想，在中国思想界产生较大的影响 | 严复 |
| 1893年 | 光绪十九年，湖北“自强学堂”设置植物学课程 | 光绪 |
| 1897年 | 创立《农学报》（上海） | 罗振玉 |
| 1926年 | 蕨类植物的组织学研究 | 张景钺 |
| 1933年 | 中国植物学会成立（南京） | 钱崇澍 |
| 1944年 | 成立植物研究所（北碚） | 罗宗洛 |
| 近50多年来 | 选育水稻“三系”，培育出强优势杂交水稻（1973年） | 袁隆平 |
| | 《中国植物志》《中国高等植物图鉴》《中国经济植物志》《中国真菌志》《中国经济海藻志》《中国黄海海藻志》等，各类地方志，植物学报、植物分类学报等刊物相继出版发行，各类植物研究所成立和开展工作 | 新中国的政府、机构和科学家们 |
| | 籼稻9311基因组等一大批科学研究计划实施 | |

# 附表3：细胞发现和细胞学相关的大事记

| 年份 | 科学家名字 | 观察与发现内容 |
|---|---|---|
| | 惠根斯 | 惠根斯目镜 |
| 1600s | H. JANSSEN；Z. JANSSEN | 首架复式显微镜 |
| 1665 | R. HOOK | 细胞（实为细胞壁） |
| | A. VAN LEEWENHOEK | 原生动物、精细胞、红细胞 |
| 1671 | M. MAIPIGHI | 植物体由许多细胞构成 |
| 1809 | C. B. MIRBEL | 植物由具独立性的细胞（具膜的细胞）所组成 |
| 1824 | H. DUTROCHER | 一切动植物的器官、组织都由不同形态的细胞组成 |
| 1831 | R. BROWN | 兰科植物表皮细胞含有细胞核 |
| 1838 | M. J. SCHLEIDEN | 植物都是由细胞构成的；植物的胚由单个细胞发育而成 |
| 1839 | T. SCHWANN | 提出细胞学说 |
| 1840 | J. E. PURKINJE | 动物细胞中有肉样物质 |
| 1841 | R. REMARK | 发现鸡胚血细胞的直接分裂 |
| 1846 | H. VON MOHL | 植物细胞中有肉样物质 |
| 1846 | J. E. PURKINJE | 将动植物细胞中的肉样物质命名为原生质 |
| 1848 | W. HOFMEISTER | 在鸭跖草花粉母细胞中看到核的消失和球状小体的出现 |
| 1855 | R. VIRCHOW | 细胞来自于细胞，一个细胞分裂可产生新细胞 |
| 1861 | M. SCHULTZE；R. VIRCHOW | 有机体的组织单位是一团原生质；一切细胞来自细胞 |
| 1875 | O. HERTWIG | 发现精卵细胞的核融合 |
| 1879 | W. FLEMMING；E. STRASBURGER | 在动植物细胞中发现了细胞的间接分裂 |
| 1879 | W. SCHLEICHER | 发现染色小体与核分裂行为 |
| 1880 | W. FLEMMING | 称直接分裂为无丝分裂、间接分裂或核分裂为有丝分裂 |
| 1880 | J. VON HANSTEIN | 提出原生质体概念 |
| 1880 | T. BOVERI | 发现细胞中心粒 |
| 1883 | E. VAN BENEDER | 发现动物细胞的减数分裂 |
| 1883 | VAN BENEDEN | 再次发现中心粒 |
| 1883 | W. ROUX | 染色体是遗传物质的携带者 |
| 1883 | A. WEISMANN | 提出种质学说 |
| 1885 | C. RABL | 子细胞中的染色体与母细胞相同 |
| 1886 | E. STRASBURGER | 发现植物细胞的减数分裂 |
| 1888 | H. W. G. WALDEYER-HARZ | 将染色小体命名为染色体 |
| 1889 | C. BENDA | 发现线粒体 |
| 1892 | O. HERTWIG | 细胞学诞生（DIE ZELLE UND DAS GEWEBE） |
| 1896 | E. B. WILSON | 出版（*THE CELL IN DEVELOPMENT AND HEREDITY*） |
| 1898 | C. GOLGI | 发现高尔基体 |
| 1931 | M. KNOLL，E. RUSKA | 发明电子显微镜 |
| 1939~ | 众多科学家 | 用电子显微镜观察了线粒体、高尔基体、细胞膜、核膜、核仁、内质网、核糖体、溶酶体核孔复合体及细胞骨架等 |
| 1953 | WATSON，CRICK | 发现DNA双螺旋结构，开辟了分子生物学研究的新纪元 |
| 1965 | E. D. P. DE ROBERTIS | 出版（*CELL BIOLOGY*） |